architektur_theorie.doc

texte seit 1960

architektur_theorie.doc

texte seit 1960

Gerd de Bruyn, Stephan Trüby (Hrsg.)
unter Mitarbeit von Henrik Mauler und Ulrich Pantle

Birkhäuser – Verlag für Architektur
Basel • Boston • Berlin

Bibliografische Information der Deutschen Bibliothek
Die Deutsche Bibliothek verzeichnet diese Publikation in der Deutschen Nationalbibliografie;
detaillierte bibliografische Daten sind im Internet über <http://dnb.ddb.de> abrufbar.

Dieses Werk ist urheberrechtlich geschützt. Die dadurch begründeten Rechte, insbesondere die der Übersetzung, des Nachdrucks, des Vortrags, der Entnahme von Abbildungen und Tabellen, der Funksendung, der Mikroverfilmung oder der Vervielfältigung auf anderen Wegen und der Speicherung in Datenverarbeitungsanlagen, bleiben, auch bei nur auszugsweiser Verwertung, vorbehalten. Eine Vervielfältigung dieses Werkes oder von Teilen dieses Werkes ist auch im Einzelfall nur in den Grenzen der gesetzlichen Bestimmungen des Urheberrechtsgesetzes in der jeweils geltenden Fassung zulässig. Sie ist grundsätzlich vergütungspflichtig. Zuwiderhandlungen unterliegen den Strafbestimmungen des Urheberrechts.

Es wurden alle Bemühungen unternommen, die Copyright-Inhaber der hier abgedruckten Texte ausfindig zu machen. Bei Texten, wo nur die Quelle angegeben ist, konnte trotz intensiver Recherche der Copyright-Inhaber nicht ausfindig gemacht werden.

© 2003 Birkhäuser – Verlag für Architektur,
Postfach 133, CH-4010 Basel, Schweiz.
Ein Unternehmen der Fachverlagsgruppe BertelsmannSpringer.

Gedruckt auf säurefreiem Papier, hergestellt aus chlorfrei gebleichtem Zellstoff. TCF∞
Umschlaggestaltung, Layout: Henrik Mauler
Printed in Germany
ISBN 3-7643-6973-6

9 8 7 6 5 4 3 2 1
www.birkhauser.ch

Inhaltsverzeichnis

9 Vorwort

13 Gerd de Bruyn:
Plädoyer für die Ketzer und Pioniere/Theorie einer heterogenen Architektur

ORT, REGION, GLOBALISIERUNG

34 Einführung
37 Aldo van Eyck: Versuch, die Medizin der Reziprozität darzustellen (1961)
42 Christian Norberg-Schulz: Das Phänomen „Ort" (1976)
48 Rem Koolhaas: Globalisierung (1993)
52 Friedrich Achleitner: Region, ein Konstrukt? Regionalismus, eine Erfindung? (1994)
61 Thomas Sieverts: Thesen zur Bedeutung der Begreifbarkeit der Zwischenstadt (1997)

64 Luigi Snozzi: *Das Haus des Bürgermeisters* (1983-1984)

TYPUS, AUTONOMIE, ERINNERUNG

66 Einführung
69 Aldo Rossi: Das Konzept des Typus (1965)
73 Manfredo Tafuri: „Radikale" Architektur und Stadt (1969)
81 Colin Rowe/Fred Koetter: Die Krise des Objekts: Der unerfreuliche Zustand der Textur (1973)
95 Oswald Mathias Ungers: Bemerkungen zu meinen Entwürfen und Bauten (1985)
100 Dieter Hoffmann-Axthelm: Typologie und Populismus. Versuch einer Übersicht (1986)

114 Leon Krier: *Zwei Häuser für verfeindete Brüder* (1975)

TECHNIK, KONSTRUKTION, NATUR

116 Einführung
119 Reyner Banham: Funktionalismus und Technologie (1960)
131 Frei Otto: Bauen für morgen? Die Architektur auf der Suche nach neuen Wegen (1962)
140 Otl Aicher: Gegenarchitektur (1984)
148 K. M. Hays/C. Ingraham/A. Kennedy (Assemblage): Computer-Animismus (1995)

152 Greg Lynn: *Embryological House* (2002)

FUNKTION, PROGRAMM, EREIGNIS

154 Einführung
157 Kenzo Tange: Funktion, Struktur und Symbol (1966)
160 Jürgen Habermas: Moderne und postmoderne Architektur (1981)
169 Bernard Tschumi: Die Gewalt der Architektur (1981)
175 Sanford Kwinter: Das Komplexe und das Singuläre (1993)

192 Bernard Tschumi: *Feuerwerk für La Villette* (1992)

AUTOR, AUSDRUCK, AFFEKT

194 Einführung
197 Theodor W. Adorno: Ausdruck und Konstruktion (aus: *Ästhetische Theorie*, 1969)
201 Coop Himmelb(l)au (Wolf D. Prix/Helmut Swiczinsky): Architektur ist jetzt (1983)
202 Jeffrey Kipnis: Formen der Irrationalität (1988)
215 Peter Eisenman: Der Affekt des Autors: Leidenschaft und der Moment
    der Architektur (1991)
220 Daniel Libeskind: Formal Blank Political (1995)

222 Frank Gehry: *Fisch-Fetisch*

PARTIZIPATION, ALLTAG, POP

224 Einführung
227 David Greene/Archigram: The Love is gone... (1961)
228 Lucius Burckhardt: Artikulation heißt Partizipation (1969)
237 Denise Scott Brown: Lernen vom Pop (1971)
243 Hermann Czech: Manierismus und Partizipation (1977)
245 Werner Sewing: No more Learning from Las Vegas (2002)

254 Alison und Peter Smithson: *Wedding in the City* (1968)

FASSADE, TEKTONIK, ORNAMENT

256 Einführung
259 Robert Venturi: Innen und aussen (1966)
265 Joseph Rykwert: Ornament ist kein Verbrechen (1975)
273 Fritz Neumeyer: Tektonik: Das Schauspiel der Objektivität
   und die Wahrheit des Architekturschauspiels (1991)
284 Kenneth Frampton: Reflexionen über die Reichweite des Tektonischen (1993)

300 Herzog & de Meuron: *Dominus Winery* (1995-1998)

LANDSCHAFT, FALTE, GRUND

302 Einführung
305 Paul Virilio: Die Funktion der Schräge (1966)
307 John Rajchman: Faltung (1991)
316 Wolfgang Welsch: Das weite Feld der Dekonstruktion (1993)
326 Werner Durth: Stadt und Landschaft – Kriegszerstörungen und
   Zukunftsentwürfe (1995)
345 Winy Maas: Beginnen (1998)

350 Claude Parent/Paul Virilio: *Villa Mariotti* (1966)

352 Bildnachweis

Vorwort

Als Ulrich Conrads 1964 mit dem Band *Programme und Manifeste zur Architektur des 20. Jahrhunderts* die Reihe der *Bauwelt Fundamente* eröffnete, konnte er gute Gründe für seine Titelwahl geltend machen. Es waren vor allem „Programme" und „Manifeste" gewesen, die dem Zeitraum, den er dokumentieren wollte, ihren Stempel aufprägten. Ist auch bedauerlich, dass Conrads auf so wichtige Autoren wie Walter Benjamin, Sigfried Giedion, Herman Sörgel oder Max Raphael verzichtete, konnte er mit Recht darauf verweisen, dass deren ausgeklügelte Texte eher untypisch waren für eine Zeit, die von Weltkriegen und Wirtschaftskrisen gebeutelt und vom Wunsch nach schlagkräftigen Argumenten und einfachen Orientierungen beherrscht wurde.

Längst ist eine Fortsetzung seines Buches überfällig, die berücksichtigt, dass seitdem die Reflexion der Architektur einen theoriefreundlicheren Verlauf nahm. Der Birkhäuser Verlag betraute daher das Institut Grundlagen moderner Architektur und Entwerfen (IGMA) der Universität Stuttgart mit der Aufgabe, die erste deutschsprachige Anthologie architekturtheoretischer Texte der letzten vier Jahrzehnte vorzulegen. Sie belegt, dass in den sechziger Jahren die heroische Phase der Manifestliteratur zu Ende ging und genau das zu beobachten war, was K. Michael Hays „the beginning of contemporary architectural theory"[1] nennt. In der trügerischen Sicherheit des Kalten Krieges nahm die Attraktivität programmatischer Texte rapide ab. Spätestens seit dem Fall des Eisernen Vorhangs kann gar von einem Paradigmenwechsel die Rede sein: Die Reflexion der Architektur verlor ihren polemischen Charakter, wurde ausführlicher, vorsichtiger, skeptischer und zeigte sich zunehmend interessiert an Philosophie und Naturwissenschaften.

Schon in den fünfziger Jahren dämmerte es vielen Architekten, dass das Bauen nicht länger Leitlinien folgen konnte, die ihre Begründung Jahrzehnte zuvor erlebt hatten. Mit Sorge beobachtete der holländische Architekt Aldo van Eyck und andere Dissidenten der klassischen Moderne, dass das Bauen nach dem Zweiten Weltkrieg immer technokratischer und phantasieloser geriet. Gemeinsam mit seinen Mitstreitern aus dem Team 10 provozierte van Eyck 1959 die Auflösung des CIAM (Congrès Internationaux d'Architecture Moderne), wodurch die Architekturmoderne ihres wichtigsten Forums beraubt und zugleich der Weg frei wurde für eine Zukunft, die sich aller dogmatischen Zwänge entledigen sollte.

Die Sprengsätze der jungen Ketzer entgingen nicht nur Ulrich Conrads. Die Mitglieder des Team 10 zogen nun mal spektakulären Veranstaltungen à la CIAM informelle Gespräche vor. Dass sie dennoch den Architekturdiskurs international zu prägen vermochten, mag ihrer Ambition geschuldet sein, die Vätergeneration einer Kritik unterzogen zu haben, ohne dabei in Opposition zur Moderne zu geraten. Das Team 10 setzte auf diese Weise die „Selbstkritik der Moderne"[2] fort und ergänzte sie um einen libertären Aspekt, der getragen war vom Gedanken der Partizipation und der Aufwertung einer Alltagskultur, in der sich der Pop und die Technikbegeisterung der sechziger Jahre ankündigte. Es war eine Zeit des Aufbruchs, die in den von uns ausgewählten Texten Aldo van Eycks, Kenzo Tanges und Reyner Banhams – allesamt Autoren, die dem Team 10 angehörten oder in dessen Dunstkreis standen – deutlich nachhallt.

Wenn es etwas gibt, was die Architekturtheorie der siebziger Jahre intensiv beschäftigte, war es die Diskussion um die „Postmoderne" – und dennoch ist von ihr in diesem

Buch kaum die Rede. Reichlich antiquiert erscheint heute eine Debatte, die einst die Gemüter so erhitzte. Im Rückblick haben diejenigen Recht behalten, die in der Postmoderne die regressiven Züge betonten. Die Mehrzahl der Architekten, die der Moderne enttäuscht den Rücken kehrten, hat sich längst einem redundanten Neohistorismus verschrieben. So schnell der Stern der Postmoderne aufging, so rasch war er wieder verglüht. Seine hohe Publizität verdankte er nicht nur einer zum „Bauwirtschaftsfunktionalismus" verkommenen Architekturmoderne, sondern ebenso der Tatsache, dass die differenzierte Argumentation moderner Selbstkritik nie spektakulär genug war, um öffentliche Aufmerksamkeit zu erregen. Dies ist umso bedauerlicher, als nach all den harten Wortgefechten das Ziel, eine „Architektur der Verausgabung" gegen den Purismus der Moderne durchzusetzen, nicht erreicht wurde. Immerhin hatte sich für einige Theoretiker der Postmoderne ein neues Beschäftigungsfeld eröffnet. Autoren wie Charles Jencks und sein deutsches Pendant Heinrich Klotz versetzten sich in Definitionsstress, um das staunende Publikum im Rhythmus von Fünfjahresplänen mit frischen Epochenetiketten zu überraschen: „Spätmoderne", „Neomoderne", „Zweite Moderne"...

Weitaus ergiebiger als in stets neuen Anläufen darüber zu spekulieren, in welcher Moderne wir uns gerade befinden, ist die Frage, ob denn die Architektur *überhaupt* in der Moderne angekommen ist. Angestiftet hat sie der New Yorker Architekt Peter Eisenman, der 1976 konstatierte, „dass die Moderne noch nicht in die Architektur Einzug gehalten" habe.[3] Eisenmans Hauptargument lautet: Seit dem 18. Jahrhundert setze sich eine Veränderung im Verhältnis von Mensch und Welt durch, die als Fundamentalkritik jenes humanistisch anthropozentrischen Weltbilds verstanden werden müsse, das den Menschen als allmächtiges vernunftbegabtes Wesen in den Mittelpunkt des Kosmos stellt. Diesem Prozess verschließe sich leider die konservative Konstitution der Architektur, die noch heute mit den Themen der avantgardistischen Kunst hadere, in denen sich die Identitätskrisen des modernen Subjekts spiegelten. Um derartige Defizite und unreflektierten Traditionsbestände der Architektur einer eingehenden Untersuchung zu unterziehen, initiierte Eisenman gemeinsam mit seiner Frau Cynthia Davidson die ANY-Konferenzen, die zwischen 1991 und 2000 alljährlich in verschiedenen Städten der Welt stattfanden. Nach dem Vorbild der CIAM gaben sie ambitionierten Architekten, Sozialwissenschaftlern und Philosophen ein Forum, um das Bauen in Aufbruchsstimmung zu versetzen. Die in diesem Buch versammelten Beiträge von Peter Eisenman, Sanford Kwinter und Winy Maas gehen auf Vorträge zurück, die auf ANY-Konferenzen gehalten wurden.

An ihnen nahm, anders als zu Zeiten der CIAM, bei denen die deutschen Sektionen wichtige Impulse setzen konnten, kein deutscher Architekt und Theoretiker teil. Das sollte uns nicht wundern. Zum einen stand hierzulande die Architekturtheorie seit 1968 unter Ideologieverdacht, weil man ihr unterstellte, treue Dienstmagd einer Baupraxis zu sein, die selbstgefällig als Kunst auftritt, um sich der Demokratisierung der Planung zu verweigern. Zum anderen galt es, alle Energie entweder in Selbsthilfeprojekte zu stecken oder dem berühmten Marsch durch die Institutionen aufzuopfern, um die intendierten Reformen von den Amtsstuben der Bau- und Planungsämter aus zu steuern. Natürlich blieb dies nicht ohne positive Auswirkung auf die bundesrepublikanische Gesellschaft. Doch wie in Berlin heute unter dem Schutz der Planungsbehörden die pure Konvention über die jungen „Architekturavantgarden" triumphiert, so scheinen sich die „Ideologiekritiker" von einst ihre tiefsitzende Skepsis gegen eine befreit aufspielende Architektur und Architekturtheorie bewahrt zu haben.

Die vorliegende Anthologie bietet eine Auswahl aus circa 150 Texten, die seit 1960 international publiziert wurden und uns nach der Durchsicht unzähliger Bücher und Zeitschriften aufgefallen sind. Sie will einer die Zukunft der Architektur und die neuen Praxisfelder des Bauens reflektierenden Theorie endlich die Beachtung zukommen lassen, die sie verdient. Nicht beabsichtigt ist eine verspätete Rezeption architekturtheoretischer Positionen, die zuvor in sorgfältiger Chronologie ad acta gelegt wurden. Stattdessen geht es um die Darstellung und Aktualisierung von Gedanken, die sich vielfach noch im Zustand der Suchbewegung befinden und den Leser zum Weiterdenken auffordern. Um die aktive Rezeption zu fördern, wurden daher die Texte zu „Terrains" zusammengefasst, die jeweils drei thematisch verwandte Begriffe kombinieren und dennoch offen genug sind, um starre Etikettierungen zu vermeiden.

Der Begriff Terrain steht für „poröse" Kapitel, die sich gegenseitig ergänzen und ineinander verhaken, damit der nomadische Charakter des Denkens und die ständigen Akzentverschiebungen architekturtheoretischer Fragestellungen deutlich werden. Terrains wie „Ort, Region, Globalisierung" oder „Funktion, Programm, Ereignis" deuten die wechselnden Begriffs-Konjunkturen in der zweiten Hälfte des 20. Jahrhunderts bereits im Titel an. Und andere wie „Partizipation, Alltag, Pop" entfalten unerwartete Aktualität, obwohl in ihnen scheinbar längst vergessene Welten heraufbeschworen werden. Bei allen Bestrebungen aber galt unser Hauptaugenmerk dem Versuch, die Texte in eine Reihenfolge zu bringen, die dazu einlädt, die einzelnen Terrains im Ganzen zu „durchwandern". Diesem Anspruch, einen lesefreundlichen „roten Faden" durch die Kapitel zu legen, mussten zuweilen Autoren und Texte zum Opfer fallen, die für sich gesehen bedeutender erscheinen mögen als diejenigen, denen wir den Vorzug gaben.

Als Zeichen dafür, dass wir bei der Konzeption der Kapitel und Auswahl der Texte nicht die eigenen Steckenpferde reiten, sondern uns einer vorurteilslosen Neugier hingeben wollten, haben wir die derzeitige architekturtheoretische Diskussion an unserem Institut in einen Essay „eingekapselt", der dem Buch unter dem Titel „Plädoyer für die Ketzer und Pioniere" vorangestellt wurde. Auf diese Weise wollten wir die Versuchung so klein wie möglich halten, den Leser in den Einleitungen zu den einzelnen Kapiteln mit unseren Urteilen und Meinungen zu überfallen. Im Gegenteil hoffen wir, dass unsere knappen Einleitungen die Argumentationslinien, die sich durch die Terrains ziehen, ähnlich anschaulich nachbilden, wie der Geograf seine Karten zeichnet.

Die räumliche Begrenzung des Buches machte uns deutlich, dass es ein Ding der Unmöglichkeit sein würde, eine Textauswahl zu präsentieren, die uns vor dem Vorwurf der Parteinahme und Einseitigkeit in Schutz nehmen könnte. Anders als in K. Michael Hays' *Architecture theory since 1968* oder in Kate Nesbitts *Anthology of architectural theory 1965-1995* darf und will das vorliegende Buch den bescheidenen Anteil, den deutschsprachige Autoren an der Entwicklung der zeitgenössischen Architekturtheorie haben, nicht unterschlagen. Zugleich geben wir gerne zu, dass uns diejenigen Autoren besonders gefallen haben, die sich über die Reinheitsgebote von Theorie und Praxis hinwegsetzen. Das wird wiederum diejenigen Zeitgenossen ärgern, die unkonventionelles Denken als unwissenschaftlich disqualifizieren. Leider bilden sie die Mehrheit. Wäre sonst Oswald Mathias

Ungers der bis dato letzte prominente Architekt Deutschlands, dem die Einheit von Theorie und Praxis gelang?

Die Herausgeber danken allen Mitarbeitern des IGMA, die uns mit Rat und Tat zur Seite standen, vor allem Henrik Mauler für die Gestaltung und das Layout des Buches, Pauline Desjardins für die mühevolle Einholung von Druckrechten und Michaela Ott für wichtige inhaltliche Hinweise. Nicht zuletzt gebührt dem Birkhäuser Verlag herzlichen Dank, der dieses anspruchsvolle und kostspielige Projekt möglich machte und bis zum Schluss mit großer Unterstützung begleitete.

Architekturtheorie vertrocknet, wenn ihr keine denkenden Architekten zuarbeiten, und umgekehrt verliert jede Baukultur an intellektueller Spannkraft, sofern die Architekten keine Nötigung zur theoretischen Reflexion verspüren. Das Bauen gehört nun mal zu den letzten Theorie und Praxis, Kunst und Technik verbindenden Disziplinen, die ihre Modernität nur im Verstoß *gegen* das Gebot der Arbeitsteilung behaupten.

Gerd de Bruyn, Stephan Trüby

---

1 K. Michael Hays: „Introduction", in (ders.): *Architecture theory since 1968,* Cambridge/London 1998.
2 Vgl. Gerd de Bruyn: *Fisch und Frosch oder Die Selbstkritik der Moderne,* Bauwelt Fundamente 124, Basel/Boston/Berlin 2001.
3 Peter Eisenman: „Postfunktionalismus", in (ders.): *Aura und Exzeß. Zur Überwindung der Metaphysik in der Architektur,* hrsg. von Ullrich Schwarz, Wien 1995, S. 40.

Gerd de Bruyn:
Plädoyer für die Ketzer und Pioniere/
Theorie einer heterogenen Architektur

Ohne Vision ist die Architektur dem Untergang geweiht, doch Visionen fallen uns nicht mehr in den Schoß. Zumal das beginnende 20. Jahrhundert seine utopische Kraft in Programmen und Manifesten verausgabte, in denen der besserwisserische Ton Überhand nahm, als hätte man den Stein der Weisen gefunden. Visionen wurden zum Dogma, zum Terrorismus gegen Andersdenkende. Zwar scheint die Zeit der Theoriefeindschaft und Exkommunizierungen längst vorbei, doch werden schon wieder Drohungen ausgestoßen und Überlegungen verboten, die „sich von der Architektur abwenden oder sie gar auf die Zerreißprobe stellen wollen".[1] So etwas, warnt Fritz Neumeyer, verdiene nicht Architekturtheorie genannt zu werden. Dabei ist doch das Gegenteil der Fall. Schon 1967 plädierte André Corboz zu Recht für eine „offene Theorie" der Architektur und führte dazu aus: „Wir müssen den grundlegenden Nutzen der Disziplinlosigkeit anerkennen und eine aktive Sympathie für die Ketzer von Borromini bis zu den Expressionisten entwickeln, weil sie das Verdienst haben, Überlebenschancen für die Architektur zu eröffnen."[2]

Will sich die Architekturtheorie wieder finden und dem Bauen neue Wege in Zeiten der Krise eröffnen, grenzt sie zwangsläufig an Ketzerei, dazu bereit, Tabus zu brechen. Auch der Ausstieg der modernen Bewegung aus der Theoriediskussion des 19. Jahrhunderts in die politisierte Manifestliteratur der zwanziger Jahre stellte eine mutige und notwendige Grenzüberschreitung dar. Das Terrain, das man damals eroberte, kam allerdings schon in den dreißiger Jahren unter Verdacht. Mit der Umwidmung der modernen Bewegung zum „International Style", jenem fragwürdigen Etikett, das Henry-Russell Hitchcock und Philip Johnson dem „Neuen Bauen" 1932 anhefteten, wurde die Befürchtung, dass von einer experimentierfreudigen Avantgarde nur mehr ihr formaler Charakter überleben würde, allmählich zur Gewissheit.

Sich mit Ketzern zu befassen, wie Corboz es forderte, scheint mir immer noch der beste Weg, die Architektur aus der Sackgasse einer sich zunächst produktiv auswirkenden, dann aber stets lähmenderen Theorielosigkeit herauszuführen, die uns die erste Hälfte des 20. Jahrhunderts bescherte. Zugleich schützt uns das Denken der Ketzer vor jener Phantasie tötenden Disziplinierung und Verwissenschaftlichung, die in der zweiten Hälfte des letzten Jahrhunderts der programmatischen Entfesselung des Architekturdiskurses auf den Fuß folgte. Zu befürchten ist ja, dass all denen, die die Verwissenschaftlichung einer Disziplin bezwecken, die sich noch nicht wie die Literatur-, Musik- und Kunstwissenschaften in eine eigene Fakultät verabschiedet hat, sondern weiterhin in enger Anbindung an die praktische Ausbildung gelehrt wird, jene kreativen Abgründe unbekannt bleiben werden, die allein einer in ihrer Betriebsamkeit gefangenen Architektur neue Perspektiven eröffnen können.

Sparsamkeit versus Verausgabung
Will man die offiziellen Lesarten der Architektur durchbrechen, die nichts anderes sind als ein Abbild herrschender Rationalisierungsprozesse, dann müssen wir uns Formen der Reflexion widmen, die den Horizont eingefleischter Vorstellungen aufsprengen helfen.

Architekturtheorie hat aus der voreiligen Unterstellung, die Architektur sei diejenige Disziplin, die von allen Künsten der okzidentalen Vernunftentwicklung am nächsten stehe, die Tugend machen wollen, dass dem Bauen das Prinzip der Rationalisierung geradezu inhärent sei. Wahrscheinlich sind noch heute die meisten Architekten der Meinung, dass ihr Bauen bei allem emotionalen Aufwand, den sie (insgeheim) betreiben, das adäquate Gestaltungsmittel sei, die Ordnung einer im Großen und Ganzen vernünftig scheinenden Welt zum Ausdruck zu bringen. Die Architektur, so lautet ein weit verbreitetes Vorurteil, ziehe eine Vernunft ans Tageslicht, die sich hinter unverständlichen Abstraktionen, unsichtbaren technischen Prozessen und im Dickicht bürokratischer Prozesse verberge. Zumindest lege sie diejenigen Aspekte fortgeschrittener Rationalisierung frei, die sich sinnlich nachvollziehen lassen. Im Wunsch nach einer anschaulichen *Verkörperung* abstrakter Rationalität drückt sich der genuine Kulturkonservatismus jener Architekten aus, die dazu neigen, in Entwicklungen, die sich mit Händen nicht mehr greifen lassen, einen „Verlust der Mitte" zu diagnostizieren.

Im Rahmen dieser „Verkörperungstheorie" geht man davon aus, die moderne Rationalitätsentwicklung, die lebenspraktisch relevant ist, und die Visionen der Architekten, die dem Realitätsprinzip gehorchen, als kongenial anzusehen. Zweifellos besteht in weiten Kreisen der Konsens, dass eine technisch, sozial und ästhetisch ambitionierte Architektur im Prinzip eine Veranschaulichung der Vernunftregionen darstellt, die sich konkretisieren lassen, so wie ja bereits die vormoderne Architektur selbstbewusst genug war, das verkörpern zu wollen, was dem Menschen an göttlicher Vernunft und kosmologischer Ordnung zugänglich schien. Im Horizont dieses Wunschdenkens stellt sich die Architektur als adäquate Heim- und Werkstatt okzidentaler Rationalität dar. Kein Wunder also, dass Architekten bei dem, was sie tun, vor allem als vernünftig gelten wollen. Was aber genau ist unter dem Diktat der Vernunft, dem sie den sichtbaren Teil ihres Handelns unterwerfen, zu verstehen?

Die abendländische Vernunft, deren Zweckrationalität der Soziologe Max Weber seine besondere Aufmerksamkeit widmete, steht seit der Universalisierung der protestantischen Arbeitsethik unter dem Gesetz einer *Ökonomisierung* sämtlicher Lebenssphären.[3] Statt zur Lust an der *Verschwendung*, die der Schriftsteller und Philosoph Georges Bataille traditionellen Gesellschaften unterstellte, kam es unter der Herrschaft der okzidentalen Rationalität und der mit ihr einhergehenden kapitalistischen Wirtschaftsform zu einer Verherrlichung der Sekundärtugenden. Gepredigt wurden Sparsamkeit, Askese und Unterwerfung der Personen und Dinge unter das Gebot der Nützlichkeit. Hierdurch wollte sich das Bürgertum seiner moralischen Überlegenheit gegenüber einer Aristokratie vergewissern, die ihre Reichtümer sinnlos zu verprassen pflegte. Statt der Verschwendungslust der Herrschenden, die sich dem Luxus und Nichtstun hingaben, wurden Fleiß und Verzichtsfreude sowie der sparsame Einsatz von Mitteln, Material und Körperkraft in allen Tätigkeitsfeldern als die Regeln gepriesen, die allein für eine christliche Lebensführung taugten. Parallel hierzu begann die Architekturtheorie die Nützlichkeit und Wirtschaftlichkeit vernünftigen Bauens zu propagieren und den Einsatz kostbarer Materialien und Schmuckformen als unmoralisch zu denunzieren.

Wie keine andere Kunsttheorie verpflichtete sich die moderne Architekturtheorie darauf, sämtliche Aspekte des Bauens, die sich dem Sparsamkeits- und Nützlichkeitsgebot widersetzen – das Erotische, Affektive, Geheimnisvolle und Unheimliche –, aus dem modernen Architekturdiskurs auszuschließen, um sie schließlich in depotenzierter Gestalt mit dem Zweckmäßigen und Ökonomischen zusammenfallen zu lassen. Seitdem die Architekten glauben, mit der Identifizierung von Form und Funktion, Schönheit und Zweck sei der Grundwiderspruch ihrer Disziplin gelöst, leidet das Bauen an einer unauflösbaren Paradoxie. Wohl war die verfahrene Stildebatte des 19. Jahrhunderts auf das Niveau einer Reflexion gehoben worden, der es gelang, Funktionalität als eine neue Spielart vollendeter Formen auszugeben, doch war ja damit die wichtigste ästhetische Herausforderung, die sich der Architektur seit jeher im Anspruch auf Verschwendung und Selbstverausgabung stellte, aus der Welt geschafft.

Mit der Ideologie des Funktionalismus schwenkte die moderne Architektur trotz ihres ästhetischen Eigensinns auf die Linie jener Homogenisierungstendenzen ein, die die westliche Zivilisation prägen und heute unter dem Schlagwort der Globalisierung diskutiert werden. Als Kunst wurde von nun an in der Architektur offiziell nur das zugelassen, was den Kurs ihrer Ökonomisierung bestätigte. Dies bedeutete allerdings nicht, dass nun das aus der homogenisierten Architektur ausgeschiedene Heterogene, die verleugnete Ästhetik der Verschwendung, völlig verkam und abstarb. Marginalisiert, wie sie ist, vermag sie jedoch nur mit Hilfe einer Theorie rekonstruiert und aktualisiert werden, die sich dem Verhängnis einer restlosen Identifizierung von Architektur und Zweckrationalität zu entwinden trachtet.

Architekt und Mönch

Die Suche nach der Ästhetik des Heterogenen erfordert einen Spürsinn, über den die traditionelle Architekturtheorie nicht verfügt. Im 20. Jahrhundert war es der von der modernen Architektur gemiedene Surrealismus, der eine Spurensuche provozierte, die von den ausgetretenen Pfaden abzukommen suchte. So sprach beispielsweise Bataille von einer „verlangsamten Aufmerksamkeit", deren Karriere im *dérive* der Situationisten gipfelte.[4] Es handelt sich hierbei um eine Form der Meditation, die die Aufnahmefähigkeit für das Ungebräuchliche und Unschickliche erhöht. Eine Meditation, die sich selbst in den Zustand zu versetzen sucht, in den sie Kunst und Wissenschaft zu locken trachtet, damit Theorie und Praxis zur Ketzerei befähigt werden. Zugleich gilt es die „Entwendung" der Architektur im Zeichen der okzidentalen Rationalität zu ermessen und dabei ein Bewusstsein für die Gewalt auszubilden, die sich das Bauen selbst im Namen einer auf Sparsamkeit und Nützlichkeit aufbauenden Ethik antut.

Diese Ethik sieht ihr Vorbild im Mönch. Zwischen ihm und dem puristischen Architekten gibt es Gemeinsamkeiten und geteilte Geheimnisse, von denen insbesondere Le Corbusier zu profitieren hoffte. So wie der Mönch seine Phantasie gerade in gesteigerter Askese und Einsamkeit der Sünde öffnet (die sich ihm in allen Facetten, insbesondere in den verführerischen Farben erotischer Ausschweifungen aufdrängt), so sind auch dem vom Sparsamkeitsprinzip durchdrungenen Architekten, der sich dem „Zölibat" der Formaskese verschrieben hat, die Versuchungen ästhetischer Verschwendung besonders bewusst. Mönch und Architekt trachten beide danach, das Verbotene zu überwinden, und bilden doch gerade durch ihre Selbstkasteiung die Fähigkeit aus, sich in besonderer Weise für das Heterogene zu sensibilisieren. An der Geißel des Einsiedlers, an der die grellsten Verführungen zerschellen sollen, misst sich der moralische Panzer der vom Protestantismus geprägten modernen Architektur. Es messen sich aber zugleich an der Dimension der Sünden, die der Mönch flieht, die Auswüchse der Verschwendung, die sich der moderne Architekt verbietet. Je greller die weißen Mauern Zions erstrahlten, von denen Adolf Loos schwärmte, desto mächtiger erwachte der Wunsch nach Polychromie...

In der Phantasie des Asketen findet sich die Welt des Lasters mit ihrem überbordenden Reichtum ein, und die Verschwendungsorgien einer verleugneten Verzierungskunst kommen uns erst in der schmucklosen Architektur der Moderne so recht zu Bewusstsein. Letztere verkörpert noch heute die Porosität der Grenze, die die okzidentale Rationalität zwischen dem Reich des erlaubten Homogenen und des unerlaubten Heterogenen aufgerichtet hat. In jedem Verbot schwingt die ständige Verlockung mit, es zu brechen. Die Architektur baut darum nicht nur Barrieren, sie markiert auch Durchgänge. Riskante Durchgänge wie jenes mächtige, auf dem Meer schwankende Tor, das der Schriftsteller und „Oberbaumeister" Hans Henny Jahnn seiner Glaubensgemeinde Ugrino als Siegel entwarf.[5] Jahnns Botschaft lautete: Dieselbe Architektur, die sich vor dem unerlaubten Terrain des Heterogenen aufrichtet, um ihre Solidarität mit der realen Ordnung unter Beweis zu stellen, weckt zugleich die unstillbare Neugier für das, was sich hinter dieser Grenze verbirgt. Die Aufrichtung und der Fall des Gebots wachsen im Symbolcharakter des Tores zusammen, das ja nur deshalb steht, „weil alle Steine auf einmal einstürzen wollen".[6]

Moderne Architektur ist also beides: Agentur des herrschenden Homogenisierungszwangs und Projektionsfläche für die Phantasien des Verbotenen. Das Zusammenwirken dieser antagonistischen Kräfte hat die traditionelle Architekturtheorie missachtet, da sie nicht begriff, dass die moderne Architektur gerade aufgrund der Verleugnung des Heterogenen nichts anderes provoziert als ihren „Sündenfall" – die Abschweifung ins Ornamentale. Das unter dem Gesetz der Ökonomie stehende Bauen vibriert ja geradezu wider von den Anstürmen unbewusster Verschwendungsphantasien. Und so stellt sich natürlich die Frage, ob das in der Architektur Verbotene nur als Verdrängtes anwesend ist, als jenes „Abwesende", worüber Peter Eisenman spekulierte,[7] oder ob es nicht zuweilen unvermittelt zu Tage tritt? Vielleicht dort, wo wir nicht danach suchen?

Imperative und elende Heterogenität[8]
Nun ist es ja durchaus so, dass eine unter der Flagge der Homogenität segelnde Baukultur dem Heterogenen auch Platz einräumt. Dies ist aber nur dann der Fall, wenn es sich um repräsentative Bauaufgaben handelt. In Gestalt vergangener *Kult*bauten und ebenfalls in der auftrumpfenden Monumentalität resakralisierter *Kultur*bauten behauptet das Heterogene bis heute sein Bleiberecht in der Architektur. Hierbei handelt es sich freilich nur um eine scheinbare Subversion der Vernunft: um die *imperative Heterogenität* von Bauten, die mit einem „Verschwendungsetat" ausgestattet wurden. Sie allein dürfen aus dem bürgerlichen Sparsamkeitsgebot spektakulär ausscheren, um mit imponierendem Gestus die Ernüchterungen, die mit dem Prozess der Rationalisierung notwendig einhergehen, vergessen zu machen. Zu diesem Zweck wird dem aus kulturkritischer Perspektive diagnostizierten Sinnverlust der Moderne das „Pathos der Erhabenheit"

gegenübergestellt, mit dessen unmäßiger Steigerung der Faschismus und der Stalinismus die ramponierten Volksseelen wieder aufrichten wollten.

Dieser imperativen Heterogenität und ihrer ideologischen Feigenblattfunktion steht die *elende Heterogenität* gegenüber, die für ideologische Dienste untauglich ist. Das elende Heterogene ist *das Andere*, das sich den Vereinnahmungen der von der zweckrationalen Vernunft beherrschten „realen Ordnung" entzieht. Die Kraft, aus der sich solche Verweigerungshaltung speist, potenziert sich in der Gewalt, mit der sie aus der homogenisierten Welt ausgeschlossen wird. Das Andere ist das unbegriffene Heterogene, das den Menschen an die ihm entfremdete äußere und innere Natur kettet. Es ist wie eine offene Wunde, die im Prozess der Zivilisation vernarbt: die hässlich pulsierende Narbe auf dem zu steriler Schönheit mortifizierten Antlitz einer homogenisierten Kultur. Eine Architektur, die von der lebendigen Hässlichkeit des Heterogenen nicht zu träumen wagt, wird sich nie der Diktatur des toten Steins zu widersetzen wissen.

Die entstellende Vernarbung liegt als Fluch über dem vernünftigen Leben, das sich einer vorsorgenden Ökonomie unterwirft und das Überleben des planenden Verstandes mit dem allmählichen Absterben der Lebensfreude bezahlt. Bevor aber Überlebenskampf und Tod konfigurieren und die Architektur das Leben verleugnet, das sie ja im Gegenteil schützen und ermöglichen soll, scheint eine Art Mechanismus in Kraft zu treten: eine prästabilierte Harmonie zwischen den abtötenden und vitalen Kräften der Zivilisation. Vor dem völligen Absterben unserer Lebensgeister, bevor wir selbst und unsere Werkzeuge und Gegenstände dem Nützlichkeitsprinzip unterworfen werden, treten uns die Werke der imperativen Heterogenität vor Augen und öffnen die Pforten zu den Kathedralen der entzauberten Welt. Die elende Heterogenität hingegen öffnet die Wunde, die das sich verschwendende Subjekt dem beschädigten Leben in der realen Ordnung schlägt. Eine Architektur, die ihr folgt, spiegelt die Verausgabung wider, die sich im Wälzen und Auftürmen schwerer Steine bezeugt, dem spielende Kinder und Jugendliche so gern nachgehen – und zwar umso lieber und ausdauernder, desto sinnloser ihren Eltern dieses Tun dünkt.[9]

Auf der Schattenseite

Stellt sich die Frage, ob es auch erwachsene Architekten gibt, die der elenden Heterogenität Ausdruck zu verleihen wissen? Immerhin können wir uns ein Bild über ihre Aufenthaltsorte machen, wo das Gespräch über das Bauen vom Pfad der Tugend abweicht. Es sind die Schattenseiten der Architektur, die wir aufspüren müssen, ihre Rückwände, die kaum einer so sorglos zu missachten wusste wie Palladio; es sind die verborgenen Winkel und Nischen, in die sich abseitige Gedanken einnisten – die Kellerräume, Grüfte und Kerker Piranesis, die der Aufenthaltsort verschwiegener Träume sind. Und es sind die realen Orte, in denen die Ausgeschlossenen ihr Dasein fristen – die Gefangenen, Geknechteten, Abgeschobenen. Kurzum, alle geplanten und ungeplanten Orte erlittener und ausgeübter Gewalt, die nur wenig dazu geeignet scheinen, um darin an Architektur zu denken, geschweige denn, um darin Gebäude und Städte zu konzipieren und zu zeichnen.

So gibt es also die offiziell praktizierte und an unseren Hochschulen gelehrte Architektur, die das gesellschaftliche Verbot des Heterogenen vollstreckt, das sich der

Autorität einer Vernunft entzieht, die erst im Akt der Ausschließung das Ausgeschlossene als ein Heterogenes, das auf eigene Rechte pochen kann, bewusst macht. Die offizielle Architektur ahmt die Gewalt nach, mit der die Gesellschaft das von ihr Geächtete bekämpft, doch modelliert die bauliche Gestalt dieser Gewalt zugleich an der Projektion des Verfemten mit, das zugleich Widerhall und Opfer der Brutalität ist, die es unterdrückt. Die homogenisierte Architektur ist die Hebamme des Heterogenen. Und wie eine Hebamme für die Aufzucht des Kindes, dem sie auf die Welt geholfen hat, nicht verantwortlich ist, so wendet sich die offizielle Architektur von ihrem verfemten Teil ab, den sie evoziert.

Keine Kunst hat die Kumpanei mit dem fortschrittsoptimistischen Zeitgeist der Moderne so weit getrieben wie die Architektur. Gebunden an ihren konstitutiven Gebrauchscharakter und an die Entwicklung der Technik, begab sie sich in die Flucht nach vorn und zelebrierte ihren Avantgardismus als Aufbruch in die Sachlichkeit. Während die autonomen Künste in kritischer Distanz zu den gesellschaftlichen Modernisierungsprozessen verharren konnten, glaubten die „linken" Architekten ihre Progressivität gerade durch restlose Identifizierung mit der Ausmerzung des Heterogenen und dem völligen Verbot des Ornaments unter Beweis stellen zu müssen. Einige jedoch entwickelten ein feines Gespür für das Verfemte: Die wenigen Versuche seiner Kristallisation, die ihm im Werk Finsterlins, Constants, Friedrich Kieslers oder John Hejduks vergönnt waren, können es durchaus mit der Radikalität eines Piranesis aufnehmen.

Die Popularität homogenisierter Architektur und mehr noch der suggestive Charme von Bauwerken, die dem Prinzip der imperativen Heterogenität frönen, finden bis heute ihren entscheidenden Rückhalt im Eindruck der Vollkommenheit, den sie erwecken möchten. Sie steht im Bann des Wunsches, Gebäude nicht nur bezugsfertig zu erstellen, sondern als abgeschlossene Kunstwerke zu präsentieren. Der Kunstanspruch, der einem Bauen, das dem Rationalitätsprinzip gehorcht, mehr und mehr abhanden kommen musste, wurde mit Hilfe der Vollkommenheitsdoktrin in die Moderne hinein verlängert. Deren Autorität richtete sich mit Hilfe der Behauptung der Abgeschlossenheit auf, damit also, dass einem fertigen Bauwerk nichts mehr hinzugefügt werden kann, ohne seine vernünftige Ordnung zu erschüttern. Die Apologeten der Abgeschlossenheit, die modernen Erben des Klassizismus, fürchten darum nichts mehr als die Veränderungen, die sich mit dem Alltag in ihre Gebäude schleichen könnten, während die Fürsprecher der elenden Heterogenität auf dem Prozesscharakter der Architektur beharren.

Kurt Schwitters Merzbau demonstriert, dass sich das Heterogene verschleudert und verschwendet. Es wirft sich fort, um die Welt zu gewinnen, und spiegelt auf diese Weise ein Stück violenter Erotik, subversiver Phantasie und exzessiver Gestaltungslust wider. Die Verwandlung der Architektur in einen Prozess ohne ökonomischen Nutzen intendiert als *work in progress* die ästhetische Verausgabung und dichtet sich so gegen den Auftrag ab, die herrschende Ordnung zu versteinern. Die Verschwendung materieller Besitztümer, die das Bauen im Zeichen resakralisierter Monumentalität bezweckt, verkehrt sich dort, wo die Forderung der Vollkommenheit nichts gilt, in *die Verschwendung geistigen und emotionalen Reichtums*.

Verschwenden und vergeuden

Georges Bataille, der die Theorie der Verausgabung im Rahmen seiner „allgemeinen Ökonomie" entwickelte, mit der er die moderne, auf Verzicht und Vernunft gegründete Ökonomie der bürgerlichen Welt attackierte, hat darauf hingewiesen, dass der Begriff der Poesie „als Synonym von Verschwendung angesehen werden" könne. In der Kunst und gerade in den materiell anspruchslosen Disziplinen wie der Poesie verschwende sich der Mensch, der sich in ihren Dienst stelle. „Sie verurteilt ihn zu den trügerischsten Aktivitäten, zu Elend, Verzweiflung, zur Jagd nach flüchtigen Schatten, die nur Taumel oder Wut hervorrufen können."[10] Mit der Selbstausbeutung des Dichters geht die Tatsache einer, dass die Kosten für die Produktion und Reproduktion von Lyrik kaum ins Gewicht fallen. Nur deshalb ist ja ihr Entstehen an „elenden Orten" denkbar. Zu diesem Umstand passt, dass der protestantischen Verzichtsethik die „Lust am Lesen" wie auf den Leib geschneidert scheint, denn auch der Konsum von Literatur ist vergleichsweise preiswert, und ihr stiller Genuss bringt den Leser selten um seine Fassung.

Anders die Architektur – sie kostet viel Geld und gehörte, sofern es sich um die Errichtung von Prachtbauten handelt, immer schon in den Bereich der „unproduktiven Ausgaben", die „ihren Zweck in sich selbst haben".[11] Tatsächlich galt über Jahrtausende hinweg, dass sich die Architektur vom bloßen Bauen eben deshalb unterschied, weil sie sich verschwendet. Erst die moderne Architekturtheorie wechselte die Fronten und frönt bis heute einer (in Grenzen liberalisierten) Sparökonomie, deren prominentestes Sprachrohr Adolf Loos war. Er deutete die Zivilisationsgeschichte als Prozess eines ökonomischen Handelns, bei dem es um die Minimierung der Arbeit und Konsumtion in allen Bereichen geht, die der materiellen Reproduktion des Lebens gewidmet sind. Hierzu rechnete er auch die Architektur, die er zuvor aus dem Reich der Kunst verbannt hatte.

In der bürgerlichen Gesellschaft wurde die Baukultur unter das Gesetz der Sparsamkeit gestellt. Das, was die Architektur unwiderruflich an die Ökonomie der Moderne bindet, ist das Verbot, Arbeitskraft und Material durch rückständige Bauweisen und überflüssige Verzierungen zu verschwenden. Prägte Bataille das Zauberwort der Verausgabung, sprach Loos von Vergeudung, um in der wirtschaftlich rückständigen Donaumonarchie ein Bewusstsein für effiziente Arbeit zu fördern. Die Moderne produzierte so den Widerspruch zwischen einer zivilisationsskeptischen Verschwendungsökonomie und einer fortschrittsoptimistischen Sparsamkeitsökonomie, die mit der Rede vom „Entfernen des Ornaments aus dem Gebrauchsgegenstand"[12] eine kulturelle Praxis zu widerlegen suchte, die sich an den Produkten überflüssiger Mühsal ergötzt. Hob Bataille den lustfeindlichen Charakter rationalisierter Tätigkeiten hervor, feierte Loos die Würde einer gestalterischen Arbeit, die sich nicht an Kunst und Kitsch vergeudet, und wertete dies als zivilisatorischen Fortschritt.

Für ihn und die nachfolgenden Generationen öffnete die Verwandlung der prächtigen Repräsentationsobjekte der Vergangenheit in die funktionalen Gebrauchsgüter der Gegenwart das Tor zur Humanisierung des Bauens. Die moderne Architektur sollte die Wohnungsnot bekämpfen, den Alltag erleichtern helfen und sich nur mehr in den Sparten des Denkmals und Grabmals ästhetisch verausgaben dürfen. Und sogar die autonome Kunst, die Loos von den ökonomischen und moralischen Diktaten der bürgerlichen Gesellschaft radikal befreit wissen wollte, geriet zunehmend in den Sog der Forderung nach einer Ökonomisierung ihrer ästhetischen Mittel. Aus diesem Grund hatten die mit Loos befreundeten Komponisten der Schönberg-Schule dem verschwenderischen Klangrausch spätromantischer „Ausdrucksmusik" den Kampf angesagt. Das Diktat der ästhetischen Askese betraf nicht nur die Zweckkünste, es wirkte sich auf die gesamte moderne Kultur aus. Wie die reiche Emotionalität des modernen Subjekts sich hinter der Maske des Gleichmuts verbergen sollte, so hatte sich auch sein materieller Besitz in die eigenen vier Wände zurückzuziehen. Mit seinen Wohnhäusern wollte Loos dieses Programm der Verinnerlichung und Zurückhaltung des Reichtums exemplarisch vorführen. An ihren äußerst sparsam gestalteten Fassaden prallte der neugierige Blick des Passanten ab, dem „die Augen übergingen", sobald er ins Innere gelangte...

Ökonomisierung des Bauens
Die Entzauberung der Baukunst, die ihren Höhepunkt in der funktionalistischen Architektur erfuhr, bereitete sich in der Renaissance vor. Allen voran durch Alberti, der die sakrale, am antiken Tempelbau orientierte Vorherrschaft von Säule, Gebälk und Giebel durch das Primat der Wand ablöste. Die Wand ersetzte in der Architektur italienischer Stadtstaaten die auratische Grenze, die die Antike mit Hilfe der Säulenordnung zwischen der profanen und sakralen Welt aufgerichtet hatte. Ihre vergleichsweise bescheidene Aufgabe bestand in der Unterscheidung jener öffentlichen und privaten Sphären, die für die bürgerliche Gesellschaft konstitutiv werden sollten. Schon für das italienische Stadtpatriziat stand nicht länger die Säulenkolonnade im Mittelpunkt architektonischen Interesses, sondern eine mit Pilastern gegliederte, durch Fenster- und Türöffnungen perforierte Wand, die eine Kommunikation zwischen innen und außen, zwischen der privaten und öffentlichen Sphäre bewerkstelligen sollte.

Standen sich das Sakrale und das Profane in der antiken Kultur als inkommensurable Welten gegenüber, wobei verschwenderisch ausgestattete Kultbauten das Überschreiten der Schwelle, die sich schützend vor den sakralen Bereich legte, aufwändig inszenierten, unterschied der italienische Palazzo zwei Bereiche, die zugleich getrennt *und* verbunden waren und auf diese Weise demonstrieren sollten, dass sie *einer* Welt zugehören. Der geradezu schamlosen Verschwendung von Reichtümern an sakralen Bauwerken trat die Forderung nach einer dosierten Zurschaustellung privaten Besitzes entgegen, der sich mit Hilfe sparsam verzierter Fassaden in einer dem Zusammenleben der unterschiedlichen Stände zuträglichen Weise Ausdruck verschaffte. Die Verwendung des Ornaments stand so bereits bei Alberti unter dem Gesetz einer private Reichtümer akkumulierenden, statt verausgabenden Lebensweise.

Die Rationalisierung des Bauens im Dienst des Sparsamkeitsgebots erlebte ihren ersten Höhepunkt mit Jean-Nicolas-Louis Durand, der das Prinzip der Ökonomisierung in seiner ganzen konsequenten Nüchternheit auf die Architektur anwandte, um ihr die ästhetischen Flausen aus dem Kopf zu treiben. Er tat dies im besten Gewissen desjenigen, der erkannt zu haben glaubte, dass das Nützliche und Wirtschaftliche mit dem Architekturschönen zusammenfalle. Als schön konnte in einer Welt, die die Verschwendungssucht geißelte, nur mehr der sparsamste Gebrauch gestalterischer Mittel akzeptiert werden. Eine Architektur, die sich hieran nicht hielt, galt von nun an als hässlich. Angenehm berührt fühlte sich der Bürger Durand nur mehr von Gebäuden, die mit Schmuck sparten. Die fatale Verwechslung des Schicklichen mit dem Schönen stand am Beginn der modernen Architektur.

Ihre Entkunstung nach den Gesetzen bürgerlicher Ökonomie schwamm auf der Welle jenes siegreichen Rationalisierungsprozesses mit, den Max Weber beschrieb, doch musste sie zugleich einer Architekturtheorie und -praxis abgetrotzt werden, die sich diesem Prozess energisch entgegenstellte. Der moderne Arbeitsalltag war die Niederung, in die sich eine auf Repräsentationsaufgaben geeichte Baukunst erst hinabbequemen musste, um die auf Verschwendung zielenden Bauaufgaben der Vergangenheit durch jenen Ernst abzulösen, den die Bewältigung moderner Leuchttürme, Gefängnisse, Schlachthöfe und Krankenhäuser etc. erforderte. Die Homogenisierung der Architektur, die Durand im Namen der modernen Rationalität und Ökonomie besorgte, kann selbst schon als ein Akt der Überschreitung gelesen werden, der die Grenzen zu den Niederungen jener Alltagskultur missachtete, die ein auf das Pathos der Erhabenheit gestimmter Architekturdiskurs auszuschließen suchte.

Dass Homogenisierung und Heterogenisierung in einem dialektischen Verhältnis stehen, deutet sich bereits bei Vitruv an: Die römische Zivilisation zeigt im Unterschied zum antiken Griechenland die Rationalisierung und Entsakralisierung der Architektur im Namen des Ingenieurs und seiner gewaltigen Pionierleistungen, die in Gestalt endloser Straßen und Grenzbefestigungen, gigantischer Wasserleitungen und Schwindel erregender Aquädukte den physisch-geografischen Zusammenhalt des römischen Weltreichs stifteten. In der Rastergestalt des römischen Militärlagers blitzt schon die schematisierende Vernunft Durands auf – und doch stand nicht alles römische Bauen im Zeichen der Rationalisierung.

Resakralisierung der Architektur

Hierauf macht uns Piranesi aufmerksam. Sein Werk lenkt in präromantischer Absicht (und in Widerspruch zum Klassizismus, der das Geschäft der okzidentalen Vernunft im Namen einer „weißen Antike" betrieb) den Blick auf die Abgründe Roms. Vergangene Bauwerke, die in Trümmern lagen, monumentalisierte Piranesi zu Artefakten, die ohne Sinn und Funktion rätselhaft und gewaltvoll in die Neuzeit hinüberragen. Fasziniert von der sich verausgabenden Arbeit Tausender, die einst riesige Steine zu den Monumenten einer überlegenen Zivilisation türmten, ließ der Italiener die Ruinen-Atmosphäre der heroischen Vergangenheit Roms in seinen Kerkerbildern wieder aufleben. Angesichts der sich in unheimlichen Tiefen verlierenden Gewölbe und Treppenanlagen, in denen das Rasseln von Ketten und das Kreischen nutzloser Räderwerke nachhallt, relativiert sich die Frage, weshalb es keine genuin romantische Architektur gegeben hat, so wie wir von einer romantischen Literatur, Malerei und Musik sprechen. Mögen es auch die Baumeister des 19. Jahrhunderts bei ihrer Suche nach dem Unheimlichen nicht weiter gebracht haben als bis zur Wiederentdeckung der Gotik – in Piranesis Werk finden wir das unübertroffene Vorbild ihrer Bemühungen, der Architektur ihren verfemten Teil wiederzugewinnen.

In Piranesi – *und* seinen illegitimen Kindern, den französischen Revolutionsarchitekten. Demnach wäre Durand ein abtrünniger Schüler Boullées gewesen? Sagen wir es so: Er stand zu ihm im Verhältnis von Verzauberung und Entzauberung. Interpretiert man die Entsakralisierung der Architektur als einen neuzeitlichen Prozess der Entzauberung monumentaler Baukunst, die in Durand ihren nüchternsten Vollstrecker fand, dann war sein Lehrer Boullée gewiss ein großer Verzauberer gewesen. Dennoch wuchs Durands Schematismus auf dem Boden, den sein Lehrmeister bestellt hatte. Boullée ist ein Ordnungsfanatiker und typischer Vertreter jener Sekundärtugenden gewesen, die im Zuge der modernen Rationalisierungsprozesse Oberwasser gewannen. Seine Verführungskünste waren die Opiate, mit denen er die rigiden Ordnungsphantasien zu vernebeln suchte, die er zur Grundlage seiner Kunsttheorie gemacht hatte.

Boullées Sympathien gehörten dem Winter.[13] Auf der Suche nach der erhabenen Stimmung, die eine mit Eis, Kälte und Erfrierungstod drohende Jahreszeit verbürgt, entdeckte er die schreckliche Schönheit menschenleerer Monumentalität und veranschaulichte sie mit einer Architektur, die von der Gestaltungskraft des langen Schattens der Wintersonne profitiert. Indem Boullée seine zu platonischen Körpern perfektionierte Architektur in „erhabenen" Schattenreichen aufrichtete, deutete er die Selbstverstümmelung der unter das Rationalitätsgesetz gezwungenen Welt in einen opulenten Todeskult um, den er nicht an eine Glaubensgemeinde adressierte, sondern an ein postrevolutionäres Subjekt, das sich gruseln wollte.

Der Franzose war ein Artist der Illusion und kein Geheimnisverwahrer wie Piranesi. Der Abglanz des Heiligen wollte dem Italiener nicht in der Sphäre imperativer Heterogenität erscheinen, nicht in den Pathos-Räumen resakralisierter Architektur, sondern in einer Unterwelt, in der 100 Jahre später der Dichter Baudelaire die *Blumen des Bösen* pflückte. Piranesi war ein Regisseur des Schreckens, während Boullée Strategien der Verführung entwickelte, die bei den Betrachtern seiner Blätter pseudoreligiöse Schauder hervorrufen sollten. Seine Architektur verschwendete sich weniger, als dass sie auf ein Publikum spekulierte, das mit Bauwerken überrascht werden sollte, die darauf berechnet waren, von jedem Betrachtungsstandpunkt aus ihre volle Wirkung zu entfalten. Hinzu kam das raffinierte Kalkül einer Lichtregie, die „durch Verminderung des Tageslichts die Seele zur Andacht, zur Buße und sogar zu einem religiösen Schauder inspirieren" sollte.[14]

Mit dem Kampf der Architekten und Ingenieure um die moderne Baukultur ging die Frage nach der ästhetischen Wiederaufrüstung einer der bürgerlichen Sparsamkeitsökonomie unterstellten Architektur einher. Boullée plädierte dafür, das Bauen weiterhin als Kunst zu begreifen, weil es mehr als alle anderen Disziplinen dazu befähigt sei, die moderne Kultur nach dem Vorbild der Natur zu *vervollkommnen*. Durand forderte stattdessen die radikale Rationalisierung der Architektur, um die Zivilisation nach dem Vorbild vorausschauender Planung zu *verbessern*. Aus diesem Grund wurde er zum unnachgiebigen Buchhalter der Architektur und machte das Geld zu ihrer zentralen Kategorie. Seine Idiosynkrasie gegen Verschwendung wurde dem modernen Ingenieur zur zweiten Natur.

Minimalforderung des Bequemen

Fassen wir zusammen: Moderne Architektur besteht in dem Anspruch, dass alle Bauwerke, die der Mensch errichtet, zur Baukunst zählen, gleichgültig ob es sich um sakrale oder profane, öffentliche oder private Gebäude, Industrie- oder Verkehrsbauwerke handelt. Es war die unter dem Prinzip der Ökonomie vorgenommene Ernüchterung der Architektur zu einer sämtliche Bauaufgaben der modernen Zivilisation umfassenden Disziplin, die ihren ästhetischen Begriff verengte, ihren politischen Horizont jedoch beträchtlich erweiterte. Zugleich wurde die Forderung nach Schönheit durch das Gebot der Sparsamkeit ersetzt. Die Tendenz, die Architektur darauf zu verpflichten, mit geringen Kosten ein Höchstmaß an Zweckmäßigkeit zu erreichen, schloss von Anfang an den Anspruch auf Arbeitserleichterungen mit ein. Das funktionale Haus sollte die Kosten für Material und Verzierungen minimieren und ebenso die Arbeit, die zu seiner Errichtung aufgewendet werden muss. Und es sollte vor allem die hauswirtschaftlichen und gewerblichen Tätigkeiten erleichtern helfen, die in seinem Inneren verrichtet werden.

Die viel bewunderten Häuser und Gebrauchsgegenstände der im Zölibat lebenden Shaker, die sich einem mühseligen Leben verpflichteten und auf diese Weise den triebfeindlichen Aspekt der protestantischen Arbeitsethik besonders deutlich zum Ausdruck brachten, wurden von den modernen Architekten gerade wegen ihrer Bequemlichkeit geschätzt. Gesteigerte Arbeitsmoral und Bequemlichkeitsforderung gingen mit der modernen Architektur des Bürgertums ebenso einher wie Luxus und Unbequemlichkeit mit der zu Repräsentationszwecken geschaffenen feudalen Baukultur.

Das Ziel einer homogenisierten Architektur besteht darin, nicht mehr um ihrer selbst willen angeschaut und bewundert zu werden. Das fragwürdig gewordene Privileg der Verschwendung gebührt in der Moderne nur mehr einem Bauen, das als Anachronismus mitgeschleppt wird – als halbherzige Korrektur der ökonomischen und antiästhetischen Intention moderner Architektur. Führt der Buchhalter bei der Beurteilung eines Gebäudes die Feder, dann ist die letzte Instanz, an die es appellieren kann, bevor es seine Würde vollends verliert, die der Bequemlichkeit. Das Ertränken verschwenderischen Zierrats in der „Wohlbehaglichkeit", die sich der Bürger in seinen vier Wänden gönnt, war die Geburtsstunde der modernen Architektur. Das Bequeme ist das Ventil, durch das sich der Überfluss verströmt, den die moderne Sparsamkeitsethik der Architektur vorenthält.

Expressionistische Überschreitung
Laut Werner Oechslin sind sämtliche großen Themen, die in die Theoriediskussionen zu Beginn des 20. Jahrhunderts einflossen, rund 100 Jahre zuvor entwickelt worden.[15] Für das 21. Jahrhundert scheint Ähnliches zu gelten: Einerseits findet die Wiederkehr der Architekturtheorie zu ihren wahrnehmungstheoretischen und phänomenologischen Wurzeln zurück, die ebenfalls im 19. Jahrhundert gründen, andererseits scheint sich der Mechanismus zu wiederholen, dass wir uns heute die entscheidenden Impulse für eine Redefinition moderner Architektur abermals von Positionen erhoffen, die vor nahezu 100 Jahren formuliert wurden.

Die den Beginn des 20. und 21. Jahrhunderts charakterisierenden Versuche, das jeweils Neue in Argumenten zu spiegeln, die weit zurückliegen und dennoch unverbraucht sind, unterscheiden sich gleichwohl in einem wesentlichen Aspekt: Die Verarbeitung wichtiger Theoriebausteine des 19. Jahrhunderts stand in den zwanziger Jahren unter einem theoriefeindlichen Stern. Erstaunlich differenzierte Argumente verwandelten sich auf diese Weise in propagandistische Kürzel einer Manifest-Literatur, die von der Behauptung lebte, die Forderungen des Jahrhunderts zuvor seien restlos in Praxis überführbar. In eine Praxis zudem, die ihrerseits nicht theoretisiert werden müsse, sondern nur eines wissenschaftlichen Begleitschutzes bedürfe, den ihr vor allem die Gesellschafts- und Ingenieurwissenschaften gewähren sollten. Noch in den sechziger Jahren, als die Kritik der Moderne unüberhörbar wurde, glaubte man im Namen einer marxistischen Soziologie den Auftrag der Architekturtheorie in Bausch und Bogen als ideologisch denunzieren zu müssen.[16]

Ganz im Gegensatz hierzu steht uns heute der Sinn nach einer kritischen Reflexion solcher Positionen, die anders als die Programme und Manifeste, in deren Schatten sie standen, beanspruchten, als *Kunst und Theorie* ernst genommen zu werden. Bevor wir uns ihnen zuwenden, soll der Diskussion der Ökonomisierung und Resakralisierung der Architektur eine These abgewonnen werden, welche uns bei der Aktualisierung von Konzeptionen unterstützt, die sich der Modellierung elender Heterogenität verpflichtet haben. Im Prinzip scheinen mir zwei Formen der Überschreitung identifizierbar, die beide den Prozess der Homogenisierung der Architektur konterkarieren: 1. die des Ingenieurs, der, *insofern er Pionier ist,* in die Kloaken der Zivilisation hinabsteigt, um den Opfern einer unsozialen Verschwendungsökonomie den Segen des technischen Fortschritts zu bringen; 2. die des Künstlers, der, *insofern er Ketzer ist,* die Abgründe der Psyche ausleuchtet, um die Wunden sichtbar zu machen, die das Sparsamkeitsgebot schlägt. Während sich aber der *überschreitende Pionier* den Terrains der Zweckrationalität nähert, verlässt sie der *überschreitende Ketzer*. Zwischen beiden steht der Architekt. Er hält sich auf dem Boden der realen Ordnung auf, die er mit profanen und resakralisierten Bauten bebildert. (Sobald aber auch er durch das verbotene Tor verschwindet, das ihm seine Neugier aufschließt, trifft er auf den Pionier, der den Platz besetzt, den er aufgegeben hat, und erspäht von fern den Künstler, der ihm ins Reich des Heterogenen vorauseilt...)

Die das Reich der Homogenität überschreitende Begegnung zwischen Architekt, Pionier und Ketzer, die in Boullée, Durand und Piranesi ihre Vorgeschichte hat, fand ihre Fortsetzung im Expressionismus, ohne dass dies bislang in seiner vollen Bedeutung erkannt worden wäre. Der Grund hierfür ist, dass offenbar bis auf Reyner Banham niemand sonst bemerkte, wer im Kreis der Expressionisten in die Rolle des technischen Pioniers geschlüpft war. Hinzu kommt, dass die Baugeschichte die expressionistische Architektur allein unter dem Gesichtspunkt einer wie auch immer bewunderungswürdigen Sackgasse behandelt. Wie sollte diese auch als Ausgangspunkt für Entwicklungen, die in den Surrealismus und weiter bis in unsere Zeit führen, zu begreifen sein, wenn es doch im Bewusstsein der Stilgeschichte gar keine surrealistische Architektur gegeben hat?

Für Banham war der sich im Kreis der Expressionisten bewegende Poet, Sciencefiction-Autor, Pazifist und Bohemien Paul Scheerbart derjenige, der den Überschreitungsmut des Ingenieurs ins 20. Jahrhundert hinüberrettete. Dass der Engländer hellsichtig genug war, in dem deutschen Dichter einen Pionier moderner Technik zu erkennen, hängt mit seiner Sensibilität für die Abhängigkeit der Architekturmoderne von der Entwicklung der Technik zusammen. Ihn empörte, dass die Architekten hiervon profitierten, ohne es in ihrer Theorie zu reflektieren. Spöttisch kommentierte er Le Corbusiers berühmte Definition der Architektur als „korrektes und großartiges Spiel der Baukörper unter dem Licht" mit den Worten: „Was aber passiert nach Einbruch der Dunkelheit? Ehe künstliches Licht massenhaft zur Verfügung stand – sagen wir vor 1890 – wurden Gebäude nachts einfach unsichtbar. Nicht jedoch heute, ja nicht einmal in den zwanziger Jahren. [...] Aber wenn sie nachts sichtbar sind, so ist das der Fall, weil sie Le Corbusiers Behauptung genau umkehren. Sie sind nicht mehr Formen im Licht, sondern Licht in Formen."[17]

Mit solchen Bemerkungen wollte Banham einen Perspektivenwechsel von der konstruktiven zur „nichtkonstruktiven" Ingenieurtechnik einleiten und nannte als einen ihrer größten Pioniere Edison, dessen Forschungen es zu verdanken sei, dass die Elektrizität ökonomisch profitabel wurde. Es fällt nicht schwer zu verstehen, dass die Architekten die Erfolge der Haustechniker als Bedrohung ihrer Kunst empfanden. So musste erst ein Dichter kommen, um sie mit einer Vision zu überrumpeln, die die düstere Lichtregie Boullées ins luftige Reich moderner Elektrizität beförderte. Trotz des dadaistischen Witzes, der sich irritierend über die Radikalität seiner Vorschläge legt, erkannte Scheerbart die ästhetischen Qualitäten des Glases, das dem künstlichen Licht die Form geben sollte, besser als jeder andere. Er scheint geahnt zu haben, dass die Loos'sche Forderung nach den weißen Mauern Zions bei der Bevölkerungsmehrheit auf großen Widerwillen stoßen werde, während eine weltweite Verbreitung künstlichen Lichts die zur Sparsamkeit erzogene Architektur in Illuminationskörper verwandeln, die ihr den Überfluss einer prächtigen Farbigkeit und Lichtfülle zurückerstatten würden.

Verlebendigung des Bauens heißt bei Scheerbart nicht Freilegung, sondern vollständige Entmaterialisierung der Konstruktion. An ihre Stelle tritt das Glas, mit dem eine Katharsis nicht nur der Architektur, sondern der gesamten europäischen Zivilisation in die Wege geleitet werden sollte. Zumindest im Verständnis Adolf Behnes, der behauptete: „Die Glasarchitektur bringt die europäische Geistesrevolution, sie macht aus einem beschränkten, eitlen Gewohnheitstier einen wachen, hellen, feinen und zarten Menschen."[18] Diese Kraft traute er ihr zu, weil sich Scheerbart die Häuser der Zukunft samt ihrer Inneneinrichtung aus Glas vorstellte, um der ins Gemütliche gesteigerten Bequemlichkeit bürgerlicher Wohnkultur den Kampf anzusagen. Die Überschreitung einer ins Bequeme entkunsteten Architektur sollte die Entwicklung eines ästhetisch hoch sensibilisierten Menschen fördern, der alles ist, nur eben nicht gemütlich. Aus diesem Grund gab Behne mit trotzigem Ausrufungszeichen zu bedenken, die Glasarchitektur bleibe „in einer fast rätselhaften Weise immer primitiv!"[19]

Einem anderen, der erstaunlich tief in die menschliche Seele zu blicken verstand, war es überlassen, die psychologische Primitivität der Glassymbolik herauszuarbeiten: Hermann Finsterlin. Der Überschreitung, die Scheerbart, der Pionier der modernen Haustechnik, vornahm, korrespondiert die Überschreitung Hermann Finsterlins, auf dem im Kreis der „Gläsernen Kette", diesem geheimbündlerischen Zusammenschluss expressionistischer Künstler und Architekten, das Prädikat des Ketzers am besten zu passen scheint. Seine Zeichnungen und Texte veranschaulichen auf idealtypische Weise die *archaische Matrix des Ödipus-Komplexes*.[20] In Anlehnung an Bruno Taut, der als Architekt der kristallinen Stadtkrone zwischen ihm und Scheerbart stand, interpretierte Finsterlin die heterogene Architektur der Expressionisten als „unendliche Möglichkeit gruppenseelischer Ausgestaltungen", als ein „Zyklopennest", in dem „man sich nicht nur als Insasse einer märchenhaften Kristalldruse fühlen [wird], sondern als interner Bewohner eines Organismus, wandernd von Organ zu Organ, ein gebender und empfangender Symbiote eines fossilen Riesenmutterleibes".[21]

Es wundert uns nicht, dass der in diesen Riesenmutterleib zurückgekrochene „Symbiote" auf Glasböden wandelt, zwischen Möbeln, die sich aus transparenten Wänden heraus blähen. Dem Fötus eines Beuteltieres gleich, versucht er sich in eine merkwürdig unwirtliche Höhle zu kuscheln, die Finsterlin mit dem „Saftdom eines Gallwespenbabys" verglich. Ihm wird nicht völlig verborgen geblieben sein, dass seine Ketzerei eine grandiose narzisstische Regression darstellte. Daher mag sich kaum einer als Verräter gefühlt haben, der seinen Glastraum im Wohnungsbau der zwanziger Jahre ertränkte. Die Architekten verabschiedeten sich leichten Herzens von der expressionistischen Utopie in einen Brotberuf, der das farbensprühende Kristall in bunte Hausfassaden zu überführen versprach.

Surrealistische Synthesis
Hierbei blieb freilich die Frage offen, wie jenseits der Baupraxis für das Existenzminimum das gläserne Organ und die imperative Heterogenität der zur Kathedrale resakralisierten Stadtkrone in einer weiterführenden Überschreitung von ihrem regressiven Charakter erlöst werden könnten. Zu diesem Zweck musste die expressionistische Utopie, deren negative Aspekte in Samjatins Roman *Wir* (1920) unverblümt hervortraten, von ihrem Fetischcharakter befreit und die Kunst der gläsernen Erstarrung in ästhetisches Verhalten „verflüssigt" werden. Diese Aufgabe machten sich der holländische Maler Constant und der in die USA emigrierte Architekt Friedrich Kiesler zu Eigen. In ihrer Person wurde die Unterscheidung von Ingenieur und Künstler, die sich schon im Expressionismus aufzulösen begann, vollends gegenstandslos. Die Richtung ihrer Überschreitung lässt sich darum nicht leicht bestimmen. Gerade Constant scheint sowohl den Kurs des technischen Pioniers wie den des ästhetischen Ketzers aufgenommen zu haben.

Diese Janusköpfigkeit charakterisiert auch sein Projekt „New Babylon", das je nach dem Blickwinkel, den man wählt, *entweder* in die kalte Monstrosität der städtebaulichen Modelle und in die subversive Kraft der Gemälde zu zerfallen droht, die dem Projekt gewidmet sind, *oder* aber als eine Synthese antagonistischer Kräfte verstanden werden kann, die sich notwendigerweise in Modellen und Bildern unterschiedlich darstellen musste. Gleichwohl sind es insbesondere die Gemälde des Werkzyklus „New Babylon", aus denen die elende Heterogenität ebenso überzeugend wie aus Piranesis Kupferstichen hervorblitzt. Ihre Tiefenwirkung übertrifft bei weitem die der Modelle, wobei sich die monumentalen Treppenskulpturen der *carceri* zu einem Meer hoher Leitern verflüchtigen, an denen Schattengestalten kleben, die merkwürdig zerfleischt scheinen, als habe Francis Bacon den Pinsel geführt.

Glas ist in „New Babylon" nur als Zerbrochenes denkbar. Constants monströse antiurbane Stadtapparatur scheint trotz ihres kalten Technizismus eine alttestamentliche Opferstätte zu sein, durch die der Wind pfeift. Die Nägel, die in den Modellen die Menschenmassen symbolisieren, und die Schwarzalben der Gemälde, die dem kollektiven Menschen die Würde der Individuierung erst wieder im Schattenreich des Hades zubilligen wollen, bringen der Göttin der Vernunft, die der Erbauer „New Babylons" anbetet, das Opfer des Fleisches und der Fleischeslust dar. Ein Bild des elenden Heterogenen ist das Ganze dennoch, weil dieses Opfer nicht verschmäht wird. Im Gegenteil: „New Babylon" ist eine Verschwendungsorgie der sich in Material und Konstruktion auflösenden Entleibung des Menschen.

Kiesler führt uns auf einen anderen Pfad. Seine konsequentesten Projekte bieten nicht länger das Abbild, sondern die Aktion der Überschreitung selbst. Der Wunsch nach einer Verlebendigung der Architektur weicht weder in den Überfluss noch in den sparsamen Gebrauch von Ornament, Material oder Konstruktion aus. Bei Kiesler liegt die Betonung auf der Verausgabung des Architekten in nutzloser Mühe. Nutzlos ist sie und damit außerhalb der realen Ordnung, weil es sich um eine rein ästhetische Arbeit handelt und weil diese Arbeit kein Ende findet. Sie ist weder zweck- noch zielgerichtet, sie erkennt sich in keinem Endprodukt wieder, sondern allein im Prozess. Das Endless House entreißt die Architektur einer Ökonomie, die von einem in Material- und Arbeitszeitkosten zerlegbaren Bauwerk ausgeht. Auch die luxuriöseste Verschwendung ist unter dem Gesichtspunkt sparsam zu nennen, als sie fest mit der Fertigstellung des Bauwerks rechnet und also ein Ende nehmen wird. Erst wer dieses Ende leugnet, betritt das Reich der grenzenlosen Verausgabung, die jedes Sparen negiert.

Und noch etwas kommt hinzu: Im endlosen Prozess der Selbstverausgabung verwandelt sich die Distanz, in der die Geld verschwendende Geste zum luxuriösen Bauwerk steht, in die Intimität des Künstlers zu seinem Objekt. In der ständigen Um- und Weiterformung wird permanent überflüssige Arbeitskraft als Energie an es weitergegeben. Lebendig wird es, weil es ständig wächst und sich verformt. Es kommt so zu einer Mimikry zwischen Mensch und Ding, zu einer Verflüssigung der Grenze des Lebendigen und Leblosen. Schwärmte Finsterlin vom künftigen Leben im Mutterbauch, verschwand Kiesler im Körper seines Bucephalus. Planung und Realisierung fallen in der ständig wachsenden und sich verformenden Architekursulptur zusammen. Diese verweigert sich nahezu in allen Aspekten der kapitalistischen Ökonomie, so wie die unablässig gestaltende Hand gegen ihre Instrumentalisierung durch „nützliche Arbeit" aufbegehrt.

Was ist Reichtum?
Den Abschluss meiner Überlegungen bildet der Versuch, die „allgemeine Ökonomie" Georges Batailles, die den Begriff des Heterogenen auf die Architektur anwenden half, und die „allgemeine Systemtheorie" Richard Buckminster Fullers, die mich dazu überredet hat, auch und gerade im Ingenieur den „Überschreiter" zu erkennen, als komplementäre Positionen zu lesen. Dies geschieht mit dem Ziel, die Theorie der heterogenen Architektur in eine Reflexion münden zu lassen, die eine wichtige Tendenz vieler Texte aufgreift, die in dieser Anthologie versammelt sind. Gemeint ist die Tendenz einer Auflösung des Widerspruchs zwischen Technik und Kultur, der das Bauen ebenso wie unsere Gesellschaft insgesamt daran hindert, in der Moderne anzukommen.

Bataille und Fuller, deren gegensätzliche Herkunft sich in ihren getrennten Leserschaften spiegelt, die nichts voneinander wissen wollen, stimmten beide darin überein, dass die entscheidende Frage der Moderne „Was ist Reichtum?" laute. Noch überraschender aber ist, dass der französische Bibliothekar und der amerikanische Designer völlig unabhängig voneinander die gleiche Antwort darauf gaben: Reichtum sei überschüssige Energie.[22] Obschon Fullers und Batailles Begründungen immer noch brisant sind, geht es im Folgenden weniger um deren Aktualität als um ihre Konkordanz. Hieran knüpft sich die Erwartung, dass die begehbaren Brücken zwischen Kunst und Technik, Kultur- und Naturwissenschaften längst gebaut sind und dass die Aufgabe der Architekturtheorie darin besteht, sie zu entdecken.

Der ketzerische Impuls, der die beiden ungleichen Persönlichkeiten antrieb, nährte sich aus ihrem Außenseitertum zum etablierten Wissenschaftsbetrieb. Die Definition der Bataille'schen Ökonomie und der Fuller'schen Systemtheorie als „allgemeine" spekulierte auf die Überwindung spezialisierten Wissens und Handelns, das die Moderne im ganzen überschattet. Beide verurteilten sie, dass die Wissenschaftler durch ihr Expertentum im Ghetto eng umgrenzter Fachdisziplinen gefangen gehalten werden. Ihr Know-how vermag sich nicht zu einem Wissen zu entwickeln, das über die Lösungen spezifischer Probleme hinaus auf die drängenden Probleme der Welt reflektiert. Die „allgemeine Theorie" tritt daher mit dem Anspruch auf, die isolierten Disziplinen zusammenzuführen und zugleich die Dichotomie von Vernunft und Sinnlichkeit zu überwinden.

Während Fuller bereits mit dem Begriff Systemtheorie ein interdisziplinäres Aufgabenfeld erschloss, das von keiner Einzelwissenschaft dominiert wird, verließ sich Bataille in guter marxistischer Tradition auf die Ökonomie, der er zutraute, das verstreute Expertenwissen seiner Zeit zu vereinigen. Doch spitzte er seine Theorie nicht auf eine Alternative zur bürgerlichen Nationalökonomie zu, sondern errichtete sie auf einem breiten Fundament kulturwissenschaftlicher Einsichten. Und weil er die Vielfalt der Lebenswelt über die eindimensionale Wirtschaftsrationalität des Kapitalismus stellte und der Produktion die Konsumtion überordnete, in deren Perspektive „ein Menschenopfer, der Bau einer Kirche oder das Geschenk eines Juwels nicht weniger interessant sind als der Verkauf von Getreide",[23] fühlte er sich dazu berechtigt, von einer allgemeinen Ökonomie sprechen zu dürfen.

Neue Entdeckungen in der Ethnologie gaben Bataille Argumente an die Hand, dass in vormoderner Zeit und bei einigen außereuropäischen Völkern die Konsumtion Vorrang hatte vor der Produktion. Seine Beschäftigung mit der Biologie überzeugte ihn außerdem davon, dass die Krise der modernen Gesellschaft mit Naturprozessen erklärt werden könne. Die Analogie des natürlichen und des ökonomischen Wachstums sah er in der elementaren Tatsache begründet, dass „der lebende Organismus dank des Kräftespiels der Energie auf der Erdoberfläche grundsätzlich mehr Energie erhält, als zur Erhaltung des Lebens notwendig ist. Die überschüssige Energie (der Reichtum) kann zum Wachstum eines Systems (zum Beispiel eines Organismus) verwendet werden. Wenn das System jedoch nicht mehr wachsen und der Energieüberschuss nicht gänzlich vom Wachstum absorbiert werden kann, muss er notwendig ohne Gewinn verloren und verschwendet werden, willentlich oder nicht, in glorioser oder in katastrophischer Form."[24]

Es sind also gerade die Grenzen des Wachstums, die das Phänomen der Veraussgabung erzwingen. Die bittere Erfahrung, dass die Verschwendungsorgien des 20. Jahrhunderts in den katastrophischen Formen zweier Weltkriege stattfanden, gab der Generation von Fuller und Bataille ihr politisches Profil. Beide erkannten, überschüssige Energie berge ein immenses Gefahrenpotenzial und ebenso große Hoffnungen. Laut Bataille steht Energie immer dann zur Verfügung, wenn die Wachstumskräfte, die sie absorbierten, an ihre Grenzen stoßen. Energieüberschuss ist das Resultat abgeschlossenen Wachstums. Die Kreativität, die hierdurch freigesetzt wird, löst sich von ihrem biologischen und ökonomischen Zweck, sie lässt Natur und Kultur erblühen „und demonstriert fortwährend ihre nutzlose Herrlichkeit". Heterogene Architektur wäre also Ausdruck einer den Frondiensten des natürlichen Wachstums und der Kapitalakkumulation entronnenen Energie. Aus

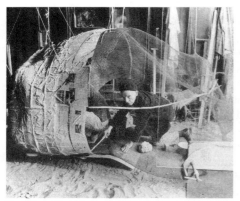

Der Ketzer: Friedrich Kiesler (1890-1965) arbeitet an der Gussform seines Bucephalus, New York 1964.

Der Pionier: R. Buckminster Fuller (1895-1983) auf einem Flugzeugträger, vor ihm ein mobiler Hubschrauberhangar in Form einer Geodätischen Kuppel (1956).

ihr, prognostizierte Bataille, speise sich die wahre Souveränität des Menschen, die nur in Augenblicken der Ekstase und im Rausch zurückzugewinnen sei.

Energie ist eine ambivalente Macht, in der gewaltige konstruktive *und* destruktive Potenziale schlummern. Sie ist ein Geschenk der Sonne, die für den überschüssigen Energievorrat der Natur sorgt. Die Sonne verschwendet sich an die Erde, sie tankt das *spaceship earth* ständig auf, ohne dies in Rechnung zu stellen. Ihre „Ökonomie" repräsentiert in Batailles Theorie das, was Fuller das „größte System" nannte, das keinem anderen subsumiert werden kann. Und so wie Fuller und Bataille in der Letztbegründung ihres Denkens übereinstimmten, so teilten sie ihre Bewunderung für die solare Energie. Betonte der Amerikaner bereits 1938, die Quelle aller Kräfte, die der Mensch nutzt, sei die Sonne, formulierte der Franzose nur wenige Jahre später: „Der Sonnenstrahl, *der wir sind*, findet am Ende die Natur und den Sinn der Sonne wieder: er muss sich verschenken, *sich ohne Berechnung verlieren*."[25]

Architektur muss brennen

Scheerbarts Lichtreligion kehrt in der „fröhlichen Wissenschaft" Batailles als Feier des Sonnenfeuers wieder, das sich grundlos verschwendet und damit ein Naturgesetz zum Ausdruck bringt, das die bürgerliche Sparsamkeitsökonomie als Absurdität entlarvt und ebenso die ihr zugrunde liegende pietistische Moral, die verleugnet, dass die sexuelle Aktivität „die Tätigkeit der Sonne fortsetzt".[26] In der Nachfolge Max Webers machte Bataille den Protestantismus verantwortlich für die ethische Rationalisierung, die das „natürliche" Prinzip der Verschwendung durch das Gebot des Geizes ablöste. Während aber der Soziologe diesen Prozess „nur" verstehen und erklären wollte, verurteilte ihn der Philosoph als eine Entzauberungsstrategie, die den Menschen um die Möglichkeit seiner ekstatischen Selbstüberschreitung beraubte und das Band von Religion und Ökonomie durchschnitt.

Die Suche nach den Erfahrungen des verloren gegangenen Heiligen im Heterogenen bekehrte Bataille zu einem modernen Sonnenkult, zu dessen Jüngern wir auch Fuller zählen dürfen. Doch gehörte er einer anderen Kaste an: War Bataille ein aztekischer Priester, der den Überfluss der Sonnenenergie pries, widmete sich Fuller, dieser *fool on the hill*, dem Problem, wie es uns gelingen könnte, „mehr Strahlungsenergie der Sonne an Bord unseres Raumschiffs einzufangen, als wir verlieren, wenn die Erde Energie abgibt".[27] Suchte der Franzose seine Philosophie mit wenigen naturwissenschaftlichen Erkenntnissen aufzubessern, trachtete Fuller nach einer Methode, das Physische und das Metaphysische als Einheit zu denken, und prägte hierfür den Begriff der Synergie.

Hierunter verbirgt sich die Option auf Praxis. Sprach ich davon, dass der überschreitende Pionier Kurs auf die reale Ordnung nimmt, während der überschreitende Ketzer aus der Praxis desertiert, und behauptete ich zudem, dass dem Ingenieur die Idiosynkrasie Durands gegen Verschwendung zur zweiten Natur wurde, gilt es nun eine Differenzierung vorzunehmen: *Fuller transformierte das moderne Verbot des Überflüssigen in das Gebot der Wissensvermehrung*. Latent schwang ja in der Sparsamkeitsökonomie immer schon der Gedanke einer Verwandlung von Quantität in Qualität mit. Allerdings handelte es sich hierbei um die Idee eines Qualitätssprungs, der nicht durch eine Zunahme von Quantität, sondern durch deren Abnahme erwirkt wird! Nur so ist Fullers Motto „Mehr mit weniger" zu verstehen, das etwas anderes im Schilde führte als das berühmtere Mies'sche Diktum „Weniger ist mehr".[28] Steht dieses im Banne homogenisierter Architektur, die ihren Purismus mit Fortschritt verwechselt, meint Fullers Motto, dass in Zukunft ein Mehr an technischem und humanem Fortschritt nur durch ein Weniger an Kraftaufwand zu erreichen ist. Insbesondere durch eine radikale Reduktion der immensen Mühen, die aufgeboten werden, um die nicht erneuerbaren Energien der Erde auszubeuten.

Fuller wollte die bürgerliche Ökonomie durch eine Praxis ersetzen, die reflektiert, dass wahrer Reichtum in der Zunahme von Wissen besteht. Für ihn wie für Bataille war das Verbot der Verschwendung Ausdruck eines selbstzerstörerischen Nichtwissens, das davon ausgeht, die Güter der Erde seien viel zu knapp bemessen, als dass wir uns ihrer ohne Verteilungskämpfe bemächtigen könnten. Statt für die kriegerische Verausgabung des Reichtums plädierte der dionysische Franzose für eine entfesselte Erotik, während der apollinische Amerikaner davon träumte, den gesellschaftlichen Überfluss einer von den Fesseln ihrer Spezialisierung befreiten Vernunft zugute kommen zu lassen, die das Sparsamkeitsgebot der Moderne in eine geistige Konzentrationsleistung verwandelt, um die Bewegungsgesetze des Universums zu entschlüsseln.

Fuller wusste sich in der Tradition des deutschen Astronomen Johannes Kepler, der den Planetenbewegungen auf die Spur gekommen war und auf diesem Weg bereits „die tensionale Kohärenz des Sonnensystems entdeckt" hatte.[29] Mit dieser eigenwilligen Deutung einer Pioniertat, die über 400 Jahre zurücklag, versuchte der Amerikaner das die traditionelle Architektur beherrschende Prinzip der Kompression beziehungsweise des Tragens und Lastens zu verabschieden, das auf der Annahme solider Körper beruht. Er ersetzte es durch das *Tensegrity*-Prinzip, das davon ausgeht, dass sich in der Welt im Großen wie im Kleinen nichts berührt: Planeten und Atome umkreisen in unvorstellbar großen Abständen ihren Nukleus, gehalten nur durch Gravitationskräfte, deren Geometrie sich Fuller ein Leben lang widmete. Hierbei stieß er auf die Erkenntnis, dass die besondere Eigenart der Konstruktionsgesetze der Natur als *Weg des geringsten Widerstands* zu beschreiben ist, und folgerte, dass sich die größten Wirkungen im Mikro- und Makrokosmos zumeist auf unscheinbare Ursachen zurückführen lassen.[30]

Fuller sah in der Möglichkeit, mit winzigen Ursachen größte Wirkungen zu erzielen, die einzige Erfolg versprechende Strategie, das Verhalten der Menschheit so zu beeinflussen, dass sie dem Kreislauf katastrophischer Selbstverausgabung entrinnt. Diese Strategie bestehe zunächst darin, darauf zu verzichten, die Menschen verändern zu wollen. Stattdessen gälte es, nach dem Grundsatz „Mehr mit weniger" zu verfahren und eine Veränderung der Umwelt in Angriff zu nehmen, die unser Denken und Handeln in die richtige Richtung lenkt. Aus der Tatsache, dass die Natur mit ihren Kräften geizt, leitete Fuller die Überlegenheit seiner Konzepte über die Heilsversprechen moderner Ideologien ab. Er setzte auf die Entfaltung ungenutzter geistiger Ressourcen und die Entwicklung sparsamer Techniken, um die zerstörerischen Kraftaufwendungen einzudämmen, denen Bataille das Ventil der Erotik anbot.

Kleine Nachbemerkung

Zeigt sich eine begehbare Brücke, befürchten wir schon die ersten Risse. Architektur ist immer auch Reparatur und desgleichen ihre Theorie. Auszubessern ist der Übelstand der Bodenlosigkeit, der zu den gewissesten Erfahrungen der Moderne gehört. Und so stehen wir nun am Ende eines Textes, der die „transzendentale Obdachlosigkeit" (Georg Lukács) der Moderne auf das Bauen projizierte, damit sich die kreativen Potenziale der Ketzer und Pioniere vor dem Hintergrund der schwankenden Grundfesten der Architektur nur umso überzeugender schildern ließen. Das hat mit Personenkult nichts zu tun. Der Star ist das Produkt einer Sehnsucht, die ein großes Publikum einigt. Ketzer und Pioniere spekulieren hingegen nicht auf Originalität, um in der Masse aufzufallen, sondern um einer modernen Identität zuzuarbeiten. Wer sie entdeckt, dem kehren sie kurz ihr Antlitz zu, um sogleich wieder unter den Akteuren des Lebens zu verschwinden, *die wir selber sind.*

---

1 Fritz Neumeyer: *Quellentexte zur Architekturtheorie*, Berlin/London/New York 2002, S. 75.
2 André Corboz: „Für eine offene Theorie der Architektur", in: *Architekturtheorie*, hrsg. v. d. TU Berlin, Lehrstuhl für Entwerfen O. M. Ungers, Berlin 1967, S. 72.
3 In der „Vorbemerkung" zu den *Gesammelten Aufsätzen zur Religionssoziologie* (1920) formulierte Weber seine Theorie der Rationalisierung. Zunächst stellte er die berühmte Frage nach den Ursachen der universellen Bedeutung okzidentaler Vernunft und machte im Einzelnen deutlich, mit welcher Konsequenz sich in den abendländischen Sphären der Wissenschaft, Kunst, Verwaltung und Wirtschaft das Prinzip der Rationalität im Unterschied zu den anderen Hochkulturen durchgesetzt hat. Die Erkenntnis, dass es sich hierbei um eine spezifische Form der Rationalität handelt, brachte Weber dazu, die besondere Eigenart der okzidentalen Vernunftentwicklung herauszustellen. Hierbei stieß er auf das fundamentale Problem, wie denn die *wertrational* fundierte Lebensmoral der katholisch-mittelalterlichen Welt in die offenkundig *zweckrational* motivierte Berufsethik des Zeitalters der Reformation mutieren konnte. Unter Kapitalismus verstand er fortan kein spezielles Geschäftsgebaren mehr, sondern eine „ethisch gefärbte Maxime der Lebensführung", wie sie paradigmatisch in Benjamin Franklins *Philosophie des Geizes* aufblitzt, die definiert ist durch den als Selbstzweck betriebenen Gelderwerb bei strengster Vermeidung allen Genießens.
4 Vgl. Guy Debord: „Theorie des Umherschweifens", in: *Der Beginn einer Epoche. Texte der Situationisten*, Hamburg 1995, S. 64-67.

5 Der ausgezeichneten Habilitationsschrift Reiner Niehoffs über Hans Henny Jahnn verdanke ich den Hinweis auf die Verwandtschaft zwischen Batailles Theorie der Überschreitung und Jahnns Architekturtheorie, die ebenfalls eine radikale Unterscheidung zwischen dem Reich der Sakralität und der Profanität vornimmt und sich hierzu der Torsymbolik bedient. (Reiner Niehoff: *Hans Henny Jahnn. Die Kunst der Überschreitung*, München 2001.)

6 Heinrich von Kleist: *Sämtliche Werke und Briefe*. Zweiter Band, hrsg. v. H. Sembdner, München 1970, S. 593.

7 Peter Eisenman: „Moving Arrows, Eros and other Errors. Eine Architektur der Abwesenheit", in (ders.): *Aura und Exzeß. Zur Überwindung der Metaphysik der Architektur*, Wien 1995, S. 89-98.

8 Bataille unterschied zwei unterschiedliche Heterogenitäten: „eine hohe, vornehme, erhabene und im weiteren ‚imperativ' genannte und eine niedrige, ‚elende' Heterogenität. Imperativ heterogen sind Menschen oder Dinge, die wie sakrale Personen oder Objekte behandelt werden: der Monarch, der militärische Befehlshaber, der Priester oder auch der faschistische Führer. [...] Niedrig heterogen dagegen sind Menschen oder Dinge, die Abscheu, Ekel, Widerwillen hervorrufen; die zwar auch unberührbar sind wie das erhabene Sakrale, aber so, wie der Verbrecher, der Verrückte, der Perverse von der Normalität abgespalten ist." (Niehoff S. 152.)

9 „Es ist eine Liebe zum Stein, die so ungewöhnlich ist, dass sie dem 12-jährigen Schelten und Beanstandungen einbringen musste. Große Teile der verfügbaren Jugendzeit hat Jahnn damit zugebracht, riesenhafte Steine zu suchen, zu ergraben und zu transportieren." Aus dieser Lust der Qual leitete er das Programm der Religionsgemeinschaft Ugrino ab, die sich in der gemeinsamen Verausgabung am Stein konstituieren sollte. (Niehoff S. 79.)

10 George Bataille: *Die Aufhebung der Ökonomie*, München 2001, S. 15.

11 Bataille a.a.O. S. 12.

12 Dass die Entfernung des Ornaments aus Architektur und Alltag nicht nur ein kulturelles, sondern vor allem ein Gebot der bürgerlichen Ökonomie darstellt, erhellt die Begründung: „Ornament ist vergeudete arbeitskraft und dadurch vergeudete gesundheit. So war es immer. Heute bedeutet es aber auch vergeudetes material und beides bedeutet vergeudetes kapital." (Adolf Loos: *Trotzdem. 1900-1930*, Wien 1982, S. 83/84.)

13 Vgl. Étienne-Louis Boullée: *Architektur – Abhandlung über Kunst*, Zürich/München 1987, S. 67.

14 Boullée a.a.O. S. 80.

15 Werner Oechslin: „Gottfried Semper und die Moderne. Gedanken zu einer Umwertung des 19. und 20. Jahrhunderts", in: *Neue Zürcher Zeitung* vom 25. Mai 2002.

16 Vgl. Jörn Janssen: „Verhältnis zwischen Theorie und Praxis in der Bauplanung", in: *Architekturtheorie*, hrsg. v. d. TU Berlin 1967, S. 153.

17 Reyner Banham: „Edison, der vergessene Pionier", in: *Architekturtheorie*, hrsg. v. d. TU Berlin 1967, S. 17/18.

18 Adolf Behne: „Glasarchitektur", in: Bruno Taut: *Frühlicht 1920-1922*, Frankfurt/Berlin 1963, S. 13.

19 Behne a.a.O. S. 14.

20 Während Freud die Zumutung, allzu tief in archaische Seelenzustände hinabsteigen zu müssen, mit den Worten Schillers abwehrte, „es freue sich, wer da atmet im rosigen Licht", baut die Arbeit der französischen Psychoanalytikerin Chasseguet-Smirgel auf der Annahme archaischer Triebregungen auf. Ausgehend von Melanie Kleins Erkenntnissen über frühe Stadien des Ödipuskomplexes und über die auf den Mutterleib gerichteten sadistischen Phantasien des Kleinkinds stellt sie die Hypothese auf, „dass es einen primären Wunsch gibt, eine Welt ohne Hindernisse, ohne Unebenheiten und ohne Unterschiede wieder zu entdecken, eine völlig glatte Welt, die mit einem seines Inhalts entleerten Mutterleib identifiziert wird, einem Innenraum, zu dem man freien Zugang hat." Diesen unbewussten Wunsch nach einer Rückkehr in den Mutterleib bezeichnet Chasseguet-Smirgel als die „archaische Matrix des Ödipuskomplexes". (Janine Chasseguet-Smirgel: *Zwei Bäume im Garten. Zur psychischen Bedeutung der Vater- und Mutterbilder. Psychoanalytische Studien*, München/Wien 1988.)

21 Hermann Finsterlin: „Innenarchitektur", in: Bruno Taut: *Frühlicht 1920-1922*, Frankfurt/Berlin 1963, S. 107.
22 Fuller notierte 1969: Da „gegenwärtig weder die Politiker noch die Bankiers der Welt wissen, was Reichtum ist", beherrsche die Frage „Was ist Reichtum?" all unsere Überlegungen, bis wir erkennen: „Reichtum ist unsere organisierte Fähigkeit, die Umwelt effektiv zu meistern", eine Umwelt, die sich aus physischer und metaphysischer Energie zusammensetze, die verschwendet, nicht aber erschöpft werden könne. „Alles in allem kommen wir zu dem Ergebnis, dass der physische Bestandteil von Reichtum – Energie – nicht abnehmen kann und dass sein metaphysischer Bestandteil – Know-how – nur zunehmen kann. [...] Das bedeutet, dass Reichtum nur anwachsen kann." (Richard Buckminster Fuller: *Bedienungsanleitung für das Raumschiff Erde und andere Schriften*, hrsg. v. Joachim Krausse, Dresden 1998, S. 72 ff.) Bereits 1946 schrieb Bataille in *Die Ökonomie im Rahmen des Universums*: Reichtum sei im wesentlichen Energie, die „Grund und Zweck der Produktion" sei. Und ähnlich wie Fuller den Energiereichtum für unerschöpflich hielt, so war Bataille der Auffassung, dass die Summe produzierter Energie stets größer sei „als die Summe, die notwendig war für die Produktion". (Georges Bataille: *Die Aufhebung der Ökonomie*, S. 289.)
23 Bataille a.a.O. S. 35.
25 A.a.O. S. 45.
25 A.a.O. S. 291.
26 Ebd.
27 Fuller: *Bedienungsanleitung*, S. 77.
28 A.a.O. S. 234.
29 Joachim Krausse u. Claude Lichtenstein (Hrsg.): *Your Private Sky. R. Buckminster Fuller. Design als Kunst einer Wissenschaft*, Baden/Schweiz 1999, S. 408.
30 In einem *Playboy*-Interview erklärte Fuller die Strategie des geringsten Widerstands so: „Stellen Sie sich die *Queen Mary* vor – das ganze Schiff fährt vorbei, und dann kommt das Ruder. Und da ist am Ende des Ruders ein winziges Ding, das man Trimmklappe nennt. Das ist ein Miniaturruder. Bewegt man jetzt diese kleine Trimmklappe, dann bildet sich ein Unterdruck, der das Ruder herumzieht. Es braucht überhaupt keine Kraftanstrengung." Joachim Krausse kommentiert diese Technik, mit der sich ein riesiger Dampfer lenken lässt, mit den Worten: Wir haben es hier „mit einer merkwürdigen Kettenreaktion zu tun, in der das schwächste Glied zugleich das machtvollste ist. Das zeigt, dass Fuller die Rhetorik und Symbolik der Macht an einer entscheidenden Stelle unterläuft."
(*Your Private Sky* a.a.O. S. 228/29.)

TERRAIN
ORT, REGION, GLOBALISIERUNG

Die Bemühungen der Architekten und Historiker in den zwanziger und dreißiger Jahren, die Ästhetik des modernen Bauens zu kanonisieren und zu universalisieren, spiegeln sich nirgends stärker wider als in dem 1932 von Henry-Russell Hitchcock und Philip Johnson verfassten Buch *The International Style*[1]. Die umstrittene Publikation trug wesentlich zur Entstehung des Klischees bei, die moderne Architektur sei weiß, kubisch und leugne notorisch die Bedeutung der Region. Hieran konnte auch nichts mehr ändern, dass ein Jahr später die Delegierten des legendären IV. CIAM (Congrès Internationaux D'Architecture Moderne) das moderne Bauen und Planen auf die Besonderheiten des Regionalen verpflichteten.[2] Der Architekturhistoriker und Generalsekretär des CIAM Sigfried Giedion machte sich gar für einen „neuen Regionalismus" stark, der den „ewigen kosmischen und irdischen Bedingungen eines Landes" gerecht zu werden suchte.[3]

Es gibt indes einen Begriff, nach dem man in den Programmen und Manifesten der „klassischen" Moderne vergeblich sucht: den „Ort". Zu denen, die sich um seine Wiederentdeckung und Einbindung in die architekturtheoretische Diskussion verdient machten, gehörten die CIAM-Dissidenten des Team 10, die 1959 die Auflösung dieses wichtigsten Forums der Architekturmoderne herbeiführten. Mit der Berücksichtigung des Orts verbanden sie ihre Kritik am modernen Ideal des grenzenlos fließenden Raumes. Die nach Funktionen gegliederten und nach den ästhetischen Standards der Moderne homogenisierten Stadtlandschaften sahen die Mitglieder des Team 10 nicht länger als fortschrittlich, sondern als Beispiele fortgeschrittener Entfremdung an. Deshalb sollte die Architektur von nun an im „glatten Raum" der Moderne den nötigen Widerstand bieten, damit den Menschen wieder Orte der Identifikation und Orientierung geboten werden können.

Als wortmächtigster Aktivist des Team 10 galt der niederländische Architekt **Aldo van Eyck**. In dem Essay **„Versuch, die Medizin der Reziprozität darzustellen"** (1960), den er zur Fertigstellung seines Amsterdamer Waisenhauses schrieb, verspricht er sich von einer „Architektur des Ortes" eine stärkere „Teilhabe am Dasein" für die Bewohner. Zu den wichtigsten Aufgaben der Planer gehöre es, eine „gebaute Heimkehr für alle" zu schaffen und der Atmosphäre der Isolation und Frustration, die die Stadt der Moderne verantworte, mit architektonischen Mitteln entgegenzuarbeiten. Für van Eyck wird durch die Präsenz und die Wahrnehmungen der Menschen ein Raum zum Ort: „Was Raum und Zeit auch immer bedeuten – Ort und Geschehnis bedeuten mehr, denn in der Vorstellung des Menschen erscheint der Raum als Ort und die Zeit als Geschehnis."

Als größtes Übel der CIAM-Moderne sieht Aldo van Eyck die Lust am Sezieren und die Bildung unversöhnlicher Gegensatzpaare an. Der Wunsch zu trennen, was nicht zu trennen ist, manifestiere sich bei vielen modernen Architekten, da sie ausschließlich nach dem Entweder-oder-Schema handelten: *Entweder* bauen sie laut van Eyck für das Individuum *oder* für das Kollektiv; *entweder* sorgen sie für offene *oder* für geschlossene Räume. Dieser Krankheit der Ausschließlichkeit verschreibt van Eyck die „Medizin der Reziprozität" – um sie in Form von „intermediären Orten" den Arealen der Wechselseitigkeit schlechthin zu verabreichen: den Erschließungs- und Übergangszonen des Amsterdamer Waisenhauses.

Neben Aldo van Eyck war es vor allem der norwegische Architekt und Theoretiker **Christian Norberg-Schulz**, der sich in seinen Schriften um den Begriff des Orts bemühte und ihn so in die Architekturtheorie der zweiten Hälfte des 20. Jahrhunderts einzubetten verstand. Im Banne Martin Heideggers, der für ein Bauen plädierte, das existenziellen Halt verleiht, unternahm er in seinem 1976 erschienenen Buch *Genius loci* den Versuch, die philosophische Phänomenologie in den Architekturdiskurs zu übertragen. Für Norberg-Schulz bedeutete Architektur der Versuch, den „Geist" eines Orts, für den ein Gebäude entworfen wird, zu erkennen und zu visualisieren. Unter dem Eindruck der Zerstörungen, die der Furor des Wiederaufbaus in Europas Städten angerichtet hatte, mahnte er deshalb eine stärkere Achtung der von den Bomben verschonten Bausubstanz an und plädierte für eine größere Bereitschaft zur Erinnerung: „Erst wenn wir unseren Ort verstehen, sind wir zu schöpferischer Teilhabe und Mitwirkung an seiner Geschichte fähig."[4]

In **„Das Phänomen ‚Ort'"**, dem ersten Kapitel aus *Genius loci*, begreift Norberg-Schulz den Ort als Totalität, als ein qualitatives „Gesamt-Phänomen", „das sich nicht auf irgendwelche seiner Eigentümlichkeiten wie etwa räumliche Verhältnisse reduzieren lässt". Der ganzheitliche Charakter des Orts soll einer „entseelten Moderne" widersprechen, der es angeblich nur um die quantifizierbaren Größen des „mathematisch-technischen Raumes" geht. Anders aber als van Eyck, für den vor allem Schwellen und Zwischenräume die Chance bergen, Orte auszubilden, sieht Norberg-Schulz diese nur dort entstehen, wo zwischen innen und außen klar unterschieden wird.

Es wird kaum möglich sein, zu Norberg-Schulz einen größeren Antipoden zu finden als den niederländischen Architekten **Rem Koolhaas**. Er preist alles, was der Autor von *Genius loci* zu bekämpfen suchte: Hob dieser die Bedeutung identitätsstiftender Orte hervor, schwärmt jener vom Vorteil der Identitätslosigkeit; plädiert Norberg-Schulz für die *vita contemplativa* und den zur Ruhe gekommenen Menschen, neigt Koolhaas zur *vita activa* und glorifiziert Tempo und Bewegung in der Architektur. In urbanen Agglomerationen, die Norberg-Schulz als gesichts- und geistlos verurteilen würde, scheint sich Koolhaas erst so richtig wohl zu fühlen – und feiert sie als *generic cities*, als „Städte ohne Eigenschaften", die sich aus der Fessel des „Charakteristischen" befreien konnten.[5]

Im Stenostil des *global player* fordert Rem Koolhaas in seiner Kurzdiagnose **„Globalisierung"** (1993) die Architekten auf, sich nicht den derzeitigen weltweiten ökonomischen und politischen Entwicklungen zu verweigern, sondern die anarchischen Potenziale im Strudel der Globalisierung aufzuspüren und für die Architekturproduktion zu nutzen. Für ihn ist es kein Grund zur Kritik, dass rund um den Erdball tätige Architekten um die Besonderheiten der Kulturen und Regionen, für die sie planen, nur noch im Ausnahmefall wissen: Er stimmt ein Loblied auf das Fremdsein an und verspricht sich davon „eine Konstellation der Experimentierfreude und Erfindung". Am Beispiel des UN-Building in New York, das in erzwungener Partnerschaft von Le Corbusier und Wallace Harrison errichtet wurde, weist er die Möglichkeiten kultureller Hybridisierungen auf: Bei diesem Gebäude, so Koolhaas, handle es sich um eine Architektur, die „von einem Amerikaner niemals hätte *erdacht* und von einem Europäer niemals hätte *erbaut* werden können".

Dass die Bildung internationaler Konzerne durch massenhafte Fusionen vormals regional agierender Firmen zu einer weltweiten Vereinheitlichung der Lebensräume und Lebensstile führt, gehört zu den viel diskutierten Schattenseiten der Globalisierung. Der österreichische Architekturtheoretiker **Friedrich Achleitner** legt in **„Region, ein Konstrukt? Regionalismus, eine Erfindung?"** (1994) dar, dass mit diesen gewaltigen Homogenisierungstendenzen auch eine „Aufwertung regionaler und lokaler Strukturen" einhergeht. Allerdings bleibt er skeptisch, ob Architekten von diesen Prozessen profitieren könnten und einem erstarkenden Regionalismus zuarbeiten sollten: „Jeder Versuch, regionalistisch zu handeln, geht in die Falle der formalen Interpretation, die kulturell meist stagnierend oder verflachend wirkt." Mit dieser Einschätzung wendet er sich gegen die Konzepte eines „Kritischen Regionalismus", wie sie von Liane Lefaivre, Alexander Tzonis oder Kenneth Frampton dargelegt wurden.[6]

Anders als Achleitner, der in den Alpenregionen die negativen Auswirkungen eines aus Corporate-Identity-Erwägungen geborenen Regionalismus genau studiert hat, bedauert der deutsche Stadtplaner **Thomas Sieverts**, dass sich unter der Bevölkerung etwa des Rhein-Main-Gebiets oder des Großraums Stuttgart kein regionales „Image" einstellen will. In seinem 1997 erschienenen Buch *Zwischenstadt* empfiehlt er deshalb den Bewohnern und Politikern dieser halb städtischen, halb ländlichen Regionen, Mut zur Identitätsbildung zu beweisen. Im Kapitel **„Thesen zur Bedeutung der Begreifbarkeit der Zwischenstadt"** rät er den Kommunen, ihre „gesondert entfalteten Standortbegabungen" miteinander zu verknüpfen. Damit ein Zusammengehörigkeitsgefühl entstehen kann, spricht er sich für ein „Innenbild" der Region aus, das die soziale Interaktion und Selbstverwaltung stärken und der Identität von Gesellschaft und Raum zuarbeiten soll. Sieverts Buch steht für die Erkenntnis, dass die stärksten Belastungsproben der Regionen nicht von außen – den Globalisierungskräften – drohen, sondern von innen: den „eifersüchtig konkurrierenden Teilstädten".

Stephan Trüby

1 Dt. Übers.: *Der Internationale Stil 1932*, Braunschweig/Wiesbaden 1985.
2 Vgl. Thilo Hilpert (Hrsg.): *Le Corbusiers „Charta von Athen" – Texte und Dokumente*, Braunschweig/Wiesbaden 1984, S. 117.
3 Sigfried Giedion: *Raum, Zeit, Architektur*, Ravensburg 1965, S. 24.
4 Dt. Übers.: *Genius loci. Landschaft, Lebensraum, Baukunst*, Stuttgart 1982, S. 202.
5 Vgl. Rem Koolhaas: „Generic City"(1994), in: R. Koolhaas, B. Mau: *S,M,L,XL*, Rotterdam 1995; dt. Übers.: „Die Stadt ohne Eigenschaften", in: *ARCH+* 132, Juni 1996.
6 Vgl. Kenneth Frampton: „Kritischer Regionalismus – Thesen zu einer Architektur des Widerstands", in: Huyssen, Scherpe (Hrsg.): *Postmoderne. Zeichen eines kulturellen Wandels*, Reinbek bei Hamburg 1986; Alexander Tzonis und Liane Lefaivre: „Critical Regionalism", in: A. Graafland, J. de Haan, M. Speaks (Hrsg.): *The Critical Landscape*, Rotterdam 1996.

AUTOR
ALDO VAN EYCK

Nach seinem Studium an der MTS in Den Haag und an der ETH Zürich lehrte Aldo van Eyck (1918-1999) von 1966 bis 1984 als Professor an der Technischen Universität Delft. Als Vertreter Hollands nahm er von 1947 bis 1959 an den CIAM-Kongressen teil. Zwischen 1948 und 1951 war er Mitglied der Gruppe Cobra, 1954 gehörte er zu den Mitbegründern des Team 10. In den Jahren 1959 bis 1963 war er Redaktionsmitglied der Architekturzeitschrift Forum. Zu seinen wichtigsten Bauten gehören das Amsterdamer *Waisenhaus* (1957-1960), die *Römisch-katholische Kirche* in Den Haag (1964-1969), der *Skulpturen-Pavillon* in Arnheim (1965-1966) und das *Hubertushaus* in Amsterdam (mit Theo Bosch, 1973-1981).

Der Text „The medicine of reciprocity tentatively illustrated", anlässlich der Fertigstellung des Amsterdamer Waisenhauses geschrieben, erschien zuerst in der *Forum*-Ausgabe 6/7 1960/1961 (Sondernummer). Die deutsche Fassung „Versuch, die Medizin der Reziprozität darzustellen" wurde dem von Vincent Ligtelijn herausgegebenen Buch Aldo van Eyck. Werke entnommen (Birkhäuser Verlag, Basel/Boston/Berlin 1999).

Aldo van Eyck:
Versuch, die Medizin der Reziprozität darzustellen (1960)

Das Gebäude ist ein Haus, ein besonderes Haus, was im Rahmen einer gewissen Allgemeingültigkeit jedes Haus sein sollte. Bewohnt bietet es ungefähr 125 Kindern ein Heim, Kindern aller Altersstufen, vom Säugling bis zu den Zwanzigjährigen, Kindern, die kein anderes Zuhause haben, das heißt niemanden, der willens oder fähig wäre, sich ihrer auf angemessene Art anzunehmen. Armut, Krankheit, Inhaftierung oder Tod der Eltern oder Adoptiveltern, Vernachlässigung und unverantwortliche Behandlung sind die häufigsten Gründe für den Aufenthalt der Kinder. Es ist darum ein Haus für das schutzlose Kind und hat eine Funktion auf lange und kurze Sicht: als Heim für vorübergehend Schutzlose – oft handelt es sich nur um wenige Wochen – wie auch für alle diejenigen, die sonst auf Dauer ohne Obhut wären und oft in trauriger Verfassung sind und viel Zuwendung brauchen. Die Kinder sind aber nicht von der Gesellschaft abgeschnitten: Sie gehen in die gleichen städtischen Kindergärten und Schulen wie andere Kinder, haben die gleichen Jobs, besuchen die gleichen Kurse oder Klubs. Von den 30 bis 40 Betreuern leben 12 im Haus. Da der Plan des Hauses aus der Vorstellung eines bestimmten Modells des Alltagslebens heraus entstanden ist und dieses unterstützen soll, lässt seine Flexibilität, oder Adaptierbarkeit, zwar eine Entfaltung dieses Modells zu, ist aber nicht auf eine Alltagsroutine oder Gruppenstruktur zugeschnitten, die von der prinzipiell maßgeblichen wesentlich abweicht. Extreme Flexibilität dieser Art hätte zu falscher Neutralität geführt wie ein Handschuh, der sich für niemanden eignet, weil er allen passt. Diese beunruhigende Realität werden nicht wenige Flexophile zwar leugnen, schwierig bleibt sie dennoch. Bei der Planung wurde versucht, die positiven Momente einer zentralen Anlage mit denen einer dezentralen zu versöhnen, dabei aber die bekannten Tücken beider Projekttypen zu vermeiden: das konzentrierte Heimgebäude einerseits, das sagt: „Hier geht's lang – über diese Treppe und durch diese große Tür da drüben!" und die Kinder in dichten Trauben um eine gut geölte Funktionsmaschinerie versammelt, und andererseits den locker strukturierten additiven Wildwuchs der falschen Alternative, dem die gegenwärtige Planung noch immer sentimental verhaftet ist: eine Reihe kleinmaßstäblicher Einheiten für individuelle Gruppen entlang noch kleinmaßstäblicherer Verkehrsräume als Verbindung zu akzentuierten großmaßstäblichen Gemeinschaftselementen. Dem Entwurf liegt das Bemühen zugrunde, einen baulichen Rahmen – Spielraum – für das Doppelphänomen[1] individuell-kollektiv bereitzustellen. Dabei sollte jedoch keine Komponente auf Kosten der anderen willkürlich betont, das heißt, die Bedeutung keines der beiden Momente entstellt werden, denn kein elementares Zwillingsphänomen verträgt die Spaltung in unvereinbare Pole, ohne dass die Hälften dabei ihrer eigentlichen Bedeutung verlustig gingen. Aus diesem Gedanken ergab sich die Notwendigkeit, die Idee der Einheit mit der Idee der Vielfalt in architektonischen Begriffen zu versöhnen oder, genauer, das eine mit Hilfe des anderen zu erreichen. Als im Verlauf der Planung die Vorstellungen Gestalt annahmen, bestätigte sich die vergessene alte Wahrheit, dass Vielfalt nur durch Einheit, Einheit nur durch Vielfalt zu verwirklichen ist. Zu diesem Ziel führen natürlich viele Wege. Der hier gewählte sollte zunächst die Streuung der unterschiedlichen Einheiten zu einem komplexen Muster ermöglichen, dem sodann ihre Zusammenfassung zu folgen hätte, die durch Anwendung eines einheitlichen strukturellen und baulichen Idioms sowie durch eine Komponente von unzweifelhaft menschlicher Qualität, die Binnenstraße, erreicht werden sollte. Obwohl alle Raumteile, unabhängig von Umfang und Funktion, in ein einheitliches Prinzip eingebunden sind, erhalten sie durch ihren Ort, ihre Abfolge und Detailbehandlung, durch ihre wechselseitige Beziehung, durch das Ganze und den Inhalt des Geländes die besondere Bedeutung, die sie im Gesamtkontext, im Entwurfsschema und im Konstruktionsidiom beanspruchen. Ich hoffe, dass das architektonische Wechselspiel von Einheit-Vielfalt und Teil-Ganzes (eng verwandte Zwillingsphänomene) in seiner endgültigen Ausgestaltung auch die Reziprozität von individuell-kollektiv einschließt. Es gibt zwei weitere Zwillingsphänomene, die mit den eben erwähnten eng verzahnt sind, sich einer adäquaten planerischen Umsetzung bisher aber noch entziehen – das Doppelset groß-klein und viele-wenige. Die unversöhnlichen Pole – falsche Alternativen –, in die sie gespalten sind, werden heute entsprechend brutal über das öde Panorama des Urbanismus hin sichtbar. Die Unfähigkeit, mit Multiplizität kreativ umzugehen und der Zahl durch Artikulation und Gestaltung ein menschliches Gesicht zu geben, ist den meisten neuen Städten zum Verderben geworden. Die bloße Tatsache, dass die Planung menschlichen Lebensraums willkürlich auf zwei Disziplinen – Architektur und Urbanismus – verteilt ist, macht es deutlich: Ein bislang deterministischer Geist verschließt sich dem Prinzip der Reziprozität noch immer und damit der Einsicht, dass die Mechanismen des Entwurfsprozesses sich ändern müssen. Architektur und Urbanismus ist es bis heute nicht gelungen, sich auf die essentiellen Momente des modernen Denkens einzustellen. Aus den in sich verknüpften Zwillingsbegriffen wurden ein paar ausgewählt und in ihre Hälften zerlegt: neben den oben genannten andere nicht weniger bedeutsame: innen-außen, offen-geschlossen, Masse-Raum, Dauer-Wechsel, Ruhe-Bewegung, individuell-kollektiv etc. Ohne Rücksicht auf die ihnen allen inhärente Ambivalenz wurden die widerstreitenden Hälften zu leerer Absolutheit verzerrt und schließlich – zur „neuen Stadt".

Es ist an der Zeit, die Architektur urbanistisch und die Urbanistik architektonisch zu denken – was aus beiden Begriffen sinnvollen Unsinn macht –, das heißt, durch Pluralität zur Einheit zu gelangen und umgekehrt. Auf unser Heim für Kinder angewandt bedeutete das: Es sollte beides werden: „Haus" und „Stadt", eine Stadt wie ein Haus, ein Haus wie eine Stadt. Ich kam zu dem Schluss: *Was Raum und Zeit auch immer bedeuten – Ort und Geschehnis bedeuten mehr, denn in der Vorstellung des Menschen erscheint der*

AUTOR
ALDO VAN EYCK

Ein Cluster von Orten: Aldo van Eycks Städtisches Waisenhaus in Amsterdam (1955-1960).

Gebaute Heimkehr im Amsterdamer Waisenhaus: Ein Ort zwischen innen und aussen.

Raum als Ort und die Zeit als Geschehnis. Durch den schizophrenen Mechanismus des deterministischen Denkens entzweit, bleiben Raum und Zeit erstarrte Abstraktionen. Ort und Geschehnis konstituieren einander als Realitäten im menschlichen Dasein. Da der Mensch sowohl Subjekt wie Objekt der Architektur ist, hat diese ihre primäre Aufgabe darin, ersteren zu schaffen um des letzteren willen. Da Ort und Geschehnis überdies Teilhabe am Dasein bedeuten, wird Mangel an Ort – was zugleich Mangel an Geschehnis bedeutet – Identitätsverlust, Isolation und Frustration zur Folge haben. Ein Haus sollte darum ein Cluster von Orten sein. Dasselbe gilt nicht weniger für eine Stadt. Erstelle in jeder Phase der Vervielfältigung eine Konfiguration von Orten, das heißt, sorge in jeder konfigurativen Phase für die geeigneten Orte, und der städtische Raum wird wieder zum Lebensraum. Städte sollten die Gegenform zur reziprok individuell-kollektiven Lebenswirklichkeit des Menschen werden. Weil wir die Berührung mit dieser Wirklichkeit – der Form – verloren haben, misslingt uns die Gegenform. Es ist aber immer noch besser, die Gleichheit von Architektur und Urbanismus – von Haus und Stadt – zu betonen, als weiterhin ihre willkürliche Unterschiedenheit zu definieren, denn Letzteres führt nicht weiter, das heißt, es führt in die neue Stadt von heute! Während die moderne Kunst, Wissenschaft und Philosophie etc. seit einem halben Jahrhundert zu einem großartigen Miteinander gefunden haben und polare Gegensätze durch reziprokes Denken versöhnen, die beengenden Barrieren zwischen sich niederreißen, steht die Architektur, vor allem aber die Städteplanung, abseits und frönt paradoxerweise der willkürlichen Anwendung eines Prinzips, das letztlich im Wesentlichen auf Relativität und somit auf einem Missverständnis basiert. Im Vergleich zu dem, was auf den anderen kreativen Gebieten entwickelt wurde, ein entspanntes, relatives Realitätskonzept, grenzt das Versagen von Architekten und Stadtplanern an Verrat. Und das umso mehr, als die Ergebnisse von bleibender Dauer sind: Was steht, wird in aller Regel nicht wieder abgerissen. (Dagegen ist niemand gezwungen, sich ein schlechtes Bild anzusehen, ein schlechtes Gedicht zu lesen oder schlechte Musik zu hören.)

Zurück zu unserem Haus und dem Bemühen, es nicht zu einem schlechten Haus werden zu lassen. Es schien uns am besten, das große Haus der Kinder – die kleine

Stadt – dort zu verankern, wo sie es verlassen und betreten: an der Straße, das heißt, im öffentlichen Raum, und einen großen offenen Platz als vermittelnden Raum zwischen Außen- und Innenwelt zu legen. Es ist ein Zwischen-Raum, der den Weg allmählich in Übergängen gestaltet und dazu beiträgt, die Angst zu mildern, die ein abrupter Wechsel gerade bei diesen Kindern hervorruft. Von zu Hause wegzugehen und nach Hause zurückzukommen kann schwierig sein. Hinaus oder hinein, Betreten, Verlassen oder Bleiben ist manchmal eine schmerzhafte Entscheidung. Aus der Welt schaffen kann die Architektur diese Tatsache nicht, aber sie kann ein Gegengewicht bilden und ihre Wirkungen dämpfen, statt sie zu verschärfen. Verweilen zu wollen ist menschlich. Die Architektur sollte dies stärker berücksichtigen. Aufgabe der Planer ist es, gebaute Heimkehr für alle zu schaffen, das Gefühl der Zugehörigkeit zu vertiefen, das heißt, eine Architektur des Ortes zu entwickeln, eine Umgebung für jedes folgende Geschehnis, sei es festgelegt oder spontan. In den acht von Kuppeln gekrönten Abteilungen leben die Kinder nach Altersgruppen getrennt. Die Aufenthaltsdauer der Kinder im Heim ist zu verschieden, ein Wechsel zu häufig, als dass alle Altersstufen innerhalb einer Gruppe kombiniert werden könnten. Doch diese Art der Gruppierung ist keine einengende Hierarchie, denn alle Abteilungen, Versorgungsbereiche und Räume für besondere Tätigkeiten öffnen sich auf eine große Binnenstraße, die die Kinder dazu einlädt, zusammenzukommen, von einer Abteilung in die andere zu gehen und sich zu besuchen. Auch diese Binnenstraße ist ein Element der Vermittlung, und es gibt zahlreiche weitere – *im Grunde ist das ganze Gebäude als Komplex klar definierter intermediärer Orte entwickelt*. Das bedeutet aber nicht endlosen Übergang oder verewigtes Hinausschieben hinsichtlich Ort und Geschehnis. Es bedeutet vielmehr ein Ausbrechen aus dem heutigen Konzept (man könnte es auch Krankheit nennen) der räumlichen Kontinuität und der Tendenz, jede Markierung zwischen Räumen, das heißt zwischen innen und außen oder zwischen zwei Räumen, zu eliminieren. Ich habe versucht, durch definierte Zwischen-Bereiche, die den Sinn für das Wesentliche sowohl der einen wie der anderen Seite schärfen, gerade den Übergang zu betonen. Ein Zwischen-Bereich in diesem Sinne schafft die gemeinsame Basis, auf der die Gegensätze sich versöhnen und in ihre ursprüngliche Zwillingsnatur zurückfinden. Seit 30 Jahren bietet die Architektur, vor allem aber die Stadtplanung, dem Menschen selbst im Inneren ein Außen und verschärft den Konflikt, wenn sie versucht, den wesentlichen Unterschied zwischen beiden Räumen zum Verschwinden zu bringen. *Architektur (und ebenso Stadtplanung) bedeutet aber, sowohl innen wie aussen einen Innenraum zu schaffen, denn der äußere Raum ist das, was der vom Menschen gebildeten Umgebung vorhergeht, dem diese entgegenwirkt – das, was sich durch Interiorisierung, das heißt Einbezug in die Innenwelt, dazu bewegen lässt, mit gleichem Maß gemessen zu werden.* Da die Binnenstraße ein vermittelnder Ort ist, sollten das Verhalten und die Bewegungen der Kinder auf dieser Straße so ungebrochen lebhaft bleiben können, wie sie es draußen sind. Kein plötzliches Zügeln der Spontaneität diesseits einer schmalen Schwelle, keine Salonmanieren! Es wurden also die gleichen Materialien benutzt, wie sie draußen Verwendung finden. Das Kind ist im Hausinneren dasselbe Kind wie draußen – nur hat es statt des Himmels ein Dach über dem Kopf. Außerdem wurde die elektrische Beleuchtung der Straßenbeleuchtung so angeglichen, dass die Kinder sich von einem erleuchteten Ort zum anderen durch relative Dunkelheit bewegen. Kein Luxmeter zum Beweis der Vorteile einer gleichmäßigen Lichtstreuung wurde zugelassen. Dunkelheit draußen verlangt eine Reduzierung der Raumdimension im Inneren. Dann gibt es die Höfe – Patios, unterschiedliche Außenräume entlang der Binnenstraße, die sowohl von dort als auch von den benachbarten Abteilungen aus erreichbar sind. Auch sie bilden vermittelnde Räume: Sie verbinden die Bewegung des draußen vorüberflutenden Verkehrs mit den Kindern im Haus. Ich glaube, es ist falsch, hier zwei unvereinbare Realitäten anzunehmen. Alle Außen- und Innenwände enden ebenso wie alle größeren baulichen Elemente, die sie einschließen, auf Säulenhöhe. Der Raum von dort bis zum Dach ist entweder mit Glas ausgefacht, oder er wird von Architraven aus vorgefertigtem Stahlbeton eingenommen, Vermittlungslementen, die verbinden und umschließen, eine Erweiterung der Wand nach oben, eine Erweiterung des Daches nach unten bilden. Stellenweise ist er auch offen gelassen. Die Wände umfassen, greifen ineinander und öffnen sich in fortlaufender Reihenfolge. Innerhalb der eigentlichen Abteilungen sind die Wände verputzt, es wurde mehr aktive Farbe verwendet (Flecken von Rot und Violett als durchgehendes Grundmuster), außerdem ist eine ganze Skala kleinerer Elemente in die Grundstruktur eingebaut. Doch die Architraven und Kuppeln setzen sich fort. In der Binnenstraße sind die Wände und die Umfassungsmauern rauh, braun und massiv, wie die Schale einer Kokosnuss; in den Abteilungen sind sie weiß, glatt und weicher, wie die milchige Innenseite der Kokosnuss. Zwei Schutzvarianten: ein Wintermantel mit weichem Seidenfutter auf der Innenseite, nahe am Körper; auf der Außenseite dagegen, wo das Kleidungsstück mit der Welt, den Elementen und anderen Menschen in Berührung kommt, schwerer rauher Tweed. Da Beton, Ziegeln und weiße Oberflächen nicht glitzern, etwas Glitzerndes aber immer da sein sollte, sind hier und dort winzige Spiegelchen in Betonplatten eingelassen und ein paar größere – Zerrspiegel – in den Straßenboden: lauter Juwelen, und billig dazu.

Übersetzung aus dem Englischen: Ute Spengler.

1 Um keinerlei Vorstellung von Dualismus aufkommen zu lassen, spreche ich im Folgenden von Zwillingsphänomenen.

TERRAIN
ORT, REGION, GLOBALISIERUNG

Nach seinem Architekturstudium an der ETH Zürich begründete Christian Norberg-Schulz (1926-2000) die norwegische Gruppe der CIAM. 1966 wurde er an der Universität Oslo zum Professor für Architektur ernannt. Als Architekt realisierte er unter anderem den Osloer *Ausstellungspalast* (1958) und die *Katholische Kirche* in Stabekk (1959). Zu seinen wichtigsten Büchern gehört *Intentions in Architecture* (1963).

Der Text „Das Phänomen ‚Ort'" bildet ein Kapitel des Buches *Genius loci*, welches 1976 geschrieben und 1979 in Italien (Electa, Mailand) veröffentlicht wurde. Auf Deutsch erschien es 1982 (Klett-Cotta Verlag, Stuttgart).

Christian Norberg-Schulz:
Das Phänomen „Ort" (1976)

Unsere alltägliche Lebenswelt besteht aus konkreten „Phänomenen". Sie besteht aus Menschen, Tieren, Blumen, Bäumen und Wäldern, aus Stein, Erde, Holz und Wasser, aus Städten, Straßen und Häusern, Türen, Fenstern und Möbeln. Und sie besteht aus Sonne, Mond und Sternen, aus ziehenden Wolken, aus Tag und Nacht und dem Wechsel der Jahreszeiten. Aber auch weniger fassbare Phänomene wie Gefühle gehören dazu. Dies ist das „Vorgegebene", der „Inhalt" unserer Existenz. So kann Rilke fragen: „Sind wir vielleicht *hier*, um zu sagen: Haus, Brücke, Brunnen, Tor, Krug, Obstbaum, Fenster, – höchstens: Säule, Turm..."[1] Alles Übrige wie Atome und Moleküle, Zahlen und „Daten" jeglicher Art sind Abstraktionen oder Hilfsmittel, die zu einem anderen Zweck gebildet wurden als zur Verwendung im Alltagsleben. Heute ist es üblich geworden, den Hilfsmitteln größeres Gewicht beizulegen als unserer Lebenswelt.

Die konkreten Dinge, die unsere gegebene Welt ausmachen, stehen auf komplexe und vielleicht widersprüchliche Weise miteinander in Beziehung. So können beispielsweise manche dieser Phänomene andere umfassen. Der Wald besteht aus Bäumen, und eine Stadt setzt sich aus Häusern zusammen. „Landschaft" ist solch ein übergreifendes Phänomen. Ganz allgemein ließe sich sagen, dass manche Phänomene eine „Umwelt" für andere darstellen.

Eine konkrete Bezeichnung für Umwelt ist *Ort, Stätte*. Man spricht davon, dass Handlungen und Ereignisse *stattfinden*. Es ist in der Tat sinnlos, sich ein Geschehen ohne Beziehung zu einer Örtlichkeit vorstellen zu wollen. Der Ort ist offenkundig ein unverzichtbarer Bestandteil der Existenz.

Was also meinen wir mit der Bezeichnung „Ort"? Offensichtlich ist damit mehr gemeint als die abstrakte Lokalisierung. Wir meinen jene Totalität, die aus konkreten Dingen mit materieller Substanz, Form, Oberfläche und Farbe gebildet wird. Zusammengenommen determinieren diese Dinge einen „Umweltcharakter", das Wesen eines Ortes. Im Allgemeinen existiert ein Ort als ein derartiger Charakter oder eine „Atmosphäre". Ein Ort ist deshalb ein qualitatives „Gesamt"-Phänomen, das sich auch nicht auf irgendwelche seiner Eigentümlichkeiten wie etwa räumliche Verhältnisse reduzieren lässt, ohne dass dabei der Blick auf seine konkrete Natur verloren ginge.

Unsere Alltagserfahrung lehrt uns außerdem, dass verschiedene Tätigkeiten verschiedene Umgebungen brauchen, damit sie auf befriedigende Weise stattfinden können. Infolgedessen bestehen Städte und Häuser aus einer Vielzahl besonderer Orte. Natürlich wird diese Tatsache in der derzeitigen Theorie über Planen und Architektur berücksichtigt, aber bislang ist das Problem auf einer viel zu abstrakten Ebene behandelt worden. „Stattfinden" ist weithin in einem quantitativen, „funktionalen" Sinn aufgefasst worden, mit Konsequenzen etwa für räumliche Verteilung und Größenanordnung. Aber sind nicht „Funktionen" allgemein menschlich und überall ähnlich? Ganz offenkundig nicht. „Ähnliche" Funktionen, sogar die allerelementarsten wie Schlafen und Essen, finden auf sehr unterschiedliche Weise statt und verlangen entsprechend den verschiedenen kulturellen Traditionen und verschiedenen Umweltbedingungen Orte mit verschiedenen Eigenschaften. Der funktionale Ansatz ließ deshalb den Ort als das konkrete „Hier" mit seiner je eigenen Identität außer Acht.

Da Orte qualitative Gebilde komplexer Art sind, können sie nicht mit analytischen, „wissenschaftlichen" Begriffen beschrieben werden. Wissenschaft „abstrahiert" von ihrem Prinzip her vom Gegebenen, um zu neutraler, „objektiver" Erkenntnis zu gelangen. Was jedoch dabei verloren geht, ist die alltägliche Lebenswelt, die doch das wirkliche Anliegen aller und ganz besonders das der Planer und Architekten sein sollte.[2] Doch steht glücklicherweise mit der als *Phänomenologie* bekannten Methode ein Ausweg aus der Sackgasse zur Verfügung.

Die Phänomenologie wurde im Gegensatz zu den Abstraktionen und Denkkonstruktionen als eine „Rückkehr zu den Dingen" verstanden. Bislang haben sich die Phänomenologen hauptsächlich mit Ontologie, Psychologie, Ethik und in geringem Umfang auch mit Ästhetik befasst und der Phänomenologie der alltäglichen Umwelt nur geringe Aufmerksamkeit geschenkt. Es gibt allerdings einige bahnbrechende Werke, aber sie enthalten kaum direkte Bezüge zur Architektur.[3] Eine Phänomenologie der Architektur ist deshalb dringend erforderlich.

Von den Philosophen, die sich dem Problem der Lebenswelt zugewandt haben, sind Sprache und Literatur als „Informations"-Quellen herangezogen worden. Tatsächlich kann die Poesie gerade solche Totalitäten, die sich der Wissenschaft entziehen, konkretisieren und deshalb vielleicht ein Verfahren anbieten, mit dem wir das erforderliche Verstehen erreichen können. Ein Gedicht, das Heidegger für seine Erläuterung vom Wesen der Sprache heranzieht, ist das herrliche *Ein Winterabend* von Georg Trakl.[4] Das Gedicht von Trakl kommt unserer Absicht hier sehr entgegen, da es eine ganze Lebenssituation vergegenwärtigt, in der der Aspekt des Ortes sehr spürbar wird.

Die Totalität eines Ortes: Der Dorische Tempel in Segesta (spätes 5. Jahrh. v. Chr.).

„Schmerz versteinerte die Schwelle": Das Parthenon in Athen (447-432 v. Chr.).

EIN WINTERABEND

Wenn der Schnee ans Fenster fällt,
Lang die Abendglocke läutet,
Vielen ist der Tisch bereitet,
Und das Haus ist wohlbestellt.

Mancher auf der Wanderschaft
Kommt ans Tor auf dunklen Pfaden.
Golden blüht der Baum der Gnaden
Aus der Erde kühlem Saft.
Wanderer tritt still herein;
Schmerz versteinerte die Schwelle.
Da erglänzt in reiner Helle
Auf dem Tische Brot und Wein.[5]

Wir wollen hier nicht Heideggers tiefsinnige Analyse dieses Gedichts wiederholen, vielmehr auf einige Eigentümlichkeiten verweisen, die unser Problem veranschaulichen. Insgesamt fällt auf, dass Trakl *konkrete* Bilder verwendet, die wir alle aus unserer Alltagswelt kennen. Er spricht von „Schnee", „Fenster", „Haus", „Tisch", „Tor", „Baum", „Schwelle", „Brot und Wein", von „dunkel" und „hell", und er beschreibt den Menschen als „Wanderer". Diese Bilder jedoch beziehen auch eher allgemeine Strukturen ein. Zunächst einmal unterscheidet das Gedicht zwischen einem *Außen* und einem *Innen*. Das *Außen* wird in den ersten beiden Versen der ersten Strophe dargestellt und schließt *natürliche* wie *artifizielle* Elemente ein. Der natürliche Ort ist im fallenden Schnee gegenwärtig, was auf Winter hindeutet, und im Abend. Gerade der Titel des Gedichtes gibt jedem Ding seinen „Ort" in diesem Naturzusammenhang. Doch ist ein Winterabend mehr als nur ein Kalenderdatum. Da er eine konkrete Erscheinung ist, wird er als ein Ensemble von bestimmten Qualitäten oder, allgemein, als Stimmung oder „Charakter" erfahren, der den Hintergrund zu Handlungen und Ereignissen abgibt. Im Gedicht wird dieser Charakter durch den Schnee angegeben, der gegen das Fenster fällt, kühl, weich und lautlos, und die Konturen all jener Gegenstände zudeckt, die in der hereinbrechenden Dunkelheit noch zu erkennen sind. Das Wort „fallen" vermittelt darüber hinaus ein *räumliches* Empfinden oder, besser, das mitgedachte Vorhandensein von Erde und Himmel. Mit einem Minimum an Worten stellt Trakl eine vollständige natürliche Umwelt vor uns. Aber auch zum Außen gehören artifizielle Elemente. Dies ist durch die Abendglocke angedeutet, die überall zu hören ist und das „private" Innen zum Bestandteil einer umfassenderen „öffentlichen" Totalität werden lässt. Doch ist die Abendglocke mehr als ein benutzbares, von Menschen gefertigtes kunstvolles Produkt. Sie ist ein Symbol, das an die Werte erinnert, die dieser Totalität zugrunde liegen. In Heideggers Worten: „Das Läuten der Abendglocke bringt sie [die Menschen] als die Sterblichen vor das Göttliche."[6]

Vom *Innen* sprechen die nächsten beiden Verse. Es wird beschrieben als Haus, das Unterkunft und Sicherheit bietet, weil es umschlossen und „wohlbestellt" ist. Doch gibt es auch ein Fenster, eine Öffnung, die uns das Innen als eine Ergänzung zum Außen erfahren lässt. Als Zentrum innerhalb des Hauses finden wir dann den Tisch, der „vielen bereitet ist". Am Tisch kommen Menschen zusammen, er ist der *Mittelpunkt*, der mehr als alles andere das Innen konstituiert. Der Charakter des Innen wird kaum ausgesprochen und ist doch gegenwärtig. Im Gegensatz zur kalten Dunkelheit draußen ist das Innen erleuchtet und warm, und in seiner Stille sind schon zukünftige Laute enthalten. Im Allgemeinen ist das Innen eine begreifbare Welt von *Dingen*, in der das Leben von „vielen" stattfinden könnte.

In den nächsten beiden Versen verdichtet sich die Perspektive. Die *Bedeutung* von Orten und Dingen tritt hervor, der Mensch wird ein Wanderer „auf dunklen Pfaden" genannt. Er hat keinen sicheren Ort innerhalb des Hauses, das er für sich geschaffen hat, vielmehr kommt er vom Außen, von seinem „Lebensweg", mit dem das Bemühen des Menschen gemeint ist, sich in der vorgegebenen unbekannten Umgebung zu „orientieren".

Die Natur hat aber noch ein anderes Gesicht: Sie bietet die Gnade von Wachstum und Blüte. Das Bild von dem „goldenen" Baum einigt Erde und Himmel und lässt daraus eine *Welt* werden. Durch die Arbeit des Menschen kommt diese Welt in der Gestalt von Brot und Wein ins Innen, und dieses Innen ist erleuchtet, das heißt, es wird sinnvoll.

Ohne die „heiligen" Früchte des Himmels und der Erde bliebe das Innen „leer". Das Haus und der Tisch empfangen und versammeln und bringen die Welt „in die Nähe". *Deshalb bedeutet in einem Haus wohnen, die Welt bewohnen.* Aber dieses Wohnen ist nicht leicht; man kann dazu nur auf dunklen Pfaden gelangen, und eine Schwelle trennt das Außen vom Innen. Sie steht für den „Riss" zwischen dem „Anderssein" und der manifesten Bedeutung, sie schließt den Schmerz in sich, der sie „versteinerte". In der Schwelle tritt so das *Problem* des Wohnens hervor.[7]

Trakls Gedicht erhellt wesentliche Phänomene unserer Lebenswelt, vor allem elementare Eigentümlichkeiten des Orts. Zunächst spricht es davon, dass jede Situation sowohl einen besonderen Ort hat als auch allgemein ist. Der geschilderte Winterabend ist offensichtlich ein örtlich festgelegtes, nordisches Phänomen, aber die darin einbegriffenen Vorstellungen vom Außen und Innen sind wie auch die mit dieser Unterscheidung verknüpften Bedeutungen allgemein gültig. Das Gedicht konkretisiert daher elementare Eigentümlichkeiten des Daseins. „Konkretisieren" heißt hier: das Allgemeine als eine konkrete, örtlich festgelegte Situation „sichtbar" machen. Indem es so verfährt, bewegt sich das Gedicht gerade in die dem wissenschaftlichen Denken entgegengesetzte Richtung. Geht die Wissenschaft von dem „Gegebenen" aus, so bringt uns die Dichtung zurück zu den konkreten Dingen und deckt dadurch den der Lebenswelt eigenen Sinn auf.[8]

Trakls Gedicht unterscheidet weiter zwischen natürlichen und von Menschen geschaffenen Elementen und bietet damit einen möglichen Ausgangspunkt für eine „Phänomenologie der Umwelt".

Zweifelsohne sind die natürlichen Elemente die vorrangigen Bestandteile des Gegebenen, und Orte werden denn auch üblicherweise in geografischen Termini definiert. Doch sei hier wiederholt, dass „Ort" mehr bedeutet als die bloße Lage.

Soweit sich die zeitgenössische Literatur mit „Landschaft" befasst, kennt sie verschiedene Versuche, natürliche Orte zu beschreiben, aber auch in diesem Fall erscheint uns der übliche Ansatz, der sich auf „funktionale" oder vielleicht „visuelle" Überlegungen gründet, als zu abstrakt.[9] Doch kann auch hier die Philosophie weiterhelfen. Als erste grundlegende Unterscheidung führt Heidegger die Begriffe „Erde" und „Himmel" ein und schreibt: „Die Erde ist die dienend Tragende, die blühend Fruchtende, hingebreitet in Gestein und Gewässer, aufgehend zu Gewächs und Getier [...]. Der Himmel ist der wölbende Sonnengang, der gestaltwechselnde Mondlauf, der wandernde Glanz der Gestirne, die Zeiten des Jahres und ihre Wende, Licht und Dämmer des Tages, Dunkel und Helle der Nacht, das Wirtliche und Unwirtliche der Wetter, Wolkenzug und blauende Tiefe des Äthers."[10] Wie auch sonst manche Grundeinsichten könnte diese Unterscheidung zwischen Erde und Himmel vielleicht trivial erscheinen, ihre Bedeutung tritt jedoch hervor, nimmt man noch Heideggers Definition vom Wohnen hinzu: „Die Art, wie du bist und ich bin, die Weise, nach der wir Menschen auf der Erde *sind*, ist das Buan, das Wohnen." – „Doch ‚auf der Erde' heißt schon ‚unter dem Himmel'."[11] Er nennt das, was *zwischen* Erde und Himmel ist, *die Welt* und spricht von der Welt als von dem „Haus, das die Sterblichen bewohnen".[12] Anders gesagt: Wenn wir das Wohnen vermögen, wird die Welt zum „Innen". Ganz allgemein: Die Natur bildet eine ausgedehnte, umfassende Totalität, einen „Ort" mit je nach den vorhandenen Gegebenheiten besonderer Identität. Diese Identität oder der „Geist" könnte etwa mit so konkreten, „qualitativen" Begriffen beschrieben werden, wie sie Heidegger zur Charakterisierung von Erde und Himmel verwendet, und hätte diese fundamentale Unterscheidung als Ausgangspunkt zu nehmen. Mit einem solchen Verfahren ließe sich ein existenziell relevantes Verständnis von *Landschaft* erreichen, die man sich als wichtigste Besonderheit der natürlichen Orte merken sollte. Innerhalb der Landschaft jedoch gibt es nachrangige Orte wie auch natürliche „Dinge", etwa Trakls „Baum". In diesen Dingen „verdichtet sich" der Sinn von natürlichen Umgebungen.

Die von Menschen geschaffenen Bestandteile der Umgebung sind zunächst einmal „Siedlungen" verschiedener Größe, von Häusern und Höfen zu Dörfern und Städten, zum zweiten dann die Wege, die diese Siedlungen miteinander verbinden wie auch die verschiedenen Elemente, die aus der Natur eine „Kulturlandschaft" machen. Stehen die Ansiedlungen in einer organischen Beziehung mit ihrer Umwelt, können sie zu Brennpunkten werden, in denen der Umweltcharakter sich verdichtet und „sich ausdrückt". Daher kann Heidegger sagen: „Die einzelnen Häuser dagegen, die Dörfer, die Städte sind jeweils Bauwerke, die in sich und um sich jenes vielfältige Zwischen versammeln. Die Bauwerke holen erst die Erde als die bewohnte Landschaft in die Nähe des Menschen und stellen zugleich die Nähe des nachbarlichen Wohnens unter die Weite des Himmels."[13] Eine Grundeigenschaft der von Menschen geschaffenen Orte ist daher Konzentrierung und Einfriedung. Sie sind das „Innen" in seiner ganzen Bedeutung, womit gemeint ist, dass sie das Bekannte „versammeln". Um diese Funktion erfüllen zu können, haben sie Öffnungen, die die Beziehung zum Außen herstellen. (Nur ein Innen kann eine Öffnung haben.) Außerdem stehen Gebäude auch noch dadurch in Beziehung zur Umwelt, dass sie auf dem Grund ruhen und zum Himmel aufragen. Und schließlich können die von Menschen hergestellten Umgebungen noch Artefakte oder „Dinge" umfassen, die innere Brennpunkte sein und dadurch die Funktion des Versammelns betonen können, die eine Siedlung hat. In Heideggers Worten: „Das Ding dingt Welt", wobei „dingen" in seinem ursprünglichen Sinn als „versammeln" verwendet ist, und weiter: „Nur was aus Welt gering, wird einmal Ding."[14]

In diesen einführenden Bemerkungen finden sich einige Hinweise auf die *Struktur* von Orten. Etliches davon ist bereits von Philosophen der phänomenologischen Richtung ausgearbeitet worden und gibt einen geeigneten Ausgangspunkt für eine umfassendere Phänomenologie ab.

Ein erster Schritt ist mit der Unterscheidung zwischen natürlichen und von Menschen gefertigten Phänomenen vollzogen oder, konkreter formuliert, zwischen „Landschaft" und „Siedlung". Für einen zweiten Schritt stehen die Kategorien Erde-Himmel (horizontal-vertikal) und Außen-Innen.

Da diese Kategorien Räumliches mit einbegreifen, wird „Raum" wieder eingeführt, und zwar vorrangig nicht als mathematischer Begriff, sondern als eine existenzielle Dimension.[15] Ein letzter und besonders wichtiger Schritt wird mit dem Begriff „Charakter" vollzogen. Charakter ist durch das *Wie* der Dinge bestimmt und verankert unsere Untersuchung in den konkreten Phänomenen unserer alltäglichen Lebenswelt. Nur so lässt sich der *genius loci* ganz erfassen – jener „Geist, der an einem Ort herrscht" und der in der Antike als das „Gegenüber" verstanden wurde, mit dem der Mensch sich einigen muss, will er das Wohnen vermögen.[16]

Übersetzung aus dem Englischen und Italienischen: Angelika Schweikhart.

1 Rainer Maria Rilke: *Die Duineser Elegien.* Neunte Elegie (erste Veröffentlichung 1922).
2 Den Begriff „Alltagswelt" hat Husserl in seinem Werk *Die Krisis der europäischen Wissenschaften und die Transzendentale Phänomenologie,* Den Haag 1936, eingeführt.
3 Martin Heidegger: „Bauen Wohnen Denken"; O. F. Bollnow: *Mensch und Raum*; Merleau-Ponty: *Phänomenologie der Wahrnehmung*; G. Bachelard: *Poetik des Raumes*; L. Kruse: *Räumliche Umwelt.*
4 Martin Heidegger: „Die Sprache", in: *Unterwegs zur Sprache,* 4. Aufl., Pfullingen 1971.
5 Georg Trakl: *Die Dichtungen,* 12. Aufl., Salzburg 1938.
6 Heidegger a.a.O. S. 22.
7 Heidegger a.a.O. S. 27.
8 Christian Norberg-Schulz: *Intentions in Architecture,* Oslo/London 1963; dt.: *Logik der Baukunst,* Gütersloh 1968; Kapitel über „Symbolisierung".
9 Siehe z. B. J. Appleton: *The Experience of Landscape.* London 1975.
10 Martin Heidegger: „Bauen Wohnen Denken", in: *Vorträge und Aufsätze,* Pfullingen 1954, S. 149 f.
11 Heidegger a.a.O. S. 147/149.
12 Martin Heidegger: *Hebel der Hausfreund.* Pfullingen 1957, S. 13.
13 Heidegger a.a.O. S. 13.
14 Martin Heidegger: „Das Ding", in: *Vorträge und Aufsätze,* S. 179/181.
15 Chr. Norberg-Schulz: *Existence, Space and Architecture,* London/New York 1971, wo der Begriff „existenzieller Raum" verwendet wird.
16 Heidegger verweist auf die Verwandtschaft der beiden Wörter *gegen* und *Gegend.*

TERRAIN
ORT, REGION, GLOBALISIERUNG

Der Architekt Rem Koolhaas, geboren 1944 in Rotterdam, studierte an der Architectural Association in London und leitet seit 1975 das Office for Metropolitan Architecture (OMA) in Rotterdam. Er lehrte unter anderem an der TU Delft und ist seit 1995 Professor an der Harvard University. Zu seinen wichtigsten Bauten zählen das *Netherlands Dance Theatre* (1987) in Den Haag, die *Villa dall'Ava* in Paris (1991) und das *Grand Palais* in Lille (1994). Zu seinen einflussreichsten Publikationen gehört *Delirious New York. A Retroactive Manifesto* (Rotterdam/New York 1978). Im Jahre 2000 erhielt Koolhaas den Pritzker-Preis.

Der Text „Globalization" wurde Koolhaas' Buch *S,M,L,XL* (mit Bruce Mau, © Rem Koolhaas and The Monacelli Press, Inc., New York 1995) entnommen.

Rem Koolhaas:
Globalisierung (1993)

Ein Gerücht besagt, dass Wallace Harrison der „böse" *corporate architect* – wenn nicht gar Stümper – war, der Le Corbusiers Entwurf für das Gebäude der Vereinten Nationen (1947-1950) stahl und ihn mediokre Wirklichkeit werden ließ. Diese Mär wurde hinlänglich etabliert, sodass niemand einen genaueren Blick auf das Bauwerk selbst warf. Doch eine nähere Betrachtung der trocken-theoretischen Überheblichkeit von Le Corbusiers Vorschlag und des polymorph-perversen Professionalismus, mit dem Harrison ihn ausführte, legt wenn schon keine Widerlegung, so doch eine Neuinterpretation dieses Gerüchts nahe: Das Gebäude der UN war eines, das von einem Amerikaner niemals hätte *erdacht* und von einem Europäer niemals hätte *erbaut* werden können. Es handelte sich um eine *Kollaboration* nicht nur zweier Architekten, sondern um eine zwischen Kulturen; die wechselseitige Befruchtung von Europa und Amerika brachte einen Hybriden hervor, der ohne die Paarung der beiden Kontinente nie zustande gekommen wäre, so wenig enthusiastisch sie auch vor sich ging.

Das Seagram-Building (1957) kann auf die gleiche Weise neu gelesen werden wie das UN-Gebäude, nur dass hier die Rollen von Europa und Amerika von ein und derselben Person verkörpert wurden. Mies musste zum Amerikaner „werden", um seine europäische Herkunft zu realisieren. Ohne die vereinigte Intelligenz der beiden Kulturen wäre das Seagram-Building nie verwirklicht worden.

Einige von Paul Rudolphs unrealistischsten Megastruktur-Spekulationen für New York – mit rätselhaft abgehängten Kartenhäusern aus Beton, die halb Manhattan überziehen sollten – stehen 25 Jahre nach ihrer ursprünglichen Konzeption ziemlich verloren unter Singapurs Palmen. Ist Singapur ein Zufall oder ein Symbol? Ist Singapur nun ein Ort, an dem Pläne, die anderswo entstanden, realisiert werden? Hat sich das Terrain der Möglichkeiten verlagert?

In Fukuoka, im „tiefen Süden" Japans, steht ein Gebäude von Aldo Rossi. Auf Bildern gleicht es mit seinen hermetisch geschlossenen Fassaden aus rotem persischem Travertin und dem überdimensionalen Kupfer-Gesims einer Karikatur. „Il Palazzo" dominiert seine Umgebung wie das Schloss eines Samurai. Es wirkt zynisch – und auf köstliche Art faschistoid. Es ist ein Hotel; manche sagen sogar ein „Love-Hotel". Rossi entwarf weder die Inneneinrichtung noch die Nachtclubs, die in den stoisch wirkenden Bau förmlich eingedrungen sind, aber seine Hülle verbreitet eine seltsame Faszination. Sie ist reines Emblem: Rossi ohne ideologischen Ballast – Hyper-Rossi.

Die Japaner haben Rossis *Oberflächen*-Poesie mit einer Intensität verwirklicht, zu der er auf heimatlichem Boden nicht fähig schien: Entstanden ist ein Meisterwerk, unvorstellbar für die Japaner, unbaubar für Rossi. Als Hybrid unterscheidet es sich grundsätzlich vom Seagram- oder dem UN-Gebäude. Seine Befruchtung ist nicht das Resultat einer Fusion, sondern erinnert an neuere Formen der Biotechnologie. Es handelt sich um eine Genverbindung – um Rossis Poesie, die zuerst um ihre Ideologie gebracht und dann durch den Einfallsreichtum der Japaner verstärkt wurde.

Jenseits von Florida gibt es in Japan eine ganze „Michael Graves World" mit mehr als 40 Projekten, vom Wolkenkratzer bis zu Rathäusern für kleine Dörfer – mimetische Einrichtungen einer Kultur, die mit ihren Wurzeln nicht vertraut ist. Verspätete Zeichen eines öffentlichen Raums, den die Japaner nie besaßen und auch niemals besitzen werden. *Rom via New Jersey nach Japan importiert* – der buchstäbliche Zusammenfall von Raum und Zeit.

Auf einer Konferenz in Japan sprechen japanische Architekten stolz über das Chaos: Die Stadt Tokio wird rasch zum Klischee; ihr starker Widerstand gegenüber jeglicher Organisation verleiht ihr einen unvermuteten Glanz, der sie paradoxerweise daran zu hindern droht, Modellcharakter anzunehmen. Das ultimative Oxymoron: Chaos als Projekt. In die Blutbahnen der Architektur injiziert, werden die Effekte Tokios überall spürbar werden, in Mexiko, Afrika, Paris, Lagos. Nach all den Importen nun endlich ein Export.

Richard Meier ist allgegenwärtig. Eine neue Kategorie: *virtueller Raum, der existiert*. Die enorme Gleichheit der Gebäude ist politisch, ihr Klonen generiert eine universelle Währung bürgerlicher Aufklärung.

Wir sind mittlerweile abgeklärt gegenüber solchen Beispielen transkontinentaler Konzeptionen, aber es ist aufschlussreich, sie in den Status geopolitischer *Alchimie* zu erheben: Architektur als chemische Verbindung, mit unvorhersehbaren Kontaminationen und Rekombinationen, die durch das ständig anwachsende Volumen architektonischer Transferleistungen, diesem architektonischen Sediment der Globalisierung, ausgelöst werden – Architektur, die aus ihrer Verankerung losgerissen wurde.

Anzeichen der Globalisierung als *Bewegung* – ein spezieller Zweig der Architektur und bisher ohne explizite Agenda – erstarren in den Händen einer amerikanischen Jury, die einen willkürlichen Querschnitt durch die weltweite Architekturproduktion eines bestimmten Jahres – 1990 – präsentiert.

Es gibt eine Kategorie von Projekten, die automatisch abgelehnt werden und eine rapide anwachsende Schutthalde formen. Ein typisches Beispiel: das Projekt eines sanften deutschen demokratischen Architekten für einen neuen Airport in einer der wenigen übrig gebliebenen asiatischen Diktaturen – eine Art Quasi-Getty mit Albert Speer gekreuzt, komplettiert mit einem *warholesken* Bildnis des örtlichen Diktators auf einer asymmetrischen Achse (könnte mittlerweile gebaut worden sein...).

Die Projekte, aus denen dieser *Berg der Ablehnungen* besteht, sind allesamt:
1. hässlich (immer noch ein Thema in Architektur-Jurys);
2. groß, wenn nicht kolossal;
3. für Tabula-rasa-Verhältnisse geplant (die ursprüngliche Sünde der Moderne ist jetzt überall zur Norm geworden);

4. komplexe Programm-Montagen, die in ihrer Reichhaltigkeit geradezu römisch anmuten: Pools, Bibliotheken, Konzerthallen, Universitäten, in das pochende Bindegewebe der Boutiquen, Malls, Entertainment-Einrichtungen, Atrien eingebettet. Sie suggerieren eine programmatische Erneuerung, die Entdeckung einer (neuen) Kollektivität; aber letzten Endes gerinnen ihre Ingredienzen und lösen sich irgendwie auf;
5. von Architekten produziert, die nicht im Entferntesten mit dem Kontext, für den ihre Arbeit intendiert ist, in Verbindung stehen – eine Ignoranz, die zu einem „neuen Purismus" führt;
6. eine Wiederholung eines einzigen Innovations-Moduls, das bis zu seinem Zusammenbruch repetiert wird: diese systematische Erschöpfung der Inspiration generiert perverserweise einen Zustand hyperbolischer Identität.

Diese Projekte sind im wissenschaftlichen Sinne katastrophisch, so wie die 40 Graves-Gebäude in Japan, die, was immer sie zu einer neuen Ordnung beitragen sollten, für die wahre Präsenz des Chaos stehen: gedehnte Architektur, jenseits ihrer eigenen Unmöglichkeit bis an den Punkt des Zusammenbruchs getrieben – die Rückkehr von Babel.

Die Globalisierung:
1. erweitert den Bereich des Möglichen ins Astronomische, zum Schlechten oder zum Guten;
2. dezimiert die architektonische Imagination exponentiell;
3. bereichert die architektonische Imagination exponentiell;
4. bringt die Chronologie individueller Architekten-Karrieren durcheinander; verlängert oder verkürzt ihre Halbwertszeit;
5. verursacht Epidemien, so wie in den früheren Kollisionen einstmals reiner Kulturen;
6. modifiziert auf radikale Weise den Architekturdiskurs, der jetzt eine Mesalliance von regionalem Unwissen und internationalem Wissen ist.

Die Globalisierung destabilisiert und redefiniert sowohl die Verhältnisse, in denen Architektur produziert wird als auch jene, die die Architektur produziert. Architektur ist nicht mehr eine geduldige Transaktion bekannter Größen zwischen Kulturen, sie ist nicht mehr die Manipulation etablierter Möglichkeiten, nicht mehr eine mögliche rationale Beurteilung von Kosten und Nutzen, nicht mehr etwas, das persönlich erfahren werden kann – von der Öffentlichkeit oder den Kritikern. Die Globalisierung verleiht realen Gebäuden Virtualität, bewahrt ihre Unverdaulichkeit, hält sie für immer frisch.

Mit diesem Armageddon konfrontiert – dieser gewaltsamen Geburt einer neuen Architektur –, befindet sich der Berufsstand in einem ernsten Zustand der Verweigerung. Indem er seinem Angstinstinkt folgt, flüchtet er vor dem vermeintlich Lächerlichen, um sein Rendezvous mit dem Sublimen zu verpassen.

Dieses „Babel: Die Fortsetzung" verspricht ein neues architektonisches System; es führt Episoden eines globalen Unternehmens auf: eines infrastrukturellen Projekts der *Veränderung der Welt* mit dem Ziel einer an jedem Standort zusammentragbaren Montage *maximaler Möglichkeiten* – jeglichem Kontext enthoben, jeglicher Ideologie beraubt. Es verspricht die letzte Aufführung einer prometheischen Seifenoper.

Zusammengenommen bilden diese Episoden eine Konstellation der Experimentierfreude und Erfindung – ein genetisches *engineering*, das eine völlig neue Architektur produziert, eine Revolution ohne Programm, ohne Anstifter, Theoretiker und Helden. Sie wird ihr eigenes „fröhliches Wissen"[1] brauchen.

P.S. Die Globalisierung beginnt 35 Meilen entfernt von einem holländischen Büro. Irgendwann im Jahre 1987 wurde es in unserem Büro üblich, dass internationale Projekte und Mitarbeiter die Mehrheit bildeten. Plötzlich war OMA global, nicht weil eine Vielzahl von Büros an einem einzigen „Produkt" arbeiten, sondern indem OMA immer stärker ein Teil anderer Kulturen wurde. Wir wurden zu Experten in Unterschieden: in unterschiedlichen Möglichkeiten, Kontexten, Empfindlichkeiten, Währungen, Sensualitäten, Rigorositäten, Integritäten, Mächten.

Von da an navigierten wir zwischen möglicher Hochachtung und drohender Ächtung, die die Globalisierung mit sich bringen.

Manchmal scheint CNN ein Orakel zu sein, ein privates Schwarzes Brett mit Geschichten, die alle jene Nervenenden treffen, die direkt mit unserer Arbeit verbunden sind.

Übersetzung aus dem Englischen: Henrik Mauler, Stephan Trüby.

---

1 Im Original deutsch [*Anm. d. Übers.*].

Der Architekturtheoretiker Friedrich Achleitner, geboren 1930 im österreichischen Schalchen, war von 1955 bis 1964 Mitglied der Wiener Gruppe und arbeitete mit den Schriftstellern H. C. Artmann, Konrad Bayer, Gerhard Rühm und Oswald Wiener zusammen. Von 1983 bis 1998 war er Inhaber des Lehrstuhls für Architekturgeschichte an der Hochschule für angewandte Kunst in Wien. 1984 erhielt er den Österreichischen Staatspreis für Kulturpublizistik. Zu seinen wichtigsten Werken gehören *prosa, konstellationen, montagen, dialektgedichte, studien* (1970), *quadratroman* (1973), *Österreichische Architektur im 20. Jahrhundert*, 4 Bde. (1980-1995), *Nieder mit Fischer von Erlach* (1986) und *Aufforderung zum Vertrauen* (1987).

Der Vortrag „Region, ein Konstrukt? Regionalismus, eine Erfindung?" wurde 1994 auf dem Architekturforum Tirol gehalten und erschien zuerst in der Zeitschrift *Architektur aktuell* (3/1995). Der Text ist – leicht gekürzt – Achleitners Buch *Region, ein Konstrukt? Regionalismus, eine Pleite?* (Birkhäuser Verlag, Basel/Boston/Berlin 1997) entnommen.

Friedrich Achleitner:
Region, ein Konstrukt? Regionalismus, eine Erfindung? (1994)

Bei Karl Valentin gibt es die Stelle, wo jemand behauptet, am kommenden Wochenende gehe die Welt unter. Die Reaktion ist einfach: „Das macht nichts, da fahrn wir sowieso nach Deggendorf naus."

Die Ideologie des Kleinen ist verführerisch, die Illusion des Überschaubaren und Beherrschbaren steht der Dämonisierung ihres Gegenteils in nichts nach. Es kann aber eine weggeworfene Zigarette einen Großbrand, es können aber ein paar ins Rutschen gekommene Eiskristalle eine Lawine oder der berühmte Schmetterlingsflügelschlag einen Taifun auslösen. Wir leben heute mit dem Paradoxon, dass die beiden Blöcke, die einst die „Welt" teilten und sich bis ins Unvorstellbare bewaffnet hatten, in Europa einen fünfzigjährigen Frieden produzierten, während nach der Auflösung des östlichen Blocks, also der einen Unüberschaubarkeit, die Überschaubarkeit der jugoslawischen Nationalitäten, die jahrhundertealte Vertrautheit kleiner und gemischter Ethnien, ihre Nachbarschaft und selbstverständliche Koexistenz in ein Gemetzel hineinschlitterten, das mit den ebenso vertrauten kulturellen und zivilisatorischen Wertvorstellungen nicht zu begreifen ist.

Ich misstraue der bedingungslosen Akzeptanz der kleinen Welten und der daraus folgenden kritiklosen Verteufelung der großen. Noch immer geschehen die meisten Morde, Vergewaltigungen und Kindesmisshandlungen im vertrauten Kreis der Familien, in überschaubaren gesellschaftlichen Milieus von Verwandten und Bekannten. Was hat das alles mit Architektur zu tun? Sehr viel. Wir müssen zumindest danach fragen, ob alles Heil im Kleinen, im Überschaubaren, im Dorf oder in der Region, in der Idylle einer scheinbar beherrschbaren Welt liegt. Offenbar ist der Mensch so strukturiert, dass er die größere Sicherheit in einem von ihm selbst beeinflussbaren Bereich glaubt. Wir steigen also doch viel lieber ins eigene Auto als in den Jumbojet, da kann die Statistik hundertmal das Gegenteil beweisen. Das Große ist leicht zu dämonisieren, im Kleinen sind wir wenigstens die Teufel selber.

Wenn heute die alpinen Regionen verbaut und versaut sind, dann liegt der Grund nicht in den zentralen Verwaltungen von Bern, München, Turin, Mailand oder Wien, sondern in den kleinen Entscheidungen in den Gemeindestuben. Brüssel kommt viel zu spät, wir haben unsere Bergtäler schon in gediegener Heimarbeit zubetoniert. Die wie Gezeiten kommenden Verkehrslawinen und Megastaus sind das Produkt der Millionen von

Kleinfamilien, die mit Sack und Pack auf die Reise gehen, damit sie in Sizilien das vorfinden, was sie im Rheinland verlassen haben. Das Große ist der Wahnsinn des Kleinen.

Es gehen Gespenster um in Europa – um ein zerschlissenes Zitat aus dem vorigen Jahrhundert zu variieren –, das Gespenst des Nationalismus, des Regionalismus, der aggressiven Heimattümelei und der dümmsten aller scheinbaren Problemlösungen, das Erfinden von Sündenböcken für die eigenen Fehler und Versager. Etwa der Sündenbock Ausländer, ob er nun als Gast weg- oder als Gastarbeiter hier bleibt.

Das Gefährliche an den Begriffen Nation, Region, Heimat – die allesamt aus dem vorigen Jahrhundert stammen und für die Katastrophen des 20. Jahrhunderts mitverantwortlich sind – ist nicht, dass sie vermeintliche Identitäten stiften, ideelle Bedürfnisse artikulieren oder Zugehörigkeiten (womöglich nach einem Reinheitsgebot) abstecken, sondern dass sie beliebig ideologisch auffüllbar und manipulierbar sind, dass sie als Konstrukt, als Hirngeburt jeder Willkür der Deutung ausgeliefert sind und dass sie ihrer Natur nach sich in Ausgrenzungen, Abwertungen, ja Diffamierungen und Diskriminierungen begründen. Das benutzte semantische Profil ist dabei ganz einfach: Das Ausgegrenzte symbolisiert das Gegenteil von den eigenen Tugenden. Man selber ist fleißig, der andere ist faul, man selber ist sauber, der andere ist verdreckt, man selber ist korrekt, der andere ist schlampig, man selber hat Kultur, Wohlstand und so weiter.

Dieses Prinzip mag vielleicht in einer „Politik der Gefühle" seien Marktwert haben, in der Kultur und Kunst, in der Architektur ist es katastrophal. Wenn wir also über eine Architektur in der Region sprechen wollen, muss man zumindest den Versuch unternehmen, die Begriffe *Region* und *Heimat* näher zu definieren.

Zum Begriff der Region

Was ist eine Region? Wo beginnt sie? Wie sehen die Grenzen von Regionen aus? Wer bestimmt, was eine Region ist? Wer unterscheidet die Regionen? Handelt es sich um einen geografischen, politischen, sprachlichen, ethnischen oder um einen kulturellen Begriff? Sind die Alpen eine Region oder das Zillertal? Ist Tirol eine Region? Oder ist Südtirol dem Friaulischen, Nordtirol dem Bayrischen und Osttirol dem Kärntnerischen verwandter? Was ist die Identität einer Region: ihre Produktion, ihre Landschaft, die Geschäftstüchtigkeit, die kulturellen Leistungen oder einige Symbolfiguren: Bruckner, Mozart, Wolkenstein? Oder ist es die Geschichte? Sind es die Blütezeiten: Silberbergwerk, Salz, Kohle? Oder sind es gar die prominenten Handelsplätze, die Niederlassungen, aber doch nicht der Fugger? Oder bestimmen die großen kulturellen Ablagerungen aus Städtebau und Architektur, die die überregionalen Bewegungen ins Land gebracht haben, die Region? Definiert sich das Regionale an dem, was die großen Kulturen der Nachbarn in die Region gebracht haben? Bestimmt sich das Regionale in der Abweichung von der überregionalen Norm, ist sein eigentliches Wesen die Sonderform, die Mischform oder gar die Wiederholung? Definiert sich das Regionale wiederum in Zentren, oder ist es überhaupt ein Netz von Orten mit verwandten Merkmalen, die sich langsam verändern, bis sie in eine andere regionale Charakteristik hinüberkippen? Vielleicht ist das Regionale ein Zustand des permanenten Übergangs sowohl in der Zeit als im Raum, ein Phänomen der Peripherien, der Verdünnung und Verdichtung.

Worauf begründet sich also ein Regionalismus? Hat er etwas mit der Selbstdefinition, der Selbsteinschätzung einer Region zu tun? Gibt es noch ein absichtsloses regionales Bauen oder nur mehr ein regionalistisches? Brauchen wir vielleicht einen *kritischen Regionalismus*? Müsste nicht jeder Regionalismus kritisch sein? Selbstkritisch? Haben die architektonischen Klischees der Tourismusregionen etwas mit Regionalismus zu tun? Oder ist vielleicht der Regionalismus kein regionales, sondern ein internationales Phänomen? Oder geht es nur mehr um die Bestätigung von Wahrnehmungsgewohnheiten im Zusammenhang mit Marktmechanismen beim Verkauf von Landschaft? Oder ist vielleicht inzwischen jeder Regionalismusbegriff ein strategischer, verbunden mit ganz konkreten Absichten? Fungiert er nur mehr als eine Art von Mehrbereichsöl für die Wirtschaft? Oder ist er ein Rückzugsbegriff? Eine Bankrotterklärung? Oder ist er gar ein plakatives Element der Identifikation, ein aggressives der Vereinnahmung und Ausgrenzung, der Markierung oder Grenzsicherung?

Wieso werden aber dann die Regionen, wenigstens was das Bauen betrifft, immer ähnlicher?

Die *Region* tritt als eine zwar schlecht definierte, aber immerhin als überschaubare Größe auf, in der es ganz bestimmte Qualitäten – so glaubt man jedenfalls – nicht nur für ihre Bewohner zu erhalten gilt. Diese Qualitäten werden aber wieder von ganz bestimmten inneren und äußeren Interessen beeinflusst, sodass die Region selbst mit diesen in Konflikt geraten kann; denn die Fragen, um welche Interessen es sich handelt, werden weder als solche deklariert, noch können sie so leicht erkannt werden. Ich erlaube mir zuerst einen kurzen historischen Rückblick, so problematisch ein solches Unterfangen auch ist, da die Probleme von Region zu Region, von Fall zu Fall ganz anders aussehen können. Der Regionsbegriff ist praktisch ein Kind der nationalstaatlichen Zentrenbildung, er wurde also im vorigen Jahrhundert geboren. Am Anfang war der Blick für regionale Unterschiede und Qualitäten nur dem Städter eigen, es bedurfte also nicht nur systematisierter Erkenntnisse (etwa durch Siedlungs- und Hausforschung, Volks- und Völkerkunde, Dialektforschung, Handwerks-, Technik- und Wirtschaftsgeschichte), sondern vor allem der Distanz und des Überblicks. Wer in einer Region lebte und arbeitete – und sie nie verließ – hatte nur die Möglichkeit, ganz bestimmte Erfahrungen zu machen und Kenntnisse zu erwerben, wer mehrere Regionen oder gar Länder, Lebensformen und Kulturen zu vergleichen vermochte, war zu einer, wie auch immer fragwürdigen, Wertung fähig.

So war selbstverständlich jede Heimatschutzbewegung zunächst eine großstädtische und akademische Angelegenheit, eine Beunruhigung sensibler Eliten, die etwa von München aus die oberbayrischen oder von Stuttgart aus die schwäbisch-alemannischen Stammeswerte bedroht sahen.

Ich möchte zunächst zusammenfassen, was man etwa einerseits unter regionalem Bauen oder andererseits unter regionalistischer Architektur verstehen könnte, wobei das Auseinanderhalten beider Begriffe nie ganz gelingen will. Es versagt also auch hier, wie in allen kulturellen Belangen, das Reinheitsgebot, das nach meiner bescheidenen Meinung ohnehin nur mehr bei der Biererzeugung von Bedeutung ist. Vielleicht liegt der Erkenntniswert dieses Versuchs nur in der Polarisierung der Merkmale, im dualistischen Aufdröseln ein und derselben Sache.

Regionales Bauen

Das regionale Bauen ist eingebettet in die realen Bedingungen einer Region, ist unmittelbarer und weitgehend unreflektierter Ausdruck einer in sich geschlossenen Lebenswelt. Das heißt, es ergibt sich aus den tradierten Erfahrungen dieser Lebenswelt, es artikuliert sich in erprobten Haustypen im Zusammenhang mit einer oft über Jahrhunderte entwickelten Arbeits-, Produktions- und Wirtschaftsform; es ist abhängig vom Klima, von den vorhandenen Baustoffen und den damit entwickelten Fertigkeiten, von der Struktur und Topografie der Landschaft, ihren Ressourcen, der Gunst oder Ungunst ihrer Lage in einem größeren Beziehungsnetz. Vielleicht noch bedeutender und sichtbarer sind ethnisch-kulturelle Faktoren, Mythen oder religiöse Traditionen, überkommene Bilder, Symbole für Zugehörigkeit oder Herkunft. Nicht zu übersehen: politische Grenzen, feudale Besitzverhältnisse in den verschiedensten Formen oder Grenzen, die von der Natur vorgegeben wurden.

Ein wichtiges Merkmal in dieser fragwürdigen Konstruktion eines regionalen Bauens liegt darin, dass es sich noch in keinem bewusst ästhetischen, sich selbst reflektierenden Zustand befindet. Man könnte diesen Zustand auch als paradiesisch bezeichnen, nur hat dieses Paradies wie alle den Haken, dass jene, die in ihm leben, es nicht wahrnehmen können. Durch diesen unreflektierten Zustand ist dieses Bauen noch besonders arglos, tolerant und offen gegenüber von außen kommenden Veränderungen, die, nach Adolf Loos, meist nur als Verbesserung der Lebensumstände registriert werden. In dieser ästhetisch unreflektierten Veränderung und Verbesserung der Lebensumstände durch Bauen, die wir ja bis heute überall verfolgen können, liegt übrigens auch der Grund, dass eine unabhängige, von außen zuschauende ästhetische Rezeption dieser Vorgänge diese stets als Zerstörung historischer Einheitlichkeit empfindet.

Es gibt vor dem 19. Jahrhundert praktisch keinen Versuch, angefangen von den Kirchen, Klöstern und Pfarrhöfen, fortgesetzt über Mühlen, Brauereien und Gewerbebauten, gar nicht zu reden von den aufs Land vordringenden Villen, Schulen, Hotels, Kultur- oder Verwaltungsbauten, von den Industriebauten und Bahnhöfen ganz zu schweigen, es gibt kaum einen Versuch, diese Objekte etwa einem bäuerlichen Bauen anzupassen. Wie sollte es auch anders sein, die bäuerlichen Bauten waren im unteren Bereich der gesellschaftlichen Hierarchie angesiedelt, und die aufs Land vordringenden Systeme hatten, abgesehen von ihrer Eigendynamik, allesamt ein wenn auch nicht definiertes, so doch ausgeprägtes Eigenverständnis. Natürlich ist dem Menschen des späten 19. Jahrhunderts diese radikale Veränderung der Landschaft aufgefallen, zunächst dem Täter, dem städtischen Bürger mit seinen liberalistisch-kapitalistischen Methoden, der nicht nur die Zurückdrängung der bäuerlichen Kultur, sondern auch deren Veränderung registrieren musste. Wir haben es also mit zwei Faktoren eines Prozesses zu tun, mit dem stabileren, ansässigen, in sich ruhenden und einem dynamischeren, von außen kommenden und nach außen weisenden, mit Systemcharakter wie Bahn, Industrie, Versorgung, Verteilung, Kommunikation, Verwaltung, Tourismus etc. Man muss nicht extra betonen, dass diese flächendeckenden Systeme, die sich alle auch im Bauen ausdrücken, einerseits einen Prozess der Egalisierung weitertreiben, andererseits aber auch wieder ihre eigene Dialektik zu den Orten entwickeln. Dazu muss man noch ergänzen, dass zu den scheinbar stabilen Faktoren des Klimas, der materialen Ressourcen und der kollektiven

Erfahrungen im Bauen und zu allen regional gebundenen Eigenschaften noch die Zeitkomponente dazukommt. Was wir heute als regionale, wenn auch langsam verschwindende Kulturen wahrnehmen, ist das Produkt nur weniger Jahrhunderte. Es ist zum Beispiel noch gar nicht so lange her, dass die steilen Stroh- und die flachen Legschindeldächer aus der österreichischen Landschaft verschwunden sind und durch Ziegeldächer ersetzt wurden und damit die Zimmerleute ihre festgelegten Regeln für das Abbinden der Dachstühle radikal ändern mussten. Es wäre also nicht uninteressant, längere Schnitte entlang zeitlicher Entwicklungen in Regionen zu legen, um festzustellen, wie sehr und wie oft sich Bauweisen geändert haben.

...

Regionalistische Architektur
Es war charakteristisch für die bürgerliche Kultur und Vorstellungswelt, dass sie auf die Veränderungen der Landschaft durch Industrie und Verstädterung, die auch als Zerstörung alter Werte empfunden wurden, nicht mit einer Bekämpfung der Ursachen, sondern mit einer Kosmetik der Symptome reagierte. Natürlich stellte man nicht die ökonomische Veränderung des Landes, die Verstädterung der agrarischen Kulturlandschaft in Frage oder den Wandel der Wirtschaftsformen, sondern deren ästhetische, baukulturelle Auswirkung. Und man reagierte – ausgehend von den Architekturschulen – mit künstlerischen Programmen.

Die Frage war also nicht, ob und wo eine Fabrik gebaut werden sollte, sondern wie sie auszusehen hätte. Man begann mit der Erforschung ländlicher Bauformen, bodenständiger Typologien und versuchte sie in die neuen Bauaufgaben zu transformieren. Dieser Vorgang ist ein künstlerisch höchst anspruchsvoller, und man muss es nicht extra betonen, dass die Versuche in der Mehrzahl scheiterten, das heißt, sie blieben im Bereich der Einkleidung stecken. Die selbstverständliche Koppelung von *Inhalt* und *Form*, die Ausgewogenheit von Bedürfnis und Ausdruck, die Verhältnismäßigkeit tradierter Mittel zu ihren neuen Leistungen geriet aus den Fugen, und in den Vordergrund traten formale Verweise, Einkleidungen, Mitteilungen über das bewusste Verhalten in einem kulturellen Kontext. Es ging um die Interpretation und Adaptierbarkeit alter Formen: Die schulmeisterliche Erklärbarkeit von kulturellem Gut, ja der erhobene Zeigefinger einer immer hemmungsloser sich gebärdenden Bildungswelt machte sich über ein aus den Fugen geratenes Bauen her, um es mit einem formalen, sittlich-ländlichen Überguss wieder zusammenzukitten.

Es ist klar, dass ein so missionarisches Großprojekt, wie es zum Beispiel die Heimatschutzbewegung war, zunächst wenig mit den Betroffenen zu tun haben konnte. Diese sahen kaum die Probleme, in die sie hineingeraten waren oder die um sie herum als Kulturkampf entwickelt wurden. Auf dem Lande bedeutete die Verstädterung zunächst wirtschaftliche Verbesserung, Schritte in Richtung Arbeit und Wohlstand. Das ästhetische oder architektonische Problem wurde ausschließlich von den Fremden, den Gästen, also den Städtern wahrgenommen. Für diese passierte nämlich etwas sehr Paradoxes: Die Stadt hatte langsam das Land – ab dem Biedermeier, also mit der Entwicklung der Industriegesellschaft – als Erholungsraum entdeckt. Die ländliche Armut eignete sich schon damals besonders gut zur Entspannung der Städter. Und diese erlebten das von

Hans Magnus Enzensberger wahrscheinlich erstmals formulierte Grundgesetz des Tourismus als Schock, dass nämlich der Tourist die Welt, die er entdeckt, in die er eindringt und die er auch liebt, gleichzeitig zerstört.[1]

Er hat zwar jeweils die Illusion, der Letzte zu sein, der noch die echten Reste einer verschwindenden Kultur zu registrieren vermochte, aber er entdeckt schon beim zweiten Besuch den fortschreitenden „Verfall", den sein zurückgelassenes Geld bereits anrichtet. Dieser Teufelskreis, der ja nicht einer gewissen Ironie entbehrt, bildet natürlich auch die Fähigkeit aus, überall den Verfall und die Zerstörung von Kulturen zu entdecken.

Zurück zum Regionalismus. Der regionalistische Blick setzt zuerst eine Distanz voraus, er abstrahiert die Formen von den tatsächlichen Problemen. Er macht die echten oder vermeintlichen Merkmale einer Region zu einem architektonischen Thema. Der gleichzeitige Versuch, die Verwendung traditioneller Formen oder ihre Adaption in verbindlichen Formeln festzulegen, entwertet, ja verfremdet diese Formen zumindest aus der Perspektive der Originale. Der Regionalismus ist also ein Phänomen des Historismus, der Verfügbarkeit über eine begrenzte Formenwelt signalisiert. Ein Historismus, der nicht einen Stil als Rezeptions- und Transformationsmaterial benutzt, sondern eben das Erscheinungsbild markanter Bauformen in einer Region. Damit drückt sich auch eine ganz bestimmte Haltung, eine Art von Kulturkolonialismus aus, die Anbiederung und Herrschaft in einem zeigt. Dem Loos'schen Notar in der Lederhose, der mit dem Bauern im Steinklopferhans-Dialekt spricht – ein höchst artifizieller Vorgang –, steht der heutige Zweitwohnungsbesitzer in nichts nach.

Gehen wir aber noch einmal an die Wurzeln zurück, zu einem allseits bekannten historischen Beispiel. Das Paradebeispiel für Regionalismus scheint mir in der zweiten Hälfte des vorigen Jahrhunderts Bayern geliefert zu haben, wo im Glanz und Schatten der Wittelsbacher, kräftig unterstützt von der aufblühenden süddeutschen Heimatschutzbewegung, ein *bairischer Regionalstil* entwickelt wurde, der ebenso bäuerlich-alpine wie bürgerlich-barocke Elemente verwendete. Welche Rolle diese Entwicklung in der Konkurrenz der deutschen Stämme und Staaten im Reich Bismarcks spielte, vermag ich nicht zu beurteilen, dass aber ein Zusammenhang besteht, scheint mir offensichtlich zu sein. Jedenfalls schuf die Kunststadt München ein bewusst regionalistisches Klima, das sich über das Oberland ausdehnte und auch nach Tirol überschwappte. Hier führte sozusagen aus den Niederungen von Boden und Malz ein Weg zum Obersalzberg, der in der Entwicklung eines für den Tourismus verwertbaren *alpinen Stils* auch ideologische Hilfsdienste leistete.[2]

Ich möchte den Übergang von ideologischer Selbstüberhöhung zur alpinen Marktwirtschaft nicht näher beschreiben. Hier geht es schon lange nicht mehr um die fremdbestimmte Selbstinterpretation einer alpinen Region, sondern eher um visuelle Marktmechanismen in Sinne einer Corporate Identity. Regionalismus ist eben heute ein internationales Phänomen im Umschlag von angebotenen Leistungen im Rahmen bestimmter Erwartungsmuster, das sich schon lange von den Regionen abgekoppelt hat, wie etwa die amerikanischen oder japanischen Skigebiete zeigen. Ich möchte damit nicht sagen, dass man diese alltagskulturellen Phänomene einer Disney-Philosophie nicht ernst nehmen soll, sie sind aber sicher nicht im Themenbereich von Regionalismus zu diskutieren.

Zur Sache

Wenn ich daran erinnere, was heute im lokalen und regionalen Kontext im Bereich des Bauens und der Architektur vor sich geht, so ist eigentlich die klassische Regionalismusdebatte, in die ich versucht habe einzusteigen, am allerwenigsten geeignet, an die Probleme wirklich heranzukommen.

Zunächst ist eines sicher, dass gegenüber der politischen und wirtschaftlichen Vereinigung immer größerer Einheiten (etwa in Europa), mit den wachsenden und auch autonomer agierenden Zentren, mit der Konzernisierung flächendeckender Versorgungs- und Informationssysteme, die Entdeckung und Aufwertung regionaler und lokaler Strukturen eine Art zwangsläufiger Reflexhandlung darstellt. Die Vereinheitlichung, wo auch immer, und sei's nur beim Wein, Obst oder Käse, ruft die Differenzierung auf den Plan. So ist zumindest auch die Frage nach regionalen Baukulturen legitim, wenn sie mit Sicherheit auch falsch gestellt wird.

Wir wissen, dass die einschlägigen Gesetze, Satzungen, Regelwerke oder Vorschriften ausschließlich an den Ergebnissen von historischen Prozessen, also von ihren Erscheinungsformen abgeleitet werden. Die verbindlichen Bezugsobjekte sind meist eine verschwindende Minderheit aus oft nicht mehr existierenden Funktions- und Nutzungszusammenhängen. Zu diesem Desaster trägt auch die Regionalismusdebatte bei, weil man noch immer den Begriff der Region als gegeben voraussetzt und nicht wahrhaben will, dass er nur in unseren Köpfen und mit sehr unterschiedlichen Vorstellungen existiert.

Ich möchte hier noch einmal einen bescheidenen Ansatz versuchen. Ein Zyniker hat einmal gesagt, die Zukunft hätte immer noch für sich selbst gesorgt. Vielleicht ist es ähnlich mit der Region und dem Regionalismus. Region definiert sich, wenn überhaupt, erst im Nachhinein. Außerdem könnte man einmal, in der heutigen Informationsgesellschaft, darüber nachdenken, ob es nicht schon lange geografieunabhängige geistige Regionen gibt, wie etwa der Postmodernismus, ja jede Mode eine geistige Provinz auf Zeit war, die von einigen Wanderpredigern abgesteckt wurde, um dann ebenso schnell wieder aus den Architekturpublikationen zu verschwinden. Ich meine also Region als begrenztes Wahrnehmungsfeld, ein formal erkenn- und unterscheidbares Territorium, in dem man Besitzrechte erwerben und von dem man auch ausgeschlossen werden kann.

Ich glaube, um es kurz zu sagen, man sollte einfach darüber nachdenken, wie heute Bauten entstehen und was sie kulturell zu leisten vermögen. Ich sehe hier polare Ansatzpunkte: Einmal die Tatsache, dass Bauen und Architektur durch ihre Gebundenheit an einen Ort, durch ihr starres Verharren in einem vielfältigen Beziehungsnetz wahrnehmbarer Qualitäten, nicht durch andere Medien, also auch nicht durch Film, Bildschirm und Ähnliches, ersetz- und vermittelbar sind. Architektur ist ein hoffnungslos (oder hoffnungsvoll) konservatives Medium, dass sich über alle Sinnesorgane mitteilt. Diese physische und kulturelle Existenz ist in einem nicht austauschbaren Ort verankert, der eine nicht beschreibbare, aber jederzeit unterscheidbare Konsistenz besitzt. Orte sind also nicht transportierbar. Gleichzeitig aber existiert eine schon lange nicht mehr überschaubare und in ihrer Totalität unbenutzbare Information über diese Orte, die zumindest theoretisch an jedem Punkt der Erde erreichbar ist. Der totalen

Begrenztheit steht eine mediale Unbegrenztheit gegenüber, der beliebigen Verfügbarkeit in der Rezeption die Widerspenstigkeit des Medium Bauens in der Konzeption. In der Verfügbarkeit liegt die Tendenz zum Allgemeinen, in der Widerspenstigkeit die zum Besonderen.

Daraus ergibt sich, dass trotz der zeitgleichen Informationsverteilung und der Klasse der jetsettenden Wanderprediger Architektur und Bauen an Orte gebunden bleiben. So ist vielleicht auch zu erklären, dass sich Architektur in lokalen Konstellationen entwickeln (ob Graz, Wien, Barcelona, Paris oder Basel, um nur einige zu nennen) oder in regionalen Konspirationen verwirklichen kann, und dass es immer nur die Bedingungen sind, die ein Ort oder eine Region zur Verfügung stellt und auf die dann einzelne Architekten oder ganze Gruppen zu reagieren haben.

Wenn wir heute mit Cortina d'Ampezzo, mit Corte di Cadore und den venezianischen Alpen den Namen Edoardo Gellner identifizieren, so liegt das nicht nur an seinen jahrzehntelangen Forschungen in dieser Region, sondern vor allem daran, dass er, weit entfernt von einer formal-regionalistischen Doktrin, in seinen Bauten eine Antwort auf die heutigen Probleme dieser Region gefunden hat. Wenn heute das Tessin, die Steiermark oder Vorarlberg mit ganz neuen Inhalten als Region wahrgenommen werden, dann vor allem deshalb, weil sich in ihnen ein Bauen oder eine Architektur artikuliert haben, die, teilweise im Konflikt mit den echten und falschen Traditionen oder den verbrauchten Bildern dieser Landschaften, neue Antworten auf die Probleme dieser Regionen formuliert haben, die weder der Zeit noch ihren Aufgaben und schon gar nicht den zur Verfügung stehenden Mitteln etwas streitig machen.

Von Interesse (für den Regionalismusforscher) wären also die *Mechanismen*, die zu solchen Entwicklungen geführt haben, die Impulse von außen, die personalen Ressourcen und die gruppendynamischen Prozesse. Beruhigend ist vor allem, dass es sich um ganz verschiedene, unwiederholbare, nicht austauschbare und nicht transplantierbare Prozesse handelt. Die Hoffnung in der Architektur, in dem bockigen Medium des Ortes oder der Region, wie immer man das alles bezeichnen mag, liegt also in der Verarbeitung der wo immer herumdriftenden Information vor Ort, in ihrer selektiven Konzentration am realen Bau. Dass Orte und Regionen ihren eigenen Informationspool oder -pegel besitzen, steht ja ohnehin außer Frage, sonst wären sie ja auch nicht so leicht und so wohltuend unterscheidbare Phänomene.

Die Falle der formalen Interpretation
Bauen und Architektur entstehen heute mehr denn je im Schnittpunkt der materiellen und geistigen (kulturellen) Ressourcen eines Ortes und dem allgemein verfügbaren Wissensstand der Zeit. In diesem Spannungsfeld liegen die Tendenzen zur Verallgemeinerung, Systematisierung, Normierung und zur Differenzierung, Unverwechselbarkeit und Nichtaustauschbarkeit. Aus diesem Kräfteverhältnis und aus den darin eingeschlossenen architektonischen Anstrengungen ergeben sich laufend lokalisierbare Merkmale einer Baukultur, die es weder notwendig haben, als formales Programm noch als eine Art systematisierter Ästhetik entwickelt zu werden. Im Gegenteil: Jeder Versuch, regionalistisch zu handeln, geht in die Falle der formalen Interpretation, die kulturell meist stagnierend oder verflachend wirkt.

Ich möchte mit einem oberösterreichischen Beispiel abschließen: Das Salzkammergut, als ausgewiesene alte Kulturlandschaft, hat nicht nur einige Dutzend bäuerliche Haustypen, Fischer- und Bootshäuser an den Seeufern, sondern auch alte Gasthöfe und Sommerfrischen, Villen des Adels, des Wiener Großbürgertums, des Linzer Bürgertums, Bahnhöfe und Schiffsanlegestellen, Salettel und Kegelbahnen, Kurhäuser, Hotels, Fabriken und Tankstellen, Objekte des Salzbergbaus, Brücken, Arbeitersiedlungen und was alles das Leben der letzten zwei Jahrhunderte in die Landschaft gestellt hat. Wir kennen neben der so genannten ruralen, anonymen Architektur den „Ischler-Stil" (den man genauso am Semmering wie in St. Moritz antrifft), das legendäre Haus am Attersee eines Ernst Anton Plischke (eine Liebeserklärung an die Salzkammergutlandschaft, die heute keine Baubehörde mehr genehmigen würde), wir kennen aber auch das Durcheinander der gewerblichen und touristischen Landnahme der letzten Jahrzehnte. Wer sollte es da noch wagen, für diese Landschaft heute eine verbindliche Bauform oder gar ein Regelwerk vorzuschreiben? Wie lächerlich nehmen sich die Versuche des Landschafts- und Naturschutzes aus, mit Dachneigungen, Balkon- oder Materialvorschriften in diese Vielfalt und in dieses Durcheinander hineinzuwirken. Wir können nur eines machen, einmal die Landschaft in ihrer ganzen kulturellen Komplexität verstehen zu lernen und an die in ihr Bauenden die höchsten Anforderungen an die Redlichkeit der Mittel und an den Umgang mit diesen Qualitäten zu stellen.

Die Region ist nicht das Bild, das sie mehr oder weniger verständnislosen Augen abliefert, sie ist ein wandelbares Produkt der Fähigkeiten der Menschen, die in ihr leben. Sie befindet sich dauernd in einem Entwurfszustand, sie ist Konstrukt und Realität in einem. Vergessen wir den Regionalismus, er ist eine Facette des historistischen Denkens des vorigen Jahrhunderts, vielleicht amüsant, sicher verwertbar in der Werbung, also in einer auf das Bild reduzierten Wirklichkeit.

Regionales und Regionalistisches ist die Erfahrung von Distanz oder distanzierter Wahrnehmung. Regionales kann sich überhaupt erst entdecken durch das Fremde, das Andere, das Neue oder das Unbekannte. Es gibt also keine paradiesische Region, es gibt nicht den unberührten Zustand einer Kulturlandschaft. Regionale Eigenheit, regionaler Charakter ist a priori ein Ergebnis von Gestörtsein, von existenzieller Bedrohung oder interpretierter Vergangenheit. Regionalismus ist eine durch den Schock der Selbsterfahrung ausgelöste Aktivität. Er ist auch ein Rettungsversuch in eine verklärte Vergangenheit. Regionalismus unterliegt also von vornherein dem Verdacht der Restauration, des Surrogats und des distanziert Artifiziellen. Regionalismus ist permanente, interessengesteuerte Interpretation, vielleicht die einzige uns verbliebene Form, mit dem Regionalen umzugehen. Regionalismus ist also ein Thema der Architekturrezeption und nicht ihrer Produktion.

1 Vgl. Hans Magnus Enzensberger: „Eine Theorie des Tourismus", in (ders.): *Einzelheiten I; Bewußtseinsindustrie*, Frankfurt/M. 1962.
2 Es bedurfte einer Heimatschutzbewegung und einer daran anschließenden „Blut- und-Boden-Ideologie", dass das Bauernhaus im Zuge eines politisch geadelten Bauerntums (die entschuldeten und „geadelten" Bauern waren wenigstens für kurze Zeit eine für Hitler kalkulierbare Kraft) zum morphologischen Vorbild für einen „Stil" werden konnte.

THOMAS SIEVERTS

Der Stadtplaner Thomas Sieverts, geboren 1934 in Hamburg, studierte Architektur in Stuttgart, Liverpool und Berlin und lehrte unter anderem an der Hochschule der Künste in Berlin, der Harvard University und der TH Darmstadt. Von 1989 bis 1994 war er Technischer Direktor der IBA Emscher Park. Seit 1978 führt er ein Planungsbüro in Bonn.

Der Text „Thesen zur Bedeutung der Begreifbarkeit der Zwischenstadt" wurde der 1997 erschienenen Publikation *Zwischenstadt: zwischen Ort und Welt, Raum und Zeit, Stadt und Land* entnommen (Bauwelt Fundamente 118, Vieweg, Braunschweig/Wiesbaden 1997; dritte und erweiterte Auflage Birkhäuser Basel/Boston/Berlin 1999.)

Thomas Sieverts:
Thesen zur Bedeutung der Begreifbarkeit der Zwischenstadt (1997)

1. Stadtregionen sind auf dem Wege, zu einem mehr oder weniger einheitlichen Lebensraum zusammenzuwachsen. Lebensbeziehungen übergreifen die einzelnen Städte und bilden einen zusammenhängenden Arbeits- und Freizeitmarkt, dessen Vitalität und Verfügbarkeit zu einem wesentlichen Faktor in der interregionalen Konkurrenz werden wird. Um die sich ergänzenden Vorteile einer raumfunktionalen Arbeitsteilung in der Region voll nutzen zu können, bedarf es der Verknüpfung der gesondert entfalteten Standortbegabungen der verschiedenen Teile der Stadtregion zu einem sich ergänzenden Ganzen. Noch versucht jede Gemeinde in der Region, mehr oder weniger das Gleiche anzubieten. Der Vorteil, Bestandteil einer raumfunktional arbeitsteiligen Stadtregion zu sein, in der örtliche Identitäten als Stärke ins Spiel gebracht werden, wird noch kaum wahrgenommen, weil man kein inneres Bild der Stadtregion hat.

2. Das Bewusstsein, Bewohner einer ganzheitlichen Stadtregion zu sein, wird noch an Bedeutung gewinnen mit den heute schon erkennbaren Veränderungen der Lebensbedingungen. Die alten, Halt und Sicherheit gebenden Familienstrukturen lösen sich auf – immer mehr Menschen haben keine Kinder, die im Alter für sie sorgen können. Es bedarf neuer Bindungen und heimatlicher Orte für Menschen, die in unsicheren Verhältnissen leben müssen: Überlieferte Lebensläufe lösen sich auf in Lebensabschnitts-Karrieren mit einem mehrfachen Wechsel von Lebensstil und Milieus („gebastelte Lebensläufe").[1] Alte Berufsbilder verschwinden, verlangt werden lebenslange berufliche Beweglichkeit und Nutzung von Marktnischen sowie von auf weitem Raum angesiedelten Arbeitsmarktangeboten, wie sie nur ein großer regionaler Arbeitsmarkt bieten kann. Die Einkommen werden eher stagnieren, unter Umständen sogar zurückgehen, dafür wird die für das monetäre Einkommen erforderliche Arbeitszeit sinken – je unterschiedlich verteilt auf die Lebensspanne. Mehrere unterschiedliche Jobs nebeneinander werden keine Ausnahme bilden. Viele tätige Einwohner der Region werden wenigstens zeitweise arbeitslos sein und umschulen müssen. Damit wird die lebendige Verfügbarkeit der Tätigkeitsangebote und des spezialisierten und differenzierten Bildungs- und Kulturangebots der Region für eine gute Lebensentfaltung unverzichtbar.

3. Zu einer guten Lebensentfaltung unter den veränderten sozio-ökonomischen Bedingungen wird auch eine neue, identitätsstärkende und Halt gebende Ortsbezogenheit gehören: In dem Maße, in dem einerseits der Lebensausrichtung auf eine Sinn stiftende und planvolle berufliche „Lebens-Karriere" aus ökonomischen Gründen der Boden entzogen wird und andererseits die meisten Arbeiten in einem entfremdeten, globalisierten arbeitsteiligen Kontext angesiedelt sind, müssen andere sozio-kulturellen Halt gebende Anker gebildet werden. Ein solcher Anker könnte der Heimatort in der Zwischenstadt werden, wenn er lebendige politische, soziale und kulturelle Teilhabe und reale Sinneserfahrungen ermöglicht. Der Überformung der Wahrnehmung durch die virtuelle Realität der elektronischen Medien, insbesondere des Fernsehens als dem vermeintlich wichtigsten „Fenster zur Welt", und dem damit verbundenen Verlust an Realitätserfahrung müssen die sinnliche Erfahrbarkeit und die praktische soziale wie politische Gestaltbarkeit des konkreten Raums entgegengestellt werden.[2]

4. Die sich zuspitzenden ökologischen Probleme, besonders in so ungeliebten Bereichen wie der Müll- und Altwasserbeseitigung, der Energieproduktion und im Transportwesen, zwingen zur regionalen Kooperation. Diese wird sich im erforderlichen Umfang politisch nur dann durchsetzen lassen, wenn die Region nicht nur abstrakt über statistische Indikatoren und technische Infrastrukturnetze und auch nicht nur über zwar notwendige, aber emotional eher negativ besetzte Zweckverbände, beispielsweise für Abwasser und Müll, erfasst wird, sondern wenn die Stadtregion als Lebensraum im Kopf bildhaft verfügbar ist, mit den Sinnen erlebt werden kann und sich vor allem mit positiven Vorstellungen und Erlebnissen verbindet.[3]

5. Denn Stadtregionen laufen trotz wachsender funktionaler Verflechtungen Gefahr, politisch, sozial und kulturell zu zerfallen in eigensüchtige Teilstädte unterschiedlicher Einkommensgruppen und Lebensstile, insbesondere, wenn die Mittel für ausgleichende Transferzahlungen schrumpfen und sozio-ökonomische Disparitäten mit großräumlichen Segregationen zusammengehen. Diese Entwicklung ist in den USA zu beobachten, wo sich viele Kommunen schon lange gegen sozio-ökonomisch schwächere Bevölkerungsgruppen abzuschotten und einzubunkern begonnen haben und der öffentliche Raum dazwischen zum unsicheren Niemandsland wird. In den USA geht die Tendenz dahin, dass in einigen Jahrzehnten der Anteil der Bevölkerung in derartigen „selbstgenügsamen" Gemeinschaften von gegenwärtig 12 auf circa 30 Prozent ansteigen wird, Gemeinschaften, die kaum noch kommunale Dienste in Anspruch zu nehmen brauchen, deswegen auch keine Kommunalabgaben zahlen und die sich damit aus der Stadtgemeinschaft ausgrenzen.[4] Diese auch bei uns schon in Ansätzen zu beobachtende Entwicklung darf nicht hingenommen werden.

6. Eine Stadtregion wird ihren ganzen möglichen Reichtum an verborgenen Reizen und Schönheiten, an wirtschaftlichen Aktivitäten, Lebensstilen, Milieus und kulturellen Angeboten und damit die Potenziale einer großen Bevölkerung nur entfalten können, wenn sie nicht nur äußerlich durch gute Verkehrsnetze zugänglich gemacht wird, sondern auch als Innenbild so präsent ist, dass Distanzen in Minuten erscheinen und sich die je besonderen lokalen Qualitäten mit eigenen Erlebnissen in der Erinnerung zu einem mehr oder weniger direkten und festen Bildnetz verbinden. Damit kann sich im Laufe der intensiveren Nutzung des Lebensraums Region das anfangs nur in Umrissen vorhandene Bild mit Zeichnung und Farben anreichern und verändern.

7. Es muss deswegen ein Zusammengehörigkeitsgefühl gefördert werden, damit ein lebendiges Bewusstsein davon entsteht, dass die Stadtregion mehr ist als eine Summe technischer Zweckverbände und eifersüchtig konkurrierender Teilstädte. Ein solches Bewusstsein kann nicht theoretisch erzeugt werden, sondern es kann nur mit dem Bedürfnis nach Stolz auf die Region als eigener Heimat und der damit verbundenen Neugier auf eine langfristige „Erforschung" der Region wachsen: Es muss Interesse an eigenem Lebensraum, es müssen Anreize für einen innerregionalen „Tourismus" entwickelt werden. Das Zusammengehörigkeitsgefühl wird sich letztlich aber nur entwickeln und Bestand haben, wenn es eine politisch eigenständige, demokratisch legitimierte regionale Selbstverwaltung gibt.

Aus diesen Gründen erscheint es tatsächlich mehr als nur eine schöne kulturelle Zutat zu sein, sich intensiv um eine Lesbarkeit und Begreifbarkeit der Zwischenstadt zu bemühen: Lesbarkeit und Begreifbarkeit sind Voraussetzungen dafür, die Stadtregion als den Raum wahrzunehmen und zu erleben, der das Alltagsleben prägt. Lesbarkeit und Begreifbarkeit gehören zu den wichtigen Bedingungen für den schwierigen Weg, auf der Ebene der Zwischenstadt, im Alltagsleben wieder eine Identität von Gesellschaft und Raum herzustellen: Zwischenstadt ist der Raum der lokalen Ökonomie und der Entfaltung einer Kreislaufwirtschaft.

1 Zur Pluralisierung der Lebensstile vgl. Ulrich Beck: „Jenseits von Stand und Klasse?", in: Kreckel (Hrsg.): *Soziale Ungleichheiten*, Göttingen 1983; Ulrich Beck und Elisabeth Beck-Gernsheim (Hrsg.): *Riskante Freiheiten. Individualisierung in modernen Gesellschaften* (Frankfurt/M., 1994); vom Begriff „Bastelbiografien" spricht Ronald Hitzler in: *Kleine Lebenswelten – ein Beitrag zum Verstehen von Kultur* (Opladen 1988).
2 Vgl. Richard Sennett: „Etwas ist faul in der Stadt", in: *Die Zeit*, Nr. 5 1996.
3 Vgl. Detlev Ipsen: „Das Überleben der Städte – Ökologische Perspektiven der Lebensqualität", in: *Universitas*, Januar 1996.
4 Evan McKenzie, University of Illinois/Chicago, zitiert bei Witold Rybczynski: *City Life, Urban Expectations in a New World*, New York 1995, S. 182.

TERRAIN
ORT, REGION, GLOBALISIERUNG

Luigi Snozzi:
Das Haus des Bürgermeisters (Monte Carasso, 1983-1984)

Im Jahre 1977 wurde Luigi Snozzi beauftragt, ein Entwicklungskonzept für die Tessiner Gemeinde Monte Carasso zu erarbeiten. Zwei Jahre später wurde der Richtplan des Architekten verabschiedet. Snozzi beabsichtigte mit seinen städtebaulichen und architektonischen Maßnahmen, Monte Carasso zu einem klar erkennbaren Zentrum zu verhelfen. Insbesondere sollten die prägenden Elemente des Stadtbildes erhalten werden, um die Lesbarkeit der Ortsgeschichte zu ermöglichen. Vor diesem Hintergrund ist es verständlich, dass dem ältesten Gebäude Monte Carassos, einem aufgegebenen Augustinerinnenkloster aus dem 16. Jahrhundert, die besondere Aufmerksamkeit Snozzis zuteil wurde. Er baute das vom Abbruch bedrohte Gebäude zu einer Primarschule aus. Um dem Ort wieder zu einer Mitte zu verhelfen, sah Snozzi eine alleeartig bepflanzte Ringstraße vor, die sich um das ehemalige Klosterareal mit Friedhof und Kirchturm windet und an der sich – einer Perlenkette gleich – alle öffentlichen Bauten Monte Carassos ansiedeln.

Auch das Haus des Bürgermeisters Guidotti, das in seiner Formensprache der klassischen Moderne eines Le Corbusier verpflichtet bleibt, gehört zu diesen Bauten mit öffentlicher Bedeutung, die der Ringstraße angelagert sind. Das Bauwerk grenzt mit seinen Umfassungsmauern und seiner Pergola direkt an den Bürgersteig an und vermag so präzise den Straßenraum zu fassen. Mit seinen vier Stockwerken dominiert das Haus darüber hinaus auch eine Straßenecke. Diese exponierte Lage macht es zu einem wichtigen Bezugspunkt der Gemeinde. Snozzi, stets auf der Suche nach der historischen Kontinuität eines Ortes, nahm bei der Konzeption des Hauses Bezug auf den landwirtschaftlichen Charakter der vom Weinbau dominierten Region. Zum Leitmotiv seines Entwurfes wurde dabei das Gleichmaß der Rebstöcke, das nicht nur die Struktur der Grundrisse, sondern auch die Gartenanlagen mit ihrer Laubenarchitektur durchwirkt. „Die Pergola", so Snozzi, „repräsentiert dabei nichts anderes als einen Rebstock, der sich in ein Manufakt verwandelt hat."

TERRAIN
TYPUS, AUTONOMIE, ERINNERUNG

Nur wenige architekturtheoretische Vokabeln haben im 20. Jahrhundert einen ähnlich radikalen Bedeutungswandel durchgemacht wie der Begriff des Typus. Forderte das typologische Denken noch in den Zwanzigern die Standardisierung der Architektur nach den Regeln der industriellen Produktion und funktionalistischen Planung, so sollte sich dies in den ersten Nachkriegsjahrzehnten gründlich ändern. Insbesondere italienische Architekten und Theoretiker führten einen Bedeutungswandel des Typus-Begriffs herbei, welcher noch immer gültig ist. Wer sich heute dem typologischen Denken in der Architektur verpflichtet fühlt, wähnt sich in Opposition zur funktionalistischen Moderne und vertritt die Auffassung, dass das Bauen den ewigen Gesetzen einer autonom verstandenen Architektur folgt.[1]

Mit dem Buch *L'Architettura della Città*[2] des Mailänder Architekten **Aldo Rossi** erschien 1966 eines der wichtigsten Dokumente, das sich gegen die technokratischen Aspekte der modernen Architektur richtete. Rossi artikulierte darin eine „Kritik des naiven Funktionalismus" und widersprach der modernen Verherrlichung der Funktion mit einer „Theorie der Permanenz". Mit ihr wollte er verdeutlichen, dass so selbstbewusste Gebäude wie etwa der Palazzo della Ragione in Padua stets als Katalysatoren der städtebaulichen Entwicklung gewirkt haben und sich immer wieder gewandelten Funktionen anpassen ließen. Für seine theoretische wie praktische Arbeit reklamierte er den Status einer Wissenschaft, die eigengesetzlichen Regeln folge und durch das Studium der Stadt und des Typus erlernt werden könne.

Dass Rossis Verständnis des Typus vor allem auf der Vorarbeit Antoine-Chrysostome Quatremère de Quincys (1755-1849) fußt, macht sein 1965 gehaltener Vortrag **„Das Konzept des Typus"** deutlich. Von ihm, einem der wichtigsten französischen Architekturtheoretiker im Zeitalter des Klassizismus, übernimmt Rossi die Unterscheidung von Typus und Modell. „Das künstlerische Modell", so definierte Quatremère, „ist ein Objekt, das so, wie es ist, wiedergegeben werden muss. Im Gegensatz dazu ist der Typus etwas, aufgrund dessen Werke konzipiert werden können, die einander überhaupt nicht ähnlich sehen." Rossi wendet sich mit dieser Auffassung gegen die modernen Verfechter eines standardisierten Bauens, welche die Reproduktion immer gleicher Einzelteile propagieren. Im Unterschied zu ihnen betont Rossi den Gestaltungsspielraum, den die Arbeit mit wenigen Typen bietet, wenn sie in Architektur transformiert werden – ein Spielraum, den er auch als bauender Architekt mit seinen auf geometrischen Primärformen beruhenden Entwürfen auszuloten suchte.

Es war vor allem der venezianische Architekturtheoretiker **Manfredo Tafuri**, der Rossis elementare Architektur zu politisieren wusste, indem er sie von seinem marxistischen Standpunkt aus als eine „Ästhetik des Widerstands" interpretierte. Der Kapitalismus, schreibt Tafuri in seinem Buch *Progetto e utopia* (1973), sorge für ein „Drama", weil er die „Reduktion der Architektur auf ‚reine Architektur' [...], in den besten Fällen auf sublime Nutzlosigkeit" geradezu erzwinge.[3] Architekten, die wie der Sozialist Rossi die Autonomisierung des Bauens einklagen, verdienten Respekt, weil sie sich auf die „Botschaft eines hermetischen Schweigens"⁴ beschränkten und nicht Aufgaben bewältigen wollten, die jenseits architektonischer Möglichkeiten liegen. Den „mystifizierenden Versuchen, die Architektur ideologisch zu überhöhen", bekennt Tafuri, „ziehen wir immer die Ernsthaftigkeit desjenigen vor, der den Mut aufbringt, von der schweigenden und inaktuellen ‚Reinheit' zu sprechen, selbst dann, wenn sie aufgrund ihres Anachronismus pathetisch wird."⁵

Als Mystifizierungsversuch schätzt Tafuri auch die Arbeit des in den zwanziger Jahren in Frankfurt am Main wirkenden Stadtplaners Ernst May ein. In **„‚Radikale' Architektur und Stadt"** – einem Kapitel aus *Progetto e utopia* – wirft er May vor, er hätte die Augen vor den Realitäten der Großstadt verschlossen und an den Stadträndern isolierte Siedlungsenklaven errichtet. Auf diese Weise habe die in der Tradition der Gartenstadtbewegung agierende moderne Planung eine romantisch kleinstädtische Architektur gefördert, statt den weitaus wichtigeren Schritt der „Reorganisation des Territoriums im Dienst der Produktion" zu wagen. Dieser blieb bei der Planung des „Neuen Frankfurt" und allen anderen Beispielen sozialdemokratischer Siedlungsplanung aus. Um so imponierender muten darum Tafuri die kaltblütigen Stadt-Maschinen eines Ludwig Hilberseimer an. An ihnen lobt er die Ambition eines wahrhaft radikalen Architekten, der die Produktion der Großstadt organisieren und sich nicht mit der Gestaltung der Reproduktionssphäre begnügen will.

Im Gegensatz zum streng argumentierenden Marxismus des „Hardliners" Tafuri steht der experimentierfreudige Liberalismus des britischen Architekturtheoretikers **Colin Rowe**. In seinem gemeinsam mit dem Architekten **Fred Koetter** verfassten Buch *Collage City* (1978) beruft er sich auf das pragmatische Denken des Philosophen Karl Popper und redet im Kapitel **„Die Krise des Objekts: Der unerfreuliche Zustand der Textur"** einem heterogenen und kompromissreichen Stadtgefüge das Wort. Rowe und Koetter fordern eine „Erlösung von der Stadt der Erlösung" und wenden sich damit gegen die urbanistischen Utopien, die in der „Charta von Athen" zum Dogma erhoben wurden. Da die moderne Stadtlandschaft mit ihren isolierten Gebäuden unter gestalttheoretischen Gesichtspunkten nicht zu verstehen sei, empfehlen die Autoren eine Kehrtwende hin zu baulich klar gefassten öffentlichen Räumen. Mit ihrer Mahnung zur Umkehr plädieren sie zugleich für eine traditionelle und erinnerungsfreudige Stadtbaukunst, die freilich immer auch Gefahr läuft, Architektur zu entpolitisieren.⁶

Aldo Rossi in vielem geistesverwandt, versuchte auch der deutsche Architekt **Oswald Mathias Ungers**, architekturhistorisches Erinnerungsvermögen für das Entwerfen zu mobilisieren. In den **„Bemerkungen zu meinen Entwürfen und Bauten"** (1985) macht er deutlich, dass der Typus zwar eine wichtige *Voraussetzung* seiner Entwurfsarbeit darstellt, aber über den Status eines *Ausgangspunkts* nicht hinaus wachsen dürfe. Ungers erkennt, dass jegliche Form typologischen Entwerfens stets riskiert, eine stereotype Architektur zu zeitigen. Deshalb bevorzugt er gegenüber der „Typologie" lieber die „Morphologie" – sie bringe sein Interesse für Formentwicklungen, Sonderfälle und Abweichungen von der Regel besser zum Ausdruck. Beeinflusst von Goethe und seiner Schrift *Die Metamorphose der Pflanze* beschreibt Ungers seine Arbeitsmethode als ein Denken in wechselnden Aggregatzuständen, in „morphologischen Verwandlungen der Dinge und Zustände". Nicht auf die Darstellung des „Typs an sich" richtet er sein Hauptaugenmerk, sondern auf „die Typenfolge, die Abwandlungen und verschiedenen Erscheinungsformen ein und desselben Urbildes."

Was die Chancen der Typologie für die weitere Entwicklung der Architektur betrifft, so gibt sich der Berliner Stadttheoretiker **Dieter Hoffmann-Axthelm** in seinem Aufsatz **„Typologie und Populismus. Versuch einer Übersicht"** (1986) eher skeptisch: Er sieht darin lediglich ein „winziges Stück Zukunft" aufblitzen, zumal er die Typologie nicht an Architekten wie Aldo Rossi ausliefern möchte, in dessen Bauten er nur eine unbewohnbare, misanthropische Grabes- und Nekropolen-Architektur zu erkennen vermag. Umso ehrgeiziger sucht Hoffmann-Axthelm in der jüngeren Baugeschichte Anknüpfungspunkte für eine am *lebendigen* Menschen orientierte typologische Forschung. Fündig wird er in der italienischen Nachkriegszeit, in den Stadtanalysen Saverio Muratoris, den Stadtreparaturen Pier Luigi Cervellatis in Bologna oder im römischen Quartiere Tiburtino der Architekten Mario Ridolfi und Ludovico Quaroni. In der Arbeit dieser Architekten und Stadtplaner kann Hoffmann-Axthelm eine durchaus sinnvolle Anwendung von Typologien erkennen: „Es gab dieses Volk noch, für das gebaut wurde, die kleinen Handwerker, die in die Stadt gewanderten Arbeit suchenden Landarbeiter und verelendeten Kleinbauern." So bleibt für den Berliner Stadtforscher die größte Herausforderung an jede Arbeit mit Typologien: keine Häuser für Bewohner zu bauen, die „eigentlich schon gestorben" sind.

Stephan Trüby

1 Vgl. hierzu die Definition der „drei Typologien", wie sie Anthony Vidler vorgenommen hat: „Die dritte Typologie", in: Blomeyer, Tietze (Hrsg.): *In Opposition zur Moderne*, Bauwelt Fundamente 52, Braunschweig/Wiesbaden 1980.
2 Dt. Übers.: *Die Architektur der Stadt. Skizze zu einer grundlegenden Theorie des Urbanen*, Bauwelt Fundamente 41, Düsseldorf 1973.
3 Dt. Übers.: *Kapitalismus und Architektur*, Hamburg/Westberlin 1977, S. 8. – Zum unsinnigen Klappentext und zum missverständlichen Untertitel der deutschen Ausgabe („Von Corbusiers ‚Utopia' zur Trabantenstadt") siehe den Kommentar von Nikolaus Kuhnert und Juan Rodriguez-Lores in der Zeitschrift *ARCH+* 37 (1978).
4 Manfredo Tafuri, Francesco dal Co: *Architektur der Gegenwart*, Stuttgart 1977, S. 416.
5 Manfredo Tafuri: *Kapitalismus und Architektur*, S. 9.
6 Vgl. K. Michael Hays: *Architecture theory since 1968*, Cambridge/London 1998, S. 89.

AUTOR
ALDO ROSSI

Nach seinem Studium am Mailänder Polytechnikum lehrte Aldo Rossi (1931-1997) unter anderem an der ETH Zürich, an der Cooper Union in New York und am Instituto Universitario di Architettura in Venedig. Von 1961 bis 1964 war er Herausgeber der Zeitschrift *Casabella-Continuità*, 1973 leitete er die internationale Architekturabteilung der Triennale in Mailand. Zu den wichtigsten Bauten Rossis gehören der *Wohnblock Gallatarese* (1973) in Mailand, der *Friedhof von San Cataldo* in Modena, (1980) und das *Teatro del Mondo* (1980). Zu seinen bedeutendsten Schriften zählen *L'architettura della Città* (1966; dt.: *Die Architektur der Stadt*, 1973) und *A Scientific Biography* (1981; dt.: *Wissenschaftliche Selbstbiographie*, 1988).

Rossis Essay „Das Konzept des Typus" wurde in der Zeitschrift *ARCH+* 37 (April 1978) veröffentlicht und war Teil des Vortrags „Typologie, Handbücher und Architektur", den Rossi 1965 auf einer Tagung des Instituto Universitario di Architettura in Venedig hielt. Wenngleich der Essay inhaltlich weitgehend dem Kapitel „Typologische Probleme" in *Die Architektur der Stadt* entspricht, so wollten doch die Herausgeber der *ARCH+* mit dem Abdruck die – wie sie schreiben – „Verfälschungen und Verkürzungen der deutschen Übersetzung" korrigieren.

Aldo Rossi:
Das Konzept des Typus (1965)

Ich werde mit einer Frage beginnen, die uns den Zugang zum Problem der Klassifizierung eröffnet, nämlich mit der Frage der Typologie und ihrer Beziehung zur Stadt; eine Beziehung, die ich von verschiedenen Gesichtspunkten aus analysieren werde, wobei ich immer die Gebäude als Momente und Teile eines Ganzen betrachten werde, eben der Stadt.

Dieser Standpunkt war schon den Architekturtheoretikern der Aufklärung klar. In seinen Vorlesungen am Polytechnikum schreibt Durand: „Ebenso wie Mauern, Säulen u.a. Kompositionselemente der Bauten sind, sind die Bauten wiederum Kompositionselemente der Städte".[1] Das Verständnis der städtischen Phänomene (*fatti urbani*)[2] als Kunstwerke eröffnet den Weg zur Erforschung all jener Aspekte, die die Struktur der Stadt beleben.

Die Stadt, als eine „menschliche Schöpfung" par excellence, besteht aus ihrer Architektur und aus all jenen Werken, die den realen Modus der Verwandlung der Natur darstellen. Die Menschen der Bronzezeit passten die Landschaft ihren sozialen Bedürfnissen an, indem sie künstliche Inseln aus Ziegeln bauten und Brunnen, Abwasserkanäle und Wasserleitungen aushuben. Die ersten Häuser isolieren die Einwohner von der äußeren Umgebung und schaffen ein dem Menschen günstiges Klima; die Entwicklung des Stadtkerns weitet den Versuch dieser Kontrolle auf die Schaffung und Ausbreitung eines Mikroklimas aus.

So alt wie der Mensch ist also die künstliche Heimat.

Im Zuge dieser Transformation entstehen die ersten Formen und die ersten Typen von Wohnhäusern; dazu die Tempel und die komplexeren Bauten. Der Typus entwickelt sich also gemäß den Bedürfnissen und entsprechend dem Streben nach Schönheit; einzigartig, jedoch sehr variiert in unterschiedlichen Gesellschaften, ist der Typus an die Form und an die Lebensweise gebunden.

Es ist deshalb logisch, dass das Konzept des Typus einen Grundbegriff der Architektur darstellt und sowohl in der Praxis wie in der Theorie immer wieder auftaucht. Ich unterstreiche deshalb die Bedeutung der typologischen Fragen; wichtige typologische Fragen haben immer die Geschichte der Architektur durchlaufen und stellen sich normalerweise, wenn wir städtische Probleme angehen. Theoretiker wie Milizia definieren niemals den Typus, aber Äußerungen wie die folgenden können in diesem Sinne zusammengefasst werden: „Die Bequemlichkeit eines jeden Gebäudes ist hauptsächlich von drei Dingen abhängig: von seiner Lage, seiner Gestalt und der Anordnung seiner Teile." Ich denke deshalb an den Begriff des Typus als an etwas Dauerhaftes und Komplexes, ein logischer Ausdruck, der vor der Form besteht und der sie konstituiert. Einer der bedeutendsten Architekturtheoretiker, Quatremère de Quincy, hat die Bedeutung dieser Probleme verstanden und hat eine meisterhafte Definition des Typus und des Modells gegeben:

„Das Wort Typus bezieht sich nicht so sehr auf das Bild einer zu kopierenden oder vollständig nachzuahmenden Sache als auf eine Idee, die dem Modell als Regel dient [...]. Das künstlerische Modell dagegen ist ein Objekt, das so, wie es ist, wiedergegeben werden muss. Im Gegensatz dazu ist der Typus etwas, aufgrund dessen Werke konzipiert werden können, die sich einander überhaupt nicht ähnlich sehen. Beim Modell ist alles präzis und vorgegeben, beim Typus bleibt alles mehr oder weniger unbestimmt. Daraus folgt, dass die Nachahmung von Typen nichts enthält, was Gefühl und Geist nicht wieder erkennen können [...]. In jedem Land geht die Baukunst in aller Regel auf einen schon zuvor bestehenden Keim zurück. Für alles gibt es etwas, was ihm vorangeht, denn nichts kann aus dem Nichts entstehen. Das gilt für alle menschlichen Erfindungen. Trotz späterer Veränderungen haben sie alle, für Gefühl und Verstand deutlich erkennbar, ihr Grundprinzip beibehalten. Es stellt eine Art Kern dar, an den in der Folge alle Entwicklungen und Formvarianten, deren das Objekt fähig ist, in einer bestimmten Ordnung anknüpfen. Deshalb sind 1000 Dinge aller Art auf uns gekommen, und es ist eine der Hauptaufgaben von Wissenschaft und Philosophie, deren Ursprung und letzte Ursache zu erforschen, um die Gründe für ihr Entstehen zu begreifen. Das also ist es, was in der Architektur wie in jedem anderen Zweig der menschlichen Erfindungen und Institutionen als Typus zu bezeichnen ist [...]. Wir haben das so gründlich diskutiert, um das Verständnis für die Bedeutung des Wortes Typus, das in vielen Werken nur metaphorisch gebraucht wird, und für den Irrtum derer zu wecken, die diese Bedeutung neben der des Modells nicht kennen oder den Typus mit der Strenge eines Modells verwechseln, das nach einer identischen Kopie verlangt."[3]

Im ersten Teil seiner Definition schließt der Autor die Möglichkeit aus, etwas zu imitieren oder zu kopieren, da es in diesem Fall, wie er im zweiten Teil betont, keine „Schöpfung des Modells" geben könnte, das heißt man würde keine Architektur machen können.

Im zweiten Teil stellt er heraus, dass es in der Architektur (Modell oder Form) ein Element gibt, das seine eigene Rolle spielt; also nicht etwas, dem sich das architektonische Objekt in seinem Bildungsprozess angeglichen hat, sondern etwas, das im Modell gegenwärtig ist. Dieses ist in der Tat die Regel, der konstitutive Modus der Architektur.

In logischen Begriffen könnte man sagen, dass dieses Etwas eine Konstante ist. Eine Folgerung dieser Art setzt voraus, dass das architektonische Phänomen [*fatto*] als eine Struktur konzipiert wird, die sich an ihm selbst zu erkennen gibt und erkennbar ist.

Wenn dieses Etwas, das wir als das typische Element oder einfach als den Typus bezeichnen können, eine Konstante ist, so ist es in allen architektonischen Phänomenen anzutreffen. Folglich ist es auch ein kulturelles Element, und ihm kann als solchem in den verschiedenen architektonischen Phänomenen nachgegangen werden; die Typologie wird somit im Großen und Ganzen zum analytischen Moment der Architektur; noch besser ist sie zu erkennen auf der Ebene der städtebaulichen Phänomene. *Die Typologie stellt sich also als die Lehre von den nicht weiter reduzierbaren Typen der städtischen Elemente dar*, sowohl der Stadt wie der Architektur. Die Frage der monozentrischen Städte und der Zentralbauten oder anderes ist eine spezifisch typologische Frage; kein Typus ist identisch mit einer Form, auch wenn alle architektonischen Formen auf Typen zurückgeführt werden können.

Dieser Prozess der Zurückführung ist ein notwendiges logisches Verfahren; und es ist nicht möglich, über Probleme der Form zu sprechen und dabei diese Voraussetzungen zu ignorieren. In diesem Sinne sind alle Architekturtraktate auch Traktate von der Typologie, und bei der Entwurfsarbeit ist es schwer, diese beiden Momente zu unterscheiden. Der Typus ist also konstant und stellt sich mit einem Charakter von Notwendigkeit dar; aber wenn auch determiniert, so geht er doch ein dialektisches Verhältnis mit der Technik, mit den Funktionen, mit dem Stil, mit dem Kollektivcharakter und mit dem individuellen Moment eines architektonischen Phänomens ein.

Bekanntlich ist der zentrale Grundriss ein bestimmter Typus, zum Beispiel im Sakralbau; aber dadurch wird jedes Mal, wenn man einen zentralen Grundriss gewählt hat, eine dialektische Auseinandersetzung mit der Architektur jener Kirche, mit ihren Funktionen, mit der Technik der Konstruktion und schließlich mit der Gemeinschaft, die am Leben jener Kirche teilnimmt, geschaffen.

Ich bin geneigt zu glauben, dass die Typen von Wohngebäuden sich seit der Antike bis heute nicht verändert haben, aber das bedeutet auf keinen Fall zu behaupten, dass sich die konkrete Lebensweise von der Antike bis heute nicht verändert hat und dass nicht immer neue Lebensweisen möglich seien.

Das Laubenganghaus ist ein antikes Schema und gegenwärtig in allen städtischen Häusern, die wir analysieren; ein Gang, der Zimmer erschließt, ist ein notwendiges Schema, aber die Verschiedenheiten zwischen den einzelnen Häusern in den einzelnen Epochen, die diesen Typus anwenden, sind so groß, dass sie untereinander enorme Unterschiede aufweisen. *Schließlich können wir sagen, dass der Typus die Idee der Architektur an sich ist; das, was ihrem Wesen am nächsten kommt.* Er ist also das, was sich, trotz jeder Veränderung, immer dem „Gefühl und dem Verstand" als Prinzip der Architektur und der Stadt dargestellt hat.

Das Problem der Typologie ist niemals in einer systematischen Form und mit der notwendigen Ausführlichkeit behandelt worden; heute ist es dabei, in den Architekturschulen aufzutauchen, und wird zu guten Ergebnissen führen. Ich bin nämlich überzeugt, dass die Architekten selbst, wenn sie ihre Arbeit ausweiten und vertiefen wollen, sich von neuem mit Themen dieser Art auseinander setzen werden müssen.

Wir wollen feststellen, dass die Typologie die Idee eines Elementes ist, die eine eigene Rolle bei der Bildung der Form spielt; und dass sie eine Konstante ist. Es wird sich darum handeln, die Modalität, mit der dieses geschieht, und abhängig davon den effektiven Wert dieser Rolle zu erkennen. Wie ich zu Anfang gesagt habe, sind die Prinzipien der Architektur einmalig und unveränderlich; aber die Antworten, die die konkreten Situationen, die menschlichen Situationen, auf verschiedene Fragen geben, sind andauernd verschieden. Ich habe somit eine vorläufige Untersuchung der typologischen Fragen vollzogen und habe versucht, die Definition von einigen einführenden Thesen abzuleiten. Es wäre sehr interessant, andere Definitionen des Typus und andere Richtungen der Untersuchung zu analysieren.

Ich weise auf die Definition hin, die von Guido Canella gegeben wurde. Auf unterschiedlichen Wegen gelangte er dazu, die Typologie als „[...] die Systematik zu definieren, die die Invarianten der Morphologie untersucht, wobei unter Morphologie eine Reihe von Ereignissen, die sich in einer historischen Tatsache ausdrücken, und unter Typologie der kategoriale Aspekt zu verstehen ist, der aus der besonderen Aufeinanderfolge (der Ereignisse) sich ergibt".

„Die Invariante", so schreibt er, „wird in der Tat, wenn man sie als eine methodische Aufgabe begreift, zur Philosophie der Architekten". Diese Definition der „Invarianten" scheint mir sehr interessant und sehr ähnlich derjenigen zu sein, die hier, wenn auch in einem anderen Zusammenhang, vorgestellt wurde; dieses ermöglicht neue Vergleiche und neue Beiträge.

Ein interessanter Beitrag zu diesen Untersuchungen ist auch von Carlo Aymonino geliefert worden, der bei der Erforschung der Typologie sich vor allem mit jenen Beziehungen beschäftigt, die historisch in der Aufklärung und in der modernen Bewegung zwischen dem Entwerfen und der Normierung aufgetreten sind, und der sich bemüht, die Typen herauszustellen, die sich immer mehr zu einer spezifischen Form verdichten. Er sieht dann in einigen aktuellen Projekten wie dem von Cumbernauld eine Architektur, die, da sie formal gelöst ist, selbst zum Typus und zum Reglement wird.

Übersetzung aus dem Italienischen: Nikolaus Kuhnert und Michael Peterek.

---

1 Jean-Nicolas-Louis Durand: *Précis des leçon d'architecture données à L'Ecole polytechnique*, Paris 1802—1805, dt.: *Abriß der Vorlesungen über Baukunst, gehalten an der königlichen polytechnischen Schule zu Paris*, Band 1, Carlsruhe-Freiburg, 1831.
2 Den Begriff „fatto urbano" haben wir mit städtisches Phänomen übersetzt, weil im Deutschen für „fatto" (Tatsache, Sache, Ereignis u.a.) keine direkte Entsprechung zu finden ist, die die von Rossi mit diesem Begriff anvisierte Bedeutung genau und präzis wiedergibt, nämlich die verschiedenen Aspekte der Stadt durch eine ihnen gemeinsame Eigenschaft, ein „Faktum" der Stadt zu sein, zu charakterisieren. Wir stützen uns bei dieser Interpretation auf Aymonino, der im gleichen Zusammenhang statt von „fatto urbano" auch von „fenomeno urbano" spricht [*Anm. d. Übers.*].
3 Quatremère de Quincy: *Dictionnaire historique de L'Architecture*, Paris 1832.

Manfredo Tafuri (1935-1994) war Direktor des Instituts für Architekturgeschichte am Instituto Universitario di Architettura in Venedig. Zu seinen wichtigsten Büchern gehören *Architettura contemporanea* (mit Franceso dal Co, 1976; dt.: *Architektur der Gegenwart*, 1977) und *Storia dell'architettura italiana 1944-85* (1986).

Der Aufsatz „‚Radikale' Architektur und Stadt", der erstmals 1969 unter dem Titel „Per una critica dell'ideologia architettonica" in der Zeitschrift *Contropiano* 1 veröffentlicht wurde, bildet ein Kapitel des Buches *Progetto e utopia* (Guis. Laterza & Figli Spa, Bari 1973; dt.: *Kapitalismus und Architektur*, VSA, Hamburg/Westberlin 1977).

Manfredo Tafuri:
„Radikale" Architektur und Stadt (1969)

In seinem Buch *Großstadtarchitektur* schreibt Ludwig Hilberseimer:[1]

„Die Großstadtarchitektur ist wesentlich abhängig von der Lösung zweier Faktoren: der Einzelzelle des Raumes und des gesamten Stadtorganismus. Der Raum als ein Bestandteil des in Straßenblocks zusammengefassten Hauses wird dieses in seiner Erscheinungsform bestimmen, wird zum Gestaltungsfaktor der Stadtanlage, dem eigentlichen Ziele der Architektur. Umgekehrt wird die konstruktive Gestaltung des Stadtplans wesentlichen Einfluss auf die Planung der Wohnung und des Hauses gewinnen."

Die Großstadt ist für Hilberseimer eine Einheit im wahrsten Sinne des Wortes. Gehen wir bei der Interpretation über die Absichten Hilberseimers hinaus, so lassen sich seine Gedanken so darstellen: Die gesamte Struktur der modernen Stadt ist eine gewaltige „soziale Maschine" geworden. Hilberseimer – anders als viele deutsche Theoretiker zwischen 1920 und 1930 – greift diesen besonderen Aspekt der Stadtökonomie heraus, um seine verschiedenen Bestandteile einzeln zu analysieren und zu lösen. Was Hilberseimer über die Beziehung zwischen Zelle und Stadtorganismus sagt, ist exemplarisch, nicht nur wegen der Klarsichtigkeit der Darstellung, sondern auch, weil es ihm gelingt, die Probleme auf ihre wesentlichen Elemente zu reduzieren. Die Zelle versteht Hilbersheimer nicht nur als das erste Glied einer fortlaufenden Produktionskette, die mit der Stadt endet, sondern auch als den wesentlichen Faktor für die Gestaltung der verschiedenen Baukörper. Der Wert der Zelle liegt darin, dass sie als *Typus* sowohl eine abstrakte Analyse als auch eine abstrakte Lösung ermöglicht. Die Bau-Zelle bildet die Grundlage eines Produktionsprogramms, das keiner weiteren typologischen Komponenten mehr bedarf. Das Bauwerk ist deshalb kein „Objekt" mehr, sondern nur noch der Ort, an dem sich die Montage der einzelnen Zellen materialisiert. Als endlos reproduzierbare Elemente verkörpern diese Zellen ideell die Grundstrukturen einer Produktionskette, die das klassische Konzept von „Raum" und „Ort" beiseite lässt. Konsequent führt Hilberseimer als zweites Glied seines Theorems den Stadtorganismus ein: Die Gestaltung der Zelle bestimmt die Koordinaten der Stadtprojektierung, andrerseits kann die Struktur der Stadt die Typologie der Zelle dadurch bestimmen, dass sie die Gesetze der Montage diktiert.[2]

Die spezifische Dimension der Architektur – wenigstens ihrer traditionellen Bedeutung nach – verschwindet in einer rigorosen Gliederung des Produktionsplans. Denn im Rahmen der Stadt existiert das architektonische Objekt nicht mehr als etwas „Außergewöhnliches". Es geht jetzt darum, „große Massen bei der Unterdrückung der Vielerleiheit nach einem allgemeinen Gesetz zu formen [...]: Der allgemeine Fall, das Gesetz, werden gepriesen und herausgehoben, die Ausnahme wird umgekehrt beiseite geschoben, die Nuance weggewischt, das Maß herrscht, das das Chaos zwingt Form zu werden: logische, unzweideutige mathematische Formen."[3]

Und weiter: „Die Notwendigkeit, eine oft ungeheure heterogene Materialmasse nach einem für jedes Element gleichermaßen gültigen Formengesetz zu bilden, fordert eine Reduktion der architektonischen Form auf das Knappste, Notwendigste, Allgemeinste, eine Beschränkung auf die geometrisch kubischen Formen: die Grundelemente aller Architektur."[4]

Das ist nicht einfach ein puristisches „Manifest". Hilberseimer folgt nur stringent und logisch, exakt auf der Linie analoger Beobachtungen von Behrens aus dem Jahre 1914[5], seinen Hypothesen, die in einem im Labor entstandenen Konzept verharren. Er bietet auch keine „Modelle" für den Entwurf an, sondern konzentriert sich auf dessen Koordinaten und Dimensionen – und zwar auf dem abstraktesten und deshalb allgemeinsten Niveau. Hilberseimer macht damit besser als etwa Gropius, Mies oder Bruno Taut die neuen Aufgaben deutlich, die in dieser Phase der Reorganisation der Produktion an den Architekten gestellt werden.

Die „Stadt-Maschine" von Hilberseimer, Abbild der Großstadt Simmels, greift gewiss nur marginale Aspekte der neuen Funktionen auf, die die kapitalistische Entwicklung den großen Agglomerationszentren des tertiären Sektors zuweist. Jedenfalls bleibt die Tatsache, dass gegenüber der Erneuerung der Produktionstechniken und der Expansion und Rationalisierung des Marktes der Architekt als Produzent von „Objekten" eine unzeitgemäße Figur geworden ist. Denn von nun an geht es bei der architektonischen Arbeit nicht mehr darum, einzelnen Elementen der Stadt – im extremen Fall nicht einmal mehr den einfachen Prototypen – eine Form zu geben. Wenn man die Stadt als die Einheit des Produktionszyklus begreift, bleibt den Architekten die Organisation dieses Zyklus als einzige adäquate Aufgabe. Auf die Spitze getrieben besagt diese These Folgendes: Die Erstellung von Organisationsmodellen – das ist die Ebene, auf der Hilberseimer insistiert – ist die einzige Tätigkeit, die der Notwendigkeit der Arbeitsteilung in der Bauproduktion und den neuen Aufgaben des in eine solche Bauproduktion eingegliederten Technikers völlig entspricht. Aufgrund dieses Verständnisses vermeidet es Hilberseimer – anders als Loos oder Taut –, sich in die Problematik der „Krise des Objektes" zu verwickeln. Für ihn gibt es keine „Krise des Objekts", denn das Objekt ist schon aus seinem Betrachtungsfeld verschwunden. Als einzige Imperative bleiben dann die von den Gesetzen der Organisation diktierten erhalten. Darin ist folgerichtig auch die Bedeutung des Beitrags von Hilberseimer gesehen worden.

Was hingegen nicht begriffen worden ist: warum Hilberseimer auf die Architektur als Instrument der Erkenntnis verzichtet. Sogar Mies van der Rohe ist hier zweideutig. Er folgt Hilberseimer, wenn es um die Berliner Häuser in der Afrikanischen Straße geht, wird aber unsicher beim Bau der Weißenhofsiedlung in Stuttgart, beim Entwurf für das geschwungene Hochhaus in Glas und Eisen, beim Denkmal für Rosa Luxemburg und Karl Liebknecht, bei den Wohnungsbauplänen von 1935 und im Grunde genommen auch beim Haus Tugendhat, wo er versucht, die Chance zu klären, die der Architektur noch bleibt, ihre Kreativität wiederzugewinnen.

Es ist hier nicht der Ort, der Dialektik, die die moderne Bewegung durchzieht und strukturiert, im Einzelnen nachzugehen. Es soll vielmehr nur hervorgehoben werden, dass ein guter Teil dieser Widersprüche und Hindernisse, denen sie sich konfrontiert sieht, aus dem Versuch entstanden ist, technische Anforderungen und Erkenntnisziele voneinander zu trennen.

Das von Ernst May geplante Frankfurt, das von Martin Wagner verwaltete Berlin, das Hamburg Fritz Schumachers, das Amsterdam von Cor van Eesteren: Das sind die wichtigsten Kapitel der sozialdemokratischen Stadtverwaltung. Aber neben den „Oasen der Ordnung", den *Siedlungen*[6] – wahren *gebauten Utopien* am Rande einer von ihnen sehr wenig berührten städtischen Wirklichkeit –, akkumulieren und vervielfachen die historischen Städte und Industriezonen weiterhin ihre Widersprüche. Und größtenteils sind diese Widersprüche sehr viel mächtiger als die Instrumente, die die Architektur zu ihrer Kontrolle erarbeitet hat.

Die Architektur des Expressionismus greift die ambivalente Vitalität dieser Widersprüche auf. Die Wiener Höfe und die öffentlichen Gebäude von Poelzig oder Mendelsohn sind gewiss von den neuen Interventions-Methoden weit entfernt, die von den avantgardistischen Bewegungen erarbeitet worden sind. Aber, obwohl diese Experimente sich in mehrfacher Hinsicht den von der Kunst entdeckten neuen Horizonten entziehen – einer Kunst, die ihre eigene „technische Reproduzierbarkeit" als Mittel der Einwirkung auf menschliches Verhalten akzeptiert –, scheinen sie doch einen hohen kritischen Wert anzunehmen, und das gerade gegenüber der Entwicklung der modernen Industriestädte.

Werke wie Poelzigs Großes Schauspielhaus in Berlin, Högers Chilehaus oder der Sprinkenhof in Hamburg, die Berliner Fabriken von Behrens oder Hans Hertlein und Ernst und Günther Paulus schaffen gewiss keine neue urbane Realität, aber sie kommentieren die Widersprüche der existierenden Wirklichkeit, indem sie auf formale Überspitzungen voller Pathos zurückgreifen.

Die beiden Pole „Expressionismus" und „Neue Sachlichkeit" symbolisieren erneut die in der Dialektik der europäischen Kultur enthaltene Spaltung: Es gibt keinen wirklichen kritischen Dialog zwischen der Zerstörung des *Objekts*, seiner Ablösung durch einen als solchen zu erlebenden *Prozess*, wie sie die künstlerische Revolution des Bauhauses und der konstruktivistischen Strömungen betrieben, und der Dramatisierung des *Objekts*, wie sie dem pathetischen, aber doch ambivalenten expressionistischen Eklektizismus eigen ist.

Aber wir wollen hier nicht dem bloßen Schein vertrauen. Diese dialektische Spaltung in der europäischen Kultur besteht nämlich nur zwischen Intellektuellen, die mit ihrem ideologischen Potenzial fortgeschrittene Programme für ein sich reorganisierendes Produktionssystem instrumentalisieren wollen, und Intellektuellen, die auf „sekundäre Bedürfnisse" der europäischen Bourgeoisie eingehen wollen. Der Subjektivismus von Häring und Mendelsohn ist in dieser Hinsicht gewissermaßen eine Kritik des „Taylorismus" von Hilberseimer und Hannes Meyer. Aber objektiv gesehen ist das eine Kritik aus der Sicht der Nachhut, die ihrem Wesen nach unfähig ist, globale Alternativen vorzuschlagen.[7]

In einer für sich selbst werbenden Architektursprache schafft Mendelsohn überzeugende „Monumente" im Dienste des Handelskapitals. Die intime Architektur Härings lehnt sich an die spätromantischen Tendenzen der deutschen Bourgeoisie an. Und dennoch haben auch diejenigen nicht ganz unrecht, die die Dialektik der Architektur des 20. Jahrhunderts als einen einheitlichen Zyklus begreifen.

Die Ablehnung des Widerspruchs fungiert als Voraussetzung für die Objektivität und Rationalisierung der Planung, aber sie offenbart gerade in dem Moment auch ihre Befangenheit, als sich die Kontakte mit der politischen Macht am engsten gestalten. Die sozialdemokratischen Architekten Mitteleuropas führen ihre Arbeit unter einer selbstgewählten Bedingung aus: der Übereinstimmung und Einheit von politischer Verwaltung und architektonischer Praxis. In diesem Sinne ist es kein Zufall, dass May, Wagner und Taut politische Ämter in der Verwaltung der sozialdemokratisch regierten Städte übernehmen. Wenn die ganze Stadt jetzt die Funktion einer industriellen Maschine übernehmen soll, so müssen in ihr verschiedene Probleme gelöst werden, zuallererst: jenes Problem, das aus dem Konflikt zwischen der Grundrente, die die Expansion und Erneuerung des Baumarktes und deren technologische Entwicklung mit ihren parasitären Mechanismen blockiert, und der Notwendigkeit einer allumfassenden Reorganisation der Stadtmaschine entsteht.

Es besteht eine unauflösliche Verbindung zwischen den architektonischen Vorschlägen, dem auf ihnen aufbauenden städtischen Modell und den von ihnen unterstellten ökonomischen und technologischen Voraussetzungen, das heißt öffentliches Eigentum an städtischem Grund und Boden und industrialisierte Bauunternehmen in einer Größe, die die Planung der Produktionszyklen in Übereinstimmung mit den Bauprogrammen erlauben. Die Disziplin der Architektur wird damit Bestandteil der Ideologie des „Plans", und ihre formalen Lösungen sind dann nichts anderes mehr als die abhängigen Variablen einer solchen Ideologie. Die Arbeit von May in Frankfurt kann als der höchste Ausdruck dieser konkreten „Politisierung" der Architektur verstanden werden. Die Industrialisierung der Baustelle setzt eine minimale Produktionseinheit voraus: die Siedlung. Innerhalb der Siedlung setzt der industrielle Produktionszyklus primär am Versorgungskern (der „Frankfurter Küche") an. Die Größe der Siedlungen und ihre Lage außerhalb der Stadt sind gegenüber der Politik der Gemeinden durch den von ihnen direkt verwalteten Boden bedingt. Natürlich bleibt das formale Modell der Siedlungen flexibel, seine Funktion besteht aber darin, den von der Architektur voll übernommenen politischen Zielen einen Stempel des Künstlerischen aufzudrücken und sie „real" werden zu lassen.

Die Nazipropaganda wird die Frankfurter Siedlungen als „gebauten Sozialismus" diffamieren. Wir hingegen würden sie eher als verwirklichte Sozialdemokratie verstehen. Aber diese enge Verflechtung von Intellektuellen und Politikern, diese Übereinstimmung zwischen Architektur und politischer Macht übt nur eine Vermittlerrolle zwischen Basis und Überbau aus. Das wird besonders beim Problem der Organisation der Gesamtstadt deutlich. Die Isolation der Siedlungen spiegelt sich im fragmentarischen Charakter der städtebaulichen Eingriffe wider, die die Widersprüche der bestehenden Stadt unangetastet lassen; man ist nicht in der Lage, das gesamtstädtische Gefüge zu kontrollieren und es in Bezug auf die Verlagerung der Produktionsstätten im Raum neu zu strukturieren. Der utopische Charakter der mitteleuropäischen Architektur zwischen 1920 und 1930 besteht genau in der treuhänderischen Beziehung zwischen den linken Intellektuellen, den fortgeschrittenen Fraktionen des „demokratischen Kapitalismus" (man denke nur an einen Rathenau) und den sozialdemokratischen Stadtverwaltungen. Von dieser Beziehung gehen nur sektorale Lösungen aus, die einerseits – wie etwa die Boden- und Enteignungspolitik, technologische Experimente und die formalen Siedlungstypologien – als höchst verallgemeinerbares Modell präsentiert werden, die aber andererseits in der Praxis nur eine sehr beschränkte Effizienz zeitigten.[8]

Mays Frankfurt, wie auch das Berlin Mächlers und Wagners streben sicherlich dazu, das betriebswirtschaftliche Modell auf einer sozialen Ebene zu reproduzieren, der Stadt die Gestalt einer Produktionsmaschine zu geben, in der Struktur der Stadt und im Mechanismus der Distribution und der Konsumtion den Schein einer allgemeinen Proletarisierung zu verwirklichen. (Der klassenunspezifische Charakter der konkreten Vorschläge dieses mitteleuropäischen Städtebaus ist etwas, was ständig in den theoretischen Aussagen wiederkehrt.)

Aber die Einheitlichkeit des Stadtbildes als formale Metapher der vorgeschlagenen „neuen" Synthese und „lesbares" Zeichen der euphorischen kollektiven Beherrschung der Natur und der Produktionsmittel ist in einer neuen „humanen" Utopie eingezwängt und wird weder von den deutschen noch von den holländischen Architekten realisiert. Denn sie arbeiten innerhalb der vorgegebenen Planungspolitik der Stadt und der Region und wollen nur verallgemeinerbare Interventionsmodelle entwickeln. Das Modell der Siedlung ist hierfür das Beispiel. Aber diese theoretische Konstante reproduziert die zerstückelte Form der paleotechnischen Montagekette nun innerhalb der Stadt. Diese bleibt ein Aggregat aus „Teilen", die nur auf niedrigstem Niveau in ihren Funktionen verbunden sind. Sogar innerhalb des einzelnen „Teils" – des Arbeiterviertels – erweist sich die angestrebte methodologische Vereinheitlichung der verschiedenen Verfahren als nahezu zufälliges Instrument.

Die Krise bricht auf dem spezifischen Gebiet der Architektur 1930 in der Berliner Siemensstadt offen auf. Es ist unglaublich, dass die gegenwärtige Architekturgeschichte in der von Scharoun geplanten berühmten Berliner Siedlung noch nicht den geschichtlichen Knotenpunkt erkannt hat, an dem einer der schwerwiegendsten Brüche innerhalb der „modernen Bewegung" sichtbar in Erscheinung tritt.

Das Postulat der methodologischen Einheit des Entwurfs auf seinen verschiedenen Maßstabsebenen verrät in der Siemensstadt seinen utopischen Charakter. Auf der Grundlage eines Stadtentwurfs, der, vielleicht mit Recht, mit den ironischen Deformationen eines Klee verglichen wird, zeigen Bartning, Gropius, Scharoun, Häring und Forbat, dass das Aufgehenlassen des architektonischen Objekts im Formungsprozess des Ganzen auf die Widersprüche der modernen Bewegung prallt. Gegen Gropius und Bartning, die der Konzeption der „Siedlung als Montagekette" treu bleiben, stehen Scharouns ironische Anspielungen und der hartnäckige Organizismus von Häring. Während sich – um den bekannten Ausdruck Walter Benjamins zu gebrauchen – in der Ideologie der Siedlung die „Zerstörung der Aura" vollzieht, die mit dem architektonischen „Stück" traditionellerweise verbunden war, tendieren die „Objekte" Scharouns und Härings dagegen zur Wiedergewinnung einer „Aura", auch wenn diese von den neuen Produktionstechniken und formalen Strukturen bedingt ist.

Im Übrigen ist die Episode der Siemensstadt nur die augenfälligste. Sieht man einmal von den Planungen und Untersuchungen von Cor van Eesteren für Amsterdam ab, gerät das Ideal der konstruktivistischen Bewegung, eine „Tendenzstadt" ins Leben zu rufen, zwischen 1930 und 1940 in eine tiefe Krise.

Aber das ist eine Krise, die von der Stadtentwicklungspolitik der Sozialdemokratie selbst ausgeht und in doppelter Hinsicht zum Scheitern verurteilt war. Als Versuch, die Klassenbewegungen unter Kontrolle zu bringen, erweist sie sich bald als schädlich für die Produktion; als Versuch, die Überlegenheit eines von den Arbeiterorganisationen und den Gewerkschaften (z. B. Dewog und Gehag) direkt verwalteten Wohnungsbaus zu demonstrieren, schafft sie nur die Stadt der Siedlungen, die die Reorganisation des Territoriums im Dienst der Produktion nicht berührt.

Es gibt noch einen weiteren Grund, warum die sozialdemokratische Stadtverwaltung eine negative Bilanz aufweist. Es handelt sich um das auf der Siedlung basierende Interventionsmodell selbst, das Bestandteil einer globalen antiurbanen Ideologie ist. Diese Ideologie ist, auch wenn sie unter einem gewissen Gesichtspunkt auf die Jeffersonsche zurückzuführen ist, im sozialistischen Denken tief verwurzelt (aber nicht im Marxschen, wie die Stellen über die politische Bedeutung der Großstadt im *Kapital* und in den *Grundrissen* zeigen). Das Postulat der absoluten Negativität der Großstadt bildet für May und Martin Wagner die Grundlage der von ihnen getragenen Stadtplanung. Die Siedlung soll eine „Oase der Ordnung" sein, ein Beispiel dafür, dass die Organisationen der Arbeiterklasse in der Lage sind, ein alternatives Modell zur Stadtentwicklung vorzuschlagen, eine verwirklichte Utopie. Aber die Siedlung selbst setzt der Großstadt nur das Modell der „Kleinstadt" entgegen. Tönnies steht so Simmel und Weber gegenüber.[9] Die fortschrittliche Technologie der Frankfurter Baustellen ist bei Ernst May in ein völlig antistädtisches Leitbild eingebettet, mehr noch: Die Frankfurter Siedlungen demonstrieren deutlich die Absicht, die Entwicklung der neuen Methoden der Bauproduktion an eine fragmentarische und statische Organisation der Stadt zu binden.

Das lässt sich jedoch nicht verwirklichen. Die Stadt des Wachstums lässt keine „Gleichgewichte" zu. Die Ideologie des Gleichgewichts muss deshalb politisch scheitern.

Hier muss auf jeden Fall angemerkt werden, dass die antiurbanen Ideologien trotz allem in einer historischen Kontinuität stehen: Sie gehen auf die Vorschläge der Aufklärung zurück – eigentlich wären die anarchistischen Theorien von der Notwendigkeit einer „Auflösung der Städte" aus der zweiten Hälfte des 18. Jahrhunderts als erste anzuführen[10] – und reichen bis zur Theorie der Gartenstadt, zum sowjetischen Desurbanismus, zum Regionalismus der Regional Planning Association of America (RPAA) und zur Broadacre City von Frank Lloyd Wright. Vom Anti-Industrialismus Jeffersons, der offensichtlich durch die französischen Physiokraten beeinflusst wurde, zur *Auflösung der Städte* von Bruno Taut, der sich explizit auf Kropotkin bezog, bis hin zum Modell der Siedlung (eine Erbschaft von Vorstellungen des 19. Jahrhunderts) und zu Broadacre: In dieser Linie drückt sich eine tiefe Sehnsucht nach der „organischen Gemeinschaft" Tönnies aus, nach einer religiösen Sekte, die alle außenstehenden Organisationen ablehnt, nach der *Gemeinde der Subjekte*, die die Angst der großstädtischen Entfremdung nicht kennt.

Die antistädtischen Ideologien präsentieren sich immer in einem antikapitalistischen Gewand, sei es nun Tauts Anarchismus, sei es der ethische Sozialismus der sowjetischen Desurbanisten, oder sei es Wrights ländlicher Eskapismus.[11] Aber ihre angstvolle

Revolte gegen die „Unmenschlichkeit der Großstadt", die durch den „Fluss des Geldstroms" beherrscht wird, ist nichts als Nostalgie, nichts als Ablehnung der entwickeltsten kapitalistischen Organisationsformen, nichts als Sehnsucht nach der Kindheit der Menschheit. Aber wenn diese Ideologien als Teil fortschrittlicher Projekte für die Reorganisation des Wohnungsbaus und für die Restrukturierung des gesamten Territoriums fungieren – wie es beim RPAA[12] der Fall ist –, dann ist es unvermeidlich, dass sie von den zufälligen Folgen konjunkturbedingter Maßnahmen ergriffen und deformiert werden. So konnte in der Tat die vom *new deal* eingeführte Regionalpolitik nicht die Hoffnungen eines Henry Wright, Clarence Stein und Lewis Mumford erfüllen.

Das Modell der regional gegliederten „Kleinstadt" – in Italien nach 1945 mit ausgesprochen populistischen Zügen wieder aufgegriffen – ist nicht in der Lage, sich gegen die neuen Dimensionen der Stadt zu behaupten, die aus den entwickelten Organisationsformen der Produktion folgen. Die Sehnsucht nach der organischen Gemeinschaft, die nicht zufällig das Denken der deutschen Linken in den zwanziger Jahren beherrschte, muss gegenüber der *Gesellschaft*, gegenüber den unpersönlichen entfremdeten Beziehungen in der Großstadt kapitulieren. In dem Maße nun, wie die städtische Gesellschaft ihre Lebensweise auf das ganze Territorium ausdehnt, wirft sie das Thema der Spirale von Entwicklung und Ungleichgewicht auf.

In der Tat müssen alle Planungstheorien, die – wie die sowjetischen der zwanziger Jahre – von der Annahme der Wiederherstellung des Gleichgewichts ausgingen, nach der großen Krise von 1929 revidiert werden. Das Unwahrscheinliche, die Polyfunktionalität, das Unorganische und die Vielfältigkeit, die die widersprüchlichen Aspekte der modernen tertiären Metropole ausmachen, entziehen sich so den Rationalisierungsversuchen der mitteleuropäischen Architektur.

Übersetzung aus dem Italienischen: T. Bandholtz, N. Kuhnert, J. Rodriguez-Lores.

1 Ludwig Hilberseimer: *Großstadtarchitektur*. Vgl. die Einführung von G. Grassi in *Un'idea di piano*, 1967 (ital. Ausgabe von *Entfaltung einer Planungsidee*, Berlin 1963).
2 Für Grassi ist das Schema der „vertikalen Stadt" die theoretische Alternative zur „Stadt für drei Millionen Einwohner", die Le Corbusier 1922 im Salon d'Automne präsentierte. Es ist noch anzumerken, dass - trotz all der abgehackten Strenge von Hilberseimer und allen späteren „radikalen" Gruppen - ihn seine Selbstkritik kurz nach der Auswanderung in die USA an kommunitäre und naturalistische Mythen annähert, die nicht zuletzt auch Bestandteile des *new deal* sein werden.
3 Hilberseimer a.a.O. S. 103.
4 Ebd.
5 Vgl. Peter Behrens: „Einfluß von Zeit und Raumausnutzung auf die moderne Formentwicklung", In: *Der Verkehr*, Jahrbuch des Deutschen Werkbundes 1914, (Diederichs) Jena 1914, S. 7-10.
6 Im Original deutsch [Anm. d. Hrsg.].
7 In diesem Sinne halten wir die kürzlich von Zevi wieder vorgeschlagene Interpretation Mendelsohns als „Expressionist und Protestkünstler" für sehr fragwürdig. Vgl. Bruno Zevi: *Erich Mendelsohn, Opera completa. Architettura e immagini architettoniche*, Etas Kompass, Mailand 1970. Die ganze frühe Produktion Mendelsohns steht unter dem Zeichen einer nietzscheanischen Akzeptanz der Wirklichkeit. Es lässt sich unschwer nachweisen, dass sowohl seine städtebaulichen *Collagen* (die Erneuerung des Sitzes des *Berliner Tageblatt* in Berlin oder die Kaufhäuser

Epstein in Duisburg) wie auch seine Eingriffe in das tertiäre Zentrum von Berlin tief gehend an der deutschen Soziologie des frühen 20. Jahrhunderts teilhaben, was das Verhalten des Großstädters betrifft. Die spezifischen formalen Instrumente, die Mendelsohn benutzt – und die Zevi richtig interpretiert –, haben eindeutig die Funktion der Intensivierung des Nervenlebens, die Georg Simmel in dem oben angeführten Aufsatz als typische Wirkung der Großstadt auf den „Großstädter" ansieht. Vergessen wir auch nicht, dass für Simmel wie für Mendelsohn diese „Intensivierung des Nervenlebens" nur eine Voraussetzung dafür ist, eine höhere Form der Rationalität („Verstand") zu erreichen. Diesbezüglich gibt es zwei wichtige Essays über Mendelsohn, die von den Historikern immer wieder vergessen werden: Karl Weidle: *Goethehaus und Einsteinturm. Zwei Pole heutiger Baukunst*, Zaugg und Co., Stuttgart 1929; und Werner Hegemann: „Mendelsohn und Hoetger ist ‚nicht' fast ganz dasselbe? Eine Betrachtung neudeutscher Baugesinnung", in: *Wasmuths Monatshefte für Baukunst*, XII, 1928/9, S. 419-426.

8   Es fehlt noch eine vollständige Untersuchung der Geschichte der sozialdemokratischen Stadtverwaltung in Europa zwischen den zwei Kriegen. Um sich dem Thema zu nähern, ist es notwendig, auf die kritischen Quellen zurückzugreifen. Das sind vor allem die Sammlungen der Zeitschriften *Das neue Frankfurt, Die neue Stadt*, etc. Vgl. jetzt auch den Band *Die Form. Stimme des deutschen Werkbundes*, Bertelsmann, Berlin 1969. Siehe außerdem Justus Buekschmitt: *Ernst May*, Verlagsanstalt A. Koch, Stuttgart 1963; Barbara Miller Lane: *Architecture and Politics in Germany 1918-1945*, Harvard University Press, Cambridge/Mass. 1968; Enzo Collotti: „Il Bauhaus nell'esperienza politico-sociale della Republica di Weimar", in: *Controspazio*, 1970/4-5, S. 8-15; Carlo Aymonino (Hrsg.): *L'habitazione razionale. Atti dei Congressi CIAM 1919-1930*, Marsilio, Padua 1971; Manfredo Tafuri: „Socialdemocrazia e citta nella Germania di Weimar", in: *Contrapiano*, 1/1971, S. 207-23 (dt. „Sozialdemokratie und Stadt in der Weimarer Republik (1923-1933)", in: *Werk/Œuvre* 3/1974, S. 308-319); Manfredo Tafuri: „Austromarxismo e citta: Das rote Wien", in: *Contropiano* 2/1971, S. 259-311; über die Ergebnisse der deutschen Erfahrungen siehe: Marco di Michelis und Ernesto Pasini: *La città sovietica 1925-1937*, Marsilio, Venedig 1976.

9   Das Buch von Ferdinand Tönnies: *Gemeinschaft und Gesellschaft* ist 1887 erschienen, aber mit seiner nostalgischen Beschwörung der „ursprünglichen Gemeinschaft" gegen über der organisierten Gesellschaft drückt es eine Ideologie aus, die auch der radikalen Urbanistik zwischen den zwei Kriegen und den populistischen Tendenzen der fünfziger Jahre eigentümlich sein wird.

10 Von größter Wichtigkeit ist in diesem Zusammenhang das Buch von William Goldwin: *Enquiry Concerning Political Justice*, London 1793. Ausgehend von den rationalistischen Prinzipien der Aufklärung wird hier eine Gesellschaft entworfen, in der der Staat aufgelöst ist und die Individuen – geleitet von einer selbst befreiten *raison* – in kleinen Gemeinschaften ohne Gesetze und stabile Institutionen leben. Vgl. G.D.H. Cole: *Socialist Thought: The Forerunners (1789-1850)*, Macmillan, London 1925.

11 Über Wrights Ideologie der *wilderness* und der Antistadt vgl. Edgar Kaufmann jr.: „Frank Lloyd Wright: the 11th Decade", in: *Architectural Forum*, CXXX, 1969/5; Norris K. Smith: *F.L. Wright. A Study in Architectural Content*, Prentice Hall Inc., Englewood Cliffs (N.J.) 1966; Reyner Banham: „The Wilderness Years of Frank Lloyd Wright", in: *RIBA Journal*, 12/1969; Giorgio Ciucci: „Frank Lloyd Wright, 1908-1938, dalla crisial mito", in: *Angelus Novus* 21/1971, S. 85-117.

12 Über die Tätigkeit der Regional Planning Association of America vgl. Roy Lubove: *Community Planning in the 1920's: the Contribution of RPAA*, (University of Pittsburg Press), Pittsburg 1963; Mel Scott: *American City Planning since 1890*, (University of California Press), Berkeley and Los Angeles 1969. Über die Tätigkeit und die historische Bedeutung der RPAA in der Geschichte der amerikanischen Urbanistik vgl. F. Dal Co: „Dai parchi alla regione", in: *La città americana dalla guerra civile al New Deal*, Rom/Bari 1973, S. 149 ff.

Colin Rowe (1920-1999) studierte an der Liverpool School Architektur, am Londoner Warburg Institute Kunstgeschichte und lehrte unter anderem an den Universitäten in Austin (Texas) und Cornell (Ithaca, N.Y.). Zu seinen wichtigsten Büchern gehören The Mathematics of the Ideal Villa and Other Essays (1976; dt.: Die Mathematik der idealen Villa und andere Essays, 1998) und The Architecture of Good Intentions (1994).

Fred Koetter, geboren 1938 in Great Falls, Montana, studierte an der Cornell University in Ithaca, N.Y., und lehrte unter anderem an den Universitäten Yale und Harvard. 1978 gründete er in Boston das Architekturbüro Koetter, Kim & Ass. Im selben Jahr publizierte er gemeinsam mit Colin Rowe das Buch Collage City.

Der Aufsatz „Crisis of the Object: The Predicament of Texture" („Die Krise des Objekts: Der unerfreuliche Zustand der Textur") bildet ein Kapitel des von Rowe und Koetter gemeinsam verfassten Buches Collage City (MIT Press, Cambridge/London 1978; dt.: Collage City, Originalausgabe 1984, fünfte erweiterte Auflage Birkhäuser, Basel/Boston/Berlin 1997). Der Inhalt des Buches – bereits 1973 geschrieben – wurde in Auszügen in der Zeitschrift Architectural Review Nr. 158 (August 1975) veröffentlicht.

Colin Rowe/Fred Koetter:
Die Krise des Objekts: Der unerfreuliche Zustand der Textur (1973)

...
Während noch der Athener Kongress der CIAM 1933[1] die Grundlagen für die neue Stadt formuliert hatte, konnte es Mitte der vierziger Jahre eine solche dogmatische Gewissheit nicht mehr geben. Denn weder Staat noch Objekt hatten sich aufgelöst; und an der „The-Heart-of-the-City"-Konferenz[2] der CIAM von 1947 traten verborgene Zweifel an ihrem weiteren Genügen noch etwas unentschieden zutage. Tatsächlich deutet die Betrachtung des Stadtkerns selber schon eine abwartende Haltung an und vielleicht den Anfang der Erkenntnis, dass das Ideal von unterschiedsloser Neutralität oder unauffälliger Gleichförmigkeit kaum erreichbar noch auch nur wünschenswert war.

Doch wenn nun ein erneutes Interesse an den Möglichkeiten des Konzentrierens und damit des Verdichtens zu erwachen schien, so fehlten, während das Interesse vorhanden war, doch die Mittel, ihm zu dienen. Das Problem, das sich wegen des Revisionismus der späten vierziger Jahre ergab, könnte am besten an Le Corbusiers Plan für St-Dié typisch dargestellt und veranschaulicht werden, wo modifizierte Standardelemente, wie sie die Charta von Athen vorschreibt, locker zusammengestellt sind, um gewisse Vorstellungen von Zentralität und Hierarchie anzudeuten und eine Version von „Stadtzentrum" oder gegliedertem Aufenthaltsort vorzutäuschen. Und es könnte gesagt werden, dass ein gebautes St-Dié trotz des Ruhms seines Schöpfers wahrscheinlich das Gegenteil von erfolgreich gewesen wäre, dass St-Dié mit aller Deutlichkeit das Dilemma des frei stehenden Bauwerks aufzeigt, des Raumverdrängenden, das versucht, raumdefinierend zu wirken. Denn wenn bezweifelt werden muss, dass dieses „Zentrum" ein Zusammenkommen begünstigen würde, und ungeachtet der Wünschbarkeit dieser Wirkung, scheint es dann, dass das, womit wir hier versorgt werden, eine Art unergiebiger Schizophrenie ist – *eine Art Akropolis, die versucht, als eine Version der Agora aufzutreten!*

Trotz der Anomalie des Unternehmens konnte indessen die Wiederanerkennung von zentrumsbildenden Themen nicht ohne weiteres aufgegeben werden, und wenn auch das Thema „Stadtkern" leicht als ein Einsickern von Townscape-Verfahren in das CIAM-Stadtschema gedeutet werden könnte, kann nun etwas deutlich gemacht werden, indem man das Stadtzentrum von St-Dié mit dem etwa gleichzeitig entstandenen Zentrum von Harlow New Town vergleicht, das zwar offensichtlich „unrein" ist, aber nicht ganz so wenig plausibel sein dürfte, wie es manchmal den Anschein machte.

In Harlow, wo es bestimmt keine Nebenbedeutung wegen Metaphern der Akropolis gibt, kann nicht bezweifelt werden, dass das, was einem geboten wird, im eigentlichen Sinn ein wirklicher Marktplatz ist; und entsprechend wird die Eigenständigkeit der individuellen Bauwerke heruntergespielt, werden die Bauten selber zusammengeschlossen, damit es scheint, als bildeten sie wenig mehr als eine gewollt zufällige raumdefinierende Hülle. Aber auch wenn der Stadtplatz von Harlow – angeblich das authentische Ding, ein Produkt des Wandels der Zeiten und allem, was dazugehört – ein wenig zu einschmeichelnd sein mag mit all seiner illusorischen Anziehungskraft, wenn man durch eine so verführerische Verbindung von unmittelbarer „Geschichte" und offenkundiger „Modernität" doch ein wenig ermüdet werden mag, wenn die Vortäuschung eines mittelalterlichen Raumes noch glaubhaft erscheinen kann, wenn man darin steht, dann schwindet, während Neugier erweckt wird, gerade diese Illusion rasch.

Denn eine Aufsicht oder ein kurzer Gang hinter das unmittelbar wahrnehmbare Versatzstück enthüllt sofort, dass man es mit wenig mehr als einem Bühnenbild zu tun hat. Der Raum des Platzes nämlich, der vorgibt, eine Entspannung schaffende Öffnung in einer dichten Masse zu sein, Auflockerung einer gedrängten Umgebung, macht schon bald selber deutlich, dass er nicht so gelesen werden kann. Er existiert ohne notwendige Hinterfüllung oder Unterstützung, ohne den Druck durch Baumasse oder Belebung durch Menschen, die seinem Dasein Glaubwürdigkeit und Lebenskraft geben würden, und weil der Raum im Grunde *unerklärt* bleibt, zeigt sich, dass der Stadtplatz von Harlow ganz und gar nicht Auswirkung eines historischen oder räumlichen Kontextes ist (was er zu sein scheint), sondern in Wirklichkeit ein Fremdkörper, der ohne die Hilfe von Anführungszeichen in eine Gartenvorstadt eingesetzt ist.

Bei der Gegenüberstellung von Harlow und St-Dié muss man jedoch einsehen, dass die Absichten übereinstimmen. In beiden Fällen handelt es sich darum, einen sinnvollen städtischen Ort der Begegnung zu erstellen; und wenn dieses Ziel gegeben ist, scheint es nur fair zu sagen, dass der Stadtplatz von Harlow, was immer seine architektonischen Qualitäten sein mögen, dem vorgestellten Ziel näher kommt, als es St-Dié je möglich gewesen wäre. Damit soll weder Harlow gutgeheißen noch St-Dié verurteilt werden, vielmehr sollen beide als Versuche, die Eigenschaften der Stadt als *Masse* mit den Mitteln der *Leere* vorzutäuschen, als vergleichbare Objekte der Befragung zur Geltung kommen.

Was nun die Relevanz der Fragen betrifft, die sie aufwerfen, lässt sich diese am besten untersuchen, indem man die Aufmerksamkeit noch einmal auf die typische Erscheinungsform der traditionellen Stadt richtet, die in jeder Hinsicht so sehr die Umkehrung der Stadt der modernen Architektur ist, dass die beiden mitunter als alternative Lesarten irgendeines Gestaltdiagramms erscheinen könnten, welches das Umschlagen beim Figur-Grund-Phänomen illustriert. So ist die eine nahezu schwarz, die andere nahezu weiß, die eine eine Ansammlung von Hohlräumen in weitgehend ungegliederter Masse, die andere eine Ansammlung von Massen in weitgehend unberührter Leere, und in beiden Fällen unterstützt der jeweils maßgebende Grund eine völlig andere Kategorie der Figur – im einen Fall *Raum*, im andern *Objekt*.

Ohne indessen auf diesen etwas ironischen Sachverhalt weiter einzugehen, wollen wir einfach ganz kurz die offensichtlichen Vorzüge der traditionellen Stadt trotz ihren offenkundigen Mängeln festhalten: *das durchgehende Gefüge der Baumasse oder Textur*, die ihrem Gegenstück, dem geformten Raum, Kraft verleiht – so entstehen Platz und Straße, welche als eine Art Entlastungsventil für das öffentliche Leben wirken und eine ablesbare Gliederung ergeben –, und, ebenso wichtig, die beträchtliche Vielseitigkeit der unterstützenden Textur oder des Grundes. Denn weil diese beinahe durchgehende Baumasse von nebensächlicher Zusammensetzung und beiläufiger Zweckbestimmung ist, besteht für ihn keine besondere Verpflichtung, in sich abgeschlossen zu sein, oder keine Notwendigkeit offener Zurschaustellung der Zweckbestimmung, und, die stabilisierende Wirkung der öffentlichen Fassade vorausgesetzt, er bleibt verhältnismäßig frei, um auf den örtlichen Impuls oder auf die Anforderungen unmittelbarer Bedürfnisse zu reagieren.

Vielleicht sind das Tugenden, die kaum verkündet werden müssen; aber wenn sie auch täglich lauter verfochten werden, ist das so beschriebene Stadtgefüge doch noch nicht ganz erträglich. Wenn es auch eine Debatte zwischen voll und hohl zeigt, zwischen öffentlicher Beständigkeit und privater Unberechenbarkeit, zwischen öffentlicher Figur und privatem Grund, welche nicht verfehlte, stimulierend zu wirken; und wenn das Bauwerk als Objekt – die Seifenblase, die ihr Inneres aufrichtig zum Ausdruck bringt, als allgemeingültige These genommen – nichts weniger als die Zerstörung des öffentlichen Lebens und der Schicklichkeit bedeutet, den Bereich des Öffentlichen, die überlieferte Welt des sichtbar gewordenen Bürgertums auf ein formloses Überbleibsel reduziert, so ist man doch weitgehend gezwungen zu fragen: Na und? Und es sind die vernünftigen, vertretbaren Grundannahmen der modernen Architektur – Licht, Luft, Hygiene, freie Lage, Aussicht, Erholung, Bewegung, Offenheit –, welche zu dieser Entgegnung anregen.

Wenn also die karge, antizipatorische Stadt der isolierten Objekte und der kontinuierlichen Leere – angeblich die Stadt der Freiheit und der „universalen" Gesellschaft –, nicht zum Verschwinden gebracht werden wird, und wenn sie in ihren wesentlichen Eigenschaften vielleicht wertvoller ist, als ihre Kritiker zugeben können; wenn sie zwar als „gut" empfunden wird, aber niemand Gefallen an ihr zu finden scheint, bleibt das Problem: Was versucht man mit ihr anzufangen?

Es gibt verschiedene Möglichkeiten. Eine ironische Haltung einnehmen oder die soziale Revolution verkünden, sind zwei dieser Möglichkeiten; doch weil bloße Ironie von vornherein nahezu unmöglich ist und weil Revolution meist in ihr Gegenteil umschlägt, muss ungeachtet der hartnäckigen Anhänger uneingeschränkter Freiheit bezweifelt werden, ob diese Strategien sehr tauglich sind. Kann man vorschlagen, dass mehr vom Gleichen oder mehr vom annähernd Gleichen – wie althergebrachtes Laissez-faire – Selbstregulierung bewirken wird? Das muss genauso bezweifelt werden wie der Mythos von den unverminderten Fähigkeiten eines sich selbst regulierenden Kapitalismus. Aber abgesehen von all dem wäre es vor allem vernünftig und einleuchtend, die bedrohte oder verheißene Stadt der Objektfixierung hinsichtlich der Möglichkeit, sie wahrzunehmen, zu untersuchen.

Es geht um die Frage, wieviel Geist und Auge aufnehmen oder verstehen können; und das ist ein Problem, das seit Ende des 18. Jahrhunderts ohne erfolgreiche Lösung besteht. Es geht darum, das Wahrnehmbare in ablesbaren Teilen erfassbar zu machen.

„Pancras ist wie Marylebone. Marylebone ist wie Paddington: Alle Straßen gleichen einander [...] die Gloucester Palaces und Baker Streets und Harley Streets und Wimpole Streets [...] alle diese einförmigen, leblosen, geistlosen Straßen, die einander gleichen wie die langweiligen Kinder einer großen Familie mit Portland Place und Portman Square als ehrbaren Eltern."[3] Die Zeit ist 1847, und die Beurteilung von Disraeli kann als nicht gerade frühzeitige Reaktion auf die durch Wiederholung hervorgerufene Orientierungslosigkeit aufgefasst werden. Wenn aber die Vervielfachung von Räumen schon vor so langer Zeit begann, einen derartigen Widerwillen hervorzurufen, was soll man dann jetzt zur ungehemmten Vermehrung von Objekten sagen? Mit anderen Worten, ist es überhaupt möglich, dass – was immer über die traditionelle Stadt gesagt werden kann – die Stadt der modernen Architektur eine ebenso brauchbare Grundlage für die Wahrnehmung bieten kann? Und die nahe liegende Antwort scheint nein zu sein. Denn es ist sicher einleuchtend, dass, während begrenzte, gestaltete Räume Erkennen und Verstehen erleichtern können, zumindest zu erwarten ist, dass eine ausgedehnte naturalistische Leere ohne erkennbare Grenzen jedes Verstehen wahrscheinlich verunmöglicht.

Betrachtet man die moderne Stadt hinsichtlich ihrer *Wahrnehmbarkeit*, kann sie, mit *Gestalt*-Kriterien beurteilt, sicherlich nur verurteilt werden. Denn wenn angenommen wird, dass das Verstehen oder die Wahrnehmung von Objekt oder Figur das Vorhandensein einer Art von Hintergrund oder Feld verlangt, wenn das Erkennen irgendeines, aber begrenzten Feldes Voraussetzung für jede Sinneserfahrung ist und das Bewusstwerden des Feldes dem Bewusstwerden der Figur vorausgeht, dann kann eine Figur ohne Unterstützung durch irgendeinen erkennbaren Bezugsrahmen nur geschwächt werden und sich selbst zerstören. Selbst wenn es möglich ist, sich ein Feld von Objekten vorzustellen – und sich vorzustellen, davon entzückt zu sein –, ein Feld von Objekten, welche wegen Nähe, Gleichheit, gemeinsamer Gliederung, Dichte etc. erkennbar sind, muss man sich doch fragen, wie viele solcher Objekte zusammengeballt werden können und wie sinnvoll es wirklich ist, anzunehmen, dass es möglich ist, sie einfach zu wiederholen. Oder anders gesagt, diese Fragen beziehen sich auf optische Abläufe, darauf, wie viel ausgehalten werden kann, bevor der ganze Betrieb zusammenbricht und das Einführen von Begrenzung, von Trennung, von Gliederung der Information zwingende Voraussetzung für die Wahrnehmung wird.

Wahrscheinlich ist dieser Zustand vorläufig noch nicht ganz erreicht. Denn die moderne Stadt existiert als Discount-Ausgabe (die Stadt im Park ist zur Stadt im Parkplatz geworden) zumeist noch in den geschlossenen Feldern, welche von der traditionellen Stadt geliefert werden. Doch wenn sie so – nicht nur als Form, sondern auch sozial parasitär – weiterhin vom Organismus lebt, den sie zu ersetzen verspricht, dann ist jetzt die Zeit nicht sehr fern, in der dieser eigentliche Nährgrund schließlich verschwinden könnte.

Das ist bevorstehende Krise nicht nur in der Wahrnehmung. Die traditionelle Stadt verschwindet; aber selbst die Parodie der Stadt der modernen Architektur lässt sich nicht errichten. Der öffentliche Bereich ist zu einem kleinlauten Gespenst geschrumpft, doch der private Bereich ist nicht wesentlich bereichert worden; es gibt keine Orientierungsmöglichkeiten – weder historische noch ideelle. Und in einer atomisierten Gesellschaft ist die Kommunikation – außer der elektronisch gelieferten oder zögernd in gedruckter Form gesuchten – entweder zusammengebrochen oder zum leeren Austausch immer banalerer Wortformeln verkümmert.

Offensichtlich ist es nicht nötig, dass unsere Wörterbücher ihren gegenwärtigen Umfang behalten. Sie enthalten überflüssiges Material; ihr Umfang ist aufgebläht; die wahllose Verwendung ihres Inhalts eignet sich für trügerische Rhetorik; ihre Raffiniertheit hat sehr wenig zu tun mit den Werten des „Mannes auf der Strasse"; und bestimmt entsprechen ihre semantischen Kategorien kaum den intellektuellen Aktivitäten des Neoedlen-Wilden. Wenn auch der Aufruf, im Namen der Unschuld das Wörterbuch kräftig zu kürzen, tatsächlich nur ein Minimum an Unterstützung finden *dürfte*, haben wir hier jedoch ein Programm skizziert – obwohl natürlich gebaute Formen nicht ganz das Gleiche sind wie Wörter –, das genau dem entspricht, was von der modernen Architektur in Gang gesetzt wurde.

Lassen wir das Unnötige weg; befassen wir uns mit wirklichen Bedürfnissen eher als mit Wünschen; lassen wir uns nicht so sehr in Anspruch nehmen durch das Formulieren von Unterscheidungen; bauen wir stattdessen vom Grundsätzlichen her... So etwa hört sich die Botschaft an, die in die heutige Sackgasse führte; und wenn angenommen wird, dass zeitgenössische Ereignisse (wie die moderne Architektur selbst) unvermeidlich sind, dann werden sie natürlich unvermeidlich. Wenn wir jedoch im Gegenteil nicht annehmen, dass wir im hegelianischen Griff eines irreversiblen Schicksals sind, ist es ja möglich, dass Alternativen gefunden werden können.

Auf jeden Fall geht es nun nicht so sehr darum, ob die traditionelle Stadt absolut gesprochen gut oder schlecht ist, relevant oder irrelevant, dem Zeitgeist entspricht oder nicht. Es geht auch nicht um die offensichtlichen Mängel der modernen Architektur. Es geht vielmehr um eine Frage des gesunden Menschenverstandes und des Allgemeinwohls. Wir haben zwei Modelle der Stadt. *Weil wir weder auf das eine noch auf das andere verzichten wollen, möchten wir eigentlich beide tauglich machen.* Denn in einer Zeit von angeblich großer Wahlfreiheit und pluralistischen Bestrebungen sollte es möglich sein, wenigstens eine Art Strategie der Anpassung und der Koexistenz zu entwickeln.

Doch wenn wir nun in dieser Weise Erlösung von der Stadt der Erlösung fordern, muss vom Architekten verlangt werden, dass er sich, um diesem Zustand von Freisein irgendwie nahe zu kommen, gewisse lieb gewordene Vorstellungen, die nicht eines gewissen Wertes entbehren, als abgewandelt und umadressiert vorstellt. Die Vorstellung von sich selbst als Messias ist eine dieser Vorstellungen; und während das Bild von sich selbst als ewigem Verfechter des Avantgardismus eine weitere ist, ist jedoch die merkwürdig verzweifelte Vorstellung, dass Architektur unterdrückend sei und Zwang ausübe, noch schwerwiegender.[4] In der Tat muss besonders dieser seltsame Rest von Neohegelianismus vorübergehend unterdrückt werden, und das zugunsten der Einsicht, dass „Unterdrückung" immer als unüberwindliche Bedingung der Existenz vorhanden ist – „Unterdrückung" durch Geburt und Tod, durch Raum und Zeit, durch Sprache und Erziehung, durch Erinnerung und durch Zahlen, alles Bestandteile eines Zustandes, der vorläufig noch nicht abgeschafft werden kann.

Um nun vom Diagnostizieren – meist flüchtig – zum Prognostizieren – im Allgemeinen sogar noch beiläufiger – zu schreiten, könnte als Erstes vorgeschlagen werden, einen der am wenigsten eingestandenen, aber auffallenden Grundsätze der modernen Architektur umzustoßen. Es ist dies die Annahme, aller Außenraum müsse in öffentlichem Besitz und jedermann zugänglich sein; und selbst wenn kein Zweifel besteht, dass dies eine wesentliche Arbeitshypothese war und seit langem zum bürokratischen Klischee geworden ist, besteht immer noch die Verpflichtung zu erkennen, dass die übermäßige Wichtigkeit gerade dieser Annahme aus dem Repertoire möglicher Ideen wirklich sehr merkwürdig ist. Selbst wenn deren ikonographischer Gehalt anerkannt werden kann – er bedeutete eine kollektivierte und emanzipierte Gesellschaft, die keine künstlichen Barrieren kannte –, kann man immer noch darüber staunen, dass eine derart abwegige Annahme sich je dermaßen etablieren konnte. Man wandert durch die Stadt – ob New York, Rom, London oder Paris, ist unwichtig –, man sieht oben Lichter, eine Decke, Schatten, einige Gegenstände; aber während man im Geiste alles andere hinzufügt und sich eine Gesellschaft von beispiellosem Glanz vorstellt, von der einen das Schicksal ausgeschlossen hat, empfindet man das nicht eigentlich als Entbehrung. Denn bei diesem eigenartigen Austausch zwischen Sichtbarem und Verborgenem sind wir uns wohl bewusst, dass auch wir unser eigenes, privates Proszenium errichten können und, indem wir bei uns Licht machen, die allgemeine Halluzination steigern können, welche, so absurd sie auch sein mag, immer stimulierend ist.

Damit soll in einer besonders extremen Form gesagt werden, wie Ausgeschlossensein die Vorstellungskraft beflügeln kann. Man ist aufgefordert, scheinbar geheimnisvolle, in Wirklichkeit ganz normale Situationen, die man nur teilweise gewahr wird, zu ergänzen. Und wenn es das spekulative Vergnügen zerstören sollte, in alle diese Situationen tatsächlich einzudringen, könnte man nun aber das Bild des erleuchteten Zimmers analog auf das Gewebe der Stadt als Ganzes übertragen. Damit ist einfach gesagt, dass die absoluten räumlichen Freiheiten der Ville Radieuse und ihrer neueren Abkömmlinge keinerlei Anregung bieten. Es ist beinahe gewiss, dass anstelle der Ermächtigung, überall frei herumgehen zu können – wobei überall immer dasselbe ist –, es mehr befriedigen würde, Ausschließendes wie Mauern, Geländer, Zäune, Tore, Barrieren einer vernünftig eingeteilten Bodenfläche entgegengestellt zu bekommen.

Wir haben mit dem Gesagten jedoch nur in Worte gefasst, was bereits eine sich undeutlich abzeichnende Tendenz ist und gewöhnlich soziologisch begründet wird (Identität, kollektives Territorium usw.).[5] Aber sicherlich sind bedeutendere Opfer von zeitgenössischer Tradition erforderlich; es geht um die Bereitschaft, uns wieder mit dem Objekt zu befassen, das angeblich niemand will, und das *Bauwerk weniger als Figur, sondern vielmehr als Grund zu werten.*

Der Vorschlag verlangt nun praktisch die *Bereitschaft, sich die heutige Ordnung der Dinge umgekehrt vorzustellen;* was mit einer solchen Umkehrung gemeint ist, kann ganz unmittelbar und knapp erklärt werden, wenn man einen Raumkörper und einen Baukörper von fast identischen Abmessungen miteinander vergleicht. Und wenn zur Illustration des reinen Baukörpers nichts Besseres geeignet scheint als Le Corbusiers Unité in Marseille, dann könnte als Beispiel für den entgegengesetzten und reziproken Zustand nichts angemessener sein als Vasaris Uffizien. So werden natürlich kulturell verschiedene Objekte einander gegenübergestellt; wenn nun aber ein Bürogebäude aus dem 16. Jahrhundert, das zum Museum wurde, und ein Wohnblock aus dem 20. Jahrhundert mit gewissen Vorbehalten miteinander in Beziehung gebracht werden dürfen, kann eine offensichtliche Beobachtung gemacht werden. Denn wenn man die Uffizien als Unité, deren Äußeres nach innen gestülpt ist, auffassen oder als Gussform für den

AUTOR
COLIN ROWE/FRED KOETTER

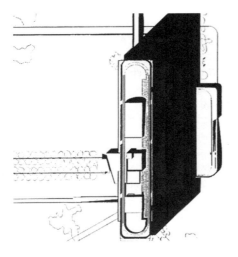 

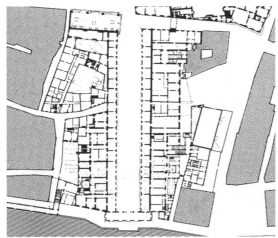 

Unité d'Habitation und Uffizien – Baukörper und Raumkörper.

Unité d'Habitation: Baukörper im Raum.
Uffizien: Raumkörper in der Baumasse.

Marseille-Block sehen kann – sind sie zudem Figur gewordener, aktiver und positiv aufgeladener Raum. Und während durch die Unité in Marseille eine private und atomisierte Gesellschaft bestätigt wird, sind die Uffizien weit eher ein Gebilde, das völlig der Gemeinschaft dient.

Und um dem Vergleich mehr Gewicht zu geben: Während Le Corbusier ein privates und isoliertes Gebäude vorstellt, das ohne Zweifel einer beschränkten *clientèle* dient, ist Vasaris Entwurf janusköpfig genug, um einiges mehr unterzubringen. Im Stadtgefüge ist er weit wirksamer. Die Uffizien sind eine zentrale Raumkörperfigur, unverrückbar und offensichtlich geplant, mit einer ungleichmäßigen Hinterfüllung als Entourage, die locker sein darf und auf die unmittelbare Umgebung eingehen kann. Als Setzung einer idealen Welt und als ein Einbeziehen empirischer Umstände können die Uffizien als Ausgleich zwischen den Themen sich selbst bewusster Ordnung und spontaner Zufälligkeit verstanden werden, und weil sie das Bestehende akzeptieren, indem sie das Neue verkünden, verleihen die Uffizien dem Neuen wie dem Alten Wert.

Ein weiterer Vergleich eines Werkes von Le Corbusier, diesmal mit einem Werk von Auguste Perret, mag dazu dienen, das Gesagte zu erweitern oder zu verstärken; und weil der Vergleich, ursprünglich von Peter Collins gemacht, zwei Interpretationen des gleichen Programms betrifft, mag er dementsprechend für umso berechtigter gehalten werden. Le Corbusiers und Perrets Projekte für den Sowjetpalast, die beide entworfen sein könnten, um die These *form follows function* auf den Kopf zu stellen, könnte man beinahe für sich selbst sprechen lassen. Perret bezieht sich auf die unmittelbare Umgebung, Le Corbusier kaum. Perrets Gebäude nehmen durch ihre ausdrücklichen räumlichen Beziehungen zum Kreml und durch die Hinwendung ihres Hofes zum Fluss eine Vorstellung von Moskau auf und sollen diese offensichtlich verstärken; Le Corbusiers Bauten jedoch, welche wahrscheinlich ihre Entstehung aus innerer Notwendigkeit erklären, gehen sicherlich nicht so sehr auf den Ort ein, als dass sie symbolische Gebilde sind, welche angeblich auf ein vorausgesetztes, eben befreites kulturelles Milieu eingehen. Und falls in beiden Fällen die Verwendung des Ortes ikonographisch repräsentativ ist für eine Einstellung zur Tradition, mag es völlig gerechtfertigt sein, in diesen zwei Bewertungen von Tradition die Auswirkungen eines Generationenunterschieds von zwanzig Jahren zu sehen.

In einer weiteren Gegenüberstellung dieser Art kann jedoch ein solcher Unterschied nicht geltend gemacht werden. Gunnar Asplund und Le Corbusier gehörten nämlich der gleichen Generation an; und wenn wir es hier auch nicht mit vergleichbaren Programmen oder Projekten entsprechender Größe zu tun haben, mögen die Daten von Asplunds Projekt für die Königliche Kanzlei (1922) und Le Corbusiers Plan Voisin (1925) doch ihre gemeinsame Betrachtung erleichtern. Der Plan Voisin ist aus Le Corbusiers Ville Contemporaine von 1922 hervorgegangen. Er ist die in ein bestimmtes Gebiet von Paris eingefügte Ville Contemporaine; und wie sehr auch versichert wurde, dass sie nicht visionär sei – und wie „wirklich" sie dann tatsächlich auch geworden ist –, sie schlägt offensichtlich ein völlig anderes Demonstrationsmodell der Wirklichkeit vor als jenes, welches Asplund verwendet. Das eine ist eine Aussage über historische Notwendigkeit, das andere über historische Kontinuität; das eine ist eine Verherrlichung des Allgemeinen, das andere des Besonderen; und in beiden Fällen dient der Ort als repräsentatives Sinnbild dieser unterschiedlichen Wertungen.

So bezieht sich Le Corbusier, wie fast immer in seinen städtebaulichen Entwürfen, weitgehend auf die Idee einer erneuerten Gesellschaft und kümmert sich wenig um die lokalen räumlichen Einzelheiten. Wenn die Porte Saint-Denis und die Porte Saint-Martin ins Stadtzentrum einbezogen werden können, ist das durchaus in Ordnung; wenn das Marais zerstört werden muss, macht das nichts aus, denn das eigentliche Ziel ist das Manifest. Le Corbusier ist vor allem mit dem Schaffen eines Phönixsymbols beschäftigt; und in seinem Eifer, eine neue Welt darzustellen, die sich aus der Asche der alten erhebt, mag man einen Grund für seine höchst interesselose Behandlung bedeutender Monumente sehen – die man erst nach einer kulturellen Impfung besuchen soll. Und demgegenüber, als Gegensatz, Asplund, für den, so möchte man annehmen, im Versuch, Bauten soweit wie nur möglich zu Teilen des städtischen Kontinuums zu machen, Vorstellungen von gesellschaftlicher Kontinuität enthalten sind.

Nun, Le Corbusier simuliert also Zukünftiges und Asplund Vergangenes; das eine ist fast völlig Theater der Prophezeiung und das andere fast nur Erinnerung; und obwohl man an dieser Stelle der Meinung ist, dass beide dieser Arten, die Stadt aufzufassen – sowohl räumlich als auch gefühlsmäßig –, wertvoll sind, gilt die unmittelbare Aufmerksamkeit deren räumlichen Auswirkungen. Wir haben *zwei Modellvorstellungen* unterschieden; wir haben angedeutet, dass es alles andere als vernünftig wäre, die eine oder die andere aufzugeben; und wir sind deshalb *genötigt, uns mit ihrer Versöhnung zu beschäftigen,* auf der einen Ebene mit der Anerkennung des Besonderen und auf einer anderen mit den Möglichkeiten der Darlegung des Allgemeinen. Dabei haben wir aber auch die Schwierigkeit, dass eine Modellvorstellung aktiv und vorherrschend ist und die andere auffallend rezessiv; und um diesem Mangel an Gleichgewicht zu begegnen, waren wir genötigt, Vasari, Perret und Asplund als Lieferanten nützlicher Information beizuziehen. Und während zweifellos von den dreien Perret der Banalste ist und Vasari vielleicht der Anregendste, mag man der Ansicht sein, dass Asplund den vielfältigsten Gebrauch von mehreren Entwurfsstrategien veranschaulicht. Als Empiriker reagiert er auf den Ort und ist gleichzeitig als Idealist mit normativen Bedingungen beschäftigt, im selben Werk reagiert er, gleicht aus, überträgt – und alles zugleich – und macht geltend, passive Antenne und aktiver Reflektor zu sein.

Asplunds Spiel mit vorhandenen Zufälligkeiten und vorausgesetzten absoluten Werten scheint jedoch, so brillant es auch sein mag, hauptsächlich aus Strategien zu bestehen, welche auf Bestehendes eingehen; und bedenkt man die Probleme des Objekts, mag es nützlich sein, das zugegebenermaßen *altehrwürdige Verfahren* in Betracht zu ziehen, mit Bedacht das zu deformieren, was auch als idealer Typ dargestellt wird. Und um ein Renaissance-Barock-Beispiel zu nehmen: Wenn der Santa Maria della Consolazione in Todi erlaubt wird, trotz gewissen provinziellen Einzelheiten, das „vollkommene" Bauwerk in seiner ganzen ursprünglichen Makellosigkeit zu verkörpern, wie muss dann dieses Bauwerk „kompromittiert" werden, damit es an einem alles andere als „vollkommenen" Ort verwendet werden kann?

Das ist ein Problem, welches eine funktionalistische Theorie sich weder vorstellen noch zugeben könnte. Denn obwohl der Funktionalismus in der Praxis oft mit einer Theorie der Typen verbunden werden konnte, war er dem Wesen nach kaum in der Lage, die Vorstellung zu verstehen, dass künstlich hergestellte und vorbestimmte Modelle von einem Ort zum andern verschoben werden. Aber wenn der Funktionalismus forderte, auf die Verwendung von Typen zugunsten einer logischen Herleitung aus konkreten Tatsachen zu verzichten, kann er in Bezug auf die Abwandlung idealer Vorbilder nur sehr wenig auszusagen haben, gerade weil er sich weigerte, ikonische Bedeutung als konkrete, selbständige Tatsache anzuerkennen, weil er sich weigerte, besondere physische Anordnungen als Mittel der Kommunikation zu begreifen. Wir wissen, dass Todi ein Zeichen und eine öffentliche Bekanntmachung ist; und so wie wir die Freiheit einräumen,

Reklame zu machen, wo immer die Umstände dies erfordern mögen, folgern wir auch die Möglichkeit, Bedeutung fortbestehen zu lassen oder zu bewahren, wenn die Form, so wie die Umstände es erfordern, manipuliert wird. Und in diesem Sinne kann man Sant'Agnese an der Piazza Navona als ein Todi sehen, das gleichzeitig „beeinträchtigt" und unversehrt ist. Der eingeengte Ort übt Druck aus; Piazza und Kirche sind die absoluten Hauptpersonen einer Debatte; die Piazza hat etwas über Rom zu sagen, die Kuppel etwas über ein Bild des Kosmos; und schließlich haben in einer Abfolge von Erwiderung und Herausforderung beide ihre Aussage gemacht.

So wechselt die Lesart von Sant'Agnese ständig zwischen einer Deutung des Baues als Objekt und seiner Umdeutung als Textur; wenn nun die Kirche manchmal ein ideales Objekt und manchmal Funktion der Platzwand sein kann, könnte auch noch ein weiteres römisches Beispiel für diesen Wechsel von Figur und Grund – in Bedeutung und Form – angeführt werden. Der Palazzo Borghese, offensichtlich ein nicht so kunstvolles Gebilde wie Sant'Agnese, bringt es auf seinem sehr eigenartigen Grundstück fertig, auf dieses Grundstück zu reagieren und sich zugleich wie ein repräsentativer Palast des Farnese-Typs zu verhalten. Er bezieht sich auf den Palazzo Farnese, und dieser versieht ihn mit Bedeutung. Der Palazzo Farnese trägt gewisse Faktoren zentraler Stabilisierung in Fassaden und Grundriss bei; aber weil der „vollkommene" *cortile* nun in ein Volumen mit höchst „unvollkommener" und anpassungsfähiger Begrenzung eingebettet ist, weil das Gebäude durch Anerkennung des Archetyps wie auch des Zufalls bestimmt ist, ergibt sich aus dieser Zweideutigkeit der Beurteilung ein großer Reichtum und Freiheit im Innern.

Diese Art der Strategie, die örtliche Zugeständnisse mit einer Unabhängigkeitserklärung von allem Örtlichen und Besonderen verbindet, könnte nun unzählige Male belegt werden; doch vielleicht genügt noch ein weiteres Beispiel. Das Hotel de Beauvais von Le Pautre, mit Läden im Erdgeschoss, ist äußerlich so etwas wie ein unbedeutender römischer *palazzo*, der nach Paris versetzt wurde; als eine höchst komplexe Version einer Art des freien Grundrisses indessen könnte es vielleicht den Vergleich mit dem großen Meister und Verfechter des *plan libre* selbst veranlassen. Aber Le Corbusiers Verfahren ist natürlich das logische Gegenteil von Le Pautres; und wenn einerseits die „Freiheiten" der Villa Savoye von der Stabilität ihres unzerstörbaren Umrisses abhängen, leiten sich andererseits die „Freiheiten" des Hotel de Beauvais von der entsprechenden Stabilität seiner zentralen *cour d'honneur* ab.

Man könnte, anders ausgedrückt, beinahe eine Gleichung aufstellen – Uffizien: Unité = Hotel de Beauvais: Villa Savoye; und als bequemes Hilfsmittel ist diese Gleichung von höchst entscheidender Wichtigkeit. Denn einerseits wird bei der Villa Savoye, ebenso wie bei der Unité, uneingeschränkt auf den Tugenden des primären Volumens bestanden, auf der Isolation des Bauwerks als Objekt, und die städtebaulichen Folgen dieses Beharrens brauchen weiter nicht betont zu werden. Andererseits wird beim Hotel de Beauvais, ebenso wie beim Palazzo Borghese, dem gebauten Volumen vergleichsweise wenig Bedeutung eingeräumt. Tatsächlich kommt in beiden Fällen das gebaute Volumen kaum zur Geltung; und während der nicht gebaute Raum (der Hof) die führende Rolle übernimmt, zur vorherrschenden Idee wird, wird dem äußeren Umriss des Gebäudes ermöglicht, einfach „frei" auf das Angrenzende einzugehen. Auf der einen Seite der Gleichung wird das Gebäude wichtig und isoliert, auf der anderen degradiert (oder erhöht) die Isolierung des identifizierbaren Raumes den Rang des Gebauten zum Eingefüllten.

Aber Gebäude als Füllung! Diese Vorstellung *kann* bedauerlich passiv und empirisch erscheinen – aber das muss nicht der Fall sein. Denn obwohl sie volumetrisch in Anspruch genommen werden, sind schließlich weder das Hotel de Beauvais noch der Palazzo Borghese kraftlos. Beide behaupten sich durch repräsentative Fassaden, durch die Progression von Fassadenfigur (Baukörper) zur Hoffigur (Raumkörper), und in diesem Zusammenhang ist die Villa Savoye, obwohl sie keinesfalls ein so einfaches Gebilde ist, wie wir es hier erscheinen ließen (obwohl sie in einem gewissen Sinn auch als ihr Gegenteil wirkt), mit ihren Argumenten nicht zentral.

Denn viel deutlicher als bei der Villa Savoye resultiert beim Hotel de Beauvais und beim Palazzo Borghese die *Gestalt*-Eigenschaft der Doppeldeutigkeit – doppelter Wert und doppelte Bedeutung – in Interesse und Herausforderung. Während so durch das Hin und Her des Figur-Grund-Phänomens (das sprunghaft oder träge sein mag) die Betrachtung angeregt werden mag, scheinen indessen die Möglichkeiten derartiger Aktivität – besonders im städtischen Maßstab – weitgehend davon abzuhängen, ob das, was man *poché*[6] zu nennen pflegte, vorhanden ist.

Offen gestanden hatten wir diesen Ausdruck vergessen oder in einen Katalog veralteter Begriffe verbannt und wurden erst vor kurzem durch Robert Venturi an seine Nützlichkeit erinnert.[7] Denn wenn *poché*, verstanden als der Abdruck des traditionellen Massivbaus im Plan, dazu dient, die Haupträume des Bauwerks voneinander zu trennen, wenn es ein zusammenhängender Grund ist, der eine Anzahl bedeutender räumlicher Ereignisse umrahmt, dann fällt es nicht schwer, einzusehen, dass das Erkennen von *poché* auch vom Kontext abhängt und dass je nach dem Wahrnehmungsfeld das Bauwerk selbst eine Art *poché* werden kann, eine Baumasse, welche hinsichtlich gewisser Absichten die Lesbarkeit angrenzender Räume unterstützt. Und so können Gebäude wie beispielsweise der Palazzo Borghese als Typen von bewohnbarem *poché* aufgefasst werden, welche als Übergang äußere Hohlräume verbinden.

Wir waren bisher unausgesprochen damit beschäftigt, für städtisches *poché* einzutreten, und der Gedankengang wurde hauptsächlich durch Wahrnehmungskriterien gestützt; und sollte der gleiche Gedankengang ebenso gut soziologisch unterstützt werden können (und wir würden die Ergebnisse gerne als wechselseitig aufeinander bezogen sehen), müssen wir uns jedoch kurz fragen, wie das zu machen ist.

Es scheint, dass die allgemeine Nützlichkeit des *poché*, in einem neu belebten und revidierten Sinn, seiner Fähigkeit entspringt, als Masse angrenzende Räume zu binden oder von diesen bestimmt zu werden, sowohl als Figur wie auch als Grund zu wirken, wie es Notwendigkeit oder Umstände erfordern mögen. In der Stadt der modernen Architektur allerdings ist eine solche Wechselwirkung natürlich weder möglich noch beabsichtigt. Obschon nun die Verwendung zweideutiger Mittel die Reinheit der Mission dieser Stadt beschmutzen könnte, ist es, weil wir ohnehin schon dabei sind, angezeigt, einmal mehr die Unité anzuführen und sie diesmal dem Quirinal gegenüberzustellen. Mit der Form des Grundrisses, mit der lockeren Beziehung zum Boden und mit der Gleichheit ihrer beiden Hauptfassaden sorgt die Unité für ihre entschiedene Vereinzelung.

Ein Wohnblock, der gestellten Anforderungen bezüglich Orientierung, Belüftung etc. mehr oder weniger genügt, dessen Mängel in Bezug auf Gemeinschaft und Umgebung bereits erwähnt worden sind; und um zu untersuchen, wie diese Mängel behoben werden könnten, wird jetzt der Palazzo del Quirinale eingeführt. In seiner Erweiterung, der unwahrscheinlich ausgezogenen Manica Lunga (die aus mehreren aneinander gereihten Unités bestehen könnte), birgt der Quirinal in der Anlage alle Möglichkeiten für den angestrebten Lebensstandard im 20. Jahrhundert (Erschließung, Licht, Luft, freie Lage, Aussicht etc.); während die Unité jedoch ihre Isolation und Objektqualität betont, wirkt die Verlängerung des Quirinals in völlig anderer Weise.

So wirkt die Manica Lunga, im Bezug zur Straße auf der einen Seite und zu ihren Gärten auf der anderen, sowohl raum*verdrängend* als auch raum*definierend*, als positive Figur und passiver Grund und erlaubt sowohl der Straße als auch dem Garten, ihre unterschiedliche und unabhängige Eigenart auszuspielen. Zur Straße hin ist sie eine harte „äußere" Präsenz, die als eine Art Bezugsebene für die Unregelmäßigkeit und die Ereignisse (Sant'Andrea etc.) auf der gegenüber liegenden Straßenseite dient; aber während sie auf diese Weise die Welt des Öffentlichen festlegt, kann sie auch für die Gartenseite völlig entgegengesetzte, weichere, private und potenziell anpassungsfähigere Verhältnisse schaffen.

Die Eleganz und Einfachheit des Verfahrens, alles mit so wenig gemacht und so nahe liegend, kann als Kritik an zeitgenössischen Verfahrensweisen verstanden werden; und wenn hier stillschweigend vielleicht mehr als nur ein Bauwerk in Betracht gezogen worden ist, mag eine solche Betrachtung noch etwas erweitert werden. So wäre beispielsweise der Hof des Palais Royal zu bedenken – von Le Corbusier bewundert, aber nicht „verwendet" –, der eine klare Unterscheidung zwischen einem Innen mit einer gewissen Privatheit und einer äußeren, weniger fassbaren Welt schafft; dieser Hof ist nicht nur als bewohnbares *poché*, sondern als ein städtischer Raum aufzufassen, vielleicht einer von vielen, um dann einige Türme nach gegenwärtiger Manier zu erwägen, die – glatt oder wulstig, mit oder ohne Eingeweide, wie auch immer – als städtische Möblierung platziert werden, einige vielleicht in diesem „Wohnraum" und einige außerhalb. Die Anordnung der Möbel spielt keine Rolle; das Palais Royal aber wird so zu einem Instrument der Feldwahrnehmung, zum identifizierbaren Stabilisator und zu einer Hilfe für die kollektive Orientierung. Diese Kombination schafft einen Zustand gegenseitiger Beziehungen, vollständiger Gegenseitigkeit, verhältnismäßiger Freiheit. Und weil sie im Wesentlichen narrensicher ist, könnte sie beinahe „das Schlechte schwierig und das Gute leicht machen".[8]

Dass alles keine Bedeutung hat...? Dass es zwischen Architektur und menschlichem „Tun" keine Verbindung gibt...? Derart ist, wie man weiß, das fortdauernde Vorurteil der „Lasst-uns-das-Objekt-zum-Verschwinden-bringen,-lasst-uns-interagieren"-Schule; doch falls das bestehende politische Gefüge – was immer man auch wünschen mag – nicht gerade vor einer bevorstehenden Auflösung zu stehen scheint und wenn das Objekt sich einer entscheidenden physikalisch-chemischen Zersetzung gleicherweise zu widersetzen scheint, dann *könnte* als Erwiderung argumentiert werden, dass es gerechtfertigt sein *könnte*, wenigstens *einige* Zugeständnisse an diese Umstände zu machen.

Fassen wir zusammen: Es wird hier vorgeschlagen, dass es in den meisten Fällen vernünftiger wäre, dem Objekt zu ermöglichen und ihm zu helfen, sich in eine vorherrschende Textur oder Matrix einzuordnen, statt zu hoffen und auf das Dahinschwinden des Objektes zu warten (und gleichzeitig in beispielloser Fülle Versionen davon herzustellen). Ferner wird darauf hingewiesen, dass weder Objektfixierung noch Raumfixierung für sich genommen weiterhin nützliche Verhaltensweisen bezeichnen. Die eine mag tatsächlich die „neue" Stadt charakterisieren, die andere die alte; doch wenn das Verhältnisse sind, die eher überwunden als nachgeahmt werden müssen, sollte erkannt werden, dass auf den Zustand gehofft werden sollte, in welchem sich beide, Bauwerke *und* Räume, gleich berechtigt in einer dauernden Debatte befinden. Die Auseinandersetzung, eine Debatte, bei welcher der Erfolg darin besteht, dass keiner der Beteiligten unterliegt, stellen wir uns als eine Art Voll-hohl-Dialektik vor, welche das gemeinsame Vorkommen des deutlich Geplanten und des tatsächlich Ungeplanten zulassen würde, des Festgelegten und des Zufälligen, des Öffentlichen und des Privaten, des Staates und des Einzelnen. Was uns vorschwebt, ist ein Zustand des aufmerksamen Gleichgewichts; und um das Potenzial eines solchen Wettstreites zu beleuchten, haben wir eine unvollständige Auswahl möglicher Strategien angeführt. Züchtung von Mischformen, Angleichung, Verzerrung, Herausforderung, Erwiderung, Aufpfropfen, Überlagern, Vermittlung: Diesen Strategien könnten viele Namen gegeben werden, und gewiss kann man sie nicht, noch sollte man sie allzu genau bezeichnen. Wenn sich nun diese Argumentation auch hauptsächlich auf die Morphologie der Stadt stützte, auf Physisches und Lebloses, nimmt man nicht an, dass dabei weder „die Leute" noch „Politik" ausgeschlossen worden sind.   Tatsächlich erfordern nachgerade „Politik" und „Leute" eindringlich Beachtung; aber wenn auch deren eingehende Untersuchung kaum länger hinausgezögert werden kann, mag doch noch eine weitere morphologische Feststellung angebracht sein.

Letzten Endes ist – hinsichtlich von Figur und Grund – die hier geforderte Debatte zwischen Baukörper und Raumkörper eine Auseinandersetzung zwischen zwei Modellen, und diese können kurz und bündig als Akropolis und Forum typisiert werden.

Übersetzung: Bernhard Hoesli mit Monika Oswald, Christina Reble, Tobi Stöckli.

---

1 Le Corbusier: *Charta von Athen*, rde 141, Hamburg 1962.
2 J. Tyrwhitt, J. L. Sert und E. N. Rogers (Hrsg.): *The Heart of the City: Towards the Humanisation of Urban Life*, New York 1951, London 1952. „The Heart of the City" war das Thema des 8. CIAM-Kongresses vom 7. bis 14. Juli 1951 [nicht 1947, Anm. d. Übers.] in Hoddesdon.
3 Benjamin Disraeli, Earl of Baconsfield (Premierminister Englands von 1874-1881), *Tancred*, London 1847. „Pancras is like Marylebone. Marylebone is like Paddington: all the streets resemble each other [...] your Gloucester Places, and Baker Streets, and Harley Streets, and Wimpole Streets [...] all of those flat, dull, spiritless streets, resembling each other like a large family of plain children, with Portland Place and Portman Square for their respectable parents." [*Dt. Fassung durch die Übers.*]
4 Alexander Tzonis: *Das verbaute Leben. Vorbereitung zu einem Ausbruchsversuch*, Bauwelt Fundamente 39, Düsseldorf 1973. Original: *Towards a Non-Oppressive Environment*, Boston 1972.
5 Oscar Newmann: *Defensible Space*, New York/London 1972. *Architectural Design for Crime Prevention*, Washington 1973. Newmann liefert eine pragmatische

TYPUS, AUTONOMIE, ERINNERUNG

Rechtfertigung für etwas, das in jedem Fall normatives Handeln sein sollte; seine Folgerung aber (die sicher zutrifft), dass räumliche Dispositionen dazu beitragen können, Verbrechen zu verhüten, ist bedauerlich weit von der eher klassischen Annahme entfernt, dass die Ziele der Architektur mit der Idee der guten Gesellschaft eng verwandt sind.

6 Man wird das Wort oder eine Erklärung des Begriffs in einem Fachwörterbuch der Architektur heute kaum finden, obwohl Wort und Begriff an der École des Beaux Arts in Paris geläufig waren; „poché" heißt zunächst, dass in Grundriss oder Schnitt die geschnittenen Teile des Tragsystems schwarz ausgefüllt werden. Wir kommen der Vorstellung des „poché" näher, wenn wir an „l'Œuf poché" denken, an die „verlorenen" Eier; und wenn wir das Verb „pocher" mit dem Substantiv „la poche", die Tasche, verbinden, könnte „pocher" = „mettre en poche" werden, und das Partizip „poché" würde „in die Tasche gesteckt" oder „eingesackt" ergeben. „Pocher" wäre dann das Verpacken oder das Umgeben einer (idealen) Form mit Gewebe. Mit „poché" in Grundriss, Schnitt oder Stadtplan wäre „Verpackung", Bindegewebe oder Stützgewebe gemeint [*Anm. d. Übers.*].

7 Robert Venturi: *Komplexität und Widerspruch in der Architektur*, Bauwelt Fundamente 50, Braunschweig 1978. Original: *Complexity and Contradiction in Architecture*, The Museum of Modern Art Papers on Architecture, Vol. I, New York 1966.

8 Le Corbusier, *Œuvre Complète*, Band 1938-1946, Zürich 1964 (Basel/Boston/Berlin 1995), S. 170-171, auf Französisch und Englisch; im Band 1910-1965, Zürich 1967 (Basel/Boston/Berlin 1995), wird diese Stelle auf S. 292 auch in deutscher Sprache erwähnt. Die Aussage „Er ist ein Maßsystem, das das Schlechte schwierig und das Gute leicht macht" war angeblich Albert Einsteins Reaktion auf den Modulor.

AUTOR
OSWALD MATHIAS UNGERS

Der Architekt Oswald Mathias Ungers, geboren 1926 in Kaiseresch/Eifel, studierte an der TH Karlsruhe, unter anderem bei Egon Eiermann. Von 1963 bis 1968 lehrte er an der TU Berlin, von 1969 bis 1975 war er Leiter der Architekturabteilung der Cornell University in Ithaca/N.Y. Zu seinen wichtigsten Bauten gehören das *Wohnhaus Belvederestraße* in Köln-Müngersdorf (1958-1959) und das *Deutsche Architekturmuseum* in Frankfurt am Main (1979-1984).

Der – hier leicht gekürzt wiedergegebene – Aufsatz „Bemerkungen zu meinen Entwürfen und Bauten" erschien in *O.M. Ungers 1951-1984. Bauten und Projekte* (Vieweg, Braunschweig/Wiesbaden 1985). Das Buch wurde in der von Heinrich Klotz herausgegebenen Reihe *Schriften des Deutschen Architekturmuseums zur Architekturgeschichte und Architekturtheorie* publiziert. (© Oswald Mathias Ungers und Deutsches Architekturmuseum, Frankfurt am Main.)

Oswald Mathias Ungers:
Bemerkungen zu meinen Entwürfen und Bauten (1985)

...

Architektur, so meint man, ist eine Kunst, die sich auf den Gebrauch bezieht, mehr jedenfalls als alle anderen Künste. Diese zunächst einleuchtende und offensichtlich auf der Hand liegende Auffassung ist jedoch nur für den unerfahrenen Betrachter, den Außenstehenden, den passiv Beteiligten von Wert. Für den aktiv mit dem Entwurf Befassten hat die Nützlichkeitsdimension von Architektur nur eine sekundäre Bedeutung. Sie gibt keine Gestaltungshinweise, sondern lediglich praktische Ausführungsregeln, die selbstverständlich von jedem beherrscht werden sollten, der sich mit Architektur befasst. Die irrige Auffassung von der Architektur als einer Ingenieurbaukunst ist ein Relikt aus dem deterministischen Denken des 19. Jahrhunderts. Die Architektur ist keine Kunst, die sich aus Vorgaben, Funktionen, Zwängen, Forderungen, Auflagen, Gesetzen, Vorschriften und Bedingungen als logische Folge, gleichsam wie von selbst ergibt, genauso wenig wie ein Bild oder eine musikalische Komposition zwingende Ergebnisse rationaler Analysen und Vorgaben sind. Auch die Architektur ist analogisch, beziehungsreich, Ausdruck von persönlichen Auffassungen und gestalterischen Absichten, wie jede andere Kunst. Sie lässt sich nicht nur ausrechnen, sondern auch im Sinne von Ideen und Gedanken verwandeln, und sie wirkt auf die Bewusstseinserweiterung, die Empfindungen und das Sinnenhafte viel mehr als auf ausschließlich kalkulierbare Werte.

Architektur wird von zwei wesentlichen Bezügen geprägt. Zum einen vom Bezug zum Ort, für den sie geplant und gedacht ist, und dazu darf man nicht nur den realen Ort zählen, sondern auch den geistigen, geschichtlichen und gesellschaftlichen Raum, der sie bestimmt; zum anderen vom künstlerischen Typus, den der jeweilige Entwurf oder Bau offenbart. Jeder Entwurf und jedes Gebäude bildet einen eigenen, in sich geschlossenen Mikrokosmos. Das Haus ist die Analogie zu einer Stadt, und die Stadt ist wie ein großes Haus. Räume können als Plätze, Plätze als Räume gedacht werden. Die typologischen Eigenschaften bleiben die gleichen, nur die Maßstabsebenen verändern sich. Häuser, die wie Städte, Städte, die wie Häuser sind, Korridore, die als Straßen und Straßen, die als Korridore, Treppen, die als Terrassierungen gesehen werden, Tore, die zu Türen und Bögen, die zu Fenstern werden, rufen Erinnerungen und Erlebnisse wach, die transformierbar sind und immer wieder zu neuen Entdeckungen anregen.

Architektur heißt nicht willkürliches Erfinden, sondern Entdecken, ein immer wieder neues Interpretieren von längst bekannten Begriffen, die Welt mit anderen Augen sehen, neu erleben, wiederfinden und mit einem ungewohnten Inhalt beleben. Architektur erschaffen heißt auch, die Wirklichkeit mit einer Idee, einer veränderten, andersartigen Sicht erfüllen. Im kulturellen Bereich kann Neues nur entstehen, wenn Altbekanntes verwandelt und in veränderter Form weitergeführt wird. Eine solche Auffassung aber setzt ein Denken in typologischen Abhängigkeiten und Zusammenhängen voraus.

...

Wenn von typologischem Denken die Rede ist, so beschränkt sich dieses Denken nicht allein auf die Entwicklung von Typen, Grundmustern und Vorlagen, obwohl das sicherlich einen Teil des Denkens in *topoi*, einem gegenwärtig inflationären Sprachgebrauch folgend, ausmacht. Es bezeichnet hingegen ein grundsätzlich auf einen Gesamtzusammenhang angelegtes Denken, auf eine enzyklopädische Sicht der Dinge, sowohl der Welt der Ideen als auch der der Wirklichkeit. Die Entwicklung von Grundstrukturen und Mustern allein ist zwar ein brauchbares Mittel der Klassifikation im darwinschen Sinne, und es ist zugleich ein praktisches Werkzeug, eine zunächst ungeordnet erscheinende Wirklichkeit zu strukturieren und allenthalben auftretende Phänomene in einen logischen Zusammenhang zu bringen. Die Typologie kann aber nur ein Mittel der Erkenntnis und nicht deren Zweck sein. Eine auf den Zweck ausgerichtete Typologie entdeckt zwar unterschiedliche Typen und Grundformen, lässt aber den Typus auch leicht zum Stereotyp, zum Klischee, zum Motiv oder gar zum Etikett erstarren. Eine Wirklichkeit jedoch, die sich an Klischees statt an Vorstellungen, an Stereotypen statt an Bildern, an Klassifikationen statt an Konzepten orientiert, ist nicht entwicklungs- und vor allem nicht wandlungsfähig.

Das stereotype Denken in der Architektur des 20. Jahrhunderts zeigt sich in zwei fundamentalen Irrtümern, die trotz ihrer gegensätzlichen geistigen Positionen grundsätzliche Missverständnisse ausdrücken. Das eine ist das Schlagwort von der Form, die der Funktion folge, das andere ist das inzwischen erfolgreichere Klischee von der Architektur als dekorierter Hütte. Führte das erste Dogma geradewegs in einen alles diskriminierenden Pragmatismus als das allzu praktische Phänomen eines empirischen Optimismus und damit gleichzeitig zum Verlust der Architektur selbst, so war die Wirkung der zweiten Phrase noch verheerender, denn damit wurde der Inhalt der architektonischen Kultur endgültig negiert.

Die typologische Reduktion der Architektur auf die einfache Kiste, auf den Container, hat mit einem Schlag den Typenreichtum der Geschichte bis zum Äußersten banalisiert. Was der Architektur nach diesem Kahlschlag nur noch übrig bleibt, ist die Virtuosität des Dekorativen, der äußere Schein, die fiktive Vortäuschung falscher Tatsachen, das motivische Emblem. Von nun an ist Architektur mehr oder weniger eine Angelegenheit der Mode, der Neigungen und des jeweils subjektiven Geschmacks. Sie ist damit zu einer Dekorationshülle für den halbgebildeten Connaisseur, den beflissenen Kleinbürger geschrumpft.

Führte der eine Weg im besten Fall, wenn nicht gleich in ein pragmatisches Chaos, dann doch zum jeweils bestmöglichen Funktionstyp sowohl im persönlichen als auch im kollektiven Bereich, so endete der zweite in der Sackgasse der Gefühle, Emotionen und Launen, im subjektivistischen Kauderwelsch der Stile und Formen. Unweigerlich führte dieser Weg in die Unverbindlichkeit des Eklektizismus, zur Attitüde, die sich zwar nach außen hin pluralistisch gibt, nach innen sich aber als leere Hülle, als hohle Schale entpuppt.

Wie aber, so muss man sich fragen, wird ein Jahrhundert, das ausschließlich damit beschäftigt war, eine über Jahrtausende reichende architektonische Kultur geistig und materiell zu ruinieren und intellektuell zu diskriminieren, diese schlimmen Irrtümer, diese Monstrositäten hybrider Geistesverfassung überwinden und Mittel und Wege finden, die architektonische Unkultur dieses Jahrhunderts zu vergessen und an historische Vorbilder anzuknüpfen, um damit wieder die Kontinuität der architektonischen Kultur der Vergangenheit fortzusetzen? Spätestens mit dem Ende der Aufklärung ist auch das Verständnis für eine Architektur – die seit der Antike mit Bischof Bernward, dem Staufen-Kaiser Friedrich II., mit Palladio, Scamozzi und anderen Künstlern des *illuminismo* bis hin zu Ledoux, Gilly und Schinkel eine vielfältige architektonische Typologie entwickelt hat – aus den Köpfen der Zeitgenossen verschwunden und unter einem Berg von Missverständnissen, falschen Parolen, verloren gegangenen Erinnerungen, hausgemachten Philosophien, blauäugigen Prophetien und dümmlichen Demagogien verschüttet worden, aus dem die eigentlichen Inhalte nur mühsam wieder ausgegraben werden können.

Das Typologieverständnis kann nicht die Festlegung möglichst weniger Grundtypen oder schließlich eines einzigen Typus meinen. Ein typologisches Denken, das sich auf eine allzu starre Reduktion der Erscheinungswelt, auf eine zu eng begrenzte Anzahl von Mustern beschränkt, wäre unkreativ und kaum in der Lage, neue Gedanken und Formen hervorzubringen. Unter dem Denken in Typen und Strukturen – eine unbedingte Voraussetzung für das Denken und auch das künstlerische Handeln überhaupt – versteht man das Denken in Analogien, in Bildern und Metaphern. Es bezeichnet nicht das, was wirklich zu verstehen ist, sondern die Art, wie etwas verstanden werden muss. Es gibt dem Intellekt und dem Denken eine Richtung, und es bezieht vor allem den Begriff der Kontinuität in den Gestaltungsprozess ein. In dem gleichen Sinne, wie die Kontinuität und die Grundmuster eines Typs verstanden werden, versteht man auch seine Abwandlungen und Veränderungen, seine verschiedenen Zustände und Bedeutungen. So wie aus dem Samenkorn, aus einer Keimform, sich ständig neue veränderte Formen und Zustände entfalten, neue typologische Reihen entstehen, so ist auch der Gedanke der Typologie als ein Gedanke der Verwandlung, der Vielfalt, der Veränderung in einem kontinuierlichen Ablauf zu verstehen. Nicht die Darstellung des Typs an sich ist das zentrale Problem, sondern vor allem die Typenfolge, die Abwandlungen und verschiedenen Erscheinungsformen ein und desselben Urbildes. Der reine Typ allein, der Idealtyp ist nur als Gedanke, als Ausgangspunkt und als Denkmodell von Bedeutung. In der Darstellung von Wirklichkeit ist er kaum zu gebrauchen, da er sich nicht auf die Realität, sondern auf die Abstraktion von der Erscheinung bezieht. In der Wechselbeziehung und im Widerspruch aber von Abstraktion und Wirklichkeit, von Denkmodell, reiner Vorstellung und Erscheinung, von Idee und Begriff liegt die Wandlungsfähigkeit und die Anregung der Phantasie.

Klassifikatorische Eigenschaften eines Typus können nur ein vorläufiger Schritt sein, Gedanken zu strukturieren; niemals aber ist die Klassifikation auch schon das Ergebnis. Trotz aller Einprägsamkeit und gestalterischer Kraft kann sie weder differenzierte Übergänge noch die Vielfalt und Unbegrenztheit der Phantasie erfassen.

Dem Denken in der Mannigfaltigkeit entspricht das Denken in morphologischen Verwandlungen der Dinge und Zustände, sei es nun das Material der Natur oder das der Kultur.

Morphologisches Denken und Handeln setzt aber zwei Dinge voraus, erstens das Erkennen und Entdecken von Archetypen, zweitens die Sicht der Dinge in komplementären Beziehungen. Erst wenn man in der Lage ist, die Phänomene der Umwelt auf Typisches und Archetypisches zu reduzieren und in Bildern, in einer Anschauung von Grundtypen zu strukturieren, erst dann kann man die wirklichen Eigenschaften, Möglichkeiten und kreativen Ansätze in den Dingen, Zwängen und Forderungen erkennen und in einem Prozess der phantasievollen Verwandlung verändern, künstlerisch oder intellektuell überhöhen, vergeistigen und in Elemente der Kultur verwandeln.

Das Denken im typologischen Zusammenhang ist ein Denken in Verwandlungen und Veränderungen, ein ständiges Erschaffen von immer wieder andersartigen neuen, unbekannten Stufen einer Kultur. Es ist ein schöpferisches Denken, das prinzipiell unerschöpflich ist und den Typus so gut wie den Antitypus, das Ein- und Ausatmen, wie es Goethe nennt, gleichzeitig umfasst, das sich immer wieder neu in Frage stellt, weil es nicht nur nach der These, sondern auch nach der komplementären Entsprechung, der dialektischen Widersprüchlichkeit sucht. Es will die Gegensätze in einem gemeinsamen morphologischen Kontinuum vereinigen, nicht voneinander trennen. Nicht nur werden in einem solchen Konzept des „Zusammenfalls der Gegensätze" – der *coincidentia oppositorum*, wie Nikolaus von Kues es nennt – historische Bezüge lebendig und zum schöpferischen Material der Gegenwart, sondern es werden auch vorher nicht gedachte Zusammenhänge evident und für die geistige und künstlerische Arbeit verfügbar. Neue Bilder können entdeckt werden, deren Inhalte bis dahin unerkannt blieben. Gerade durch die Einbeziehung und das Bewusstsein von Vergangenheit werden andere Möglichkeiten sichtbar als diejenigen, die sich nur auf den Augenblick, auf das Momentane, auf den so genannten Zeitgeist allein beziehen.

Das typologische Denken nimmt Bezug auf das Ganze, auf die vielfältigen Beziehungen der Dinge untereinander, auf das Extreme, wie auch gleichzeitig auf das Ausgeglichene. Es ist nicht ein Denken in diesem oder jenem Stil, in exklusiven und reinen Theorien, sondern in angepassten und dem jeweiligen Ort gemäßen Vorstellungen. Deshalb hat es weder eine einzige Richtung, noch verbindet sich mit diesem Denken ein Kodex von Regeln oder irgendeine Art von Dogmatismus. Es ist ein Denken, das nicht auf die Zeit, sondern auf den Ort bezogen ist, an dem die Grenzen und Gegensätze zu einem geistigen Universum verschmelzen.

So gesehen ist die zeitliche Reihenfolge der Entwürfe und Bauten nur ein praktisches Hilfsmittel, das keinen anderen Sinn hat als den des Registrierens. Die eigentliche Ordnung liegt in den immer wieder andersartigen Variationen architektonischer Grundtypen und ihrer Anpassung an den jeweiligen Ort und in ihrem unterschiedlichen Grad an Komplexität. Die Entwürfe und Bauten konzentrieren sich auf das Wesentliche. Deshalb hat die Reduktion der Form, die Beschränkung auf wenige Stilmittel und die Verwendung von strengen geometrischen Grundfiguren den Vorrang vor formalen Auswucherungen und Zufällen. Die architektonischen Konfigurationen sind nicht Ergebnis zufälliger Eingebung, vielmehr wird jeder einzelne Fall von einer in sich schlüssigen gestalterischen Logik bestimmt. Wenn das einmal festgelegte Thema gefunden und gesetzt, gewissermaßen die Grundhypothese aufgestellt ist, dann sind alle weiteren Schritte, sowohl die praktisch notwendigen als auch die gestalterisch beziehungsreichen, mehr oder weniger Stufen der Wiederlegung der einmal angenommenen und vorgegebenen Hypothese.

Weder unterliegen die künstlerischen Eigenschaften der Arbeiten einer unkontrollierten und geheimnisvollen Intuition, wie man oft geneigt ist anzunehmen, noch sind sie das Ergebnis eines ausschließlich rationalen Kalküls. Sie sind eher ein Resultat aus dem Wechselspiel zwischen Ratio und Phantasie, zwei Pole, die sich in der Arbeit gegenseitig bedingen. In diesem wechselseitigen Zusammenspiel von Einsicht und Empfindung, von Bewusstsein und Emotion, von Verstand und Affekt, von Absicht und Spiel, von „Abstraktion und Einfühlung", um hier einen Titel Worringers zu benutzen, liegen Voraussetzung und Anlass für die Bauten und Entwürfe, und nur in diesem Wechselspiel der scheinbaren Gegensätze können sie verstanden und erlebt werden.

TYPUS, AUTONOMIE, ERINNERUNG

Dieter Hoffmann-Axthelm, geboren 1940, studierte in Berlin, Tübingen, Zürich und Paris Theologie, Philosophie und Geschichte. Zu seinen wichtigsten Büchern zählen *Die dritte Stadt* (Frankfurt/M. 1993) und *Anleitung zum Stadtumbau* (Frankfurt/M. 1996). Er arbeitet als Architekturkritiker und Stadtplaner in Berlin und ist Mitherausgeber der Zeitschrift *Ästhetik und Kommunikation*.

Der Aufsatz „Typologie und Populismus" erschien zuerst in der Zeitschrift ARCH+ 85 (1986) und wurde Hoffmann-Axthelms Buch *Wie kommt die Geschichte ins Entwerfen?* (Bauwelt Fundamente 78, Vieweg, Braunschweig/Wiesbaden 1987) entnommen.

Dieter Hoffmann-Axthelm:
Typologie und Populismus. Versuch einer Übersicht (1986)

Eines Tages, nachdem ich mich Jahr und Tag mit den Kreuzberger Häusern im Sanierungsgebiet der Luisenstadt oder SO 36 beschäftigt und herausgefunden hatte, dass die Sanierung im Grunde ihr Ziel verfehlte, weil sie, in Verlängerung der zwanziger Jahre und unter dem Druck des Abrisssanierungsprogramms, in reinem Mietwohnraum dachte und den aus einer völlig anderen Welt herkommenden Charakter der Häuser übersah, also das, was mit dem Oberbegriff Kreuzberger Mischung gemeint ist, da wurde mir unvermittelt klar, dass das, was ich da betrieb, im neuarchitektonischen Sprachgebrauch eine Typologie war. Warum so spät? Auch das mitzuteilen kann klarmachen helfen, worum es in diesem Aufsatz gehen soll: Ich hatte das ganze Reden von Typos und Typologie auf die Architektur Aldo Rossis oder die Kriers bezogen und damit, weil ich es für eine Tautologie hielt, auf sich beruhen lassen. Inzwischen ist mir klar, wie wenig beides miteinander zu tun hat, und dass doch eines beidem gemeinsam ist: die von Verlust und Trauer gekennzeichnete Beziehung auf die Vergangenheit. Was ich hier darstellen möchte, ist der Weg, auf dem mir diese Gemeinsamkeit klargeworden ist: Anhand der Auseinandersetzung mit der in den Nationalsozialismus verwickelten deutschen Tradition eben jener Sache, die auch bei uns neuerdings (wieder) Typologie heißt. In dem, was unter diesem Titel nebeneinander steht: einerseits die Analyse der alltäglichen Bausubstanz der historischen Stadt, Haus-, Hof-, Parzellen-, Quartiersformen etc., eine Archäologie des Bestehenden, die Geschichte in Grundrissformen formuliert, andererseits das Entwerfen palladianischer Würfel, eine Wiederfindung der Vergangenheit in Form gereinigter Erinnerungsformen innerhalb trostlos zerrissener Städte – in diesem doppelten Überleben des Vergangenen steckt die ganze Geschichte des Zerreißens der Architektur zwischen beschworenem Erscheinungstyp und funktionalistischer Typisierung in der ersten Hälfte dieses Jahrhunderts, und wenn auch nur ein winziges Stück Zukunft auch noch drinstecken sollte, dann sicher nur um den Preis, die Vorgeschichte sich wieder zuzumuten. Sonst genügte es, direkt in demokratischere Traditionen der typologischen Aufmerksamkeit, englische, holländische, dänische, umzusteigen.

1. Gestalt und Typenprodukt

Ich beginne bei der Gebrauchsgeschichte. Es ist ausgesprochen auffällig, dass der ganze Sprachkomplex erst aus dem Italienischen übersetzt werden musste, also entsprechend jung ist, das Material allerdings eine verdächtige, lang eingeübte Vertrautheit besitzt. Ohne die Übersetzung war offensichtlich das Material nicht zugänglich, sondern im

Stande der Verdrängung: Es war da, wurde aber nicht gesehen, benutzt, aber nicht benannt, und es bedurfte der inzwischen fremd klingenden, aus dem Italienischen übersetzten Passwörter, um dieses Material neu aufzuschließen und es uns, unter der internationalen Flagge der Postmoderne-Diskussion und ihrer Marktstrategien, wieder zur Verfügung zu stellen.

Aber neu ist dann natürlich weder das Material noch in Wahrheit auch der Name. Es genügt, am Typologiebegriff etwas zu rütteln, so dass er in vertraute Bestandteile auseinander fällt: Gestalt und Typisierung, und schon finden wir uns auf einem vertrauten Schlachtfeld wieder. Der klassische Einsatzpunkt ist die Werkbund-Diskussion vor 1914: Gestaltung gegen Typisierung, handwerklich-künstlerischer Gegenstand gegen Design eines industriellen Massenprodukts. Die Diskussion war neu, weil erst die Industrien entstehen mussten, die zur Massenproduktion von Gebrauchsgütern imstande waren. In den zwanziger Jahren kam auch das Wohnhaus dazu, allerdings mehr als Ideologie denn als Tatsache. Die Typisierung der baulichen Elemente der Wohnung und des Hauses kam kaum zustande und wurde in der Regel durch eine Ästhetik der Typisierung ersetzt, also durch gebaute Ideologie vom Typ Wohnmaschine (so wie ja auch das damit verbundene Pflichtprogramm der Rationalisierung, wie Ludovica Scarpa an einem Schulfall, der Hufeisensiedlung, nachwies, nicht erfüllt, sondern nur gemimt wurde). Die Gegenseite fiel darauf auch nicht herein, sondern denunzierte das Neue Bauen als Fellachenarchitektur, also unter ihrem, dem Gestaltungsgesichtspunkt. Die Gestaltfraktion ihrerseits war natürlich genauso industriell, wie die Typisierungsfraktion vorindustriell war: Auch sie inszenierte – Julius Posener zeigte das an Tessenow – im Wesentlichen die Handwerklichkeit, mit der sie bauen wollte, nur als Bild und verkaufte dieses, ohne am staatlichen Förderungswesen oder der Baustelleneinrichtung Anstoß zu nehmen, den Massenproduzenten von Wohnraum.

Das beweist, dass der Widerspruch unvergleichlich viel älter war als das bescheidene Maß technischer Entzweiung, was damals vorlag. Es war eine gefälschte Diskussion. Viel entscheidender als Handwerk oder Technik war die politische Position, die auf diese Weise ausgedrückt wurde. Zeichen dafür, dass der Ideologiekonflikt zumindest in Deutschland längst in eine katastrophale, mitten in die Vorbereitung des Nationalsozialismus verwickelte Zerstörung der öffentlichen Sprache und Verständigungsbereitschaft hineingeraten war, ohne Ausweg. Gestalt: An dieser Forderung war so viel Verlogenheit und Demagogie wie blindes Recht. Die Gestaltfraktion – Tessenow, Schmitthenner, Schultze-Naumburg – meinte nur die vergangene Gestalt, die gesellschaftlich tote, vom Fortschritt überholte. Sie leistete Trauerarbeit, aber mit einem Ressentiment und einer Blindheit, dass sie dem Nationalsozialismus nicht nur zuarbeitete, sondern (Tessenow ist eine biografische, keine politische Ausnahme) ihm auch in die Arme fiel. Diese Übermacht des Vergangenen unter den Bedingungen eines gescheiterten Nationalismus machte sie deshalb weniger aggressiv gegen alles Industrielle, als vielmehr gegen das lockere und nur vonseiten der Architekten überhaupt wahrgenommene Bündnis zwischen linkem Engagement für den Massenwohnungsbau und Industrialisierung. Erst recht übersahen sie bereitwillig, dass in den Reihen ihrer Gegner durchaus die relevantere Grenze zwischen Gestalt und Typisierung lief, aber ohne die handwerklichen und volkstümelnden Scheuklappen: Wo wäre in den zwanziger Jahren inniger – blinder, was die Fußangeln der Moderne angeht – an der Gestalt gebaut worden als in der Architektur einerseits Härings, andererseits Bruno Tauts? Anders gesagt, die Konservativen taten ihr Bestes, um das, was an ihrem Projekt richtig war, ein für allemal unbrauchbar zu machen.

Wenn das so ist, dann kann man von da aus nicht einfach zu den reinen Begriffen von Gestalt und Typisierung, etwa am Beginn des 19. Jahrhunderts, zurückgehen. Eher ist, hier bei uns unter Deutschen wenigstens, zu fragen, wo denn die Verdrehung begann? Wo das Beharren auf der Gestalt anfing, jene Schiefheit und Verlogenheit anzunehmen, die schließlich Gestalt, Heimat, Handwerk mit Antisemitismus, kleinbürgerlichem Ressentiment und kulturellem Denunziantentum zu einem unauflöslichen Brei verklebten? Erst von da aus darf man im Auge behalten, dass es Goethe war, der in seinem Theorem von der Metamorphose der Pflanze oder in Polemik seiner Farbenlehre gegen Newton den Gestaltbegriff gegen das zerlegende Vorgehen der Naturwissenschaft setzte oder, ein Jahrhundert früher, Leibniz, der einen qualitativen Begriff der Wahrnehmung gegen das additive Verstehensmodell von Locke behauptete. Und schon da ist, bevor das Argument in den Strudel der Romantik und des deutschen Nationalismus gerät, die nationale Auseinandersetzung und die Verletztheit, das Verliererbewusstsein auf der deutschen Seite nicht zu überhören. Man kann von da aus bis in die Anfänge der Scholastik zurückgehen, um noch da, wenn man will, Anfangspunkte dieser Entzweiung zu finden. Erst jenseits dessen gelangt man gleichsam in die reine Philosophiegeschichte, in die der Streit hineinkam als einer zweier Schulen Athens, zwischen Platons Ideenlehre und dem immer neu und am Konkreten selbst ansetzenden und zergliedernden Gestaltbegriff des Aristoteles. Der Typus gibt sich nach althergebrachtem platonischen Verständnis nicht analytisch, sondern durch innere Anschauung: Intuition. Damit kommt man, in vorwärts schreitender Verfolgung des Fadens, gerade noch bis zu Goethe und Schelling, aber keinesfalls mehr zu Langbehn (der Typus des Rembrand-Deutschen, des deutschen Menschen schlechthin) oder Schultze-Naumburg.

Die Architektur konnte nur immer der getreue Ausdruck dieser deutschen Zerrissenheit sein. Die Architektur zeigt aber ganz offen, was in der Szene der Begriffe und kulturellen Gefühle ängstlich versteckt ist: dass die Zerrissenheit eine am eigenen Leibe ist. Das Böse, Technokratische, Bürokratische, das man im Anderen zu sehen glaubte, hatte man immer im eigenen Hause: als Staat und das bis hin zu jenem Höhepunkt der Selbstverkennung, dass es dem Nationalsozialismus gelang, die Deutschen als Revolte gegen Rationalisierung und internationales Kapital zu organisieren, während er für das deutsche wie internationale Kapital die Rationalisierung des Gesellschaftskörpers überhaupt erst zuwege brachte.

Gestalt und Typisierung, das sind dann auf unterschiedlichen Ebenen Muster der deutschen Geschichte – die große Architektur des katholischen Südens gegen die formalistische, zum Klassizismus neigende Staats- und Beamtenarchitektur des Nordens, verkürzt: Wien gegen Berlin. Vor allem aber ist das die jahrhundertelange Erfahrung staatlicher Normierung und Modernisierung vorhandener Bautraditionen, durch Bauordnungen, durch Bau von Musterstädten, durch Bauzwang nach vorgegebenen Plänen, unter Durchsetzung fremder, aus dem überlegenen Welschland kommender Architekturformen und Geschmacksregeln. Was konnte man dem anderes entgegensetzen als das trotzige Festhalten am Eigenen, weil es das heimatlichere, das innigere war, körperlicher als alle welsche Oberfläche, lebensvoller als alle staatliche Normierung des Bauens und Wohnens der Höhen, Abstände und Normgrundrisse, gewachsen und nicht aufgesetzt, organisch wie die Pflanze und keine ausgeklügelte Geometrie, Brauch der Väter und nicht geschriebenes Gesetz der Fürsten. Und trotzdem hat sich jede Generation neu wieder der staatlichen Form und Vorschrift gebeugt und den Hass der kulturellen Vergewaltigung bis zur Unkenntlichkeit umgemünzt in die Devotion den verordneten höheren Formen gegenüber, bis Hass nach außen und Devotion nach oben zum Zwangscharakter wurden, bis in die Stilblüten der Spekulationsarchitektur der Gründerzeitbürger hinein. Vielleicht ist es nicht zu viel, darin den verdrängten Untergrund der sonst abgründig unerklärlichen Entzweiung von Gestalt und Typisierung zu sehen.

2. Die populistische Wendung

Zur Gestaltfraktion im Vorfeld des Nationalsozialismus zu zählen bedeutete nicht unbedingt, in Volksbewegungen zu denken. Tessenow oder Schmitthenner waren davon weit entfernt, im Gegenteil, sie hatten Angst vor Massen. Aber wenn es auf sie ankäme, dann lohnte es sich auch kaum, zwischen damaliger Gestaltideologie und heutiger Typologie Fäden nachzuzeichnen. Umso mehr taten für das Entstehen des heutigen Typologiekomplexes ein paar Leute, die ihre Ideen ausdrücklich vermassen wollten und sich zu diesem Zweck im Kielwasser einer der Massenorganisationen des Nazi-Staates entfalteten, der Deutschen Arbeitsfront (DAF). Dieser Unterschied ist nicht ganz bedeutungslos: Es wird hier, im konservativen Lager, ein eigenartiges Bündnis mit der Massenproduktion eingegangen, das sich dem Nationalsozialismus nicht nur an den Hals warf, wie Schultze-Naumburgs elitärer Gestaltungskult, sondern in seiner Doppeldeutigkeit von vornherein strukturverwandt war. Diese Gruppe – zu ihr gehören Schulte-Frohlinde, Kratz, Lindner, Kükelhaus im Bereich der DAF, Feder, Exponent der „mittelständischen Sozialisten" (Sombart) in der NSDAP, Christaller und andere im Umkreis der militärischen Siedlungspolitik des „Reiches" – stellt sich nicht mehr frontal gegen Industrie, Technik, Massenproduktion, sondern interpretiert den Komplex der Moderne nach rückwärts – durch Gestaltung.

Das hat zwei einschneidende Folgen. Die erste ist die inhaltliche Verankerung der modernen Anonymität im Gestaltungsprogramm. Der Gestalter tritt aus der künstlerischen Pose zurück, die Tessenow, Schmitthenner, Schultze-Naumburg auch den kleinen Bauaufgaben gegenüber eingenommen und in Bild und Tat propagiert hatten. Er tut das in genau der Doppeldeutigkeit der populistischen Linie im Nationalsozialismus überhaupt, sodass er einerseits voll in die Funktion des Designers eintritt, der anonyme Massenprodukte entwirft, also mit Gestaltung versieht, andererseits aber sich als solcher nicht zu erkennen gibt, sondern die Anonymität des Designers nach rückwärts vermummt in Anonymität der Tradition. Sie, der deutsche Volksgeist, die Baukultur des deutschen Ostens, sind der anonyme Künstler, der schon immer das bauliche Gesicht der deutschen Ostkolonisation prägte. Mehr braucht man nicht, um auch 1941 wieder im Osten kolonisierend tätig zu sein, wenn „die Neubesiedlung großer Teile dieses Raumes neue Bauaufgaben im Gefolge haben wird und klare Richtlinien zur gemeinsamen Arbeit verlangt".[1] Gestaltung wird nicht, wie in den zwanziger Jahren, als Konsumstrategie, sondern als Volksbewegung inszeniert, und diese Inszenierung von

Bewegungscharakter, von Anknüpfung am Heimatstil, an den handwerklichen Baumaterialien, an der Typologie des märkischen und neumärkischen Bauernhauses gilt es, einem ganz abstrakten, quantitativen Bauprogramm aufzuprägen, nicht ohne den Hinweis, dass diese Gestaltung kostenmäßig und funktional vollkommen unschädlich sei. Auf diese Weise wird die vom Bund für Heimatschutz und einzelnen Volkskundlern betriebene Hausforschung aufgenommen und zugleich in ihrem Stellenwert umfunktioniert. Aus einem antiquarischen Interesse wird sie durch die Verbindung mit einem Massenwohnungsbauprojekt auf Siedlungs- und Selbsthilfeebene zum Gestaltungsmaterial: zur Typologie.

Die andere Facette dieses Vorgangs, und die zweite Folge, ist die politische Präzisierung der Gestaltungsaufgabe als Staatsprojekt. Es soll eben nicht der einzelne Handwerker oder Bauer bauen, aber auch nicht die Großindustrie. Die unmögliche Sache scheint möglich durch Rekurs auf den Staat, und zwar, nach rückwärts interpretiert, natürlich auf Preußen. Da kann dann der Rückgriff auf den gesamten Traditionsstrang der staatlichen Gründungstätigkeit erfolgen, von den neu angelegten Städten und Stadterweiterungen seit dem 16. Jahrhundert bis zu den Siedlungsprogrammen Friedrichs II. im Berliner Umland, im Oderbruch und im Warthegau (nach den Annexionen der ersten polnischen Teilung). Vorbereitet von Moeller van den Bruck und anderen, gerät der ganze Ideologiekomplex „Preußische Architektur" in Aktion. Aus den drei Elementen der völkischen Siedlungsbewegung, des Gartenstadtdesigns in der ideologisch-ästhetischen Zuspitzung, die ihr Tessenow mit seinem Hellerauer Zentralgebäude und Schmitthenner mit der staatlichen Munitionsfabriksiedlung Staaken verliehen hatten, und einer durch den Heimatschutz hindurchgegangenen Rezeption der Hausforschung und der Planungsmaterialien preußischer Staatsbauten, Dorfanlagen und Stadterweiterungen zog sich jenes fatale Konglomerat zusammen, das mit dem Wiederaufbau nach 1945 erst richtig gebaut wurde (und heute in Emden, Wesel, Düren, Jülich, Darmstadt, Hanau etc. zu besichtigen ist), eine Typologie autoritär geplanter Kleinstädte.

Das ist, anders als der heute noch stehende Wiederaufbau nahe legen könnte, kein ästhetisches Problem. Zu furchtbar sind die dahinter stehenden gesellschaftlichen Zerstörungen, die der Menschen und Städte, und die der in diesem Konglomerat angelegten besseren gesellschaftlichen Möglichkeiten. Ersteres: Der Anwendungszusammenhang macht das in der DAF-Typologie enthaltene Richtige völlig gegenstandslos. Was sind Bauformen angesichts der von der SS gesetzten Realisierungsbedingungen? Die Baumassen der geplanten Kolonisierung wurden zwar nie gebaut, aber sehr wohl die – von den Architekten beflissen gebilligten – Vorbereitungen absolviert, und das war nichts Kleineres als die Beseitigung der vorhandenen Bewohner: Ausrottung der Juden, Evakuierung der Polen. Und soweit gebaut wurde, war da von Handwerklichkeit und Siedlungstätigkeit auch nichts übrig, vielmehr bezogen sich die regionalen Baufibeln auf die oberflächliche Überformung von standardisierter Massenproduktion, und schließlich führte die Kriegswirtschaft eben jene Typisierung und Rationalisierung des Bauens durch, von der die Modernisten der zwanziger Jahre bloß geredet hatten.

Zugleich entzog, verdarb, verleumdete diese Typologie, und das reicht bis heute, alle in ihr gefälscht enthaltenen gesellschaftlichen Möglichkeiten. Das wäre natürlich nicht möglich gewesen, wenn diese Möglichkeiten ausreichend verteidigt worden wären. Das wurden sie nicht, aus dem gleichen Grunde, aus dem die Weimarer Republik nicht verteidigt wurde. Während in der DAF-Typologie sich die Elemente aus den unterschiedlichen sozialen Ressorts mit schlafwandlerischer Sicherheit zum NS-Instrument zusammenfanden, blieben die Ansätze auf der Gegenseite isoliert und wirkungslos, ohne auch nur die Chance einer Koalition. Jedes einzelne Element war hier weit authentischer vertreten: die Siedlungsbewegung auf agrargenossenschaftlicher Basis mit Hilfe des preußischen Staates, wie sie Franz Oppenheimer vertreten hatte (das Kibbuz-Modell); das Bündnis von Genossenschaft und Gartenstadtplan in einsamen Projekten wie Bruno Tauts Siedlung Am Falkenberg (Berlin-Treptow) und Wagners Siedlung Lindenhof (Berlin-Schöneberg); die Entdeckung der Staatsarchitektur und der Planungstypologien des 17. und 18. Jahrhunderts auf der Basis der Moderne, gegen den Romantizismus Sittes, durch Brinckmann. Erst heute entdecken wir wieder Schritt für Schritt diese verschütteten Ansätze, an die anzuknüpfen es längst zu spät ist, ohne die es aber nicht einmal eine zureichende Kenntnis des Schuttbergs gibt, auf dem wir stehen und weitermachen müssen.

Es ist diese Lage, die für die deutsche Architekturdiskussion den Rückgriff auf Italien unausweichlich machte. Der italienische Weg verlief gleichsam umgekehrt, von der faschistischen Bündelung zu einer freien Auseinanderdividierung, sodass er für die deutsche Amnesie als Rückweg ausgesprochen geeignet scheint. Aber was bei uns ankam, waren weniger die befreienden Momente als die Wiederkehr der eigenen Vergangenheit, die vertrauten konservativen Todesarchitekturen. Erst wenn man den Weg wirklich da weitergeht, wo er in Deutschland abbrach, kommt man zu mehr, wenn vielleicht auch nicht wirklich zu der in Deutschland ein für allemal gescheiterten progressiven Bündelung der Elemente einer sozialen Typologie.

Der entscheidende Unterschied zur deutschen Situation ist der, dass der architektonische Populismus ebenso wie das methodische Instrument Typologie im „Fascismus" keine Rolle spielten, sondern nur als Elemente gleichsam am Rande erarbeitet wurden, sodass sie nach 1945 als Kristallisationspunkte des Neubeginns und in einer späteren Phase als Gegenpol zur Internationalistischen Planungspraxis tauglich blieben. Es gab im „Fascismus" gar nicht die tief gehende Entzweiung wie in Deutschland, die Bindung der Baukulturen an Republik oder Diktatur, und wenn eine Architekturrichtung überhaupt fähig war, sich zu einer Beziehung auf das Volk hinreißen zu lassen, dann keineswegs der regimekonforme Akademismus, sondern gerade die der jungen, ebenfalls sich auf den Fascismus berufenden „Rationalisten" des MIAR (Movimento Italiano per l'Architettura razionale). Was also an Ansätzen hervorgebracht wurde, kam zwangsläufig aus der modernen Richtung. Heute ist gerade die Anknüpfung der Neorealisten an Terragni, Libera, Pagano etc. so thematisch wie unübersehbar. Piccinato, der mit dem Plan für Sabaudia den einzig modernen Stadtgrundriss in die Neugründungen auf dem Gelände der pontinischen Sümpfe einbrachte, studierte, ausgehend von der deutschen Stadtforschung, auch als Erster die Typologie der mittelalterlichen Städte Italiens. Ebenso entwarf das ehemalige MIAR-Mitglied Ridolfi das erste Projekt anonymer Architektur, einer Architektur also, in der sich der moderne Autor verleugnet zugunsten des ästhetisch produzierten Scheins einer Autorschaft von Tradition und Volksgeist. Für den

Neuanfang nach dem Kriege bereitete Ridolfi zugleich eine nach deutschem Muster erarbeitete Baufibel vor, die die rigorose Typisierung der Grundrisse und Details mit der Entwicklung einer ortsspezifischen Gestaltung verband. Sie wurde nach dem Kriege als *Manuale dell'architetto* Regierungspublikation.

Das klassische Dokument dieser Architekturauffassung, nach dem Ende des „Fascismus", ist das Quartiere Tiburtino in Rom (Ridolfi, Quaroni und Mitarbeiter). Es ist eine Architektur der Gestaltung von Volkstümlichkeit, die typisierte Wohnungen zu malerischen Gebäudegruppen und Stadträumen bündelt. Sozusagen Heimatstil, nur unendlich gekonnter. Nicht außer Acht bleiben darf auch, dass die dabei verwendeten Ausdrucksformen nicht annähernd so abgehoben waren von den tatsächlichen Lebensverhältnissen, wie das im Deutschland der zwanziger Jahre der Fall gewesen war. Es gab dieses Volk noch, für das gebaut wurde, die kleinen Handwerker, die in die Stadt gewanderten Arbeit suchenden Landarbeiter und verelendeten Kleinbauern. Es gab zugleich eine Kulturbewegung, die sich, seit den vierziger Jahren, ihrer annahm, den Neorealismus in Roman, Film und Malerei, und genau in dieser intellektuellen „antifascistischen" Strömung bewegten sich die Autoren des Quartiere Tiburtino. Und nicht zuletzt gab es eine zugehörige politische Aktualität, den Populismus der damaligen DC (Democrazia Cristiana): keine Volksbewegung, aber Volkspartei und volkstümliche Politik. Letztere nicht, ohne das Volk sie bezahlen zu lassen: Das Geld, mit dem die staatliche zentrale Wohnungsorganisation INA-Casa die volkstümlichen Viertel baute, wurde den Arbeitern vom Lohn abgezogen.

Im INA-Casa-Programm selber war die Ausdruckskultur des Quartiere Tiburtino ein Sonderfall, der noch dazu der politischen Konjunktur des Populismus hinterherhinkte. Da es die Volksbewegung selber, unabhängig von ihrer politischen und kulturellen Stellvertretung, nicht gab, genügte es, dass die Nachkriegseliten sich anderen Dingen zuwandten, um das Thema der Gestaltung von Lebenswelt wieder verschwinden zu lassen. Gerade im Vergleich mit der heutigen Folkloristik regionalen Bauens ist aber der Ansatz von größerer Reichweite, als das seiner tatsächlichen historischen Geltungsdauer nach scheinen könnte. Worum es hier im nachfaschistischen Italien ging, war nicht die deutsche Erinnerungsarbeit am untergegangenen, von den technischen Verhältnissen zerstörten Bild der Welt, der Stadt, des Hauses: Hier ging es um die Heimkehr isolierter Intellektueller nach der noch vorhandenen, aber nicht beliebig rekonstruierbaren Lebenswelt der Armen, der kleinen Leute, der Helden der *Fahrraddiebe* und von *Mamma Roma*. Während Tessenow und Schmitthenner Häuser bauten, deren Bewohner eigentlich schon gestorben waren und durch Wiederkehr in die ihnen nachempfundenen Häuser, Zimmer und Möblierungen nur gestört hätten, war die anonyme Architektur des Neorealismus ihren Bewohnern so gegenwärtig wie die modernen Typengrundrisse, für sie gebaut und nicht, um als isoliertes Objekt den Charme vergangener Lebensverhältnisse zu verbreiten.

Aber die Geschwindigkeit, mit der auch in Italien der Kapitalismus begann, selbst in die kleinen und kleinsten Lebensverhältnisse zerstörerisch einzufallen, erwies das als unhaltbare Halbheit. Entweder man baute einfach neue Häuser, oder man bekam es, auf der Suche nach den Lebensverhältnissen, mit der alten Stadt insgesamt zu tun, in der sie noch lesbar waren, bevor die Modernisierung mit ihren Neubauten darüber hinwegging. Dieses Lesen der Stadt als Urkunde untergehender Lebensverhältnisse ist der Ausgangs- und Kernpunkt der typologischen Methode Muratoris. Muratori unternahm es, ausgehend von seinen Erfahrungen mit dem populistischen Programm der INA-Casa-Siedlungen, die Beliebigkeit und Subjektivität des Gestalters regionaler Umwelt zu überführen in eine historisch entwickelte, objektiv vorliegende Ordnung der Dinge. Zwar ging es weiterhin ums Entwerfen, um eine Analyse in praktischer Hinsicht, aber der Zweck des Rekurses auf Methode war es, die im wirklichen Bauen und Leben verloren gegangene Orientierung an den vorhandenen Bauformen des Zivilisationsprozesses, in die auch der Neubau wie in ein geschlossenes, auch die Zukunft noch enthaltendes Wabensystem sich einzufügen hätte, als im Bauprozess wieder aufzufindende Eigenschaft der Wirklichkeit zu etablieren. Überflüssig zu sagen, dass ein solches Verständnis der Stadt in schneidendem Gegensatz stand sowohl zur kulturellen Ignoranz als auch zur räumlichen Beziehungslosigkeit des damals üblichen freihändigen Entwerfens von Megastrukturen.

Die typologische Methode sollte dagegen hinter die einzelnen Architekturen zurückführen und den im funktionalistischen Planungsprozess verschütteten gesellschaftlichen Strukturfundus wieder aufdecken. In der Analyse einzelner Städte (Venedig, Rom, Como) musste sich dann zeigen, dass die Bauformen der Stadt zugleich die Karte der historischen Umformungen waren. Entsprechend differenzierte Muratori auch nicht nur typologisch brauchbare Eigenschaften, sondern den sozialen Gebrauch, der sich in einem bestimmten Typus ausdrückte, aufgrund einer politischen Sympathie, die sich überhaupt erst einmal für die kleine Architektur und ihren Beitrag zur Stadt interessiert. Ein Populismus wiederum, aber inzwischen einer, der zurückblickte und sich, anhand der Urkunde des Gebauten, nur noch in einem als Methode verschlüsselten Heimweh nach der Gemeinsamkeit architektonischen Entwerfens mit den Lebensformen des Volkes der zerstörerischen Gegenwart entgegenzutreten traute. Es überrascht also nicht zu hören, dass Muratori sich politisch nicht auf die PCI (Partito Comunista Italiano) bezog, sondern, auch er, auf die DC. Von keinerlei Bewegung getragen, konnte sich in der Praxis das Programm der typologischen Lesbarkeit selbst in Venedig kaum in Ansätzen durchsetzen. Die Bauten der INA-Casa in Mestre (Quartiere San Giuliano, Piccinato und Samona, Mitarbeit unter anderem der Muratorischülerin Trincanato) weichen in ihrer Logik kaum von anderen regional angeglichenen Siedlungen ab; statt eines städtischen Gewebes aus Parzellen und öffentlichen Räumen hat man gestalteten Siedlungsraum, nur dass die Wohneinheiten teils sehr hübsch zu Hofgruppen und kleinen *campi* gruppiert worden sind.

Es ist verständlich, dass sich mit diesem Ansatz nicht einfach Architektur machen lässt. So spaltete sich die von Muratori in Gang gebrachte Diskussion sehr schnell in einen historisch untersuchenden und einen wieder selbstherrlich unter dem Zeichen des Typus bauenden Flügel. Letzterer hat, Muratori ausschlachtend und simplifizierend (Aymonino, Rossi, Portoghesi), die vergangenen zehn Jahre seine Konjunktur gehabt. Ersterer, die muratorische Orthodoxie sozusagen (die Arbeiten von Caniggia und Egle Trincanato), versinkt desto mehr im Schatten der Geschichte, je genauer er sein will. Nur historische, eigentlich schon tote Lebensverhältnisse haben sich als Haustypologien niedergeschlagen – klassenneutrale, nach der Miethöhe berechnete Typenwohnungen sind im Sinne der Typologie nicht mehr lesbar. Wenn auch Caniggia nicht müde wird, die Analyse auf die Neuplanung zu beziehen, so ist das sozusagen der letzte Versuch, sich noch lesbare Gegenstände zu erhalten.

3. Archetyp und Stadterneuerung

Wohin gehört die Typologie nun also (und wem gehört sie)? Die Zuschreibung der Typologie an das Kleinbürgertum, den alten Hefeteig des *populus minor*, der einerseits durch Jahrhunderte Ketzerbewegung und Revolten getragen, andererseits den Inbegriff der alten Lebensverhältnisse ausgefüllt hatte, ist offensichtlich von begrenzter historischer Gültigkeit. Zum einen in historischer Hinsicht, nach rückwärts: Muratoris Begriff von Typologie bezieht sich auf die bürgerliche Stadt, in der es nur zwei Parteien gibt, Großbürger und Kleinbürger, Großkaufleute und Handwerker. Deren historische Rolle war aber schon im 15. Jahrhundert ausgespielt. Selbst die unabhängigen Stadtrepubliken mussten sich als neue Formen, als Territorialstaaten konstituieren, womit eine ganze Serie neuer Formprobleme auf sie zukam, die in Muratoris Venedig-Bild nicht vorkommen. Gegen die alte Stadt machte sich der Staat im buchstäblichen Sinne zum Herrn der Formen. Bauordnungen und Ingenieurpläne schrieben die Gestalt der Stadt und Bauart und Aussehen jedes einzelnen Gebäudes vor. Der Typus wurde vom Oberbaudirektor vorgegeben und für die staatlichen Gebäude eigenhändig angewandt, für die privaten Gebäude erleichterten Drohungen und Subventionen die Durchsetzung. Diese Staatsarchitektur war eine der Abstufungen immer desselben Typus, des Staatshauses gleichsam, das im Schloss seine höchste Ausprägung fand und nach unten zu stufenweise vereinfacht wurde.

Was das städtische Bürgertum, als Stadtarchitekt oder Intellektueller, dem entgegenzusetzen hatte, war die aufgeklärte Pedanterie der Typenlehre. Das hat man in den Entwurfssammlungen Furttenbachs, Sturms oder Goldmanns. Formalisiert, auf der Ebene der bürgerlichen Gesellschaft, mündet diese Linie in die Schemata Durands und die Überlegungen von Quatremère de Quincy. Bei allen diesen bürgerlichen Typenlehren handelt es sich nicht mehr um Ikonographie, sondern um Standeslehren und Fragen des gesellschaftlichen Takts, das heißt, sie sind die architektonischen Entsprechungen der Verhaltenslehre des Freiherrn von Knigge, ihrerseits eine aufklärerische Typologie des Benehmens. Beides nun, die staatliche Gesamtform und die bürgerliche Typenpedanterie, legte sich in der Stadt als neue Schicht auf die mittelalterliche Substanz und typologisierte sie. Ohne diesen späteren logischen Rahmen würde man in mittelalterlichen Stadtgebieten bloß nach den ältesten Hausformen und Gründungsplänen suchen, nicht nach klassenspezifischen Typologien. Es ist die nachträgliche Methodisierung der mittelalterlichen Hausformen vom 16. bis zum 19. Jahrhundert, die diese alten Materialien als Typologien erst greifbar macht – und damit ironischerweise greifen lässt in einer Perspektive, die, auf Typenserien angelegt, zur Abschaffung gerade dieses Materials führen musste.

All das überspringt die muratorische Typologie, indem sie die einzelne Parzelle so untersucht, wie sie heute vorzufinden ist, mit allen Anbauten, Verunklärungen, Beschädigungen der Zeit und Mängeln der Bausubstanz, also in der Gegenwartsperspektive der Stadterneuerung. Verlässt man diese Perspektive, um historisch genauer zu werden, löst sich der Begründungszusammenhang der muratorischen Typologie auf. Man landet, je nach Interesse, entweder, wie Caniggia, bei einer Art Strukturalismus, einer geschichtslosen Transformationslehre städtischer Grundrisse, oder, wie Portoghesi, bei der barocken Staatsarchitektur der Kleinfürsten und ihrer Spielzeugstädte. Behält man sie aber bei, dann geht das nur in Richtung Praxis. Das ist das Beispiel Bologna, wo der Kommunist Cervellati, mit der Sanierung des Zentrums, die einzige authentische Verwirklichung der populistischen Typologie Muratoris zuwege gebracht hat. Was in Bologna allerdings wirklich gerettet worden ist, der Lebensraum der kleinen Handwerker oder das Ambiente des Touristen, ist eine andere Frage.

Muratoris Typologieverständnis, obwohl es sich in der Gegenwartsform bewegt, ist, zum andern, nach vorne, in Richtung Zukunft, ganz ungesichert. Begriffe sind situationsabhängig. Das Zusammenkleben von Typologie und Populismus ist, von der Nazifraktion sozialistischer Kleinbürger bis zum persönlichen Engagement für anonyme Architektur im Umkreis der Christdemokraten, die Begleitfigur für den Untergang des Kleinbürgertums. Sind aus unabhängigen Kleinproduzenten endgültig Angestellte, Arbeitslose und Kleinstunternehmer im Tertiärbereich geworden, ist die Haut der alten Lebensverhältnisse abgestreift, dann ist für das Volk beim besten Willen nicht mehr zu bauen. Doch für wen sonst? Die historische Alternative, Wohnungsbau für die Arbeiterklasse, hat sich durch ihre sämtlichen Niederlagen nur scheinbar durchgesetzt. Was die Arbeiter zum Siege trugen, über Niederlagen („Fascismus", Nationalsozialismus) und Restauration hinweg, waren die Typengrundrisse der Wohnungsreformer, die Rationalisierungsträume der Bauindustrie, die ästhetischen Vorstellungen der Funktionalisten von der in Wohnmaschinen aufgelösten Stadt. Die Arbeiter haben sich zumindest in Deutschland, Frankreich und in den skandinavischen Ländern bereitwillig diesen modernen Wohnidealen unterworfen, als gäbe es für sie angesichts des gesellschaftlichen Fortschritts kein Ausdrucksbedürfnis. Der typisierte Wohnungsbau ist klassenneutral, er bezieht sich auf die statistisch vereigenschaftete Figur des unabhängigen Konsumenten.

Diese Figur ist zu Volksbewegungen so unbrauchbar wie unfähig. Aber sie ist gerade deshalb brauchbar für die Zuschreibung privater Bedürfnisse nach vertrauter Umwelt, nach regionaler Wiedererkennbarkeit, nach einem Hauch ideeller historischer Spiegelung des funktionalen Wohnens. Die Wohnungen sind schludrig gebaut und für ein Drittel der Gesellschaft nicht bezahlbar, aber sie eignen sich noch dann als Träger einer Entschädigungsästhetik. Auf das, was Typologie wäre, kann sich diese Ästhetik nicht beziehen. Mit den Typengrundrissen andererseits hat sie sowieso nichts zu tun. Worauf sie sich bezieht, ist das Bild des Hauses, das der Konsument als Wunschbild möglichen Lebens im Kopf hat. Die Typologie der Wunschbilder ist aber etwas völlig Neues, das weniger in die herkömmliche Architektur als in die Wahrnehmungstheorie gehört.

Andererseits, wer das nicht will oder nicht bezahlen kann, muss versuchen, sich in den alten Vierteln zu halten. Auch diese sind nicht mehr die Dokumente der alten Lebensverhältnisse, als die sie der geübte Typologe zu lesen wüsste. Im sanierten Stadtviertel, da also, wo die Stadterneuerung erfolgreich war und der Flächenabriss verhindert werden konnte, stellt sich die gleiche bittere Erkenntnis ein wie in den neuprächtigen Neubauvierteln: Übrig geblieben sind Wahrnehmungsfiguren, Kopfbilder. Die Häuser platzen vor lauter wiederhergestellter Sichtbarkeit, als wären sie abgerissen und wieder hingemalt, sie schweben gleichsam über dem teuer gewordenen, neu vermieteten Immobilienobjekt, das seinerseits ganz unsichtbar geworden ist. Von den alten Lebensverhältnissen ist schlechterdings nichts übrig geblieben, und noch die, die sie retten und wieder aufnehmen wollten, trugen das ihre hierzu bei.

Das ist die kapitalistische Verwandlung von Miethäusern in Archetypen des Wohnens. Kopf- oder Wahrnehmungsfiguren: Zu dieser neuesten Typusausgeburt ist, um dem Bezug auf Wahrnehmung den Verdacht des Willkürlichen zu nehmen, eine kurze Erklärung nötig. Die gesamte typologische Linie im 20. Jahrhundert, so wie sie hier nachgezeichnet wurde, blickte zurück. Indessen gab es noch Anhaltspunkte in der Wirklichkeit. Dass aber die Typisierung und der Fordismus gewinnen würden, war in den zwanziger Jahren natürlich klar. Das Aufblühen der Wahrnehmungspsychologie in den ersten drei Jahrzehnten des Jahrhunderts hatte diesen Hintergrund. Eine der Taylorisierung des Arbeitens, Wohnens und Lebens gleichzeitige Psychologie gab es nicht, sie wurde in den USA – der Behaviorismus – gerade erst aus den Windeln gehoben. Die ästhetische Moderne, interessiert an der Strukturierung von Flächen, konnte sich (wie das Beispiel Arnheim zeigt) am ehesten von der Gestaltpsychologie (Berliner Schule, Köhler, Wertheimer und andere) vertreten fühlen. Ganz sicher vertreten war aber die Geschichte, die Gestaltfraktion, und zwar durch die andere Gestalt- oder auch Ganzheitspsychologie (Leipziger Schule, Krüger, Volkelt, Wellek und andere), die denn auch voll sich dem Nationalsozialismus in die Arme warf und hernach bis in die sechziger Jahre die Wiederherstellung der deutschen Psychologie leitete. Wie die DAF-Architekten auf ihrem Gebiet der Gestaltung arbeitete die Ganzheitspsychologie am Verhältnis von Form und Gefühlsbewegung (der Nationalsozialismus politisierte eben nicht nur die ästhetische Form, sondern zugleich die Gefühle, war politisierte Gefühlsbewegung). Sie meinten nicht Design, sondern gewachsene, gefühlsverbundene, organische Gestalt. Von da aus gesehen war der typologische Ansatz Schultze-Naumburgs oder Lindners, also der Heimatschützer, das genaue Wahrnehmungskorrelat im Bereich der Anwendungen: Gestalten sehen, nicht Formen. Von da aus ist auch Lindners Darstellungstechnik von Interesse. Sein Versuch, die moderne Industrie unter die Gestaltkriterien des Heimatschutzes zu bekommen, bediente sich zielsicher nicht der Grundrisse, was zweifellos schief gegangen wäre, sondern der Optik des Modellbauers, umgesetzt in Strichzeichnung. Dieser Blick abstrahiert Gebäude auf das plastische Außenbild, auf den Massenblock. Dank seiner Abstraktionskraft verwandeln sich noch funktionale Zweckbauten in Urformen: Zylinder, Pyramide etc. Kunstgeschichtlich ist das die methodische Wendung gegen den der Gestaltpsychologie gleichzeitigen und verwandten Strukturalismus Riegls (und, entfernter, auch Wölfflins), wie sie wenig später (1938) in den Typusstudien Lehmanns zu finden ist, der den Gestaltaufbau als heuristische Methode der Baugeschichte verwendete. Das entscheidende an dieser Optik ist, dass sie in der Wirklichkeit fast so wenig nachvollziehbar ist wie der Grundriss, sie ist die Sichtbarmachung einer Vorstellung, einer reinen Wahrnehmungsfigur. Dass es gerade diese Wahrnehmungskonsistenz ist, die die Brauchbarkeit für den Nationalsozialismus ausmachte, beweist die wiederum gleichzeitige (und personell wie methodisch zugehörige) Debatte um die karolingischen „Westwerke" als Kaiserkirchen (Fuchs, 1929)[2] – eine Debatte, die ihres politischen Sprengstoffs wegen bis heute nicht beendet ist, sondern in beiden

Gerüst der Erinnerung:
Aldo Rossis Beinhaus des Friedhofs in Modena (1971)

deutschen Staaten eingemeindet wurde. Die Kaiserkirche ist, von Byzanz über Aachen bis zu Fischer von Erlach in Wien oder Speers Siegeshallenentwurf für die Hauptstadt Germania der Inbegriff des architektonischen Archetyps, kein Typus mehr, sondern kraft seiner Gestalt schon immer jenseits aller Einschränkungen und Unterscheidungen der Versuch einer politischen Gestalt an sich, in der das ganze Abendland als untergegangenes enthalten ist. Man tut gut, diese Zusammenhänge nicht denunziatorisch zur Kenntnis zu nehmen, sondern als ein Gelände historischer Zweideutigkeiten, das immer auch Versagen und Niederlagen der Aufklärung mitenthält, also immer auch jenen Anteil an Wahrheit, den die Aufklärung (oder die politische Linke) gebraucht hätte, um nicht zu versagen. Ferner ist klar, dass wir mit diesen Dingen heute anders umgehen können und müssen: Sie sind nicht mehr das, was sie in den zwanziger und dreißiger Jahren noch waren, Bilder der Verführung, sondern, nach dem Ineinsfallen von Untergang des Abendlandes und der Karriere des Nationalsozialismus in Krieg, Völkermord und Zerstörung, handelt es sich nur noch um Explosionsreste, die allein im Kopf noch zusammenzubekommen sind, Erinnerungsbilder, innere, nicht mehr in geltende Wirklichkeit zu verwandelnde Wahrnehmungen.

Über Jahrzehnte und historische und politische Abgründe hinweg besteht jedenfalls zwischen diesem deutschen Komplex der zwanziger und dreißiger Jahre und dem typologischen Entwerfen Rossis und seiner Freunde eine Beziehung der Bilder wie der Optik. Die inhaltliche Beziehung hat Rossi selber im schwimmenden Teatro del Mondo der Biennale 1980 deutlich gemacht. Dass es dabei nicht um eine Ikonographie geht, sondern um die Darstellung eines Wahrnehmungsmodus, war schon aus der manieristischen Ahnenreihe deutlich. Worum es geht, ist die Gestalt an sich, jene Reduktion von Gestalt, in der das Sehen anhand der Gegenstandsabstraktion nur noch sich selber ansieht. Die Benutzung des Baukörpers als Wahrnehmungsprojekt radikalisiert also auch die Darstellungsform nach Lindners Gestaltbegriff. Es ist dann nur folgerichtig, dass Scolari, der den Schritt vom Bauen weg in das bloße Entwerfen von Wahrnehmungstypologien gemacht hat, sich gerade auf Lindner bezog (und ihn in Italien bekannt machte).

Von anderen konkurrierenden Bildern unterscheiden sich die Restbilder der Typologiegeschichte nur durch die Fixiertheit auf das Vergangene. Was an Rossis Architektur des Archetyps regionaler Herkunft ist, ist durch einen so grundsätzlichen Prozess des Abschieds, der Zerstörung und der Wiedererzeugung hindurchgegangen, dass es vollständig abstrahiert ist, nur noch das Gerüst der Erinnerung, die Wahrnehmungsform der Erinnerung selbst. Deswegen verlässt diese Erinnerungssuche auch bei jeder Gelegenheit den Bereich des Bewohnbaren. Rossis Architektur ist ihrer ganzen Ikonographie wie ihrer Haltung nach Todesarchitektur, Form der Erinnerung – der Friedhof für Modena ist schon eine Tautologie. Immer neu zentriert sich das Erinnern nur noch in einer Figur, dem Turm, dem Archetyp schlechthin, in dem die ganze Geschichte der Babeltürme, Grabkapellen, Westwerke und Berchfriede aufgehoben ist.

Aber gibt es auf dieser Ebene eine Vergleichbarkeit mit der Banalität der Stadterneuerung? Scheinbar ist es nur die prosaischste *architettura minore*, wie sie die Spekulanten der vorigen Jahrhunderte eben gebaut haben. Es wiederholt sich darin trotzdem die andere Seite des einstigen Widerspruchs. Die geretteten Häuser sind die Kenotaphe des verlorenen sozialen Lebens und die Wiedergutmachung für 50 Jahre gescheiterter linker Wohnungspolitik und typisierten sozialen Wohnungsbaus. Was an ihnen vor allem zu sehen wäre, ist der Verzicht auf Architektur zugunsten einer Erinnerung dessen, was durch Architektur im Namen der Aufklärung und des Fortschritts verdrängt wurde. Deshalb ist hier für das konkrete Interesse der Typologie, für die Lesbarkeit der Häuser als Grundrisse widersprüchlicher, klassendifferenter Lebensformen genauso wenig Raum wie in Rossis gebauten Archetypen. Wie Rossi das Verschwinden der Stadt und der regionalen Kulturen in seiner Erinnerung kondensiert, so Hardt-Waltherr Hämer in seinem Anspruch auf die sanierten Kreuzberger Häuser und ihre kurze Zeit niedrig gehaltenen Mieten die Geschichte des Nationalsozialismus, abzuarbeiten am Flächenabriss und der Barbarei des präfabrizierten Massenwohnungsbaus.

Was bleibt von der Menschenfreundlichkeit der Typologie übrig? Der exakte historische Rückweg führte, wie gesagt, ins Gegenteil des Erwarteten, in die reglementierenden Arme des Staates. Von diesem Modell ist nichts zu hoffen. Ihre wirkliche Stärke, die Gegenwart der Aufmerksamkeit für die Stadt, wie sie war und gerade noch an diesem oder jenem Punkte ist, wird ständig vom Verschwinden ihres Gegenstandes überholt. Es ist dann zu wenig und zu billig, sich an der einen Aufgabe der Erinnerung des Gewesenen festzuhalten. Wenn schon das Vergangene interessanter ist als das, was heute gebaut wird, ist das Mindeste, was vom Projekt der Typologie übrig bleibt, der Versuch der Übersetzung.

Da fällt alles weg, was an Gestalt- und Gemeinschaftswünschen der Aufmerksamkeit im Wege stand. Was heute daraus geworden ist, nämlich zur einen Hand Archetypen in die Stadt hineinzubauen und zur anderen durch Nichtbauen die vorhandenen Häuser als Wohnraum zu erhalten, lässt für künftige Bewegungen allzu wenig Spielraum. Das Typologieproblem vereinfacht sich damit erheblich. Da für das meiste, was man sich heute unter veränderten Lebensbedingungen vorstellen kann, in den vorhandenen Planungsmethoden keinerlei Ansatz zu finden ist, bleibt die historische Bausubstanz mit ihrer Lesbarkeit auf Lebensverhältnisse hin, mit ihrer Veränderbarkeit und Differenziertheit das einzige Modell, um Raumwünsche zu formulieren, die über das heutige Modell einer ästhetisch überlagerten Typenserie hinausgehen.

So wird die Typologie zur verdeckten Zukunftssprache. Je genauer man liest, desto vertrauter wird (in meinem Falle an der Kreuzberger Mischung entwickelt) die Sache: Unterschiedliche soziale Handlungsräume auf engster Fläche nebeneinander gesetzt,

Klassengrenzen mitten durch Häuser hindurch, Leben und Arbeiten in Sichtweite, getrennt und trotzdem aufeinander bezogen, Flüssigkeit der Raumgrenzen unter dem Druck der krisenmäßigen Anpassungsprozesse – das sind Kategorien, in denen sich, befreit vom Ausdruckszwang, erstaunlich gut angesichts der heutigen beängstigenden gesellschaftlichen Zerstörungsvorgänge über künftige Entwicklungen nachdenken lässt, auch wenn sie in dieser Gegenwart der Zerstörung, täglich erfahrbar, keine Chance haben. Das Wichtigste daran scheint mir, eine neue Beziehung zwischen Funktionalität und Alltagsleben zu entwickeln: sich nicht an Bildern vergangenen Lebens emporzuhangeln, sondern an der Funktionsfähigkeit der alten Stadt grundlegende menschliche Bewegungsformen wieder zu erlernen – Beziehung von Innen- und Außenraum, von Haus und Stadt, von Wohnen und Arbeit.

In einem Lande, das noch seine Tötungsfabriken im Heimatstil gebaut hat, ist das eine Anstrengung. Gerade weil wir die angepasste KZ-Baracke hatten (und nach dem Krieg so zufällig wie bezeichnend einen Präsidenten, Lübke, der in aller Normalität seines Architektenberufs einmal solche Baracken entworfen hatte), ist da für uns noch das Einfachste verdorben. Der Abschied von der Vergangenheit ist unvermeidlich, und er muss in die Funktionsfähigkeit des typologischen Denkens hineingenommen werden. *Es kommt nicht darauf an, dass die Gehäuse, die wir in Zukunft bewohnen wollen, so aussehen wie die, die wir heute noch entziffern können, sondern dass sie vergleichsweise sinnvoll, nützlich, sparsam – und in Zukunft auch menschlich – funktionieren.* Dann, neben- oder sonstwie zugeordnet, mag man sich die Erinnerungsbilder oder andere Fassadenträume gerne als Film über der Stadt gefallen lassen, aber erst dann.

---

1 J. Schulte-Frohlinde, W. Kratz, W. Lindner: *Der Osten (Die landschaftlichen Grundlagen des deutschen Bauschaffens*, Bd. III), München 1941, S. 9.
2 A. Fuchs: *Die karolingischen Westwerke und andere Fragen der karolingischen Baukunst*, Paderborn 1929.

TERRAIN
TYPUS, AUTONOMIE, ERINNERUNG

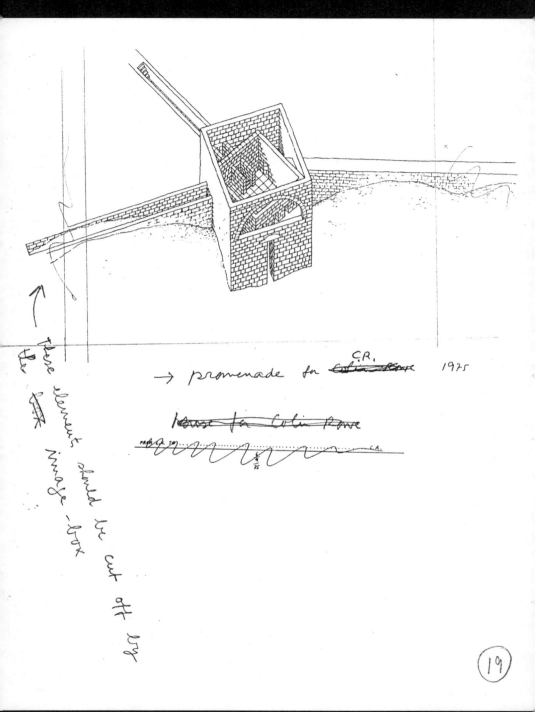

→ promenade for ~~Colin Rowe~~ C.R. 1975

These elements should be cut off by the image-box

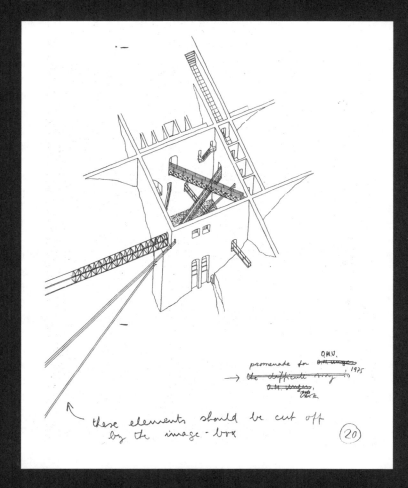

Leon Krier:
Zwei Häuser für verfeindete Brüder (1975)

„Das Dümmste, was ich je getan habe." So kommentierte der Architekturtheoretiker Colin Rowe in seinem Buch *As I was Saying – Cornelliana* (1996) die Ende der sechziger Jahre getroffene Entscheidung, den Kölner Architekten Oswald Mathias Ungers als Leiter an die amerikanische Cornell University geholt zu haben. Rowe störte sich daran, wie kompromisslos Ungers mit seinen neuen Kollegen umging, beklagte den Rauswurf vieler seiner Vertrauten und warf dem Deutschen deshalb vor, an der Schule einen „minor holocaust" veranstaltet zu haben. Die anfänglich hoffnungsvolle Zusammenarbeit zweier charismatischer und in vielerlei Hinsicht durchaus geistesverwandter Architekturlehrer endete in einem tiefen Zerwürfnis.

Auf diesen Streit bezog sich der Luxemburger Architekt Leon Krier mit seinem 1975 entstandenen Projekt zweier Häuser, die er Colin Rowe und Oswald Mathias Ungers widmete. Bekannt wurden die Entwürfe unter dem Titel „Zwei Häuser für verfeindete Brüder". Sie sind lediglich durch zwei penibel getuschte Isometrien dokumentiert, die den Einfluss Ungers' auf den Darstellungsstil Leon Kriers bekunden. Dass die beiden Zeichnungen nicht nur spekulativ-provokative Wohnvorschläge für die beiden Kontrahenten sind, sondern darüber hinaus auch an die Versuche Leon Kriers erinnern, menschlichen Zugang zu ihnen zu finden, legt ein früher durchgestrichener Untertitel nahe, den das Ungers-Projekt (siehe diese Seite) trägt: „the difficult way to O.M. Ungers".

TERRAIN
TECHNIK, KONSTRUKTION, NATUR

Die moderne Architektur des beginnenden 20. Jahrhunderts war von großem Fortschrittsoptimismus geprägt und dem Versuch, Anschluss an eine stets rasantere Technikentwicklung zu finden, der sich die Architekten des 19. Jahrhunderts lange verschlossen hatten. Der Wiener Baumeister Otto Wagner war einer der Ersten gewesen, der zum Kampf gegen die Konkurrenz der Ingenieure blies und seinen Kollegen ein deutlich erhöhtes Interesse für technische Fragen anempfahl. Allerdings nur, damit sie sich als kompetent genug erweisen, die künstlerische Oberaufsicht in sämtlichen Baumaßnahmen der modernen Großstadt übernehmen zu können. Doch schon in den Zwanzigern ging es um weit mehr: Die technischen Entwicklungen sollten nicht mehr nur passiv rezipiert und auf ihre architektonische Anwendungen hin befragt werden, vielmehr packte nun die Architekten der Ehrgeiz, aktiv an der Definition der Bedeutung der Technik für die moderne Gesellschaft mitzuwirken.

Die fünfziger und sechziger Jahre führten in den Industrieländern zu einer enormen Ausweitung der Massenproduktion auf große Bereiche des täglichen Lebens und erzeugten so ein imponierendes Wirtschaftswachstum. Obschon hieran die Bauwirtschaft maßgeblich beteiligt war, hinkte die Architektur den technologischen Entwicklungen ihrer Zeit deutlich hinterher. Hierfür versuchte der englische Architekturtheoretiker **Reyner Banham** in seinem Buch *Theorie und Gestaltung im ersten Maschinenzeitalter* (1960) die Gründe auszumachen. Im letzten Kapitel, **„Funktionalismus und Technologie"**, weist er am Beispiel Le Corbusiers und Mies van der Rohes nach, dass es den modernen Architekten um kaum mehr als eine rein symbolische Umarmung des Maschinenzeitalters gegangen war: Weder in der Villa Savoye noch im Barcelona-Pavillon seien die künstlerischen und technischen Zumutungen der Zeit bewältigt worden.

Banham vertritt die Auffassung, dass Mies und Le Corbusier den Herausforderungen, die der Futurismus an die Architektur stellte, auswichen. Wohl sei die Meisterschaft der beiden über alle Zweifel erhaben, doch sei es gerade die „Vollkommenheit" ihrer Gebäude, die ihnen etwas Traditionelles verleihe: Der Futurismus, „der sich der ‚ständigen Erneuerung unserer architektonischen Umwelt' verschrieben hat, schließt Entwicklungsprozesse mit einem definitiven Abschluss, wie sie nun einmal zum Wesen der Vollkommenheit gehören, von vornherein aus". Eine zentrale Figur der Architektur des frühen 20. Jahrhunderts erblickt darum Banham in dem amerikanischen Allroundgenie Richard Buckminster Fuller, der sich zeitlebens um die Veränderbarkeit seiner Projekte verdient machte und im Architekten nicht den verkannten Künstler schätzte, sondern den umsichtigen und technisch versierten Bordingenieur des „Raumschiffs Erde".[1]

Mit Buckminster Fuller teilt der deutsche Architekt und Konstrukteur **Frei Otto** das Interesse für das Gewicht eines Bauwerks und den gezielten Einsatz einer Ressourcen schonenden Ingenieurbaukunst. Überzeugt vom Vorbildcharakter der Biologie, wirbt er für „Bauten, die mit dem Menschen wachsen, wandern und vergehen können, vergleichbar mit den Nestern, Häusern und Staaten der Tiere". Vor diesem Hintergrund ist es nur verständlich, dass er in seinem 1962 gehaltenen Vortrag **„Bauen für morgen?"** Mies van der

Rohe vorwirft, mit seinem Seagram-Gebäude in New York einen „Rückfall ins Kristallhafte, Starre" erlitten zu haben: „Die Dynamik der Zeit ist da, man kann sie durch erstarrte Bauten nicht aufhalten." Um die größtmögliche Veränderbarkeit und Anpassungsfähigkeit seiner Architekturen zu gewährleisten, greift Otto zu den Mitteln des Leichtbaus und eifert damit dem Ideal des Zeltes nach. Jegliche „Überbemessung der Konstruktion" sei nun mal dem steten Wandel der Zeitläufte unangemessen.

Gut zwei Jahrzehnte später, nachdem Frei Ottos Leichtbauweisen als Prototypen „organischer Konstruktionen" um die Welt gegangen waren, startete der deutsche Designer **Otl Aicher** einen erneuten Versuch, die Architektur an der zeitgenössischen Technikentwicklung zu messen. Sein Impuls war dabei stark von gesellschaftspolitischen Überlegungen getragen. Im Zenit des Kalten Krieges, dessen atomare Bedrohung den Alltag beständig überschattete, erwartete er die wichtigen Anstöße für einen politischen Wandel nicht von der Regierungsopposition im Bundestag, sondern von außerparlamentarischen Oppositionen wie der Friedens- und Ökologiebewegung. Entsprechend problematisch empfand er die anmaßende Symbolkraft einer „Staats- oder Repräsentationsarchitektur", die im Rahmen der aufziehenden Postmoderne vor allem in Form prestigeträchtiger Museumsbauten an Terrain gewonnen hatte.

In seinem Essay **„Gegenarchitektur"** (1984) brandmarkt Aicher die postmoderne Kulissenarchitektur als langweilige Selbstdarstellung des Bildungsbürgertums. Ihr stellt er den konstruktiven Einfallsreichtum von Industriebauten gegenüber, in denen er eine unverfälschte Ästhetik des Widerstands gegen die Repräsentationskultur des Staates zu erkennen vermag. Die erinnerungsselige Postmoderne straft er als „Sonntagsarchitektur" ab, der er die ingeniösen Werktagskathedralen von Hightech-Baumeistern à la Norman Foster, Richard Rogers und Renzo Piano entgegenhält. Während sich die „Sonntagsarchitekten" darum bemühten, symbolische Funktionen zu erfüllen, hätten sich Letztere auf die technische Lösung ihrer Bauaufgaben konzentriert und daraus erstaunliches ästhetisches Kapital geschlagen. Gleichwohl beschließt Aicher sein Plädoyer für die Geburt der Phantasie aus dem Geiste der Industrialisierung wenig optimistisch: „Es gibt nicht allzu viel Bereitschaft, von einer Architektur der Zeichen wieder zu einer solchen der Sache zu kommen."

Nicht zuletzt war es der Einzug des Computers in die Architekturbüros Mitte der neunziger Jahre, der die in der Postmoderne neu erwachte Sensibilität der Architekten für die „Zeichenhaftigkeit" und symbolische Bedeutung von Gebäuden unter Anachronismusverdacht stellte und der Bereitschaft für technische Experimente neuen Auftrieb verlieh. Plötzlich waren mithilfe entsprechender Programme komplexe konstruktive Gebilde relativ einfach zu konzipieren, an denen sich noch Jahrzehnte zuvor viele Visionäre hoffnungslos die Zähne ausgebissen hatten – und dabei stets Gefahr gelaufen waren, als unrealistische Spinner abgetan zu werden. Mit dem Computer stand fortan den Architekten eine Maschine zur Verfügung, die alle numerisch quantifizierbaren Beziehungen zu speichern und zu verarbeiten vermochte. Darüber hinaus aber kann sie auch eine Vielzahl architektonischer Vorstellungen täuschend echt simulieren, ohne dass es dazu eines realisierten Beispiels bedarf.

Dass mit dieser Entwicklung eine Aktualisierung der Sechziger einherging, darauf haben 1995 **Catherine Ingraham**, **Alicia Kennedy** und **K. Michael Hays** in ihrem Text

„**Computer-Animismus**" hingewiesen, den sie als Herausgeber der Zeitschrift *Assemblage* in Form eines Editorials gemeinsam verfassten. Im Zuge dieses Revivals trauen die Autoren dem durch Worthülsen wie „Nachhaltigkeit" überstrapazierten „ökologischen Bauen" eine Renaissance zu – wenn es denn gelänge, es von seinem gesellschaftsutopischen Anspruch zu entlasten und der „wirren, evangeliumsgläubigen Politik der grünen Bewegungen der Sechziger" zu entwenden. Dies glücke allerdings nur, wenn sich die Architekten die altgriechischen Wortbestandteile des Ökologie-Begriffs vergegenwärtigten: „Wir möchten vorschlagen, dass *oikos* und *logos* der Ökologie der neunziger Jahre sich im Computer und in den durch den Computer ermöglichten Theorien und Bildern der Komplexität darstellen."

Als Paradebeispiele einer solchen „ent-utopisierten" Neudeutung ökologischen Bauens im Zeichen der Computertechnologie dienen den Autoren zwei Entwürfe, die von den amerikanischen Architektenteams Jesse Reiser und Nanoko Umemoto sowie Greg Lynn und Ed Keller für den Wettbewerb Cardiff Bay Opera House (1994) eingereicht wurden. Die „Ökologie" ihrer Arbeiten legitimiere sich keineswegs nur durch die Verwendung biomorpher Formen, sondern vor allem dadurch, dass Prozesse und Strukturen des Lebendigen auf die Entwurfsmethodik übertragen wurden. Inspiriert von den Theorien des britischen Biologen (und Begründers der „Genetik") William Bateson erhoben Lynn und Keller mit ihrem Entwurf die Asymmetrie zum Programm: Getreu der Überlegung, dass Informationsüberschuß in einem Organismus mit einer Verminderung von Symmetrie einhergeht,[2] entwarfen sie ein Opernhaus, das sich einerseits durch Informationsfülle der Umgebung anpasst, sich andererseits aber auch durch strategische Informationsminimierung im urbanen Kontext zu behaupten vermag.

Wie bei allen neuen Werkzeugen überwiegt auch beim Computer fürs Erste die Neugier, in welche Zukunft er uns wohl führen mag. Eine Teleologie scheint ihm nicht eingeboren zu sein. So geben auch die Autoren von „Computer-Animismus" zu, dass es derzeit „noch schwierig zu erkennen" sei, worin der „politische und methodologische Wert" dieses Werkzeugs liegen könnte. Der Computer sei darum eine „Utopie im Prozess der Entstehung", mithin eine „diffuse Utopie".

Wer sich die absehbaren Entwicklungen in Informatik, Genetik und Nanotechnologie vor Augen führt, der weiß, dass die Experimente von Greg Lynn und seinen Gesinnungsgenossen wichtige Schritte in Richtung einer allgemeinen „Biologisierung" der Architektur darstellen. Jedoch fällt auf, dass sie noch zu sehr dem Modell der Analogiebildung verhaftet sind, als dass sie schon für tragfähige Zukunftskonzepte garantieren könnten. Damit wird freilich bald zu rechnen sein: Seit den gentechnischen Durchbrüchen der letzten Jahre sind Hybride, die sich aus toter Architektur und lebendiger Materie zusammensetzen, in den Bereich des Möglichen gerückt. Von fern deutet sich eine Welt an, in der Unterscheidungen wie die zwischen künstlich und natürlich ihren Sinn verlieren.

Henrik Mauler

---

1 R. Buckminster Fuller: *Bedienungsanleitung für das Raumschiff Erde und andere Schriften*, Reinbek bei Hamburg 1973.
2 Vgl. Greg Lynn: „Das erneuerte Neue der Symmetrie", in: *ARCH+* Nr. 128, S. 48 ff.

AUTOR
REYNER BANHAM

Reyner Banham (1922-1988) hatte die Sheldon-H.-Solow-Professur für Architekturgeschichte am Institute of Fine Arts, New York University, inne und war Professor für Kunstgeschichte an der University of California, Santa Cruz. Zu seinen wichtigsten Büchern gehören *The New Brutalism* (1966; dt.: *Brutalismus in der Architektur*, 1966), *Los Angeles: The Architecture of Four Ecologies* (1973) und *A Concrete Atlantis: U.S. Industrial Building and European Modern Architecture* (1986).

„Funktionalismus und Technologie" wurde dem Buch *Die Revolution der Architektur. Theorie und Gestaltung im ersten Maschinenzeitalter* (Bauwelt Fundamente 89, Vieweg&Sohn, Braunschweig/Wiesbaden 1964) entnommen, dessen Originalausgabe 1960 unter dem Titel *Theory and Design in the First Machine Age* (The Architectural Press, London) erschienen ist. (© für die deutsche Übersetzung Rowohlt Taschenbuch Verlag GmbH, Reinbek bei Hamburg.)

Reyner Banham:
Funktionalismus und Technologie (1960)

Mitte der dreißiger Jahre war es bereits allgemein üblich, das Wort Funktionalismus als Sammelbegriff für die fortschrittliche Architektur der zwanziger Jahre und für den Kanon anerkannter Vorläufer zu gebrauchen, der von Schriftstellern wie Sigfried Giedion aufgestellt worden war. Wenn man aber von der kurzlebigen G-Gruppe in Berlin absieht, dann ist es doch zweifelhaft, ob die mit dem Begriff Funktionalismus gekennzeichneten Ideen — ganz abgesehen von dem Wort selbst — jemals wirklich in den Köpfen der einflussreichen Architekten dieser Periode bewusst gegenwärtig waren. Die Gelehrten mögen sich darüber streiten, zu welchem Zeitpunkt dieses irreführende Wort erstmals zur Kennzeichnung des „Internationalen Stils" verwendet wurde, aber es ist kaum daran zu zweifeln, dass die erste konsequente Anwendung in Alberto Sartoris' Buch *Gli Elementi dell'Architettura Funzionale* erfolgte, das 1932 in Mailand erschien. Die Verantwortung für die Verwendung dieser Begriffsbezeichnung liegt bei Le Corbusier; das Werk sollte ursprünglich *Architettura Razionale* oder so ähnlich heißen, aber in einem als Vorwort zu dem Buch abgedruckten Brief schrieb Le Corbusier: „Der Titel Ihres Buches ist zu sehr einschränkend: Es ist wirklich nicht richtig, dass man dazu gezwungen wird, das Wort rational sozusagen auf eine Seite der Barriere zu stellen und nur das Wort akademisch für die andere Seite übrig zu lassen. Nehmen Sie das Wort funktional statt rational [...]".

Die meisten Kritiker der dreißiger Jahre nahmen nur allzu gern eine solche Auswechslung der Wörter, nicht aber der Ideen vor; „funktional" ist denn auch fast ohne Ausnahme in dem eingeschränkten Sinne interpretiert worden, den Le Corbusier dem Worte „rational" gab. Diese Tendenz gipfelte schließlich in der Wiederholung eines aus dem 19. Jahrhundert stammenden Determinismus, wie ihn sowohl Le Corbusier als auch Gropius verworfen hatten und wie er sich in Louis Sullivans oberflächlichem Versgeklingel kurz zusammenfassen lässt: „Form folgt der Funktion."

Als eine Art Glaubensbekenntnis oder Programm mag der Begriff „Funktionalismus" von einer gewissen strengen Nobilität sein, in symbolischer Hinsicht ist er mehr als ärmlich. Die Architektur der zwanziger Jahre besaß zwar ihre eigene Strenge und Nobilität, aber sie war ganz bewusst stark mit symbolischen Bedeutungen beladen, die von ihren Verfechtern in den dreißiger Jahren einfach fallen gelassen oder ignoriert wurden. Für diesen Entschluss, an einer verkürzten Front zu kämpfen, lassen sich in der Hauptsache zwei Gründe anführen. Erstens kamen viele dieser Verfechter nicht aus denjenigen

Ländern – Holland, Deutschland und Frankreich –, die zur Schaffung des neuen Stils in erster Linie beigetragen hatten, und sie schlossen sich dieser Stilrichtung erst spät an. Sie hatten also keinen Anteil an jenem Austausch von Ideen, jenem Aufeinanderprallen von Männern und Bewegungen, jenen Kongressen und Polemiken, aus denen sich schließlich noch vor 1925 die Hauptrichtung auf theoretischem und praktischem Gebiet herausschälte, und sie waren nicht mit den örtlichen Gegebenheiten vertraut, die dieser Entwicklung ihren Stempel aufprägten. So bekam der Schweizer Sigfried Giedion seit 1923 nur noch die abschließende Phase dieses Entwicklungsprozesses mit, dem Italiener Sartoris entging er ganz; der Amerikaner Lewis Mumford war trotz seines guten soziologischen Auffassungsvermögens viel zu weit vom Zentrum des Geschehens entfernt, als dass er das rechte Gefühl für die in Frage stehenden ästhetischen Probleme hätte haben können: daher auch seine erheblich am Thema vorbeigehenden und inkonsequenten Ausführungen zum Problem der Monumentalität.

Der zweite Grund für den Entschluss, an dieser verkürzten Front zu kämpfen, war die Tatsache, dass man überhaupt keine Wahl mehr hatte, ob man kämpfen sollte oder nicht. Der „Internationale Stil" war in Deutschland und Russland politisch geächtet und in Frankreich wirtschaftlich lahm gelegt; daher kämpften der Stil und seine Anhänger darum, im politisch argwöhnischen faschistischen Italien, im ästhetisch indifferenten England und in dem von der wirtschaftlichen Depression schwer gezeichneten Amerika Fuß zu fassen. Unter diesen Umständen war es besser, auf der Basis von logischen und ökonomischen Gründen für die neue Architektur einzutreten und sie zu verteidigen, als mit ästhetischen beziehungsweise symbolischen Gründen, die nur die Gefahr einer feindseligen Reaktion heraufbeschworen. Das mag taktisch richtig gewesen sein – dieser Punkt bleibt strittig –, aber es ergibt sich daraus auf jeden Fall ein falsches Bild. Bei der Schaffung des Stils hatten emotionelle Faktoren eine bedeutendere Rolle gespielt als logische; gewiss, man hatte ihn beim Bau preiswerter Gebäude verwendet, aber er war im Grunde nicht ökonomischer als jeder andere Stil auch. Das wirkliche Anliegen des Stils war es – um Gropius' Worte über das Bauhaus und sein Verhältnis zur Welt des Maschinenzeitalters zu zitieren: „Formen zu erfinden und zu gestalten, die diese Welt symbolisieren". Allein in derartigen symbolischen Formen kann seine historische Rechtfertigung liegen.

Inwieweit es diesem Stil gelang, solche seiner eigenen Auffassung entsprechenden Formen wirklich zu schaffen und einen solchen Symbolismus deutlich zu machen, das kann man am besten auf Grund einer Untersuchung von zwei Gebäuden beurteilen, die man allgemein für Meisterwerke hielt und die beide 1928 entworfen wurden. Eines von ihnen ist der „Deutsche Pavillon" auf der Ausstellung in Barcelona im Jahre 1929, ein Werk von Mies van der Rohe, das von so unverkennbar symbolischem Gehalt war, dass man den Begriff „Funktionalismus" bis zur Unkenntlichkeit verändern müsste, um ihn hier passend erscheinen zu lassen – dies ist umso mehr der Fall, als es nicht ganz leicht ist, in rein rationalistischen Begriffen zu definieren, was der Bau nun eigentlich symbolisieren soll. Wenn man auch keine genaue Erklärung geben kann, so lässt sich doch wenigstens auf Grund von Mies van der Rohes Äußerungen über Ausstellungen (1928) ungefähr der Hintergrund rekonstruieren, auf dem die mutmaßlichen Absichten erwuchsen.

„Die Ära monumentaler Ausstellungen, die Geld einbringen, ist vorüber. Heute beurteilen wir eine Ausstellung nach ihren Leistungen auf kulturellem Gebiet.

Die wirtschaftlichen, technischen und kulturellen Verhältnisse haben sich radikal verändert. Sowohl Technologie als auch Industrie stehen völlig neuen Problemen gegenüber. Es ist für unsere Kultur und unsere Gesellschaft ebenso wie für Technologie und Industrie von großer Bedeutung, gute Lösungen zu finden. Die deutsche Industrie und darüber hinaus die gesamte europäische Industrie müssen diese speziellen Aufgaben begreifen und einer Lösung zuführen. Der Weg muss von der Quantität zur Qualität hinführen – von der Ausdehnung zur Intensität. Auf diesem Wege werden Industrie und Technologie ihre Kräfte auf dem denkerischen und kulturellen Sektor vereinen.

Wir befinden uns in einer Periode des Übergangs: eines Übergangs, der die Welt verändern wird.

Diesen Übergang zu erläutern und zu fördern, das wird die verpflichtende Aufgabe zukünftiger Ausstellungen sein."

Die diesen Ausführungen anhaftende Ambiguität löst sich im Pavillon selbst auf, und zwar auf Grund von architektonischen Praktiken, die sich aus mehreren Quellen des Symbolismus oder zumindest doch aus Quellen von architektonischem Prestige speisten. Man hat auf Anklänge an Wright, De Stijl und die „Schinkelschüler"-Tradition im Pavillon hingewiesen, aber sein ganzer Reichtum wird erst offenbar, wenn man diese Hinweise präzisiert. Alle drei Bezüge lassen sich praktisch dahingehend zusammenfassen, dass es sich hier um eine Raumgestaltung handelt, die ausgesprochen elementaristisch ist. Die horizontalen Ebenen, die man mit Wright verglichen hat, und die verstreuten vertikalen Oberflächen, deren Anordnung im Gesamtplan man auf van Doesburg bezogen hat, grenzen ein „Stück Raum" im Sinne von Moholy-Nagy so ab, dass eine völlige Durchdringung mit dem Außenraum auf wirkungsvolle Weise erreicht wird. Überdies ist die Anordnung der Säulen, die ohne jede Unterstützung der vertikalen Ebenen die Dachplatte tragen, völlig regelmäßig, und ihre räumliche Anordnung lässt die elementaristische Raumkonzeption von einem messbaren Raumkontinuum erkennen, unabhängig von den in ihm enthaltenen Gegenständen. Das Podest, auf dem der ganze Bau, in dem Philip Johnson einen „Anklang an Schinkel" zu finden glaubte, aufgebaut war, erstreckt sich auf einer Seite ein ganzes Stück über die von der Dachplatte bedeckte Fläche hinaus und ist infolge der beiden in sie eingelassenen Schwimmbecken eine eigenständige Komposition im Grundriss; sie ähnelt jenen gemusterten Wandleisten, die eine wichtige Rolle in den abstrakten Studien über Maßverhältnisse spielen, die aus dem Kreis um Ladowski-Lissitzky kamen, und wie jene scheint sie den „Unendlichen Raum" als aktive Komponente des gesamten Entwurfs zu symbolisieren.

Zu diesem eben genannten Eindruck tragen auch die Materialien bei, denn der Marmorboden des Podests ist überall sichtbar oder, wo er durch Teppiche verdeckt wird, zumindest taxierbar, und er betont nachdrücklich die räumliche Kontinuität der Gesamtanlage. Doch hat dieser Marmor zusammen mit den marmorierten Mauern noch eine andere Bedeutung: Das Luxusgefühl, das von ihm ausgeht, unterstützt die Idee vom Übergang von der Quantität zur Qualität, von der Mies gesprochen hatte, und es führt zu weiteren paradoxen Anklängen an Berlage und Loos. Diese Mauern sind „raumschaffend" im

Sinne von Berlage, und sie sind auf jene Art und Weise, die Berlage an Wright so bewunderte, „vom Flur bis zum Dachgesims allein gelassen"; dem Vorwurf, bei der Marmorbeziehungsweise Onyxschicht, mit der sie verkleidet sind, handle es sich um eine „übergehängte Dekoration", wie Berlage sie missbilligte, könnte man zu Recht mit dem Hinweis begegnen, Adolf Loos, der entschiedene Gegner aller Dekoration, sei durchaus bereit gewesen, große Flächen von stark gemustertem Marmor als Wandverkleidung in seinen Innenräumen zuzulassen.

Die Raumkontinuität wird außerdem durch die Transparenz der Glaswände demonstriert, denen wir in verschiedenen Teilen des Gebäudesystems begegnen, so dass der Besucher mit den Augen selbst dort von Raum zu Raum wandern kann, wo er es mit den Füßen nicht tun könnte. Andererseits war das Glas mit einem leichten, farbigen Anstrich versehen, so dass auch seine Materialqualität wahrnehmbar war, etwa nach der Art von Artur Korns Paradoxon: „Es ist da und ist nicht da." Das Glas, aus dem diese Wände bestehen, wird von verchromten Stäben umrahmt, und die Verchromung wiederholt sich auf der Oberfläche der kreuzförmig angelegten Säulen. Diese Gegenüberstellung von kostbaren neuen Materialien mit dem kostbaren antiken Material Marmor ist ein Ausdruck jener Überlieferung von der Gleichwertigkeit künstlerischer und antikünstlerischer Materialien, die über den Dadaismus und Futurismus bis auf die *papiers collés* der Kubisten zurückreicht.

In den nicht strukturellen Teilen des Pavillons kann man auch entfernt dadaistische und sogar antirationalistische Züge feststellen. Wenn man zum Beispiel in logischer Konsequenz der abstrakten Auffassung von Mondrian hätte folgen wollen, dann hätte dort etwas anderes stehen müssen als die naturalistische Aktplastik von Kolbe, die sich in dem kleineren von den beiden Becken befindet; innerhalb dieser Architektur hat sie etwas von jener Unangemessenheit wie zum Beispiel Duchamps „Flaschentrockner" in einer Kunstausstellung, obwohl sie an sich gut zu der Marmorwand passt, die ihr als Hintergrund dient. Das bewegliche Mobiliar, insbesondere die massiven Stahlrohrstühle, spottet vermutlich ganz bewusst dem Prinzip der Wirtschaftlichkeit, das untrennbar mit jenem Rationalismus verbunden ist, den del Marle als die treibende Kraft bei der Verwendung von Stahl zur Herstellung von Stühlen bezeichnet hatte; sie sind hier schwülstig, übergroß und übermäßig schwer, und das Material ist bei ihnen durchaus nicht auf die zweckmäßigste Weise verwendet.

Auch wenn es vorteilhaft wäre, einen strengen Maßstab von rationalistischer Zweckmäßigkeit beziehungsweise von funktionalistischem Determinismus anzulegen, dann würde doch trotzdem gerade das, was diesen Bau in architektonischer Hinsicht wirkungsvoll macht, bei einer solchen Analyse unbemerkt bleiben. Das Gleiche gilt auch für die Arbeiten von Le Corbusier, dessen Werk zwar oft äußerst praktischer Natur ist, seine Geheimnisse aber einer rein logischen Analyse nicht preisgibt. In seinem Dom-ino-Projekt zum Beispiel forderte er eine Struktur, deren einzige feststehende Elemente die Bodenplatten und die zugehörigen Stützsäulen waren. Die Aufgliederung der Wände war so dem Architekten freigestellt, aber einige Kritiker haben daraus logisch gefolgert, dass Le Corbusier praktisch völlig von seinen Bodenplatten abhängig war. Nichts war in Wirklichkeit falscher als das, wenigstens soweit es sich um seine vollendeten Bauten handelt, denn bei ihnen sind seit der Villa in Chaux-de-Fonds die Bodenplatten auf höchst elegante Art behandelt, und ein Großteil ihrer Innenarchitektur beruht auf dem Durchbruch von einem Stockwerk zum anderen. Wenn es im Gegensatz dazu ein Gebäude gibt, bei dem die horizontalen Platten absolut vorherrschen, dann ist es Mies van der Rohes Pavillon in Barcelona; die Wasserbecken modifizieren nur die Oberfläche des Podests, aber es gibt nichts, was die Dachplatte durchbricht und nichts, was höhenmäßig über sie hinausgeführt wird; das ganze Gebäude ist fast ausschließlich in zwei Dimensionen gestaltet, und das Gleiche gilt auch für einen Großteil seines späteren Werkes.

Das zweite Gebäude aus dem Jahre 1928, dessen Erörterung wir uns hier vorgenommen haben, ist das Haus Les Heures Claires, von Le Corbusier für die Familie Savoye in Poissy-sur-Seine gebaut und 1930 vollendet; hier sind die vertikalen Durchdringungen von entscheidender Bedeutung für die gesamte Formgebung. Sie sind flächenmäßig nicht groß, aber da sie mit Hilfe einer Art Fußgängerrampe bewirkt werden, deren Balustraden viele Ausblicke im Inneren mit kühnen Diagonalen durchkreuzen, fallen sie demjenigen, der das Haus bewohnt, stark auf. Überdies war diese Rampe vorzugsweise als Route einer – wie der Architekt sie nennt – *promenade architecturale* durch die verschiedenen Raumteile des Gebäudes gedacht; dieses Konzept scheint der fast mystischen Bedeutung des Wortes „Achse" nahe zu stehen, das er in *Vers une architecture* gebraucht hatte. Die durch diese Rampe miteinander verbundenen Stockwerke sind funktionell deutlich charakterisiert – *on vit par étage*; im Erdgeschoss befinden sich die Wirtschaftsräume, die des Dienstpersonals, ein Raum zum Abstellen von Fahrzeugen, der Eingang und ein Gästeraum; das erste Stockwerk beherbergt die hauptsächlichen Aufenthalts- und Schlafräume und ist praktisch ein kompletter Wochenend-Bungalow mit offenem Lichthof; im obersten Stockwerk befindet sich ein Dachgarten mit Sonnendeck und Aussichts-Plattform, umgeben von einer Windschutzmauer.

Das ist natürlich nur die rein fraktionelle Aufteilung; was das Gebäude nach Le Corbusiers eigenem Standard wirklich zur „Architektur" macht und ihm die Kraft gibt, uns innerlich anzurühren, das ist die Art und Weise, in der diese drei Stockwerke in visueller Hinsicht gestaltet sind. Das Haus als Ganzes ist weiß – *le couleur-type* – und quadratisch – eine von *les plus belles formes* – und steht in einem Meer von ununterbrochener Rasenfläche – *le terrain idéal* –, die der Architekt eine „Virgilische Landschaft" nannte. Auf diesem traditionsgebundenen Untergrund errichtete er eines der am wenigsten traditionsgebundenen Bauwerke seiner Karriere, beherrscht von der Vorstellungswelt der zwanziger Jahre. Das Erdgeschoß ist auf drei Seiten vom Umfassungskreis des Blocks beträchtlich zurückgesetzt, und der Schatten, in den es auf diese Weise getaucht wird, wurde noch durch dunkle Farbgebung und lichtabsorbierende Fensterflächen verstärkt. Wenn man das Haus von der Erde aus betrachtet, dann fällt dieses Stockwerk in visueller Beziehung kaum ins Gewicht, und der ganze Oberteil des Hauses scheint fast gewichtlos im Raum zu schweben, nur von einer Reihe zierlicher Stützpfeiler (*pilotis*) unter der Kante des ersten Stockwerks getragen: Das war genau jene Art von materiell-immateriellem Illusionismus, den Oud prophezeit, aber Le Corbusier öfters praktiziert hat.

Das Zurücksetzen des Erdgeschosses hat jedoch noch eine andere Bedeutung. Es lässt zwischen den Mauern und den Stützpfeilern, die das darüber liegende Geschoss tragen, genügend Raum für eine Autodurchfahrt; Le Corbusier behauptet, die Krümmung der Mauerkurve auf der der Straße abgelegenen Seite sei dadurch bestimmt gewesen, dass sie einem Auto den Mindestradius zum Wenden bieten sollte. Ein Auto, das seine Insassen vor dem Haupteingang am Scheitelpunkt der Kurve abgesetzt hatte, konnte, immer noch unter der vom oberen Stockwerk gebildeten Überdachung, zur anderen Seite des Gebäudes fahren und von dort über einen Fahrweg, der parallel zu der Auffahrt lag, auf der es das Haus erreicht hatte, wieder zur Hauptstraße zurückkehren. Das scheint in der Tat eine typisch corbusiersche „Umkehrung" der Teststrecke auf dem Dach von Matté-Truccos Fiatfabrik zu sein; statt auf dem Dach ist sie direkt unter dem schützenden Gebäude angebracht und schafft so eine angemessen gefühlsbedingte Auffassung vom Heim einer vollmotorisierten, postfuturistischen Familie. Die im gleichen Stockwerk gelegene Eingangshalle hat einen unregelmäßigen Grundriss; ihr sachlicher und ordnungsbetonter Eindruck beruht auf den in schmalen Streifen angeordneten Scheiben ihrer Glaswände, auf den einfachen Balustraden der Rampe und der zum oberen Stockwerk führenden Wendeltreppe sowie auf der Art der Installation, der Lichtanlagen etc., die ebenso wie im Pavillon de l'Esprit Nouveau industrieller beziehungsweise nautischer Herkunft zu sein scheinen. Im darüber liegenden Hauptwohngeschoss zeigt die Grundrissgestaltung nicht in so starkem Maße jene *Beaux-Arts*-Formalität, wie sie in dem etwas früher entstandenen Haus in Garches zu finden ist; es ist vielmehr in einer Art komponiert wie etwa ein abstraktes Gemälde: Eine Anzahl von Rechtecken wird wie in einem Puzzlespiel so zusammengesetzt, dass sie ein in seinen Abmessungen festgelegtes Quadrat ausfüllen. In dem Gefühl, dass es sich hier um ein Arrangieren von Einzelteilen innerhalb eines vorher in seinen Abmessungen festgelegten Rahmens handelt, wird man noch bestärkt durch den fortlaufenden, gleichförmigen Fensterstreifen – bei dem es sich im Grunde um das *fenêtre en longueur* handelt –, der um das gesamte Stockwerk herumläuft, ohne auf die Lichtbedürfnisse der darunter liegenden Räume beziehungsweise offenen Raumbezirke Rücksicht zu nehmen. Wo dieser Streifen jedoch über die Wand des offenen Lichthofs läuft, bleibt er ebenso ohne Glasverkleidung wie beim Aussichtsfenster in der Windschutzmauer des Dachgartens; das ist eine, wenn auch späte und unbewusste, Verwirklichung von Marinettis Forderung nach windumspielten Villen mit guten Sichtmöglichkeiten. Die Windschutzmauer zeigt auch Anklänge an die Malerei: Im Gegensatz zu dem quadratischen Grundriss des Hauptgeschosses setzt sie sich aus unregelmäßigen Kurven und kurzen Geraden zusammen und ist zumeist vom Umfassungskreis des Blocks beträchtlich zurückgesetzt. Nicht nur sind diese Kurven in ihrer Grundrissgestaltung den Formen ähnlich, die man in seinen „Peintures Puristes" finden kann, sondern bei schräg einfallendem Sonnenlicht wirkt ihre Modellierung ebenso feingliedrig und immateriell wie bei den Flaschen und Gläsern in seinen Gemälden. Die Wirkung dieser gekurvten Formen auf einer quadratischen, von Stützen getragenen Steinplatte ist fast die eines auf einer Tischplatte arrangierten Stilllebens. In diese Landschaft gesetzt, hat sie die gleiche dadaistische Qualität wie die Statue im Pavillon von Barcelona.

Es ist nun genug gesagt worden, um darzulegen, dass ein Einzelkriterium, wie zum Beispiel der Begriff „Funktionalismus", niemals ausreichen wird, die Formen und die Oberflächengestaltung dieser Gebäude hinreichend zu erklären, und es ist wohl auch genug gesagt worden, um zu zeigen, wie reich sie an zeitgenössischen Assoziationen und symbolischen Werten sind. Es ist auch zur Genüge dargelegt worden, dass sie der

Verwirklichung der allgemeinen Idee von einer Architektur des Maschinenzeitalters, wie sie in der Vorstellung ihrer Schöpfer lebte, außerordentlich nahe kamen. Ihr Status als Meisterwerk beruht, wie das auch bei den meisten anderen Meisterwerken der Architektur der Fall ist, auf der Überzeugungskraft und dem Geschick, mit denen sie eine bestimmte Auffassung vom Menschen in seinem Verhältnis zur Umgebung treffend zum Ausdruck bringen. Sie sind Meisterwerke vom Rang der Sainte Chapelle oder der Villa Rotonda (Palladio). Wenn wir trotz der Tatsache, dass der Pavillon nicht mehr existiert und Les Heures Claires erbärmlich vernachlässigt wird, von ihnen in der Präsensform sprechen, dann geschieht das, weil wir im Maschinenzeitalter von beiden umfangreiche fotografische Dokumentationen besitzen, die sie in ihrer ursprünglichen Herrlichkeit zeigen; wir können uns also über sie eine Meinung bilden, die weit exakter und plastischer ist, als man sie sich zum Beispiel aus den Aufzeichnungen von Villard d'Honnecourt über die *Quattro Libri* von Palladio bilden könnte.

Aber gerade wegen dieses unzweifelhaften Erfolges sind wir berechtigt, unter Zugrundelegung des allerhöchsten Maßstabs zu untersuchen, ob die Ziele des „Internationalen Stils" den ganzen Einsatz wert waren und ob seine Vorstellung von einem Maschinenzeitalter wirklich zukunftsträchtig war. Eine nahezu glatte Ablehnung sowohl seiner Ziele als auch seiner Vorstellung kann man in den Schriften von Buckminster Fuller finden:

„Ganz offensichtlich hat die gängige Formblindheit des Laienpublikums den europäischen Formgebern die Möglichkeit gegeben, ihren vorausschauenden Scharfblick für die Anziehungskraft von in einfachen Formen gehaltenen Industriebauten zu entwickeln, die ganz unbeabsichtigt zu architektonischer Selbständigkeit gekommen waren, und zwar nicht durch bewusste Neuerungen auf ästhetischem Gebiet, sondern durch das Gewinn versprechende Ausrangieren von in wirtschaftlicher Hinsicht belanglosen Faktoren [...]. Diese überraschende Entdeckung konnte man, wie die europäischen Formgestalter sehr wohl wussten, bald zu einem überall ansprechenden Modeschlager auswerten, denn, waren sie ihr nicht schon selbst wie einer törichten Liebhaberei verfallen?! Der Internationale Stil, der von den Bauhaus-Erneuerern nach Amerika gebracht wurde, demonstrierte die Einführung einer modischen Strömung ohne die notwendige Kenntnis der wissenschaftlichen Grundlagen struktureller Mechanik und Chemie.

Die ‚Vereinfachung' des Internationalen Stils war im Grunde nur oberflächlicher Natur. Er entfernte die äußeren Schmuckelemente der vorangegangenen Zeit und setzte an ihre Stelle formalisierte Neuheiten von scheinbar einfacher Art, die durch die gleichen verborgenen, aus modernen Metalllegierungen bestehenden Strukturelemente ermöglicht wurden wie auch die ausrangierte Beaux-Arts-Ausschmückung. Es handelte sich aber immer noch um eine typisch europäische Ausschmückung. Der Vertreter des neuen Internationalen Stils brachte Mauern mit einem starren Strukturprinzip an, bestehend aus einer ungeheuren, übersorgfältig zusammengesetzten Masse von Ziegelsteinen, die in sich selbst keine Spannungsfestigkeit hatten, sondern in Wirklichkeit durch ein verborgenes Stahlgerüst fest untereinander verbunden waren, denen also der Stahl den Halt gab, ohne dass er als Stützkraft sichtbar in Erscheinung trat. Auf derart illusionistische Weise gelang dem Internationalen Stil in mehrfacher Hinsicht eine dramatische, empfindungsmäßige Einwirkung auf die Gesellschaft, wie

es etwa einem Zauberkünstler gelingt, die Aufmerksamkeit der Kinder zu erregen [...].
[...] das Bauhaus und der Internationale Stil benutzten die normalen Installationsanlagen und wagten sich nur insoweit vor, als sie die Hersteller dazu bewegten, die Griffe an den Verschlussvorrichtungen und Leitungshähnen in ihrer Oberflächengestaltung abzuändern und auch die Farbe, Größe und Anordnung der Fliesen abzuwandeln. Der Internationale Bauhausstil kümmerte sich nicht um die unter der Maueroberfläche liegende Installation [...], er untersuchte niemals das Problem der sanitären Anlagen als Ganzes [...]; kurzum, er kümmerte sich nur um Probleme, die Veränderungen an der Oberfläche von Endprodukten betrafen, und diese Endprodukte waren von Natur aus untergeordnete Funktionen einer in technischer Hinsicht veralteten Welt."

Es folgen noch weitere Ausführungen, die auf ähnlich feindselige Art an anderen verwundbaren Punkten des Stils herummäkeln, aber der Mangel an technischer Ausbildung am Bauhaus, der Formalismus und Illusionismus und das Versagen beim Erfassen grundlegender Probleme der Bautechnik, das sind seine Hauptargumente. Zwar zieht sich sehr deutlich ein starker Zug von US-Patriotismus durch diese ganze feindselige Beurteilung, doch ist sie nicht nur eine weise Erkenntnis nach Vollzug der Tatsachen oder ein sozusagen olympischer Urteilsspruch, abgegeben von einem Standpunkt aus, der hoch über allen praktischen Bauproblemen liegt.

Schon 1927 hatte Fuller mit seinem Dymaxion-House-Projekt eine Konzeption von der Gestaltung eines Wohnhauses vorgetragen, das man durchaus unter den Voraussetzungen der zeitgenössischen Materialtechnik hätte bauen können; wäre es wirklich gebaut worden, dann hätte zum Beispiel das Les-Heures-Claires-Gebäude schon als technisch veraltet gelten müssen, bevor man es überhaupt zu bauen begonnen hatte. Das Dymaxion-Konzept war in jeder Hinsicht radikal: Es bestand aus einem hexagonalen Ring für Aufenthaltsräume, umschlossen von einer doppelten Plastikhaut, die, den jeweiligen Lichtbedürfnissen entsprechend, von unterschiedlicher Transparenz war, und es war mit Drähten an der Spitze eines in der Mitte stehenden Mastes aus Duralumin befestigt, in dem sich auch alle mechanischen Einrichtungen befanden. Die formalen Eigenschaften dieses Bauwerks sind nur im Zusammenhang mit den in struktureller Hinsicht und mit den bei der Grundrissgestaltung angewendeten Methoden bemerkenswert. Die Struktur leitet sich nicht aus der Übertragung einer perretschen oder elementaristischen Ästhetik auf ein Material ab, das in den Rang eines Symbols für „die Maschine" erhoben ist, sondern gründet sich auf eine den Umständen angepasste Anwendung der beim zeitgenössischen Flugzeugbau verwendeten Leichtmetallbauweise. Die Grundrissgestaltung geht auf eine freiere Haltung gegenüber jenen mechanischen Einrichtungen zurück, die schon vor 1914 durch ihr Eindringen in Heime und Straßen das ganze wagemutige Unternehmen der Moderne jäh beschleunigt hatten.

Selbst jene Männer, die wie Le Corbusier der mechanischen Revolution auf dem Gebiete der häuslichen Dienstleistungsvorrichtungen ihre besondere Aufmerksamkeit gewidmet hatten, hatten sich größtenteils damit begnügt, sie entsprechend der vormechanischen Periode im Hause zu verteilen. So kamen die zum Kochen benötigten Geräte in den Raum, den man auch ohne Gasofen als „Küche" bezeichnet hätte, Waschmaschinen in einen Raum, der noch im alten Sinne als „Waschküche" gedacht war, das Grammofon ins „Musikzimmer", der Staubsauger in die „Besenkammer" etc. In Fullers Auffassung wurden all diese Ausrüstungsstücke als zusammengehörig betrachtet, da sie mechanischer Art sind, und nicht als verschiedenartig auf Grund ihrer althergebrachten funktionellen Verschiedenheiten. Daher werden sie gemeinsam im Zentrum des Hauses untergebracht, von wo aus sie ihre Dienstleistungen in die umliegenden Aufenthaltsräume übertragen: Heizung, Licht, Musik, Sauberkeit, Ernährung, Lüftung etc.

Das Dymaxion-Haus zeigt einen auffallenden, wenn auch wohl rein zufälligen, futuristischen Zug. Es sollte leicht sein, den Charakter eines Gebrauchsartikels haben und aus jenen Ersatzstoffen für Holz, Stein und Ziegel gemacht sein, von denen Sant'Elia gesprochen hatte; ebenso hat Fuller mit ihm auch das Ziel gemeinsam, Mensch und Umgebung in ein harmonisches Verhältnis zu bringen und alle Vorteile von Wissenschaft und Technik auszunutzen. Außerdem stellt die Idee von einer Zentralstelle, die die Dienstleistungen auf die umliegenden Raumbezirke überträgt, eine Konzeption dar, die ganz auffallend an Boccionis Feldtheorie vom Raum anklingt, nach der die einzelnen Objekte Kraftlinien in ihre Umgebung ausstrahlen.

Auch in vielen anderen Ideen Fullers, die sich aus einer unmittelbaren Kenntnis der Bautechniken und aus eingehenden Untersuchungen auf anderen Sektoren der Technologie ableiten, zeigt sich ein ähnlicher, scheinbar futuristischer Anklang; dieser Umstand deutet darauf hin, dass im Hauptstrom der modernen Architektur gegen Ende der zwanziger Jahre etwas in zunehmendem Maße verfälscht wurde. Wie schon zu Beginn des Buches erwähnt wurde, entwickelten sich Theorie und Ästhetik des „Internationalen Stils" zwischen Futurismus und Akademismus, gelangten aber zu ihrer Vollendung nur durch ein Abrücken vom Futurismus und eine Annäherung an die akademische Tradition – ganz gleich, ob sie sich nun von Blanc oder Guadet ableitete – und dadurch, dass man diese Tendenz durch rationalistische und deterministische Theorien präfuturistischer Art rechtfertigte. Vollkommenheit, wie man sie zum Beispiel im Pavillon von Barcelona und in dem Les-Heures-Claires-Gebäude findet, konnte auch nur auf diese Weise erreicht werden, denn der Futurismus, der sich der „ständigen Erneuerung unserer architektonischen Umwelt" verschrieben hat, schließt Entwicklungsprozesse mit einem definitiven Abschluss, wie er nun einmal zum Wesen der Vollkommenheit gehört, von vornherein aus.

Indem sie ihre Verbindung zu den philosophischen Aspekten des Futurismus abreißen ließen und doch hofften, von seinem Prestige als „Kunst des Maschinenzeitalters" weiterhin profitieren zu können, zerstören die Theoretiker und Formgeber der ausgehenden zwanziger Jahre nicht nur ihre Verbindung zu ihren eigenen historischen Anfängen, sondern sie begaben sich auch ihres sicheren Halts in der Welt der Technologie, deren Charakter Fuller ganz zu Recht definierte als eine „[...] unaufhaltbare Tendenz zu sich ständig beschleunigender Veränderung". Diese Tendenz hatten die Futuristen bereits vor ihm richtig eingeschätzt. Doch hatte der Hauptstrom der Moderne angefangen, diesen Aspekt der Technologie schon frühzeitig in den zwanziger Jahren aus dem Blickfeld zu verlieren; das lässt sich ablesen: a) aus ihrer Wahl symbolischer Formen und symbolischer geistiger Prozesse und b) aus ihrer Anwendung der „Typen-Theorie". Die offensichtliche Angemessenheit der Philebos'schen festen Körper als Symbole mechanistischer Verwendbarkeit beruht teilweise auf einem die Fahrzeugtechnik beeinflussenden historischen Zufall, der, wenn auch auf oberflächliche Weise, so doch in vollem Umfang von Le Corbusier in *Vers une Architecture* ausgewertet wurde, und teilweise auf einer Art Mystik der Mathematik. Indem sie sich auf die Mathematik als Quelle für das technologische Prestige ihrer eigenen Denkprozesse versteiften, brachten Männer wie Le Corbusier und Mondrian es fertig, sich an den einzigen bedeutenden Teil der wissenschaftlichen und technischen Methodologie zu halten, der nicht neu, sondern schon in der vor dem Maschinenzeitalter liegenden Epoche aktuell war. Auf jeden Fall ist die Mathematik, wie andere Bereiche der Logik, nur eine Verfahrenstechnik und nicht eine schöpferische Disziplin. Die Projekte, die für das Maschinenzeitalter charakteristisch sind, waren das Ergebnis von Intuition, Experiment oder Sachkenntnis – niemand konnte jetzt einen Anlasser entwerfen, ohne eine genaue Kenntnis von den mathematischen Gesetzen der Elektrizität zu haben; aber nicht durch mathematische Gesetze, sondern von Charles F. Kettering wurde der erste Anlasser erfunden, und zwar auf der Grundlage eines guten Verständnisses für mechanische Methoden.

Mit der Festlegung auf die Philebos'schen festen Körper und die Mathematik wählten die Schöpfer des „Internationalen Stils" einen bequemen Abkürzungsweg zur Schaffung einer speziellen symbolischen Formensprache, aber es war eine Sprache, die nur unter den besonderen Voraussetzungen der zwanziger Jahre Mitteilungskraft besaß, als man Autos offensichtlich mit dem Parthenon vergleichen konnte, die Struktur von Flugzeugen wirklich elementaristischen Raumkäfigen ähnelte, der Oberbau von Schiffen wirklich den Symmetriegesetzen der Beaux-Arts zu folgen schien und die in vielen Sparten der Maschinen-Technologie übliche additive Methode der Formgebung überraschende Ähnlichkeit mit Guadets elementarer Komposition zeigte. Gewisse Ereignisse in den frühen dreißiger Jahren machten jedoch deutlich, dass die augenscheinliche symbolische Bedeutung dieser Formen und Methoden eine reine Erfindung war und nicht organisch aus Prinzipien erwachsen ist, die Technologie und Architektur gemeinsam haben; es zeigte sich auch bald, dass eine Anzahl von Fahrzeugen, die in den Vereinigten Staaten, in Deutschland und Großbritannien entworfen worden waren, die Schwäche der Position des Architekten zutage treten ließen.

Als man wegen der Leistungskraft der Wagen gezwungen war, sämtliche Bestandteile in einer kompakten stromlinienförmigen Hülle unterzubringen, war die sichtbare Verbindung zwischen dem „Internationalen Stil" und der Technologie abgerissen. Die Burney Streamliners in Großbritannien, die für das 1934 stattfindende Grand-Prix-Formel-Rennen im Jahre 1933 in Deutschland entworfenen Rennwagen, das Heinkel-He-70-Suchflugzeug und die Boing-247-D-Transportmaschine in den Vereinigten Staaten gehören alle einer Welt an, die sich im Vergleich zu den ein Jahrzehnt früher entstandenen Konstruktionen radikal verändert hatte. Zwar gab es keinen speziellen Grund dafür, dass die Architektur diesen Entwicklungen auf einem anderen Gebiet Beachtung schenken oder notgedrungen selbst eine Umwandlung in Übereinstimmung mit der Technologie im Fahrzeugbau anstreben sollte, aber man hätte erwarten können, dass bei einer Kunstgattung, die zu der Technologie so enge emotionell bedingte Bindungen zu haben schien, zumindest einige Anzeichen dieser Umwälzung erkennbar sein würden.

Was sich wirklich abspielte, das ist von entscheidender Bedeutung für den Anspruch des „Internationalen Stils", die Architektur eines Maschinenzeitalters zu sein. In den gleichen frühen dreißiger Jahren entwarf Walter Gropius eine Reihe zueinander in enger Beziehung stehender Karosserien für Adler-Autos. Sie waren von ansehnlicher Bauart und zeigten viel Erfindungsreichtum in ihrer Ausstattung, einschließlich solcher Errungenschaften wie verstellbarer Sitze, aber von der sich zu dieser Zeit abspielenden Revolution im Fahrzeugbau ist bei ihnen nichts zu spüren. Sie sind im Grunde immer noch elementare Kompositionen, und abgesehen von den technischen Verbesserungen im Chassis, im Motor und im Getriebe, für die Gropius nicht verantwortlich zeichnete, zeigen sie keinen Fortschritt gegenüber den in *Vers une Architecture* abgebildeten Karosserien. Andererseits sehen wir, wie Fuller seine Berechtigung, abschätzig über den „Internationalen Stil" zu urteilen, dadurch unter Beweis stellt, dass er 1933 ein Fahrzeug entwirft, das ebenso fortschrittlich ist wie die Burney-Autos; er zeigt hier eine geistige Beherrschung der Technologie, wie sie dem „Internationalen Stil" nicht gelungen war.

Diesem Versagen folgte prompt – wenn auch nicht als unmittelbare Konsequenz – das Auftauchen einer weiteren neuen Fahrzeugart, die in ihrer Formgebung noch einen anderen Aspekt der Technologie ausnützen wollte, den die Meister des „Internationalen Stils" nicht erfasst zu haben scheinen. Es handelt sich um den ersten eigens von einem Stilisten entworfenen Wagen, Harley Earles Lasalle von 1934, dessen Ästhetik nicht auf einen unveränderlichen Typ beziehungsweise eine unveränderliche Norm ausgerichtet war, sondern im Hinblick auf die Massenproduktion für einen sich ständig verändernden öffentlichen Markt geschaffen wurde. Hier ergibt sich ein seltsamer Aspekt: Le Corbusier hatte viel Aufhebens von der Idee einer angemessen hohen Abfallquote gemacht; er scheint sie aber nicht als Bestandteil eines in der Natur der technologischen Betrachtungsweise liegenden kontinuierlichen Entwicklungsprozesses gesehen zu haben, der notwendigerweise so lange dauern musste wie die Technologie selbst, sondern nur als Zwischenstadium in der Entwicklung zu einem definitiven Typ beziehungsweise einer definitiven Norm hin, deren Vollkommenheitsstadium er, Pierre Urbain, Paul Valéry, Piet Mondrian und viele andere für ein in der unmittelbaren Zukunft zu erwartendes, wenn nicht gar für ein bereits in der unmittelbaren Vergangenheit vollzogenes Ereignis hielten. In Wirklichkeit scheint eine hohe Abfallquote bei unserer beweglichen Ausrüstung nichts dergleichen zu bedeuten, sondern mehr eine beständige Erneuerung der Umgebung und eine unaufhaltbare Tendenz zu sich ständig schneller vollziehenden Veränderungen. Mit der Entscheidung zugunsten stabilisierter Typen beziehungsweise Normen entschieden sich die Architekten für die Ruhepausen, in denen die normalen technologischen Entwicklungsprozesse aufgehalten wurden; aber diese Veränderungs- und Erneuerungsprozesse können, soweit wir das zu beurteilen vermögen, nur dadurch zu einem Stillstand gebracht werden, dass wir die Technologie, so wie sie uns heute geläufig ist, aufgeben und sowohl die Forschung als auch die Massenproduktion stoppen.

Ob die Durchsetzung von Normen und Typen durch eine derartige, bewusst durchgeführte Aktion für das Menschengeschlecht gut wäre oder nicht, das ist ein Problem, das nicht zur Thematik der vorliegenden Untersuchung gehört. Auch die Theoretiker und Gestalter des Ersten Maschinenzeitalters haben sich mit dieser Frage nicht befasst. Sie waren dafür, der Technologie freien Lauf zu lassen, und glaubten dabei zu wissen, wohin der Weg führen würde, obwohl sie sich nicht einmal die Mühe gemacht hatten, sich wirklich eingehend mit ihr vertraut zu machen. Im Endergebnis muss ein Historiker jedoch feststellen, dass sie eine Maschinenzeitalter-Architektur nur in dem Sinne hervorbrachten, dass ihre Monumente während eines Maschinenzeitalters gebaut wurden und dass sie einer Auffassung vom Maschinenwesen nur in dem Sinne Ausdruck gaben, dass man sich zum Beispiel in Frankreich befinden und über französische Politik diskutieren, dabei aber doch englisch sprechen kann. Es ist durchaus möglich, dass das, was wir bisher als Architektur angesehen haben, und das, was wir beginnen, unter Technologie zu verstehen, miteinander unvereinbare Disziplinen sind. Der Architekt, der beabsichtigt, mit der Technologie zu gehen, weiß, dass er sich in einer rasch voranschreitenden Bewegung befindet und dass er, um mit ihr Schritt zu halten, es möglicherweise den Futuristen gleichtun und seinen ganzen Kulturballast abwerfen muss, einschließlich jener Berufskleidung, die ihn als Architekten kenntlich macht. Wenn er sich andererseits entschließt, das nicht zu tun, dann wird er vielleicht feststellen, dass die technologische Kultur entschlossen ist, ohne ihn voranzuschreiten. Diese Alternative zu erkennen, das versäumten die Meister der zwanziger Jahre, und sie trafen ihre Wahl schließlich rein zufällig; es ist aber gut möglich, dass die Architektur einen Zufall dieser Art ein zweites Mal nicht überleben würde. Wir mögen glauben, die Architekten des Ersten Maschinenzeitalters seien im Unrecht gewesen, aber wir vom Zweiten Maschinenzeitalter haben bis jetzt durchaus keinen Anlass, uns ihnen überlegen zu fühlen.

Übersetzung aus dem Englischen: Wolfram Wagmuth.

AUTOR
FREI OTTO

Frei Otto, geboren 1925 in Siegmar, studierte Architektur an der TU Berlin und promovierte 1954 zum Thema „Das hängende Dach". In den folgenden Jahren übernahm er zahlreiche Gastprofessuren in den USA, Venezuela, Mexiko und Indien. 1964 gründete er das Institut für Leichte Flächentragwerke (IL) an der TU Stuttgart und initiierte 1969 den Sonderforschungsbereich 64 „Weitgespannte Flächentragwerke" der Deutschen Forschungsgemeinschaft. Von 1976 bis 1991 leitete er als Professor das IL in Stuttgart. Zu seinen wichtigsten Bauten gehören der *Pavillon der Bundesrepublik Deutschland* auf der Expo '67 in Montreal (mit Rolf Gutbrod), die *Wohnung und das Atelier des Architekten* in Warmbronn (1967-1969), das *Institutsgebäude des IL* in Stuttgart-Vaihingen (1967-1968) und die *Überdachung des Hauptsportstättenbereichs* im Münchner Olympiapark (mit Behnisch und Partner, 1968-1972).

Der Text „Bauen für morgen? Die Architektur auf neuen Wegen" erschien zuerst in der Zeitschrift *Wort und Wahrheit* (Nr. 17, 3/1962) und wurde – leicht gekürzt – dem von Berthold Burkhardt herausgegebenen Buch *Frei Otto: Schriften und Reden 1951-1983* (Vieweg&Sohn, Braunschweig/Wiesbaden 1984) entnommen. Der Band erschien in der Reihe „Schriften des Deutschen Architekturmuseums zur Architekturgeschichte und Architekturtheorie".

Frei Otto:
Bauen für morgen?
Die Architektur auf der Suche nach neuen Wegen (1962)

Die heutige Architektur hat keine allgemeine Bewegungsrichtung, denn sie steht beinahe still. Ihr ist sogar die Frage nach dem Wohin fremd geworden. Sie kann sich, wenn überhaupt, sowohl in diese als auch in jene Richtung bewegen, je nachdem, was gerade die Oberhand gewinnt. Die Situation ähnelt einer Kugel, die in eine Schale gerollt ist und deren Weiterbewegung in eine feste Richtung mühselig ist.

...

Wenn man nun versuchen will, eine Antwort auf die Frage zu geben, was wirklich notwendig ist, wohin das Bauen gehen müsste, damit die Architekten die ihnen von der Gesellschaft gestellten Aufgaben erfüllen können, dann muss man sich zuerst fragen, was Bauen, was Architektur und Baukunst eigentlich sind.

Unter Architektur sei hier das gute Bauen verstanden. Das Gut-Sein ist dabei in erster Linie bezogen auf die Wirkung des Bauens auf den Menschen und erst in zweiter Linie auf andere Qualitäten, wie ästhetische, funktionelle und konstruktive. Bei der Architektur als Baukunst muss von vornherein der Begriff vom absoluten Wert als Kunstwerk und der Begriff der Dauerhaftigkeit des Materials unterschieden sein. Diese beiden Begriffe haben nichts Gemeinsames. Bis heute aber sieht man allgemein das künstlerische Schaffen im Bauen als das einmalige Schöpfen von möglichst „Ewigem" an, das durch beständiges Material erreicht werden soll. Wir müssen wissen, dass nichts beständig ist, auch nicht die ägyptischen Pyramiden mit ihrem Alter von 170 Generationen. Unter den verschiedenen Künsten ist die Architektur durchaus nicht die statische Kunst. Dies ist viel eher die Malerei; auch die Plastik ist statisch. Es sind Künste, die im Wesentlichen auf dem einmaligen Entstehungsakt basieren, von dem aus beginnend dann die Zerstörungskräfte ihr Werk ausüben.

Für den absoluten Wert eines Kunstwerks ist die Lebensdauer nicht von Bedeutung. Eine Zeichnung im Meeressand, weggeschwemmt von der nächsten Welle, kann einen höheren absoluten Wert haben als ein Bild, das jahrhundertelang in Galerien hängt. Das dauerhaftere Ding hat aber mehr Einwirkungsmöglichkeiten, seine Wirkzeit ist länger. So mag sein relativer Wert höher sein, doch nicht sein absoluter. Dieses Beispiel gilt auch für das Bauen. Der absolute künstlerische Wert hat nichts mit der Standzeit eines Gebäudes zu tun. Für den absoluten künstlerischen Wert ist es gleichgültig, ob ein Kunstwerk nur für einen Tag, für einen Sommer oder für ein Menschenleben geplant ist oder existiert. Der absolute Wert erscheint beinahe unberührbar, beinahe unsterblich. Wenn das Werk stofflich vergeht, wird es nur latent, unsichtbar, auch wenn die Erinnerung schwindet. Bei den statischen Künsten wie Malerei, Bildhauerei und Literatur kann man beobachten, dass gerade die junge Generation aus neuem Zeitgefühl heraus versucht, dynamische Werte einzuführen, die sie den unstatischen Künsten ähnlich machen. So braucht ein Kunstwerk nicht mehr seine Gestalt zu bewahren, es kann sich fortschreitend verändern, und es ist nicht notwendig, dass es jemals in seine Ausgangsposition zurückkommt. In der Musik mag zwar die Komposition als einmaliger Akt statisch sein, doch gerade durch die Interpretation – vorgenommen durch Menschen der verschiedensten Epochen mit nicht gleich bleibenden Instrumenten und Auffassungen – ist sie wesentlichen Veränderungen unterworfen. Die echte Improvisation in der Musik, wie zum Beispiel der Jazz, ist völlig unstatisch. Die Improvisation ist die Kunst, die einmalig für den Augenblick entsteht und wieder verklingt, die hervorgeholt wird aus dem Schlummer, um danach wieder zu versinken in die Ewigkeit beginnenden Vergessens.

...

Für alle Künste scheint zu gelten: Je weniger stoffliche Hilfsmittel großer Dauerhaftigkeit eine Kunst verwendet oder je kürzer die Wirkzeit ist, desto intensiver muss bei gleichem Erlebnisgehalt die Aussage sein. Jede Aussage aber ist geistiger Natur. Durch Verstärkung der Aussagemittel wird die Aussage selbst nicht berührt. Eine Verstärkung der Aussage kann nur durch Verdichtung des Gehaltes geschehen.

In der Architektur ist das Baumaterial also von viel geringerer Wichtigkeit, als angenommen wird. Ja, die Architektur kennt Kunstwerke, die stofflich gar nicht existieren, die wir alle so genau kennen, als hätten wir sie besucht, als seien sie ein Bestandteil unserer Umwelt. Und doch wurden sie nie gebaut, waren nur Gedanken, übermittelt durch Sprache, Erklärungen und Bilder. Auch in der Architektur kennt man wie beim Tanz, wie bei der Musik die Improvisation, kennt man den Augenblick. So ungenau auch jener Ausspruch ist, die Architektur sei die Mutter aller Künste, so ist daran doch richtig, dass die Architektur diejenige Kunst ist, die mit allen übrigen Gemeinsamkeiten aufweist (aber nicht etwa im Sinne des fehlleitenden und hässlichen Wortes von der gefrorenen Musik). Architektur kann statisch entworfen sein, gedacht als einmaliger Schöpfungsakt. Sie kann aber auch sein wie kaum eine andere Kunst. Dies gilt insbesondere für die echte, die lebendige Architektur, das anpassungsfähige, das Ur-Bauen des Menschen. Man scheut sich, die Worte dynamisch und organisch zu gebrauchen, weil wir in unserem Zeitalter überfüttert worden sind mit Gebilden des Bauens, die aussehen sollten, als seien sie unstatisch, als seien sie organisch, die es aber in Wirklichkeit nicht sind. Unstatisch sind Bauten, die mit dem Menschen wachsen, wandern und vergehen können, vergleichbar mit den Nestern, Häusern und Staaten der Tiere.

Wenn es außer Gedanken überhaupt etwas gibt, was als Menschenwerk den Ausdruck „bleibend" verdient, das heißt so lange existierend, wie Menschen existieren, so sind dies Bauten, die mit dem Menschen leben, ihm zu jeder Zeit passend und nutzbar sind, doch zu jeder Zeit auch anders sein können. Ewig in diesem Sinne kann deshalb die Stadt sein als ein lebendiger Organismus, der die große Gemeinschaft darstellt und zusammenhält, von Menschen unterschiedlichster Prägung in Bauten unterschiedlichsten Charakters, vom Marktstand für einen Tag über das Wohnhaus für die Generation bis zu den Festpunkten, die über Jahrhunderte hinweg dauern können.

Die Stadtbaukunst sollte eigentlich eine Kunst sein, die den einmaligen schöpferischen Augenblick nicht kennt, sondern nur die fortwährende schöpferische Arbeit. Die Stadtbaukunst sollte die Kunst des ständigen Überwachens, des günstigen Beeinflussens, die Kunst des Zurechtknetens eines nie fest umrissenen Gebildes sein. Stadtbaukunst ist fortwährende Planung, ständige Improvisation, ist das Bilden eines Werkes durch 1000 oder Millionen Hände, ist das Werk, das nie fertig wird oder fertig werden kann, denn dann wäre es tot. Noch gibt es wenige, die diese Auffassung von der Stadtbaukunst teilen, doch wird Stadtbaukunst jetzt und auch in der Zukunft nicht anders praktizierbar sein.

Wer die Stadt als lebendigen Organismus erkennt, wird einsehen, dass auch die einzelnen Zellen nicht tot sein dürfen. Stadt und Haus sind biologisch ein Teil des Erscheinungsbildes des Menschen, ähnlich wie die Städte und Häuser der Tiere, wenn auch auf anderer Stufe.

Die große Lebenskraft des Menschen beruht auf seiner Anpassungsfähigkeit. Sein Urhaus hat keine bestimmte Form, etwa wie viele Bauten der Tiere. Der Mensch nutzt jede sich bietende Gelegenheit, ob es Höhle, Steinhaufen oder Zelt ist, und er kennt ursprünglich keine Hindernisse, seine Häuser zu erweitern oder zu verändern, wenn dies notwendig wird. Der Gedanke, dass Häuser ebenso wie steinerne Plastiken als einmalige Kunstwerke geschaffen werden können, taucht erst später auf. Es gibt Kunsthistoriker, die erst jenen Zeitpunkt als Beginn der Baukunst bezeichnen, als das Haus, seiner eigentlichen Aufgabe entrückt, zum Denkmal wurde. Dabei wird vergessen, dass in der Frühgeschichte das denkmalhafte Bauen nur dort einsetzte, wo der Mensch meinte, vor unveränderlichen Aufgaben zu stehen. Es gehört zu den Grundzügen menschlichen Glaubens, sich den lebendigen Gott als zeitlos vorzustellen und also seine Tempel mit Ewigkeitsansprüchen zu bauen, auch wenn sie zeitbedingten Glaubensauffassungen entspringen. Wer jedoch die Geschichte der Sakralbauten verfolgt, wird bald erkennen, dass die sich hier vollziehenden Veränderungen sehr schnell aufeinander folgen.

Zu dem Zeitpunkt, als man das denkmalhafte Bauen auch zur Behausung von Menschen verwendete, begann die Abkehr von den eigentlichen Aufgaben des Bauens. Wenn man auch über lange Zeiten nur das denkmalhafte Bauen vorfindet, so hat doch das unstatische, menschenbezogene Bauen nie aufgehört zu existieren. Wir wissen nur heute oft nichts davon, weil man es nicht erkannte, es auch nicht wert erachtete, darüber zu berichten, und weil die absoluten Werte dieses Bauens materialbedingt latent waren.

Wir brauchen aber nur sorgfältig zu beobachten, um zu erkennen, dass die oft größten Kunstwerke des Bauens, die wir heute noch besitzen, das Ergebnis vielfältiger Einflüsse sind, die sich in Änderungen in den verschiedensten Zeitepochen ausdrücken: Auch das lebendige Bauen kann Baukunst sein.

Infolge der fortschreitenden Entwicklung der Technik und der Auswirkungen der Anfänge der exakten Wissenschaften, die noch unvollkommen verstanden wurden, ist das

TERRAIN
TECHNIK, KONSTRUKTION, NATUR

Bauen von Beginn der Neuzeit an immer mehr statisch, also denkmalhaft geworden, statt anpassungsfähiger, wie es nötig gewesen wäre. So kommt es, dass heute unsere Baumethoden weit davon entfernt sind, Aufgaben, die man an das Bauen stellt, zu erfüllen. Aufgaben und Lösungen klaffen weit auseinander. Wir vergessen, dass das altüberkommene Bauen bis auf wenige Ausnahmen viel lebendiger war als unser heutiges. Das Bauen hat, in seiner Gesamtheit gesehen, noch nie so starre Baumethoden angewendet wie heute. Wenn etwa internationale Bauausstellungen und „Musterprojekte" in aller Welt Beispiel sein sollten für „die Stadt von morgen", so wäre es mit dieser schlecht bestellt. Diese Bemühungen haben nichts mit dem Anfang, sondern mit dem Ende einer Epoche zu tun. Auch wenn man das äußere Aussehen lockert, darf dies nicht darüber hinwegtäuschen, dass Menschen immer noch in unveränderliche Gehäuse, die noch denkmalhaftem Streben entstammen, hineingepresst werden. Man muss sich fragen, warum man das tut, denn mit unseren heutigen technischen Mitteln lässt sich durchaus auch anders bauen. Wenn man dennoch daran festhält, so ist es beabsichtigt, entspricht es Planung und Wunsch der Bauherren, gehört es zur Vorstellungswelt der Architekten. Langsam, leider nur sehr langsam, breitet sich aber doch die Erkenntnis aus, dass etwas am heutigen Bauen grundlegend falsch sein müsse, wenn man auch höchst selten nach den Gründen fragt. Aus dieser Erkenntnis mag aber immerhin die Suche nach dem Richtigen in Gang kommen. Allein schon die Tatsache, dass hier und da der Wunsch zu spüren ist, so zu bauen, dass der Bau lebendig aussieht, ist schon ein Zeichen der Unzufriedenheit.

Der zugleich auf der anderen Seite beobachtbare Rückfall ins Kristallhafte, Starre, wie er am besten durch das Seagram-Gebäude von Mies van der Rohe dokumentiert wird, ist aber auch zu verstehen, und zwar als ein Ergebnis des Kampfes gegen die Lüge. Man soll nicht so tun „als ob". Wenn wir schon bauen, dann schon die ganze Wahrheit, nämlich so bauen, wie wir heute wirklich sind. Doch diese Wahrheit ist eine traurige Wahrheit, und wer sich mit ihr zufrieden gibt, darf nicht hoffen, Wege zu entdecken, um Milliarden noch ungeborenen Menschen eine aufs Höchste belebbare Umwelt zu geben. Die Dynamik der Zeit ist da, man kann sie durch erstarrte Bauten nicht aufhalten. (Die beständigsten Werke jeder Bauepoche, auch der jüngsten, waren die großen Festungen und Bunker, die zumeist sehr kurzlebig waren, weil man sie sprengte.) In dieser dynamischen Zeit mit einem noch so starren Bauen wird man erst weiterkommen, wenn man Ewigkeitsansprüche beiseite schiebt, wenn man lernt, das echt Notwendige zu tun, wenn man lernt, nicht mehr funktionalistisch oder konstruktivistisch zu bauen oder irgendwelche Dinge auf Kosten anderer auf irgendeine Weise zu betonen. Man muss endlich erkennen, dass Gebäude mit unveränderlich starrem Gefüge niemals organisch auf den Körper eines Menschen bezogen sein können. Die Kunst des denkmalhaften Bauens wurde hoch entwickelt. Man soll nicht wünschen, dass sie vergehe, sie soll bleiben, solange sie Werte gibt. Man soll nur auch dem anderen Bauen, dem nicht denkmalhaften, wieder den Raum zugestehen, der ihm gebührt, der ihm immer gebührt hat. Der Mensch braucht in seinen Siedlungen Festpunkte, doch auch wieder nicht zu viele. Das verwirrt die Erinnerung.

Das Bauen der Zukunft muss auf breiter Grundlage vielseitig sein. Da das lebendige Bauen vernachlässigt wurde, gilt es nun, das Versäumte nachzuholen. Wenn wir weiterkommen wollen, müssen wir endlich die Kunst des Veränderns beherrschen lernen, müssen wir wissen, dass wir nicht das Recht haben, unseren Kindern etwas Fertiges vorzusetzen, ohne ihnen zugleich das Recht zuzugestehen, wenn es ihnen notwendig scheint, das Überkommene zu beseitigen.

Je dichter Menschen siedeln, umso mehr muss jeder vorhandene und jeder frei werdende Raum genutzt werden. Das Bauen und auch die Baukunst der Zukunft müssen weitgehend anpassungsfähig sein, wenn wir überleben wollen. Ist es die Aufgabe des Architekten, lediglich Häuser zu bauen, oder ist es nicht seine vordringliche Aufgabe, mitzuhelfen, Lebensraum zu erschließen und diesen dann so intensiv als möglich zu nutzen? Ist es nicht die Aufgabe des Architekten, durch Gestaltung der Umwelt dem Mitmenschen eine Welt zu öffnen, die ihm sonst verschlossen bleibt? Je dichter der Mensch siedelt, desto mehr wird er zum Städter, kennt er kaum noch das Ursprüngliche, die von ihm unbeeinflusste Natur. Schon ist er zum Wesen geworden, das sich nur noch in künstlichen Hallen aufhält. Es sind mit ihm Veränderungen vorgegangen wie noch nie in der langen Geschichte des Menschen. Der Blick zurück auf vergangene Jahrhunderte mag wichtig sein, doch kann er uns wenig lehren, da wir einer völlig veränderten Zukunft entgegensehen.

Wenn wir weiterkommen wollen, ist zuallererst die Wiederbelebung der geistigen Arbeit des Architekten notwendig. Wenn auch der Architekt große praktische Fähigkeiten haben soll und haben muss, um selbst der erste Handwerker am Bau zu sein, so darf er doch nie vergessen, dass seine Hauptaufgabe die des Denkens, der geistigen Führung, ist. Man spricht im englisch-amerikanischen Bereich oft von der Architekturphilosophie und meint damit die zum Bauen notwendige geistige Auseinandersetzung des Architekten mit künstlerischen und ethischen Werten. Was wirklich weiterbringt im Bauen, sind Gedanken und Ideen. Es war die Stärke der zwanziger Jahre, dass sie von ideologischen Kämpfen erfüllt waren. Eine Wiederbelebung der Auseinandersetzung trat unmittelbar nach dem letzten Krieg ein, jedoch recht schwach, und sie verebbte schnell mit zunehmender Praxis. Welche Bedeutung der geistigen Arbeit zukommt, wird dadurch demonstriert, dass es zu jeder Zeit Architekten gab, die nichts oder nur sehr wenig gebaut haben und deren Lebenswerk doch von hervorragender Bedeutung ist.

Neue Wege müssen auf jeden Fall zuerst erdacht werden. Wenn sie dann auch realisiert werden können, ist es gut. Doch die Realisierung ist für ihre Wirkung zweitrangig. Wenn wir weiterkommen wollen, müssen wir das eingeschlafene Nachdenken wieder wecken und das heute verbreitete wohlige Bewusstsein des Sieges der Moderne in ein Bewusstsein ihrer Unzulänglichkeiten überführen. Oft ist es schon allein notwendig, die alten Aufgabenstellungen sorgfältig zu überprüfen und sie neu zu formulieren, um so Ansätze zu neuen Lösungen zu erhalten. Da wir heute präziser fragen müssen, weil kein Raum mehr da ist für Zufälle, erzeugt dies eine Spezialisierung innerhalb der einzelnen Aufgaben. Dennoch sollten diese immer unter dem Gesichtspunkt des Ganzen gesehen werden, aber nicht, indem man das Spezielle abflacht, denn das führt nur zum Mittelmäßigen. Nicht nur die großen Projekte zählen zum Bauen, auch die kleinen und kleinsten Hilfsmittel sind notwendig in der Umwelt und müssen durchdacht werden, ob es sich um einen Stuhl, einen Marktstand, um die Farbe eines Vorhangs, um den Pflanzplatz für eine Blume handelt, ob ein Ding kurze Zeit wirksam ist oder längere. Für den anderen, den Benutzer, für den Mitmenschen ist die Wirkzeit eines Gebäudes von entscheidender Bedeutung. Sie sollte weder zu kurz und keinesfalls zu lang bemessen sein. Bauten mit kurzer Wirkzeit müssen entsprechend billiger sein und bedingen höchste Materialausnutzung.

Es gibt immer noch die alten Aufgaben in der Architektur, doch sind sie nicht mehr die gleichen wie früher. Die Aufgaben ändern sich unabhängig davon, ob ein Gebäude schon gebaut ist oder noch nicht. Je länger die Wirkzeit eines Gebäudes sein soll, desto anpassungsfähiger muss es sein. Nur Gebäude, deren Wirkzeit völlig überschaubar und begrenzt kurz ist, können noch, wenn auch nicht mehr in der bisher üblichen Weise, statisch konzipiert werden. Es sind dies die Eintagsfliegen unter den Bauten.

Das echt anpassungsfähige Bauen verlangt ein völliges Umdenken in Bezug auf die bislang allgemein als richtig anerkannten Werte. Das anpassungsfähige Bauen ist einerseits ein Wiederauflebenlassen des Urbauens, bei dem das Aneinanderfügen von Einzelzellen, das Erweitern und Wegnehmen, so wie es das Leben mit sich bringt, Voraussetzung ist. Andererseits ist das anpassungsfähige Bauen die unumstößliche Forderung der Zukunft. Aber auch das anpassungsfähige Bauen ist, wenn es beherrscht und gekonnt wird, Baukunst. Das anpassungsfähige Bauen ist die unstatische Baukunst, die allein die großen Fragen des Städte- und Wohnungsbaus, des Industriebaus und aller übrigen Felder des Bauens der Zukunft grundlegend zu lösen vermag. Wäre es nicht endlich erstrebenswert, Gebäude bauen zu können, die niemals alt werden, weil sie sich fast selbständig erneuern können? Die technischen Möglichkeiten dazu sind bereits gegeben, wenn auch eine spezielle Entwicklung infolge fehlender Fragestellung bisher nur wenig erkennbar ist. Aber man kann bereits so bauen, dass Umbauten schnell vorgenommen werden können, ohne den Betrieb eines Hauses oder einer Stadt zu stören. Technisch ist es bereits möglich, Gebäude aus kleinen Zellen wachsend und veränderlich zusammenzusetzen. Es ist möglich, den einmaligen Bauakt in einen immerwährenden, nicht mehr störenden zu verwandeln, der einen Teil der Gebäudenutzung darstellt, der ein Teil des Lebens in ihm ist, etwas Selbstverständliches.

Das anpassungsfähige Bauen verlangt aber von allen, die sich damit beschäftigen, ein anpassungsfähiges Denken, und dies wiederum starke Charaktere. Anpassungsfähigkeit und Wankelmütigkeit sind sehr verschiedene, beinahe gegensätzliche Begriffe, ja fast kann man sagen, dass nur der Anpassungsfähige auf die Dauer standhaft sein kann. Das anpassungsfähige Bauen verlangt das Denken mit und in der Zeit, verlangt, dass ein Architekt seine gesamte Arbeit innerhalb eines großen Zeitablaufes betrachtet, verlangt, dass er versteht, was vor seiner Einwirkzeit war, und dass er sich bemüht zu erkennen, was vielleicht nach seiner Zeit sein wird. Niemals steht der Architekt vor dem Nichts, selbst wenn er Wüste oder Trümmer vorfindet. Er ist nur konfrontiert mit dem augenblicklichen Gesicht eines langen zeitlichen Geschehens. Seine Eingriffe sind oft entscheidend. Sie haben zumeist einen großen, oft leider kaum erfassbaren Einwirkungsbereich, sie sind nicht überschaubar. Je dichter die Menschen siedeln – und dass sie in Zukunft immer dichter zusammenrücken müssen, steht fest –, desto mehr Einwirkungen von Menschenhand wird der Architekt der Zukunft vorfinden und immer seltener noch Unberührtes. Man kann heute wohl in Europa kaum noch an einem Fleck bauen, ohne einer oft jahrhunderte- oder jahrtausendealten Einwirkung zu begegnen. Die großen Zerstörungen nach dem Kriege hätten in Europa zwar die Möglichkeit gegeben, neu anzufangen, doch der Übergang zum Bauen für morgen wurde nicht gefunden. So war der Wiederaufbau vielleicht die letzte, machtvolle Demonstration der Stärke des Denkmals. Wenn es aber nicht bald gelingen sollte, uns auf das sanfte und weise Beeinflussen der Umwelt umzustellen, wenn wir immer noch an Dauerlösungen im Bauen glauben, dann müssen Kriege die Folge sein, Kriege, die dann alles beseitigen, nicht nur Bauten, sondern auch das Leben selbst.

Das anpassungsfähige Bauen verlangt die echte Konfrontation mit dem Zeitbegriff, verlangt die Erkenntnis, dass es wert ist zu bauen und dass es wert ist zu leben, selbst wenn alles, was getan wird, vergänglich ist oder schon nach kurzer Zeit in andere Formen überführt, von anderen Ideen und Menschen verwandelt wird. Wenn die Architekten sich mit den Werten des Veränderlichen und Vergänglichen, des gerade auf diese Weise ewig Lebendigen, vertraut machen könnten, wenn sie es fertigbrächten, sich nicht mehr ihre eigenen Denkmäler zu setzen, sondern mit Besessenheit der Erfüllung ihrer Aufgaben gegenüber der menschlichen Gemeinschaft und gegenüber dem einzelnen dienten, könnte von dieser Bewegung eine neue Hochstufe der Kultur vorbereitet werden. Wir stünden am Anfang einer neuen Frühzeit. Es geht ja im Wesentlichen nicht darum, schön zu bauen, sondern vor allem darum, gut zu bauen. Seien wir glücklich, wenn das Schöne im Gefolge des Guten erscheint! Gut zu bauen heißt, dem Einzelnen Platz und Raum zur freien Entfaltung zu geben. Gut zu bauen heißt, mitzuhelfen, dem Einzelnen die Werte dieser Umwelt erkenntlich zu machen, ihn hinzuleiten zum Verstehen, zu friedlicher Koexistenz von größter Leistungsfähigkeit. Gut zu bauen heißt, seinen Mitmenschen nicht schläfrig werden zu lassen, sondern ihn stets wach und lebendig weiterdringend und hoffnungsvoll in die Zukunft zu entlassen.

Wie jede Überschätzung der Wirkdauer eines Bauwerkes ist jede Überbemessung der Konstruktion abträglich. Veraltete Bauten nehmen oft schwer wieder zu gewinnenden Raum weg. So hat es schon Sinn, wenn wir uns bemühen, leicht zu bauen, wenn wir dem nachspüren, was wirklich notwendig ist, wenn wir Dinge fortlassen, die nur aufgrund unseres technischen Unvermögens sich in unseren Bauten befinden. Doch nichts ist schwerer als fortzulassen, denn es verlangt die vollendete Beherrschung der Technik und des Materials. So gut wir auch konstruieren müssen, es kommt aber nicht auf die Konstruktion, auf das Haus als Gegenstand an, sondern nur auf die Umwelt, die wir schaffen. Um eine Umwelt zu schaffen, die für den Menschen gut ist, gibt es viele Wege. Das konventionelle Bauen ist nur ein Weg. Wenn es gelänge, diese Aufgabe auch ohne Baustoffe zu erfüllen, so wäre dies auch richtig. Man braucht nicht zu befürchten, wie dies heute führende Architekturkritiker tun, dass dann die Architektur als solche aufhören würde zu existieren. Ob eine aufs Höchste belebbare und anregend gemachte Umwelt materialgebunden ist oder nicht, gibt keine Auskunft über ihren absoluten künstlerischen Wert. Wie sehen nun die neuen Wege wirklich aus? Darauf gibt es keine gültige Antwort. Wie soll man auch erklären können, was noch nicht da ist? Und dennoch wird vieles langsam sichtbar. Man betrachte als Beispiel das Wohnhaus: Seitdem der Mensch Mensch ist, hat er das Haus, eine Hülle, mit der er sich wie mit einem Stück vom Paradies umgibt, um selbst in rauhen Gegenden lebensfähig zu sein. Während früher das Haus nur Schutz vor Unbilden der Witterung für Menschen war, die mit dem Wetter und der natürlichen Umwelt lebten, ist es heute der totale Lebensraum, der nicht oder kaum noch verlassen wird, vielleicht noch in den Ferien oder auf dem kurzen Weg vom Haus zum parkenden Auto. Der Städter ist zum Menschen unter dem Dach, zum Menschen in engen und weiten Hüllen geworden. Zweifellos braucht dieser Mensch die Hüllen, aber zweifellos braucht er auch noch die Verbindung zum Ursprünglichen, die Verbindung sowohl zu seiner Zeit als auch zu seiner Umwelt. Er braucht auch noch biologisch das Gleichgewicht, das trotz wachsender Siedlungs- und Bevölkerungsdichte gewahrt bleiben muss. Je mehr sich der Städter vom Ursprünglichen entfernt, um so mehr muss er zur Wahrung dieses Gleichgewichtes an die ursprünglichen Werte seiner Umwelt wieder herangeführt werden. Unter „ursprünglichen Werten" ist hier nicht ursprüngliche Natur gemeint, denn die gibt es nicht mehr.

Das Haus der Zukunft, und heute schon das Haus des Städters, muss deshalb ganz anders sein als das überkommene Haus des Bauern. Man kann sich vorstellen, dass man Hüllen bauen wird, die ein anregendes, also kein gleichmäßiges Klima umschließen, in denen selbst in vegetationslosen Gebieten ein üppiges vegetatives Leben herrscht, das die direkte Berührungswelt des Menschen bildet. Und man kann sich vorstellen, dass im Innern solcher Hüllen sich noch völlig abgeschlossene Kerne befinden, die Nester von Einzelnen oder Familien, während die äußere Hülle sowohl „außen", wie beispielsweise bei uns im Sommer, als auch, wenn es nötig ist, völlig abgeschlossen sein kann, wie vielleicht bei uns im Winter.

Man kann sich solche Gebilde in verschiedenster Form vorstellen: als Glasglocke, kugelig oder flach, rechteckig, schiefwinklig oder krumm, in einer oder mehreren Ebenen, als gartenumstandenes Einfamilienhaus oder dort, wo kein Platz ist, vielleicht als großes, terrassenförmiges Regal mit vielen kleinen Zellen, mit Übergangszonen, die an außen liegende begrünte Dächer oder gartenseitige Balkons anschließen und die dann auch im Innern jeweils den abgeschlossenen Kern, das Nest, haben. Hier sind keine Grenzen gesetzt. Das Bauen der Zukunft wird vielgestaltig sein, da sowohl die Anzahl der Bauaufgaben wächst als auch jede einzelne sich dabei noch in Veränderung befindet. An eine Uniformierung, ja selbst an eine verbindliche Grundform, den Baukanon der Zukunft, ist nicht zu denken. So werden die verschiedensten Dinge nebeneinander stehen, und man wird lernen, sie so nebeneinander zu stellen, dass sie sich zu einem gut funktionierenden Organismus ergänzen. Wenn wir nun konkret nach der Stadt der Zukunft fragen, so können wir lediglich sagen, dass diese Stadt vielfältig sein wird. Jede Fläche wird genutzt sein, und ihre Adern werden hoffentlich richtig funktionieren. Der Verkehr wird keine Gebiete mehr abdrosseln oder überschwemmen. Man wird gelernt haben, mit dem Selbstfahrzeug umzugehen, ohne sein Knecht zu werden. Man wird auch gelernt haben, sowohl beim Einzelhaus als auch in der Stadt die vorhandenen Werte zu erkennen und die noch entformbaren, die noch schlummernden Werte zu sehen. Auch zu diesem großen Gemeinschaftswerk, das wir Stadt nennen, gehören die Gedanken und Phantasien Einzelner, vieler Einzelner.

Wir müssen heute sogar schon mit den Ideen Ungeborener, mit Erfindungen rechnen, die noch gemacht werden müssen, die sich heute noch nicht einmal erahnen lassen, um die bevorstehenden Probleme zu beherrschen. Doch Ideen und Erfindungen werden kommen, wenn man die Voraussetzungen dafür schafft und wenn man ohne Unterlass nach ihnen sucht.

Nicht nur ein Weg führt in die Zukunft, sondern viele Wege. Wenn man in die Zukunft kommen will, dann sollte und muss jeder Weg, der gangbar erscheint, beschritten werden. Auch in Zukunft wird jede Ansiedlung, jede menschliche Ballung anders aussehen, jede vorhandene Möglichkeit nutzend. Wir werden Städte haben, die als besiedelte Kulturlandschaft höchster Qualität und Intensität ganze Landstriche bedecken. Dies lässt sich nicht mehr umgehen, und wir können uns Lösungen von größter Nützlichkeit und auch Schönheit vorstellen. Doch wir werden auch Städte haben, die als eng konzentrierte Citys wirken. Vielleicht wird man nur sehr wenige bewusste Stadtgründungen erleben, denn das bewusste Gründen von Städten durch den Willen Einzelner oder selbst durch den Willen Vieler ist unnatürlich. Auch die Städte der Zukunft werden aus Keimzellen erwachsen, und man wird vielleicht endlich die Wachstumsbedingungen der Städte kennen lernen und somit die Grundlage der organischen Wissenschaft des Städtebaus, die es heute noch nicht gibt. Es gilt aber nicht nur, die alten Aufgaben neu zu formulieren, wie dies hier am Wohnhaus und am Städtebau versucht wurde, es gibt auch völlig neue Aufgaben, und es werden in Zukunft immer neue solcher Aufgaben auftauchen. Um nur einige Beispiele zu nennen: Man arbeitet heute an riesigen Gewächshäusern, um auch in kalten und kältesten Zonen die Erdoberfläche zu nutzen. Und man denkt an Schattenhäuser in heißen Gebieten und an Schutzwände gegen verheerende Stürme. Man lernt das erdbebenfeste Bauen beherrschen und wagt sich an neue Gebiete der Erde heran, die der Nutzung durch den Menschen noch kaum erschlossen sind. Wesentlich ist dabei die Energiegewinnung in Zusammenhang mit der Wasserwirtschaft. Man wird lernen, Staudämme und Kanalisierungen einfacher und richtiger in ein Land einzufügen, sodass sie als ein selbstverständlicher Teil der Landschaft erscheinen. Man wird auch lernen, mit der Atomkraft richtig umzugehen und selbst die Weltraumfahrt für den Menschen zu nutzen. Noch vor wenigen Jahren mögen die Projekte für Niederlassungen auf anderen Planeten als Utopie erschienen sein. Heute befinden sie sich bereits im ernsthaften Planungszustand.

Die neuen Wege in der Architektur werden sich überall abzeichnen, vielleicht sogar zuerst in entlegenen Gebieten. Doch besonders notwendig sind sie in den Landstrichen mit großer Bevölkerungsdichte. Hier sind schon heute die Probleme zu lösen, mit denen morgen die ganze Welt konfrontiert sein wird. Sie sind das Prüffeld des Bauens von morgen.

Wenn man auch dem heutigen Bauen die Nichterfüllung seiner Aufgaben, ja sogar deren Nichterkennen vorwerfen muss, so gibt es doch für die Zukunft Ausblicke, die optimistisch stimmen können. Es sind viele neue Wege zu sehen und es gibt sogar Anzeichen, dass diese Wege einmal begangen werden. Jeder, der für die Zukunft denken, dass heißt also auch bauen will, muss optimistisch sein. Es kommt der Jugend zu, einen starken Glauben an das Kommende zu fassen und zu verbreiten. Nur wer den Menschen liebt, wird Architekt sein können. Viel ist versäumt worden, viel ist nachzuholen, nachzuarbeiten und nachzudenken, und zwar dringend, um den Abstand von der Wirklichkeit zu verringern, den das Bauen noch hat. Viel ist zu tun, damit der Architekt von heute nicht hinter der Entwicklung herhinkt, damit er endlich tastend und fühlend, wissend und sehend, ja leitend ihr vorangehen kann. Dabei wird er im Streben nach dem Guten auch das Schöne finden.

TERRAIN
TECHNIK, KONSTRUKTION, NATUR

Otl Aicher (1922–1991) gründete zusammen mit Inge Aicher-Scholl und Max Bill 1953 die Hochschule für Gestaltung Ulm. Er entwarf zahlreiche Erscheinungsbilder, wie zum Beispiel das der Lufthansa, der Olympischen Spiele 1972, des ZDF, der Firma Braun und viele andere. Darüber hinaus war er Architekt, Schrift- und Produktgestalter und Fotograf. Zu seinen wichtigsten Schriften gehören *Die Küche zum Kochen* (1982), *Innenseiten des Krieges* (1985), *typographie* (1988) und *analog und digital* (1991).

Der Text „Gegenarchitektur" wurde dem von Kurt Ackermann herausgegebenen Buch *Industriebau* (Deutsche Verlagsanstalt, Stuttgart 1984) entnommen, das als Ausstellungskatalog zu einer gleichnamigen Wanderausstellung publiziert wurde.

Otl Aicher:
Gegenarchitektur (1984)

Peter Behrens und Walter Gropius, sagt man, hätten mit ihren Fabrikbauten die moderne Architektur begründet, dieser mit der Schuhleistenfabrik in Alfeld, jener mit der AEG-Fabrik in Berlin. Das ist inzwischen Lehrmeinung. Es ist ein Verdienst dieser Ausstellung, dass dies widerlegt wird. Beiläufig, nicht als absichtsvolle Parade architekturgeschichtlicher Forschung. Jahre vor Behrens und Gropius haben Architekten wie Godfrey Greene, Jules Saulnier oder Albert Kahn Bauten entworfen, die nach Struktur und Aussehen Prototypen des Neuen Bauens waren.

Behrens und Gropius kommt zweifellos das Verdienst zu, Bauprinzipien des ingeniösen Bauens, die bereits in der Profanwelt der Industrie gebräuchlich waren, in die Bildungsarchitektur der Kultur- und Kunstwelt eingeführt zu haben. Mehr noch, sie haben der Zitatenarchitektur, die dort gepflegt wurde, den Boden entzogen. Für einige Zeit. Wenn Behrens und mehr noch Gropius in der Architekturgeschichte einen festen Platz gefunden haben, dann nicht als die Erfinder einer konstruktiv-funktionalen Architektur, sondern als die Architekten, die eine solche, bereits vorhandene, in die Kulturwelt des akademischen Bauens eingeschleust, für den Kultur- und Kunstbetrieb hoffähig gemacht haben.

Es wurde legitim, auch in Bereichen mit einer solchen Architektur zu bauen, die sonst immer den schönen Künsten vorbehalten waren, wenn auch bis zum heutigen Tag jeder Staatsempfang, ob in Ost oder West, standesgemäß in schlossartigen Bauten stattfindet, auf dem Parkett, unter Kronleuchtern, zwischen Samtvorhängen und Seidentapeten. Aber das Postamt wenigstens sah nun anders aus.

Es ist sehr hilfreich geworden, eine prinzipielle Unterscheidung zu treffen zwischen Gesellschaft und Staat und gesellschaftliche Initiativen nicht zu verwechseln mit solchen des Staates und umgekehrt. Kultur zum Beispiel stellt in beiden Bereichen etwas sehr Unterschiedliches dar. Kultur im Bereich des Staates ist die des Kultusministeriums und der von ihm finanzierten Opernhäuser, Museen, Universitäten, Theater, Schulen, Gesellschaften und Vereine. Es ist offizielle Kultur, was meistens, nicht immer, etablierte Kultur bedeutet. Und auch meistens, nicht immer, Kultur im Interesse des Staates.

Kultur im Bereich der Gesellschaft ist meistens die der Selbstorganisation, der Gruppen, Sezessionen, Grüppchen, der Eigeninitiative, des Privaten, des Mäzenatentums. Vielleicht auch die von Handel und Kommerz. Kulturentwicklung geht kaum einmal vom Staat aus, wohl aber von den Einzelnen, den Initiativgruppen, Verbänden, die sich entweder selbst tragen oder von Förderern unterstützt werden. Meist sogar ist sie Gegenkultur zur offiziellen Kultur des Staates und seiner Einrichtungen. Meist ist sie einem Klima der Verdächtigungen ausgesetzt, mit dem Offiziellen die bestehende Ordnung infrage zu stellen. Oft wächst sie im Schatten, im Untergrund, oft auch im freien Protest gesellschaftlicher Kräfte gegen die staatliche Bevormundung, oft in einer offenen Auseinandersetzung.

Auch für das Verständnis unserer Demokratie ist es von Vorteil, Staat und Gesellschaft als zwei unterschiedliche Domänen zu sehen. Wir müssen uns sogar daran gewöhnen, den Begriff der Opposition in einer anderen Weise zu definieren, als dies die Verfassung der amerikanischen und französischen Revolution getan hat. Die große Leistung der Bundesrepublik ist die Errichtung des Sozialstaates, wie er im 19. Jahrhundert zum Programm erhoben wurde. Aber die aktuellen Anstöße zur Politik kommen heute kaum mehr aus der Opposition des Parlamentes. Die ökologische Bewegung, die Frauenbewegung, die Friedensbewegung sind deshalb zu weltumgreifenden oppositionellen Impulsen geworden, weil der Parteienstaat mit seinen Institutionen das Spannungsverhältnis von Staat und Gesellschaft nicht bewältigen konnte.

Architektur steht immer mit einem festen Bein im Bereich des Staates. Er ist ihr hauptsächlicher Auftraggeber, direkt oder indirekt, und er schafft die rechtlichen Voraussetzungen des Bauens, an die sich der Architekt zu halten hat. Gegenüber der Architektur sind die Grenzen zwischen Autonomie aus der Kraft gesellschaftlicher Entwicklung und Einbindung in staatlich organisierte „Gemeinschaftsaufgaben" fließender, aber es gibt deutliche Unterschiede zwischen einer gesellschaftsorientierten Architektur und einer offiziellen Architektur. Industriearchitektur kann nie Staatsarchitektur sein. Verwaltungsbauten dagegen tragen wesentliche Merkmale staatserhaltender Zutaten. Diese staatserhaltenden Zutaten kann man zusammenfassen unter dem Begriff transzendentale Ästhetik.

Transzendentale Ästhetik ist Ästhetik ohne Hinweise auf Sinn und Zweck. Dazu gehört die Säule, die griechisch aussieht, aber nichts zu tragen hat, das Portal, das so groß ist, dass man eine Tür hineinschneiden muss, um ein- und ausgehen zu können; dazu gehören Verkleidungen, Aufwertungen durch besondere Materialien. Die offizielle Architektur ist wertvoll, sie strahlt Ordnung aus, ist von demonstrativer Schönheit. Ihr Sinnbild ist der Tempel oder das Schloss. Die Skala geht von der Anwendung staatlicher Insignien über das Zitat historischer Macht-Architektur bis zur Syntax von Ordnung, Größe und Macht.

Der offiziellen Architektur, die sich immer als Bildungsarchitektur gibt, steht eine autonome, aktuelle Gesellschaftsarchitektur gegenüber.

Zwischen Staat und Gesellschaft gibt es sehr kontroverse, schwer definierbare Beziehungen. Es gibt im Bereich der Gesellschaft Kräfte, die in ihr gebunden sind und sich schwer tun, auf den Staat einzuwirken. So die Gewerkschaften, die Kirchen, die Industrie. Deswegen ist es der Industriearchitektur so gut wie ganz verwehrt, in die Bereiche des staatserhaltenden Bauens einzudringen. Sie ist *qua definitione* Gegenarchitektur, zum mindesten indifferent gegen die Versuchungen einer transzendentalen Ästhetik, die auf Bestand des Bestehenden aus ist.

TERRAIN
TECHNIK, KONSTRUKTION, NATUR

Diese Ausstellung belegt an einigen deutlichen Beispielen, dass dem Industriebau, solange es ihn gibt, zwar zugestanden wurde, für seine Zwecke eigene Wege zu gehen, dass er aber nach der Öffentlichkeitsseite hin so gut wie immer unter dem Zwang stand, kulturellen Habitus zu tragen. Die Straßenfassade hatte Stil zu haben oder, wie man heute sagen würde, Zitate zu bringen. Es gibt in Paris eine wunderbare Kirche in Stahl aus den Jahren 1899/1901. Ihre Straßenfassade aus Naturstein zitiert romanische Dome und macht sich vom Innenraum selbständig. Eine Kirche hat eine Kirche zu sein, wie man meint, dass ein Haus aussehen müsse wie ein Haus, ein Tor wie ein Tor, ein Turm wie ein Turm. Was man damals als Zitat aus dem Repertoire der romanischen Baukunst entlehnt hatte, empfinden wir heute als Peinlichkeit.

Zitatenarchitektur hat es immer gegeben, zumeist in der aufgeklärten Bildungszone, wo man Verweise auch verstehen kann, weil man die historischen Bezugspunkte kennt. Solche Zitate sagen weniger aus über den Bau selbst als über die Sucht des Bildungsbürgertums nach Selbstdarstellung.

Aber es hat auch immer eine Gegenarchitektur gegeben, ein Bauen, das auf die Bauaufgabe bezogen ist und die Hilfsmittel, die sich dafür eignen. Industriearchitektur ist immer Gegenarchitektur gewesen und ist es auch noch heute. Industriearchitektur ist bezogen auf sich selbst und beschäftigt sich mit der Entwicklung neuer Hilfsmittel, seien es solche der Konstruktion, der Materialien, der Organisation und der Fertigung. Die Geschichte der Industriearchitektur ist ein Faszinosum an konstruktiven Einfällen, ingeniösen Errungenschaften und neuen visuellen Erscheinungen.

Zu allen Zeiten hat man Häuser gebaut. Aber nicht zu allen Zeiten hat man Häuserbauen dazu benutzt, Architektur zu machen. Nicht einmal die mittelalterlichen Dome hatten Architekten, sie hatten Baumeister, die als Steinmetzen gelernt haben mussten. Architektur gibt es dort, wo es Kunst gibt. Im Mittelalter kannte man weder den Begriff Kunst, noch war Bauen irgendeiner Art verstanden worden als etwas, was über dem Leben steht.

Aber was ist Kunst? Was ist Kunst an einem Haus? Natürlich gibt es schöne und schönere Häuser, aber um das geht es nicht. Es geht um das Zitat, das immer noch der Antike, der klassischen, der klassizistischen oder neuklassizistischen Architektur entlehnt wird. Bis auf den heutigen Tag. Aber es wird auch Folklore zitiert, Art deco oder Le Corbusier.

Die Architektur ist ein Teil jener transzendentalen Ästhetik, durch die die Kunst zu etwas Heiligem erhoben wird, zu etwas Erhabenem. Dieses Heilige wird in Museen der Ergriffenheit zur Zelebration angeboten, und auch die Architektur hat neuerdings ein Museum erhalten, dessen tempelhafte Funktion mehr als offensichtlich ist. Es gibt darin einen Schrein der Architektur als Idee.

Gegenarchitektur ist Bauen ohne Zitate, weder solche von Palladio noch solche von Mackintosh noch solche von Le Corbusier.

Glücklicherweise gibt es Bauten, an denen noch keine Zitate verlangt werden. Zu ihnen gehören die der Industrie oder des Verkehrs, auch wenn es hier immer wieder Versuche gab, vor den eigentlichen Bau noch eine Kunstfassade zu stellen. Hier entfaltet sich Bauen ohne Kunst. Hier gibt es keine Sonntagsarchitektur, keine Architektur mit Verkleidung. Was ist, darf man sehen.

Diese Art zu bauen, nämlich eine Bauaufgabe als Aufgabe zu lösen, ist so alt wie das Bauen selbst, so umfangreich auch das Territorium sein mag, wo es darum geht, irgendwie geartete Kulissen zu erzeugen. Unsere ganzen mittelalterlichen Städte sind so gebaut worden, mitsamt den Kathedralen, die nach dem Ende des Hellenismus an die Stelle entlehnter antiker Baukunst traten. Auch eine Gegenarchitektur, auch wenn man zugeben muss, dass die Gotik sich angewöhnte, sich selbst zu kopieren und zu zitieren. Die Entstehung der gotischen Architektur ist in einer ähnlichen Weise konstruktionsmutig gewesen wie die Entstehung des Industriebaus im 19. Jahrhundert. Diese Seite der Gotik bleibt natürlich den Blicken mehr oder weniger versperrt, die ein Kreuzrippengewölbe nicht als eine brillante konstruktive Leistung ablesen können, sondern als „Himmelsnetz" verstehen. Eine Kathedrale ist eine blendende Organisation eines Systems von Kraftlinien, der Verteilung von Lasten, sodass sich der dadurch entstandene Raum interpretieren lässt als Ergebnis von Bautechnik, wie die Bautechnik sich umgekehrt als Einfall erweist, bestimmte Raumaufgaben zu lösen.

Es ist für einen Architekten legitim, von den Hallen des Frankfurter Bahnhofes unter Ausschluss der Kunstfassaden als Raum so beeindruckt zu sein wie von einer Kathedrale der Ile-de-France, so sehr er sich über den Unterschied der Nutzung im Klaren ist und da auch keinen Zweifel aufkommen lassen will. Eine Kirche bleibt eine Kirche, auch wenn der konstruktive Aufwand so bedeutend ist wie bei einem Bahnhof.

Gegenarchitektur will vor allem eins: ablesbar sein, zeigen, was ist, nicht zeigen, was sein sollte. Die strukturelle Gliederung gotischer Kirchen ist eine solche der Kraftlinien, die sich in Rippen und Säulenbündeln konkretisieren. Die Gotik hat keine Hemmung, das äußere Strebewerk, das die hohen Schiffe stützt, zu zeigen in der Art, wie sie sein müssen. Offizielle Architektur zeichnet sich aus durch Verblendung. Die Form ist ein Produkt des Architekten, seiner Bildung und Vorstellungskraft. Sie ist kein Resultat eines Bauvorgangs. Aufgrund neuer Wölbungstechniken sind die Kirchen des 12. Jahrhunderts immer höher geworden, sie brauchten äußere Stützungshilfen. Also zeigt man sie, wie sie sind, auch wenn sie in der Architekturgeschichte bis dato nicht vorkommen.

Schinkels Industriebauten sind anders. Er lässt der Architektur, wie sie die Industrie braucht, keinen freien Lauf, er zwingt sie in den Architekturkult der Zeit, in die Vorstellungsmuster von bürgerlichen Kulturgewohnheiten, die vor allem dem Historischen zugetan sind. Schinkels Fabriken stehen sicher unter dem Einfluss des beginnenden Industriezeitalters in England, aber können sich nicht dem Zwang entziehen, dass auch Industrie sich der Größe antiker Architektur unterzuordnen hat. Und wenn Schinkel sich der Gotik nähert, dann nicht auf dem Weg über das Verständnis, wie gotische Baumeister als Baumeister vorgegangen sind, sondern über das Erscheinungsbild der Gotik, das ein Seelenbild war und mehr von Caspar David Friedrich lebte als aus dem Verständnis scholastischer Religiosität, die eine rationale war, keineswegs eine romantische.

In der Nähe von Notre Dame in Paris steht das Centre Pompidou. Dem Architekten des bürgerlichen Weltverständnisses mag es als Horror erscheinen, wenn man zwischen beiden konstruktive Gemeinsamkeiten entdeckt. Man stelle sich die Frage, wie hätten gotische Baumeister, ein Villard de Honnecourt, ein Jean d'Orbais, ein Thomas de Cormont oder ein Pierre de Montreville gebaut, wenn sie zu ihrer Zeit Stahl und nicht nur Naturstein zur Verfügung gehabt hätten.

TERRAIN
TECHNIK, KONSTRUKTION, NATUR

Die Gotik hat die Wand als Konstruktionselement aufgelöst zugunsten der Struktur von Bögen, Rippen, Stützen und Pfeilern. Es entstand ein dreidimensionales Strukturgitter, als Raumabschluss diente vorwiegend Glas. Genau das aber ist die Leistung auch des Industriebaus im 19. Jahrhundert, in dessen Tradition der Bau von Piano und Rogers steht, einige hundert Meter von Notre Dame entfernt. Stahl ermöglichte freilich großräumigere Konstruktionen und führte auch den Zug, nicht nur die drückende Last in den Kraftverlauf des Strukturgitters ein. Man sagt, als Erster habe dies Brunelleschi am Dom von Florenz getan, indem er rund um die gewaltige Kuppel eine eiserne Kette legte, um ihr Auseinanderbrechen unter der gewaltigen Last zu verhindern. Er konnte damit auf einen umfassenden Kranz von Stützpfeilern oder Strebebögen verzichten. Am Centre Pompidou werden Zugelemente und Stützelemente zu einem faszinierenden Wechselspiel.

Heute scheint vor allem der Stahlbau die Freiheit wieder zu gewinnen, die die Architektur der Gotik, aber auch die Stahl- und Eisenarchitektur des 19. Jahrhunderts auszeichnet. Er wird wieder erfindungsreich. Er kümmert sich um die Bauaufgabe selbst und entfaltet am Bau eine ingeniöse, kreative Phantasie.

Der Stahl ist aber auch als Mittel entdeckt worden, mit dem zitiert werden kann. Man fasst Erker in Stahlprofile ein, stellt eine Wand aus Glas und bunt bemaltem Stahl in eine burgartige Architektur aus Natursteinplatten, die auf ein nacktes Eisenbetongerüst aufgesetzt sind. Ein bisschen Centre Pompidou, ein bisschen bunt bemalte Rohre gehören zum Ausweis formaler Aufgeklärtheit. Der Klassizismus von heute muss auch Metall verwenden, soll sein Eklektizismus vollständig sein.

Es war zu erwarten, dass der Versuch von Architekten wie Gropius, die Prinzipien des Industriebaus, der eine Gegenarchitektur gegen die Bildungsarchitektur darstellt, in die offiziellen Gefilde der Kulturarchitektur einzuführen, nicht von längerem Erfolg begleitet sein konnte.

Wir erleben heute die Rache derjenigen Kulturwächter, die im Neuen Bauen eine ungerechtfertigte Übertölpelung der gehobenen Kulturarchitektur gesehen haben. Der Geschichtsbezug wird wieder hergestellt. Man baut Türmchen mit Windfahnen, man baut Kolonnaden, Triumphbögen, Achsen. Der Dachziegel und der Erker leben wieder auf, eher flott als grundsätzlich ins Versteckspiel gebracht. Aufzüge, Garagen werden mit Stilelementen kaschiert, weil die Zeit, aus der zitiert wird, noch keine Autos und keine Elektromotoren kannte. Der Versuch, im 20. Jahrhundert die Gegenarchitektur des 19. Jahrhunderts in den offiziellen Architekturbetrieb zu integrieren, ist abgeschlagen.

Gegenarchitektur ist in der Tat dadurch nicht besser geworden, dass sie eine Zeit lang von den Kathedern der Architekturfakultäten gelehrt wurde. Sie ist ein Prinzip der Unruhe, sie macht aus jedem Fall eine Frage. Antworten entstehen durch das Bauen. Sie kann selbst dann, wenn sie gültige Resultate gefunden hat, nicht auf Ergebnisse verweisen, sondern auf Methoden, Suchmethoden, Arbeitsmethoden, Denkmethoden.

Gerade in ihrer Unabhängigkeit und der Unmöglichkeit, sie festzulegen, gewinnt Gegenarchitektur den Vorsprung.

Der Industriebau ist heute wieder eine Domäne einer Architektur, die sich ihre Freiheit bewahrt hat, weil für sie Freiheit eine Bedingung ihrer Entfaltung ist. Es gibt hier keine Fesseln eines vermeintlichen Kulturkanons. Hier wird das Quadrat nicht um des

Quadrats willen gesucht und nicht die Glastonne um der Glastonne willen. Man weiß nicht im Voraus, wie das nächste Resultat aussehen wird, diese Architektur ist spannend.

Damit ist die Zeit gekommen, die moderne Architektur, wie sie sich nach dem Zweiten Weltkrieg ausgebreitet hatte, schärfer zu betrachten, sie kritischer zu analysieren. Sie ist keine heilige Kuh mehr und muss sich den Vorwurf gefallen lassen, dass man im Maße ihrer offiziellen Anerkennung unkritischer geworden ist. Nun kann man von einer Globalbewunderung oder einer Globalverurteilung absehen und sich an Bewertungen machen. Manch einer hat an der Kirche von Ronchamps den Verlust der Prinzipien des Neuen Bauens ausgemacht, sich aber nicht getraut, hervorzutreten, um die eben erst gewonnene Anerkennung eines anderen Kirchenbaus nicht zu gefährden. Manch einer hat die Behandlung von Stahl und Glas, wie sie Mies van der Rohe betrieben hat, auch als einen Klassizismus ansehen müssen und hat doch geschwiegen. Das ist dem Neuen Bauen schlecht bekommen. Statt zu denken und zu reflektieren, hat man sich selbst kopiert. Was als eine Methode des Bauens angelegt war, wurde zum Stil.

Während Le Corbusier gesagt hat, baut Häuser wie Schiffe, Gropius, baut Häuser wie Fabriken, hat Mies van der Rohe eine wesentlich andere Botschaft verkündet: Auch im Glas und Stahl lässt sich Schinkel nachahmen.

Der Einfluss von Mies auf den Industriebau war lange Zeit sehr beträchtlich. Es sind „schöne" Fabriken entstanden, geometrische Gebilde in Glas und Stahl. Da war wenig Konstruktives mehr dabei.

Ich stehe nicht an, bei Androhung von Steinigungen, Mies van der Rohe als einen klassizistischen Architekten zu bezeichnen und damit einen Architekten, der nicht mehr konstruiert, sondern ritualisiert hat. Er benötigte Marmor, Travertin wie einst, aber erweiterte das Material-Repertoire erheblich zugunsten von Stahl, Bronze und Glas. Seine Geometrie war der ähnlich, nach der im Hellenismus die Städte angelegt wurden. Warum nur hat die Postmoderne nicht begriffen, dass hier der Klassizismus die Form des 20. Jahrhunderts gefunden hat?

Industriebau ist nie modern, er kann immer nur gut oder schlecht sein. Ein superschnelles Frachtschiff für eilige Fracht kann nie modern sein, sondern nur gut oder schlecht. Eine Kamera kann nie modern sein, sie ist entweder gut oder schlecht. Das alles entzieht sich dem Stil. Der Industriebau entzieht sich der üblichen architektonischen Kategorisierung. Er besitzt eine Syntax, die die Pragmatik mit einschließt und nicht nur die Semantik. Er hat sich zu bewähren, muss nicht nur zeigen und repräsentieren.

Glücklicherweise ist der Industriebau wieder aufgewacht aus einer rein formalen Anwendung technischer Materialien.

Mies van der Rohe hatte keine Scheu, alle Produkte, Profile und Halbzeuge der Technik zu verwenden, aber er hat weniger nach den Methoden der Technik, konstruktiv, ingeniös gebaut. Er war kein konstruktiv-methodischer Architekt, sondern ein formal-ästhetischer; in der Methode – nicht in der Erscheinung – war er Traditionalist.

Da ich das Glück hatte, solches mit ihm persönlich zu diskutieren, habe ich vielleicht etwas weniger Hemmung, über einen Kirchenvater des Neuen Bauens etwas despektierlich zu reden.

Auch Le Corbusier hätte sich schwer getan, eine Fabrik zu bauen. Aber er hätte es gerne getan. Er war beeindruckt von der Art, wie Schiffsaufbauten zustande kamen, und seine Hochhäuser erhielten Dachgärten, als gälte es, auch Häusern die Silhouetten von Schiffen zu geben. Aber er blieb immer ein Maler der Ozenfant-Schule. Die Kirche von Ronchamps ist konstruktiv ein Blendwerk. Verblendete Mauern für verblendete Augen. Seine Architektur war Kunst. Und sofern sie dies war, ist sie heute in der offiziellen Architektur wieder aktuell. Aber selbst wenn Le Corbusier nicht gerade technisch-konstruktiv war, war er technisch-konzeptionell. Die „Wohnmaschine" ist heute ein Ehrentitel.

Eine Ausstellung wie diese hat die Aufgabe, zu berichten, zu informieren. Indem sie das tut, geht sie über diese Funktion hinaus. Sie eröffnet den Blick auf eine Architektur, die so anders und eigenständig ist, dass sie sich als Gegenarchitektur ausweist. Im Bereich des Industriebaus wird so anders gedacht, konstruiert und gebaut, dass man zwangsläufig, auch wenn man es nicht will oder vielleicht gerade weil es nicht gewollt ist, in Opposition zum Bauen gerät, wie es heute ansonsten gepflegt wird.

Das ist bereits nicht mehr Beweis für den Eklektizismus der Epoche. Es geht nicht darum, dass heute, je nach Position in einer pluralistischen Kultur, der eine ein Flachdach bauen darf, der andere ein Steildach, der eine in Marmor baut, der andere in Stahl. Der heutige Industriebau ist nicht ein Beispiel mehr für die Bandbreite der kulturellen Moden und, wie man sagt, für den multikulturellen Aspekt der heutigen Kultur. Jedem, wie es gefällt, und also den Architekten des Industriebaus das Bauen in Stützen, Seilen, Profilen und Blechen. Gerade so ist es nicht.

Industriebau ist keine Laune, sondern ein Bereich kreativer Opposition. Da werden nicht neue Versatzstücke ausprobiert, die dann nachher beliebig vereinnahmt werden können. Da wird prinzipiell anders gedacht. Die Nähe zur Technik bringt es mit sich, dass gebaut wird, als wäre man Konstrukteur.

Das ist in der Sache, nicht expressis verbis, ein Angriff auf den Architekten des Scheins, der zwar mit Recht sagen kann, dass Theater von der Kulisse lebt, von der Imagination, aber übersieht, da auch das Theater von dieser Art Kulisse Abschied genommen hat.

Diese Form der Opposition ist indessen nicht zu verstehen wie ein nein sagender Rest in einem Parlament. Sie ist eine Kraft der Gesellschaft. Sie ist die Kreativität, die über das Bestehende hinausgreift. Ob eine solche Kultur vom Einzelnen ausgeht, ob von Verbänden oder Gruppen, ob sie von Mäzenen unterstützt wird oder von so starken Verbänden wie der Industrie, in ihrem Selbstbewusstsein vertritt sie Kultur im eigentlichen Sinn, als Aufbruch und Unabhängigkeit.

Industriebau ist Gegenarchitektur vielleicht gerade auch deshalb, weil mit Industrie- und Gewerbegebieten unsere Länder ebenso kaputtgemacht werden wie die Städte mit Einkaufszonen.

Steht der Industriebau deshalb außerhalb der Ästhetik? Ist das nur Zweckarchitektur? Wenn es eine Servilität der Ästhetik gibt, dann die Ehrfurcht vor dem klassizistischen Kodex.

Der Industriebau ist auch unter den Kriterien der Ästhetik eine zum Teil atemberaubende Expedition, allerdings sofern er von Architekten und nicht von Baustoffhändlern betrieben wird.

Behrens und Gropius haben das Verdienst, den Historizismus, immer eine Säule der offiziellen Architektur, für eine gewisse Zeit zurückgedrängt zu haben; wie man sieht, gelang es ihnen nicht grundsätzlich. Die heutige Situation der offiziellen Architektur ist eklektizistischer Historizismus unter Verwendung einiger Stilmittel des Neuen Bauens, auch wo es technisch orientiert war.

Insofern ist die offizielle Architektur wieder geworden, was sie immer schon war. Behrens und Gropius haben nicht mehr als einen Einschnitt erreicht. Die Tradition von Palladio über Schinkel bis zu Speer inklusive ihrer bürgerlichen Parallele von Goethes Gartenhaus über Mackintosh und Tessenow bis zu Schmitthenner hat sich nicht erschüttern lassen. Die Moderne ist, das erklärt sowohl der englische Thronfolger, Prinz Charles, wie der Vater der modernen Architektur in Amerika, Philip Johnson, vorbei.

Das ist natürlich keine Aussage zur Situation des Bauens, sondern nur zur Situation der offiziellen Architektur.

Leider ist bei unserem heutigen Architekturverständnis und der Art, wie über sie gesprochen wird, wie sie gelehrt wird, zu erwarten, dass man auch Foster und Rogers kopieren wird. Man wird diese Bauten wieder nur als avantgardistisches Erscheinungsbild verstehen, als Symbol des Weltraumzeitalters oder so etwas, nicht als das Resultat, wie man eine gegebene Bauaufgabe gelöst hat. Die Kunstarchitektur aber beschäftigt sich nicht mit Profanem, sondern mit Werten, Symbolen, Formen. Bei einer Ausstellung, welche die Bauten dieser Architekten einem größeren Kreis bekannt machen soll, ist auch zu befürchten, dass diese Bauten ihrer visuellen Ausschlachtung freigegeben werden. Spektakuläres läuft zu leicht Gefahr, durch Zitatenlust entnervt und ausgelaugt zu werden, bis man es nicht mehr sehen kann. Es gibt nicht allzu viel Bereitschaft, von einer Architektur der Zeichen wieder zu einer solchen der Sache zu kommen.

So gesehen, möchte man dieser Ausstellung eher wünschen, dass sie viel Widerspruch erfährt. Bauen ist eine Denkaufgabe. Wenn diese Einsicht bekräftigt würde, wäre heute, wo Bauen zum Erscheinungsbild degeneriert, vielleicht das Entscheidende gewonnen.

TERRAIN
TECHNIK, KONSTRUKTION, NATUR

Die US-amerikanische Architekturzeitschrift *Assemblage*, die zwischen 1986 und 2000 jeweils dreimal jährlich erschienen ist, gehörte international zu den profiliertesten architekturtheoretischen Periodika. Als Herausgeber wirkten neben der Architekturschriftstellerin Alicia Kennedy auch K. Michael Hays, der die Eliot-Noyes-Professur für Architekturtheorie an der Graduate School of Design der Harvard University inne hat, sowie Catherine Ingraham, die an der Iowa State University Architekturtheorie lehrte und seit 1999 das Architektur- und Design-Programm des Pratt-Instituts in New York leitet.

Der Text „Computer Animism" erschien als Editorial von K. Michael Hays, Catherine Ingraham und Alicia Kennedy in *Assemblage* Nr. 26. Die deutsche Fassung wurde der Zeitschrift *ARCH+* Nr. 128 (September 1995) entnommen.

C. Ingraham/K. M. Hays/A. Kennedy (Assemblage):
Computer-Animismus (1995)

Eigenartige Dinge laufen derzeit ab in der Architektur, aber es ist nicht das, was Sie glauben. Es geht nicht um die formale Besonderheit von Projekten, wie sie Greg Lynn und Jesse Reiser/Nanako Umemoto anbieten. Formale Besonderheit in der Architektur ist nichts Besonderes mehr. Es geht vielmehr um das, was man grob die Rückkehr der sechziger Jahre nennen könnte, der geodätischen Kuppel und der Ökologie. Das zeigt sich in elaborierten Wettbewerbsbeiträgen (wie diesem hier)[1], aber auch ganz allgemein in der Branche unter der unglückseligen Rubrik „nachhaltige Architektur", die vor einigen Jahren von der AIA[2] eingeführt wurde. Unglückselig, weil es sich bei Architektur im Unterschied zu einem Wald nicht um ein Ökosystem handelt (auch wenn sie sich auf Ökosysteme stützt). Wie in jedem Kreislauf der Geschichte besteht aber eine seltsame Beziehung zwischen Vergangenheit und Gegenwart. Es ist nicht so einfach, leichten Herzens in eine vergangene Epoche einzutauchen, sich zu holen, was man braucht, und unbeschadet davonzukommen.

Das Wort Ökologie selbst kann nichts zu tun haben mit jener Ökologie der wirren, evangeliumsgläubigen Politik der grünen Bewegungen der Sechziger. Es muss heute zumindest in der Architektur seinen kulturellen Bestandteilen gerecht werden, seinem *oikos* (Haus) und seinem *logos*. Wir möchten vorschlagen, dass *oikos* und *logos* der Ökologie der neunziger Jahre sich im Computer und in den durch den Computer ermöglichten Theorien und Bildern der Komplexität darstellen.

Der Computer scheint am mächtigsten in der Biologie und Physik zu sein; darüber hinaus strebt er den Zustand der biomorphen Intelligenz an. Der Computer-Diskurs steckt voller bioräumlicher Metaphern: Pfade, Netze, Umgebungen, Strukturen, veränderliche Systeme, *morphing*, Cyborg-Personen, prothetische Geräte und so weiter. Nur ein sehr geringer Teil dieser Computerintelligenz (von technischer oder anderer Art) hat jedoch einen Weg in die Architektur gefunden. *FormZ* und *Photoshop* sind in der Architektur inzwischen ziemlich weit verbreitet, genau so wie *AutoCad*, aber zahlreiche Technologien wie Computer-Animation, Virtuelle Realität, Stereo-Lithographie und andere Software/Hardware-Anwendungsmöglichkeiten werden selten genutzt, und wenn sie einmal verwendet werden, so arbeiten sie häufig vereinfachend und schwerfällig. So genannte interaktive Computertechnologien in der Architektur sind zum größten Teil schlechte Überarbeitungen des Parthenon. Die beiden Projekte von

Lynn (in Zusammenarbeit mit Ed Keller) und Reiser/Umemoto sind deshalb besonders interessant.

Alle diese Architekten sind am Problem des „Geschmeidigen" interessiert. Reiser/Umemotos Thema ist eine Version der Debatte um Ornament und Konstruktion – der konstruktiv nicht wesentliche und nicht totalisierte Zustand des geodätischen Bausystems. Lynn verwendet biologische Prozesse des Wachstums und der Veränderung, um traditionelle architektonische Entwurfsvoraussetzungen figürlich darzustellen. Reiser und Umemoto verwenden den Computer zur Behandlung und Realisierung komplexer vielkurviger Strukturen, etwa so wie Frank Gehry es getan hat. Lynn und Keller verwenden den Computer als Erzeuger von Systemen symmetrischer und asymmetrischer Organisation, unter Verwendung von Theorien der biologischen Variation. Beide Projekte stützen sich auf Standort-Informationen des Cardiff-Bay-Opera-House-Wettbewerbs, insbesondere des ovalen Hafenbeckens, um die Entwurfsprozesse zu beherrschen und voranzutreiben. Beide Projekte glauben an „Wandel" und „Intuition", und beide wären auch als biomorph zu beschreiben, weil beide sich auf Computer-Programme eingelassen haben, die fließende Austauschfähigkeiten aufweisen. Fließend ist mittelbar eine Art Synonym für Körper.

Die „ökologischen" Aspekte dieser Projekte (bioformale und metabolistische Beziehungen) werden realisiert durch Prozess-Studio-Techniken, beeinflusst durch nicht automatische generative Regeln und Anforderungen der Ausschreibung. Lynn beginnt mit William Batesons Regel, dass, „wenn eine asymmetrische seitliche Extremität (zum Beispiel eine rechte Hand) verdoppelt wird (auf abnorme Weise), das sich daraus ergebende verdoppelte Glied bilateral symmetrisch sein wird, sodass es aus zwei Teilen besteht, von denen jedes ein Spiegelbild des anderen und so angeordnet ist, dass man sich eine Symmetrieebene zwischen ihnen vorstellen kann." Diese Regel sollte „Regelmäßigkeiten innerhalb des Bereichs der teratologischen Variation nachweisen." Gregory Bateson (William Batesons Sohn) bringt in diese Regel eine weitere theoretische Dimension ein, in erster Linie die Kybernetik und die Informationstheorie. Warum, fragte er in *Ökologie des Geistes*, ist die verdoppelte Komponente nicht asymmetrisch wie die entsprechenden Komponenten normaler Organismen? Seine Antwort

Lokale Symmetriebildung aus Informationsmangel: Daumen-Mutations-Analyse von William Bateson.

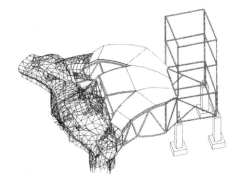

Wettbewerbsbeitrag für das Cardiff Bay Opera House von Jesse Reiser und Nanako Umemoto.

lautet, dass Differenzierung zwischen zwei Hälften erreicht wird durch die Aufnahme von Informationen von außen (von benachbartem Gewebe und Organen im Falle der Komponenten-Abzweigung). Daher wurde in einem Zustand der Symmetrie die Information ausgelassen oder unterdrückt. Symmetrie ist somit nicht ein zugrunde liegendes organisatorisches Prinzip, sondern eine Mangel-Position. Symmetriebruch in der Architektur, schlussfolgert Lynn, ist daher kein „Verlust von, sondern eine Zunahme an Organisation innerhalb eines offenen, flexiblen und anpassungsfähigen Systems. Der Bruch der Symmetrie vom Exakten zum Unexakten ist das wichtigste Merkmal geschmeidiger Systeme." *Ökologie des Geistes* erschien 1972 und handelt weniger von der Wissenschaft der Teratologie[3] und den Regeln für die Mutationen von Formen als vielmehr von der Suche nach „einer Ökologie der Ideen", die uns die Krise „der Beziehungen des Menschen zu seiner Umwelt" erklären helfen können (ein architektonisches Problem par excellence). Batesons Denken war von Bedeutung für die Kybernetik und gehört somit auf andere Weise als der Ausdruck „Ökologie der Ideen" der heutigen Zeit an.

Lynns Wiederaneignung der formalen Prinzipien von Batesons Arbeit, ohne den utopischen Rahmen einer Ökologie der Ideen – andererseits auch Reiser/Umemotos Verwendung der Geodäsie von Sir Barnes Wallis (das R-100-Luftschiff und der Wellington-Bomber) eher als etwa Buckminster Fuller (ebenfalls ein utopischer Denker, derzeit wieder in Mode) – ist von Bedeutung, weil sich in diesen beiden Projekten eine weitere Utopie im Prozess der Entstehung befindet. Das heißt, die inzwischen offensichtlich vagen utopischen Projekte sowohl Batesons als auch Fullers zahlen sich einigermaßen aus, indem man ihre „wissenschaftlichen" Bestandteile der diffusen Utopie des Computers unterwarf, einer Maschine, die multiple (strukturelle, soziale, genetische) Beziehungen *ad infinitum* bewahren und ausarbeiten kann. Derzeit noch schwierig zu erkennen ist der politische und methodologische Wert dieser Aneignung.

Es kann nicht um den Beweis gehen, dass „intern gerichtete Unbestimmtheit und externe unstete Zwänge" (Lynn) oder die „flexible Komplexität" geodätischer Modelle (Reiser/Umemoto) die Grundlage einer neuen, geschmeidigen Architektur wären. Die Frage lautet vielmehr, ob diese Vorgehensweisen hinsichtlich des gesamten Prozesses zu überzeugen vermögen; Entwurfskonzept, Text, Programmatik und so weiter. Wenn der Computer für die Architektur überhaupt von Nutzen sein soll (abgesehen von Zeichnung, Buchhaltung, Management), dann muss die durch den Computer ermöglichte grafische Virtuosität auf besonders überzeugende Weise nutzbar gemacht werden, um die unvermeidliche (alte) Frage zu unterbinden oder zu vereiteln: wie real das Projekt denn wirklich sei. Aber hier bekommen wir es auf quälende Weise mit den Folgen unserer Weigerung zu tun, diese Projekte im Hinblick auf ihre Besonderheit zu betrachten. Denn am erstaunlichsten und letzten Endes am überzeugendsten ist an diesen Projekten, dass nichts jemals zuvor so ausgesehen hat. Die Projekte weisen ein Computer-Aussehen auf, das sich völlig von der *AutoCad*-Architektur unterscheidet. Die metallischen sperrigen Schalen (Lynn) und die schwere Masse geodätischer Struktur (Reiser/Umemoto) scheinen, was das Aussehen angeht, ihren eigenen Anspruch zu etablieren. Aber das stimmt nicht ganz. Nichts sieht anders aus, wenn es nicht anders ist, und mehr noch: Es ist praktisch unmöglich, bewusst auf die Suche nach einem neuen „Look" zu gehen. Man bedarf unvermeidlich der Geschichte und neu aussehender Maschinen und Theorien – und diese komplizieren die Situation unermesslich.

Wenn formale Strategien (Geodäsien) und die Verbindung von Biologie, Konstruktion und Standort (Ökologie) wirklich aus den Sechzigern zurückgeholt und wieder belebt wurden, vom Computer-Utopismus der Neunziger beseelt auf das Spielfeld geschickt, dann bedarf es vielleicht nur noch eines einzigen Augenblicks (des gewichtigsten überhaupt), um zu erkennen, ob dies ein neues Tier ist oder ein altes; es geht um den Augenblick, in dem jemand anruft und sagt: „Hier ist Geld, warum bauen Sie das nicht?" Diese Projekte sind – ohne diesen gewichtigen Augenblick – überaus provozierend, aber mindestens ein Teil der fragilen Gefährdung dieser Architektur liegt in ihrem eigenen Wunsch, wie gebaut zu wirken, und auch dies gehört zum Ethos des Computers.

Übersetzung aus dem Amerikanischen: Meinhard Büning.

1 Es handelt sich hierbei um den Wettbewerb für das Cardiff Bay Opera House, den Zaha Hadid 1994 für sich entscheiden konnte [*Anm. d. Hrsg.*].
2 AIA: American Institute of Architects [*Anm. d. Hrsg.*].
3 Teratologie: Wissenschaft von den organischen Mißbildungen.

TERRAIN
TECHNIK, KONSTRUKTION, NATUR

ARCHITEKT
GREG LYNN/FORM

Embryological House (2000)

Dem amerikanischen Architekten Greg Lynn ist es mit zu verdanken, dass der Computer seit Mitte der neunziger Jahre nicht mehr nur als eine Rationalisierungsmaschine, sondern als ein Experimentierfeld neuer Entwurfsmethoden betrachtet wird. Mit dem so genannten „Embryological House" konzipierte er ein Projekt, das das Thema des „Fertighauses", welches in den USA wesentlich stärker verbreitet ist als in Europa, wirkungsvoll auf die Spitze zu treiben verstand. Nicht die gewohnten Architekturklischees, die ansonsten den konventionellen Fertighaus-Markt dominieren, standen Pate für den Entwurf, sondern ergonomisch zugeschnittene Objekte des alltäglichen Gebrauchs wie Autos oder Turnschuhe.

Erstmalig im Jahre 2000 auf der Biennale in Venedig präsentiert, greift das bisher unrealisiert gebliebene Embryological House viele Überlegungen auf, die Lynn bereits in seinem Buch *Animate Form* (1995) vorlegte. Darin führte er die von der Architektenschaft bis dato weitgehend ignorierten Möglichkeiten von Animationssoftware vor, um die „Belebung" der Architektur herbeizuführen und die Entwurfspraxis im Geiste der Topologie zu revolutionieren. Der Arbeit mit „weichen Geometrien" traute er nicht nur unendlichen Variationsspielraum, sondern auch eine große Passgenauigkeit des Entwurfs zu. Wenngleich Lynn noch bis heute weitgehend dem Modell der Analogiebildung mit biologischen Phänomenen verhaftet geblieben ist, so wies er dennoch mit *Animate Form* bereits in die Zukunft bio- und nanotechnologisch basierter Architekturen.

Entsprechend macht Lynn auch beim Embryological House Gebrauch von Animations- und Modelling-Software. Sie unterstützt ihn dabei, parametrische Entwurfsdaten wie beispielsweise Lichteinfall oder topografische Informationen mit Kundenwünschen zu „verschleifen". Kein Haus soll dabei dem anderen gleichen. Der Architekt betont, dass es „kein ideales oder ursprüngliches Embryologic House gibt", da seine Anpassung an die persönlichen Lebensumstände und Vorlieben der künftigen Bewohner bereits in der Designphase vonstatten geht. Mit dieser Arbeitsweise versucht Lynn Entwicklungen wie *manufacturing on demand* für die Architektur zu gewinnen. Massenfertigung ist also nicht nur der Schlüssel, um eine hohe Wohnqualität erschwinglich zu machen, sondern sie kommt durch *mass customization* auch noch dem Kundenwunsch nach Partizipation und einer individualisierten Formensprache entgegen.

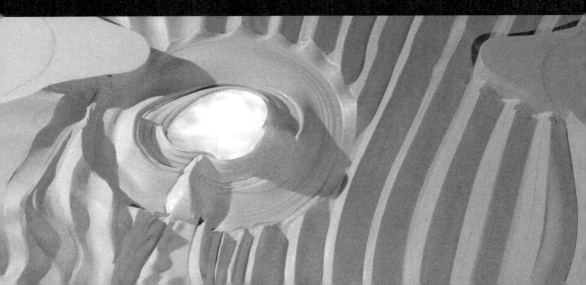

TERRAIN
FUNKTION, PROGRAMM, EREIGNIS

Es war der britische Architekturtheoretiker Adrian Forty, der darauf hinwies, dass zwar die Funktion ein Hauptanliegen moderner Architektur darstelle, dass es aber erst „in Opposition zur Moderne" gelang, die Begriffe „Funktion" und „Funktionalismus" zu theoretisieren: „Insofern wir eine ‚Theorie' oder Theorien der Funktion haben, sind sie vor nicht allzu langer Zeit entstanden – und nicht in der Periode, als der ‚Funktionalismus' angeblich die moderne Architektur dominiert hat."[1] Forty bemerkte zudem, dass die englische Sprache nur das Wort „functional" anbietet, während im Deutschen mit „sachlich", „zweckmäßig" und „funktionell" eine ganzes Spektrum von Begriffen und Bedeutungen vorliegt, das dem Konzept des Funktionalismus eine Variationsbreite verleiht, mit dem das eine englische Wort unmöglich konkurrieren könnte.[2]

Hieraus kann man folgern: Der weite Bedeutungshorizont des Sachlichen, Zweckmäßigen und Funktionellen musste sich erst in der englischen Übersetzung verengen, um von den Kritikern der Moderne bestürmt werden zu können. Für diese These spricht, dass mit dem Funktionalismus am unbarmherzigsten im englischen Sprachraum abgerechnet wurde. In Deutschland aber betrachten noch heute insbesondere diejenigen Theoretiker, die im Bann der Frankfurter Schule stehen, die Funktionalisierung der Architektur als irreversiblen Prozess, der nicht abgebrochen und ersetzt, sondern zu einem guten Ende geführt werden müsse.

Zweifel am Funktionalismus tauchten nicht erst in der Postmoderne auf. Bereits in den dreißiger Jahren begann, was man die „Selbstkritik der Moderne" nennen könnte. Sie fand ihren ersten Höhepunkt in den Bestrebungen des Team 10 um Aldo van Eyck, das den Funktionalismus und die „Charta von Athen" in Frage stellte – was 1959 in Otterlo zur Auflösung des CIAM führte. Im Zersetzungsprozess dieses wichtigsten internationalen Forums der modernen Architektur sahen viele Autoren eine bedeutende Zäsur, einen Wechsel von der deterministischen Architektur des *form follows function* hin zu einer Denkschule, die in Anlehnung an die Theorien des Linguisten Ferdinand de Saussure und des Ethnologen Claude Lévi-Strauss als „Strukturalismus" bezeichnet wurde.[3] Der „strukturalistische Raum" sollte neue Formen des Gebrauchs provozieren, indem er die Nutzer dazu einlädt, Veränderungen an einem Gebäude vorzunehmen.

Auch der japanische Architekt **Kenzo Tange**, ein wichtiger Vertreter der metabolistischen Bewegung, war Teilnehmer der Otterlo-Tagung. Vor allem ihm gebührt das Verdienst, strukturalistische Überlegungen auf die Architektur übertragen zu haben.[4] Wie seinem Essay **„Funktion, Struktur und Symbol"** (1966) zu entnehmen ist, geht Tange von einem reduzierten Verständnis des Funktionalismus aus, welcher lediglich spezifische Räume für bestimmte Funktionen vorsehe. Im Gegenzug lobt er eine Entwurfsgesinnung, die Wert auf die „Struktur" eines Gebäudes legt und auf diese Weise zu einer „höheren Ordnung" der Architektur beitrage. Möglichkeiten der Strukturbildung erblickt Tange vor allem *zwischen* den separierten Funktionen eines Gebäudes: in den Erschließungs- und Versorgungswegen, den Korridoren, Fluren und Gängen eines Bauwerkes. In diesen transitorischen Räumen sieht er garantiert, was für ihn Gebäuden und Städten zur Struktur verhilft: die Kommunikation.

Darunter versteht er nicht nur die konkreten Bewegungsvorgänge von Menschen und Dingen, sondern auch die Zeichen- oder Symbolhaftigkeit eines Bauwerks.

Der deutsche Philosoph **Jürgen Habermas**, der der zweiten Generation der Frankfurter Schule angehört, wandte sich vielfach gegen den vorschnellen Ausverkauf des „unvollendeten Projekts der Moderne".[5] In seinem Essay **„Moderne und postmoderne Architektur"** (1981) verurteilt er die eklektizistische Postmoderne, wie sie vor allem Ende der siebziger Jahre beträchtlich an Terrain gewann, als eine „intellektuell spielerische, aber provokative Absage an die moralischen Grundsätze der modernen Architektur". Habermas rekapituliert die Herausforderungen, mit denen die Architektur seit Mitte des 19. Jahrhunderts zu kämpfen hat und kommt zu dem Schluss, dass das Neue Bauen seinen Auftrag noch nicht vollständig erfüllt habe: Lediglich technischen Aufgaben und dem Umgang mit neuen Materialien und Fertigungsmethoden hätte es sich gewachsen gezeigt.

Als bislang unbewältigt betrachtet Habermas zwei zentrale Herausforderungen der Moderne: Für ihn vermochte die Architektenschaft weder Bauaufgaben wie Flughäfen, Bürobauten oder dem sozialen Wohnungsbau „sinnfällige Präsenz" zu verleihen, noch konstruktiv mit den „wirtschaftlichen Imperativen" des Kapitalismus umzugehen. Viel verspricht er sich darum von einem verbesserten Verständnis dessen, was er „Systemfunktionalität" nennt. Hierunter fallen für Habermas unkalkulierbare Handlungsfolgen und Entscheidungsketten, die von keinem der Beteiligten gewollt sind: „Die Probleme der Stadtplanung sind nicht in erster Linie Probleme der Gestaltung, sondern Probleme der Steuerung, Probleme der Eindämmung und Bewältigung von anonymen Systemimperativen, die in die städtische Lebenswelt eingreifen und deren urbane Substanz aufzuzehren drohen."

Zu den Gemeinsamkeiten, die Jürgen Habermas mit dem in New York ansässigen Schweizer Architekten **Bernard Tschumi** teilt, gehört ihr Widerstand gegen eine entpolitisierte und formalistische Postmoderne. Obschon Tschumi in seinem Essay **„Die Gewalt der Architektur"** (1981) – wie in nahezu allen seinen Schriften – lieber von „Programm" und „Ereignis" spricht als von „Funktion", teilt er doch mit den radikalsten Vertretern der klassischen Moderne das Interesse für Bauten, die ihren Nutzern auf geradezu gewalttätige Weise auf den Leib rücken. „Sich heute mit dem Begriff des Programms zu befassen", so Tschumi, „heißt, ein verbotenes Terrain zu betreten, ein Terrain, das durch architektonische Ideologien seit Jahrzehnten bewusst mit einem Bann belegt worden ist. Das Interesse für Programme ist sowohl als Überbleibsel des Humanismus als auch als morbider Versuch, inzwischen überholte funktionalistische Doktrinen wieder zu beleben, verworfen worden."[6]

Vom politischen Ethos des Mai '68 durchdrungen und einem Stadtnomadentum verpflichtet, wie es sich insbesondere die Gruppe der „Situationistischen Internationale" auf ihre Fahnen schrieb, stellt Tschumi Handlungsräume verschiedenster Art vor: Revolutionen, Aufstände und Barrikadenkämpfe, Rituale, Festumzüge und Parteitage. Seine Untersuchung des spannungsreichen Verhältnisses von Architektur und sozialer Aktion kommt zu dem Schluss, dass es sich hierbei um alles andere als ein harmonisches Zusammenspiel handelt. Es herrscht ein Klima gegenseitiger Gewaltausübung und Einflussnahme. Für Tschumi ist dies ein Grund, die Wirkkraft des Leibes auf die gebaute Umwelt stärker ins Bewusstsein zu rücken und dem lebendigen Menschenkörper, welcher „der Architektur immer suspekt" war, größere Aufmerksamkeit zu schenken.

TERRAIN
FUNKTION, PROGRAMM, EREIGNIS

Wenn – wie oftmals in Tschumis Schriften der Fall – statt von „Funktionen" nurmehr von „Ereignissen" die Rede ist, so greift eine solche Sprachregelung auf die Erkenntnisse der Katastrophentheorie und Chaosforschung zurück, die ein anti-deterministisches Weltbild wirkungsvoll zu etablieren vermochte. Physiker wie René Thom sprechen von einem Ereignis, wenn die Entstehung einer neuen System-Stabilität sich weder aus dem alten Zustand eines Systems noch aus dessen Bestandteilen erklären lässt; die Umschlagpunkte beziehungsweise eigentlichen Momente eines Ereignisses bezeichnen Katastrophentheoretiker als „Singularitäten".[7]

Der amerikanische Architekturtheoretiker **Sanford Kwinter** greift diesen Faden auf und zeigt in seinem Text **„Das Komplexe und das Singuläre"** (1993) Wege auf, wie sich die Architektur einer „Theorie und Praxis des Ereignisses" verschreiben kann. Zu den wichtigsten Strategien gehört für Kwinter, die „Einsamkeit" autonomer Häuser in Frage zu stellen. Gebäude sind für ihn „Operatoren", nicht Objekte. Am Beispiel der Benediktinerklöster zeigt er, dass Bauwerke als Instrumente institutioneller Macht dienen und kaum als neutrale Funktionsbehälter begriffen werden können. Statt Nutzungen in Gebäuden einzubetten, sieht Kwinter umgekehrt die Architektur in „Praktiken" eingebunden: in instabile Milieus vielfältiger Kräfte. Den entwerfenden Architekten empfiehlt er, von Freeclimbern zu lernen, statt weiterhin mit der gekreuzigten, in Quadrat und Kreis fixierten vitruvianischen Figur zu sympathisieren. Denn ohne Steigeisen und Seile, so Kwinter, bezwingen die Kletterkünstler unserer Tage mit geschmeidigen Bewegungen die steilsten Felswände. Und lösen somit eindrucksvoll jene „Praxis des Ereignisses" ein, die mit komplex ineinander verwobenen Kräften und Strömen arbeitet, um neue Qualitäten und Stabilitäten zu erlangen.

Stephan Trüby

1 Adrian Forty: *Word and Buildings. A Vocabulary of Modern Architecture*; New York 2000, S. 174; [*Übers.: S.T.*].
2 Vgl. Forty a.a.O. S. 180.
3 Arnulf Lüchinger etwa teilt in seinem Buch *Strukturalismus in Architektur und Städtebau* (Stuttgart 1981) die Architektur des 20. Jahrhunderts in eine Zeit des Funktionalismus (1920-1960) und eine des Strukturalismus (ab 1960) ein. Er folgt damit einer Periodisierung, die zuvor schon Kenzo Tange in seinem Essay „Funktion, Struktur und Symbol" vorschlug.
4 Vgl. Jürgen Joedicke: *Architekturgeschichte des 20. Jahrhunderts*, Stuttgart 1990, S.140.
5 Vgl. Jürgen Habermas: „Das unvollendete Projekt der Moderne", in (ders.): *Die Moderne – ein unvollendetes Projekt*, Leipzig 1990, S. 32 ff.
6 Bernard Tschumi: „Architecture and Limits III", in (ders.): *Architecture and Disjunction*, Cambridge/London 1994, S. 113; [*Übers.: S.T.*].
7 Vgl. zum Beispiel Peter Eisenhardt, Dan Kurth, Horst Stiehl: *Wie Neues entsteht. Die Wissenschaft des Komplexen und Fraktalen*, Reinbek bei Hamburg 1988, S. 151 ff.

AUTOR
KENZO TANGE

Der Architekt Kenzo Tange, geboren 1913 in Osaka, studierte an der Universität von Tokio, wo er auch ab 1963 lehrte. Zu seinen berühmtesten Bauten gehören das *Friedenszentrum* in Hiroshima (1949-56), die *Sporthallen für die Olympischen Spiele* in Tokio (1964) und die *Tokyo Cathedral* (1964).

Der Text „Funktion, Struktur und Symbol" erschien in dem von Udo Kultermann herausgegebenen Buch *Kenzo Tange. Architektur und Städtebau 1946-1969* (Artemis, Zürich 1970) und ist hier gekürzt wiedergegeben.

Kenzo Tange:
Funktion, Struktur und Symbol (1966)

Planer haben sich in der Geschichte der Architektur und des Städtebaus ganz besonders mit dem Thema „Mensch und Raum" abgegeben. Was verstand man unter Raum? Wie war die Beziehung zwischen Mensch und Raum? Der Begriff Raum ist nicht statisch, er hat sich im Laufe der Zeiten ständig verwandelt. Wenn wir die Geschichte der Architektur und Stadtplanung in einen ersten Abschnitt von 1920 bis 1960 und in einen zweiten Abschnitt von 1960 an aufwärts aufteilen wollen, so ergeben sich die zwei folgenden Gesichtspunkte.

Einmal ändert die gigantische und ständig zunehmende Macht der modernen Gesellschaft unaufhörlich die physische Form dieser Gesellschaft, und zwar im Kleinen wie im Großen. Das System solchen Wachstums und solcher Veränderung wird nun in die Architektur und in die Stadt aufgenommen. Ein weiterer Gesichtspunkt liegt im Fortschritt der modernen Organisationen, der auf die neuzeitlichen Kommunikationsmittel, auf die Nachrichtentechnik und auf das scharfe Übergreifen dieses Phänomens auf die räumliche Anordnung zurückzuführen ist. In der modernen Gesellschaft ist Raum ein Kommunikationsfeld und wird durch die Entwicklung des Kommunikationssystems immer organischer. Neue Möglichkeiten des Tastens, Hörens, Sehens, Gehens und Fahrens weiten die zwischenmenschlichen Kontakte in den kosmischen Raum aus und machen die räumliche Struktur gleichzeitig organischer. Der Prozess, ein architektonisches Werk oder eine Stadt zu schaffen, kann verstanden werden als eine Konkretisierung des Kommunikationsnetzes in einen Raum.

In der Zeit von 1920 bis 1960 war die Beziehung zwischen Funktion und Raum statisch und deterministisch. Man fand, dass jede Funktion mit einem spezifischen Raum identifiziert werden müsse. Wir ruhen uns zum Beispiel auf einem Sofa aus, essen an einem Tisch, schlafen in einem Bett, arbeiten an einem Pult, üben unsere körperlichen Kräfte auf einem Spielplatz und brauchen Korridore, um diese Bereiche miteinander zu verbinden. Diese Auffassung war nicht nur für eine individuelle, architektonische Einheit maßgebend, sondern auch für eine städtische Einheit. In der Größenordnung der Stadt gedacht, nimmt sich diese typisierte Wechselbeziehung zwischen Funktion und Raum etwa so aus: ein Wohnraum zum Wohnen, ein Arbeitsplatz zum Arbeiten, ein Erholungsbereich zur Erholung und eine Straße zur Fortbewegung. Die Stadt als Ganzes hielt man für eine umfassende Einheit, in der all diese Funktionen einbegriffen waren.

Ein solches funktionelles Vorgehen war an sich nicht verfehlt. In der ersten Phase der modernen Architektur brachte sie eher noch Vorteile. Aber diese Denkweise verkennt, dass die funktionellen Einheiten – ein Raum, der genau einer Funktion entspricht, kann eine funktionelle Einheit genannt werden – in eine höhere Ordnung gleiten, wenn sie durch Korridore oder Straßen verbunden werden. Es ist daraus klar ersichtlich, dass es Probleme gibt, die unmöglich mit einer rein funktionellen Einstellung gelöst werden können. Es braucht zum „Funktionellen" noch den Prozess der „Gliederung", ein Prozess, der die funktionellen Einheiten miteinander verbindet. Die Kopplungen zwischen den funktionellen Einheiten nehmen sich heute weniger monistisch, weniger statisch, weniger entscheidend und weniger zwingend, dafür aber pluralistischer, elastischer, aussondernder und spontaner aus.

Wenn wir diese Kopplungen mit Norbert Wiener, dem Schöpfer der Kybernetik, in Energie- und Informationskopplungen unterteilen, dann können elastische und aussondernde Kopplungen Informationskopplungen und statische und entscheidende Kopplungen Energiekopplungen genannt werden. Nach Norbert Wiener ist eine Organisation nicht so geschlossen, dass es unmöglich wäre, einen Aspekt zu ändern, ohne die spezifischen Merkmale aller andern Aspekte zu zerstören, und auch nicht so offen, dass etwas geschehen könnte, ohne andere Dinge zu beeinflussen.

Man kann die räumliche Ordnung ein Netz von Energie und Kommunikation nennen, wobei die räumliche Ordnung zu einer höher dimensionierten Ordnung wird, wenn sie stärker durch Information als durch Energie verbunden ist. Übrigens ist in dieser räumlichen Ordnung das System von Wachstum und Veränderung enthalten.

Es ist das Grundthema der heutigen Stadtplanung, die räumliche Ordnung als ein Kommunikationsnetz und als einen lebendigen Körper mit Wachstum und Veränderungen aufzufassen. Einen solchen Prozess nenne ich „gliedern".

Ich möchte nun meine Gedanken wie folgt umreißen: Architektur oder städtische Räume haben eine räumliche Ordnung, die alle möglichen Elemente enthält. Und die Auffassung, jedes Element in seiner eigenen definierten Funktion zu sehen, nennen wir eine funktionelle Problemlösung.

Diesem Funktionalismus liegt eine analytische Denkweise und abstraktes Denken zugrunde, die oft übersehen, dass Dinge eine konkrete Existenz haben. Es drängt sich dann die Notwendigkeit auf, diese Elemente in ihrer gegenseitigen Beziehung in Raum und Zeit zu verstehen. Eine solche Auffassung nennen wir strukturell.

...

Um innerhalb der Grenzen der funktionellen Denkweise eine typisierte Wechselbeziehung zwischen Funktion und Raum zu gewährleisten, muss nicht nur die Funktion selber, sondern auch der entsprechende Raum festgelegt sein. Der Prozess, zu einer solchen Entsprechung zu gelangen, war eines der Hauptmerkmale unserer funktionellen Denkweise. Wir gebrauchten ein räumliches System mit dem Zweck, Beziehungen zwischen einer gewissen funktionellen Einheit und der äußeren Stadt herzustellen. Wenn wir noch weiter verallgemeinern, stellen sich uns Probleme entgegen, die mit einer funktionellen Auffassung allein nicht mehr gelöst werden können. Wir merken dann, dass wir die Räume nicht nur mit einer Funktion, sondern auch mit Struktur belegen müssen. Das führte zur Auffassung, dass das Grundthema der Stadtplanung in der Entwicklung des Strukturprozesses liegt.

Wenn wir fragen, wie denn das Ding heiße, das dem Raum Struktur verleiht, so liegt die Antwort in der Kommunikation. Obwohl wir Kommunikation als tatsächliche Beweglichkeit auffassen können, wenn Dinge oder Leute sich bewegen, so ist es auch möglich, visuelle Kommunikation in Augenblicken zu erleben, in denen sich eigentlich nichts bewegt. Der Prozess, diesen kommunikativen Tätigkeiten und Strömungen zwischen den Räumen Form zu geben, heißt, architektonischen und städtischen Räumen Struktur verleihen. Obwohl wir bis jetzt diese Räume abstrakt Lebensräume oder Arbeitsplätze genannt haben, können wir mit einer solchen statischen Grundeinstellung allein nicht Raum bestimmen. Was aber einen Raum bestimmt, ist die Beweglichkeit, das Strömen der Leute und Dinge und die visuelle Kommunikation.

Wenn wir noch weiter gehen, begegnen wir Fällen, in denen Räume Kommunikationsfelder in einer symbolischen Phase sind – wo wir den Räumen als etwas Symbolisiertem Form verleihen. Die Kommunikationskanäle in ihren vielfältigen Verkleidungen sind eine jener Grundlagen, mit denen wir den funktionellen Einheiten von Städten oder riesigen Gebäudekomplexen Struktur verleihen. Wir sind überzeugt, dass es wesentlich ist, unsere Denkweise umzumodeln und Räume als ein Kommunikationsfeld aufzufassen.
...

Raum ist der Bereich, in dem der Mensch funktioniert oder in dem er seine physischen Tätigkeiten ausübt, er ist aber auch gleichzeitig der Bereich, in dem dem Menschen Struktur verliehen wird, das heißt, dass Raum als Kommunikation des Menschen aufgefasst werden kann. Der weitaus wichtigste Aspekt hingegen besteht darin, dass Raum der Bereich ist, in dem der Mensch geformt wird. In diesem Sinne hat ein Raum seine eigene metaphysische Bedeutung. Raum ist die Welt der Bedeutung.

Wie wird aber die Architektur und der städtische Raum Menschlichkeit, Bedeutung und Wert des Menschen zu sichern vermögen?

Ich wage zu behaupten, dass die Architektur und der städtische Raum eine symbolische Denkweise verlangt, um die Menschlichkeit, die Bedeutung und den Wert des Menschen in der Architektur und im städtischen Raum zu gewährleisten. Es scheint mir, dass einige Bereiche der modernen Architektur und einige Städte heute symbolarm geworden sind.
...

Wir haben bereits erwähnt, dass Architektur und Städtebau die Prozesse umfassen, die den Räumen Funktion und Struktur geben. Wenn wir einer typisierten Form eine typisierte Funktion geben, so ist diese Funktion für das Auge unmittelbar wahrnehmbar und hat eine eigene Identität. Wenn wir diesem Begriff weiter nachgehen, sehen wir, dass wir mit Form nicht nur die physische Funktion, sondern auch die metaphysische Bedeutung ausdrücken können. Wenn also ein gewisser Raum seiner Funktion symbolischen Ausdruck verleiht, dann braucht es einen symbolischen Ausgangspunkt.

Die symbolische Denkweise kann eigentlich auch im Prozess des Strukturgebens gefunden werden. Es erweist sich für die Ausarbeitung des Planes und für das Verständnis der Leute als fruchtbar, der Struktur selber eine symbolische Bedeutung zu geben.
...

Übersetzung aus dem Japanischen: H. Rappold, T. und K. Schelbert.

FUNKTION, PROGRAMM, EREIGNIS

Jürgen Habermas, geboren 1929 in Düsseldorf, studierte Philosophie, Geschichte, Psychologie, Ökonomie und deutsche Literatur in Göttingen, Zürich und Bonn, wo er auch promovierte. 1961 habilitierte er sich bei Wolfgang Abendroth in Marburg mit der Schrift *Strukturwandel der Öffentlichkeit*. Von 1964 bis 1982 war er (mit einer Unterbrechung von 1971 bis 1982) als Nachfolger Max Horkheimers Direktor des Frankfurter Instituts für Sozialforschung. Zu seinen wichtigsten Büchern gehören *Erkenntnis und Interesse* (1968), *Theorie des kommunikativen Handelns* (1981) und *Faktizität und Geltung* (1992).

Der Vortrag „Moderne und postmoderne Architektur" wurde im November 1981 zur Eröffnung der Ausstellung „Die andere Tradition. Architektur in München von 1800 bis heute" gehalten. Der vorliegende Text ist dem Band *Die Neue Unübersichtlichkeit. Kleine Politische Schriften V*. (Suhrkamp Verlag, Frankfurt/M. 1985) entnommen.

Jürgen Habermas:
Moderne und postmoderne Architektur (1981)

Die Ausstellung *Die andere Tradition* gibt Anlass, über den Sinn einer Präposition nachzudenken. Sie nimmt nämlich unauffällig Partei im Streit um die *post-* oder *nach*moderne Architektur. Mit diesem *nach* wollen sich die Protagonisten von einer Vergangenheit verabschieden, ohne der Gegenwart schon einen *neuen* Namen geben zu können – auf die erkennbaren Probleme der Zukunft wissen sie, wissen wir nämlich noch keine Antwort.

Der Ausdruck „postmodern" hatte zunächst nur neue Varianten innerhalb des breiten Spektrums der Spätmoderne bezeichnet, als er im Amerika der fünfziger und sechziger Jahre auf literarische Strömungen angewendet wurde, die sich von den Werken der frühen Moderne absetzen wollten. In einen affektiv aufgeladenen, geradezu politischen Schlachtruf verwandelte sich der „Postmodernismus" erst, seitdem sich in den siebziger Jahren zwei konträre Lager des Ausdrucks bemächtigt haben: auf der einen Seite die *Neukonservative*n, die sich der vermeintlich subversiven Gehalte einer „feindseligen Kultur" zugunsten wieder erweckter Traditionen entledigen möchten; auf der anderen Seite jene *Wachstumskritiker*, für die das Neue Bauen zum Symbol für die von der Modernisierung angerichteten Zerstörungen geworden ist. Nun erst geraten Bewegungen, die durchaus noch die Bewusstseinsstellung der modernen Architektur geteilt hatten – und mit Recht von Charles Jencks als repräsentativ für die „Spätmoderne" beschrieben worden sind –, in den Sog der konservativen Stimmungslagen der siebziger Jahre und bereiten den Weg für eine intellektuell spielerische, aber provokative Absage an die moralischen Grundsätze der modernen Architektur.

In Opposition zur Moderne
Die Fronten sind nicht leicht zu entwirren. Denn einig sind sich alle in der Kritik an der seelenlosen Behälterarchitektur, an dem fehlenden Umweltbezug und der solitären Arroganz ungegliederter Bürogebäude, an monströsen Großkaufhäusern, monumentalen Hochschulen und Kongresszentren, an der fehlenden Urbanität und der Menschenfeindlichkeit der Satellitenstädte, an den Spekulationsgebirgen, den brutalen Nachkommen der Bunkerarchitektur, der Massenproduktion von „Satteldachhundehütten", an der autogerechten Zerstörung der Citys und so weiter – so viele Stichworte und kein Dissens weit und breit. Freilich, was die einen als *immanente* Kritik vortragen, ist bei den anderen *Opposition zur Moderne*; dieselben Gründe, welche die eine Seite zur kritischen

Fortsetzung einer unersetzlichen Tradition ermutigen, genügen der anderen Seite zur Ausrufung eines postmodernen Zeitalters. Und diese Opponenten wiederum ziehen entgegengesetzte Konsequenzen, je nachdem, ob sie das Übel kosmetisch oder systemkritisch angehen. Die *konservativ Gestimmten* begnügen sich mit stilistischen Verkleidungen dessen, was ohnehin geschieht – ob nun, wie von Branca als Traditionalist oder wie der heutige Venturi als Pop-Artist, der den Geist der modernen Bewegung in ein Zitat verwandelt und ironisch mit anderen Zitaten zu grellen, wie Neonröhren strahlenden Texten vermischt. Die radikalen *Antimodernisten* hingegen setzen den Hebel tiefer an und wollen die ökonomischen und administrativen Zwänge des industriellen Bauens unterlaufen. Sie zielen auf eine Entdifferenzierung der Baukultur. Was für die eine Seite Stilprobleme sind, versteht die andere als Probleme der Entkolonialisierung zerstörter Lebenswelten. So sehen sich diejenigen, die das unvollendete Projekt der ins Schleudern geratenen Moderne fortsetzen wollen, mit verschiedenen Gegnern konfrontiert, die nur in der Entschlossenheit, von der modernen Architektur Abschied zu nehmen, übereinstimmen. Die moderne Architektur, die sich sowohl aus den organischen wie aus den rationalistischen Anfängen eines Frank Lloyd Wright und eines Adolf Loos entwickelt hat und in den gelungensten Werken eines Gropius und Mies van der Rohe, eines Corbusier und Alvar Aalto zur Blüte gelangt ist, diese Architektur ist immerhin der erste und einzige verbindliche, auch den Alltag prägende Stil seit den Tagen des Klassizismus. Allein diese Baukunst ist dem Geist der Avantgarde entsprungen, ist der avantgardistischen Malerei, Musik und Literatur unseres Jahrhunderts ebenbürtig. Sie hat die Traditionslinie des okzidentalen Rationalismus fortgesetzt und war selber kräftig genug, Vorbilder zu schaffen, das heißt klassisch zu werden und eine Tradition zu begründen, die von Anbeginn nationale Grenzen überschritten hat. Wie sind diese kaum bestreitbaren Tatsachen damit zu vereinbaren, dass nach dem Zweiten Weltkrieg jene einhellig beklagten Deformationen in der Nachfolge, sogar im Namen eben dieses „Internationalen Stils", zustande kommen konnten? Enthüllt sich in den Scheußlichkeiten das wahre Gesicht der Moderne – oder sind es Verfälschungen ihres wahren Geistes?

Herausforderungen des 19. Jahrhunderts
Ich will mich einer provisorischen Antwort nähern, indem ich erstens die Probleme aufzähle, die sich im 19. Jahrhundert der Architektur gestellt haben, indem ich zweitens die programmatischen Antworten nenne, die das Neue Bauen darauf gegeben hat, und drittens zeige, welche Art von Problemen mit diesem Programm nicht gelöst werden konnte. Diese Überlegungen sollen viertens dazu dienen, den Ratschlag zu beurteilen, den diese Ausstellung, wenn ich deren Intentionen recht verstehe, geben will. Wie gut ist der Rat, die Tradition der Moderne unbeirrt anzueignen und kritisch fortzusetzen, statt den heute dominierenden Fluchtbewegungen zu folgen – sei es in den traditionsbewussten Neohistorismus, in jene ultramoderne Kulissenarchitektur, die sich im vergangenen Jahr auf der Biennale in Venedig dargestellt hat, oder in den Vitalismus des vereinfachten Lebens, des anonymen, bodenständigen und deprofessionalisierten Bauens?

Die industrielle Revolution und die in ihrem Gefolge beschleunigte gesellschaftliche Modernisierung stellten im Laufe des 19. Jahrhunderts Baukunst und Stadtplanung vor eine neue Situation. Erwähnen möchte ich die drei bekanntesten Herausforderungen: den qualitativ neuen Bedarf an architektonischer Gestaltung, die neuen Materialien und Techniken des Bauens, schließlich die Unterwerfung des Bauens unter neue funktionale, vor allem wirtschaftliche Imperative.

Mit dem Industriekapitalismus entstehen *neue Lebenssphären*, die sich der höfisch-kirchlichen Monumentalarchitektur ebenso entziehen wie der alteuropäischen Baukultur in den Städten und auf dem Land. Die Verbürgerlichung der Kultur und die Entstehung eines breiteren, kunstinteressierten und gebildeten Publikums verlangen nach neuen Bibliotheken und Schulen, Opernhäusern und Theatern; aber das sind konventionelle Aufgaben. Anders verhält es sich mit dem durch die Eisenbahn revolutionierten Verkehrsnetz, das nicht nur den bekannten Verkehrsbauten, den Brücken und Tunnels, eine andere Bedeutung gibt, sondern eine neue Aufgabe stellt: die Konstruktion von Bahnhöfen. Die Bahnhöfe sind charakteristische Orte für ebenso dichte und abwechslungsreiche wie anonyme und flüchtige Kontakte, also für jenen von Benjamin beschriebenen Typus der reizüberflutenden, aber begegnungsarmen Interaktionen, die das Lebensgefühl der großen Städte prägen sollten. Wie die Autobahnen, Flughäfen und Fernsehtürme zeigen, hat die Entwicklung des Verkehrs- und Kommunikationsnetzes immer wieder Anstöße zu Innovationen gegeben.

Das galt damals auch für den Wirtschaftsverkehr, der nicht nur den Lagerhäusern und Markthallen neue Dimensionen abverlangte, sondern unkonventionelle Bauaufgaben mit sich brachte: das Kaufhaus und die Messehalle. Vor allem die industrielle Produktion lässt aber mit den Fabriken, mit den Arbeitersiedlungen und den für den Massenkonsum hergestellten Gütern Lebensbereiche entstehen, in die Formgebung und architektonische Gestaltung zunächst nicht vordringen.

In der zweiten Jahrhunderthälfte werden als Erstes die Massenprodukte des täglichen Gebrauchs, die der stilprägenden Kraft der traditionellen Handwerkskunst entglitten sind, als ein ästhetisches Problem wahrgenommen. John Ruskin und William Morris wollen die Kluft, die im Alltag der industriellen Lebenswelt zwischen Nützlichkeit und Schönheit aufgebrochen ist, durch eine Reform des Kunstgewerbes schließen. Diese Reformbewegung lässt sich von einem erweiterten, zukunftsweisenden Architekturbegriff leiten, der mit dem Anspruch zusammengeht, die gesamte physische Umwelt der bürgerlichen Gesellschaft architektonisch zu formen. Insbesondere Morris sieht den Widerspruch zwischen den demokratischen Forderungen, die auf eine universelle Teilhabe an Kultur hinauslaufen, und der Tatsache, dass sich im industriellen Kapitalismus immer weitere Lebensbereiche den prägenden kulturellen Mächten entfremden.

Eine zweite Herausforderung ergibt sich für die Architektur aus der Entwicklung *neuer Materialien* (wie Glas und Eisen, Gussstahl und Zement) und *neuer Produktionsmethoden* (vor allem der Verwendung von Fertigteilen). Die Ingenieure treiben im Laufe des 19. Jahrhunderts die Bautechnik voran und erschließen damit der Architektur Gestaltungsmöglichkeiten, die die klassischen Grenzen der konstruktiven Bewältigung von Flächen und Räumen sprengen. Die aus dem Gewächshausbau hervorgegangenen, mit standardisierten Teilen konstruierten Glaspaläste der ersten Industrieausstellungen in London, München und Paris haben den faszinierten Zeitgenossen einen ersten Eindruck von neuen Größenordnungen und Konstruktionsprinzipien vermittelt; sie haben

Sehgewohnheiten revolutioniert und das Raumgefühl der Betrachter nicht weniger dramatisch verändert als die Eisenbahn die Zeiterfahrung der Reisenden. Das Innere des mittelpunktlosen, repetitiven Londoner Kristallpalastes muss wie eine Entschädigung aller bekannten Dimensionen des gestalteten Raumes gewirkt haben.

Die dritte Herausforderung ist schließlich die kapitalistische *Mobilisierung* von Arbeitskräften, Grundstücken und Bauten, von großstädtischen *Lebensverhältnissen* überhaupt. Diese führt zur Konzentration großer Massen und zum Einbruch der Spekulation in den Lebensbereich des privaten Wohnens. Was heute die Proteste in Kreuzberg und anderswo auslöst, hat damals begonnen. In dem Maße, wie der Hausbau zur amortisierbaren Investition wird, lösen sich die Entscheidungen über den Kauf und Verkauf von Grundstücken, über Bebauung, Abriss und Neubau, über Vermietung und Kündigung aus Bindungen der familiären und der lokalen Tradition; sie machen sich, mit einem Wort, von Gebrauchswertorientierungen unabhängig. Die Gesetze des Bau- und Wohnungsmarktes verändern die Einstellung zu Bauen und Wohnen. Wirtschaftliche Imperative bestimmen auch das unkontrollierte Wachstum der Städte; daraus ergeben sich die Erfordernisse einer Art von Stadtplanung, die mit dem Ausbau der barocken Städte nicht zu vergleichen ist. Wie diese beiden Sorten von funktionalen Imperativen, die des Marktes und die der kommunalen und staatlichen Planung, zusammenwirken, einander durchkreuzen und die Architektur in ein neues System von Abhängigkeiten verstricken, zeigt sich in großem Stil bei der Umgestaltung von Paris durch Haussmann unter Napoleon III.; an diesen Planungen hatten die Architekten keinen nennenswerten Anteil.

Versagen des Historismus, Antwort der Moderne
Wenn man den Impuls verstehen will, aus dem die moderne Architektur entstanden ist, muss man sich vergegenwärtigen, dass die Architektur in der zweiten Hälfte des 19. Jahrhunderts nicht nur von dieser dritten Herausforderung des Industriekapitalismus überwältigt worden ist, sondern dass sie auch die beiden anderen Herausforderungen zwar empfunden, aber nicht bewältigt hat.

Die willkürliche Disposition über wissenschaftlich objektivierte, aus ihrem Entstehungszusammenhang herausgerissene Stile setzt den Historismus instand, in einen ohnmächtig gewordenen Idealismus auszuweichen und die Sphäre der Baukunst von den Banalitäten des bürgerlichen Alltags abzuspalten. Die Not der neuen, architektonischer Gestaltung entfremdeten Lebensbereiche wird in die Tugend umgemünzt, die Nutzarchitektur von künstlerischen Ansprüchen freizusprechen. Die Chancen der neuen technischen Gestaltungsmöglichkeiten werden nur ergriffen, um die Welt aufzuteilen zwischen Architekten und Ingenieuren, zwischen Stil und Funktion, zwischen prächtiger Fassade außen und verselbständigter Raumdisposition im Inneren. So hatte die historische Architektur auch der Eigendynamik des Wirtschaftswachstums, der Mobilisierung der großstädtischen Lebensverhältnisse, dem sozialen Elend der Massen nicht viel mehr entgegenzusetzen als die Flucht in den Triumph von Geist und Bildung über die (verkleideten) materiellen Grundlagen.

In den lebensreformerischen Tendenzen des Jugendstils, aus dem die moderne Architektur hervorgeht, meldet sich bereits der Protest gegen diese Unwahrhaftigkeit, gegen eine Baukunst der Verdrängung und der Symptombildung. Nicht zufällig entwickelt zur gleichen Zeit Sigmund Freud die Grundzüge seiner Neurosenlehre.

Die moderne Bewegung nimmt die Herausforderungen an, denen die Architektur des 19. Jahrhunderts nicht gewachsen war. Sie überwindet den Stilpluralismus und jene Abtrennungen und Aufteilungen, mit denen sich die Baukunst arrangiert hatte. Der Entfremdung der industriekapitalistischen Lebensbereiche von der Kultur begegnet sie mit dem Anspruch eines Stils, der nicht nur Repräsentationsbauten prägt, sondern die Alltagspraxis durchdringt. Der Geist der Moderne soll sich der Totalität der gesellschaftlichen Lebensäußerungen mitteilen. Dabei kann die industrielle Formgebung an die Reform des Kunstgewerbes anknüpfen, die funktionale Gestaltung der Zweckbauten an die Ingenieurskunst der Verkehrs- und Wirtschaftsbauten, die Konzeption der Geschäftsviertel an die Vorbilder der Schule von Chicago. Darüber hinaus ergreift die neue Formensprache Besitz von den exklusiven Bereichen der Monumentalarchitektur, von Kirchen, Theatern, Gerichten, Ministerien, Rathäusern, Universitäten, Kurhäusern etc.; und andererseits erstreckt sie sich auf die Kernbereiche der industriellen Produktion, auf Siedlungen, sozialen Wohnungsbau und Fabriken.

Was heißt eigentlich Funktionalismus ?
Der neue Stil hätte freilich nicht auf alle Lebensbereiche durchschlagen können, wenn die moderne Architektur nicht die zweite Herausforderung, den immens erweiterten Spielraum technischer Gestaltungsmöglichkeiten, mit *ästhetischem Eigensinn* verarbeitet hätte. Das Stichwort „Funktionalismus" umschreibt bestimmte Leitvorstellungen, Grundsätze für die Konstruktion von Räumen, für die Materialverwendung, die Methoden der Herstellung und der Organisation; der Funktionalismus ist von der Überzeugung getragen, dass die Formen die Funktionen der Benutzung ausdrücken sollen, für die ein Bau geschaffen wird. Aber der Ausdruck „Funktionalismus" legt auch falsche Vorstellungen nahe. Wenigstens verschleiert er, dass die Eigenschaften moderner Bauten das Ergebnis einer konsequent verfolgten ästhetischen Eigengesetzlichkeit sind. Was fälschlich dem Funktionalismus zugeschrieben wird, verdankt sie einem ästhetisch motivierten, aus neuen Problemstellungen der Kunst selbst hervorgegangenen Konstruktivismus. Mit ihm ist die moderne Architektur dem experimentellen Zug der avantgardistischen Malerei gefolgt.

Die moderne Architektur befindet sich in einer paradoxen Ausgangsposition. *Auf der einen Seite* war Architektur stets zweckgebundene Kunst. Anders als Musik, Malerei und Lyrik, kann sie sich aus praktischen Bewandtniszusammenhängen so schwer lösen wie die literarisch anspruchsvolle Prosa von der Praxis der Umgangssprache – diese Künste bleiben im Netz von Alltagspraxis und Alltagskommunikation hängen: Adolf Loos sah deshalb die Architektur mit allem, was Zwecken dient, aus dem Bereich der Kunst ausgeschlossen. *Auf der anderen Seite* steht die Architektur unter Gesetzen der kulturellen Moderne – sie unterliegt, wie die Kunst überhaupt, dem Zwang zur radikalen Autonomisierung. Adorno hat die avantgardistische Kunst, die sich vom perspektivisch wahrgenommenen Gegenstand und der Tonalität, von Nachahmung und Harmonie löst und die sich auf ihre eigenen Medien der Darstellung richtet, durch Schlüsselworte wie Konstruktion, Experiment und Montage gekennzeichnet. Die exemplarischen

Werke, so meint er, frönen einem esoterischen Absolutismus „auf Kosten der realen Zweckmäßigkeit, in der Zweckgebilde wie Brücken oder industrielle Anlagen ihr Formgesetz aufsuchen [...]. Das autonome, einzig in sich funktionelle Kunstwerk dagegen möchte durch seine immanente Teleologie erreichen, was einmal Schönheit hieß." Adorno stellt also das „in sich" funktionelle Kunstwerk dem für „äußere Zwecke" funktionalen Gebilde gegenüber. In ihren überzeugendsten Beispielen fügt sich jedoch die moderne Architektur der von Adorno bezeichneten Dichotomie gerade nicht. Ihr Funktionalismus *trifft* vielmehr mit der inneren Logik einer Kunstentwicklung zusammen. Vor allem drei Gruppen bearbeiten die Probleme, die sich aus der kubistischen Malerei ergeben hatten – die Gruppe der Puristen um Corbusier, der Kreis der Konstruktivisten um Malevitch, vor allem die De-Stijl-Bewegung (mit van Doesburg, Mondrian und Oud). Wie damals Saussure die Strukturen der Sprache, so untersuchen die holländischen Neoplastizisten, wie sie sich nennen, die Grammatik der Ausdrucks- und Gestaltungsmittel, der allgemeinsten Techniken der bildenden Künste, um diese im Gesamtkunstwerk einer umfassenden architektonischen Gestaltung der Umwelt aufzuheben. An den sehr frühen Hausentwürfen von Malevitch und Oud kann man sehen, wie aus dem experimentellen Umgang mit den reinen Gestaltungsmitteln Gebilde wie die der funktionalistischen Bauhausarchitektur hervorgehen. In Bruno Tauts Schlagwort „was gut funktioniert, sieht gut aus" geht gerade der *ästhetische Eigensinn des Funktionalismus* verloren, der in Tauts eigenen Bauten so deutlich zum Ausdruck kommt.

Während die moderne Bewegung die Herausforderungen des qualitativ neuen Bedarfs und der neuen technischen Gestaltungsmöglichkeiten erkennt und im Prinzip richtig beantwortet, begegnet sie den systemischen Abhängigkeiten von Imperativen des Marktes und der planenden Verwaltungen eher hilflos.

Der erweiterte Architekturbegriff, der die moderne Bewegung zur Überwindung eines von der Alltagswirklichkeit abgehobenen Stilpluralismus ermutigt hatte, war nicht nur ein Segen. Er hat die Aufmerksamkeit nicht nur auf wichtige Zusammenhänge zwischen der industriellen Formgebung, der Inneneinrichtung, der Architektur des Hausbaus und der Stadtplanung gerichtet, er hat auch Pate gestanden, als die Theoretiker des Neuen Bauens Lebensstile und Lebensformen *im Ganzen* dem Diktat ihrer Gestaltungsaufgaben unterwerfen sehen wollten. Aber Totalitäten wie diese entziehen sich dem planerischen Zugriff. Als Corbusier seinen Entwurf für eine Unité d'habitation endlich realisieren, dem Gedanken einer Cité jardin verticale endlich konkrete Gestalt geben konnte, blieben gerade die Gemeinschaftseinrichtungen ungenutzt – oder wurden abgeschafft. Die Utopie einer vorgedachten Lebensform, die schon die Entwürfe Owens und Fouriers getragen hatte, konnte sich nicht mit Leben füllen. Und dies nicht nur wegen einer hoffnungslosen Unterschätzung der Vielfalt, Komplexität und Veränderlichkeit moderner Lebensweisen, sondern auch, weil modernisierte Gesellschaften mit ihren Systemzusammenhängen über Dimensionen einer Lebenswelt, die der Planer mit seiner Phantasie ausmessen konnte, hinausreichen. Die heute sichtbar gewordenen Krisenerscheinungen der modernen Architektur gehen weniger auf eine Krise der Architektur als darauf zurück, dass sie sich bereitwillig hat überfordern lassen.

Systemzwang, Architektur und Lebenswille

Mit den Unklarheiten der funktionalistischen Ideologie war sie zudem schlecht gewappnet gegen Gefahren, die der Wiederaufbau nach dem Zweiten Weltkrieg, die Periode, in der sich der „Internationale Stil" erst breitenwirksam durchgesetzt hat, mit sich brachte. Gewiss, Gropius betonte immer wieder die Verflechtung von Architektur und Städtebau mit Industrie, Wirtschaftsverkehr, Politik und Verwaltung; er sieht auch schon den Prozesscharakter der Planung. Aber im Rahmen des Bauhauses tauchten diese Probleme nur in einem auf didaktische Zwecke zugeschnittenen Format auf. Und die Erfolge der modernen Bewegung verleiteten die Pioniere zu der unbegründeten Erwartung, dass sich eine „Einheit von Kultur und Produktion" auch in einem *anderen* Sinne herstellen ließe: die ökonomischen und politisch-administrativen Beschränkungen, denen die Gestaltung der Umwelt unterliegt, erscheinen in diesem verklärenden Lichte als bloße Fragen der Organisation. Als die Vereinigung der amerikanischen Architekten 1949 in ihre Satzung die Bestimmung aufnehmen will, dass sich Architekten nicht als Bauunternehmer betätigen sollen, protestiert Gropius nicht etwa gegen die Unzulänglichkeit dieses Mittels, sondern gegen Zweck und Begründung des Antrags. Er beharrt auf seinem Credo: „Die zum allgemeinen Bildungsfaktor gewordene Kunst wird imstande sein, der sozialen Umwelt jene Einheit zu verleihen, welche die echte Basis einer Kultur ist, die jedes Ding, vom einfachen Stuhl bis zum Haus des Gebets, umfasst." In dieser großen Synthese gehen die Widersprüche unter, die die kapitalistische Modernisierung gerade auf dem Gebiet der Stadtplanung kennzeichnen – Widersprüche zwischen den Bedürfnissen einer geformten Lebenswelt auf der einen, den über die Medien Geld und Macht mitgeteilten Imperativen auf der anderen Seite.

Wiederherstellung der Urbanität?

Dem kam wohl auch ein linguistisches Missverständnis entgegen. „Funktional" nennen wir die Mittel, die für einen *Zweck* geeignet sind. In diesem Sinne versteht sich ein Funktionalismus, der die Bauten nach Maßgabe der Zwecke der Benutzer konstruieren will. „Funktional" nennen wir aber auch Entscheidungen, die einen anonymen Zusammenhang von Handlungsfolgen stabilisieren, ohne dass der Bestand dieses *Systems* von irgendeinem der Beteiligten gewollt oder auch nur beachtet werden müsste. Was in diesem Sinne systemfunktional ist für Wirtschaft und Verwaltung, beispielsweise eine Verdichtung der Innenstadt mit steigenden Grundstückspreisen und wachsenden Steuereinnahmen, muss sich im Horizont der Lebenswelt der Bewohner wie der Anlieger keineswegs als „funktional" erweisen. Die Probleme der Stadtplanung sind nicht in erster Linie Probleme der Gestaltung, sondern Probleme der Steuerung, Probleme der Eindämmung und Bewältigung von anonymen Systemimperativen, die in städtische Lebenswelten eingreifen und deren urbane Substanz aufzuzehren drohen.

Heute ist die Besinnung auf die alteuropäische Stadt in aller Munde; aber Camillo Sitte, einer der ersten, der die mittelalterliche mit der modernen Stadt verglichen hat, warnte bereits im Jahre 1889 vor *erzwungenen Ungezwungenheiten*. Nach einem Jahrhundert der Kritik an der Großstadt, nach einem Jahrhundert zahlloser, immer wieder enttäuschter Versuche, die Städte im Gleichgewicht zu halten, Citys zu retten, den städtischen Raum in Wohnquartiere und Geschäftsviertel, Industrieanlagen und Grünviertel, private und öffentliche Bereiche zu gliedern, bewohnbare Satellitenstädte zu bauen, Slumgebiete zu sanieren, den Verkehr sinnvoll zu kanalisieren etc., drängt sich die Frage auf, ob nicht der Begriff der Stadt selber überholt ist.

Als eine überschaubare Lebenswelt konnte die Stadt einst architektonisch gestaltet, sinnlich repräsentiert werden. Die gesellschaftlichen Funktionen des städtischen Lebens, politische und wirtschaftliche, private und öffentliche, die Aufgaben der kulturellen und der kirchlichen Repräsentation, des Arbeitens, des Wohnens, der Erholung und des Feierns konnten in Zwecke, in Funktionen der zeitlich geregelten Benutzung von gestalteten Räumen *übersetzt* werden. Aber spätestens im 19. Jahrhundert wird die Stadt zum Schnittpunkt funktionaler Zusammenhänge *anderer Art*. Sie wird in abstrakte Systeme eingebettet, die als solche nicht mehr ästhetisch in eine sinnfällige Präsenz eingeholt werden können. Dass die großen Industrieausstellungen, von der Jahrhundertmitte an bis in die späten achtziger Jahre, als architektonische Großereignisse geplant worden sind, verrät einen Impuls, der heute rührend anmutet. Indem die Regierungen damals für den internationalen Vergleich die Erzeugnisse ihrer industriellen Produktion in großartigen Hallen festlich-anschaulich vor der breiten Öffentlichkeit arrangierten, wollten sie den Weltmarkt buchstäblich inszenieren und in die Grenzen der Lebenswelt zurückholen. Aber nicht einmal mehr die Bahnhöfe konnten die Funktionen des Verkehrsnetzes, an das sie die Reisenden anschlossen, so visualisieren wie die Stadttore einst die konkreten Verbindungen zu umliegenden Dörfern und zur nächsten Stadt.

Ohnehin liegen heute die Flughäfen, aus guten Gründen, weit draußen. Und den gesichtslosen Bürohäusern, die die Innenstadt beherrschen, den Banken und Ministerien, den Gerichten und Konzernverwaltungen, den Verlags- und Pressehäusern, den privaten und öffentlichen Bürokratien kann man die Funktionszusammenhänge, deren Knotenpunkte sie bilden, nicht ansehen. Die Schrift der Firmenzeichen und der Leuchtreklamen zeigt, dass Differenzierungen in einem *anderen* Medium als dem der Formensprache der Architektur stattfinden müssen. Ein anderes Indiz dafür, dass die städtische Lebenswelt durch *nicht gestaltbare Systemzusammenhänge* immer weiter mediatisiert wird, ist der Fehlschlag des wohl ehrgeizigsten Projekts des Neuen Bauens: Bis heute konnten der soziale Wohnungsbau und die Fabrik der Stadt nicht integriert werden. Die städtischen Agglomerationen sind dem alten Konzept der Stadt, dem unsere Herzen gehören, entwachsen: Das ist kein Versagen der modernen oder irgendeiner Architektur.

Ratlosigkeit und Reaktionen
Wenn diese Diagnose nicht ganz falsch ist, bestätigt sie zunächst nur die herrschende Ratlosigkeit und die Notwendigkeit, nach neuen Lösungen zu suchen. Freilich weckt sie auch Zweifel an den Reaktionen, die das Desaster der gleichzeitig überforderten und instrumentalisierten Architektur des Neuen Bauens auf den Plan gerufen hat. Um mich auf dem unübersichtlichen Terrain der Gegenströmungen wenigstens vorläufig zu orientieren, habe ich drei Tendenzen unterschieden, die eines gemeinsam haben: Im Gegensatz zu der selbstkritischen Fortsetzung der Moderne sprengen sie den modernen Stil. Sie wollen die Verklammerung von avantgardistischer Formensprache und unnachgiebigen funktionalistischen Grundsätzen auflösen; programmatisch treten Form und Funktion wieder auseinander.

Das gilt trivialerweise für einen *Neohistorismus*, der Kaufhäuser in mittelalterliche Häuserzeilen verwandelt und U-Bahn-Entlüftungsschächte in das Taschenbuchformat palladianischer Villen. Diese Rückkehr zum Eklektizismus des vergangenen Jahrhunderts verdankt sich, wie damals, kompensatorischen Bedürfnissen. Dieser Traditionalismus ordnet sich dem Muster des politischen Neukonservatismus insofern ein, als er Probleme, die auf einer *anderen* Ebene liegen, in Stilfragen umdefiniert und damit dem öffentlichen Bewusstsein entzieht. Die Fluchtreaktion verbindet sich mit dem Zug zum Affirmativen: Alles *Übrige* soll bleiben, wie es ist. Die Trennung von Form und Funktion trifft ebenso auf eine *Postmoderne* zu, die den Definitionen von Charles Jencks entspricht und von Nostalgie frei ist – ob nun Eisenman und Graves das formale Repertoire der zwanziger Jahre artistisch verselbständigen oder ob Hollein und Venturi, wie surrealistische Bühnenbildner, die modernen Gestaltungsmittel einsetzen, um den aggressiv gemischten Stilen malerische Effekte zu entlocken. Die Sprache dieser kulissenhaften Architektur verschreibt sich einer Rhetorik, die den architektonisch nicht mehr gestaltbaren Systemzusammenhängen immerhin in Chiffren Ausdruck zu verleihen sucht. Auf andere Weise sprengt die Einheit von Form und Funktion schließlich jene *Alternativarchitektur*, die von Fragen der Ökologie und der Erhaltung historisch gewachsener Stadtquartiere ausgeht. Diese gelegentlich als „vitalistisch" gekennzeichneten Bestrebungen zielen in erster Linie darauf ab, die architektonische Gestaltung eng an Kontexte der räumlichen, kulturellen und geschichtlichen Umgebung anzuschließen. Darin lebt etwas von den Impulsen der modernen Bewegung fort, nun freilich ins Defensive gewendet. Bemerkenswert sind vor allem die Initiativen zu einer Gemeindearchitektur, die Stadtteile im Dialog mit den Klienten plant. Wenn in der Stadtplanung die Steuerungsmechanismen des Marktes und der Verwaltungen so funktionieren, dass sie für die Lebenswelt der Betroffenen dysfunktionale Folgen haben – und den „Funktionalismus", der einmal gemeint war, durchkreuzen –, dann ist es nur konsequent, die willensbildende Kommunikation der Beteiligten mit den Medien Geld und Macht in Konkurrenz treten zu lassen.

Die Sehnsucht nach entdifferenzierten Lebensformen verleiht freilich diesen Tendenzen oft den Anstrich eines Antimodernismus. Dann verbinden sie sich mit dem Kult des Bodenständigen und der Verehrung fürs Banale. Diese Ideologie der Unterkomplexität schwört dem vernünftigen Potenzial und dem Eigensinn der kulturellen Moderne ab. Das Lob des anonymen Bauens und einer Architektur ohne Architekten nennt den Preis, den dieser systemkritisch gewendete Vitalismus zu zahlen bereit ist – auch wenn er einen anderen Volksgeist meint als den, dessen Verklärung seinerzeit den Monumentalismus der Führerarchitektur aufs Trefflichste ergänzt hatte.

In dieser Form der Opposition zur Moderne steckt auch ein gutes Stück Wahrheit; sie nimmt die ungelösten Probleme auf, die die moderne Architektur ins Zwielicht gerückt haben – ich meine die Kolonialisierung der Lebenswelt durch Imperative verselbständigter wirtschaftlicher und administrativer Handlungssysteme. Aber aus allen diesen Oppositionen werden wir nur etwas lernen können, wenn wir eines nicht vergessen. In der modernen Architektur hat sich, in einem glücklichen Augenblick, der ästhetische Eigensinn des Konstruktivismus mit der Zweckgebundenheit eines strengen Funktionalismus getroffen und zwanglos verbunden. Nur von solchen Augenblicken leben Traditionen.

AUTOR
BERNARD TSCHUMI

Der Architekt Bernard Tschumi, geboren 1944 in Lausanne, studierte an der ETH Zürich, lehrte unter anderem an der Architectural Association in London und ist Dekan der Graduate School of Architecture, Planning and Preservation an der Columbia University in New York. Zu seinen wichtigsten Bauten gehören der *Parc de la Villette* (1983-1991) in Paris und das *Kunstzentrum Le Fresnoy* (1998) in Tourcoing, Frankreich.

Der Essay „Violence of Architecture" („Die Gewalt der Architektur") erschien zuerst im September 1981 in der Zeitschrift *Artforum* und wurde Bernard Tschumis Buch *Architecture and Disjunction* entnommen. (© *Artforum*, September 1981.)

Bernard Tschumi:
Die Gewalt der Architektur (1981)

1. Es gibt keine Architektur ohne Handlung, keine Architektur ohne Ereignisse, keine Architektur ohne Programm.

2. Daraus folgt, dass es keine Architektur ohne Gewalt gibt.

Die erste dieser Aussagen ist gegen den Mainstream architektonischen Denkens gerichtet, indem sie sich weigert, Raum auf Kosten von Handlung zu bevorzugen. Die zweite Aussage behauptet, dass die Logik der Objekte und die Logik des Menschen sich zwangsläufig in intensiver Konfrontation gegenüberstehen, obwohl sie in ihren Relationen zur Welt unabhängig voneinander sind. Jedes Verhältnis zwischen einem Gebäude und seinen Nutzern ist von Gewalt geprägt, denn jede Nutzung bedeutet das Eindringen eines menschlichen Körpers in einen gegebenen Raum, das Eindringen einer Ordnung in eine andere. Dieses Eindringen ist der Idee der Architektur inhärent; jede Reduktion von Architektur auf ihre Räume unter Vernachlässigung ihrer Ereignisse ist ebenso vereinfachend wie die Reduktion von Architektur auf ihre Fassaden.

Mit „Gewalt" meine ich nicht die Brutalität, die eine physische oder emotionale Integrität zerstört, sondern eine Metapher für die Intensität einer Beziehung zwischen Individuen und deren umgebenden Räumen. Diese Auffassung ist keine Frage des Stils: Moderne Architektur ist weder gewalttätiger noch weniger gewalttätig als klassische Architektur oder als faschistische, sozialistische beziehungsweise vernakuläre Spielarten. Die Gewalt der Architektur ist fundamental und unvermeidlich, denn Architektur ist in gleicher Weise mit Ereignissen verknüpft wie der Wächter mit dem Gefangenen, die Polizei mit dem Kriminellen, der Doktor mit dem Patienten, Ordnung mit Chaos. Dies legt nahe, dass genauso Handlungen Räume qualifizieren wie Räume Handlungen; dass Raum und Handlung untrennbar sind und keine brauchbare Interpretation einer Architektur, Zeichnung oder Notation die Berücksichtigung dieser Tatsache verweigern kann.

Was zuerst bestimmt werden muss, ist, ob dieses Verhältnis zwischen Handlung und Raum symmetrisch ist – zwei opponierende Lager (Menschen versus Räume), die sich gegenseitig auf vergleichbare Weise beeinflussen – oder asymmetrisch, ein Verhältnis, in dem ein Lager, egal ob Raum oder Menschen, das andere klar dominiert.

Körper, die Raum verletzen

Zuallererst gibt es die Gewalt, die alle Individuen allein schon durch ihre pure Anwesenheit Räumen zufügen, durch ihr Eindringen in die kontrollierte Ordnung der Architektur. Ein Gebäude zu betreten mag ein delikater Akt sein, aber dies verletzt die Balance einer präzise geordneten Geometrie (zeigen Architekturfotografien jemals Läufer, Kämpfer, Liebende?). Körper erarbeiten sich durch fließende oder sprunghafte Bewegungen alle möglichen neuen oder unerwarteten Räume. Architektur ist dann lediglich ein Organismus, der sich in andauernden Wechselbeziehungen mit Nutzern befindet, deren Körper gegen die sorgfältig etablierten Regeln des architektonischen Denkens anstürmen. Kein Wunder, dass der menschliche Körper der Architektur immer suspekt war: Er hat den extremsten architektonischen Vorhaben immer Grenzen aufgezeigt. Der Körper stört die Reinheit der architektonischen Ordnung. Sie ist das Äquivalent eines schädlichen Verbots.

Gewalt ist nicht immer präsent. So wie Unruhen, Schlägereien, Aufstände und Revolutionen von begrenzter Dauer sind, so auch die Gewalt, die ein Körper gegen den Raum ausübt. Trotzdem ist sie immer implizit. Jede Tür impliziert die Bewegung von jemandem, der durch ihren Rahmen hindurchgeht. Jeder Korridor impliziert das Voranschreiten von Bewegung, die er auch blockiert. Jeder architektonische Raum impliziert (und begehrt) die eindringende Präsenz, die ihn bewohnen wird.

Raum, der Körper verletzt

Aber wenn Körper die Reinheit architektonischer Räume verletzen, kann man zu Recht nach der Kehrseite fragen: nach der Gewalt, die enge Korridore großen Menschenmassen antun, nach der symbolischen oder physischen Gewalt von Gebäuden auf Nutzer. Um eines klar zu stellen: Es ist nicht mein Anliegen, jüngste behavioristische Ansätze in der Architektur wieder ins Leben zu rufen. Stattdessen will ich nur die schlichte Existenz einer physischen Präsenz betonen und die Tatsache, dass sie sich ganz unschuldig anbahnt, in einer *imaginären* Art und Weise.

Der Ort, den dein Körper bewohnt, ist deiner Imagination eingeschrieben, deinem Unbewussten, als ein Raum möglicher Glückseligkeit. Oder drohender Gefahr. Was, wenn du dazu gezwungen wirst, deine imaginären räumlichen Markierungen zu verlassen? Ein Folterknecht will dich, das Opfer, in die Regression treiben, weil er seinen Fang erniedrigen will, dich dazu zwingen will, deine Identität als Subjekt zu verlieren. Plötzlich hast du keine andere Wahl; wegzurennen ist unmöglich. Die Räume sind zu klein oder zu groß, die Decken zu niedrig oder zu hoch. Durch Raum ausgeübte Gewalt ist räumliche Folter.

Nimm Palladios Villa Rotonda. Du gehst eine ihrer Achsen entlang, und als du den zentralen Raum durchquerst und die andere Seite erreichst, findest du, statt einer hügeligen Landschaft, die Stufen einer weiteren Villa Rotonda, und noch einer und noch einer und noch einer. Die unaufhörliche Wiederholung stimuliert zuerst eine Art seltsames Begehren, wird aber bald sadistisch, unerträglich, gewalttätig.

Solche beklemmenden räumlichen Vorrichtungen können jede Form annehmen: weiße schalltote Kammern des Sinnesentzugs, formlose Räume, die zu psychologischer

Zerrüttung führen. Steile und gefährliche Treppen, Korridore, die bewusst zu eng für Menschenmassen gemacht wurden, sorgen für einen radikalen Wandel von einer Architektur als Objekt der Kontemplation hin zu einer Architektur als perversem Instrument der Nutzung. Zugleich muss betont werden, dass das erduldende Subjekt – du oder ich – sich wünschen könnte, einer solchen räumlichen Aggression unterworfen zu sein, so wie du vielleicht zu einem Rockkonzert gehst und nahe bei den Lautsprechern stehst, um ein schmerzvolles – aber willkommenes – physisches oder psychisches Trauma zu erleiden. Es sind diese dem Kult exzessiven Klangs gewidmeten Orte, die zu Orten anregen, die dem Kult exzessiven Raums gewidmet sind. Die Liebe zur Gewalt ist schließlich ein altes Vergnügen.

Warum weigert sich die Architekturtheorie dauernd, diese Freuden anzuerkennen, und behauptet stets (zumindest offiziell), dass Architektur dem Auge schmeicheln und für den Körper bequem sein sollte? Diese Annahme scheint sonderbar zu sein, kann doch der Genuss von Gewalt in jeder menschlichen Aktivität erlebt werden, von der Gewalt disharmonischer Klänge in der Musik bis zum Zusammenprall der Körper im Sport, von Gangsterfilmen bis zu Marquis de Sade.

Ritualisierte Gewalt
Wer wird sich diese außerordentlichen räumlichen Genüsse überlegen, diese verstörenden architektonischen Torturen, die vertrackten Pfade für Streifzüge durch delirierende Landschaften, theatralische Effekte, in denen Akteur und Dekor sich ergänzen? Wer...? Der Architekt? Im 17. Jahrhundert hat Bernini ganze Spektakel inszeniert, später kamen Mansarts Feste für Ludwig XIV. und Albert Speers finstere und schöne Parteitage. Doch die ursprüngliche Handlung, der ursprüngliche Akt der Gewalt – dieses unaussprechliche Kopulieren von lebendigem Körper und totem Stein – ist einzigartig und ungeprobt, und dennoch vielleicht unendlich wiederholbar, weil du das Gebäude immer wieder betreten kannst. Der Architekt wird stets davon träumen, diese unkontrollierte Gewalt zu purifizieren, gehorsame Körper entlang vorhersehbarer Wege zu führen und gelegentlich die Überschreitung von Körpern im Raum entlang von Rampen zu ritualisieren, die eindrucksvolle Aussichten bieten. Le Corbusiers Carpenter Center ist mit seiner Rampe, die das Gebäude durchbohrt, eine genuine, zu Architektur geronnene Bewegung von Körpern. Oder umgekehrt: Es ist ein Festkörper, der gewaltsam die Bewegung von Körpern kanalisiert.

Die ursprüngliche, spontane Interaktion des Körpers mit einem Raum wird oft durch das Ritual gereinigt. Die Festzüge des 16. Jahrhunderts und Nathan Altmans Darstellung der Erstürmung des Winterpalastes in St. Petersburg beispielsweise sind ritualisierte Imitationen spontaner Gewalt. Endlos wiederholt, bändigen diese Rituale alle Aspekte des ursprünglichen Aktes, die der Kontrolle entwichen sind: Die Wahl von Zeit und Ort, die Auswahl des Opfers...

Ein Ritual impliziert ein nahezu erstarrtes Verhältnis von Handlung und Raum. Es begründet eine neue Ordnung nach der Unordnung des ursprünglichen Ereignisses. Wenn es nötig wird die Spannung zu vermitteln und sie durch Gewohnheit zu fixieren, dann darf kein einziges Fragment der Aufmerksamkeit entgehen. Nichts Merkwürdiges und Unerwartetes darf passieren. Die Kontrolle muss absolut sein.

Programme: Reziprozität und Konflikt

Natürlich ist es unwahrscheinlich, eine solche Kontrolle zu erreichen. Wenige Regime würden fortbestehen, wenn sich Architekten daran machten, jede einzelne Bewegung von Individuum und Gesellschaft in einer Art *ballet mécanique* der Architektur, einem permanenten Nürnberger Reichsparteitag des Alltagslebens, einem Marionettentheater der räumlichen Intimität zu programmieren. Noch würden sie fortbestehen, wenn jede einzelne spontane Bewegung sofort in einem festen Korridor eingefroren würde. Das Verhältnis ist subtiler und unterläuft die Frage der Macht, die Frage, ob Architektur Ereignisse dominiert oder umgekehrt. Das Verhältnis ist folglich so symmetrisch wie jenes unentrinnbare zwischen Wächter und Gefangenem, Jäger und Gejagtem. Aber sowohl der Jäger als auch der Gejagte haben Grundbedürfnisse zu berücksichtigen, die vielleicht nicht mit der Jagd zusammenhängen: Lebensunterhalt, Essen, Schutz und so weiter. Jäger und Gejagter genießen diese Bedürfnisse unabhängig von der Tatsache, dass sie Teil eines tödlichen Spiels sind. Sie sind voneinander unabhängig. Nur wenn sie die Realitäten des jeweils Anderen angreifen, sind ihre Strategien so vollkommen voneinander abhängig, dass es unmöglich wird zu bestimmen, wer die Initiative ergreift und wer reagiert. Das Gleiche passiert mit der Architektur und der Art und Weise, wie Gebäude sich zu ihren Nutzern beziehungsweise wie sich Räume zu Ereignissen oder Programmen verhalten. Denn jede organisierte und im voraus angekündigte Wiederholung von Ereignissen wird zum Programm, zu einer deskriptiven Bekanntmachung einer formalen Folge von Verhaltensweisen.

Wenn Räume und Programme größtenteils unabhängig voneinander sind, stellt man eine Strategie der Indifferenz fest, in der architektonische Überlegungen nicht von utilitaristischen abhängen, sondern der Raum der einen Logik gehorcht und die Ereignisse einer anderen. Dazu gehörten der Crystal Palace und die neutralen Schuppen der Weltausstellungen des 19. Jahrhunderts, die alles Mögliche aufnahmen, von der Zurschaustellung von Elefanten, die mit seltener Seide aus den Kolonien drapiert wurden, bis hin zu internationalen Boxkämpfen. Dazu gehörten auch – allerdings auf eine völlig andere Weise – Gerrit Rietvelds Haus in Utrecht, eine bemerkenswerte Etüde über die Sprache der Architektur und nicht einmal unangenehm zum Wohnen, trotz oder gerade wegen des zufälligen Aufeinandertreffens von Raum und Nutzung.

Ein anderes Mal können architektonische Räume und Programme völlig abhängig voneinander sein und ihre jeweilige Existenz vollkommen konditionieren. In diesen Fällen bestimmt die Sicht des Architekten der Nutzerbedürfnisse jede einzelne architektonische Entscheidung (was wiederum die Haltung des Nutzers bestimmen könnte). Der Architekt entwirft das Szenenbild, schreibt das Drehbuch und führt die Schauspieler. Dies war der Fall in den idealen Kücheneinrichtungen des Werkbunds der zwanziger Jahre, wo jeder Schritt einer gleichsam biochemischen Hausfrau durch die konstante Aufmerksamkeit, die das Design ihr widmete, sorgfältig kontrolliert wurde. Ebenso war dies der Fall in Meyerholds Biomechanik, in der – durch Popovas Bühnenbilder ermöglicht – die Logik der Charaktere mit und gegen die Logik ihrer dynamischen Umgebungen spielte. Und es ist auch der Fall in Frank Lloyd Wrights Guggenheim Museum. Es geht nicht darum zu wissen, was zuerst kommt, die Bewegung oder der Raum, nicht darum, wer wen prägt, denn letztendlich ist eine starke Bindung im Spiel. Schließlich sind sie im gleichen Beziehungsnetz gefangen; nur der Vektor der Macht ändert die Richtung.

(Ich führe diese beiden Verhältnisse der Unabhängigkeit und Abhängigkeit nur deshalb aus, weil auf der Tatsache zu beharren ist, dass sie existieren, ungeachtet präskriptiver Ideologien – Moderne versus Humanismus, Formalismus versus Funktionalismus und so weiter –, auf deren Werbewirksamkeit Architekten und Kritiker üblicherweise scharf sind.)

Die meisten Verhältnisse sind natürlich Mischungsverhältnisse. Du kannst in deiner Küche schlafen. Und kämpfen und lieben. Diese Wandlungen sind nicht ohne Bedeutung. Wenn die Typologie eines Gefängnisses des 18. Jahrhunderts in ein Rathaus des 20. Jahrhunderts umgewandelt wird, suggeriert diese Veränderung zwangsläufig ein kritisches Statement über Institutionen. Wenn ein gewerbliches Loft in Manhattan in eine Wohnung umgewandelt wird, tritt eine ähnliche Veränderung ein, eine Veränderung, die aber zweifellos weniger dramatisch ist. Räume sind durch Handlungen qualifiziert, genauso wie Handlungen durch Räume qualifiziert sind. Man löst das jeweils Andere nicht aus; sie existieren unabhängig voneinander. Nur wenn sie sich überschneiden, beeinflussen sie sich. Denk an Kuleshovs Experiment, bei dem die gleiche Gesichtsaufnahme des teilnahmslosen Schauspielers in einer Reihe von Szenen wieder auftaucht, und das Publikum interpretiert in jede folgende Montage verschiedene Gefühlsregungen. Das Gleiche passiert in der Architektur: Das Ereignis wird durch jeden neuen Raum verändert. Und umgekehrt: Indem einem gegebenen, möglicherweise „autonomen" Raum ein widersprechendes Programm zugeschrieben wird, erlangt der Raum neue Bedeutungsebenen. Ereignis und Raum verschmelzen nicht, aber sie beeinflussen sich. Dies gilt auch, wenn die Sixtinische Kapelle für Stabhochsprung-Veranstaltungen benutzt würde. Dann würde die Architektur aufhören, ihren traditionellen guten Absichten nachzugeben. Für eine Weile wird die Überschreitung real und allmächtig sein. Die Überschreitung kultureller Erwartungen wird jedoch bald akzeptiert. So wie schonungslose surrealistische Collagen die Rhetorik der Werbung inspirieren, ist die Ausnahme der Regel integraler Bestandteil des Alltagslebens, hervorgerufen entweder durch symbolische oder technische Motivationen.

Wenn Gewalt die Schlüsselmetapher für die Intensität von Verhältnissen ist, dann geht die schiere Physikalität der Architektur über die Metapher hinaus. Es gibt eine tiefe Sinnlichkeit, eine immer währende Erotik in der Architektur. Die ihr zugrunde liegende Gewalt variiert gemäß der Kräfte, die ins Spiel gebracht wurden – rationale Kräfte, irrationale Kräfte. Sie können unzulänglich oder exzessiv sein. Wenig Aktivität – Hypoaktivität – kann in einem Haus ebenso störend sein wie Hyperaktivität. Askese und orgiastische Exzesse sind einander näher, als Architekturtheoretiker zugegeben haben, und die Askese von Gerrit Rietvelds oder Ludwig Wittgensteins Haus umfasst unvermeidlich die extremsten Bacchanalien. (Kulturelle Erwartungen beeinflussen kaum die Wahrnehmung von Gewalt, aber verändern nicht deren Natur: In das Gesicht deines Liebhabers zu schlagen wird von Kultur zu Kultur unterschiedlich wahrgenommen.)

Architektur und Ereignisse überschreiten kontinuierlich ihre jeweiligen Regeln, egal, ob explizit oder implizit. Diese Regeln, diese organisierten Kompositionen, mögen in Frage gestellt werden, aber sie bleiben immer Referenzpunkte. Ein Gebäude ist ein

Referenzpunkt für die Aktivitäten, die es zu negieren gilt. Eine Theorie der Architektur ist eine Theorie der Ordnung, die von der Nutzung, die sie erlaubt, bedroht ist. Und umgekehrt.

Die Integration des Konzepts der Gewalt in den architektonischen Mechanismus – der Zweck meiner Erörterung – zielt letztendlich auf einen neuen Genuss der Architektur. Wie jede Form der Gewalt beinhaltet auch die Gewalt der Architektur die Möglichkeit des Wandels, der Erneuerung. Wie jede Gewalt ist die Gewalt der Architektur durch und durch dionysisch. Sie sollte begriffen werden und dabei in dynamischer Art und Weise ihre Widersprüche beibehalten, mit deren Konflikten und deren Komplementarität.

Nebenbei sollten zwei Typen partieller Gewalt unterschieden werden, Typen, die *nicht* spezifisch architektonisch sind. Der erste ist die *formale Gewalt*, die von den Konflikten zwischen Objekten handelt. Dazu gehört die Gewalt von Form versus Form, die Gewalt von Giovanni Battista Piranesis Juxtapositionen, Kurt Schwitters Merzbau-Collagen und andere architektonische Kollisionen. Verzerrungen, Brüche, Stauchungen, Fragmentierungen und Disjunktionen sind der Manipulation von Form inhärent. Dazu gehört auch der Riss, den jede neue Konstruktion ihrer Umgebung zufügt, denn sie zerstört nicht nur, was sie ersetzt, sondern verletzt auch das Territorium, das sie besetzt. Es ist die Gewalt von Adolf Loos' Haus für Tristan Tzara im Kontext des vernakulären vorstädtischen Paris des 19. Jahrhunderts oder, um ein anderes Beispiel zu bringen, der störende Effekt einer historischen Anspielung in einer Strasse voller *curtain walls*. Diese kontextuelle Gewalt ist nichts anderes als die polemische Gewalt der Differenz. Dies zu diskutieren gehört zu den Aufgaben der Soziologie, Psychologie und Ästhetik.

Eine Tür, flankiert von zerbrochenen korinthischen Säulen, die einen gebogenen Neongiebel tragen, lässt jedoch eher an Farce als an Gewalt denken. Im Gegensatz hierzu war James Joyces „doorlumn" sowohl ein Wortspiel als auch ein Kommentar über die kulturelle Krise der Sprache. *Finnegans Wake* implizierte, dass bestimmte Überschreitungen die konstituierenden Elemente der architektonischen Sprache angreifen konnten – ihre Säulen, Treppen, Fenster und deren verschiedene Spielarten –, wie sie von jeder Kulturperiode definiert sind, egal ob Beaux Arts oder Bauhaus. Dieser formale Ungehorsam ist letztlich harmlos und mag sogar einen neuen Stil initiieren, indem er langsam den exzessiven Charakter eines missachteten Verbots verliert. Er kündigt dann einen neuen Genuss an und die Ausarbeitung einer neuen Norm, die wiederum verletzt wird.

Der zweite Typ partieller Gewalt ist keine Metapher. *Programmatische Gewalt* umfasst Nutzungen, Handlungen, Ereignisse und Programme, die – unabsichtlich oder geplant – besonders teuflisch und destruktiv sind. Zu ihnen gehört das Töten, die Internierung und Folter, die zu Schlachthöfen, Konzentrationslagern oder Folterkammern werden.

Übersetzung aus dem Englischen: Henrik Mauler, Stephan Trüby.

Sanford Kwinter lehrt als Associate Professor an der Rice University in Houston, Texas. Er ist Mitbegründer der Publikationsreihe *Zone* und war Mitherausgeber von *ZONE 1/2 The Contemporary City* und *ZONE 6 Incorporations*. Zu seinen wichtigsten Publikationen gehört *Mutations* (mit Rem Koolhaas und Stefano Boeri, 2000). Gemeinsam mit Bruce Mau führt er in New York das Design-Studio !KAZAM.

Der Vortrag „The Complex and the Singular" wurde 1993 auf der Anyway-Konferenz in Barcelona gehalten und zuerst in dem Buch *Anyway* (Rizzoli, New York 1994), später in *Architectures of Time. Toward a Theory of Event in Modernist Culture* (MIT Press, Cambridge/London 2001) abgedruckt. Die deutsche Übersetzung erschien in der Zeitschrift *ARCH+* 119/120 (1993) und ist hier gekürzt wiedergegeben.

Sanford Kwinter:
Das Komplexe und das Singuläre (1993)

„Die Wirklichkeit erschien uns als ein stetes Werden.
Sie wird oder sie entwird; sie ist nie ein fertig Gewordenes."
Henri Bergson

Welche Konsequenzen würde es für unsere Kunst, unsere Wissenschaft und unsere Technik haben, wenn wir Zeit plötzlich als etwas *Reales* betrachten würden? Inzwischen ist ein gutes Jahrhundert vergangen, seit diese grundsätzliche Frage die philosophische und wissenschaftliche Diskussion des Abendlandes zum ersten Mal erschüttert hat, doch das Problem bleibt beharrlich bestehen – weil es entweder überaus schwer zu handhaben ist oder bewusst ignoriert wird. Was aber ist es, was das moderne Bewusstsein hinsichtlich der Konsequenzen des gnadenlosen Dahinfliessens der Zeit, ihrer nicht reduzierbaren Materialität so unmöglich – oder abstoßend – zu denken findet? „Aber das abendländische Sein", so protestieren die Stimmen unserer Institutionen, „ist Zeit, und das war so seit Beginn der Moderne" – seit dem Aufkommen der doppelten Buchhaltung, der Entdeckung universeller mechanischer Gesetze und Konstanten, der Anwendung systematischer Techniken zur Steuerung des Bevölkerungswachstums, der Schaffung von geisteswissenschaftlichen Disziplinen und experimentellen Methoden, der Geburt des kartesianischen oder modernen „Selbst". Die Formen der Zeit jedoch, die in diesen scheinbar disparaten historischen Entwicklungen ihren Ausdruck finden, sind streng genommen keineswegs „real", sondern nur Schimären einer emergierenden und sehr spezifischen instrumentellen Kultur; sie sind, mit einem Wort, *Abstraktionen* – geniale Werkzeuge, entwickelt mit dem Ziel, die sinnlose Folge von Ereignissen in der Natur innerhalb eines externen, denkbaren Raumes von Maß, Management und Herrschaft zu verteilen.

Aber die Natur selbst ist wild, indifferent und akzidentiell; sie ist unaufhörliches Keimen und unaufhörliche Entfaltung, ein dichtes evolutionäres Plasma beständiger Differenzierung und Innovation. Jedes Ding, könnte man sagen, verändert sich und erscheint *in der Zeit*, und doch lässt sich eine Haltung von Externalität, die präzises Maß und vollkommene Beherrschung gestattet, nur im Raum einnehmen; man muss zuerst selbst aus dem übervollen, organischen Fluss heraustreten, in dem die Dinge gegeben sind, und isolierte, diskrete Momente wie projizierte, eingefrorene Schnitte isolieren; erst dann kann man abstrakte Gesetze interpolieren wie eine Art Mörtel, um diese

Schnitte aus einer neuen Perspektive heraus wieder zusammenzufügen. Aber die Geste, die den Gedanken vom „Ereignis" weg- und zum „Ding" hinträgt, abstrahiert und verräumlicht die Zeit im Prozess ihrer Instrumentalisierung; sie setzt sich über die Kontingenz und Flüchtigkeit der Zeit hinweg, indem sie sie als den Phänomenen äußerliche Endlichkeit und Regelmäßigkeit neu konstituiert: Sie wird zu einer Technik des Maßes, verkörpert in ökonomischen Axiomen und algebraischen Gesetzen.

Reale Zeit ist jedoch in Wahrheit eher ein Motor als eine Abfolge von Bildern – sie findet ihren Ausdruck nur im konkreten, plastischen Medium der Dauer. Zeit drückt sich immer dadurch aus, dass sie Materie produziert oder vielmehr in einen Prozess des *Sich-ständig-Veränderns* hineinzieht, und das Produkt dieses Sich-ständig-Veränderns – dieser Wildheit – können wir als Neuheit bezeichnen. Aber was ist Neuheit, woher kommt sie, und was wird durch das Nachdenken über sie in unserer Welt möglich – in einer Zivilisation, deren tiefste religiöse und philosophische Glaubensinhalte und deren soziale und politische Institutionen genau darauf ausgerichtet sind, die unaufhörlichen Mutationen und die beharrliche Unberechenbarkeit unbeherrschbarer Innovation und Wildheit, die sie antreiben, zu reduzieren, zu tilgen oder zu negieren?

Man könnte Neuheit ganz einfach als eine Modalität definieren, ein Vehikel, durch das oder mit dessen Hilfe etwas Neues in der Welt erscheint. Diese immer frische Stiftung ist es, die für die fundamentale Unvergleichbarkeit zwischen dem, was zu einem bestimmten Zeitpunkt geschieht, und dem, was darauf folgt, verantwortlich ist. Was sie zu einem Problem für das Denken gemacht hat – und ihre problematische Natur reicht weit vor unsere eigene Moderne bis in das Zeitalter der Griechen zurück –, ist die Art, wie sie ein korrumpierendes Element oder ein unreines Prinzip in die makellose und bereits vollständige Welt der „Schöpfung" einführt. Das störende Element hier ist eindeutig das Prinzip der Veränderung, denn im kosmologischen Denken wird Veränderung entweder als primäres Prinzip anerkannt oder kann grundsätzlich nicht als existent akzeptiert werden.[1] Veränderung ist immer eine Veränderung in der Zeit; keine Neuheit erscheint ohne Werden, und es gibt kein Werden ohne Neuheit. Aber was noch wichtiger ist: Damit zu beginnen, über Neuheit oder „das Neue" nachzudenken, könnte durchaus eine Möglichkeit eröffnen, einige von unseren derzeit verkümmerten Fähigkeiten wieder zu beleben, zu handeln – praktisch, ethisch und politisch zu handeln – in dieser Welt, deren Ausdehnung und Komplexität praktisch jedes Vorstellungsvermögen und jeden Begriff übersteigt. Mit anderen Worten: Was wir erfassen, hinterfragen und vielleicht transformieren müssen, ist eben unsere Fähigkeit, uns aktiv auf die Abläufe unserer heutigen Realität einzulassen – eine Fähigkeit, die gerade heute immer mehr verloren zu gehen droht.

...

Der Begriff des „Neuen", so wie ich ihn verstehen möchte, ist natürlich zutiefst den Philosophien der Moderne verpflichtet – das heißt Philosophien, die chronologisch eng verknüpft sind mit eben den Bewegungen, deren Anspruch auf „Neuheit" – allerdings auf anderer Ebene – gerade von den heutigen Praktiken und Theorien der Kultur so heftig geschmäht wird. Ich vertrete diese Auffassung, ohne mich zu verteidigen oder für eine Seite dieser Debatte Stellung zu beziehen. Ich möchte nur mit allem Nachdruck feststellen, dass es überaus interessant und fruchtbar sein könnte, die dieser Debatte zugrunde liegenden Begriffe und Bedingungen in Frage zu stellen.

Das Rezept des späten 19. Jahrhunderts, sich als *absolument moderne* zu rekonstituieren, war untrennbar verbunden mit einem eher systematischen und allgemeinen historischen Bedürfnis, ein Prinzip absoluter Neuheit und einen entsprechenden Zeitstrom, der dieses Prinzip tragen könnte, zu entdecken oder um jeden Preis zu erfinden. Für Nietzsche war die punktuelle Gewalt des „Unzeitgemäßen"[2] mit der endlosen Spirale – und nicht etwa dem Kreislauf – der ewigen Wiederkehr verknüpft, damit der Wille zur Macht frei zirkulieren konnte, unbeschwert von der Sklerose einer durch „Moral" vergifteten falschen Erinnerung. Bergsons aufgeklärter Vitalismus lässt sich sicherlich als Weiterentwicklung der radikalen „biologischen Philosophie" Nietzsches verstehen, wenn auch in gemäßigter, systematischerer Form. Die Prinzipien des sich ständig individuierenden *élan vital* und des Werdens, gleichzeitig eingegossen und entfaltet in einer irreduziblen, aktualisierenden Dauer, sollten fast ein Jahrhundert später zusammen mit denen Nietzsches in Gestalt von Deleuze' Philosophie der Differenz, Foucaults „Macht und Wissen" und der Willensphilosophie erneut auftauchen. Jede dieser Philosophien entwickelt auf ihre spezifische Weise das Prinzip eines mobilen Grundes kontinuierlicher Produktion von Realem als Grundlage der Geschichte und des Lebens. Jede lehnt das statische Feld eidetischer Formen und Repräsentationen als Quelle bloßer Illusionen, falschen Glaubens oder zumindest als bewegungsfeindlich und als Arretierung einer irreduziblen *lebenden* Dynamik, die das Sein von innen her antreibt, ab.

Wenn man sich dem Problem des „Neuen" stellen will, müssen also folgende vier Dinge geleistet werden: 1. Die Neudefinition unserer traditionellen Vorstellung vom Objekt. 2. Die Wiedereinführung und Radikalisierung der Theorie der Zeit. 3. Das Verständnis von „Bewegung" als einem grundlegenden Prinzip und nicht bloß einem zu vernachlässigenden Sonderfall. 4. Die Einbettung dieser drei Elemente in eine allumfassende Theorie und Politik des „Ereignisses".

Wir haben es demnach mit fünf verschiedenen Untersuchungsbereichen zu tun: Neuheit, Objekt, Zeit, Bewegung und Ereignis. Wenn wir das Problem der Neuheit betrachten, können wir das natürlich nur dadurch tun, dass wir die Frage nach der Determinierung oder nach den Ursachen stellen: Was lässt etwas Neues emergieren? Woher kommt das, was vorher nicht existiert hat? Wie gelingt es ihm, weiterhin zu existieren? Und vor allem: Was ist seine Beziehung zur Materie? Das „Neue" hat schließlich nur dann Bedeutung, wenn es konkret ist. Wie kann etwas, das eigentlich nichts als eine Differenz ist, Gestalt annehmen? Alle diese Fragen richten sich mit der ihnen eigenen Dringlichkeit und Spezifik an das soziale Feld und an das Wahrnehmungsfeld – den Bereich, in dem Objekte und Architekturen zusammengefügt werden und zirkulieren.

Die Frage des Objekts könnte sich als sogar noch komplexer entpuppen. Auf der einen Seite scheint sie eine systematische Erforschung physikalischer Theorie zu erfordern: Wie ist die Beziehung des Objekts zu dem es unmittelbar umgebenden Raum, zu seinen eigenen Bestandteilen, zu den anderen Objekten, mit denen es verbunden ist, den – historischen und physikalischen – Kräften, denen es ausgesetzt ist, aus denen es besteht und die es tragen, zu den benachbarten Aktivitäten, die es ermöglichen, den so genannten Bedeutungssystemen, deren Teil es ist, den Räumen und Zeitlichkeiten, die es zerteilt (in diesem Zusammenhang ist vor allem an technische Objekte gedacht)? Auf der anderen Seite stellt sich damit natürlich auch eine ganze Reihe von Fragen im Hinblick auf den Status des Subjekts.

Die Problematisierung der *Zeit* wird, wie man sich leicht ausmalen kann, den Primat der Rolle des Raumes in Frage stellen, aber auch die Einführung des klassischen Problems des *Werdens* im Gegensatz zum Sein. Im Zusammenhang mit der Bewegung stellt sich das weiterreichende, heute so intensiv studierte Problem dynamischer und evolutionärer Systeme und der Komplexität und die scheinbar abgelegene Frage des „Dazwischen-Seins" im Gegensatz zu essentiellen oder grundlegenden Anfängen und Enden (da jede Bewegung nur durch andere Bewegungen verursacht oder modifiziert werden kann, erledigt sich das Problem von Ursprung und Initiierung von selbst), aber natürlich auch das Problem der Nichtlinearität und Indeterminiertheit (das, was man vorsichtig als „deterministisches Chaos" bezeichnet) im Sinne nicht nur eines heuristischen und kosmologischen Modells, sondern auch als Ethos.

Und schließlich: Es könnte möglich sein, dass man im „Ereignis" einen Standpunkt entdeckt, von dem aus jede Aktion als politisch im positiven (das heißt nicht kritischen) Sinne verstanden wird – schließlich ist Politik sowohl im gesellschaftlichen wie im subjektiven Bereich letztlich nichts anderes als die Produktion neuer Möglichkeiten.

Ich werde schematisch vorgehen, um zwei verschiedene Wege zu entwickeln, auf denen architektonisches Denken und architektonische Praxis sich heute bewegen könnten – Wege, deren Funktion darin bestehen würde, der Architektur wieder zu einer aktiven und nicht nur reaktiven Rolle zu verhelfen, wie sie sie einst im Hinblick auf die Gestaltung des kulturellen und sozialen Lebens hatte. Ich werde darüber hinaus bemüht sein, jene grundlegende Tatsache weder zu vergessen noch zu leugnen, die heute als Hemmschuh für jede Art von gesellschaftlicher und kultureller Aktivität betrachtet wird: die Vorstellung, dass die Welt letztlich aus Systemen besteht, die so massiv, so dicht und so komplex sind, dass es nicht mehr darum geht, sie in ihrer Totalität und Globalität darzustellen – durch Bilder, Konzepte, Theoreme oder Karten (alles räumliche Modelle, die heute womöglich obsolet geworden sind) –, sondern vielmehr darum, diese Systeme an bestimmten lokalen Punkten entlang den Linien ihrer Entfaltung oder Entwicklung zu unterstützen. Es ist, als seien wir heute gezwungen, eine neue Art von Kulturkampf zu führen, als seien wir gezwungen, die bewegliche und sich verändernde Natur der Phänomene zu akzeptieren, die unsere soziale und politische Welt ausmachen, und damit gezwungen, innerhalb dieses rutschigen *Glacis* weitgehend unstrukturierter An- und Abschwellungen und Ströme möglichst alle vorstehenden Ränder, Halte- und Haftpunkte zu entdecken – kurz: alle jene feinen Unebenheiten, die uns in die Lage versetzen könnten, das Leben in ihm zu steuern und gleichsam in den Griff zu bekommen.

Der erste Weg, den ich aufzeigen werde, beinhaltet eine grundsätzliche Revision der Konzeption des Objekts. Hier hat die Architektur in gewissem Sinne eine natürliche und privilegierte Rolle, und zwar erstens aufgrund ihrer natürlichen Funktion als institutioneller, sozialer und instrumenteller Operator (wir dürfen nie vergessen, dass in jeder Architektur eine abstrakte institutionelle „Maschinerie" eingebettet ist); und zweitens, weil wir, wenn wir diese maschinelle Rolle einmal akzeptiert haben, nicht anders können, als die Architektur im erweiterten Sinne als technisches Objekt zu betrachten, das den gleichen Regeln und Dynamiken unterworfen ist wie jede andere technisch-historische Entwicklung.

Beim zweiten Weg geht es in erster Linie um den Versuch, Bewegung als grundlegendes Prinzip zu begreifen – obwohl er in zweiter Linie sowohl die Theorie der Zeit einschließt (indem er die Zeit behandelt, als sei sie *real*) als auch eine Theorie und Praxis des „Ereignisses" entwickelt. Das geschieht in anspielungsreicher Nachbarschaft zu einem Corpus jüngerer, umfassend publizierter Entwicklungen in der Physik und der experimentellen Mathematik, bei denen es um den Einsatz neuer Typen von Geometrien (Phasenraum, Fraktale, Attraktoren-Dynamik, Skalierung etc.), Algebra (nichtlineare Gleichungen, Rekursion, genetische Algorithmen) und Darstellungsmitteln (vor allem die interaktive Kathodenstrahlröhre und den Desktop-Computer) geht.

Die letztgenannten Entwicklungen sind dabei von besonderer Bedeutung, weil sie erstens eine Neuorientierung der heutigen Wissenschaft in Richtung auf dynamische Phänomene oder dynamische Morphogenese, auf Geometrien oder Muster bewirkt haben, die nicht statisch sind, sondern nur *im zeitlichen Ablauf* erscheinen; zweitens aufgrund ihrer Rolle für die Erforschung der Komplexität – das heißt die Beschäftigung mit Phänomenen, die nicht mehr isoliert betrachtet werden, sondern als eingebettet in ein vielschichtiges und instabiles Milieu multipler Kräfte und Einflüsse; und schließlich drittens, weil sie den technischen Begriff der „Singularitäten" in die allgemeine Diskussion eingeführt haben; damit bezeichnet man jene kritischen Punkte oder Momente innerhalb eines Systems, an denen die Qualitäten und nicht nur die Quantitäten in einem System eine fundamentale Veränderung erfahren. Es ist möglich, dass allein diese letztgenannte Entwicklung – die Einbeziehung von *Qualitäten* in das nummerische Kontinuum der Mathematik – ähnlich weitreichende Implikationen zeitigen wird wie ihre Eliminierung im ausgehenden 16. Jahrhundert (Kepler, Galileo), dem entscheidenden Ereignis, das selbst eine historische Singularität darstellt und das letztlich zur Entstehung der modernen wissenschaftlichen Methodologie geführt hat. Der Begriff der Singularität gibt uns Gelegenheit, unser Verständnis von der Rolle der Zeit und des Ereignisses sowohl in historischen als auch in physikalischen Prozessen von Grund auf zu revidieren.

Verfolgen wir den ersten Weg. Eine der wichtigsten Entwicklungen im architektonischen Diskurs der letzten Jahre bestand darin, dass er die Attraktivität eines intellektuellen Kosmopolitanismus entdeckte, der sich bereits seit einigen Jahrzehnten in den meisten anderen geisteswissenschaftlichen Disziplinen durchgesetzt hatte. Dennoch bleibt das architektonische Objekt heute immer noch seltsam unberührt von dieser angeblichen, immer noch oberflächlichen gegenseitigen Befruchtung der Disziplinen. Ein wichtiger Grund dafür ist das merkwürdige und problematische Verhältnis der Architektur zur Geschichte. Ist die Architektur einfach ein Zweig der traditionellen Kunstgeschichte – der Geschichte von Bewegungen und Stilen, der sukzessiven ästhetischen Lösungen, in denen der unbezähmbare „Wille zur Form" von Epochen, Kulturen und ganzen Zivilisationen zum Ausdruck kommt –, oder gehört sie aufgrund ihrer oben erwähnten Wesensmerkmale auf andere Weise zur Geschichte? Wenn architektonisches Denken und architektonische Praxis einerseits aus dem engen Akademismus, andererseits aus dem Ästhetizismus ausbrechen sollen, dann wären sie vielleicht gut beraten, sich als zu einer ganz anderen Reihe von Entwicklungen zugehörig zu betrachten, zum Beispiel zu dem, was im neueren Sprachgebrauch gelegentlich als „Geschichte der Praktiken" bezeichnet wird. Allein dadurch eröffnet sich dem architektonischen Denken und der architektonischen Praxis eine ganz neue Serie von Bezügen historisch-theoretischer und konkret-praktischer Art, ja: ein *Feld* von Relationen, in dem viele Elemente des klassischen architektonischen Denkens ihres souveränen und konstitutiven Status verlustig gehen. Die Architektur könnte so in ihrer ganzen Nähe und Intimität zu dem System von Kräften erkannt werden, die dem Alltagsleben des Körpers Form verleihen. Das würde mehr erfordern als nur einen neuen Stil und mehr beinhalten als nur eine modische neue Art des Umgangs mit Geschichte oder Theorie – das heißt die mechanische Anwendung erprobter und bewährter Methoden auf eine neue Gruppe von Objekten. Sie könnte die ganze Kraft ihrer Originalität vielmehr auf den Begriff des Objekts selber richten. Damit würde das Objekt – sei es ein Gebäude, ein Gebäudekomplex oder eine ganze urbane Matrix – jetzt nicht mehr durch seine äußere Erscheinungsform definiert, sondern durch Praktiken, an denen es beteiligt ist und die in seinem Inneren stattfinden.

Die Einheitlichkeit des Objekts wird damit zwangsweise verschwinden – sie wird abgelenkt in ein einzelnes, aber auf zweifache Weise gegliedertes Feld (da Relationen nie Objekten entsprechen). Was auf diese Weise entsteht, sind auf der einen Seite diejenigen Relationen, die kleiner sind als das Objekt selber, die es erfüllen und es zusammensetzen – in Ermangelung eines geeigneteren Begriffes auch „Mikroarchitekturen" genannt –, und auf der anderen Seite diejenigen Relationen oder Systeme, die größer und ausgedehnter sind als das Objekt, die es umfassen oder einhüllen – jene „Makroarchitekturen", von denen das „Objekt" oder das dem Objekt entsprechende Organisationsniveau nur ein mittelbarer Teil ist. Das Zweite, was an dieser Stelle betont werden muss, ist, dass diese speziellen Cluster von Aktion, Affektivität und Materie – ich nenne sie „Praktiken" – weniger geformten und eindeutigen Objekten entsprechen als vielmehr einem *spezifischen Regime* (der Macht, der Wirkungen), welches das soziale Feld eine bestimmte Zeit lang erfasst. Man könnte sagen, dass die Methodik ein solches Feld konfiguriert, und zwar insofern, als sie Körper, Materialien, Bewegungen und Techniken im Raum organisiert, verbindet und verteilt und gleichzeitig zeitliche Relationen zwischen ihnen entwickelt. Es hat also durchaus nichts Gewolltes, wenn ich darauf bestehe, diese beiden Ebenen von Relationen als „Architekturen" zu bezeichnen – sie sind in jeder Hinsicht ebenso konkret, ebenso konstruiert und ebenso anmaßend wie ein Gebäude. Und das Gebäude beziehungsweise das Objekt wird dadurch nicht weggezaubert oder verdrängt (wie manche sicherlich behaupten werden), sondern neu verstanden als ein Scharnier, welches an der Schnittstelle zwischen diesen beiden Gliederungssystemen produziert wird (und selbst produziert). Darum wäre es meiner Meinung nach auch falsch, den Begriff der „architektonischen Substanz" auf Baumaterialien und geometrische Körper, die sie hervorbringen und eingrenzen, zu beschränken. Die spezifische Bedeutung eines gesprochenen Satzes ist jeweils eine andere, abhängig davon, wer spricht und an wen der Satz gerichtet ist, sowie von den jeweiligen zeitlichen und örtlichen Gegebenheiten, unter denen er geäußert wird, von dem unendlich komplexen Zusammenspiel von Willen, Wunsch und Legitimationssystemen, wobei alle diese Bedingungen auch auf jedes einzelne Element Anwendung finden, auf das sich der Satz bezieht;

ebenso muss auch jedes gewissenhafte Verständnis von Architektur ihren Charakter als *illokutionäres Ereignis* berücksichtigen oder die Architektur zumindest als ein Element begreifen, das untrennbar mit der Welt von Kraft, Wille, Aktion und Geschichte verbunden ist und in ständigem Austausch mit ihr steht.

In seinem Buch *Überwachen und Strafen* – inzwischen allgemein anerkannt als kanonische Untersuchung auf diesem Gebiet – hat Michel Foucault bis in alle Einzelheiten demonstriert, dass der Bereich der „Architekturen" das wichtigste Scharnier oder Übertragungsglied darstellt, welches den abstrakten, nicht körperlichen (das heißt diskursiven) Formationen der Macht gestattet, in das benachbarte materielle Reich menschlichen Fleisches, menschlicher Aktivität und menschlicher Wünsche einzudringen und es zu durchdringen. Man könnte sagen, die eigentliche und primäre Funktion der Architektur sei – zumindest in der Moderne – die instrumentelle Durchsetzung von Herrschaft nicht nur über eine äußere, nicht menschliche Natur, sondern gleichermaßen auch über die menschliche – soziale, psychologische – Natur. Eine solche Methode schließt in keiner Weise eine Guerilla-Architektur der Subversion und des Widerstandes aus, die das Vorkodierte und Vertraute auf aktive Weise „resingularisiert", die transformative Macht der Kontingenz durch eine Ästhetik flexibler oder „opportunistischer" Wachsamkeit verstärkt und die geschichtsbildenden Kräfte des Emergierenden und Unzeitgemäßen anzapft – obwohl alle diese Dinge offenkundig nach Praktiken verlangen, die nuancierter, einfallsreicher und erfinderischer sind als jede „Dekonstruktion" oder Ideologiekritik.

Im Folgenden möchte ich kurz ein hypothetisches Modell dafür skizzieren, wie dieser Ansatz auf den historischen Fortschritt angewandt werden könnte und innerhalb dessen der Schnittpunkt zwischen Körper und Architektur auf verschiedene Weise problematisiert werden kann. Wie man es auch anstellen mag, es ist unmöglich, eine Genealogie des Körpers in Bezug auf die Herrschaft der Architektur im Abendland zu entwerfen, ohne zumindest *en passant* auf das konventionelle Beispiel des Vitruvschen Menschen einzugehen, der in einem Netzwerk von Maßlinien ausgebreitet und mathematisch eingebettet ist – gleichsam als stolze Trophäe zur Feier der Idee und der geometrischen Genauigkeit. Dieses bekannte Bild steht gewissermaßen feierlich an der Spitze einer komplexen und in viele Stränge gegliederten Prozession durch die Geschichte des Abendlandes, wobei die Geschichte des Körpers selbst ebenso wie die Geschichte der Architektur und des noch grundlegenderen „Ordnungswillens" nicht voneinander zu trennen sind. An dieser Stelle sei jedoch auf die besondere Rolle der Mathematik vor allem in ihrer Beziehung zur unexakten Formhaftigkeit des menschlichen Körpers verwiesen: Vitruvs eiserne Klammer quantitativ-nummerischer Reduktion erscheint hier wie ein Vorgeschmack auf eine bestimmte kulturelle Relation, die sich in der Folge nur noch mehr vertiefen sollte – wobei diese Vertiefung nur dadurch möglich wurde, dass sie sich selbst diversifizierte und in immer neue Institutionen und Praktiken Eingang fand.

Ein weiteres Beispiel – eines der wichtigsten in der Geschichte der Modernisierung des Abendlandes – findet sich in den europäischen Klöstern des frühen Mittelalters, vor allem (wie Werner Sombart, Lewis Mumford, E. P. Thompson, David Landes und andere gezeigt haben) den Klöstern der Benediktiner. Hier wurde zum ersten Mal ein periodisches System von Glocken benutzt, um den Tagesablauf zu gliedern – sieben Glocken, die jeweils den sieben kanonischen „Stunden" oder Andachtszeiten entsprachen. Damit trug das Glockensystem in unabschätzbarer Weise zu der ohnehin frappierenden Disziplinierung und Reglementierung des Klosterlebens bei, und zwar lange vor dem Aufkommen der ersten mechanischen Uhren (in Europa). In dieser Gleichung ist die Einfügung einer neuen „Schablone" oder eines neuen Plans auf drei verschiedenen Stufen der kulturellen Organisation implizit enthalten: 1.) Auf der makroskopischen, geopolitischen Ebene aktivierten diese Routinen eine breite Palette von benachbarten Prozessen, vermittelt über die sozialen Funktionen des Klosters – vorgeblich die Sorge für das Seelenheil und die Gewährung von Zuflucht für die herbeiströmenden Menschen, die durch die chaotische, destabilisierte Situation in Europa nach dem Ende des Heiligen Römischen Reiches entwurzelt worden waren. (In Wahrheit jedoch erfüllte das Kloster eine sehr viel pragmatischere Funktion, indem es als *Anknüpfungspunkt* für eine Neuorientierung diente.) 2.) Auf der Ebene der kollektiven Subjektivität vollzieht sich hier eine erste Institutionalisierung der christlichen Verachtung des Körpers und seiner unbeherrschten Affekte und Empfindungen, die jetzt einer rigiden, ja proto-mechanischen Härte, Reglementierung und Regulierung unterworfen werden. 3.) Auf der Ebene der Morphologie des Verhaltens oder der „Antriebsmuster" zeigt sich der Beginn einer Mathematisierung des Tagesablaufs und der zeitlich gebundenen Aktivitäten des Körpers (neben den Gebets- und Andachtsaktivitäten die Einnahme der Mahlzeiten und der Schlafrhythmus), die in ein komplexes System räumlicher Organisation eingeschrieben wurden, zu dem unter anderem die Klostermauern, die Verteilung der Zellen, die Gemeinschaftsräume, die Meditationshöfe etc. gehörten. Schließlich ist die Architektur das Medium und Vehikel, durch welche die Aktion der Glocke und die Intervalle, die die Glocke aus dem Kontinuum zeitlicher Dauer herausschneidet, in die Körper eindringen und sie neu organisieren können. Ich habe dieses Beispiel hier aus einem ganz bestimmten Grund angeführt: Das Kloster ist offenkundig nichts anderes als der Prototyp einer Uhr, und doch versteht man unter einer Uhr – und dem Aufkommen der nummerischen Zeit – nur selten mehr als einen technischen Mechanismus. Selbst wenn er in seinen umwälzenden Auswirkungen auf alle Bereiche der abendländischen Zivilisation erkannt wird, wird er mit Sicherheit nicht mit Architektur oder mit architektonischem Denken in Verbindung gebracht. Und dennoch tauchte die Uhr ursprünglich als reine *Funktion* in der Kultur auf, untrennbar verbunden mit dem Kontinuum von Körpern, Verhaltensformen und Gebäuden und dem von ihnen geregelten sozialen Leben. Wenn aus dieser empirischen Ordnung der Dinge (und natürlich spielten die Mönche eine entscheidende Rolle in der Weiterentwicklung dieser neuen Technologie) später ein eigenständiges Uhrwerk abstrahiert wurde, dann nur, um das Kontinuum von Körper und Architektur auf allgemeinere Weise und noch nachhaltiger zu beeinflussen – so zum Beispiel durch die Verlagerung der Uhr aus dem Kloster heraus auf den Marktplatz (aus dem Bereich des Glaubens in den des Handels) oder die Erfindung des modernen Zifferblatts, das die Möglichkeit schafft, die Zeit vom menschlichen Handeln zu trennen und sie sowohl visuell darzustellen als auch auf genial einfache Weise notierbar zu machen.

In diesem Zusammenhang fällt auf, dass das architektonische Denken in den letzten 15 Jahren bereitwillig einen weiteren Mechanismus aufgenommen hat, nämlich Jeremy Benthams Panopticon und die damit verbundene Rolle der mathematischen *quadrillage* (Sektorierung oder Rasterung), und das trotz der Tatsache, dass dieses Panopticon nie realisiert wurde; es kann – wie Foucault selber nachdrücklich betont – nur als „ein rein architektonisches und optisches System vorgestellt werden: Tatsächlich ist es eine Gestalt politischer Technologie, die man von ihrer spezifischen Verwendung ablösen kann und muss". Dabei scheint eben dieses architektonische Denken nicht bereit zu sein, die generelle Rolle zu akzeptieren, die die Architektur für die Geschichte der Techniken oder auch die Technik für die Geschichte der Architektur spielt. Wobei ich natürlich mit meiner Auffassung noch einen Schritt weiter gehe: Ich behaupte, dass die Technik selbst ein untrennbares Verbindungsglied in jenem Kontinuum ist, das die Architektur mit der sie umgebenden Welt (und insbesondere mit Körpern und humanen Antriebsfeldern) verbindet, und dass die Technik in der Tat eine Art Über-Kodierung ist – ja, dass die Technik die Architektur der Architekturen ist.

Nun kann man natürlich sagen, dass die Uhr nicht nur die historischen Renaissancen des 15. und 16. Jahrhunderts ermöglicht hat, sondern vielmehr die Gesamtheit all dessen, was wir als moderne Welt bezeichnen – und zwar durch die Einführung quantitativer Methoden zum Zwecke der Ordnung und Korrelierung des episodischen Einfließens der Natur in die kulturelle Gleichung. Es ist bekannt, wie diese Techniken in die Malerei, die Wissenschaft, die Kartografie, die Musik und die Ökonomie Eingang fanden. Offenkundig erfuhr das Interesse an mathematischer Proportion, Anatomie, rationalen Ordnungen etc. zur gleichen Zeit auch im Diskurs der Architektur und der Ästhetik eine Wiederbelebung; das historische Denken jedoch, das sich mit der materiellen Kultur ganz allgemein und mit der architektonischen Kultur im Besonderen befasste, hat diese Entwicklungen nie als Prozesse einer *longue durée* thematisiert, die mit der evolutionären Ausformung *neuer* Bereiche verbunden war: unter anderem mit der universalen optischen Theorie des Raumes, der Wissenschaft und Gestaltung von Schlachtfeldern, der Formierung der Dreiheit von Stadt, Fabrik und Bergwerken im 19. Jahrhundert und der Herausbildung des modernen familialen Haushalts sowie des Büro-Arbeitsplatzes. In der Tat ist das „Management" – oder besser, die Logistik – vielleicht das vorherrschende moderne architektonische „Objekt", wenn auch ein Objekt mit überaus variabler und kaum zu fassender Gestalt.

Ehe wir uns dem 20. Jahrhundert zuwenden, kehren wir für einen Augenblick zu Jeremy Benthams Panopticon und Foucaults Analyse desselben zurück. Was wir hier vor uns haben, ist nämlich der Plan, zumindest die Idee eines Gebäudes, welches wir als Ausdruck einer umfassenden und nachhaltig wirksamen Vision verstehen müssen, die eine Gesellschaft von sich selbst entwickelt hat – eine Vision, die in dem fraglichen Bauwerk nie Wirklichkeit geworden ist, sondern stattdessen, wie uns gezeigt wird, auf ungleich wirkungsvollere – und heimliche – Weise in den sozialen Körper eingefügt wurde, und zwar auf einer Ebene oder einer Vielzahl von Ebenen, wo architektonische Objekte im klassischen Sinne ganz einfach nicht in Erscheinung treten. Genau das ist der Grund, aus dem heraus Foucault eine Theorie der sich selbst antreibenden Kapillarbewegung entwirft, einer Mikrophysik der Macht und eines mikropolitischen Bereichs. Das ist jedoch keineswegs der einzige Kernpunkt in Foucaults Analyse, die es sich zum Ziel gesetzt hat, unsere Aufmerksamkeit ständig auf immer andere Ebenen der Realität zu lenken – weg von der Ebene allzu offensichtlicher oder irreführender Objekte und hin auf eine grundlegendere und komplexere Ebene von Relationen. In seiner Analyse geht es ihm darum zu zeigen, dass das Panopticon vielleicht schon das letzte Mal war, dass die konstitutiven Beziehungen einer Gesellschaft auf dieser bestimmten und traditionell architektonischen Ebene artikuliert wurden. Damit soll nicht gesagt werden, dass das diskrete und einheitliche Gebäude (oder der Gebäudekomplex) so trivial oder obsolet geworden war oder je werden kann, um vernachlässigt werden zu können; es geht vielmehr darum, dass der konstituierende Körper ganz einfach nicht mehr auf dieser Ebene zu finden ist. Eines der zentralen Anliegen von Foucault ist es in diesem Buch, ein neues mikrophysikalisches Kontinuum zu entwickeln – oder gewissermaßen mit Fleisch aufzufüllen –, in dem architektonische und menschliche Multiplizitäten sich miteinander vermischen, als seien sie zwei Erscheinungsweisen einer einzigen Substanz.[3]

Zum Abschluss dieser schematischen Genealogie ein kurzes spekulatives Beispiel. Wenn es möglich ist, sich architektonische Praxis und das Feld architektonischer Objekte in intensiven und extensiven (mikro- und makrophysikalischen) Begriffen vorzustellen, statt einzig und allein auf der Ebene geformter Objekte, dann fällt das, was ich als *Praktiken* und *Techniken* bezeichnet habe, voll und ganz in diesen Rahmen. Wenn das Panopticon – insofern, als es eine Technik und nicht ein Gebäude darstellt – als Emblem für eine ganze Epoche und als verstärkendes Relais für die Machteffekte dieser Ära fungieren konnte, welche Figuren könnten dann in der Geschichte des 20. Jahrhunderts eine analoge Funktion erfüllen? Man muss sich selbstverständlich vor jener Denkgewohnheit hüten, die die Gulags oder die Konzentrationslager unseres Jahrhunderts ins Feld führen würde. In der Tat liegt die wahre Bedeutung dieser sinistren Architekturen nur in den makroskopischen Systemen, deren Teil sie sind – jene tückischen, bürokratischen, molaren, politischen Formationen, deren Mikrophysik heute immer noch versteckt evolviert (wenn sie nicht wieder einmal öffentlich und barbarisch ausgelotet wird). Wo aber soll man zum Beispiel ein so banales technisches Objekt wie den Lautsprecher einordnen, dieses scheinbar weltliche Gerät, das in den zwanziger und dreißiger Jahren eine so wichtige Rolle bei Hitlers wie auch Mussolinis Aufstieg zur Macht gespielt hat (lange ehe es durch die elektroakustischen Experimente der fünfziger und sechziger Jahre die musikalische Ästhetik nachhaltig revolutionierte)? Hier wurde es dank der elektrischen Verstärkung der menschlichen Stimme möglich, riesige Hörspektakel zu inszenieren und nie gekannte Menschenmassen zu versammeln, die den Begriffen „Massenkultur" und „Massenbewegung" ihren eingänglichen Sinn gaben. Die logistische Leistung, die diesen Spektakeln zugrunde lag, war beeindruckend, und die Ausdehnung militärischer Planungs- und Steuerungstechniken auf die Zivilbevölkerung war in den Augen des aufstrebenden faschistischen Regimes zweifellos nur ein willkommener Nebeneffekt. Leni Riefenstahl montierte in ihre filmische Dokumentation des Nürnberger Parteitages der NSDAP 1934 in rhythmischer Folge Aufnahmen von marschierenden Soldaten ein und unterstrich damit die zunehmende Aufhebung des Unterschieds zwischen militärischem Reglement und zivilem Leben. Welchen Eindruck man damals gehabt haben muss, wenn man tatsächlich zwischen all diesen menschlichen Körpern stand, gruppiert, organisiert und auf irrsinnige Weise zu präzisen geometrischen Formationen diszipliniert, strahlend aufgestellt zwischen Albert Speers flüssigen Lichtsäulen, hypnotisiert von der buchstäblich elektrischen Stimme des Führers – wenn wir uns dieses Gefühl heute ausmalen, dann kann es uns schaudern. Aber der

Lautsprecher brachte auch noch andere Entwicklungen: die Fähigkeit, körperlich und persönlich auf die Massen einzuwirken (hier scheint die elektrische Technologie einen unmittelbaren Kontakt mit dem Gesprächspartner zu erzeugen, anstatt ihn aufzulösen oder zu zerstören); die Fähigkeit, an jene Teile der Wählerschaft zu appellieren, die nicht lesen oder nicht lesen können; das Appellieren an niedrigere und allgemeinere Instinkte in einer die Verführung fördernden Atmosphäre – eine Technik, die ausnahmslos Demagogie und Hysterie begünstigt.

Der Lautsprecher ist in der Tat nur ein einzelnes, unwichtiges Element in einem Jahrhundert, das von einer unerschöpflichen Komplexität gekennzeichnet ist, aber er hatte womöglich größere Wirkung auf die Funktionsweise und die Hoffnungen einer ganzen gesellschaftlichen und politischen Konstellation als vielleicht irgendein visionäres Bauwerk jener Zeit – einschließlich Tatlins Monument für die Dritte Internationale, Le Corbusiers Ville Radieuse oder sogar Mussolinis EUR-Stadt.

Das letzte Wirkungsfeld aller politischen und sozialen Mechanismen und der durch sie bewirkten Machteffekte ist, so wird heute oft gesagt, der individuelle oder kollektive menschliche Körper. Foucaults Betrachtung zeigt jedoch, dass der tatsächliche Körper schon seit langem nicht mehr ein *unmittelbarer* ist. Mit anderen Worten: Wenn die Macht den Körper erfasst, dann tut sie das mit einer zunehmend raffinierten *Indirektheit* – einer Indirektheit, in welche immer auch die architektonische Praxis zutiefst verwickelt ist. Die architektonische Praxis und das architektonische Denken werden von dem traditionellen und weitgehend „ästhetisch" konstituierten Objekt ab- und gleichzeitig auf ein dynamisches, makro- und mikroskopisches Interaktionsfeld hingelenkt – damit eröffnet sich dem Entwerfer, Theoretiker oder Künstler ein völlig neues Bezugsfeld.

Eine undogmatische Betrachtungsweise dieses „Feldes" und der Politisierung der architektonischen Praxis heute müsste alle Architekturen als technische Objekte und alle technischen Objekte als Architekturen begreifen. Wenn ich „technische Objekte" sage, dann meine ich damit ganz einfach Folgendes: Jedes einzelne Objekt ist umgeben von einem entsprechenden Komplex von Gewohnheiten, Methoden, Gesten oder Praktiken, die zwar keine Attribute des betreffenden Objekts selber sind, aber dennoch seine Existenzweise charakterisieren – sie übertragen und verallgemeinern diese Gewohnheiten, Methoden und Praktiken auf andere Ebenen innerhalb des Systems. Es ist also nicht das Objekt, mit dem sich die Analyse beschäftigen sollte, sondern das *Komplexe*, und wenn wir die Architektur heute wirklich für die Praktiken und das Leben des Körpers öffnen wollen, dann müssen wir diese beiden begrifflich unterschiedlichen Entitäten wachsam und streng auseinander halten.

Alle drei oben diskutierten technischen Komplexe oder Architekturen haben zumindest eines gemein: Sie sind alle Teil eines mehr oder weniger generalisierten, abendländischen technischen Herrschaftsapparats – eines Apparats, dessen Macht seiner Fähigkeit entspringt, die Zeit zu vernichten, indem er sie verräumlicht. Welch paradoxe Vorstellung zu denken, der Ursprung der Uhr sei gleichbedeutend mit dem *Tod* der Zeit und nicht mit ihrer Erfindung! Aber man erinnere sich daran, dass die Uhr die Zeit nicht geschaffen, sondern sie bloß standardisiert und ihre Korrelierung gestattet – oder vielmehr *erzwungen* hat. Die Uhr reduziert die erfüllte, immanente Zeit auf eine einzige transzendente Zeit; sie bezieht alle Ereignisse auf eine einzige, „dünne" zeitliche Dauer, die nicht spezifisch oder lokal, sondern allgemein ist – sie ist für alle, für sämtliche Vorgänge etc. dieselbe. Die Uhrzeit fixiert, um zu korrelieren, zu synchronisieren und zu quantifizieren, und leugnet das mobile, fließende, qualitative Kontinuum, in welchem die Zeit eine entscheidende Rolle spielt für die transformativen morphogenetischen Prozesse. Mehr noch, reale Zeit ist kein einheitlicher Strang, der homogene Einheiten von Vergangenheit, Gegenwart und Zukunft in einer fixierten empirischen Ordnung verteilt, sondern eine komplexe, interaktive, „dicke" Vielheit von separaten, eigenständigen korrelierten Zeitdauern. Ereignisse gehören zu der Klasse der so genannten emergenten Phänomene – sie sind Produkt und Ausdruck plötzlicher kommunikativer Zusammenhänge oder Verdichtungen von konvergierenden Eigenschaften, die sich auf unerklärliche Weise miteinander verweben und entfalten, obwohl sie ihren Ursprung auf völlig unterschiedlichen zeitlichen und phänomenalen Skalen haben.

Wir wissen, dass der Prozess der Reduktion und Verräumlichung in den Benediktinerklöstern des Mittelalters begann und durch die Einführung der doppelten Buchhaltung im 14. Jahrhundert eindeutig und nachhaltig verstärkt wurde. Vollendet wurde die wissenschaftstheoretische Gewalt des Raumes über die Zeit später durch die Erfindung der linearen Perspektive und das Aufkommen quantitativer Methoden in der Wissenschaft. Etwa im 17. Jahrhundert war das neue moderne System etabliert, und von da an war es nur noch eine Frage immer besserer Feinabstimmung. Alles, was beherrscht werden musste – schließlich brauchte der Kapitalismus ein totales System globaler Korrelation, in dem die Zeit in standardisierte Werteinheiten, Werteinheiten in Waren und Waren wieder in Zeit überführt werden konnten –, ließ sich durch Verräumlichung und Quantifizierung beherrschen. Die Zeit hörte auf, real zu sein.

Zeitliche Phänomene im eigentlichen Sinne verursachen ihrer Natur nach in regelmäßigen, linearen, quantitativen Systemen Störungen und Unregelmäßigkeiten – das, was die wissenschaftliche Grundlagenforschung als „Rauschen" bezeichnet. Sie verunreinigen Daten mit kontinuierlichen Fluktuationen und Instabilitäten. Sie können mit Hilfe konventioneller linearer Gleichungen nicht aufgespürt werden, weil die Mathematiker nicht wussten, wie sie ihren Gleichungen einen autonomen Fluss oder „Leben" geben sollten – die Fähigkeit, auf unvorhergesehene Veränderungen in den konkreten Bedingungen einzugehen oder für sie sensibel zu sein. Die klassischen linearen Gleichungen werden oft mit Uhrwerken verglichen – sie werden im Voraus gestellt, und ihr Programm läuft entsprechend den Bedingungen ab, die idealiter zum Zeitpunkt ihrer ursprünglichen Programmierung gültig waren. Sie nehmen keinen weiteren Input hinsichtlich veränderter Bedingungen auf – und können das auch gar nicht –, sie lassen sich nicht einmal aktualisieren durch Input, den sie selber erzeugen oder sammeln.

Was gebraucht wird, in sich jedoch unmöglich ist, sind zeitsensible Gleichungen. Derartige Gleichungen hätten sozusagen weniger Ähnlichkeit mit einem Uhrwerk als vielmehr mit einer Maschine, die ihren eigenen, unabhängigen, mobilen Speicher oder ihre Antriebseinheit mit sich führt, zusammen mit einem Servo-Gerät zweiter Ordnung, zum Beispiel einem Regler oder einer Steuereinheit, die dazu dient, die sich verändernden Informationsströme von Kommunikation oder Kontrolle zu verarbeiten. Während ein Uhrwerk oder eine lineare Gleichung nur eine gegebene oder ursprüngliche Bewegung entlang eines vorbestimmten Pfads (möglich > real) übertragen kann, ist eine nichtlineare Gleichung oder Servo-Maschine in der Lage, eine neue Bewegung zu erzeugen und sich selbst im Verlauf seiner Trajektorie zu aktualisieren – sie bleibt in der Tat ständig für das sie umgebende Milieu empfindlich.

Dieses Problem wurde den Wissenschaftlern zum ersten Mal im 19. Jahrhundert vor allem durch die Thermodynamik bewusst, als sie vor der Notwendigkeit standen, die in einem Kontinuum von Materie fließenden Wärmeströme zu verfolgen. Als in der wissenschaftlichen Forschung zunehmend Zustandsveränderungen und *qualitative* Transformationen signifikante Probleme wurden, ging man mehr und mehr dazu über, Materie als aktiv und Raum als plastisch, flexibel, sensitiv und organisch zu betrachten. James C. Clerk-Maxwell bediente sich partieller Differenzialgleichungen, um diese Bewegungen festhalten und beschreiben zu können. Einstein griff 1905 auf dieselbe Technik zurück, als er im Rahmen der Relativitätstheorie seine Feldtheorie entwickelte.[4] Es waren aber immer noch reduktionistische Methoden, die nur zufällig ausreichten, um die spezifischen Probleme, vor denen man stand, zu lösen. Reale Zeit (und Bewegung) jedoch blieben ein ungelöstes Problem; denn niemand wusste, wie man eine organische Gleichung aufstellen könnte, die in der Lage sein würde, mit den Phänomenen mitzugehen und ihre sämtlichen Transformationen von einem Moment zum nächsten zu registrieren.

...

Aber kehren wir zurück zu diesen dynamischen oder komplexen Systemen. Wie ich ausgeführt habe, zeichnen sie sich dadurch aus, dass sie nicht allein von ihren räumlichen Konfigurationsbeziehungen her verstanden werden können, sondern nur anhand der Ereignisse und Eigenschaften – Phasen- oder Zustandsübergänge –, die als Ergebnis der sie durchlaufenden Energieströme und Informationsgefälle erzeugt werden. In solchen Systemen findet eine unaufhörliche Umverteilung von Werten statt, aber das spezifische Verhalten dieser „kybernetischen" Umverteilung ist weder im Voraus bestimmbar noch völlig zufällig und kontinuierlich. Es existieren Parameter, Schranken, Grenz- oder Katastrophenzustände, und diese sammeln sich immer in Becken, die Singularitäten umgeben.

Wenn die Zeit real ist, dann ist die Welt selbst ein komplexes, in hohem Maße dynamisches System, eine fließende Vielheit. Als Vielheit oder fließendes Phänomen besteht die Welt nicht aus vorgegebenen, idealen Formen, sondern vielmehr aus metastabilen Gestalten, die in einem Strom ständig neu entstehender Differenzen treiben. Dabei gibt es zwei verschiedene Arten von Differenzen: einmal zufällige, nicht miteinander verbundene (unzusammenhängende) Differenzen, die emergieren und vergehen, ohne eine Spur zu hinterlassen, zum anderen solche, die „singulär" sind und potenzielle oder reale Morphogenesen innerhalb und über ein System hinweg hervorbringen. Ein einfaches Beispiel ist die Kombination des Molekülphasenwechsels bei kochendem Wasser mit einer mechanischen, aus Kolben und Druckkammer bestehenden Matrix zu einer Dampfmaschine. Innerhalb des Welt-Systems zur nächsthöheren Stufe aufsteigend, verbindet sich die Dampfmaschine mit einem ökonomischen Strom, der seinerseits einen kritischen Punkt erreicht hat (industrieller Kapitalismus) und bringt dann in der Kombination mit einer Entkörnungsmaschine für Baumwolle eine komplexere Entität hervor: mechanische Arbeitskraft. Dieser Maschinen-Komplex der dritten Stufe kombiniert sich jetzt mit anderen desselben Typs und lässt ein mobiles, nicht mehr standortspezifisches (weil nicht mehr von naturgegebenen Wasserläufen, Luftströmungen oder Bodenbesitz abhängiges) Produktionssystem entstehen – eine frühindustrielle Manufaktur oder Fabrik, die in Kombination mit der englischen Stadt des 19. Jahrhunderts zur Entstehung der ersten großen Industriestädte führt, welche ihrerseits auf dem Lande einen riesigen Bevölkerungsstrom in die Stadt sowie Kapital- und Rohstoffströme von Investoren, Märkten und Versorgungsländern und -regionen auslösen. Jede Störung führt zu Instabilitäten auf der nächsthöheren Stufe des Systems, die wiederum nach ihrer Beseitigung neue Instabilitäten auf der nächsten Ebene auslösen. (In Wirklichkeit verfügen diese kybernetischen Steuerungssysteme von ihrer Rechenkapazität her über eine ungeheure Leistungsfähigkeit und erfordern kein schrittweises Vorgehen, wie es hier geschildert wurde.) Diese „Verarbeitung" [*processing*] geht weiter, bis das System die ursprüngliche Störung entweder vollständig beseitigt oder sie abgenutzt hat, um seine eigene globale Dynamik von Grund auf zu transformieren. Eine Singularität beschreibt also innerhalb einer Welt immer neu erzeugter Differenzen genau jene Art von Differenz, die an irgendeinem Punkt entlang eines bestimmten Stroms erzeugt wird und mit einem anderen Strom Differenzen auf einer anderen Skala oder Ebene in der Mannigfaltigkeit erzeugen kann.

Zum besseren Verständnis der genauen Mechanik, wie eine Form zeit- und differenzgeneriert beziehungsweise *aktualisiert* werden kann, sei hier kurz das Beispiel des Eiswürfels im Gegensatz zum Eiskristall erläutert. Ist die Zeit für den Eiswürfel im gleichen Sinne real wie für den Eis- oder Schneekristall? Wie entstehen ihre jeweiligen Formen? Im ersten Falle wird eine vorbereitete und vorgefertigte kubische Form aus Plastik oder Metall mit Wasser gefüllt und in ein Milieu gebracht, wo die Kälte von außen nach innen eindringen kann und zuerst in Übereinstimmung mit der geometrischen Gestalt des Behälters die äußere Begrenzung fixiert und danach einfach den Innenraum ausfüllt. Ein Eiswürfel ähnelt dabei dem anderen so, wie er seiner eigenen Mutter-Form ähnelt. In diesem System existiert keine reale Zeit, weil hier fast nichts fließen kann (außer Wärme, wenn auch nur entlang eines streng festgelegten Gefälles), und alles ist in ein statisches, räumliches System „eingefroren", das eine vorgegebene Form reproduziert. Alle aleatorischen Einflüsse, jeder Zufall, jedes Risiko, jede Virtualität und Sensibilität für andere Ströme in der Umgebung – jede Wildheit und Offenheit – sind aufs Sorgfältigste eliminiert.

Nicht so beim Eis- oder Schneekristall. Seine Genese ist dynamisch und hat ihren Anfang in der Konvergenz dreier deutlich voneinander unterschiedener Ströme: Glimmer- und Mineralteilchen, ein feuchtigkeitsgesättigtes Feld und ein thermischer Strom von Wärmeaustausch. Man weiß nicht im Voraus, wo oder wann ein solcher Kristall sich bilden (oder „nukleieren") wird, aber man weiß, dass er – offenbar spontan – emergieren wird, und zwar aus einem Strom oder einer Konvergenz von Strömen, nicht in einer vorbereiteten Form oder einem vorbereiteten Raum. Die Form des Kristalls ist jedoch nicht von Anfang an fixiert – sie ist nur eine inkarnierte Singularität, ein Eis-Staubkorn, welches auf eine neue Stufe getragen wurde, wo es mit Strömen höherer Ordnung in Wechselwirkung tritt: Schwerkraft, Wind, Luftdruck, Luftfeuchtigkeit, anderen Silikatstaubkörnchen, Wasser, Kristallen und Wärmeströmen sowie elektrischen und magnetischen Gradienten. Alle diese Bedingungen variieren ständig in Bezug auf sich selbst und

AUTOR
SANFORD KWINTER

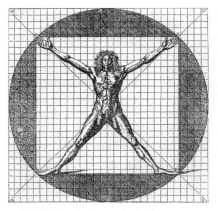

Zeitlose Trophäe der Geometrie: der festgezurrte Körper der vitruvianischen Figur.

„Figur in der Zeit": ein ungesicherter Freeclimber im Fels.

beeinflussen die Trajektorie der Schneeflocke. Nun trägt die Schneeflocke beziehungsweise der Kristall bestimmte fixierte Informationen mit sich. Diese vorgegebene Molekularstruktur, entwickelt innerhalb eines strengen tetraedrischen Gitters von Wasserstoff- und Sauerstoffatomen, bestimmt die gleichmäßige Ausbildung hexagonaler Flächen mit sechs „Modulationen" oder Oberflächenrauheiten. Diese scheinbar „regelmäßige" Architektur erzeugt einen dynamisch unregelmäßigen Raum, der bewirkt, dass bestimmte Bereiche auf der hexagonalen Matrix mehr als ihren Anteil von den äußeren Wetterbedingungen abbekommen.[5] Der so entstehende Aufbauprozess findet disproportional auf diesen Höckern statt, sodass der Schneekristall immer sechs Seiten hat. In der Tat kann man sagen, dass dieser Teil seines „Programms" gewissermaßen die Zeit transzendiert, obwohl dies kaum der faszinierendste Aspekt der Morphologie des Schneekristalls ist – interessant ist, dass es trotz der festgelegten Matrix nie zwei gleiche Exemplare gibt. Jeder Kristall ist anders, weil jeder seine Sensitivität behält im Hinblick auf die Zeit und auf sein komplexes Milieu. Sein morphogenetisches Prinzip ist aktiv und immer unvollständig (das heißt, es evolviert); die Schneeflocke interagiert mit anderen Prozessen, und zwar sowohl über die Zeit als auch über den Raum – sie ist Teil einer dynamischen, in ständigem Fluss befindlichen Welt. Während er nach unten fällt, absorbiert der Schneekristall sämtliche Zufallsereignisse, sämtliche fluktuierenden Bedingungen (Magnetismus, Schwerkraft, Luftdruck, Temperatur, Luftfeuchtigkeit, Geschwindigkeit), nimmt sie auf, inkarniert sie und baut sie auf oder vielmehr benutzt sie, um sich selbst zu erbauen, seine Struktur oder sein Gebäude zu formen. Der Schneekristall erschafft sich selbst inmitten eines Stromes und mit Hilfe der Konvergenzen dieses Stromes. Die Morphogenese des Eiskristalls ist weniger das Resultat spezifischer, punktueller, externer Ursachen als vielmehr eine sympathetische, aber kritische Einfügung in bereits vorhandene Ströme und deren nachfolgende „kybernetische" Steuerung. Dieses analytische Modell – aufbauend auf Entwicklungspfaden, dynamischen Interaktionen, singulären Punkten und qualitativen Bewegungen im abstrakten, manchmal multidimensionalen Raum – ermöglicht vielleicht eine weitaus fruchtbarere Theorie des Orts als die meisten der derzeit in der orthodoxen Ästhetik oder in der architektonischen Praxis verwendeten.

FUNKTION, PROGRAMM, EREIGNIS

Es erscheint keineswegs abwegig, diesen Denkansatz mit der kunstvollen Gestaltung der Bewegungsbahn eines Surfers auf dem Meer zu vergleichen. Anders als bei den eher traditionellen (dem Jäger-Krieger-Modell folgenden) Sportarten sehen Surfer sich nicht selbst als ausschließlicher oder „primärer Motor" im Ursprung ihrer Bewegungen, sondern verfolgen – aus dem Innern von Strömen heraus – eine Vielzahl von emergierenden Merkmalen, Singularitäten und Entfaltungen, mit denen sie verschmelzen können.
...
Alle diese Entwicklungen kommen vielleicht am besten in einer Sportart zum Ausdruck, die in jüngster Zeit eine völlig neue, zeitgemäße – manche würden sagen: postmoderne – Dimension angenommen hat: dem Klettern. Die strengsten Puristen unter den heutigen Kletterern gehen einen Berg *ohne jedes Hilfsmittel* an. Das morphogenetische Prinzip des Kletter-Raums ist nicht mehr empfänglich für von außen aufgezwungene Formen. Heute muss ein Kletterer den Berg hochfließen und mit dem oder gegen den abwärts gerichteten Gradienten der Schwerkraft „kreuzen", gleichzeitig jedoch auch zum hypersensitiven Zähmer und Kanalisator der Schwerkraft werden, ein Meister der Kunst, diese in seinen Muskeln zu speichern oder durch bestimmte Regionen seines Beckens, seiner Oberschenkel und Handflächen fließen zu lassen, und zwar nur zu bestimmten Zeiten; er muss wissen, wie er die Schwerkraft beschleunigen kann zur schnellstmöglichen Umsetzung, die über Triumph oder Katastrophe entscheidet. Hier reicht es nämlich nicht, die Schwerkraft zu überwinden – man muss wissen, wie man sie kontinuierlich durch sich selbst hindurchströmen lassen kann, vor allem aber, wie man dieses Wissen in jeden Teil des Körpers ausweiten kann, ohne dass es sich jemals wieder als Ganzes – transzendent und einheitlich – als verräumlichte Figur im Kopf zusammenfügt. So muss also auch der Körper in eine wahre Multiplizität von gleichsam selbständigen Strömen zerteilt werden – die Bedingungen am Berg variieren auf dramatische Weise von Zentimeter zu Zentimeter. Kein Kletterer könnte sich ein strategisches Kommando*zentrum* leisten, welches den Körper so programmiert, dass er global auf fixierte oder – Gott bewahre! – *durchschnittliche* Bedingungen reagiert... Jeder Quadratzentimeter stellt ein eigenes, interdependentes dynamisches System dar, das sich im ständigen Wechsel mit den anderen, gleichzeitig aber auch *lokal* in Bezug auf seine jeweilige „Mikro-Ortsspezifik" austauscht.

Der komplexeste, am schwersten zu handhabende und problematischste Strom von allen jedoch ist der der Felswand selber. Das Gesteinsschelf stellt einen Strom dar, dessen zeitliche Dimension beinahe unauslotbar riesig ist im Vergleich zur Skala der zeitlichen Dauer der elektrolytischen und metabolischen Vorgänge in Muskel und Nerv; aber selbst in diesen zeitlichen Dimensionen – bloße Nanosekunden im Vergleich zu den Jahrtausenden, in denen geologische Ströme normalerweise gemessen werden – gibt es jede Menge Singularitäten[6]: einen drei Millimeter breiten Riss, gerade groß genug, um einem einzigen Fingerglied Halt zu geben, und so fest im Grund verankert, dass er einem Druck von 80 Pfund gerade 15 Sekunden, aber nicht länger, standhält; ein kaum wahrnehmbar abfallendes Becken von Sedimentgestein, dessen unregelmäßig gerieffelte Oberfläche (ungleichmäßig verwittert unter dem Einfluss von Wind und Regen) einer ausgebreiteten Hand gerade genügend Reibung bietet, um strategisch die andere Hand auf einer Lavaformation einen halben Meter höher platzieren zu können. Ein solcher

Fels, der vor kurzem noch als beinahe völlig glatt und strukturlos galt – selbst für klassische Bergsteiger mit Pickel und Haken ein schieres Glacis[7] –, wimmelt heute von einzelnen Punkten, Inhomogenitäten, Trajektorien und komplexen Relationen. Der Ort ist angefüllt mit ineinander verwobenen Kräften und Strömen – ohne die die Rauheiten und Differenzen des Gesteins allerdings wieder gleichsam in fast völlige Eigenschaftslosigkeit zurückfallen würden –, und die Aufgabe des Kletterers besteht weniger darin, den Fels im machohaften, Formen aufzwingenden Sinne zu „meistern", als vielmehr darin, eine morphogenetische Figur *in der Zeit* zu formen, sich selbst in einen praktisch glatten, strömenden Raum einzubringen und sich dort zu halten, indem man die Ströme anzapft und ihnen folgt – ja, selbst zu strömen und weich und fließend zu werden. Das bedeutet, einen Augenblick lang die reale Zeit zurückzugewinnen und das Entfalten des Universums durch die morphogenetischen Fähigkeiten der Singularität zu erleben.

Übersetzung aus dem Amerikanischen: Hans Harbort.

1 Diese Aussage hat natürlich Gültigkeit für die systematische Philosophie und die klassische Wissenschaft, nicht aber für die sich ständig selbst aktualisierende Pseudo-Axiomatik der christlichen Theologie oder des westlichen Kapitalismus.
2 Im Original deutsch [Anm. der Hrsg.].
3 Es sind vor allem die letzten drei Kapitel des Buches (die an das Kapitel über den Panoptismus anschließen), die sich für das architektonische Denken heute als besonders fruchtbar erweisen könnten. Im Falle der Delinquenz zum Beispiel erleben wir die direkte und unsichtbare Inkarnation eines komplexen motorisch-räumlichen Ordnungsmechanismus ohne Vermittlung von Objekten. Auch hier wird die Aktualisierung virtueller Formen nur in einem zeitlichen Kontinuum erkennbar.
4 Einstein selber bezeichnete die Raum-Zeit gerne als Mollusk.
5 Diese Dis-Homogenitäten werden nur durch die zeitliche Bewegung des Teilchens aktiviert; der Kristall leitet sein Werden mit einer „symmetriebrechenden" Operation ein, das heißt mit der Einführung eines anfänglichen Informatums von Differenz, welches den Kristall aus der monotonen Regelmäßigkeit des tetraedischen Gitters befreit und eine Kaskade von sich selbst strukturierenden Druckschwankungen auslöst, die das System durchlaufen. Diese Prozesse im Allgemeinen und der Begriff des „Wetters" im Besonderen wurden von Marcel Duchamp in die Ästhetik eingeführt und später von John Cage systematisch weiterentwickelt.
6 Robert Smithson hat sich in seinen Kunstwerken der späten sechziger und frühen siebziger Jahre weit eingehender mit diesem Typus von Singularitäten beschäftigt als jeder andere Bildhauer unserer Zeit. In der Literatur und in den eher klassischen Arenen der Malerei und Bildhauerei lässt sich dieses Programm schon in den Arbeiten von Franz Kafka oder der Futuristen entdecken. Vgl. Sanford Kwinter: *Architectures of Time*, Cambridge, Mass. 1994.
7 Vgl. „Les Procédés artificiels d'escalade", in: Gaston Rebuffat: *Neige et Roc*, Hachette, Paris 1959, S. 72 unten. Schon beim oberflächlichen Durchblättern eines er einschlägigen Handbücher für klassisches Bergsteigen wird deutlich, dass diese „Ethik", die ich als jüngere, neue Entwicklung bezeichnet habe, immer schon ein fester Bestandteil alpinistischer Tradition war, und dass das, was wir heute sehen, nur eine Schwerpunktverlagerung ist. Dazu Rebuffat: „Es liegt ein ganz besonderes Vergnügen darin, mit dem Berg zu kommunizieren, nicht mit seiner Größe oder Schönheit, sondern einfacher und direkter mit seiner schieren Substanz, so wie ein Künstler oder Handwerker mit dem Holz, Stein oder Eisen kommuniziert, das er bearbeitet." (S. 14)

TERRAIN
FUNKTION, PROGRAMM, EREIGNIS

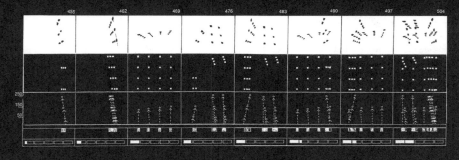

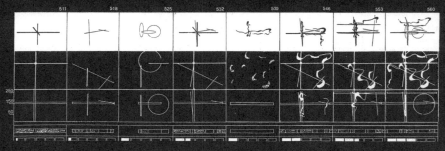

ARCHITEKT
BERNARD TSCHUMI

Bernard Tschumi:
Feuerwerk für La Villette (Paris 1992)

„Gute Architektur muss erdacht, erbaut und dann einfach verbrannt werden. Die großartigste aller Architekturen ist die von Feuerwerkern: Sie demonstriert auf perfekte Art und Weise den kostenlosen Konsum von Freude", schrieb der Architekt Bernard Tschumi 1978. Anlässlich der Eröffnungsfeier des von ihm entworfenen Parc de la Villette bot sich endlich die Gelegenheit, seiner Liebe zur Pyrotechnik Taten folgen zu lassen. Tschumi konzipierte ein Feuerwerk, das seinen gartenarchitektonischen Entwurf, der aus einer Überlagerung von Punkten, Linien und Flächen besteht, in ein funkensprühendes Wunderwerk transformierte. In eine Notation trug Tschumi – von unten nach oben gelesen – Lautstärke, Farbe, Ansicht (Obergrenze 250 m), Grundriss und schließlich die Perspektive des Betrachters ein. Dem Feuerwerk lag ein Rhythmus von sieben Sekunden zugrunde. Es bestand aus drei Phasen von jeweils vierminütiger Dauer. Am 20. Juni 1992 fand in Paris die Verzauberung der Architektur in Licht und Rauch vor mehr als 100 000 Zuschauern statt.

TERRAIN
AUTOR, AUSDRUCK, AFFEKT

„Unsere Arbeit ist Rauschtraum unseres heißen Blutes, vervielfacht um die Blutspannungen in der Millionenhaftigkeit des Mitmenschentums", schrieb um 1920 Hans Scharoun in höchster Begeisterung an seine Brieffreunde der „Gläsernen Kette".[1] Schon wenige Jahre später hätte ein solch messianischer Tonfall Jahre reichlich merkwürdig geklungen, erhob doch das Neue Bauen die Sachlichkeit zur Tugend der Stunde. Aus expressionistischen Schwärmern wie Scharoun wurden Anfang der Zwanziger rational kalkulierende Siedlungsarchitekten, die preiswerte Wohnungen für das Existenzminimum entwarfen. Und später, als die gemäßigte Moderne der Nachkriegszeit das Sagen hatte, galten die emotionalen Bekundungen, wie sie die Expressionisten pflegten, als viel zu unduldsam und totalitär, um nicht marginalisiert zu werden.

Doch wurde die Geringschätzung des Expressionismus nicht von allen geteilt. So verwies der Philosoph **Theodor W. Adorno** auf die „Rationalitätsdistanz" des Expressionismus, die sich überzeugend der Vernunftherrschaft der „verwalteten Welt" zu entziehen wisse. Dem Doppelgesicht der Vernunft, die sich den Menschen unterwirft, indem sie ihn aus den Fesseln der Natur befreit, widmete er die gemeinsam mit Max Horkheimer in den vierziger Jahren im kalifornischen Exil verfasste *Dialektik der Aufklärung*. Mit ihr wollten die Autoren den Nachweis liefern, dass der Faschismus als denkbar grausamster Rückfall moderner Gesellschaften in die Barbarei ein Produkt instrumentalisierter Vernunft ist. Ihr Ursprung sei die Aufklärung, ihr Produkt die technische und wissenschaftliche Erfolgsgeschichte des Okzidents, die in zwei verheerende Weltkriege einmündete. Um dieses Verhängnis zu begreifen, nahm das Autorenpaar die dialektische Verknüpfung zweier Thesen vor: Zum einen sei der Mythos immer schon eine Form von Aufklärung gewesen, die auf die Beherrschung der Natur durch Mimesis abziele, zum anderen schlage die moderne Aufklärung mit dem Ziel einer Verabsolutierung der Rationalität stets in Mythos zurück. „Mit der Ausbreitung der bürgerlichen Warenwirtschaft", so Adorno und Horkheimer, „wird der dunkle Horizont des Mythos von der Sonne der kalkulierenden Vernunft aufgehellt, unter deren eisigen Strahlen die Saat der neuen Barbarei heranreift."[3]

In Fortsetzung des vernunftkritischen Programms der *Dialektik der Aufklärung* charakterisierte Adorno in seiner 1973 postum veröffentlichten **Ästhetischen Theorie** die Kunst als einziges Medium, in dem die Herrschaft der Vernunft offenbar und zugleich überwunden werden kann. Kunst sei als produktiver Austragungsort der „Dialektik der Aufklärung" prädestiniert, insofern in ihr ein Stück nicht domestizierter Natur aufscheine. Auch wenn Adorno Kritik an der instrumentellen Vernunft übt, kann er sich für eine offensiv vorgetragene Irrationalität, die er schon in der *Philosophie der neuen Musik* (1948) am Beispiel Igor Strawinskys geißelte, nicht erwärmen: Er sieht darin eine „Lässigkeit" am Werk, „welche sich einbildet, durch Minderung konstruktiven Anspruchs vorgeblich freie Phantasie und damit das Ausdrucksmoment zu restaurieren".

Im Gegenteil dazu hebt Adorno in „großer Kunst" den Versuch hervor, die Rationalität auf die Spitze zu treiben und eben dadurch zu überwinden. Nur wenn die Vernunft in radikalisierter Gestalt auftritt, vermag sich das Kunstwerk in ein unlösbares Rätsel zu verwandeln und zu einem „Gebilde absoluten Ausdrucks" zu verdichten. Ausdruck und Konstruktion müssen sich wechselseitig transzendieren. Als Paradebeispiel dient ihm Scharouns Philharmonie in Berlin. In ihr sieht er die rationale „Konstruktion so weit getrieben, dass sie Expressionswert gewinnt". Damit erfüllt sich für ihn die höchste ästhetische Erwartung, die an das Bauen gestellt werden kann.

In der Möglichkeit der Kunst, den Dualismus von befreiter Emotionalität und instrumenteller Vernunft zu überwinden, sah Adorno jene Gefahren gebannt, die in einer Gesellschaft schlummern, welche den Holocaust möglich gemacht hatte. Aus Angst vor einem Rechtsruck distanzierte er sich 1968 von seinen eigenen Studenten, die aus der ästhetischen Theorie in die radikale Praxis des Straßenkampfs desertiert waren und schließlich gar ihren alten Lehrmeister mit dem verhassten System und der kalten Rationalität identifizierten, aus der sie auszubrechen suchten.

Zu den konsequentesten Versuchen, die Spontaneität des revoltierenden Subjekts für die Architekturproduktion zu verwerten, gehören die Arbeiten der Wiener Architekten **Wolf D. Prix** und **Helmut Swiczinsky**, die seit 1968 unter dem Namen **Coop Himmelb(l)au** tätig sind. In rasch aufs Papier geworfenen Handskizzen erblicken sie Regungen des Unbewussten und wollen sie als Initialzündungen von Entwürfen nutzen. Von der *écriture automatique* der Surrealisten beeindruckt, suchen sie damit die seit Vitruv behauptete Identität von Architektur und Rationalität zugunsten jener Mächte infrage zu stellen, die Sigmund Freud zu der Behauptung veranlaßt hatten, das Ich sei nicht Herr im eigenen Haus. Diesem *herrenlosen* Haus versucht Coop Himmelb(l)au mit *willenlosen* Händen auf die Spur zu kommen. Wieviel sie dabei dem unwillkürlichen Zusammentreffen von Bleistift und Papier zutrauen, macht ihr Manifest **„Architektur ist jetzt"** (1983) deutlich, worin es heißt: „Der Augenblick des Entwurfs unterscheidet und entscheidet. Ist er frei von Zwängen, Klischees und Formalismen, so wird Architektur frei."

Die frühen Versuche von Coop Himmelb(l)au, den Architekten als affektiven Erzeuger unkontrollierbarer Objekte zu definieren, fallen in eine Zeit, als in der (post-)strukturalistischen Literaturtheorie die Figur des Autors einer gründlichen Revision unterzogen wurde. Bedeutende Essays von Roland Barthes („Der Tod des Autors", 1968) und Michel Foucault („Was ist ein Autor?", 1969)[4] stehen für eine Geisteshaltung, die den Künstler nicht länger als einen Stifter von Bedeutung und Sinn akzeptieren will. In der Perspektive dieser Intellektuellen verblasste zunehmend das autonome Subjekt, welches noch in der idealistischen Ästhetik als wichtigste Quelle von Kunst verhandelt wurde.

Auf Barthes und Foucault bezieht sich der amerikanische Architekt und Theoretiker **Jeffrey Kipnis**, der sich in seinem Essay **„Formen der Irrationalität"** (1988) gegen den Mythos des Architekten als Deutungshoheit von Architektur ausspricht: „Von den Intentionen des Architekten wird niemals der gesamte Inhalt eines Objekts bestimmt." Theorien, die am Anthropozentrismus eines vernünftigen, sich im Zentrum der Welt wähnenden Schöpfer-Ichs festhalten, seien beispielsweise nicht in der Lage, ein so „mächtiges und beunruhigendes" Missgeschick wie den Schiefen Turm von Pisa zu begreifen. Wohl räumt Kipnis ein, dass Architektur der Ratio verpflichtet ist, da sie „notwendiger- und richtigerweise Verhandlungssache" sei. Doch zweifelt er am Wert einer „rationalen Theorie der Designprozesse", die bloß die „falschen Grundannahmen" humanistischer Architekturkonzepte am Leben erhalte. Immerhin gebe es einen Ausweg aus diesem Dilemma: „irrationale"

Entwurfs-Methoden, die keine Trennung zwischen „architekturimmanenten" und „architekturfremden" Quellen machen.

Auch in den Texten des New Yorker Architekten **Peter Eisenman** wird das auktoriale Individuum als eine Sinn und Bedeutung erzeugende Instanz entmächtigt. Ebenso wie Kipnis geht er davon aus, dass die Architektur noch heute von der verstaubten Metaphysik eines vernunftgläubigen Humanismus beherrscht werde. Entsprechend trachtet Eisenman bei seinen eigenen Entwürfen danach, als Urheber hinter seinem Werk zu verschwinden. In dem Essay **„Der Affekt des Autors: Leidenschaft und der Moment der Architektur"** (1991) diskutiert er die Möglichkeiten, der Leidenschaft, die von der Architekturtheorie traditionell geleugnet wird, eine größere Beachtung zukommen zu lassen. Allerdings versteht er sie als einen subjektvorgängigen Affekt „in Entgegensetzung zum Individuellen oder Expressionistischen". Dabei greift er die phänomenologische These auf, wonach es sich bei der Leidenschaft um eine unbewusste Macht handele, die vom Menschen weder ausgehe noch gesteuert werde. Blitzartig tauche sie auf, als „reiner Exzess des Augenblicks". Im Moment der Leidenschaft schlage die Stunde des „passiven" Autors, „der nicht alles unter Kontrolle hat, sondern nur den Rahmen festlegt, um außer Kontrolle zu sein".

Der in Berlin lebende Architekt **Daniel Libeskind** gehört zu den radikalsten Experimentatoren mit „architekturfremdem" Material und löst damit eine zentrale Forderung ein, die Jeffrey Kipnis in „Formen der Irrationalität" an die Architektur stellt. Deutlich wurde dies vor allem beim Entwurf des Jüdischen Museums in Berlin, als er sich unter anderem von Arnold Schönbergs Oper *Moses und Aron* inspirieren ließ und auf die einstigen Adressen ermordeter Juden Bezug nahm. Die gelungensten Werke der Architektur, bekannte Libeskind einmal, entspringen dem Irrationalen, „während das, was in der Welt die Oberhand behält, was sich durchsetzt und dominiert und oftmals tötet, immer im Namen der Vernunft, der Ratio geschieht".[5] Ein 1995 verfasster offener Brief mit dem Titel **„Formal Blank Political"** thematisiert die Diskreditierung einer autorisierenden Signatur im Zeitalter global operierender *signature architects* und stellt die Frage, wie denn die Unterschrift eines Vertreters strategischer Rationalität ausfallen könnte: als gerade Linie, Raster oder Kreuz?

Stephan Trüby

---

1 Vgl. Iain Boyd Whyte und Romana Schneider: *Die Gläserne Kette. Eine expressionistische Korrespondenz über die Architektur der Zukunft*, Ostfildern-Ruit 1996, S. 39.
2 Zum Verhältnis Adornos zum Expressionismus siehe seine *Ästhetische Theorie*, Frankfurt/M. 1973, S. 51 bzw. 88.
3 Max Horkheimer und Theodor W. Adorno: *Dialektik der Aufklärung*, Frankfurt/M. 1988, S. 38.
4 Beide Essays sind enthalten in: Fotis Jannidis, Gerhard Lauer, Matias Martinez und Simone Winko (Hrsg.): *Texte zur Theorie der Autorschaft*, Stuttgart 2000.
5 Daniel Libeskind: „Between the Lines – Berlin Museum mit Abteilung Jüdisches Museum", in: P. Noever (Hrsg.): *Architektur im Aufbruch. Neun Positionen zum Dekonstruktivismus*, München 1991, S. 67-68.

Nach einem Studium der Philosophie, Musikwissenschaft und Psychologie in Frankfurt/M. promovierte Theodor W. Adorno (1903-1969) 1924 über den Philosophen Edmund Husserl. 1931 habilitierte er sich mit einer Arbeit über Kierkegaard. Nach dem Entzug der Venia legendi im September 1933 durch die Nationalsozialisten wurde er „advanced student" am Merton College in englischen Oxford und übersiedelte 1938 nach New York. 1949 kehrte er als Professor an die Universität Frankfurt zurück. Zu seinen wichtigsten Büchern gehören die *Dialektik der Aufklärung* (mit Max Horkheimer zwischen 1941 und 1949 in Los Angeles geschrieben), die *Philosophie der neuen Musik* (1949) und die *Negative Dialektik* (1967).

Die aus dem Nachlass Adornos herausgegebene *Ästhetische Theorie* (Suhrkamp, Frankfurt/M. 1973) stand bei seinem Tode 1969 kurz vor ihrer Vollendung. Die endgültige Fassung hätte laut Adorno zwar die Organisation des Buches, aber nicht dessen „Substanz" verändert. Dem vorliegenden Auszug (S. 68-74) ist im Inhaltsverzeichnis das Stichwort „Ausdruck und Konstruktion" zugeordnet.

Theodor W. Adorno:
Ausdruck und Konstruktion (aus: *Ästhetische Theorie*, 1969)

So wenig Kunst Abbild des Subjekts ist, so recht Hegels Kritik der Redensart behält, der Künstler müsse mehr sein als sein Werk – nicht selten ist er weniger, gleichsam die leere Hülse dessen, was er in der Sache objektiviert –, so wahr bleibt, dass kein Kunstwerk anders mehr gelingen kann, als soweit das Subjekt es von sich aus füllt. Nicht steht es beim Subjekt als dem Organon von Kunst, die ihm vorgezeichnete Absonderung, die keine von Gesinnung und zufälligem Bewusstsein ist, zu überspringen. Durch diese Situation aber wird Kunst, als ein Geistiges, in ihrer objektiven Konstitution zur subjektiven Vermittlung gezwungen. Der subjektive Anteil am Kunstwerk ist selbst ein Stück Objektivität. Wohl ist das der Kunst unabdingbare mimetische Moment seiner Substanz nach ein Allgemeines, nicht anders zu erlangen jedoch als durchs unauflöslich Idiosynkratische der Einzelsubjekte hindurch. Ist Kunst an sich im Innersten ein Verhalten, so ist sie nicht vom Ausdruck zu isolieren, und der ist nicht ohne Subjekt. Der Übergang zum diskursiv erkannten Allgemeinen, durch welchen die zumal politisch reflektierenden Einzelsubjekte ihrer Atomisierung und Ohnmacht zu entlaufen hoffen, ist ästhetisch ein Überlaufen zur Heteronomie. Soll die Sache des Künstlers über seine Kontingenz hinausreichen, so hat er dafür den Preis zu erstatten, dass er, anders als der diskursiv Denkende, nicht über sich und die objektiv gesetzte Grenze sich erheben kann. Wäre selbst einmal die atomistische Struktur der Gesellschaft verändert, so hätte die Kunst nicht ihre gesellschaftliche Idee: wie ein Besonderes überhaupt möglich sei, dem gesellschaftlich Allgemeinen zu opfern: solange Besonderes und Allgemeines divergieren, ist keine Freiheit. Vielmehr würde diese dem Besonderen jenes Recht verschaffen, das ästhetisch heute nirgendwo anders sich anmeldet als in den idiosynkratischen Zwängen, denen die Künstler zu gehorchen haben. Wer gegenüber dem unmäßigen kollektiven Druck auf dem Durchgang der Kunst durchs Subjekt insistiert, muss dabei keineswegs selber unter subjektivistischem Schleier denken. Im ästhetischen Fürsichsein steckt das von kollektiv Fortgeschrittenem, dem Bann Entronnene. Jede Idiosynkrasie lebt, vermöge ihres mimetisch-vorindividuellen Moments, von ihrer selbst unbewussten kollektiven Kräften. Dass diese nicht zur Regression treiben, darüber wacht die kritische Reflexion des wie immer auch isolierten Subjekts. Gesellschaftliches Denken über Ästhetik pflegt den Begriff der Produktivkraft zu vernachlässigen. Die ist aber, tief in die technologischen Prozesse hinein, das Subjekt; zur Technologie ist es geronnen. Produktionen, die es aussparen, gleichsam technisch sich verselbständigen wollen, müssen am Subjekt sich korrigieren.

Die Rebellion der Kunst gegen ihre falsche – intentionale – Vergeistigung, etwa die Wedekinds im Programm einer körperlichen Kunst, ist ihrerseits eine des Geistes, der zwar nicht stets, wohl aber sich selbst verneint. Der jedoch ist auf dem gegenwärtigen Stand der Gesellschaft präsent nur vermöge des *principium individuationis*. Denkbar ist in der Kunst kollektive Zusammenarbeit; kaum die Auslöschung der ihr immanenten Subjektivität. Sollte es anders werden, so wäre die Bedingung dafür, dass das gesamtgesellschaftliche Bewusstsein einen Stand erreicht hat, der es nicht mehr in Konflikt bringt mit dem fortgeschrittensten, und das ist heute allein das von Individuen. Die bürgerlich-idealistische Philosophie hat bis in ihre subtilsten Modifikationen hinein den Solipsismus erkenntnistheoretisch nicht zu durchschlagen vermocht. Fürs bürgerliche Normalbewusstsein hatte die Erkenntnistheorie, die auf es zugeschnitten war, keine Konsequenz. Ihm erscheint Kunst als notwendig und unmittelbar „intersubjektiv". Dies Verhältnis von Erkenntnistheorie und Kunst ist umzukehren. Jene vermag durch kritische Selbstreflexion den solipsistischen Bann zu zerstören, während der subjektive Bezugspunkt von Kunst real nach wie vor das ist, was in der Realität der Solipsismus bloß fingierte. Kunst ist die geschichtsphilosophische Wahrheit des an sich unwahren Solipsismus. In ihr kann nicht willentlich der Stand überschritten werden, den Philosophie zu Unrecht hypostasiert hat. Der ästhetische Schein ist, was außerästhetisch der Solipsismus mit der Wahrheit verwechselt. Weil er an der zentralen Differenz vorbeidenkt, verfehlt Lukács' Angriff auf die radikale moderne Kunst diese gänzlich. Er kontaminiert sie mit wirklich oder vermeintlich solipsistischen Strömungen in der Philosophie. Das Gleiche jedoch ist hier und dort schlechtweg das Gegenteil. – Ein kritisches Moment am mimetischen Tabu richtet sich gegen jene mittlere Wärme, die heute Ausdruck überhaupt zu verbreiten beginnt. Ausdrucksregungen erzeugen eine Art von Kontakt, dessen der Konformismus eifrig sich erfreut. In solcher Gesinnung hat man Bergs Wozzeck absorbiert und ihn reaktionär gegen die Schönbergschule ausgespielt, die seine Musik in keinem Takt verleugnet. Die Paradoxie des Sachverhalts konzentriert sich im Vorwort Schönbergs zu den Streichquartettbagatellen von Webern, einem bis zum Äußersten expressiven Gebilde: Er preist es, weil es animalische Wärme verschmähe. Solche Wärme indessen wird mittlerweile auch den Gebilden attestiert, deren Sprache einmal sie verwarf eben um der Authentizität des Ausdrucks willen. Stichhaltige Kunst polarisiert sich nach einer noch der letzten Versöhnlichkeit absagenden, ungemilderten und ungetrösteten Expressivität auf der einen Seite, die autonome Konstruktion wird; auf der anderen nach dem Ausdruckslosen der Konstruktion, welche die heraufziehende Ohnmacht des Ausdrucks ausdrückt. – Die Verhandlung über das Tabu, welches auf Subjekt und Ausdruck lastet, betrifft eine Dialektik der Mündigkeit. Deren Postulat bei Kant, als das der Emanzipation vom infantilen Bann, gilt wie für die Vernunft so für die Kunst. Die Geschichte der Moderne ist eine der Anstrengung zur Mündigkeit, als der organisierte und gesteigert sich tradierende Widerwille gegen das Kindische der Kunst, die kindisch freilich erst wird nach dem Maß der pragmatistisch engen Rationalität. Nicht weniger jedoch rebelliert Kunst gegen diese Art von Rationalität selber, die über der Zweck-Mittel-Relation die Zwecke vergisst und Mittel zu Zwecken fetischisiert. Solche Irrationalität im Vernunftprinzip wird von der eingestandenen und zugleich in ihren Verfahrungsweisen rationalen Irrationalität der Kunst demaskiert. Sie bringt das Infantile im Ideal des Erwachsenen zum Vorschein. Unmündigkeit aus Mündigkeit ist der Prototyp des Spiels.

Metier in der Moderne ist grundverschieden von handwerklich-traditionalen Anweisungen. Sein Begriff bezeichnet das Totum der Fähigkeiten, durch welche der Künstler der Konzeption Gerechtigkeit widerfahren lässt und dadurch die Nabelschnur der Tradition gerade durchschneidet. Gleichwohl stammt es nie allein aus dem einzelnen Werk. Kein Künstler geht je an sein Gebilde mit nichts anderem heran als den Augen, den Ohren, dem sprachlichen Sinn für jenes. Die Realisierung des Spezifischen setzt stets Qualitäten voraus, die jenseits des Bannkreises der Spezifikation erworben sind; nur Dilettanten verwechseln die Tabula rasa mit Originalität. Jenes Totum der ins Kunstwerk hineingetragenen Kräfte, scheinbar ein bloß Subjektives, ist die potenzielle Gegenwart des Kollektivs im Werk, nach dem Maß der verfügbaren Produktivkräfte: Fensterlos enthält es die Monade. Am drastischsten wird das an kritischen Korrekturen durch den Künstler. In jeder Verbesserung, zu der er sich genötigt sieht, oft genug im Konflikt mit dem, was er für die primäre Regung hält, arbeitet er als Agent der Gesellschaft, gleichgültig gegen deren eigenes Bewusstsein. Er verkörpert die gesellschaftlichen Produktivkräfte, ohne dabei notwendig an die von den Produktionsverhältnissen diktierten Zensuren gebunden zu sein, die er durch die Konsequenz des Metiers immer auch kritisiert. Stets noch mag für viele der Einzelsituationen, mit denen das Werk seinen Autor konfrontiert, eine Mehrheit von Lösungen verfügbar sein, aber die Mannigfaltigkeit solcher Lösungen ist endlich und überschaubar. Metier setzt die Grenze gegen die schlechte Unendlichkeit in den Werken. Es bestimmt, was mit einem Begriff der Hegelschen Logik die abstrakte Möglichkeit der Kunstwerke heißen dürfte, zu ihrer konkreten. Darum ist jeder authentische Künstler besessen von seinen technischen Verfahrungsweisen; der Fetischismus der Mittel hat auch sein legitimes Moment.

Dass Kunst auf die fraglose Polarität des Mimetischen und Konstruktiven nicht als auf eine invariante Formel zu reduzieren ist, lässt daran sich erkennen, dass sonst das Kunstwerk von Rang zwischen beiden Prinzipien ausgleichen müsste. Aber in der Moderne war fruchtbar, was in eines der Extreme ging, nicht was vermittelte; wer beides zugleich, die Synthese, erstrebte, wurde mit verdächtigem Consensus belohnt. Die Dialektik jener Momente gleicht darin der logischen, dass nur im Einen das Andere sich realisiert, nicht dazwischen. Konstruktion ist nicht Korrektiv oder objektivierende Sicherung des Ausdrucks, sondern muss aus den mimetischen Impulsen ohne Planung gleichsam sich fügen; darin liegt die Superiorität von Schönbergs Erwartung über vieles, was aus ihr ein Prinzip machte, das seinerseits eines von Konstruktion war; am Expressionismus überleben, als ein Objektives, die Stücke, welche der konstruktiven Veranstaltung sich enthalten. Dem korrespondiert, dass keine Konstruktion als Leerform humanen Inhalts mit Ausdruck zu füllen ist. Diesen nehmen sie an durch Kälte. Die kubistischen Gebilde Picassos, und wozu er sie später umbildete, sind durch Askese gegen den Ausdruck weit ausdrucksvoller als Erzeugnisse, die vom Kubismus sich anregen ließen, aber um den Ausdruck bangten und erbittlich wurden. Das mag über den Funktionalismusstreit hinausführen. Kritik an Sachlichkeit als einer Gestalt verdinglichten Bewusstseins darf keine Lässigkeit einschmuggeln, welche sich einbildet, durch Minderung des konstruktiven Anspruchs vorgeblich freie Phantasie und damit das Ausdrucksmoment zu restaurieren. Funktionalismus heute, prototypisch in der Architektur, hätte die Konstruktion so weit zu treiben, dass sie Expressionswert gewinnt durch ihre Absage an traditionale und halbtraditionale Formen. Große Architektur empfängt ihre überfunktionale Sprache, wo sie, rein aus ihren Zwecken heraus, diese als ihren Gehalt mimetisch gleichsam bekundet. Schön ist die Scharoun'sche Philharmonie, weil sie, um räumlich ideale Bedingungen für Orchestermusik herzustellen, ihr ähnlich wird, ohne Anleihen bei ihr zu machen. Indem ihr Zweck in ihr sich ausdrückt, transzendiert sie die bloße Zweckmäßigkeit, ohne dass im Übrigen ein solcher Übergang den Zweckformen garantiert wäre. Das neusachliche Verdikt über den Ausdruck und alle Mimesis als ein Ornamentales und Überflüssiges, als unverbindlicher subjektiver Zutat gilt nur so weit, wie Konstruktion mit Ausdruck fourniert wird; nicht für Gebilde absoluten Ausdrucks. Absoluter Ausdruck wäre sachlich, die Sache selbst. Das von Benjamin mit sehnsüchtiger Negation beschriebene Phänomen der Aura ist zum Schlechten geworden, wo es sich setzt und dadurch fingiert; wo Erzeugnisse, die nach Produktion und Reproduktion dem *hic et nunc* widerstreiten, auf den Schein eines solchen angelegt sind wie der kommerzielle Film. Das freilich beschädigt auch das individuell Produzierte, sobald es Aura konserviert, das Besondere zubereitet und der Ideologie beispringt, die sich gütlich tut an dem gut Individuierten, das es in der verwalteten Welt noch gebe. Andererseits leiht sich die Theorie der Aura, undialektisch gehandhabt, zum Missbrauch. Mit ihr lässt jene Entkunstung der Kunst zur Parole sich ummünzen, die im Zeitalter der technischen Reproduzierbarkeit des Kunstwerks sich anbahnt. Nicht nur das Jetzt und Hier des Kunstwerks ist, nach Benjamins These, dessen Aura, sondern was immer daran über seine Gegebenheit hinausweist, sein Gehalt; man kann nicht ihn abschaffen und die Kunst wollen. Auch die entzauberten Werke sind mehr, als was an ihnen bloß der Fall ist. Der „Ausstellungswert", der da den auratischen „Kultwert" ersetzen soll, ist eine Imago des Tauschprozesses. Diesem ist Kunst, die dem Ausstellungswert nachhängt, zu Willen, ähnlich wie die Kategorien des sozialistischen Realismus dem Status quo der Kulturindustrie sich anbequemen. Die Negation des Ausgleichs in den Kunstwerken wird zur Kritik auch der Idee ihrer Stimmigkeit, ihrer schlackenlosen Durchbildung und Integration. Stimmigkeit zerbricht an einem ihr Übergeordneten, der Wahrheit des Gehalts, die weder im Ausdruck länger ihr Genügen hat – denn er belohnt die hilflose Individualität mit trügender Wichtigkeit – noch an der Konstruktion – denn sie ist mehr als nur analog zur verwalteten Welt. Äußerste Integration ist ein Äußerstes an Schein, und das bewirkt ihren Umschlag: Die Künstler, die es leisteten, mobilisieren seit dem späten Beethoven die Desintegration. Der Wahrheitsgehalt der Kunst, dessen Organon Integration war, wendet sich gegen die Kunst, und in dieser Wendung hat sie ihre emphatischen Augenblicke. Die Nötigung dazu aber finden die Künstler in ihren Gebilden selbst, ein Surplus an Veranstaltetem, an Regime; es bewegt sie dazu, den Zauberstab aus der Hand zu legen wie Shakespeares Prospero, aus dem der Dichter spricht. Um nichts Geringeres aber ist die Wahrheit solcher Desintegration zu erlangen als durch Triumph und Schuld von Integration hindurch. Die Kategorie des Fragmentarischen, die hier ihre Stätte hat, ist nicht die der kontingenten Einzelheit: Das Bruchstück ist der Teil der Totalität des Werkes, welcher ihr widersteht.

AUTOR
COOP HIMMELB(L)AU (WOLF D. PRIX/HELMUT SWICZINSKY)

Coop Himmelb(l)au wurde 1968 von den Architekten Wolf D. Prix (geb. 1942) und Helmut Swiczinky (geb. 1944) in Wien gegründet. Seit 1993 ist Prix Professor an der Hochschule für Angewandte Kunst in Wien, seit 1999 dort Dekan. 1988 eröffnete Coop Himmelb(l)au ein zweites Büro in Los Angeles, im Jahre 2000 ein weiteres in Mexico City. Zu den wichtigsten Bauten des Teams gehören der *Dachausbau Falkestraße* in Wien (1983-88), der *Ostpavillon des Groninger Museums* (1993-1995) und das *UFA Cinema Center* in Dresden (1998).

Der Text „Architektur ist jetzt" wurde dem Buch *Coop Himmelb(l)au: Architektur ist jetzt* (Verlag Gerd Hatje, Stuttgart 1983) entnommen.

Coop Himmelb(l)au (Wolf D. Prix/Helmut Swiczinsky):
Architektur ist jetzt (1983)

Architektur ist nicht Anpassung.
Denn Anpassung und Einordnung
sind in der Architektur
wie auch im gesellschaftlichen Leben
Ausdruck einer unbeweglichen,
opportunistischen und verhärtenden Haltung.
Einer Haltung, die Leben vereist.
So wie auch Zurückhaltung
und Verharren in der Vergangenheit
alles Lebendige versteinert.
Architektur aber lebt für Augenblicke
im Moment des Ent-Wurfs.
Sie kann daher nie Vergangenheit sein,
denn sie wird Zukunft in diesem Moment.
Der Augenblick des Entwurfs
unterscheidet und entscheidet.
Ist er frei von Zwängen,
Klischees, Ideologien und Formalismen,
so wird Architektur frei.
Dann zerfallen alle Sachzwänge.
Die Kausalität steht Kopf.

Architektur ist jetzt.

TERRAIN
AUTOR, AUSDRUCK, AFFEKT

Jeffrey Kipnis ist Kurator für Architektur und Design am Wexner Center for the Arts und Professor der Architektur an der Ohio State University, USA. Er ist Gründer und erster Direktor des Graduate Design Research Lab der Architectural Association in London. Zu seinen wichtigsten Publikationen zählen *The Glass House* (mit David Whitney, 1994), *Chora L Works: The Eisenman/Derrida Collaboration* (mit Thomas Leeser, 1997) und *Perfect Acts of Architecture* (mit Terence Riley und Sherry Geldin, 2002).

Der Vortrag „Forms of Irrationality" wurde 1988 anlässlich einer Konferenz des Chicago Institute for Architecture and Urbanism gehalten. Publiziert wurde der Text zuerst in dem von John Whiteman, Jeffrey Kipnis und Richard Burdett herausgegebenen Buch *Strategies in Architectural Thinking* (The MIT Press, Cambridge/London 1992; © CIAU und Jeffrey Kipnis.)

Jeffrey Kipnis:
Formen der Irrationalität[1] (1988)

Gleich zu Beginn möchte ich mein Anliegen in puncto Design äußern, zunächst einmal, weil ich meine eigene Arbeit falsch darstellen würde, wenn ich einfach über Architekturtheorie als einem gelehrten Bestreben spräche, das um seiner selbst willen erfolgte. Das ist, glaube ich, nicht der Fall. Ich glaube vielmehr, dass Architekturtheorie und -geschichte jenseits ihres Anscheins der Objektivität und ihrer behaupteten Intention und trotz der häufigen Beteuerungen des Gegenteils immer auch im Dienste einer Design-Agenda stehen.

Vor allem aber möchte ich kurz über mein Anliegen in puncto Design reden, weil meine Arbeit von Grund auf von der Designfrage motiviert ist, insbesondere von Designprozessen und von meinem Versuch, dahin zu kommen, das Gefühl eines schleichenden intellektuellen und geistigen Niedergangs zu überwinden, das mich immer dann überfällt, wenn ich mich viel mit der Architektur unserer Tage beschäftige. So gesehen, bin ich weniger an einem Diskurs über Architektur als über Design interessiert.

Nun gehören zu denjenigen, die dieses Gefühl der Enttäuschung mehr oder weniger mit mir teilen, viele, die glauben, dass die Situation das Ergebnis externer, ökonomischer und politischer Bedingungen ist, die sich der Architektur bemächtigen und sie genauso trivialisieren wie beispielsweise die Kunst, die Literatur und so weiter. Vielleicht ist das so, aber wenn es so ist, glaube ich, dass es lediglich eine unmittelbare Ursache ist, so wie eine Lungenentzündung häufig die unmittelbare Todesursache eines an Lungenkrebs Erkrankten ist. Diese Argumente vernachlässigen die Frage, inwieweit die Architektur zur Aneignung, zur Trivialisierung mittels der Mechanismen von Mode oder Kommerz verfügbar ist. Ich glaube vielmehr, dass die Verarmung des Designs von innen heraus erfolgt, auf der Ebene, die man als Metaphysik des Designs bezeichnen könnte, sofern man heutzutage diesen alten Begriff noch sinnvoll verwenden kann. Anders ausgedrückt: Die Architektur ist von ihrem Wesen her nicht in der Lage, die Kräfte der Aneignung und Trivialisierung zu überschreiten, die deshalb lediglich die Symptome und nicht die Ursachen des Niedergangs sind.

Lassen Sie mich eines ganz deutlich machen. Wenn ich von Enttäuschung über die Architektur von heute spreche, möchte ich keineswegs andeuten, dass ich sie irgendwie inkompetent oder hässlich finde. Ganz im Gegenteil, vieles davon ist schön und recht kompetent, bisweilen sogar hervorragend. Für sich genommen ist sie daher im Großen und Ganzen überwiegend erfolgreich, ob sie nun aus der Hand von Charles Gwathmey, Hans Hollein, James Stirling oder eines anderen der heutzutage arbeitenden, herausragenden Architekten stammt. Das ist ein zentraler Punkt, denn meiner Ansicht nach entsteht die Enttäuschung nicht wegen der Versäumnisse der Architektur, sondern trotz ihrer Erfolge.

Der Gedanke ist eigentlich ganz einfach zu verstehen. Ein Beispiel für eine Institution, die bedeutungslos und innerlich bankrott, aber dennoch für sich genommen erfolgreich ist, finden wir in der heutigen britischen Monarchie. Queen Elizabeth, Prinz Charles und ihresgleichen sind offenbar sehr menschliche, liebenswerte, attraktive Leute, die ernsthaft bemüht sind, sich möglichst verantwortungsbewusst und nobel zu geben. Nichtsdestotrotz kann kein Quentchen Genialität, Wissen oder Können, das von ihnen bei ihrer öffentlichen Präsentation gezeigt wird, den Ruch der Antiquiertheit auslöschen, den das Königshaus als solches impliziert, die Anmaßung eines angeborenen, genetischen Anspruchs auf Macht. Von daher kann ich vielleicht Freude am Erscheinungsbild, dem Pomp und dem Zeremoniell der britischen Monarchie empfinden, aber nicht mein innerliches Unbehagen besänftigen, das von den unhaltbaren Prämissen herrührt, die diese Institution begründen.

Vielleicht ist es mit der Architektur ähnlich. Eine plausible Spekulation wäre: Wenn die heutige Architektur, so schön oder gekonnt sie auch sein mag, wie das Königshaus auf veralteten Vorstellungen basiert und diese verbreitet, können wir gar nichts tun, um die Welle der zunehmenden Bedeutungslosigkeit aufzuhalten. So gesehen kann es vielleicht kein Zufall sein, dass Prinz Charles so sehr darauf aus ist, Anhänger für eine reaktionäre Architektur zu gewinnen, eine bedeutungslose Architektur am Leben zu erhalten.

Für diese Spekulation gibt es mindestens zwei Möglichkeiten. Die erste besagt, dass die Architektur metaphysisch vollkommen ist und daher ihrem Wesen nach unweigerlich bedeutungslos, eine Position, die beispielsweise Hegel in seiner *Ästhetik*[2] einnimmt. Der Begriff der metaphysischen Vollkommenheit ist komplex und würde den Rahmen dieses Vortrags sprengen. Es möge hier genügen, dass eine metaphysisch vollkommene Architektur implizieren würde, dass der Erkenntnisprozess – insbesondere der Prozess der Selbsterkenntnis – so weit fortgeschritten ist, wie er in der Architektur nur sein kann. Anders ausgedrückt, alle individuellen und kulturellen Themen, die in der Architektur aufgegriffen werden können, haben sich bereits manifestiert. Das würde zwar nicht das Ende der Architektur bedeuten, die diese Themen auf kreative Weise immer wieder variieren würde, sondern es hieße, dass die Architektur nicht mehr die primäre Bühne für neue Themen und damit nicht mehr von Bedeutung für die Entwicklung, sei es der Kultur oder des Individuums, sein könnte.

Andererseits ist es möglich, dass die derzeitige schwindende Bedeutung des architektonischen Designs ein Zeichen für das Wirken sehr mächtiger Kräfte ist, die dennoch bezwungen werden können. Das ist die Position, die beispielsweise Nietzsche einnimmt, und die explizit in *Morgenröte*[3] und implizit in seinem gesamten Werk zu finden ist.

Ein hervorstechendes Merkmal einer der wichtigsten Spezies des modernen Diskurses, sei es von Marx, Nietzsche, Freud, Heidegger, Derrida oder anderen ist genau dieses Postulieren und Theoretisieren solcher Kräfte. Ungeachtet der deutlichen Unterschiede

„Um die Mitte herum etwas füllig": Der charakteristische Torbogen der untergegangenen Krell-Zivilisation könnte ein Hinweis darauf sein, dass sie sich kein Bild von sich machen wollte. (Szene aus *Forbidden Planet* 1956, Regie: Fred M. Wilcox.)

zwischen diesen Herren bleibt doch ein Thema konstant: dass verschiedene Disziplinen von bestimmten Annahmen als selbstverständlichen Postulaten ausgehen können und tatsächlich ausgehen, die die Grundlage für alle anderen Werke bilden, und dass diese Annahmen, die der Prüfung nicht standhalten können, das Vehikel sind, über das die zersetzenden Kräfte wirken.

Daher hat eine Spielart der architektonischen Spekulation, die sich mit der zunehmenden Bedeutungslosigkeit der Architektur auseinandersetzen möchte – implizit im Werk von Peter Eisenman, John Hejduk und Daniel Libeskind – in den vergangenen 10 oder 20 Jahren argumentiert, dass es trotz der offensichtlichen Vielzahl an Stilen, Ansichten und Vorstellungen zur Ästhetik, der wir heute begegnen, beim architektonischen Design größtenteils ein grundlegendes Problem gibt, nämlich, dass als selbstverständlich angesehen wird, was Architektur eigentlich „ist". Ich möchte die These erörtern, dass es immer noch bedeutende Doktrinen zum architektonischen Design gibt, die als selbstverständliche Wahrheiten der Architektur gelten, die aber unhaltbar und somit Ursache intellektueller und geistiger Unzulänglichkeit sind.

Wenn die Leere oder Plattheit des architektonischen Designs von heute das Resultat falscher Grundannahmen ist, wird klar, warum die Kritik ihre Aufgabe, die Disziplin wiederzubeleben, nicht wirksam erfüllen konnte. Handelte es sich bei dem Problem, wie häufig zu hören ist, um einen Fall ungenügender Fähigkeiten oder sogar mangelnden Talents, wäre die Kritik das geeignete Medium, um das Problem beim Namen zu nennen und Lösungen anzuregen. Wie ich aber bereits angedeutet habe, leben wir offensichtlich in einer Zeit, in der sich die Intelligenz, das Wissen, die Fähigkeiten und Talente der Architekten auf einem Höhepunkt befinden. Liegt das Problem jedoch tiefer, im der Architektur zugrunde liegenden Kanon, ist die Kritik notwendigerweise dieser Aufgabe nicht gewachsen, da sie nur in Bezug auf diesen Kanon handeln kann. Daher muss die Untersuchung der schwindenden Bedeutung der Architektur eine Ebene tiefer als die Kritik ansetzen, nämlich auf der Ebene der Theorie des architektonischen Designs.

Ich beschäftige mich häufig mit der so genannten „populären Kultur" – Fernsehen, Kino und so weiter –, nehme sie jedoch nicht als Quellen für Bilder, sagen wir in der Art von Robert Venturi, sondern vielmehr als Material für die Analyse dessen, was man die Metaphysik des Alltags nennen könnte. Mit anderen Worten, die Wahrheiten, metaphysischen Annahmen und Selbstverständlichkeiten in der populären Kultur sind stellvertretend für unsere Kultur als Ganzes. So ist beispielsweise die Rolle des Mr. Spock in der Fernsehserie *Raumschiff Enterprise* [*Star Trek*] der absolute Inbegriff des traditionellen westlichen Menschenbildes und seiner historischen Entwicklung. Die Zivilisation von Vulcan, dem Heimatplaneten von Mr. Spock, ist eine fortgeschrittene und hoch entwickelte Lebensform, die die Gefühle überwunden hat und nur noch von reiner Ratio bestimmt wird. Die antiquierten und nicht länger akzeptablen Vorstellungen von teleologischer Perfektion und Trennung von Körper und Geist werden allerdings völlig kritiklos in dieser Fernsehsendung übernommen und wirken damit auch im Alltag.

In diesem Sinne möchte ich über einen wunderbaren Science-fiction-Film aus den späten Fünfzigerjahren sprechen, *Alarm im Weltall* [*Original: Forbidden Planet*]. In dem Film landet eine Raumschiffbesatzung mit Wissenschaftlern von der Erde auf einem anderen Planeten, wo sie die noch funktionierenden physischen Strukturen einer unvorstellbar fortgeschrittenen Zivilisation entdecken, die auf mysteriöse Weise vollständig verschwunden ist. Die erste Besatzung verliert den Kontakt zur Erde, sodass 20 Jahre später eine zweite Expedition losgeschickt wird, um das Schicksal der ersten Gruppe zu erkunden. Nach ihrer Landung finden sie heraus, dass nur zwei Mitglieder der ersten Gruppe überlebt haben, ein Wissenschaftler und seine Tochter.

Die Anführer der zweiten Expedition wollen natürlich alles über diese Zivilisation wissen und erfahren von dem überlebenden Wissenschaftler, dass die Menschen, die „Krell" genannt wurden, die intelligenteste und am höchsten entwickelte Zivilisation waren, die je existiert hat. Auf die Frage, wie die Krell aussahen, antwortet der Wissenschaftler, dass sie sich niemals selbst in ihrer Kunst dargestellt oder Beschreibungen von sich in ihrer Literatur gegeben haben. „Allerdings", sagt er, „kann man vielleicht Hinweise über diesen charakteristischen Torbogen erhalten". Offenbar handelte es sich um eine um die Mitte herum etwas füllige Kreatur.

Im weiteren Verlauf des Films entdecken wir, dass die krönende Leistung der Krell – leider – gleichzeitig das Vehikel für ihre totale Zerstörung war. Obwohl die Krell über nahezu unbegrenzte intellektuelle Fähigkeiten verfügten, fühlten sie sich gefangen in ihrem Körper, der ihre beträchtlichen Ausdrucksmöglichkeiten beschränkte und behinderte. So bauten sie den größten Computer, den es je gab, der einen Kubus mit einer Seitenlänge von 50 Meilen einnahm und die Energie von 1000 Sternen verbrauchte. Die Krell verließen ihre Körper und deponierten ihren Verstand in dieser wunderbaren Maschine, die den Willen jedes Einzelnen von ihnen ausdrücken konnte.

Unglücklicherweise stellt sich heraus, dass die Krell bei ihrem visionären Unterfangen einen grundlegenden Makel übersehen hatten. Sie hatten vergessen, dass, wenn man seinen Verstand in eine Maschine eingibt, nicht nur das bewusste und intellektuelle Ego abgelegt wird, sondern auch sein Es. Ein Lapsus, da bin ich sicher, der sicherlich selbst Freud zu denken gegeben hätte. Es muss also wohl eine der wollüstigsten und gewalttätigsten Nächte in der Geschichte des Universums gewesen sein, als die einzelnen Es der Krell, ausgestattet mit ungezügelter Macht zur Freisetzung ihrer Aggressionen und Triebe, aufeinander losgingen und so ihre gesamte Zivilisation in einer einzigen Nacht zerstörten.

Obwohl es hier einiges Interessantes gibt, wollen wir uns an dieser Stelle nur mit der Theorie des Wissenschaftlers über die Architektur der Krell beschäftigen. Implizit vertritt er das folgende Argument: Da die gesamte Architektur des Menschen ungeachtet dessen, was sie an anderen Bedeutungen enthält, letztendlich einen idealisierten menschlichen Körper abbildet, verkörpert jedes Bauwerk immer eine Idealisierung seines Bewohners. Ich möchte diesen Gedanken gleich in verallgemeinerter Form ausführen; lassen Sie uns aber zunächst untersuchen, ob die Analyse der krellschen Architektur durch den Wissenschaftler angesichts der uns vorliegenden empirischen Daten bestehen kann.

Wie der Wissenschaftler selbst bezeugt, haben die Krell ihr Äußeres niemals, weder in idealisierter noch einer anderen Form, in ihrer Kunst oder Literatur dargestellt. Zudem hatten sie in besonderer Weise unter den Beschränkungen ihres Körpers gelitten; immerhin wandten sie ihre gesamte Energie für den Bau einer fabelhaften Maschine auf, die ausdrücklich den Zweck hatte, ihr körperliches Sein aufzugeben. Es erscheint daher unwahrscheinlich, dass diese fortschrittlichste aller Zivilisationen gedankenlos eine Architektur produzieren würde, die einer Haltung Ausdruck verleiht, die dem Geist, der in all ihren anderen Werken spürbar ist, nicht entspricht beziehungsweise ihm sogar zuwiderläuft. Viel wahrscheinlicher scheint doch, dass sie sich sehr über die Bedeutung von Architektur jenseits reiner Stilfragen bewusst waren und dass sie diese sicherlich voll zu nutzen verstanden. Deshalb können aus dem „charakteristischen Torbogen" überhaupt keine Schlussfolgerungen über den Körper der Krell abgeleitet werden. Außerdem kann sogar gemutmaßt werden, dass die Türöffnung für ihren Körper völlig ungeeignet war oder schließlich überhaupt keine Türöffnung war. Der „Theorie" des Wissenschaftlers haftet der Makel anthropozentrischer Projektion an.

Lassen Sie uns nun bei der Betrachtung der Annahme, die – wie wir herausgefunden haben – der krellschen Architektur fälschlicherweise implizit zu Grunde liegt, ihre Grundprämisse wieder ins Gedächtnis rufen und verallgemeinern: Jedes Bauwerk, ungeachtet stilistischer Varianten und etwaiger symbolischer oder kennzeichnender Merkmale – jedes Bauwerk stellt letztendlich eine Idealisierung seines Bewohners dar. Wie Sie sicher bemerken werden, durchdringt dieses „offenkundige" Prinzip nicht nur die westliche Kultur im Allgemeinen, indem es große Teile ihrer Antworten auf Architektur festlegt, sondern ist eine der fundamentalen Annahmen, die von der Renaissance bis zur Gegenwart in der Theorie des architektonischen Designs implizit vorhanden sind. Das kommt nicht nur im vitruvianischen Menschen und im Modulor zum Ausdruck, um Beispiele zu nennen, sondern liegt ebenso den Annahmen der marxistischen, empirischen, programmzentrierten, sozialen, behavioristischen und wahrnehmungstheoretischen sowie ästhetischen Theorien zu Grunde.

Letztendlich würde man überlegen wollen, ob dieses Prinzip notwendigerweise gilt oder nicht, ob dieser Gedanke einer unvermeidlichen Konsequenz der einmaligen Beziehung zwischen Architektur und Wohnen oder lediglich einer archaischen Annahme Ausdruck verleiht, die die Macht der Architektur unkritisch übernimmt. In diesem Vortrag möchte ich jedoch lediglich auf die jüngsten Bemühungen in der gegenwärtigen Theorie und im Design eingehen, die beim Versuch, sich mit der schwindenden Bedeutung der Architektur auseinander zu setzen, diesem Prinzip ihre Aufmerksamkeit geschenkt haben. Die Argumentation lautet dabei generell, dass die intellektuelle und geistige Unzulänglichkeit von Design heutzutage auf folgende Weise aus diesem Prinzip erwächst: Da die Architektur schon immer ein Ideal ihres Bewohners repräsentierte und immer repräsentieren wird, sei das gegenwärtige Design möglicherweise nicht mehr in der Lage, auf die Tatsache zu reagieren, dass der idealisierte Bewohner sich sehr von der anthropozentrischen, egozentrischen, phallozentrischen Idealisierung des „Menschen" unterscheidet, die sich vom 16. bis zur Mitte des 19. Jahrhunderts entwickelte und die, so lautet diese Argumentationslinie, noch heute in der Architektur zum Ausdruck kommt.

In dieser allzu vertrauten Sichtweise ist der ideale Bewohner ein erwachsener Mann. Er nimmt sich, zumindest teleologisch, eindeutig und umfassend in Bezug auf seine rationale und historische Darstellung seiner selbst wahr – erinnern Sie sich an Mr. Spock. Diese Idealisierung anhand der Kriterien des Guten, des Wahren und des Schönen hat in der Architektur der Moderne nahezu ihre perfekte Entsprechung gefunden. Ist die Architektur von heute deshalb so beunruhigend, so unbefriedigend? So gesehen, wird im gegenwärtigen Design die Beharrung auf einer veralteten Sicht unserer selbst gesehen, die wir kennen und unweigerlich als grundsätzlich unangemessen empfinden. Die postmoderne Architektur mit ihren verführerischen Zitaten und einem reicheren symbolischen Vokabular tut allerdings nichts anderes, als den gleichen zu Grunde liegenden Text stilistisch etwas aufzupeppen.

Das ist natürlich keine große Entdeckung. Theoretiker und Architekten wissen das schon seit geraumer Zeit, und die Stoßrichtung ihrer verschiedenen Projekte bestand darin zu verstehen, warum dieser regressive Zustand entgegen der ausdrücklichen Absicht, ihn zu überwinden, weiterbesteht. Als Konsequenz konnten wir die Entwicklung eines neuen Respekts für die emotionalen und kulturellen Eckpfeiler im architektonischen Design und in der Theorie beobachten, wo man beginnt, darüber nachzudenken, warum das architektonische Design zu den wenigen Bereichen gehört, in denen der Widerstand gegen Veränderungen am größten und die Repression im Sinne von Marx, Freud oder Derrida am stärksten ist.

Viele der spekulativen Arbeiten der vergangenen beiden Dekaden, können – obwohl sie sich im Einzelnen deutlich voneinander unterscheiden – von diesem Standpunkt aus dahingehend interpretiert werden, dass sie in der Architektur in Richtung einer umfassenderen Darstellung desjenigen weisen, den wir heute als Bewohner kennen: ein Wesen oder Werdendes, das zugleich Säugling, Kind, Jugendlicher und Erwachsener ist, das zugleich männlich und weiblich, rational und irrational, empirisch und mystisch ist. Diese Theorien und diese architektonischen Richtungen halten Ambivalenz und Vieldeutigkeit nicht für eine zu überwindende Schwäche, sondern für eine aufzuwertende Stärke. Sie schwelgen im Ungewöhnlichen nicht aus modischen Gründen, sondern um die Aspekte von Design und Diskurs zu erforschen, die schon immer als Möglichkeit existierten, aber denen wir uns nie zu stellen wünschten oder wagten.

Trotz ihrer argumentativen Stärke und ihrer Verheißung von neuen Wegen in Richtung einer bedeutungsvollen und relevanten Architektur sind jedoch mit einer Designtheorie, die auf dem Versuch gründet, das Prinzip des idealisierten Bewohners zu aktualisieren, bestimmte Probleme verbunden. Ich glaube zeigen zu können, dass all diese Bemühungen innere, strukturelle Widersprüche enthalten werden, die nicht ausgeräumt werden können. Vier dieser Probleme wollen wir nun genauer betrachten.

Erstens bleibt eine solche Theorie eine Theorie des architektonischen Objekts im klassischen Sinne, von dessen Definitionen und Analysen sie die Autorität für ihre verschiedenen Designprozesse ableitet. Als solche ist sie eine rationale Theorie, die nicht von der traditionellen Form von Architekturtheorien abweicht. In dieser Form ist eine Architekturtheorie darauf aus, das architektonische Objekt zu definieren und uns zu sagen, was dieses Objekt idealerweise „ist" (oder „tatsächlich tut"). Architektonisches Design ist dann, implizit, der Prozess, mit dem ein Architekt das so definierte ideale architektonische Objekt anhand der charakteristischen Zwänge der jeweiligen Umstände objektiviert. Auf diese Weise beansprucht die Architekturtheorie stets, dem Designprozess vorauszugehen und ihn zu bedingen.

...

Ein zweites Problem ergibt sich aus der Tatsache, dass diese Theorien unweigerlich ideologisch sind, insofern Theorie und Design die Idealisierung des Bewohners als progressiv behandeln, als Entwicklung von einem vorläufigen, unzulänglichen Konzept hin zu einem aktuellen, ausgefeilteren. Denn sie behandeln den Designprozess als eine Methode, mit der Lösungen erreicht werden können, obwohl die Probleme ungleich komplexer sind. Als solche bleiben sie auf implizite Weise einer „korrekten" Architektur verpflichtet; weil sie vorschlagen, das Inkorrekte zu verinnerlichen, können sie jedoch „das Korrekte" als solches nicht länger theoretisieren.

Drittens respektieren Theorien wie diese weiterhin die traditionellen Begriffe der Beziehung zwischen Architekt und Designobjekt. In dieser Beziehung ist der Architekt, Künstler und Problemlöser der Ursprung und die *conditio sine qua non* des Objekts, das selbst lediglich das Ergebnis bleibt, passiv und vollkommen von seinem Schöpfer bestimmt. Doch gemäß der Theoriebildung zum Bewohner, auf die dieser Vortrag reagieren möchte, ist diese Beziehung notwendigerweise ein Mythos, ein Egozentrismus der schlimmsten Art.

...

Die bekannteste und repressivste Folge dieses Mythos ist das erstaunliche Beharren auf der falschen Einschätzung der Intentionen des Architekten als der Kraft, die den Inhalt des architektonischen Objekts vollkommen bestimmt. Wenn also Wittkower zum Beispiel in seinem Werk *Architectural Principles in the Age of Humanism*[4] behauptet, dass wir in Architektur niemals etwas hineinlesen sollten, was nicht vom Architekten intendiert war, ist man versucht, lediglich zu antworten: „Warum nicht?" Noch wichtiger ist aber, darauf hinzuweisen, dass nicht nur die Moralität des Prinzips, das dieser Behauptung zu Grunde liegt, fraglich ist, sondern die Annahme, die dem Prinzip als solchem zu Grunde liegt.

Von den Intentionen des Architekten wird niemals der gesamte Inhalt des Objekts bestimmt. Die Genealogie des architektonischen Objekts, oder irgendeines Objekts, bestimmt nicht seinen Inhalt, denn dieser überschreitet diese Genealogie immer. Das heißt natürlich nicht, dass der Architekt keine Kontrolle über das Objekt ausübt, obwohl es schon bedeutet, dass die Gegebenheiten, Bedingungen, Beschränkungen und Konflikte dieser Kontrolle weitaus komplexer sind, als irgendeine Theorie erfassen kann.

Es ist interessant festzustellen, wie oft der Mythos der Intention des Architekten dazu dient, potenziell wichtige Ereignisse als nicht architektonisch auszugrenzen und damit zu unterdrücken. So wird die mächtige und beunruhigende Form des Schiefen Turms von Pisa in der Architektur nicht ernsthaft berücksichtigt, weil sie für ein Missgeschick gehalten wird, das jenseits der Intentionen des Architekten liegt. Das gesamte System von Missgeschicken und Zufällen, das jedes Gebäude und jedes Design kennzeichnet, wird nämlich von der Theorie auf der Grundlage dieses Mythos gleichermaßen ausgeschlossen, was der Architektur zum Nachteil gereicht und sie verarmen lässt.

Viertens schließlich bleiben Theorien in dieser Form einer Tradition verhaftet, in der eine Architekturtheorie aus der Anwendung aktueller und genereller theoretischer Prinzipien auf das spezielle Problem Architektur entsteht. So bleibt Architekturtheorie immer eine nachgeordnete Theorie. Sie ist immer die Anwendung eines Sonderfalls von allgemeinen Prinzipien, die aus anderen Wissensgebieten für die Architektur, für das Problem der erbauten Umwelt, abgeleitet wurden. Obwohl sich die anzuwendenden Prinzipien im Lauf der Jahrhunderte natürlich im Detail verändert haben, ist diese Struktur der Architekturtheorie dieselbe geblieben.

So werden die Arbeiten an den Darstellungen des idealen Bewohners heute beispielsweise in Form verschiedener Diskurse über die kulturelle Verlagerung oder Dezentrierung geführt, da diese Diskurse im Allgemeinen interne Fragestellungen der eigenen Grundlagen der jeweiligen Disziplin sind. Sie sind somit der Ort, an dem die Entwicklung von Strategien und Taktiken zur Führung solcher Fragestellungen und Neukonfigurierung einer Disziplin als Reaktion auf die gefundenen Erkenntnisse stattfindet. Wenn nun die Annahme lautet, dass Probleme, die die Grundlage von Architektur betreffen, die Ursache für ihre zunehmende Bedeutungslosigkeit sind, sind die Verweise auf diese Diskurse und der Versuch, ihre Techniken anzuwenden, wichtig und notwendig für die Architektur als Diskurs. Wir müssen allerdings zwischen der Relevanz dieser Arbeiten für den architektonischen Diskurs und ihrer Relevanz für die Prozesse und Methoden des architektonischen Designs unterscheiden.

Ob nun gesagt werden kann, dass wesentliche Beziehungen zwischen Design und den schriftlichen Betrachtungen über deren angebliche Verbindungen bestehen oder nicht, ist von geringem Interesse. Es spielt keine Rolle, ob ein Projekt, das vorgibt „dekonstruktiv" zu sein, vermöge der Güte irgendeines Arguments diesen Anspruch erfüllt oder widerlegt, obwohl der „Anspruch" als solcher und nicht sein Erfolg insofern wichtig ist, als man von ihm sagen kann, dass er die Aspekte des Projekts motiviert hat, die als Verlagerung bezeichnet werden. Desgleichen spielt es keine Rolle, ob ein Essay über Architektur in Form oder Inhalt von Heidegger inspiriert ist, sei er richtig oder falsch interpretiert. Die Arbeit wird weder durch die Verifizierung heilig gesprochen noch durch das Gegenteil exkommuniziert. Deshalb sind solche Argumente, obwohl an sich von Interesse, für eine architektonische Designtheorie irrelevant.

Lassen Sie mich ein Beispiel nennen. Nachdem irgendein Architekt Nietzsches Schriften zur „Umwertung aller Werte" gelesen hat, entwirft er ein auf dem Dach stehendes, aus Eis gebautes Haus und behauptet, dass dies eine Umwertung architektonischer Werte sei. In Bezug auf eine Theorie des architektonischen Designs sind in dieser Situation nur drei Aspekte von Interesse: Erstens die Tatsache, dass eine bestimmte Auswahl, in diesem Fall ein Text von Nietzsche, die Motivation für das Design liefert. Zweitens ist von Interesse, wie dieses Motiv in einen Designprozess umgesetzt wurde, in diesem Fall die Sichtbarmachung der Umkehrung von ausgewählten Wertepaaren – oben und unten, dauerhaft und vergänglich – in einem ansonsten traditionellen Design. Schließlich ist von Interesse, wie das Design verstanden und bewertet wird. Dabei ist unerheblich, ob dargelegt werden kann, dass dieses Design aus einer richtigen Interpretation der Gedanken von Nietzsche abgeleitet wurde. Eine solche Darlegung kann die Wahl von Motiv, Prozess oder Design weder legitimieren noch beklagen.

In diesem Sinn *hat noch niemals ein architektonisches Design den Inhalt einer Theorie realistisch als nachgeordnete Anwendung dargestellt*, und zwar aus Gründen der kongenitalen Defizite in den Definitionen des architektonischen Objekts als auch aus Gründen der problematischen und komplexen Beziehung zwischen dem Designer und dem Design-Objekt. Somit ist architektonisches Design kein Gegenstand der angewandten Philosophie, der angewandten Wissenschaft oder angewandten Kunst, angewandten sozialen oder politischen Theorie etc., und war dies auch nie. Architektonisches Design hat niemals irgendein anderes Gedankengut realistisch dargestellt. Das Problem liegt deshalb nicht darin, dass die traditionelle Architekturtheorie schon immer eine Theorie zweiten Ranges war, sondern dass sie niemals im Hinblick auf die Fakten, sondern im Hinblick auf die Form eine Theorie zweiten Ranges ist.

Aus diesen und anderen Gründen ist der Versuch, in der Designtheorie auf die Misere der Architektur mit einer revidierten und komplexeren Idealisierung des Bewohners zu reagieren, sinnlos. Der Prozess der konzeptuellen Idealisierung, das heißt der Prozess der Architekturtheorie, wie sie historisch entstanden ist, ist an und für sich der Prozess der Repression, der Misere. Man kann sagen, dass die Architekturtheorie selbst, zumindest in ihrer traditionellen Form, die Ursache einer unzulänglichen Architektur ist!

Da sie also materiell ist, da sie funktionell ist, da sie hohe Anforderungen an rare Ressourcen stellt, da sie unaufhaltsam und schonungslos in den öffentlichen Raum eindringt, ist die Architektur notwendiger- und richtigerweise Verhandlungssache, was das Bauen anbelangt. Die materiellen, ökonomischen, moralischen, ethischen und politischen Dimensionen der Architektur existieren und werden daher im Verlauf solcher Verhandlungen legitimerweise geltend gemacht. Es kann also eigentlich nicht bezweifelt werden, dass ein Spektrum an rationalen und ästhetischen Theorien in Verhandlungen über Architektur erforderlich ist. Dieses Theoriespektrum ist die kritische Dimension der Architektur. Wenn es darüber hinaus stimmt, dass die Architektur metaphysisch vollkommen ist (die erste der beiden von mir eingangs vorgeschlagenen Möglichkeiten), folgt daraus notwendigerweise, dass die Verhandlungstheorie, die in ihrer Form immer rational ist, die einzige Dimension ist, in der sich die Architektur entwickeln kann und wird.

Wenn allerdings die Architektur in ihrer metaphysischen Entwicklung nicht geschlossen ist, sondern systematisch von einer repressiven Hegemonie archaischer Designzwänge wie der Darstellung des idealen Bewohners abgewürgt wird, dann ist es zweifelhaft, dass eine rationale Theorie der Designprozesse, eine Theorie, die im Wesentlichen ein architektonisches Objekt darauf vorbereitet, in Verhandlungen erfolgreich zu sein, bevor diese Kämpfe beginnen, wertvoll ist. Es gibt im Gegenteil Hinweise dafür, dass solche Theorien Widerstand erzeugen.

Von diesem Standpunkt aus gesehen wird das, was ich soeben als den geistigen und intellektuellen Niedergang des architektonischen Designs bezeichnet habe, als nichts anderes verstanden, als das Ergebnis einer zunehmenden Antizipation der Anforderungen des Verhandlungsprozesses im Designprozess. Außerdem erfolgt diese Antizipation nicht als ein Aspekt der Entscheidungsfindung des Architekten – er oder sie hat hinsichtlich dieser Antizipation keine Wahl –, sondern als eine Funktion des Entscheidungsmechanismus.

Was die Designtheorie anbelangt, können wir also das Wesen dieser Makel in der Klasse von Theorien zusammenfassen, die vorschlagen, die Darstellungen des idealen Bewohners so zu überarbeiten, dass sie im Rahmen einer rationalen architektonischen Designtheorie bleiben. Kurz gesagt, vereinigen sie neue und wichtige Themen der Verhandlung, das heißt die politische Neubetrachtung der architektonischen Darstellung und eine daraus folgende Forderung nach Zulassung von Unterschieden, mit der Entwicklung von Designmethoden.

Wir stehen offenbar vor einem Dilemma. Wenn es stimmt, dass die zunehmende Bedeutungslosigkeit der Architektur das Ergebnis systematischer Repression ist, scheint es so zu sein, dass die Hauptantriebskraft für den Fortbestand und die Verbreitung dieser Repression die rationale Designtheorie war. Das ist selbst dann richtig, wenn die Theorie in dieser Form das selbstreflexive Problem auf sich genommen hat. Wie wir gesehen haben, kann der rationale Diskurs der notwendigen Frage „Was ist (die Form von) Irrationalität?" keine Form geben. Irrationalität und all ihre Verwandten – Ambivalenz, Vieldeutigkeit, Simultaneität, das Mystische und so weiter – gehören kollektiv zu dem, was der rationalen Form „Was ist?" entgegensteht und sie überschreitet. Kurz gesagt, kann es in Bezug auf eine Designtheorie keine Aussicht auf einen „besseren Diskurs" oder einen „rigoroseren Diskurs" geben, ob dies nun heißen mag „mehr wie Philosophie", „objektivere Historiografie", „empfänglicher für die visuelle und ästhetische Wahrnehmung des Objekts", „soziologisch verantwortungsbewusster" oder welches Kriterium auch immer angewandt werden kann.

Die architektonische Designtheorie kann und wird allerdings auch nicht einfach aufgegeben werden. Designtheorie ist keine optionale Zugabe zum Designprozess, selbst bei Architekten, die behaupten, „rein intuitiv" vorzugehen. Sie ist auch kein separates, aber gleichberechtigtes Unterfangen, wie viele meinen, die sich Tafuris Angriff auf die „operative Kritik" anschließen.

Gleichzeitig ist und war sie niemals kausal; kein Design hat sich je an das Modell der rationalen Designtheorie gehalten. Es ist vielmehr so, wie ich vorgeschlagen habe, dass die Designtheorie dem Architekten die moralische Struktur der architektonischen Welt zeigt. Das wird in den Korrelaten bestätigt, die die Autorität des Diskurses im Designprozess nennen und damit seine Repressionsmittel, das heißt das Wahre, das Gute und das Schöne.

Lassen Sie uns bei dem Versuch, dieses Dilemma aufzulösen, damit beginnen, uns theoretisch mit einer logischen Notwendigkeit zu befassen. Wenn die praktische Ausführung sich nie an das Modell des rationalen Diskurses gehalten hat, wenn jedes Design seine Prinzipien überschreitet und wenn dieser Zustand nicht nur historisch, sondern konstitutionell ist, liegt der Fehler weder beim Diskurs noch bei der Praxis, sondern beim Modell der Wechselbeziehung zwischen beiden. Schon das rationale Modell ist irrational. Streng genommen ist architektonischer Diskurs in dem Augenblick, in dem Design stattfindet, überhaupt keine Theorie oder Geschichte und war das auch nie; bei der Frage des Designs geht es um nicht mehr und nicht weniger als um die Moral des Designprozesses, darum, die Genehmigung für bestimmte Formen, Flächen und Materialien zu bekommen, während andere verweigert werden. Beim Design geht es also um nicht mehr und nicht weniger als den Designprozess an sich.

Prüft man die Geschichte der Grundprinzipien von Design, hat dieser Zustand, der mit anderen Worten besagt, dass der Architekt immer aus guten Gründen Design entwirft, es aber keine guten Gründe für Design gibt, schon immer bestanden, von Palladio bis Le Corbusier. Der Unterschied zur gegenwärtigen Situation ist angeblich, dass wir einen Punkt erreicht haben, an dem die Ego-Korrelate mit den Grundprinzipien des Designs, dem Guten, Wahren und Schönen, an sich schon als Ursachen des Widerstands in Verdacht stehen. Diese Korrelate bestehen nicht als solche, sondern sind lediglich Formen, mit denen das Verhandeln vom Architekten im Designprozess immer schon antizipiert wird.

Wenn wir jedoch die Spekulation, dass die Bedeutungslosigkeit in der Architektur Resultat der Verstümmelung des Designprozesses durch Sachzwänge sei, überprüfen, ist nichts damit gewonnen, dass wir zur Verdeutlichung lediglich ein ästhetisch im Widerspruch stehendes Vokabular verwenden, beispielsweise das Falsche, das Schlechte und das Hässliche. Auf diese Weise erhielte Design keine neuen Bedeutungsmöglichkeiten, da die Dialektik des Entscheidungsprozesses, durch den diese Merkmale Eingang in das Design finden, unverändert blieben. Sie blieben, wenn auch im oppositionellen Sinne, bestimmt von dem Wahren, dem Guten und dem Schönen.

Ziel einer Designtheorie, die die hier behandelte Annahme untersucht, muss es sein, die unausweichlichen Übergriffe der vom Ego bestimmten Sachzwänge im Designprozess möglichst lange hinauszuzögern und möglichst stark zu verwässern. Beim Entwerfen kann es keine authentische Autorität geben. Kein ethischer oder moralischer Imperativ, keine Priorität des Dagewesenen, keine kulturelle oder ästhetische Verantwortung darf das Austesten der Möglichkeiten der Formgebung von Material beschränken. Allerdings ist Design immer ein Ego-Prozess; es ist abhängig vom Wirken der Autorität durch den Architekten und damit stets schon durch Sachzwänge bedingt.

Obwohl sie sich den Anstrich von Autorität geben, sind Designtheorien daher nur Motivquellen, die alle a priori nicht authentisch sind, und Methoden zur Umsetzung dieser Quellen in Designprozesse. Formal sind und waren also alle Designtheorien immer *irreal*. Die Aufgabe besteht nun darin, die ausweglose Situation zu überwinden, Designprozesse zu entwickeln, die die Sachzwänge auf der Ebene traditioneller Ego-Korrelate, den Ursachen für die Antizipation, verwässern oder verschieben und die gleichzeitig die Funktion eines entscheidungsfähigen Egos aufrechterhalten, das heißt die Existenz des Architekten.

Gegenwärtig gibt es zwei Klassen von Designprozessen, die das Potenzial haben, dieses Ziel zu erreichen, ich nenne sie *absurd* und *surd*.[5] Um es noch einmal zu wiederholen, sie sind nicht deshalb vielversprechend, weil es sich um neue Klassen von Prozessen handelt, sondern weil in der Retrospektive alle Designprozesse in der gesamten Geschichte einer dieser Kategorien oder einer Mischung aus beiden zugeordnet werden können.

Sowohl *absurd* als auch *surd* bedeuten irrational, *absurd* im Sinne von „total sinnlos", „unlogisch" oder „unwahr", *surd* im Sinne von „nicht beschreibbar". *Absurd* hat etymologisch die Bedeutung „misstönend im Ohr"; *surd*[6] hat die Bedeutung „für das Ohr nicht hörbar". Die gute, wahre und schöne Stimme des Verstands, der *logos*, wird also bei jeder dieser beiden Prozessklassen auf andere Weise verzerrt.

Bei Prozessen der Klasse *absurd* besteht das Funktionsprinzip darin, dass zwar die Tradition der architektonischen Logik als Autorität suspekt ist, aber immerhin die Form der Designlogik wirkungsvoll bewahrt werden kann, wenn die Ursachen für ihre Motive und Bewertungskriterien von der Tradition der Entscheidungsfindung von Architekten getrennt werden. So werden pseudo-rationale Methoden bewahrt, doch der spezifische Inhalt, die Quellen der ursprünglichen Bedingungen und der Kriterien, mit denen der Fortschritt im Design überprüft wurde, werden von den traditionellen architektonischen Quellen getrennt. Beim Biozentrum-Projekt von Eisenman wurde bei den formalen Bedingungen von Formen ausgegangen, die von biologischen Symbolen inspiriert waren. Diese Formen wurden dann mit einer Kombination von der DNA-Reproduktion und Fraktalgeometrie entlehnten Prozessen bearbeitet. Als Bewertungsgrundlage für den Designfortschritt diente, zumindest anfänglich, das Ausmaß, in dem die formalen Manipulationen in Analogie zu den entlehnten Prozessen standen und neue Beziehungen schufen, die diesen Prozessen innewohnen. Bei fortschreitendem Designprozess wurden die Faktoren aufgeschlüsselt, die die Sachzwänge für das sich entwickelnde Design bildeten.

Die Kritik an dieser Arbeit konzentrierte sich im Wesentlichen nicht auf das daraus resultierende Design, sondern auf den Schaffensprozess. Diese Kritik „gehorchte" also weiterhin dem Mythos, dass ein Objekt vollkommen von seiner Entstehungsgeschichte bestimmt wird. Mit anderen Worten wirkt diese Kritik genau genommen als Widerstand.

Aus der Sicht der *absurden* Prozesstheorie spielt die Wahl von Motiv und Methode keine Rolle. Im Gegensatz zu Eisenmans Position gibt es überhaupt kein Argument, das für die Bevorzugung von Biologie oder Fraktalen über irgendetwas anderes spricht, sagen wir, die Theorie des Portfoliomanagements oder der Morsecode. Was zählt, ist allein die Frage, inwieweit der pseudo-rationale Prozess die Ego-Korrelate des architektonischen Prozesses durch eine radikal objektive, aber nicht architektonische Logik ersetzt, der ausgewählte Ausgangsbedingungen zu Grunde liegen.

Bei Prozessen der Klasse *surd* liegt der Fokus nicht darauf, die architektonische Rationalität im Design zu verdrängen, sondern sie, so gut es geht, einzudämmen, damit das Design vom ganzen Selbst und nicht nur vom rationalen Ego des Architekten bestimmt wird. Das Funktionsprinzip dieser Prozesse beruht auf der Tatsache, dass das Ego des Architekten nur ein eingeschränkter oder narzisstischer Teil seines gesamten Selbst ist. Der Vorschlag lautet nun, Prozesse zu schaffen, die den in der Architektur desavouierten Aspekten des Selbstes wieder zu ihrem Recht verhelfen, indem die Anhaltspunkte für architektonische Rationalität unterdrückt werden. Das Thema lautet Objektivierung ohne Rationalisierung unter der Annahme, dass Rationalisierung – zum Beispiel durch Geometrie – nur ein Prozess von vielen ist, mit dem Objektivierung hergestellt werden kann.

Diese Prozesse beginnen in der Regel entweder damit, ein externes, nicht architektonisches „Objekt" auszuwählen – ein Gemälde, ein Gedicht, eine Liste mit Wörtern, eine Verhaltensweise oder Ähnliches – und den Inhalt dieses Ausgangsobjekts zu materialisieren. Ein bekanntes Beispiel für diese Methoden ist das Werk von John Hejduk. Eine andere Möglichkeit besteht darin, Ausgangsobjekte so zu „präparieren", dass alle vertrauten Anhaltspunkte der Architektur wegfallen. Der Designprozess kann als Schaffung eines bestimmten Rituals beschrieben werden, mit dem der Architekt nicht beschreibbares [*surd*] Material objektiviert. Auch diese Designprozesse werden bis zu dem Punkt ausgeführt, an dem Sachzwänge bestehen.

Selbstverständlich kann diese kurze Einführung diese Prozesstheorien (*surd* und *absurd*) nicht erschöpfend behandeln. Ich habe auch nicht die sehr realen Probleme erörtert, die diese Theorien für die Verhandlungstheorie darstellen. So ist zum Beispiel noch nicht klar, wie die Ergebnisse dieser Prozesse zu bewerten sind. Bei einem Projekt, in dem Peter Eisenman und Jacques Derrida zusammenarbeiteten und bei dem *absurde* Prozesse angewandt wurden, kamen beispielsweise beide am Ende zu dem Schluss, dass das Ergebnis richtig schön sei. Heißt das nun erfolgreich? Diese Schlussfolgerung wird noch problematischer, wenn man berücksichtigt, dass eines der Themen bei der Zusammenarbeit darin bestand, die Gedanken Platons, die in der Architektur nach wie vor bestehen, zu destabilisieren. Wurde das erreicht, wenn das Projekt im platonischsten aller Sinne als Erfolg bezeichnet wird?

Es gibt auch noch keine zufrieden stellenden Arbeiten dazu, wie diese Projekte miteinander verglichen werden können, oder eine sehr interessante Arbeit darüber, warum es sich lohnt, solche Projekte gegen den Widerstand zu realisieren, den sie notwendigerweise auf sich ziehen werden. Obwohl ich und andere, unter anderem einige von Ihnen, an diesen Fragen arbeiten und obwohl bereits Fortschritte erzielt wurden, wäre es voreilig, diese Fragen als beantwortet zu erklären.

Übersetzung aus dem Amerikanischen: Ellen Delfs.

1 Der folgende Text wurde als Vortrag konzipiert und 1988 anlässlich der CIAU-Konferenz gehalten. Ich habe ihn mir seitdem nie wieder vorgenommen, um ihn zu bearbeiten, zu revidieren und auszufeilen. Er wird hier also genau so abgedruckt, wie ich ihn gehalten habe. Seit dieser Text geschrieben wurde, haben sich meine Ansichten zu den Fragen, die mir am wichtigsten sind, wie die Bedeutung von Architektur, die Form der Architekturtheorie und die Beziehung zwischen Theorie und Design so grundlegend geändert, dass es unmöglich wäre, den Text entsprechend anzupassen. Außerdem ist mir heute, drei Jahre später, vieles an diesem Text peinlich, beispielsweise seine unreife Überheblichkeit gegenüber hehren Absichten, seine naive und ungehörige *globale* Abrechnung mit dem zeitgenössischen Design, sein Krisengerede, seine logischen Widersprüche, seine groben Verallgemeinerungen und so weiter. Wenn ich mit dieser Aufzählung fortfahre, verliere ich wahrscheinlich wieder die Entschlossenheit, ihn überhaupt veröffentlichen zu lassen, und das auch noch im Originalzustand! Ich veröffentliche ihn dennoch, weil ich mich beim nachträglichen Lesen trotz seiner offenkundigen Fehler doch noch für einige seiner Gedanken begeistern kann. Daher besteht meine einzige redaktionelle Geste darin, die Leser ergebenst um Großzügigkeit zu bitten.
2 G. W. Hegel: *Vorlesungen zur Ästhetik.*
3 F. Nietzsche: *Morgenröte. Gedanken über die moralischen Vorurteile.*
4 R. Wittkower: *Architectural Principles in the Age of Humanism*, 3. Auflage, London 1967, S. 165.
5 Um das Wortspiel zu erhalten, wird das englische Wort „surd" beibehalten [Anm. d. Übers.].
6 Von lateinisch „surdus" = taub, lautlos, still [Anm. d. Übers.].

AUTOR
PETER EISENMAN

Der Architekt und Theoretiker Peter Eisenman, geboren 1932 in Newark, New Jersey, studierte in Cornell (Ithaca, N.Y.), an der Columbia University in New York und promovierte an der Universität von Cambridge, England. Er lehrte unter anderem in Princeton, Yale und Harvard; 1967 gründete er in New York das Institute for Architecture and Urban Studies, das er bis 1982 leitete. Von 1973 bis 1982 war er Herausgeber der Architekturzeitschrift *Oppositions*. Zu seinen bedeutendsten Bauten gehören das *Frank House* in Washington (1975) und das *Wexner Center* in Ohio (1983-1989). Zu seinen wichtigsten Publikationen gehört *Chora L Works* (mit Jacques Derrida und Jeffrey Kipnis, 1997).

Der Vortrag „The Author's Affect: Passion and the Moment of Architecture " wurde 1991 auf der Anyone-Konferenz in Los Angeles gehalten. Die deutsche Fassung „Der Affekt des Autors: Leidenschaft und der Moment der Architektur" wurde dem von Ullrich Schwarz herausgegebenen Buch *Peter Eisenman: Aura und Exzeß. Zur Überwindung der Metaphysik in der Architektur* (Passagen Verlag, Wien 1995) entnommen.

Peter Eisenman:
Der Affekt des Autors:
Leidenschaft und der Moment der Architektur (1991)

Leidenschaft und Aura

Ich hatte nicht vorgehabt, Maurice Blanchots Buch *When the Time Comes*[1] als Vorbereitung für diese Konferenz zu lesen oder, besser gesagt, es noch einmal zu lesen. Dennoch bin ich froh, mich rechtzeitig daran erinnert zu haben. Es hat mir nämlich wieder ins Gedächtnis gerufen, welche Bedeutung die Rolle der *Leidenschaft* für die Definition des Autors hat, wie ich sie für die Architektur vorschlagen möchte. Ich habe an anderer Stelle versucht, die Bedingungen einer Architektur anzugeben, die sich einer Interpretation widersetzt, eine besondere Qualität, die ich als Aura oder *Gegenwärtigkeit* [*presentness*] bezeichnet habe. Ich glaube, dass dieser Ansatz zwischen Objektpräsenz [*object presence*] und Sprache stehen bleibt, niemals bezieht er das Subjekt oder den Autor mit ein. Nach der Lektüre von *When the Time Comes* glaube ich, dass diese Aura auch als eine auf den Autor bezogene gedacht werden kann, jedoch gerade nicht auf jenen Autor, der der traditionellen Definition in der Architektur entspricht. Vielmehr ist es ein *anderer* Autor, der bei Maurice Blanchot als ein Konstrukt von *Selbst* und *Sprache* neu definiert wird. Eine neue Dimension bekommt der Autor bei Blanchot durch einen dritten Begriff, der zwischen Selbst und Sprache eingefügt wird, ein Überschreiten [*excess*], das er „Leidenschaft" nennt.

Der Autor in *When the Time Comes* ist das *Selbst*, die beiden anderen Begriffe werden von den zwei zentralen weiblichen Charakteren ins Spiel gebracht: Claudia ist die Sprache, Judith die Leidenschaft. Es sind nicht zufällig drei Charaktere, denn nur von zweien hätte dieser andere Autor nicht durchgespielt werden können. Claudias Sprache ist überaus klar, gleichzeitig hat sie eine große Angst vor Leidenschaft; außerdem singt sie, dies tut sie aber in einer dem Autor fremden Sprache. Judith spricht sogar in einer dritten Sprache. Zwar sind Blanchots Autor die anderen Sprachen nicht bekannt, sein *Selbst* aber versteht sie. Der *andere* Autor kennt das von Claudia vorgestellte *Selbst* und ihre Sprache, er wehrt sich jedoch gegen seine Beziehung zum dritten, von Judith verkörperten Zustand, dem der Leidenschaft oder des Exzesses. Die Leidenschaft, die Blanchot beschreibt, ist der reine Exzess des Augenblicks. Dieser Moment, ich nenne ihn das „Jetzt der Überschreitung" [*excessive present*], ist sowohl Augenblick als auch Ereignis der Leidenschaft. Diese Leidenschaft ist von Subjekt und Objekt getrennt.

Dieser Moment dringt zwischen das Selbst und die Sprache und erzeugt in diesem Zwischenraum Leidenschaft.

Was bedeutet das nun für die Architektur und für ihren Autor oder Architekten? Bevor ich diese Frage zu beantworten versuche, sollte ich noch darauf hinweisen, dass diese von mir vorgeschlagene Definition eines *anderen* Autors unabhängig von meiner Blanchot-Interpretation ist. Vielmehr kommt es darauf an, die Folgen einer Erweiterung des Begriffs Leidenschaft – als Affekt des Autors oder Architekten in einem Moment – darzustellen.

Es gibt eine Leidenschaft, die sowohl vom Subjekt als auch vom Objekt abgetrennt werden kann, um zu einer Kraft zwischen diesen beiden zu werden. Subjekt und Objekt werden sogar in diesem Moment, diesem Exzess von Zeit, gebildet. So betrachtet, wird Leidenschaft – in Entgegensetzung zum Individuellen oder Expressionistischen – strukturgebend. Da sie nun aber strukturgebend ist, kann sie auch zur Entwicklung eines anderen Gedankens dienen – einer anderen Gemeinschaft, die außerhalb des Gegensatzes von den Vielen und dem Einen steht. Die Struktur der Leidenschaft verbindet den Moment mit der Architektur und die Gemeinschaft mit der Unbestimmtheit des Irgendjemand. So hängt auch die Leidenschaft des Moments nicht vom Diskurs des Subjekts oder des Objekts ab, auch nicht von der Philosophie des Einen und der Vielen, sondern vielmehr von einer Leidenschaft, die in einem Augenblick erscheint.

Der Unterschied zwischen Architektur und Schrift wird gewöhnlich als einer zwischen Sache und Zeichen bestimmt. Sachen und Zeichen gehören Systemen des Aufschubs [*deferral*] an, und diese beiden Systeme beinhalten einen Moment des Überschreitens, ein Überschreiten, das zugleich auch ein Aufschieben dieses Moments ist. Darin besteht auch ihre Verschiedenheit: Der Unterschied zwischen dem System der Sachen und dem System der Zeichen entspricht dem Unterschied zwischen dem Moment der Rezeption eines Wortes und dem Moment der Rezeption einer Säule. Die Aura der Architektur und die Aura der Schrift treten beide in diesem einen Moment auf.

Innerhalb: Das Auge und der Körper

Die Aura der Architektur bezieht Auge und Körper anders ein als ein geschriebener Text. Dieser Unterschied beruht auf der Tatsache, dass sich der Körper und das Auge immer auf eine Weise innerhalb von Architektur befinden, wie es bei der Schrift nicht der Fall ist. Es ist diese Eigenschaft des *innerhalb*, die für die Aura der Architektur bestimmend ist, ihre Interiorität und ihre Präsenz, die sie von der Aura der Schrift unterscheidet. Die Aura der Architektur hatte immer das Auge und den Körper impliziert, weil Architektur traditionell durch eine monokulare Sehweise definiert wurde, die das Subjekt zum Mittelpunkt des dreidimensionalen perspektivischen Raumes machte. Während die architektonische Moderne die Axonometrie an die Stelle der Perspektive setzte, indem sie den Raum flach und in parallelen Ebenen darstellte, tat sie nichts, um das Subjekt zu dezentrieren. Die Möglichkeit eines Auges *von innen* wurde von der architektonischen Moderne nie in Betracht gezogen, da ihre Art der Sehweise beständig zur Unterstützung von Rationalität und Standardisierung eingesetzt wurde, was einer Abstraktion *von außen* gleichkam.

In dem *Affekt* der Architektur gibt es immer den Körper, denn Architektur bestimmt einen Zustand der Interiorität. Dieser Affekt soll hier nicht als ein Gegenstand begriffen werden, der eingegrenzt oder verstanden werden kann, sondern eher als der Affekt eines Moments der Erfahrung, welche nicht aktiver oder transitiver Art, sondern intransitiv oder passiv ist. Es ist ein Augenblick der Erfahrung, der weder zwischen dem Selbst und der Sprache noch zwischen dem Selbst und dem Unbewußten eine wechselseitige Beziehung herstellt, wohl aber zwischen dem Selbst und dem Blick [*gaze*] dieser Leidenschaft, dem Affekt der Leidenschaft. Der Begriff des Affekts soll nicht länger als bloß körperliche oder romantische Leidenschaft verstanden werden, sondern als Affekt des Gedankens, als gedachter Affekt.

Sichtbarkeit und der Blick
So wie in der Architektur der Affekt sich auf den Verstand und nicht die Struktur stützt, so tut es auch das Auge. Der Begriff des Blicks stellt jedoch eine mögliche Betrachtungsweise vor, die, während sie eine Struktur bietet, dennoch nicht zum Komplizen der Vernunft wird. Es ist letztendlich die Idee des Blicks, die den Moment der Leidenschaft für die Architektur bestimmt.

Das Thema des Blicks ist zwar schon von vielen Autoren behandelt worden, im architektonischen Diskurs wurde es aber selten thematisiert. Der Blick als Konzept ist von der Ansicht so verschieden wie das Sehen von der Sichtbarkeit. Die Ansicht und das Sehen handeln von den objektivierbaren und quantifizierbaren Seiten des Verhältnisses von Auge und Raum und Zeit. Sichtbarkeit und der Blick behandeln die sozialen und historischen Aspekte, gewissermaßen das Davor und Danach des Sehens. Der Blick bezieht sich aber auch auf die Themen des Schreibens und des Lesens; ferner verbinden sich damit die Fragen des Affekts beziehungsweise der Aura, ein Umstand, der für die Architektur von entscheidender Bedeutung ist, nicht zuletzt deshalb, weil er es ist, der sie vom Schreiben und von der Malerei unterscheidet.

Das Konzept des Blicks bezieht sich auf die Vorstellung eines anderen Subjekts, eines, das den Blick erwidert, oder, im Fall von Architektur, eines den Blick erwidernden, zurückblickenden Objekts. Dieses Zurückblicken bewirkt zweierlei: Es ändert das Verhältnis von Subjekt und Objekt in der Architektur, indem es das Subjekt dezentriert und dadurch die Gültigkeit der klassischen Organisationsformen des Perspektivraumes, wie zum Beispiel Achsen, Symmetrie etc., entscheidend einschränkt. Dieses Zurückblicken kann zu einem Blick des passiven Exzesses werden, wenn dieser Moment von einem Zustand des Aufschubs in der Gegenwart handelt. Diese Geste des Zurückblickens, des Aufschubs, erfordert eine mehr fragmentarische Auffassung von Raum, fragmentarisch nicht nur im Sinne des Ortes, sondern auch im Sinne eines zeitlichen Aufschubs. Es ist der Blick, der Leidenschaft und Affekt zur Struktur werden lässt. Die Vorstellung von einem Blick des Anderen, das außerhalb unserer selbst ist, erinnert an unsere eigene Endlichkeit, an die Kontinuität der Zeit vor und nach uns. Das führt zu einem anderen Begriff von Gemeinschaft. Es verändert die Art und Weise, über den Moment nachzudenken, denn dieser wird Teil des *Zeitgeistes*; Leidenschaft und Affekt werden ein Teil der gemeinschaftlichen Verantwortung.

Individualität und Geste

Der traditionelle Dialog in der Architektur wurde immer von Kategorien konstituiert, die dem Sprachlichen entstammen – das heißt, er fand eher zwischen Form und Inhalt, denn zwischen Selbst und Sprache statt. Wenn in der Geschichte der Architekt vorkam, dann meist nur als romantisierte Figur in Person eines Howard Roark[2]; die Möglichkeit eines Architekten als Autor ist niemals diskutiert worden. Das hängt damit zusammen, dass die vorherrschende Kultur der Architektur, besonders die der klassischen Moderne in ihrer Komplizenschaft mit Technologie und Rationalität, in ihren theoretischen Formulierungen selten Begriffe wie das Selbst oder den Affekt aufnahm. Stattdessen wurde das Konzept des Selbst zur Abstraktion innerhalb des Kollektivbegriffes des Zeitgeistes. Mies van der Rohe zum Beispiel bezeichnete Architektur als den Raum gewordenen Willen einer Epoche. Hier wurde das Selbst – der moderne Autor – seiner narrativen und diskursiven Funktion entkleidet und auf die Interpretation des Geistes einer Zeit reduziert. Auf diese Weise beginnt der Autor, autonom zu werden, und die gestaltende Hand des Architekten verschwindet. Es gibt aber auch Stimmen, die der Idee eines autonomen Autors entgegentreten, sie zweifeln am Recht, den Willen einer Epoche zu interpretieren, und fragen, warum diese Interpretationen immer eine spezifische Ästhetik besitzen. Solche Fragen sind wichtig. Es ist aber auch möglich, den Zeitgeist auf eine andere Art zu betrachten, nämlich indem man über den Affekt in der Architektur nachdenkt.

Während der Zeitgeist immer eine Bestimmung von Gegenwart enthält, schließt er zugleich eine Vorstellung von Gemeinschaft mit ein. Gemeinschaft wird gewöhnlich durch Gegensätze wie der Eine und die Vielen oder die Selbstgefälligkeit der individuellen Avantgarde und die Idee der kollektiven Verantwortlichkeit definiert. Doch der Zeitgeist wird immer, obwohl häufig aus der Summe von individuellen avantgardistischen Gesten entstanden, den Effekt des Individuums leugnen.

Der Charakter der individuellen Geste kann durch Blanchots Begriff der Leidenschaft definiert werden. Dieser unterscheidet sich von der traditionellen Vorstellung von Leidenschaft in der Architektur, die immer mit romantischen oder expressiven Gefühlen verbunden war. Der Begriff der Leidenschaft als theoretisches Konstrukt ist in der Architektur nicht vorhanden. Wenn in der Architektur von Leidenschaft die Rede ist, so wird sie gleichfalls nie als eine von einem Subjekt oder einem Objekt unabhängige gedacht noch als eine Leidenschaft des Augenblicks, das heißt, eine Leidenschaft, die an Zeit gebunden ist.

Ein aufgeschobener Moment

Blanchot schreibt am Ende von *When the Time Comes*: „Und dennoch, obschon mich der Kreis bereits weiterzieht, und auch wenn ich dies bis in alle Ewigkeit schreiben müsste, ich würde es schreiben, um die Ewigkeit auszulöschen, denn die Ewigkeit gestattet niemals den einmaligen Moment, diesen Moment der Leidenschaft, um das Immer auszulöschen und den Moment einzufangen." Dies führt die Idee des aufgeschobenen Moments in das Konzept des Autors oder Architekten ein.

Dieser Augenblick der Leidenschaft kann ein Moment des Blicks des Anderen sein, in dem der Autor das Selbst sieht, und wie bei Blanchot erkennt, dass Sprache allein nie selbst der Moment der Leidenschaft sein noch den Blick enthalten kann. Für die

Architektur ist diese Erkenntnis von entscheidender Bedeutung. Denn während sich Architektur von Schrift durch die Art ihres *Umschließens* unterscheidet – wir sind in gewisser Weise immer innerhalb von Architektur –, so kann sie, indem sie ihn aufschiebt, doch einen Moment der Leidenschaft verwirklichen. Sie lässt erkennbar werden, dass sich diese Leidenschaft nicht länger im Subjekt oder im Objekt befindet. Um in der Architektur einen solchen Moment zu erfahren, muss er ihr *eingeschrieben* sein, aber das Schreiben dieses Moments kann nie der Moment selbst sein. Mit anderen Worten, Sprache wäre immer von diesem Ziel durch Aufschub getrennt, ein Ziel, das erst jenseits der Sprache liegt. So ist es notwendig, Architektur zu schreiben, da Sprache allein nie die Möglichkeit dieses Moments der Leidenschaft einfangen kann. Schreiben wird immer in gewisser Weise ein Aufschub dieses Moments sein. Deshalb ist es für das Selbst notwendig, sowohl diesen Moment durch das Schreiben von Architektur herauszufordern als auch zu wissen, dass es ihn allein und durch Schreiben nie erreichen kann.

Den Moment mit seinen Bestimmungen des Affekts, der Leidenschaft und des Exzesses verlangt und verspricht eine andere Art von Selbst, eine andere Art von Autor, einen, der innerhalb des Kontextes eines Augenblicks schreibt, innerhalb des Kontextes des Blicks des Anderen. Dieses Schreiben ist nicht mehr nur eine Aufzeichnung der Erfahrung von Objekten. Es ist vielmehr ein *Affekt*, eine intransitive und passive Bedingung für Ereignisse, die weder eine reale Zeit noch einen realen Raum besitzt, sondern eher der Affekt von Zeit und Raum ist. Das legt nun die Möglichkeit einer *anderen* Art architektonischen Schreibens nahe, eines Schreibens durch einen beinahe unabsichtlichen, passiven Autor, der nicht alles unter Kontrolle hat, sondern nur den Rahmen festlegt, um *außer Kontrolle* zu sein.

Die Idee dieses anderen Autors oder Architekten ist nicht nur ein Problem von Kontrolle oder Nicht-Kontrolle, da diese Begriffe nur von dem Selbst und der Sprache handeln, sie ist viel eher eine Frage dieses dritten Zustandes – des Augenblicks der Leidenschaft. Daher ist es auch nicht möglich, als Autor einfach daranzugehen, diesen Moment der Leidenschaft – die Aura des Jetzt der Überschreitung – zu erzeugen, denn er gründet weder in der Sprache des Subjekts noch in der des Objekts, sondern in dieser dritten Bedingung. Man kann gewissermaßen nur schreiben, indem man die Möglichkeit dieses dritten Zustandes aufschiebt, wodurch man ihn zugleich aber eben erst ermöglicht. Demgemäß gibt es auch kein rationales Analogon, keine Anleitung und keine Beherrschbarkeit für diesen Exzess. Diese exzessive Gegenwart, die von einer Objektgegenwart verschieden ist, folgt aus der Möglichkeit des Blicks und des Körpers, Raum in einem Moment der Zeit neu zu definieren. Es ist für mich das Selbst als ein *anderer* Autor, dieser Exzess, der einen anderen Weg öffnet, um für Gegenwärtigkeit in der Architektur einen Ort zu finden. Wenn es so einen Moment wie Gegenwärtigkeit in der Architektur gibt, so kann er vielleicht durch das Selbst, durch die Sprache und jetzt auch durch die Leidenschaft umrissen werden.

Übersetzung aus dem Amerikanischen: Martina Kögl und Ullrich Schwarz.

1 Franz. Original: *Au moment voulu*, Paris 1951.
2 Hauptfigur des amerikanischen Spielfilms *The Fountainhead* (1949, Regie: King Vidor; die Hauptrolle des Howard Roark wird von Gary Cooper gespielt).

TERRAIN
AUTOR, AUSDRUCK, AFFEKT

Daniel Libeskind, geboren 1946 im polnischen Lodz, studierte in Israel und in den USA Musik sowie Architektur an der Cooper Union for the Advancement of Science and Art in New York City. An der School of Comparative Studies in Essex studierte er Architekturgeschichte und -theorie. Er lehrte unter anderem in Yale, in Harvard, an der University of California in Los Angeles und an der ETH Zürich. Von 1978 bis 1985 leitete er die Architekturabteilung an der Cranbrook Academy of Art. Zu seinen wichtigsten Bauten zählen das *Felix Nussbaum Museum* in Osnabrück (1998) und das *Jüdische Museum* in Berlin (1999). 2003 gewann er den Wettbewerb für den Neubau des *World Trade Centers* in New York.

Der Text „Formal Blank Political" erschien zuerst in *Progressive Architecture, Eisenman and Company* (Cleveland/Ohio 1995). Die deutsche Übersetzung wurde dem Buch *Daniel Libeskind: Kein Ort an seiner Stelle. Schriften zur Architektur – Visionen für Berlin* (hrsg. von Angelika Stepken, Verlag der Kunst, Dresden/Basel 1995) entnommen.

Daniel Libeskind:
Formal Blank Political (1995)

Ist das Formale politisch? Gewiss. Hier ist der Beweis: Zieht man eine einzelne Linie weit genug, wird sie politisch. So viel ist eine Lücke ____. So viel ist (unbewusste) Leere _____. So viel ist (gerade) noch Indifferenz _____. Man versuche aber so viel!

_____
_____
_____
_____
_____
_____
_____
_____
_____
_____
_____
_____
_____
_____
_____
_____
_____
_____
_____
_____
_____
_____
_____
_____

Kostbare Kommunikationsmittel zu verschwenden bedeutete, dass das Formlose durch einen Appell an die Form dem Apolitischen gewichen ist. Jetzt sind keine Linien mehr übrig. Keine Zeilen mehr auszufüllen. Keine Zeilen übrig.

Man versuche andererseits, eine konklusive Linie zu ziehen, die nicht politisch ist, eine Linie _____.
Sie sieht wie jede andere aus, ist reine Form, in der Leere folgt Leerstelle auf Leerstelle. Diese Zeichnung aber ⟪⟫ scheint politisch motiviert durch eine andere (Vorstellung von Form) – dieses Mal eine, in der die unendliche Oszillation sich selbst so obsolet wie eine Parabel erweist.

Ein weiterer Versuch ⟪⟫ entschiedener, weniger technisch. Politisch? Es ist nur eine Unterschrift, ein Siegel oder dummes, privates Gekrakel, das die Seite in einer ansonsten völlig unpolitischen Publikation verunstaltet. Man versuche noch einmal:

⟪⟫

Jetzt ist es eine schändliche Angelegenheit und beweist endgültig, dass Architektur _____sein sollte, sein muss, war und immer sein wird, und nicht ⟪⟫

Von hier an lässt sich leicht eine apolitische Form erreichen, zum Beispiel:

| | | | | | ×   ###

(Striche)   (Kreuz)   (Macht)

Wie schön, endlich frei zu sein! Keine Politik mehr in der Architektur, nur Poesie, Geometrie und ewige Wiederkehr........ ja ewig........dieselben........selben........was sagten Sie?

Sie sind nur Politiker, aber verstellt durch _____
_____. Weil „_____ _____:
_____ politisch ganz_____ _____!"

(Daniel Libeskind)

P.S. Es war immer bekannt, dass die Architektur geöffnet werden muss, um gebrochen zu werden... wenn man ihren Verschluss in Zweifel zieht, dann ist klar, dass sie ihn schon verloren hat, deshalb hält man noch an ihm fest, denn sonst gäbe es kein Problem des ~~Formalen~~ oder des ~~Politischen~~.

TERRAIN
AUTOR, AUSDRUCK, AFFEKT

ARCHITEKT
FRANK GEHRY

Oben: Standing Glass Fish,
Walker Art Center, Minneapolis,
USA, 1986.
Oben links: Villa Olympica,
Barcelona, Spanien, 1991.
Links: Fish Lamp, 1984.
Gegenüberliegende Seite:
Fishdance Restaurant, Kobe,
Japan 1987.

Frank Gehry:
Fisch-Fetisch

„Es stimmt, dass ich als Kind in Großmutters Badewanne mit einem Karpfen spielte; es stimmt auch, dass ich Sternzeichen Fische bin und schwimme – ich fische zwar nicht, dafür segle ich aber. Die Idee mit dem Fisch war allerdings ein Zufall. Ich hatte die Postmoderne mit ihrem bereits mehrere Jahre anhaltenden Wiederkäuen von Vergangenheit satt. Irgendwie entdeckte ich dann für mich das Bild des Fisches als eine Art Selbstverankerung. Ich verwendete es als eine Ikone, als ein Symbol für diesen Kampf gegen die Postmoderne. Als ich mit diesem Bild zu arbeiten begann, machte ich verschiedene Objekte, die wie Fische aussahen, und wurde dann beauftragt, eine Skulptur für das Walker Art Center zu machen. Was mich letztlich an dieser Studie faszinierte, war das Gefühl von Bewegung, die die Fischform mit sich bringt. Ich war dann daran interessiert, dieses Gefühl, diese Idee in die Architektur zu übertragen."
Frank Gehry, „Hook, Line, and Signature", Anyone

TERRAIN
PARTIZIPATION, ALLTAG, POP

Es war nicht zuletzt dem Einfluss des Fotografen Nigel Henderson auf das englische Architektenpaar Alison und Peter Smithson zu verdanken, dass der CIAM während seines IX. Kongresses in Aix-en-Provence 1953 in eine Krise geriet, von der er sich nicht mehr erholen sollte. Tief beeindruckt von Hendersons Fotoreportagen des Londoner Straßenlebens kritisierten die Smithsons und andere kritische Architekten die Aufteilung der Stadt in Wohnen, Arbeiten, Erholung und Verkehr, die 1933 in der „Charta von Athen" zum modernen Planungsdogma erhoben worden war. Die neue Generation, die unter dem Namen „Team 10" 1959 die Auflösung des CIAM herbeiführen sollte, interessierte sich weit mehr für die Frage, wie der Städtebau zur Stiftung urbaner Identität und intakter Nachbarschaften beitragen könne. Man zeigte sich fasziniert von den Sensationen des städtischen Alltags sowie dem Geschmack der „kleinen Leute" und prägte die Parole „as found" („wie vorgefunden") – was eine deutliche Absage an das ästhetische Expertentum darstellte, wie es noch von den Heroen der Moderne vertreten wurde.

Die neue Geisteshaltung fand ihre folgenreichsten Manifestationen in den legendären Kunstausstellungen „Parallel of Life and Art" (1953) und „This is tomorrow" (1956), die im Londoner Institute of Contemporary Arts gezeigt wurden. Beidemal waren die Smithsons und Nigel Henderson beteiligt. In „This is tomorrow" konnte das Publikum die berühmte Bildcollage „Just what is it that makes today's home so different, so appealing" des Künstlers Richard Hamilton bestaunen, die allgemein als Beginn der Pop Art betrachtet wird.

Anfang der sechziger Jahre leisteten die Londoner Architekten Peter Cook, Warren Chalk, Dennis Crompton, Ron Herron, Mike Webb und **David Greene** den wohl wichtigsten Beitrag zum Einzug des Alltäglichen und Populären in die Architektur. In der Frühphase der sich international erfolgreich ausbreitenden Pop-Kultur sahen sie auch die Architekten in der Pflicht, den vielfältigen Erscheinungsformen städtischen Alltagslebens Aufmerksamkeit zu schenken. Sie gründeten eine Zeitschrift und gaben ihr einen Titel, der „Architektur" und „Telegramm" zu verbinden suchte, die Dringlichkeit ihres Vorhabens also plakativ unterstrich und schon bald zu ihrem Gruppennamen wurde: **„Archigram"**.

Archigrams Bekenntnis zur bunten Warenästhetik, zur anarchischen Welt der Comics und zur Hightech-Ästhetik der Sputnik-Satelliten ging eine Absage an die Vorstellung einer, Städte könnten nach objektiven Kriterien geplant werden. Dem Kollektivismus der Moderne hielt man entgegen, dass jeder Städter ein Individuum sei, das über eine persönliche „Schatzkiste", gefüllt mit „Essen, Trinken, Sex, Drogen, Kleidern, Autos, Make-up, Geld" verfügen müsse.[1] Insbesondere David Greene wusste seine Faszination für die vermeintlichen Trivialitäten des Alltagslebens und die Errungenschaften der Raumfahrt eindringlich in Gedichtform zu artikulieren. **„The Love is gone…"** hebt ein von ihm 1961 verfasstes Gedicht an, in dem erklärt wird: „We want to drag into building some of the poetry of countdown" („Wir wollen ins Bauen etwas von der Poesie des Countdowns hinein tragen").

Die Kritik des Zerstörungswerks moderner Planungen durch Jane Jacobs Untersuchung *Tod und Leben großer amerikanischer Städte* (1961) und Alexander Mitscherlichs Bestseller *Die Unwirtlichkeit unserer Städte* (1965) führte im Laufe der Sechziger zu einer gewaltigen Politisierung der Architektur. Die Autorität und der elitäre Status des Architekten waren nicht länger zu halten. Das veranlasste den Soziologen **Lucius Burckhardt**, den Stadtplanern in seinem Aufsatz **„Artikulation heißt Partizipation"** (1969) die „entscheidende Wendung [...] von einer eindimensional-kausalen Betrachtungsweise zur strukturellen" zu empfehlen. Um der Komplexität und dem Wandel der Städte gerecht zu werden, sollen sich die Fachleute von der bloßen Bekämpfung der Symptome und dem Einsatz von „Closed-end-Maßnahmen" lossagen. Zudem müsse der Adressat der Architektur, der Bürger, in die Planungsprozesse einbezogen werden. Die Forderung nach einer verbesserten Kommunikation zielt bei Burckhardt, der sein erstes planungskritisches Buch zusammen mit dem Schriftsteller Max Frisch schrieb, nicht länger auf die populären Signale, die der öffentliche Raum an die Bürger aussendet, sondern auf die konsequente Demokratisierung der Planung.

Anders als Burckhardt plädiert die Amerikanerin **Denise Scott Brown** mit dem 1971 veröffentlichen Text **„Learning from Pop"** dafür, von der Ästhetik des Kapitalismus zu lernen. Damit nimmt sie wichtige Aspekte ihres 1978 gemeinsam mit Robert Venturi und Steven Izenour publizierten Buches *Learning from Las Vegas*[2] vorweg. Ihr Interesse gilt einer Gestaltung, die den Geschmack des großen Publikums bedient, statt ihm um höherer pädagogischer Ziele willen zu trotzen. Scott Brown richtet an ihre Kollegen den Appell, die Produkte der „Pop-Landschaft" nicht verächtlich abzutun, sondern als „Quellen einer sich verändernden architektonischen Sensibilität" zu begreifen. Mit ihrer Forderung nach Toleranz gegenüber den „Vorlieben wirtschaftlich eingeschränkter Gruppen" lenkt sie zugleich den Blick auf städtebauliche Problemzonen, die nicht ins traditionelle Muster der europäischen Stadt passen. Den Architekten legt sie ans Herz, wenigstens eine kurze Zeitspanne der „kleinen Kunst" zu folgen, die sich im Namen des Volkes formiert, damit sich aus ihr neue Kriterien für die „große" Baukunst gewinnen lassen.

Das Thema des alltäglichen und selbstverständlichen Bauens beschäftigt den Wiener Architekten **Hermann Czech** in ganz anderer Weise. Einer seiner wichtigsten Gewährsleute für das im besten Sinne „gewöhnliche" Bauen ist sein Landsmann Josef Frank (1885-1967). Er war der Architekt einer selbstkritischen Moderne, der die starren und technokratischen Dogmen des Bauhaus-Mainstreams vehement bestritt. Bereits 1931 schrieb Frank in seinem theoretischen Hauptwerk *Architektur als Symbol*: „Wer heute Lebendiges schaffen will, der muss all das aufnehmen, was heute lebt. Den ganzen Geist der Zeit, samt ihrer Sentimentalität und ihren Übertreibungen, samt ihren Geschmacklosigkeiten."[3] Sein Plädoyer für eine unverkrampfte, informelle Architektur arbeitete Frank in den folgenden Jahren zu einem System aus, dass „dem Akzidentiellen", dem scheinbar absichtslos Entstandenen, eine wichtige Rolle einräumt. Dieses System nannte er 1958 „Akzidentismus", womit gemeint war, „dass wir unsere Umgebung so gestalten sollen, als wäre sie durch Zufall entstanden".[4]

Hermann Czechs Aufsatz **„Manierismus und Partizipation"** (1977) wurde im Geiste Josef Franks verfasst. Czech plädiert für eine Architektur, die der „Freiheit" verpflichtet bleibt, indem sie sich den Sinn für das Irreguläre und Heterogene erhält. Er warnt davor, allzu große Hoffnungen in das partizipatorische Bauen zu legen, das schnell Gefahr laufen kann, in ein „Gerede von Funktionären" einzumünden, die architektonische „Qualität mit Unterdrückung" verwechseln. Wohl wendet er sich nicht grundsätzlich gegen den Gedanken der Partizipation, doch möchte er sie „indirekt" verstanden wissen: Die Architekten sollen nicht das Heft aus der Hand geben und „falsche Bedürfnisse" befriedigen helfen, sondern die Komplexität und die Irritationen, die jeder Entwurfsprozess provoziert, in die „breit angelegte Rationalität" ihrer Projekte einfließen lassen[5]. Als notwendige Grundhaltung erachtet er hierfür eine Haltung, die er manieristisch nennt. Der Manierismus gestatte die „Offenheit und Imagination, auch Fremdprozesse in Gang zu setzen und zu ertragen, ohne die unaufrichtige Fiktion, dass die Architektur ihren Anspruch aufgebe".

Ende der Siebziger und Anfang der Achtziger wurden die großen emanzipatorischen Hoffnungen in das partizipatorische Bauen enttäuscht und die hohen Erwartungen, die sich mit der „Graswurzelarbeit" der Architekten verbanden, zu Gunsten elitärer Experten-Diskurse aufgegeben. Fachwelt und Lebenswelt gingen wieder getrennte Wege. Vor allem die zehn ANY-Konferenzen der Neunziger stehen für einen gehaltvollen, aber abgehobenen Architekturdiskurs, in dem viele Teilnehmer ihre Belesenheit in poststrukturalistischer Theorie demonstrierten und darüber die Realität des Bauens und die Bedürfnisse der Menschen nach atmosphärischen Räumen vergaßen. Um so stärker vermochten nun neokonservative Ideologien wie der *new urbanism* in die Alltagswelt einzudringen.

Die Versuche reflektierter Theoretiker und Architekten, die Diskussion der Atmosphäre für sich zu reklamieren und in einen kritischen Expertendiskurs zu überführen, schlugen weitgehend fehl. Insbesondere in Berlin wurden im Klima der „Rekonstruktion" die elitären Bastionen der „modernen" Architekten, die sie selbst für uneinnehmbar hielten, zum Einsturz gebracht. Im Streit um den Wiederaufbau des Stadtschlosses sah sich plötzlich der Geschmack der *vox populi* zur *high culture* nobilitiert. Was die alten Eliten als Populismus denunziert hatten, ist längst auf die Agenda einer Politik geraten, die erfolgreich die gesellschaftliche Mitte zu umwerben versteht.

Dass sich die „modernen" Architekten noch immer der Hochkultur zugehörig fühlen, schildert der Berliner Stadtsoziologe **Werner Sewing** in seinem Aufsatz **„No more Learning from Las Vegas"** (2002) als fatale Fehleinschätzung. In der gegenwärtigen Situation, in der sich die Stimme des Volkes als konservative Gegenmoderne entpuppt, sieht Sewing in der Pop-Kultur, die jenseits von *low* und *high culture* agiert, eine Möglichkeit, den Populismus aus der Sackgasse des anspruchslos Konventionellen herauszuholen. Mit Blick auf die Patchwork-Biografien junger Architekten, die nur noch im Ausnahmefall ihr Brot in herkömmlichen Architekturbüros verdienen und sich stattdessen im gelobten Niemandsland zwischen Webdesign, Mode und Clubkultur tummeln, schreibt er: „Die drohende Marginalisierung in der Hochkultur könnte nun doch, das Crossover der Jüngeren legt es nahe, eine neue Option für die Alltagskultur, das Triviale, die Masse eröffnen." In diesem Zusammenhang sieht er das Frühwerk von Venturi und Scott Brown, das lange Zeit durch linke Architekturtheoretiker wie Kenneth Frampton attackiert wurde, „reif für ein Retro".

Ulrich Pantle

---

1 Peter Cook (Hrsg.): *Archigram*, Basel 1991, S. 20.
2 Dt.: *Lernen von Las Vegas*, Bauwelt Fundamente 53, Braunschweig/Wiesbaden 1979.
3 Josef Frank: *Architektur als Symbol: Elemente Deutschen neuen Bauens*, Nachdruck der Ausgabe von Wien 1931, hrsg. von H. Czech, Wien 1981, S. 171/172.
4 Josef Frank: „Akzidentismus", in: Hochschule für angewandte Kunst in Wien (Hrsg.): *Josef Frank 1885-1967*, S. 236.
5 Vgl. Hermann Czech: „Selbstkritik der Moderne", in (ders.): *Zur Abwechslung. Ausgewählte Schriften zur Architektur*, Wien 1996, S. 147.

AUTOR
DAVID GREENE/ARCHIGRAM

Die sechs Architekten Warren Chalk (1927-1988), Peter Cook (geb. 1936), Dennis Crompton (geb. 1935), David Greene (geb. 1937), Ron Herron (1930-1994) und Michael Webb (geb. 1937) gaben ab 1961 eine Zeitschrift mit dem Titel *Archigram* heraus, welcher später auch zum Namen der Gruppe wurde. Zu ihren wichtigsten Projekten gehören die *Walking City* (Ron Herron, 1964), die *Plug-in City* (Peter Cook, 1964) und die *Instant City* in Bournemouth (Peter Cook, 1960). 1974 löste sich Archigram auf.

David Greenes Gedicht „The Love is gone..." erschien im Mai 1961 in der ersten *Archigram*-Ausgabe und wurde dem Buch *A Guide to Archigram 1961-1974* entnommen. (Academy Group, London 1994; © David Greene.)

David Greene/Archigram:
The Love is gone... (1961)

The love is gone
        The poetry in bricks is lost.
        We want to drag into building some of the poetry of countdown,
        orbital helmets, discord of mechanical body transportation methods
        and leg walking
                Love gone.
                            Lost
        our fascinating intricate movings are
        trapped in soggen brown packets all hidden all
                art and front, no bone no love.
A new generation of architecture must arise with forms and spaces
which seems to reject the precepts of „Modern" yet in fact
retains these precepts.

WE HAVE CHOSEN TO BYPASS THE DECAYING BAUHAUS IMAGE
WHICH IS AN INSULT TO FUNCTIONALISM.

you can roll out steel   any length
you can blow up a balloon   any size
you can mould plastic   any shape
        blokes that built the Forth Bridge
                            THEY DIDN'T WORRY
you can roll out paper   any length
take Chamber's dictionary   THAT'S LONG
                        You can build concrete   any height
                                FLOW? water flows or doesn't or does
                                flow or not flows
        YOU CAN WEAVE STRING   any mesh
                TAKE THIS TABLE you've got a top there
                        top and four legs
                        you can sit IN it you sit ON it, UNDER it or half under

PARTIZIPATION, ALLTAG, POP

Lucius Burckhardt, geboren 1925, promovierte 1955 an der Universität Basel. Von 1961 bis 1972 war er Redakteur der Zeitschrift Werk. 1973 wurde er an die Gesamthochschule Kassel berufen und lehrte dort bis 1992 sozioökonomische Grundlagen der Städteplanung. Nach seiner Emeritierung war er bis 1994 Gründungsdekan der Fakultät Gestaltung der HAB Weimar. Zu seinen wichtigsten Büchern gehören achtung, die Schweiz (mit Max Frisch und Markus Kutter, 1955) und Bauen ein Prozeß (mit Walter Förderer, 1968).

Der Essay „Artikulation heißt Partizipation" erschien erstmals in der Zeitschrift StadtBauwelt (Heft 38/39 1969). Die vorliegende Fassung wurde Burckhardts Buch Die Kinder fressen ihre Revolution (hrsg. von Bazon Brock, DuMont Verlag, Köln 1985) entnommen.

Lucius Burckhardt:
Artikulation heißt Partizipation (1969)

Das planerische Denken – oder besser gesagt: Das Denken der Progressiven unter den Planern – hat im Verlaufe des vergangenen Jahrzehnts eine entscheidende Wendung durchgemacht, die Wendung von einer eindimensional-kausalen Betrachtungsweise zur strukturellen. Es sei dahingestellt, inwieweit dieses Denken auch theoretisch etwas Neues darstellt oder inwieweit es mit den traditionellen Denkinstrumenten ebenso gut vollziehbar ist; unübersehbar ist jedenfalls die Parallelität des Auftretens solcher struktureller Betrachtungsweisen in fast allen Wissenschaften, und ebenfalls parallel entwickelte sich die Möglichkeit, solche strukturellen Dynamiken mathematisch darzustellen und tatsächlich auch – dank des Computers – zu quantifizieren.

Ganz grob gesagt, betrachtet dieses moderne „strukturelle" Denken die Phänomene als gehalten und beeinflusst von einer Vielzahl von aufeinander wirkenden Kräften, sodass jeder augenblickliche Zustand ein Gleichgewichtszustand von höchster Komplexität ist und jede Störung dieses Gleichgewichtes oder eines der stabilisierenden Faktoren zu vom „gesunden Menschenverstand" nicht vorhersehbaren Wirkungen führen kann. Eingriffe in solche Systeme müssen genau geplant sein, wenn sie tatsächlich zu dem Ziel führen sollen, das durch sie angesteuert wird. Steuerungsmittel urbanistischer Entwicklung sind eine Vielzahl von Faktoren, die vom Straßenbahntarif bis zum Ausbildungsprogramm der örtlichen Berufsschulen reichen. Die Wirkung, welche man durch die Manipulation eines dieser Faktoren erreicht, ist nicht durch eingleisiges kausales Abschätzen, sondern nur durch die Ausarbeitung modellartiger Vorstellungen voraussehbar.

1. Strategie und Mitbestimmung
Akzeptiert man einmal diese Kennzeichnung des modernen Planerdenkens, so eröffnen sich diverse Lernprobleme. Einmal ist zu fragen, inwieweit sich diese Betrachtungsweise bei den Fachleuten selbst durchgesetzt hat oder in welcher Zeit sie sich durchsetzen wird. Weit herum sind ja die Planerstellen noch mit Leuten besetzt, die nach der alten Routine arbeiten, die vom Verkehr verstopfte Straßen verbreitern oder den Verkehr durch die Schaffung von Parkplätzen verflüssigen wollen. Die beamteten Planer sind umgeben von einem privatwirtschaftlich organisierten Ingenieur- und Architektenstand, der die gleichen Ausbildungsgänge genoss und dem sie geistig und kulturell verpflichtet sind. Diese Bauleute sind ohnehin auf ein direktes Eingreifen, also auf die eindimensionale Symptombekämpfung hin ausgerichtet. Ihre Autostereotypie, die Beurteilung, die

sie sich selbst angedeihen lassen, ist jene des „Tätigen"; sie sehen sich als Männer, welche nicht lange fackeln, sondern mutig eingreifen, keine Probleme wälzen, sondern die komplizierten Fragen anderer vereinfachen und auf geniale Art lösen. Dieser Berufsstand redet viel von Verantwortung und versteht darunter das Recht, hin und wieder einen groben Fehler zu begehen; das Tragen dieser Verantwortung wird durch eine gute Haftpflichtversicherung sowie durch verständnisvolle „neutrale" Gutachter erleichtert, die meist desselben Geistes Kind sind. Das Umlernen dieses Berufsstandes wird mindestens eine Generation dauern. Beschleunigt wird es höchstens in jenen Sparten, die sich mit nordamerikanischer Konkurrenz auseinander zu setzen haben, beispielsweise beim Export ingenieurmäßiger Dienstleistungen.

Das zweite Lernproblem bezieht sich auf das politische Publikum. Von diesem insbesondere handelt der vorliegende Aufsatz. Wendet man die oben geschilderte strukturelle oder modellartige Betrachtungsweise auf urbanistische Vorgänge an, so stößt man auf Steuerungsfaktoren höchst unterschiedlicher Natur. Die urbanistischen Phänomene erweisen sich als Interaktionssysteme zwischen technischen und menschlichen Teilsystemen, zwischen „Hardware" und „Software", zwischen sichtbaren und unsichtbaren Bereichen. Sichtbar sind die Häuser an den Straßen, unsichtbar sind ihre Besitzverhältnisse, die Mietzinse, die Arbeitsplatzverteilung ihrer Bewohner; sichtbar sind die Autos und die Straßenbahn, unsichtbar die Benzinsteuern, die Bahntarife, der Fahrgenuss. Die Planungsmaßnahmen konventioneller Art betreffen vorwiegend den sichtbaren Teil der Faktoren. Die bisherige kommunale Politik erhielt Anschaulichkeit dadurch, dass die auftretenden Fehlentwicklungen in ihren sichtbaren Symptomen durch sichtbare Maßnahmen bekämpft wurden. Schon institutionell ist der größte Teil der „Software" den kommunalen Beschlussfassungsorganen nicht zugänglich: Die Manipulation dieser Hebel untersteht entweder dem übergeordneten Staat oder gemischtwirtschaftlichen Organen, welche an das Prinzip privatwirtschaftlicher Abrechnung gebunden sind, oder dem Privatbesitz und der „freien Wirtschaft". So bietet beispielsweise eine sichtbare Slumbildung, die sich im Verfall von Bauten äußert, der Baubehörde eine Möglichkeit des Eingreifens; die unsichtbare Slumbildung aber, wie sie auch in neu errichteten Miethäusern vorkommen kann, ist der kommunalen Politik entzogen.

Ein Problem der Anschaulichkeit ist auch das „Ende" von Planungen. Die konventionelle Planung arbeitet mit *closed-end*-Maßnahmen. Diese Maßnahmen sind auf die traditionelle Arbeitsweise der Politik eingespielt; die Beschlüsse tragen juristisch die Form von Gesetzen und Verordnungen. Demgegenüber tendieren moderne Planer zu *open-end*-Maßnahmen, bei welchen die Kunst des Planens nicht darin besteht, die Entscheidungen möglichst eilig zu fällen und so zu tun, als bestehe die höchste Voraussicht darin, die Zeit zwischen heute und dem Planungshorizont zu annullieren und das Plansoll des Jahres 2000 schon heute zu erfüllen, sondern darin, die Entscheidungen ohne Schaden möglichst lange offen zu halten, damit stets die neuesten Entwicklungen mit berücksichtigt werden können. Es ergibt sich aus der Natur kommunaler Politik, dass ein solches Verhalten nicht nur juristisch schwer zu motivieren ist, sondern auch für den Politiker und seinen Wähler frustrierend wirkt. Gewiss hat man im praktischen politischen Leben schon immer „prozessual" geplant; schon immer hat man die Entscheidungen lieber hinausgeschoben, als sie gefällt. Jedoch geschah dies in unsystematischer Weise und innerhalb der juristischen Konstruktion, so, als bestünden endgültige Leitpläne, zu welchen nur noch Ausführungsentscheidungen getroffen werden müssten. Eine systematische Planung mit offenem Ende aber bestünde in einer Strategie, sozusagen in einem positiven und negativen Netzplan, aus welchem ersichtlich würde, wann welche Entscheidungen getroffen und wie lange welche anderen Entscheidungen noch offen gelassen werden können.

Wenn wir die Demokratisierung der Planung nicht nur als ein Problem der Artikulation, sondern der Partizipation verstehen, wenn wir also der Meinung sind, die offene Information und das Mitdenken seien nur eine Vorstufe zum Mitbestimmen, so stellt sich die Frage, ob solche Strategien, solche geplanten Ablaufketten von Entscheidungen und für später offen gelassene Alternativen, überhaupt möglich sind. Die kommunale Demokratie befasste sich bisher mit einzelnen Entscheidungen; es wurde ein Gesetz verabschiedet, dann ein Baukostenzuschuss bewilligt, sodann ein Budget einer Verwaltungsstelle genehmigt etc. Sollte dies alles nun in einen geplanten Zusammenhang gestellt werden, so besteht die Gefahr, dass wesentliche Einzelteile dieses Plans von politisch starken Gruppen bekämpft werden. Besteht eine Strategie beispielsweise darin, den öffentlichen Verkehr zu bevorzugen und das Autofahren stärker zu besteuern, so kann eine starke Veto-Gruppe das Erstere zwar tolerieren, das Zweite aber verhindern und damit die gesamte Strategie zerschlagen. – Dieses Problem bleibt ungelöst, da dennoch auf die Mitarbeit solcher Veto-Gruppen nicht verzichtet werden soll. Sie haben schon oft die kommunale Politik vor Einseitigkeiten bewahrt und wieder auf die Bahn des Gemeinnutzens zurückgebracht. Wir denken hier insbesondere an den Kampf progressiver Jugendgruppen zum Beispiel für verbilligte Straßenbahntarife.

2. Die landläufigen Ziele

Die Konfusion, die sich oft in die politische Auseinandersetzung über urbanistische Probleme einschleicht, berührt weniger die Maßnahmen als vielmehr die Ziele selbst. Meist wird es nicht einmal für nötig befunden, die Ziele städtebaulicher Politik überhaupt näher zu umschreiben oder sie zueinander in eine Rangordnung zu setzen. Man nimmt an, dass es so etwas gebe, was man als gute urbanistische Leistung oder als die Visitenkarte des guten Bürgermeisters ausgeben kann, über das man sich auch allgemein einig sei und das allen in der Stadt vertretenen Klassen und Gruppen gleichermaßen nütze. Auf dieses wolkige Zielbündel sind die städtebaulichen Maßnahmen der Gemeinde ausgerichtet, wobei sich niemand auch nur die geringste Mühe nimmt, den Wirkungsgrad der Maßnahmen in Richtung auf die gewünschten Ziele zu messen oder auch nur zu schauen, ob eine solche Wirkung überhaupt eintritt oder ob nicht die gegenteilige Entwicklung anhält. Dieses Zielbündel kann man ungefähr folgendermaßen aufgliedern:

• Im Interesse eines gleichbleibenden oder steigenden Steueraufkommens ist die Zahl der Arbeitsplätze auf dem Stadtgebiet zu halten und zu vermehren.

• Im Interesse der Rechtsgleichheit muss die geltende Bauordnung Dauer haben, und es soll in der Regel nicht an geltenden Baulinien, Flächennutzungszahlen und Ähnlichem herummanipuliert werden.

• Für gute Steuerzahler sind gute Wohnlagen vorzusehen und bestehende gute Wohnlagen zu schützen.

• Um die Wirtschaft zu ermuntern, Arbeitsplätze in der Stadt zu schaffen oder zu belassen, sind ausreichend Wohnungen für Arbeitnehmer vorzuziehen.
• Die Bedürfnisse des ständig wachsenden Verkehrs sind nach Möglichkeit zu befriedigen, auftretende Stauungen und Stockungen zu beseitigen.
• Um der Stadt auch ein Gesicht zu geben, sind bemerkenswerte städtische Bauten zu bewahren oder neu zu bauen, dazu großzügige öffentliche Plätze und Anlagen sowie Grünpflanzungen vom kleinen Spielplatz bis hinauf zum Park.
• In der Stadt haben Ruhe und Ordnung zu herrschen.

Wer wollte nicht zugeben, dass mit dieser Liste die Ziele unserer Stadtverwaltung umschrieben sind? Und wer sähe nicht gleichzeitig, dass dieses Zielbündel naiv, unkritisch und vor allem in sich widersprüchlich und deshalb unerfüllbar ist? Maßnahmen, welche dazu eingeleitet werden, eines dieser Ziele zu erreichen, entfernen uns von der Erfüllung eines anderen Zieles. Die Diskussion über eine Rangordnung der Ziele oder über die Optimierung in Form von Kompromissen wird nicht geführt. Da der Erfolg der eingeleiteten Maßnahmen nicht gemessen wird, bleiben die sozialen Kosten und der soziale Nutzen im Dunkeln. In naiver Weise wird der Nutzen einiger Schichten oder Berufsgruppen mit dem Gesamtnutzen gleichgesetzt, anstatt dass die schichtspezifischen Wirkungen eingeleiteter Maßnahmen offen aufgezeigt würden. Schließlich fehlen dieser Politik alle wirklichen Entscheidungen zwischen Alternativen: Die Frage nach der städtischen Lebensweise, ob wir eine dichte Stadt, eine lockere Stadt, eine Stadt des öffentlichen oder des privaten Verkehrsmittels, eine Stadt des maximierten Gewinns oder eine mit angenehmer Wohnweise anstreben – solche Fragen werden überhaupt nie gestellt.

3. Das urbanistische Syndrom
Die Verfolgung der naiven Ziele städtischer Politik vernachlässigt den Syndrom-Charakter der städtischen Entwicklung. An einigen Beispielen soll dieses aufgezeigt werden:
• Der städtische Wachstumsprozess spielt sich im Stadtinnern als eine Verdrängung von Wohnplätzen durch Arbeitsplätze ab. Diese erfolgt direkt und indirekt: Zum einen werden Liegenschaften ihrer Nutzung als Wohnungen entfremdet und dem Produktionsapparat zugeführt. Darüber hinaus aber bewirkt die Nähe von Arbeitsplätzen eine Verschlechterung der Umwelt – durch Lärm, Vermehrung des Verkehrs, Verschlechterung des „Rufes" einer Gegend –, sodass Wohnungen freiwillig aufgegeben werden. Vor allem dieser indirekte Verdrängungsprozess ist spezifisch: Die Verdrängung betrifft nicht alle Einwohner in gleichem Maße; es findet eine Entmischung statt. In der Tat sind die in den Sog der Arbeitsplätze geratenen Straßen und Stadtteile von einer charakteristischen Bevölkerung bewohnt: Vielfach nennt man sie „überalterte Quartiere" wegen ihrer großen Zahl aus früheren Epochen übrig gebliebener Personen, daneben sind sie aber in auffallendem Maße von jungen Leuten zwischen 16 und 26 Jahren bewohnt. Beide, Jugendliche und Alte, sind meist allein stehend.
• Das Bedürfnis, die Bauordnung über längere Perioden unverändert zu halten, führt zur Konservierung von Bauzuständen bei veränderter Nutzung. Wir alle kennen Büros, welche in ehemaligen Wohnhäusern installiert sind, die Küche als Archiv und das Badezimmer als Fotokopieranstalt eingerichtet... Die zurückgebliebene Bewohnerschaft solcher durch das Baugesetz eingefrorenen Gebiete ist eben die oben beschriebene: allein

stehende Leute. Der Prozess der Slumbildung ist eine Folge des Ungleichgewichts zwischen den hohen Erwartungswerten des Bodens und der fehlenden Möglichkeit, die Wertsteigerung sogleich in höhere Renditen umzusetzen. So wartet jedermann mit baulichen Veränderungen in der Hoffnung, dass die wirtschaftliche Potenz doch einmal das zurückgebliebene Baugesetz in Bewegung bringe. In der Folge dehnt sich die Stadt der tertiären Arbeitsplätze unnötig aus, denn die Nutzung solcher ehemaligen Wohnquartiere ist landverschwenderisch bei beschränkt bleibender Flächennutzungszahl. Die so sich ungebührlich erweiternde Innenstadt erzeugt Verkehrsprobleme: Wegen ihrer geringen Dichte ist sie am besten im Privatwagen zu erreichen; die hier Berufstätigen wollen selber tagsüber einen Wagen zur Verfügung haben, den sie vor dem Büro parkieren. Die dadurch eingeleitete Arbeitsplatzverteilung und die Arbeitsgewohnheiten drohen auch für spätere Zeiten weiterzuwirken: Nirgendwo entsteht eine solche Arbeitsplatzkonzentration, die beispielsweise eine Untergrundbahnstation möglich und rentabel machen würde. Eine Erschließung aber, die dem Privatwagen wirklich gerecht würde, erfordert so viel Straßenraum, dass die Attraktion des Gebietes durch die Erschließung zerstört würde.

• Ruhe und Ordnung sind kein autonomes Ziel, denn Unruhe und Unordnung sind nur ein Symptom unter anderen dafür, dass die Stadt und ihr Leben nicht mehr in Ordnung sind. Diese Vorgänge spielen sich in der Regel in jenen Stadtteilen ab, die vom Prozess der Entmischung befallen sind. Damit ist aber keineswegs gesagt, dass an diesen Vorgängen die Bewohner dieser Quartiere oder nur die Bewohner dieser Quartiere beteiligt sind: Vielmehr benutzen die Bewohner traditioneller oder neuer Wohnquartiere die alte Stadt zu ihren Zwecken – nicht ohne zu anderen Zeiten vom sicheren Heim aus eben diese Stadt der Verworfenheit zu zeihen. Die Polizei wird aufgefordert, den Übelständen ein Ende zu bereiten, was aber bei der Ausdehnung der entmischten Quartiere nach Motorisierung ruft. Es entspinnt sich eine nächtliche Jagd zwischen der motorisierten Polizei und dem motorisiert sich amüsierenden Bürger, die vollends die innerstädtischen Quartiere unbewohnbar macht; wer hier noch zu Fuß angetroffen wird, ist in das Geschehen einbezogen. – Die Entfremdung zwischen der Wohnstadt und der solchermaßen diskreditierten Innenstadt führt nun dazu, dass berechtigte Begehren der Innenstadtbewohner als bloße Unverschämtheiten hingestellt werden können. So hat im Jahre 1968 in Zürich die Forderung der innerstädtischen Jugend nach einem autonomen Jugendzentrum eine Pogromstimmung im bürgerlichen Lager ausgelöst, bei welcher schließlich die Polizei am 29. Juni auf der Bahnhofbrücke den Jugendlichen eine entscheidende Schlacht lieferte. Die gleichen Kreise, welche seit Jahrzehnten nach dem vermehrten politischen Interesse der Jugend riefen, missverstanden die einfachste Forderung, die eben diese Jugend auf der politischen Ebene anzubringen versuchte.

• Die Begünstigung des Automobils in den sich ausweitenden Innenstädten steht in schreiendem Gegensatz zu dem allgemeinen Ruf, das öffentliche Verkehrsmittel müsse gefördert werden. Noch gehört zu den geheiligten Paradoxien so genannt gesunder Gemeindeverwaltung, dass die Kosten der Straßen für den privaten Verkehr öffentlich finanziert werden, die Kosten des öffentlichen Verkehrs aber privatwirtschaftlich eingebracht werden müssen: nämlich durch Benutzertarife. Indessen wird der öffentliche Verkehr in Bus und Straßenbahn nicht nur durch die Fahrtkosten immer unattraktiver, sondern auch dadurch, dass er weitgehend im Privatverkehr stecken bleibt. Wenn aber alle warten müssen, so wartet der Einzelne offenbar noch lieber in seinem eigenen Wagen, der ihm wenigstens die Illusion gibt, er könne gelegentlich durch eine Nebenstraße dem Verkehr ein Schnippchen schlagen.

• Schließlich führt auch die Forderung nach großzügigen Anlagen oftmals zum Gegenteil des erwarteten Gewinns für die Umwelt. Was immer wir an großzügigen Plätzen aus dem 19. Jahrhundert übernommen haben, das benutzen wir zur Entwirrung oder Verwirrung der Verkehrsströme oder – völlig ungeeigneterweise – zum Umsteigen. Die Folge davon ist, dass großzügige Anlagen das Geflecht des innerstädtischen Geschäfts- und Besucherverkehrs eher stören als begünstigen; die eigentliche, der Kooperation gewidmete Innenstadt zieht sich von diesen Anlagen in das Innere des feinmaschigen Straßengeflechtes zurück. Nur dort, wo das Kontinuum der verflochtenen Geschäftsstadt noch intakt ist, hält sich jene – durchaus nicht naturgegebene, sondern höchst empfindliche – Mischung von Nutzungen, die eben das Funktionieren und die hohe volkswirtschaftliche Rentabilität von Stadtzentren ausmacht. Es besteht die Gefahr, dass gewisse, oftmals missverstandene Theorien über das Stadtbild und seine Einprägsamkeit neuerlich die Behörden zu einer falschen Großartigkeit verleiten, welche auf die Stadt nur zerstörerisch wirken kann. Die Stadt muss in erster Linie als die Stadt des Alltags, des oft regnerischen, winterlichen, nebligen und zugigen Alltags, und nicht als die Stadt aus der Touristenperspektive verstanden werden.

4. Technokraten und Politiker
Mit der Schilderung des Syndroms sollte angedeutet werden, dass die urbanistischen Probleme einen Grad der Kompliziertheit haben, in welchem sich das bloße Reagieren auf Symptome verbietet. Insofern verliert auch der Urbanismus zusehends an Anschaulichkeit, da die Herausforderung nicht mehr durch eine entsprechende Reaktion beantwortet werden kann. Was tief in unserer Sprachstruktur und unseren Denkgewohnheiten vorgebildet ist, nämlich die Lösung eines Problems durch die entsprechende Maßnahme, die Lösung der Altersfrage durch den Bau von Altersheimen, die Lösung der Parkplatzfrage durch den Bau von Parkhäusern – gerade dieses verbietet sich und muss ersetzt werden durch vielfältige und im Einzelnen dem Laien unverständliche Strategien.

Ist das die Stunde der Technokraten? – Vieles spricht dafür, und die besten Ausbildungsstätten bilden solche Technokraten aus. Wir glauben jedoch gezeigt zu haben, dass neben dem Problem der anzuwendenden Mittel vordringlich dasjenige der Ziele und der Bewertungsskalen steht; ja, dass zwischen Zielen und Mitteln so genau gar nicht unterschieden werden kann. Der naiven Technokratie fehlt die Möglichkeit der Zielkorrekturen während des Prozesses; die Zeit der Annäherung an ein gestecktes Ziel sowie die Nebenwirkungen der dazu eingesetzten Maßnahmen können die öffentlich gewünschten Ziele verändern. Die Technokratie bewältigt vermutlich das Problem der Rückkopplung in einem streng pragmatischen Sinn, eine Rückkopplung aber, welche Zielkorrekturen mit einschließt, verlangt entweder nach einer ihre Schranken durchbrechenden Soziologie oder nach dem politischen Weg.

Zudem stellt sich das Problem der sozialen Verankerung dieser Technokratie. Technokraten sind Menschen und haben die Verhaltensweisen und Wünsche aller Menschen: eine Präferenz für den eigenen Stand und die eigene Bildungslage, ein Verlangen nach materieller Sicherheit und nach Dauerhaftigkeit des errungenen Machtstandes und den Wunsch, diesen den eigenen Nachkommen mitgeben zu können.

Bleibt es also beim überkommenen Modell, dem der durch den Politiker kontrollierten Fachleute? – Sicherlich nicht in dem formalistischen oder dezisionistischen Sinne, dass der Fachmann nur forscht und Entscheidungsmaterial liefert, der Politiker aber nur kontrolliert und entscheidet. Wir wissen heute nur allzu gut, dass derjenige, der Entscheidungen wissenschaftlich vorbereitet, auch entscheidet und dass derjenige, der wissenschaftliche Entscheidungen bestellt, ahnt oder weiß, was er haben will und was er sicher nicht haben will. Indem wir dem Fachmann eine Neutralität zuschieben, die er nicht erfüllen kann, machen wir ihn entweder zum orakelhaften Magier oder zum geschickt getarnten Mitspieler.

Das Mittel in der verschlungenen Auseinandersetzung zwischen kontrollierenden und entscheidenden Stellen ist oftmals der Sachzwang. Jede Instanz entzieht sich am leichtesten der Bevormundung durch die andere dadurch, dass sie eine Zwangssituation herstellt, von der sie dann behaupten kann, sie sei unausweichlich. Der Politiker stellt Sachzwänge her, indem er Versprechungen und Garantien abgibt, Probleme und Übelstände in die öffentliche Diskussion wirft und gleich die Art der Abhilfe vorwegnimmt. Auf der fachlichen Ebene werden die Sachzwänge meist durch Präjudizien hergestellt, in der Ferne aufleuchtende Alternativen werden schleunigst so verbaut, dass nur noch eine einzige Lösung möglich ist.

In neuerer Zeit ist vielfach von der Mitarbeit des Soziologen im Planungsprozess die Rede. Es lässt sich nicht verheimlichen, dass dabei zuweilen an einen soziologischen Superman gedacht wird, der nicht etwa die Funktion kritischer Überwachung und Kommentierung innehat, sondern der umgekehrt bei der Durchsetzung behilflich ist und die Chancen der Technokraten erhöht. Die Methoden dieses Soziologen bestehen in der Feststellung der Machtverhältnisse, in der Aufspürung durchschlagskräftiger Einzelpersonen und jener strategischen Punkte personeller Einflussnahme und kollektiver Meinungsbildung, die dem Planer einen Ansatzpunkt geben, um die öffentliche Meinung zugunsten seiner Pläne umzustimmen.

5. Artikulation und Partizipation

Angesichts der inhärenten Unmöglichkeit der beiden Formen der Technokratie und der dezisionistischen Kontrolle – siehe oben – bleibt nur die Hoffnung, dass in dem heute so viel zitierten Slogan vom „kollektiven Lernprozess" eine echte Möglichkeit steckt. Sicherlich kann mit diesem Wort nicht gemeint sein, dass im urbanistischen Bereich alle Menschen Stadtplaner werden. Die Informiertheit wird sich immer als eine Hierarchie darstellen; zu fordern ist nur, dass die Information in Kaskaden diese Hierarchie hinabrieselt.

Wir zählen einige Schwierigkeiten auf, die diesen Lernprozess heute noch fragwürdig machen:

• Information ist nicht eine Ubiquität wie Luft oder Wasser, sondern einerseits eine Handelsware, andererseits ein politisch aufgeladener Stoff. Die Verbreitung der Information dient also entweder kommerziellen Interessen, was für den Urbanismus weniger in Frage kommt, oder sie wird von politisch interessierten Instanzen gesteuert und dosiert.

Deshalb muss der Partizipant die Information nach ihrer Herkunft und Absicht zu sichten wissen.
- Die Information wird meistens in einer „eindimensionalen" Form abgegeben: von der Art, dass Übelstände genannt werden, welche nach Abhilfe rufen. Der politisch interessierte Teilnehmer muss sich aber daran gewöhnen, in vielen Variablen zu denken.
- Wichtig an der Information sind nicht die gelieferten Daten, sondern das Modell oder die Modelle, in welche sie eingesetzt werden. In der Regel aber werden von interessierten Instanzen willkürlich einzelne Daten verbreitet, welche die Tendenz haben, hypothetische urbanistische Modelle eher zu zerstören als aufzubauen. Beispiel: Der Verband der Straßenfachleute lässt die Meldung in die Zeitung setzen, man habe errechnet, dass der Straßenbau durch die Benzin- und Automobilsteuern zu 140 Prozent finanziell gedeckt sei.
- Der größte Widerstand gegen die Information einer weiteren Öffentlichkeit kommt von den wirklichen und vermeintlichen Fachleuten der unteren Ebene: Sie fürchten für die von ihnen aufgebauten Machtpositionen oder auch für das Restchen Ruhe, das sie sich in ihrem Amte erkämpft haben.
- Selbst bei scheinbarer Gleichheit sitzt der durchschnittliche potenzielle Partizipant am kürzeren Hebelarm als die Regierung und die Beamtenschaft. Im Aufbau der Hindernisse für eine wirkliche Mitbestimmung ist die Bürokratie erfindungsreicher als auf allen anderen Gebieten.
- Die an der Macht befindliche Regierung arbeitet mit kurzfristigen *fait accomplis*; es ist schwierig, rechtzeitig ein Alternativprogramm zu entwickeln, bevor die Regierung ihre Schritte unternommen hat.

6. Nachbemerkungen über die Jugendrevolte

Nicht nur die urbanistischen Probleme an sich bilden eine „Struktur", eine solche Struktur ist auch die Verflochtenheit der urbanistischen Probleme mit den Mechanismen der kommunalen Regierung und Verwaltung. Wir wissen alle, dass es leichter ist, solche Verhältnisse zu schildern, als sie zu verändern. Während diese Zeilen geschrieben werden, sitzt in der Stadt des Verfassers – wie überall auf der Welt – die ältere Generation an den Televisionsapparaten und betrachtet die erste Mondlandung der Astronauten. Die Frage, weshalb die Vereinigten Staaten dieser Aktion eine solche Vorrangstellung und finanzielle und machtmäßige Unterstützung gewährten, erklärt sich wohl daraus, dass der Mond außerhalb jeglichen menschlichen Systems liegt. Jede gleichermaßen große Anstrengung, die auf ein irdisches Ziel gerichtet wäre, müsste sogleich etablierte Interessen und Gleichgewichte verletzen und Konflikte erzeugen.

In der gleichen Stadt sitzt die junge Generation an einem durchaus anderen Problem: Sie möchte eine tariffreie Straßenbahn. Zur Erlangung dieser von Politikern als Utopie verschrieenen Maßnahme hat sie wirksame legale – und außerdem noch illegale und weniger wirksame – Mittel eingesetzt. Damit hat diese Jugend ein Steuerungsmittel des städtischen Verkehrs, das ganz zu Unrecht von den städtischen Behörden nie aktiviert worden war, sondern in unbegreiflicher Blindheit nach kommerziellen Gesichtspunkten gehandhabt wurde, dem Stadtplaner und dem Politiker in die Hand gegeben. Die kurzfristigen Folgen ließen nicht auf sich warten. Die illegalen Aktionen wurden mit Polizeigewalt abgestellt. Die legalen aber werden durch taktische Manöver möglichst ungefährlich gemacht. Nachdem man jahrelang Krokodilstränen darüber vergossen hat, dass die heutige Jugend der kommunalen Politik fern stehe, schreit man nun Zeter und Mordio über diesen unerwarteten Einbruch in die gemeindlichste aller politischen Sphären: in die Tarifpolitik der Straßenbahn. Noch ist ungewiss, wer in unserer Stadt in dieser Frage die Oberhand behalten wird. Der harte Zugriff der Politiker hat schon gewisse politische Resignations- und Frustrationserscheinungen ausgelöst, wie wir sie auch aus anderen Ländern und Städten kennen: den Regress in Anarchismus und „Hippietum" einerseits, die Sublimierung in eine edle Verzweiflung und superkluge Weltinterpretation andererseits. Es ist zu befürchten, dass eine Gelegenheit verpasst wird, an welcher die Möglichkeit der Mitsprache exerziert werden könnte. Die frustrierte Partizipation aber lässt auch die Artikulation überflüssig werden, indem sie ein Gefühl des Fatalismus und der Hilflosigkeit dem System gegenüber erzeugt, das auch die Information ablehnt.

AUTOR
DENISE SCOTT BROWN

Die Architektin Denise Scott Brown, geboren 1931, studierte an der Architectural Association in London und an der University of Pennsylvania. Ab 1960 lehrte sie an zahlreichen Hochschulen in den USA, unter anderem an der University of California in Berkeley, an der University of California in Los Angeles und an der Yale University. Seit 1980 arbeitet sie in Philadelphia als Architektin und Städteplanerin in Partnerschaft mit Robert Venturi (heute: Venturi, Scott Brown and Associates; VSBA). Gemeinsam mit Robert Venturi und Steven Izenour veröffentlichte sie 1972 *Learning from Las Vegas* (dt.: *Lernen von Las Vegas*, 1979).

„Learning from Pop" („Lernen vom Pop") erschien erstmals 1971 in der Zeitschrift *Cassabella* (Nr. 389). Der Essay wurde in dem von Peter Arnell, Ted Bickford und Catherine Bergart herausgegebenen Buch *A View from the Campidoglio* (Harper & Row Publishers, New York 1984) wieder veröffentlicht, welches Essays von Robert Venturi und Denise Scott Brown aus den Jahren 1953-1984 enthält.

Denise Scott Brown:
Lernen vom Pop (1971)

Las Vegas, Los Angeles, Levittown, die Swinging Singles auf dem Westheimer Strip, Golfplätze, Bootsgemeinschaften, Co-op City, die Wohnungen im Hintergrund von Seifenopern, Fernseh-Werbespots und Anzeigen in Boulevardblättern, Plakatwände und Route 66, dies alles sind Quellen für einen Wandel in der architektonischen Sensibilität. Neue Quellen werden gesucht, wenn die alten Formen ausgehöhlt sind und kein Weg erkennbar ist, der hinausführt; dann kann ein klassisches Erbe, eine Kunstbewegung oder eine „Architektur ohne Architekten" von Ingenieuren und Primitiven dazu beitragen, die letzten Triebe der alten Revolution zu kappen, die von den konservativen Abkömmlingen ihrer Urheber gepflegt werden. Im Amerika der sechziger Jahre kam zu diesem Rezept für den Wandel in der Kunst noch eine weitere Komponente hinzu: die Gesellschaftsrevolution.

Die Stadtsanierung, die über zwei Jahrzehnte lang Architekten mit Arbeit versorgt hatte und ein letzter Hort für die schwachen Überreste der Moderne war, sie war nicht nur künstlerisch ausgereizt, sondern gesellschaftsschädlich. Die Dringlichkeit der sozialen Lage, die Gesellschaftskritik an der Stadtsanierung und am Architekten als Handlanger eines kleinen, wohlhabenden Ausschnitts der Bevölkerung – insbesondere die Kritik von Herbert Gans – waren ebenso wichtige Faktoren wie die Popkünstler in dem Prozess, uns zu der heutigen amerikanischen Stadt und ihren Erbauern hinzuführen. Wenn hochkünstlerische Architekten nicht das produzieren, was die Menschen wollen oder brauchen, wer kann dies dann? Und was können wir von ihnen lernen?

Bedürfnisse (Plural)

Die Empfänglichkeit für die Bedürfnisse ist ein erster Grund, sich der heute existierenden Stadt zu nähern. Dort angekommen, muss ein Architekt als Erstes lernen, dass es eine Vielzahl von Bedürfnissen gibt. Kein vernünftiger Bauunternehmer würde verkünden: Ich baue für den Menschen. Er baut für einen Markt, für eine Gruppe von Menschen, die durch ihr Einkommen und Alter, ihre Familienstruktur und ihren Lebensstil definiert ist. Vororte wie Levittown, Erlebnisparks, Stadthäuser im georgianischen Stil entstehen genau so, wie jemand die Bedürfnisse bestimmter Gruppen einschätzt, die ihren Markt bilden. Die Stadt kann als Ansammlung der gebauten Artefakte einer Gruppe von Subkulturen aufgefasst werden. Im Augenblick gibt es nur wenige Subkulturen, die freiwillig einen Architekten aufsuchen.

Für das Lernen aus dem, was vorhanden ist, gelten natürlich die Vorbehalte und Einschränkungen jeder verhaltenspsychologischen Analyse: Man beobachtet ein eingeschränktes Verhalten, nicht das Verhalten, das die Menschen unter anderen Umständen an den Tag legen würden. Die Armen leben nicht freiwillig in Mietskasernen, und möglicherweise wohnt die Mittelklasse auch nicht freiwillig in Vororten wie Levittown; vielleicht geht es den Bewohnern von Stadthäusern weniger um deren georgianischen Stil als um die Höhe der Miete. In Zeiten der Wohnungsnot ist dies ein besonders schlagkräftiges Argument gegen den Behaviorismus in der Architektur, da die Menschen ihre Unzufriedenheit mit einem bestimmten Angebot nicht zum Ausdruck bringen können, indem sie es zurückweisen, wenn sie keine Alternative haben. Um dieser Gefahr entge-genzu-wirk-en, muss man nach vergleichbaren Umgebungen suchen, in denen diese Einschränkungen aus irgendeinem Grund nicht vorhanden sind. Es gibt Umgebungen, die zeigen, welche Vorlieben wirtschaftlich eingeschränkte Gruppen hätten, wenn sie weniger eingeschränkt wären. Dies sind die Wohngebiete der Neureichen; Hollywood in der Vergangenheit, Las Vegas für die heutige Zeit und die Häuser von Filmstars, Sportlern und anderen Gruppen, deren sozialer Aufstieg sie raketenartig nach oben brachte und von denen dennoch die Beibehaltung der früheren Wertesysteme befürwortet wird.

Eine weitere Quelle sind die Wohnungen und Gebäude, die als Hintergrund in den Massenmedien, Filmen, Seifenopern und Anzeigen für Mixed Pickles und Möbelpolitur auftauchen. Hier sollen nicht Häuser, sondern soll etwas anderes verkauft werden, und der Hintergrund zeigt, welche Vorstellung jemand (die Madison Avenue?) davon hat, was Käufer von Mixed Pickles oder Zuschauer von Seifenopern von einem Haus erwarten. Nun könnte die Sichtweise eines Beobachters aus der Madison Avenue genauso schief sein wie die des Architekten, und das Gebäude sollte im Lichte dessen, was da verkauft werden soll, beleuchtet werden – muss eine Mixed-Pickles-Architektur so gemütlich aussehen wie mein Haus oder so elegant wie Ihres, wenn es darum geht, mir Mixed Pickles zu verkaufen? Aber wenigstens ist es eine andere Sichtweise, eine Alternative zur architektonischen Nabelschau, die wir in der Forschung so häufig pflegen, wenn wir zum Beispiel fragen: Was hat Le Corbusier gemacht? Sowohl die Madison Avenue als auch der Bauunternehmer können uns zwar wenig über die Bedürfnisse der Ärmsten sagen, decken aber doch ein breiteres Spektrum der Bevölkerung ab und bestehen einen härteren Test auf dem Markt als ein Architekt, der in der Stadtsanierung oder im sozialen Wohnungsbau tätig ist; und selbst wenn wir nicht mehr aus diesen Quellen lernen, als dass der Architekt für verschiedene Gruppen verschieden bauen muss, dann ist das schon eine ganze Menge. Es gibt jedoch eine Alternative zu beiden Sichtweisen: zu untersuchen, was Menschen – in Vororten, Bonzenhügeln, städtebaulichen Grauzonen und Slums – mit Gebäuden machen, sobald sie darin wohnen. Hier sind weniger Einschränkungen durch Kosten und Verfügbarkeit vorhanden, da es um ein kleineres Vorhaben geht. Auch sind Veränderungen häufig eher symbolischer als struktureller Art, und Sehnsüchte lassen sich vielleicht besser aus Symbolen als aus Strukturen ableiten.

Die Aufmerksamkeit auf das Gebaute als einer Informationsquelle über Nutzerbedürfnisse zu richten, schließt die dringende Notwendigkeit nicht aus, sich bei den

Menschen nach ihren Wünschen zu erkundigen. Dies ist ein wichtiger Punkt, genauso wichtig wie die Beziehung zwischen den zwei Arten der Erforschung, Befragung und Beobachtung, aber dies ist nicht das Thema dieser Untersuchung. Diese befasst sich vielmehr damit, was wir aus den Artefakten der Popkultur lernen können.

Formenanalyse als Designforschung
Ein zweiter Grund, sich die Popkultur anzusehen, ist es, Formensprachen für die heutige Zeit zu finden, die mehr Relevanz für die verschiedenen Bedürfnisse der Menschen haben und der Ungeordnetheit des städtischen Lebens mehr Toleranz entgegenbringen als die „rationalistischen" kartesianischen formalen Projekte der modernen Architektur der jüngeren Zeit. Wie viele Sozialwohnungen und Gebäude aus dem 19. Jahrhundert wurden abgerissen, damit irgendein nüchterner, puristischer Architekt oder Planer eine freie Fläche hatte, um darauf neu zu bauen?

Moderne Architekten können nun zugeben, dass die bauliche Form, von welchen Kräften, Prozessen und Technologien sie auch bestimmt wird, ebenfalls von Vorstellungen über die Form bestimmt wird, dass eine Formensprache ebenso Teil der Architektur ist wie Backsteine und Mörtel (oder Kunststoffe und Systeme für Futuristen), dass die Form nicht allein aus der Funktion geboren wird beziehungsweise werden kann wie die neu geborene, unschuldige Venus aus der Muschel, sondern dass die Form, *inter alia*, der Funktion, den wirkenden Kräften und auch der Form selbst folgt. Formale Richtungen müssen, wenn sie bewusst anerkannt werden, nicht unbedingt eine Tyrannei bedeuten, so wie das bei der Stadtsanierung der Fall war, und Formensprachen können, wenn man ihnen ihren Platz in der Architektur gibt, studiert und verbessert werden, damit sie zu bestimmten funktionalen Anforderungen passen, statt dass sie unbewusst und unangemessen als alte Hinterlassenschaft irgendeines irrelevanten Meisters hingenommen werden. Die Formen der Poplandschaft sind für uns heute genauso relevant wie die Formen des alten Roms für die Beaux-Arts-Bewegung, wie der Kubismus und die Maschinenarchitektur für die Vertreter der frühen Moderne oder wie die Industrielandschaft der Midlands und die Dogon für das Team 10, das heißt sie haben höchste Relevanz, mehr noch als die neueste Taucherglocke, Raketenabschussrampe oder Computerklinik (oder sogar, *pace* Banham, der Pier von Santa Monica). Anders als diese entsprechen sie unserer Situation nicht nur in ästhetischer Hinsicht, sondern auf vielen Ebenen der Notwendigkeit. Diese reicht von der sozialen Notwendigkeit, die Armen umzusiedeln, ohne sie kaputtzumachen, bis zu der architektonischen Notwendigkeit, Gebäude und Umgebungen zu schaffen, die andere brauchen und mögen. Die Poplandschaft unterscheidet sich von den früheren Modellen insofern, als sie auch der Boden ist, auf dem wir aufbauen; sie ist unser Kontext. Und sie ist eine der wenigen zeitgenössischen Informationsquellen für die symbolischen und kommunikativen Aspekte der Architektur, da sie von der Moderne mit ihrer puristischen Reduzierung der Architektur auf Raum und Struktur unberührt blieb. Die Formenanalyse birgt jedoch ein Problem. Zunächst ist uns, weil die Form so lange kein legitimes Thema war, die Tradition ihrer Analyse verloren gegangen, und zweitens sind die Formen neu, mit denen wir uns befassen, und lassen sich nicht so leicht mit traditionellen Analyse- und Kommunikationstechniken in der Architektur und Stadtplanung beschreiben.

Eine orthografische Darstellung erfasst kaum das Wesentliche des Stardust-Zeichens, und es kommt, auch wenn dieses Zeichen einen Block lang ist und *in situ* eine überwältigende visuelle Wirkung hat, in einem Flächennutzungsplan doch nicht zur Geltung. Der suburbane, weitgehend den Autos vorbehaltene Raum ist nicht durch Mauern und Stockwerke definiert und daher schwer mit Systemen grafisch dazustellen, die für die Beschreibung von Gebäuden entwickelt wurden. Der Raum ist eigentlich nicht der wichtigste formale Bestandteil der Außenbezirke. Die Kommunikation durch den Raum hindurch ist wichtiger, und die erfordert ein symbolisches und ein zeitliches Element in den Beschreibungssystemen, die jetzt erst langsam entwickelt werden.

Neue Analysetechniken müssen mit Filmen und Videobändern arbeiten, um die Dynamik der zeichenhaften Architektur und die sequenzielle Erfahrung großer Landschaften herüberzubringen; Computer sind notwendig, um Daten, die sich massenhaft wiederholen, zu verständlichen Mustern zu ordnen. Verdienstvolle traditionelle Techniken sollten durch die Anwendung auf neue Phänomene ebenfalls wieder belebt werden. Würde man beispielsweise die aus dem 18. Jahrhundert stammende Technik von Nolli zur Kartierung von Rom so anpassen, dass auch Parkplätze dargestellt werden können, könnte man damit ein klares Licht auf Las Vegas werfen. Möglicherweise ließe sie sich auch einigermaßen einfach auf die Computertechnik übertragen.

Die Formenanalyse sollte komparativ vorgehen, also durch den Vergleich die neuen Formen mit der verbleibenden formalen Tradition in der Architektur verknüpfen, um sie so in die Disziplin der Architektur einzubinden und uns zu helfen, unsere neue Erfahrung im Licht unserer Form-Schulung zu verstehen. Mit dem Vorschlag, die Form zu analysieren, will ich nicht andeuten, dass die Funktion (der Plan), die Technologien oder Kräfte (gesellschaftliche Prozesse in der Stadt oder wirtschaftliche Zwänge auf dem Land) für die Architektur unwesentlich sind oder dass sie nicht ebenfalls als Quellen der künstlerischen Inspiration für den Architekten dienen können. Alle sind notwendig und wirken zusammen. Die anderen Ansätze sind nur nicht Gegenstand dieser speziellen Untersuchung.

Die Suppendose und das Establishment
Es liegt eine Ironie in der Tatsache, dass die Popkultur und die Poplandschaft keine Popularität bei denjenigen genießen, die über die Erneuerung der Stadt und die Umsiedlung der Armen entscheiden. Folgendes Zitat aus der Zeitschrift *Life* stammt von John Kenneth Galbraith, einem wichtigen und einflussreichen Liberalen:

„Für den Durchschnittsbürger gibt es einige einfache Tests, um festzustellen, wann wir von der Beschwörung der Umwelt zu praktischen Maßnahmen übergegangen sind. Ein Zeitpunkt wird sein, wenn die Nutzung des Autos in den großen Städten eingeschränkt wird, ein anderer, wenn die riesigen Werbetafeln, die zu den schlimmsten und praktisch nutzlosen Auswüchsen der Industriegesellschaft zählen, von den Highways entfernt werden. Noch ein weiterer Punkt wird sein, wenn Telefonleitungen und elektrische Leitungen überall in den Städten unterirdisch verlegt werden und wir die zusätzlichen Gebühren dafür in unserer Rechnung akzeptieren.

Die große Kunst ist schon immer der kleinen gefolgt: ein McDonald's-Schnellimbiss.

Mein ganz persönlicher Test, was er auch wert sein mag, betrifft die Tankstellen. Dies sind die abstoßendsten Produkte der Architektur in den vergangenen zweitausend Jahren. Es gibt weit mehr davon als nötig. In der Regel sind sie verdreckt. Ihre Waren sind scheußlich aufgemacht, ihre Auslagen protzig. Sie haben eine unverbesserliche Vorliebe für aufgespannte Leinen mit zerfransten Fähnchen daran. Ihr Schutz besteht in einer ominösen Koalition zwischen dem kleinen Geschäftsmann und den Großunternehmen. Tankstellen sollten von den meisten Straßen und Autobahnen ganz verbannt werden. Dort, wo sie erlaubt sind, sollten sie im Franchising-System organisiert werden, um ihre Zahl einzuschränken, und es sollte strenge Anforderungen an Architektur, Erscheinungsbild und generelle Zurückhaltung geben. Wenn wir damit (und ähnlichen Geschäften entlang der Straße) beginnen, dann glaube ich, dass wir es ernst meinen."[1]

Er erwähnt nicht einmal den Bedarf an Sozialwohnungen als dringliches Umweltproblem, und meiner Ansicht nach sollte er besser bei der Wirtschaft bleiben. Doch die konventionelle Weisheit, die Galbraith hier zum Ausdruck bringt, wird von seinen Kollegen geteilt, denjenigen älteren Radikalen der Architektur, die in den amerikanischen Kunstausschüssen sitzen, in den „Design"-Abteilungen von HUD und den Stadtplanungs- und Sanierungsbüros, die für die größeren öffentlichen und privaten Unternehmen planen und bauen und das Ohr der Stadtmacher haben. Wenn der Allgemeinheit mit ihren Entscheidungen gedient sein soll, müssen diese Mitglieder des Architekten-Establishments lernen, sich eine andere Art der Prüfung anzugewöhnen und ihre Ästhetik von anderen Beschäftigungen mit der „Umweltverschmutzung" zu trennen. Wasserverschmutzung und Werbetafeln sind als Problem nicht derselben Größenordnung zuzuordnen. Erstere kann gar nicht gut sein; Letztere aber könnten gut gemacht werden, insbesondere, wenn wir Gelegenheit bekommen, sie für eine Weile unvoreingenommen zu studieren.

Löscht man „heruntergekommene" Wohngegenden zusammen mit Werbetafeln und Tankstellen im Namen der Bekämpfung einer „visuellen Umweltverschmutzung" aus, kann der gesellschaftliche Schaden irreparabel sein. Eine alte ästhetische Formel jedoch wird, auch wenn sie nachweislich zum Hemmschuh geworden ist, erst aufgegeben, wenn sie durch eine neue ersetzt ist, da die Form, wie wir gesehen haben, in ihrer Herstellung von der Form abhängt. Und für das Architekten-Establishment muss die neue Sprache eine respektable Herkunft haben. Daher muss die Popumgebung, sofern sie diese Sprache zur Verfügung stellen soll, durch geeignete Prozesse gefiltert werden, um akzeptiert zu werden. Sie muss Teil der Kunsttradition werden; sie muss die Avantgarde des Vorjahres sein. Dies ist ein weiterer Grund, die neue Landschaft der traditionellen architektonischen Analyse zu unterziehen: damit sie vom Establishment akzeptiert wird. Das Establishment kann erst vom Pop lernen, wenn er in der Akademie hängt.

Hop on Pop
Ich habe empfohlen, die Formen der neuen, existierenden Stadt sowohl in sozialer als auch in ästhetischer Hinsicht zu untersuchen. Dies gilt für alle Architekten, die ihre Fähigkeiten noch bis in neue, ungeahnte Höhen zu verfeinern hoffen. Die große Kunst ist früher schon der kleinen gefolgt und umgekehrt; woher stammen eigentlich die Parabeln im McDonalds-Schriftzug und die Split-Level-Ranch?

Im Übergang von der kleinen zur großen Kunst liegt eine gewisse Aufschiebung des Urteils. Das Urteil wird im Interesse des Verständnisses und der Aufnahmefähigkeit zurückgehalten. Dies ist eine spannende heuristische Technik, aber auch eine gefährliche, denn es ist genauso irrational, die Popkultur als Ganzes zu verehren, wie sie zu hassen. Sie ruft die Vision eines allgemeinen, undifferenzierten Aufspringens auf den Popwagen wach, auf dem alles gut ist und das Urteil ganz fallen gelassen anstatt aufgeschoben wird. Doch Künstler, Architekten, Schauspieler müssen – so hofft man – ein Urteil fällen, zumindest mit einem Seufzen. Nach einem angemessenen Zeitraum müssen aus der neuen Quelle geeignete Kriterien erwachsen. Das Urteil wird nur aufgeschoben, damit spätere Urteile umso sensibler getroffen werden können.

Übersetzung aus dem Amerikanischen: Juliane Sattinger.

---

1 John Kenneth Galbraith: „To My New Friends in the Affluent Society – Greetings", in: *Life*, 27. März 1970.

AUTOR
HERMANN CZECH

Der Architekt Hermann Czech, geboren 1936 in Wien, studierte bei Ernst A. Plischke an der Wiener Akademie der Bildenden Künste und bei Konrad Wachsmann an der Sommerakademie Salzburg. 1981 gab Czech die Neuauflage von Josef Franks Buch *Architektur als Symbol* heraus. Er übersetzte und editierte das von Christopher Alexander, Sara Ishikawa und Murray Silverstein verfasste Buch *A Pattern Language* (dt.: *Eine Muster-Sprache. Städte. Gebäude. Konstruktion*, Wien 1995). Zu seinen wichtigsten Bauten gehören das *Kleine Café* (1970/1974), das *Restaurant im Palais Schwarzenberg* (1984), die *Rosa-Jochmann-Schule* (1991-1994) und das *Café im Museum für angewandte Kunst* (1993) – alle in Wien.

„Manierismus und Partizipation" erschien zuerst in Czechs ausgewählten Schriften zur Architektur, die unter dem Titel *Zur Abwechslung* 1977 erschienen sind (Löcker Verlag, Wien).

Hermann Czech:
Manierismus und Partizipation (1977)

Wien wird immer mehr, was es ist: die Hauptstadt von Österreich. Die alte Struktur von Bebauung, Versorgung und Nutzung versagt punktweise und wird punktweise ersetzt – durch Lösungen, die die bestehende Struktur ignorieren. (Eine Fußgängerzone zum Beispiel muss von eigens erfundenen Masten beleuchtet, die wie in der übrigen Stadt bestehende Verdrahtung muss entfernt werden.) Ob es sich um die Gestaltung einer Fußgängerzone oder um ein Geschäftsportal in einer Schutzzone, um ein Bürozentrum oder den verbesserten Hochwasserschutz handelt, es ist jedes Mal ein Schritt zum Groß-Salzburg.
   Wer eine Entwicklung aufhalten will, befindet sich immer auf der falschen Seite. Eine realistische Einstellung muss diese eskalierenden Veränderungen hinnehmen, ja sie beschleunigen. Die Veränderungen müssten noch *stärker* sein, die Ergebnisse *möglichst hässlich*; dann wollen wir warten, bis sie Bestand geworden sind.

Es gibt in der Kunst eine linke Position, die zunächst immer im Recht ist: die anti-künstlerische. Nur weil sie so leicht zu imitieren ist, wird sie alsbald zur rechten und hat Unrecht. Loos' Polemik bezog ihren kritischen *drive* aus einer kosmopolitischen, demokratischen, kommerziellen Kultur, getragen von den Geschäftsleuten und Installateuren, die es (in Amerika) schon gab und die sich durchsetzen würde. Dieser anti-formalen, „basis"-bestimmten Haltung stand die der Secession gegenüber, die die neue Kultur von oben her *entwerfen* wollte. – „Main street is almost alright" (Robert Venturi): Dieser (im Ansatz) anti-formale Einfluss kommt – wie die basis-orientierte Planungstheorie – auch heute aus Amerika; der dekorative heute wie damals aus England: Archigram ist rechts (Bruce Goff ist links).

Wenn also das, was von selbst geschieht, in Ordnung ist, wenn nicht mehr – wie die Kämpfe um die moderne Architektur suggerierten – eine Avantgarde von Fachleuten gegen den Willen des Volkes dessen eigentliche Bedürfnisse erfüllen muss, sondern vielmehr das Volk selbst und jene, die ihm aufs Maul schauen, die formfindenden Prozesse beherrschen – wäre dann nicht jener heile Zustand zu erwarten, in dem eine kollektive Formenwelt kollektive Bedürfnisse artikuliert? Christopher Alexander nennt dieses Stadium vor dem Sündenfall der Individualität den unbewussten Prozess der Formfindung. Zu ihm gehört freilich, dass nicht auf ihn reflektiert wird; und eben seine Erkenntnis enthüllt sich als ein künstlerisches Fachproblem.

Eine kulturelle Position, die, um nicht elitär zu sein, keine Werte schaffen und sich zurückziehen will, muss – abgesehen von ihrer Unaufrichtigkeit – scheitern: Es entsteht ein Gerede von Funktionären, die Qualität mit Unterdrückung verwechseln, jedem zugestehen, sich schöpferisch zu entfalten, nur dem Künstler nicht, und schließlich – das Ohr am Volk und völlig hilflos – die Ehrungen der Nation an Peter Alexander oder den Maler Leherbauer gehen lassen.

Was kann die Architektur leisten? Sie wird nicht unsere politischen, unsere sozialen, ja nicht einmal unsere Umweltprobleme lösen, so wenig wie Musik unsere Lärmprobleme lösen wird. Der Sinn für die Komik der wechselnden Einmischungs- und Mitlaufversuche von Architekten beginnt sich zu entwickeln. Selbst der Fortschritt, den sie wirklich bringt, ist eitel. Es ist ja wahr, dass man heute die Schrankwände im Versand kaufen kann, die Muthesius oder Le Corbusier vor einem halben Jahrhundert als Befreiung der Wohnkultur propagiert haben. Sie sind jetzt Requisiten der Lüge, wie es die altdeutschen Kredenzen waren, wie den Gründerzeitfassaden ebenso genau die Terrassenfassaden der Glück-Bauten[1] entsprechen. Es sind die „Aufsteiger"-Klischees, mit denen man täuschen und getäuscht werden will und gegen die zu polemisieren müßig ist.

Architektur kann darstellen und uns bewegen; sie kann neben der bestehenden eine erwünschte Gesellschaft darstellen und uns bewegen, sie herbeizuführen. Sie kann *Freiheit*, *Selbstverwirklichung* realisieren, und zwar sowohl *direkt*, als konkretes Objekt (ohne dass sie notwendigerweise Elemente der Variabilität oder Eigenleistungen der Benutzer enthält), als auch bildlich, als Ausdruck (ohne dass sie notwendigerweise ablesbare Chiffren oder Zitate aufweist). Sie muss in ihre Innerlichkeit das Äußere, Äußerliche, das uns umgibt, in ihre Einheit das Vielfältige, das möglich ist, hineinnehmen.

Welche Grundhaltung ist dazu erforderlich? Zunächst eine Haltung der Intellektualität, der Bewusstheit; und weiter ein Sinn für das Irreguläre, Absurde, die jeweils aufgestellten Regeln Durchbrechende: die Haltung des Manierismus.

Aber diese Grundhaltung ist bloß die Methode, einen Gehalt an Wirklichkeit zu fassen. (Die Intellektualität als leere Hülse oder die Irregularität als bloßes Versatzstück zeichnen sich bereits als die Langeweile der nächsten Jahre ab.) Der Manierismus ist der begriffliche Ansatz, die Wirklichkeit auf der jeweils erforderlichen Ebene zu akzeptieren; er gestattet jene Offenheit und Imagination, auch Fremdprozesse in Gang zu setzen und zu ertragen, ohne die unaufrichtige Fiktion, dass die Architektur ihren Anspruch aufgebe, einen Ausdruck zu schaffen: offen, gleichwohl definiert, arm, gleichwohl komfortabel zu sein.

---

1 Hermann Czech bezieht sich hier auf die Terrassenhochhäuser des Wohnparks Alterlaa in Wien, dessen erster Bauabschnitt durch den Architekten Harry Glück 1976 fertiggestellt wurde [*Anm. d. Hrsg.*].

AUTOR
WERNER SEWING

Der Architekturtheoretiker Werner Sewing, geboren 1951 in Bielefeld, studierte Soziologie, Geschichte und Politikwissenschaften in Bielefeld und in Berlin. Er lehrte Stadt- und Regionalsoziologie an der FU Berlin sowie Architektursoziologie an der TU Berlin und an der Bauhaus-Universität Weimar. Im Jahre 1999 war er Visiting Professor für Architekturgeschichte an der University of California in Berkeley. Seit 2001 ist er Mitglied im Wissenschaftlichen Beirat der Buchreihe Bauwelt Fundamente. Zu seinen wichtigsten Publikationen gehört Bildregie. Architektur zwischen Retrodesign und Eventkultur (2003).

Der Essay „No more Learning from Las Vegas" erschien zuerst in der Zeitschrift ARCH+ 162 (Oktober 2002) und ist hier leicht gekürzt wiedergegeben.

Werner Sewing:
No more Learning from Las Vegas (2002)

Der Architekturdiskurs ist ein intellektuelles Spiel, das selbstreferentiell seine eigenen Regeln bestimmt. Nicht erst seit Aldo Rossi ist die Autonomie der Architektur die Voraussetzung dieses Spiels. Die Autonomie ist zunächst nur eine ideelle, ihre soziale und professionelle Geltung muss ständig aufs Neue gegenüber der Heteronomie der Umwelt erkämpft werden. Ein Kunstgriff, den erfolgreiche Architekten in der Regel beherrschen, besteht darin, die Übereinstimmung des architektonischen Programms mit den zwingenden Erfordernissen der gesellschaftlichen Entwicklung oder dem „Leben" zu begründen. Chaostheorie, Vitalismus à la Deleuze, neue Technologien, reflexive Moderne, Individualisierung oder die neue Eventkultur sind einige dieser Überhöhungen, die den Modernediskurs der neunziger Jahre prägen. Klassischer Kanon, Schönheit, Konvention, Würde und Erhabenheit, das neue Bürgertum und natürlich auch die „Europäische Stadt" sind einige der konservativen Referenzmodelle. Einzig über Ökologie und Nachhaltigkeit als Ziele besteht in der Fachwelt Übereinstimmung, vielleicht auch, weil diese diffus und sehr frei interpretierbar sind.

Seit einiger Zeit wird es unübersehbar, dass in der Deutungskonkurrenz die konservative Linie an gesellschaftlicher und politischer Zugkraft gewinnt. Die Neue Moderne verliert, selbst in einer ihrer Hochburgen, den Niederlanden, an Rückhalt. Und das eindeutige, parteiübergreifende Votum des Bundestags für die Wiedergewinnung der barocken Schlossfassaden in Berlin wurde denn auch einhellig als Absage an „die" Moderne, als Niederlage der Fachwelt gegenüber dem Publikumsgeschmack, den Laien, gewertet.

Populismus oder Profession?

Die „Politik" und das „Volk", zwei scheinbar nur imaginäre Größen, die im Architekturdiskurs der goldenen Neunziger nicht mehr vorkamen, melden sich zurück und klagen ein „Zurück" zu neuer Tradition und Konvention ein. Populismus, gar Rechtspopulismus? Power to the People oder Partizipation, dies waren Forderungen der sechziger und siebziger Jahre, die der postmodernen Architektur als neuem „Leitmedium" zum Erfolg verhalfen, dann aber schnell zu Gunsten formaler, „autonomer" Diskurskontrolle durch die Fachwelt verdrängt wurden. Als elitäre Veranstaltung ging die Architektur auf Distanz zum häufig als Populismus denunzierten Anspruch der neuen sozialen Bewegung auf Mitsprache. Liberale Kritiker werteten denn auch die Basisideologie der Neuen Linken damals als „Populismus".[1]

Während der Hochkonjunktur der neunziger Jahre bevorzugte auch die Neoavantgarde den unterkühlten Professionalismus als Habitus. Frischer Konservatismus, wie Roemer van Toorn für die niederländischen *boy groups* behauptete, als Pragmatismus getarnter Opportunismus, so der Vorwurf Sanford Kwinters an MVRDV?[2] Auf jeden Fall ein Erfolgsmodell, in dem Autonomie und Heteronomie auf ideale Weise ausgewogen waren, Neoliberalismus und avancierte Ästhetik einander verstärkten. Im globalen Starsystem, das von den Postmodernen geschaffen worden war, wurden langsam die neuen oberflächengehärteten Avantgarden tonangebend. Gerade kleine Nationen, insbesondere die Niederlande und die Schweiz, konnten nun ihre avancierte Architekturkultur für ein global orientiertes *branding* nutzen. Für einzelne Protagonisten des Elitediskurses kleiner Länder eröffnete sich mit der Globalisierung die Chance, als *global player* am globalen Nietzscheanismus aus Unternehmertum und Künstlervirtuosität teilzuhaben: Supermodernism, Superman?[3]

Diese Haltung ist für alle, die es nicht ins Starsystem geschafft haben, angesichts des drohenden Populismus in Politik und Kultur nur noch schwer durchzuhalten. Es scheint, als stünden wir wieder an einer Zeitenwende, in der die Autonomie der Architektur neu in Frage gestellt wird. Das Heteronome wird wieder zum Problem, ein neuer Pragmatismus als Philosophie des Problemlösens steht an, vereinzelt wird sogar wieder eine Repolitisierung der Architektur gefordert.[4] Hatten gerade die ganz Jungen sich ohnehin wieder mit Situationismus und Archigram der trivialen Realität der Konsumgesellschaft und des Alltags geöffnet, so ist nun auch die akademische Moderne gezwungen, ihre gar nicht mehr so sichere Position in der Hochkultur zu überdenken. Die erneuerte Moderne droht ihre selbstverständliche Eliteposition immer mehr zu verlieren. Die Hochkultur geht immer häufiger auf Distanz. Das Brüchigwerden eines hochkulturellen Konsenses droht avancierte Architektur wieder in die Nische des ewigen Dissidenten zu verbannen, in der sie etwa heute in Berlin ihr Dasein fristet. Die drohende Marginalisierung der Moderne in der Hochkultur könnte nun doch, das Crossover der Jüngeren legt es nahe, eine neue Option für die Alltagskultur, das Triviale, die Masse eröffnen.[5] *High culture* und *popular culture* scheinen aber nach wie vor nur schwer vereinbar.

...

Populismus oder Pop: Wer ist das Volk?
Wie immer sind es einzelne Ereignisse, für sich genommen eher ephemer, die unseren Blick für eine verdrängte kulturelle Tiefenströmung öffnen. Der eruptive Durchbruch des Rechtspopulismus, der seit Jahren in vielen europäischen Län-dern längst zur politischen Kultur gehörte, wurde selbst in der Konsenskultur der Niederlande im Wahlkampf des Jahres 2002 zum Fanal. Die medial adäquate Dramatisierung lieferte ein radikaler Tierschützer. Ausgerechnet eine Ikone der Neomoderne – MVRDVs Rundfunkgebäude in Hilversum, die Villa VPRO, – diente als Kulisse für den Mord an der aufsteigenden Führerfigur der holländischen Rechtspopulisten, dem ehemaligen marxistischen Soziologieprofessor Pim Fortuyn. Erst die danach aufbrandende Emotionalisierung der Öffentlichkeit, die an die Diana-Eruptionen in England fünf Jahre zuvor erinnerte, macht deutlich, dass das Wort Populismus in der Tat auf so etwas verweist, was man – eher hilflos – „das Volk" nennen könnte.

Während das englische Volk den Spagat zwischen den Meistern der Medien, der Queen und Tony Blair, überzeugend meistert, Populismus also in der Konsenskultur domestiziert ist, hat sich die holländische Szenerie nach der Wahl ganz erheblich nach rechts verschoben. Nur: Was hat ein politischer Rechtsrutsch mit Architektur zu tun? Bart Lootsma, der theoretische Weggefährte von *Super-Dutch*, sieht hier sehr wohl einen Zusammenhang. Er verweist auf die Erosion der holländischen Moderne. Nun wird deutlich, dass es massive staatliche Förderung war, die den Erfolg der holländischen *boy groups* in der Architektur garantierte. Diese Unterstützung wurde aber bereits von der letzten Regierung zurückgefahren und der private Wohnungsmarkt für die Bauindustrie und die Eigenheim-Freunde geöffnet: *suburbia intra muros*. Ebenfalls über Jahre unkommentiert, hatte sich die neotraditionale Architektur nach dem US-amerikanischen Vorbild des *new urbanism* breitgemacht. Es bedurfte des jetzigen Schocks, um die kulturelle „Normalität" der Niederlande wahrzunehmen. Hatte die Neo-Avantgarde die ansteigende tatsächlich gebaute Bilderflut der Neotraditionalisten in den Neunzigern noch ignoriert oder amüsiert belächelt, so kann jetzt nicht mehr übersehen werden, dass deren Idylle der Schönen Stadt nicht auf Seaside oder Celebration in Florida beschränkt ist (denn hier wurde sie sehr wohl wahrgenommen, wenn auch exotisiert und ironisiert). Im Gegenteil, der Neotraditionalismus erweist sich als die eigentliche Gefahr für die Zweite Moderne. Von den USA bis ins neue Russland triumphieren historisierende, monumentalisierende und pittoreske Theaterkulissen.[6]

Dieser Trend hat allerdings schon länger von der niederländischen Architektur subkutan Besitz ergriffen; Camillo Sitte, der als pittoresker Idylliker zwar missverstanden, aber gerade deswegen so erfolgreich wurde, wird nun wieder beschworen. Selbst das neue Stadtzentrum von Almere, von Koolhaas maßgeblich verantwortet, buchstabiert diese Motive.[7]

Die verbreitete Rückkehr der Konventionen kann also nicht einfach als Populismus abgetan werden, als Kitsch oder schlechter Stil. In diesem Sinne wäre Populismus lediglich der vulgäre Massengeschmack, dem man in einer Marktgesellschaft eben auch Tribut zollen muss. Und erinnern wir uns: Gerade die Aufnahme des Massengeschmacks mit Elementen aus der Trash-Kultur wurde zu einer entscheidenden Leistung, die in den siebziger Jahren einer Erneuerung in der Architektur zum Durchbruch verhalf: Populismus wurde Pop.[8] Das experimentelle Programm von Robert Venturi und Denise Scott Brown ließ erstmals *high* und *low*, Las Vegas und Borromini aufeinander stoßen und konnte so – nach dem Vorlauf der englischen Independent Group in den fünfziger Jahren – die akademisch ausgetrocknete Moderne durch die massenkulturelle Vitalkur neu beleben.[9] Ihr Konzept, kommerzielle Alltagsästhetik und normative Architekturtheorie als gleichwertig zu nehmen und in einer Architektur des *common sense* zu integrieren, wurde häufig als Populismus denunziert. Vor dem Hintergrund von Archigrams Walking City, dem Fun Palace von Cedric Price und Yellow Submarine von den Beatles meinten sie aber eher Pop als Populismus. Die linken Kritiker, darunter auch Kenneth Frampton, zielten aber vor allem auf den kommerziellen Charakter dieses „Populismus".[10]

Diese Kritik ist heute kaum noch möglich. Eine Generation nach Venturi und Scott Brown ist die Synthese aus Pop-Revolution, Jugendkultur und Kommerz längst selbstverständliche Geschäftsgrundlage kultureller Praxis. Gerade heute, wo jüngere

Architekten im Crossover zwischen Webdesign, Mode, Lifestyle-Animation und kommerzieller Subkultur Architektur längst medial diffundieren lassen, sind die Ideen von Venturi und Scott Brown reif für ein Retro. Die Berührungsängste von *high* und *low* sind, so bestätigt auch die Konsumforschung, in der Mode der Lebensstil-Synkretismen aufgehoben. Populismus wäre dann also keine Bedrohung der Profession, sondern eine Chance zur Eroberung neuer Terrains durch die Architekten, die durch die Generalunternehmer zusehends aus dem Kerngeschäft des Bauens vertrieben werden. Analog zu Lifestyle-Machern können nun Architekten mit feuilletonistischen Kompetenzen avancieren. Indes: Die Marginalisierung des Büros Venturi und Scott Brown innerhalb des etablierten Architekturdiskurses bereits seit den achtziger Jahren macht stutzig. Tatsächlich dürfte nicht nur ihre entwurfliche Unsicherheit dazu beigetragen haben, sondern auch die konzeptionelle Paradoxie, die dem Spiel mit *high* und *low* zugrunde liegt. Damit dieses immer auch parasitäre Spiel überhaupt möglich ist, müssen die Sphären *high* und *low*, E und U als eigenständige Kulturen vital bleiben und sich ständig regenerieren. Wenn Architektur also nicht als dritte Kultur zwischen *high* und *low* changieren will, ist sie damit nach wie vor gezwungen, sich einer der Sphären zuzuordnen. Nicht nur für Venturi und Scott Brown war der Kontext der Hochkultur lebensnotwendig. *Main street* war eben doch nur *almost alright*. Der intellektuelle Zugang des Büros sowohl zur Baugeschichte als auch zum *commercial vernacular* war eindeutig elitär. Aber obwohl sie von den hochkulturellen Institutionen viele Aufträge erhielten, so für Universitätsbauten in den USA oder den Sainsbury-Wing der National Gallery in London, wurden sie auch innerhalb ihrer Profession, zumindest als bauende Architekten, kaum akzeptiert. Der gebaute Intellekt, die gebaute Ironie waren ästhetisch nur schwer konsumierbar, während für die aufsteigenden Neomodernisten sich ihre historisierende Formensprache ohnehin erledigt hatte. Auf noch größere Ablehnung stießen sie bei den kommerziellen Bauherren, so etwa im Wettbewerb für Eurodisney in Paris, wo ihnen, ebenso wie dem ebenfalls teilnehmenden Koolhaas Unverständnis für die Bedürfnisse des Konsumenten vorgehalten wurde. Dieser Vorwurf hinderte jedoch weder die *imagineers* von Disney noch Architekten wie Jon Jerde daran, bei ihren Themenparks und Entertainment-Malls auf die operativen Konzepte von Venturi zurückzugreifen – nun aber gänzlich ironiefrei.[11]

Die neue Mitte oder der Konsenspopulismus
Heute dürfte die Hauptgefahr jedoch nicht darin bestehen, zwischen *high* und *low* zerrieben zu werden, sondern eher darin, dass sich diese Unterscheidung sozial längst in Auflösung befindet. Bereits in den sechziger Jahren hatte Umberto Eco darauf hingewiesen, dass der ästhetischen und kulturellen Unterscheidung zwischen *high* und *low* keineswegs zwingend eine soziale Distinktion entsprach.[12] Trivialliteratur konnte hochkulturell kodiert werden, Comic strips galten als salonfähig, während umgekehrt, und damit der Sickertheorie von Kultur entsprechend, sich die *low culture* mit hochkulturellen Accessoires ausstattete, von der Tapete über die „Couchecke" bis hin zum TV-Set als Hausaltar. Schlimmer noch: In einer neueren Untersuchung über Wohnungseinrichtungen in den USA zeigen sich mehr Gemeinsamkeiten als Differenzen zwischen den sozialen Schichten. Das gilt auch für die von den meisten geteilte Ablehnung abstrakter Kunst.[13]

Es scheint sogar, als seien die Differenzen in Fragen des Musikgeschmacks erheblich größer als in Fragen der häuslichen und gebauten Umwelt.

Noch in den siebziger Jahren konnte Pierre Bourdieu in einer Fallstudie der Pariser Mittel- und Oberschicht kulturelle Distinktion als zentrales Merkmal der oberen Mittelschicht ausmachen. Heute dagegen wird nicht nur in der amerikanischen Kultursoziologie die Melange kultureller Muster in den gehobenen Schichten beobachtet, man spricht von einem kumulativen Kulturkonsum.[14] Diese Tendenz wird offensichtlich von der Herausbildung einer breiten neuen Mittelschicht sozial und kulturell getragen. Das Volk, in der althergebrachten Theorie des Populismus eher unten als oben, eher am Rand als im Zentrum, kann in einer Gesellschaft, in der sich – wie etwa in den USA – 80 Prozent der Bevölkerung als Mittelschicht verorten, nicht mehr mit *low* identifiziert werden.[15] Dieser Trend zur Mitte, kulturell noch viel stärker ausgeprägt als ökonomisch, legt nun eine neue Bedeutungsschicht von Populismus frei.

Die gegenwärtige politische Diskussion von Populismus verfehlt diese Dimension, da sie als die Träger populistischer Bewegungen in allen historischen Beispielen nur gefährdete, vom Abstieg bedrohte Mittel- und Unterschichten gesehen hat. Heute spricht man von Modernisierungsverlierern. Populismen bedienen in diesem Verständnis Ressentiments und Ängste, so vor allem Ausländerfeindlichkeit und Angst vor Kriminalität. Instrumentalisiert werden diese Stimmungen von demagogischen Führern, die mit Law-and-Order-Parolen und ungefilterten Nationalismen operieren.[16] Gerade die Dialektik von Führer und Masse hat diesem Populismus, häufig zu Recht, den Vorwurf der Faschismusnähe eingetragen. Als Paradigma des Populismus gilt die peronistische Diktatur in Argentinien nach dem Zweiten Weltkrieg, in der die Symbiose aus Führer und Masse bis heute ein mediales Faszinosum darstellt: Evita Peron hat längst in Madonna ihre Reinkarnation gefunden. Es wird deutlich, dass diese Fixierung populistischer Tendenzen auf symbolische oder reale Führerfiguren (neben Peron sind hier eben auch Haider und Le Pen zu nennen) längst ein Bestandteil jeglicher Politik in der heutigen medialen Massendemokratie mit ihren Volksparteien geworden ist.

So ist es kein Zufall, dass der Populismus-Vorwurf mittlerweile fast allen demokratischen Politikern gemacht wird, die mit vereinfachten Formeln die Stimmungen ihrer Anhänger einzufangen suchen. Damit aber sind alle klassischen Rhetorikformeln populismusverdächtig. Könnte es sein, dass moderne Massenkommunikation in diesem Sinne immer eine populistische Politik generiert?[17] Könnte es sein, dass sogar schon der griechische Polis-Bürger auf der Agora ein Populist war?

Immer schwingt im Wort Populismus die Abwertung des Volkes, nämlich des „gemeinen" Volkes mit. Ganz anders als in der Erfolgsformel „Wir sind das Volk" von 1989 ist im Begriff des Populismus „Volk" denunziatorisch gemeint. Eine positive Bestimmung des Volksbegriffs liegt aber der Verfassung jeder modernen Demokratie mit ihrer Legitimationsformel von der Volkssouveränität zu Grunde.[18] Mit der Formel „We The People" waren die Vereinigten Staaten das erste Land, in dem eine Philosophie des *common man* zur positiven, verfassungsrechtlichen Begründung von Politik werden konnte.[19] Diese Art von Populismus unterstellt einen mittleren Weg des *common sense*, aus dem sich alle abstrakteren normativen, ästhetischen und kognitiven Kategorien begründen. Der „Gemeine Mann" wird damit zum Legitimationsgrund auch der Politik.[20]

Populismus ist in diesem Sinne daher auch kulturtheoretisch nicht die Definition der Ränder, seien sie politisch rechts oder links, sondern die Definition eines gesellschaftlichen Konsenses. Dieser ist selbst zunächst immer fiktiv, er muss immer wieder neu definiert werden. In der Politik ist nach Carl Schmitt derjenige der Souverän, der den Ausnahmezustand definiert: der Staat. In Abwandlung dieser Formel wäre Volkssouveränität im kulturellen Sinne die Definition des Normalzustandes. Diese Fiktion wird in dem Maße real, wie es einflussreichen Gruppen und gesellschaftlichen Strömungen gelingt, diese Definition als Konsens verbindlich zu machen. In einer Mittelschichtsgesellschaft wäre Populismus also eine Philosophie, mit der die Definition von Mitte immer wieder neu ausgehandelt wird. Die gegenwärtige holländische Krise, die im Alltag übrigens längst wieder normalisiert ist, wäre dann ein Indikator dafür, dass der gesellschaftliche Konsens viel konservativer ist, als es der staatlich inszenierte, einschließlich seinem Architekturbranding, suggerieren wollte. Die Mitte ist also konservativer, als es die vorübergehend politische Korrektheit wahrhaben wollte. Das so genannte populistische Moment ist eben dies: das Aufbrechen und Gewahrwerden der Differenz von offizieller Sprache und öffentlicher Meinung.

Die Gefahr für den Architekturdiskurs der Moderne kommt daher nicht aus der „rechten Ecke", diese ist lediglich Symptomträger, auch nicht von den Anhängern der deutschen Volksmusik, sondern aus dem Zentrum der Konsensgesellschaft. Wenn Bart Lootsma in diesem Heft den neuen Marktpopulismus beklagt, eine Ideologie, die gnadenlose Konkurrenz als wahre Chance des Gemeinen Mannes verkläre, verkennt er, dass dieser Populismus nichts weiter ist als der neoliberale Konsens seit den achtziger Jahren.[21] Ronald Reagan und Margaret Thatcher waren die Galionsfiguren dieser Synthese aus sozialdarwinistischer Konkurrenz, kommerzieller Spaßgesellschaft und architektonischen Pathosformeln, wie sie von Michael Graves über Leon Krier bis hin zu Robert Stern zum guten Ton eines „Neuen Bürgertums" wurden. Der Gegensatz von *high* und *low* hatte sich im ökonomischen Aufschwung der deregulierten Ökonomie verschliffen. *Low* wurde, nachdem die „poppigen" seiner Elemente in den Mittelschichtslebensstil inkorporiert waren, identisch mit sozialem Versagen, mit Ausgrenzung bis hin zu sozialem Tod. „Low" hat in der Ära von Ballermann und Big Brother längst keinen Sexappeal mehr. Der „Proll" geriet zur Unfigur in einer Lebensstil-Diskussion, deren Sog zur Mitte sich auch aus der ökonomischen Angst vor dem Abstieg, der *fear of falling* speiste.[22] Umgekehrt bedienten sich die neuen Mittelschichten – viele von ihnen soziale Aufsteiger – der überkommenen Versatzstücke aus der Hochkultur, um ihre Aspirationen zu dokumentieren. Neoklassizismus als kulturelles Signal eines Aufsteigers: Der Architekt der Berliner Villa Gerl – Hans Kollhoff – und sein Bauherr verkörpern dieses Programm idealtypisch. Die alte bildungsbürgerliche Hochkultur hingegen ist längst marginalisiert, weder Peter Behrens noch seine Bauherren sind in Sicht.[23]

Es ist kein Zufall, dass gerade in den USA, wo, anders als in den Niederlanden, keine sozialstaatliche Bürokratie die „gute" Architektur alimentierte, der boomende private Häusermarkt den Aufstieg des rückwärts gewandten *new urbanism* förderte. Hier wurden die ossifizierten Elemente des Postmoderne-Diskurses (Typologie) geschmäcklerisch präpariert, standardisiert und in einer Vielzahl wählbarer Hausmodule vermarktbar gemacht. Was als Individualismus daherkam, wird mittlerweile von Kultursoziologen ernüchternd als Mc-Donaldisierung gedeutet.[24] Altmeister der Postmoderne, darunter leider auch Venturi, bekommen nun ihr Gnadenbrot in Themenparks à la Disney, ein früher anspruchsvoller Theoretiker wie Vincent Scully sekundiert nun Andres Duany in seiner Propaganda für den *new urbanism*.

Hier wird deutlich, dass die heute so beliebte Diskussion über Disneyfication und Event-City, die Aufwertung etwa von Jon Jerde zum hochkulturellen Architekten, der nur noch mit Platonzitaten zu verstehen sei (Ann Bergren), und die neue Liebe zu Las Vegas nichts mehr mit dem High-low-Impetus von *Learning from Las Vegas* (1972) gemein hat. Event-City steht nicht für die unwägbaren Abenteuer der Großstadt, für Dschungel, Moloch oder Babylon, sondern für die Verharmlosung und Infantilisierung städtischer Kulissenräume. Die Entertainment-Malls von Jon Jerde orientieren sich an Leitbildern europäischer, mit Vorliebe mediterraner Kleinstadt-Images. Disneys viktorianische Zuckerguss-Main-Street hat mehr mit den Gebrüdern Grimm als mit der realen *main street* des 19. Jahrhunderts zu tun. Der Strip von Las Vegas hat sich längst in eine Kette pittoresker Stadtsimulationen verwandelt, darunter auch eine venezianische Lagune oder das italienische Dorf Bellagio am Comer See: *Learning from Lake Como*. Die Anverwandlung der Event-City an das Bild der Schönen Stadt, wie wir es aus der Postmoderne zu sehen gewohnt sind, hat nicht nur Las Vegas von einer Spielhölle mit Mafiatouch in einen Ort für die ganze Familie verwandelt, sondern insgesamt den Reiz der kommerziellen Trash-Kultur gelöscht.[25] In dem oben erwähnten Interview mit Rem Koolhaas beklagt denn auch Robert Venturi jetzt, dass das neue Las Vegas die Ikonografie des Massenkonsums zu Gunsten einer harmonisierenden Szenografie aufgegeben habe. *No more Learning from Las Vegas*.

Warum hat der avancierte Architekturdiskurs von dieser Entwicklung so lange so wenig Notiz genommen? Wahrgenommen wurde sie, aber einseitig unter dem Gesichtspunkt der Trivialisierung kommentiert. Man glaubte, so die hochkulturelle Architekturzeitschrift *Daidalos*, die dahinter liegenden Motive, die Suche nach Atmosphäre, im eigenen ästhetischen Diskurs aufnehmen zu können. Auch Koolhaas, der seit *Delirious New York* (1978) die massenkulturelle Triebkraft der modernen Stadt wie kein anderer begriffen hatte, glaubte noch, dieses Wasser auf die Mühlen einer Kommerzmoderne im Stile Euralilles lenken und gleichzeitig mit der Erotik des Verruchten spielen zu können. Koolhaas teilt die Tragik Venturis, das Telos der Massenkultur nicht verstanden zu haben. Die politische Botschaft von Walt Disney wurde überhört: Disneyfication ist ein Bildungsprogramm, es hat das *relaunching* des „Gemeinen Mannes" als *middle class* (und wohl auch als Tourist) zum Ziel.[26] In der Sprache von Jon Jerde: „Relating to the Common Man in an uncommon way is the goal." („Ziel ist es, sich dem gewöhnlichen Mann auf ungewöhnliche Weise zu nähern").

Der „frische Konservatismus" der *boy groups* hat die Botschaft des „sentimentalen Konservatismus" aus Anaheim auch deshalb nicht hören können, da er den Glauben seiner postmodernen Eltern an die semantische Harmlosigkeit der Bilder und Zitate verinnerlicht hatte. Was wir heute erleben, ließe sich überspitzt als Rache der Bilder bezeichnen. Während sich der Architekturdiskurs zwischen New York und London zusehends in biomorphe, technoide Formen flüchtete und die Minimalisten in bewusster Bilderfeindschaft eine neue Erhabenheit der reinen Form und des reinen Raumkörpers propagierten, vollzog sich in der Lifestyle-Architektur jenseits von Box oder Blob nicht nur eine unterschwellige Re-Semantisierung der postmodernen Bilderzeichen, sondern schließlich eine fast an die klassische Moderne erinnernde soziale und politische Aufladung von architektonischem Ausdruck, diesmal aber als ein Zurück zur Tradition. Die Bilder waren immer schon Handlungsappelle, im Wortsinn eben Leitbilder, sie lenken die Sehnsüchte nach Lebensformen und Lebenssinn in spezifische kulturelle und soziale Kanäle. Die kulturelle Kristallisation des konservativen „Neuen Bürgertums" hatte somit unbemerkt die Gewichtungen im gesellschaftlichen Konsens verschoben und das postmoderne Bildrepertoire mit der adäquaten lebenspraktischen Semantik unterfüttert – und damit auch politisch nachhaltig besetzt.

Als der deutsche Bundestag im Sommer 2002 sein Bekenntnis zum Barock abgelegt hatte, befand das Feuilleton einer Berliner Tageszeitung, die seit Jahren den Wiederaufbau der Schlosskulissen gefordert hatte, es gebe nun kein einziges intellektuell ernst zu nehmendes Argument mehr gegen diese Entscheidung.

1 Robert Held: „Wenn eine Minderheit sich für das wahre Volk hält", in: *FAZ*, 22.9.1984.
2 Roemer van Toorn: „Frischer Konservatismus, Landschaften der Normalität", in: *Archithese*, 3/1997; Sanford Kwinter: „La Trahison des clercs (und anderer Mummenschanz)", sowie Bart Lootsma: „Schmutzige Hände – eine Entgegnung auf Sanford Kwinter", beide in: *ARCH+* Nr. 146, April 1999.
3 Hans Ibelings: *Supermodernism. Architecture in the Age of Globalization*, Rotterdam 1998.
4 So von Ernst Hubeli in seinem Festvortrag zur Eröffnung der Ausstellung „Neue Deutsche Architektur" in Berlin am 10.7.2002.
5 Exemplarisch das Themenheft von *Daidalos*, Heft 75, Mai 2000: „Alltag"; auch Steven Harris, Deborah Berke (Hrsg.): *Architecture of the Everyday*, New York 1997; John Chase, Margaret Crawford, John Kaliski (Hrsg.): *Everyday Urbanism*, New York 1999.
6 Für die USA vgl. John Dutton: *New American Urbanism*, Mailand 2000; für Russland: *Project Russia*, Bd. 24, *Capitalist Realism*, Moskau/Amsterdam 2002; Dmitry Shvidkovsky: „Moscow Architecture in 1997: Trade, Power and the New Russians", in: *AA Files* Nr. 33, Spring 1997.
7 Irenée Scalbert: „Townscape fights back: A Report from Holland", in: *AA Files* Nr. 8, Spring 1999; Frank-Bertholt Raith, Leonhard Schenk: „Geschichte als Vorbild?", in: *Planerin* 01, 2001; *Dutchtown Almere, OMA Urban Masterplan Almere Center Block 6*, Katalog Galerie Aedes, Berlin 2000.
8 Deborah Fausch: „Ugly and Ordinary: The Representation of the Ordinary", in: *Architecture of the Everyday*, a.a.O.
9 Joan Ockman: „Toward a Theory of Normative Architecture", in: *Architecture of the Everyday*, a.a.O.; Stanislaus von Moos: „Venturi, Scott-Brown & Associates: Recent Work", *Archithese*, Heft 6/1995; ders., „Über Venturi und Rauch, die Konsumwelt und den doppelten Boden der Architektur", in: *Bauwelt*, Heft 20/1980.
10 Kenneth Frampton: *Modern Architecture. A Critical History*, London 1985 (2. Aufl.), S. 291 ff.
11 Vgl. hierzu das aufschlussreiche Gespräch von Rem Koolhaas und Hans-Ulrich Obrist mit Robert Venturi und Denise Scott Brown in: Chuihua Judy Chung, Jeffrey Inaba, Rem Koolhaas, Sze Tsung Leomg (Hrsg.): *Project on the City 2, Harvard Design School Guide to Shopping*, Köln 2001. Vgl. allgemein dazu: Margaret Crawford: „The Architect and the Mall", in: The Jerde Partnership International: *You Are Here*, London 1999; Karal Ann Marling (Hrsg.): *Designing Disney's Themeparks. The Architecture of Reassurance*, Paris 1997.

12 Umberto Eco: *Apokalyptiker und Integrierte. Zur kritischen Kritik der Massenkultur*, Frankfurt/Main 1986 (ital. Orig.: 1964). Vgl. auch Diana Crane: „High Culture versus Popular Culture Revisited: A Reconceptualization of Recorded Cultures", in: Michèle Lamont, Marcel Fournier (Hrsg.): *Cultivating Differences*, Chicago/London 1992.
13 David Halle: *Inside Culture. Art and Class in the American Home*, Chicago 1993.
14 Richard A. Peterson/Roger M. Kern: „Changing High Brow Taste: From Snob to Omnivore", in: *American Sociological Review*, Bd. 61, 1996; Paul Di Maggio: „Are art-museum visitors different from other people?", in: *Poetics*, Bd. 24, 1996.
15 Werner Sewing: „www.janejacobs.com. Überlegungen im Anschluß an David Brooks' *Bobos in Paradise*", in: *Centrum. Jahrbuch Architektur und Stadt* 2001/2002, Darmstadt 2001.
16 Vgl. Helmut Dubiel (Hrsg.): *Populismus und Aufklärung*, Frankfurt/Main 1986. Darin insbesondere Hans-Jürgen Puhle: „Was ist Populismus?"
17 Zur modernen politischen Öffentlichkeit vgl. Benjamin Ginsberg: *The Captive Public. How Mass Opinion Promotes State Power*, New York 1986. Zur Demokratie im antiken Athen vgl. Josiah Ober: *Mass and Elite in Democratic Athens. Rhetoric, Ideology, and the Power of the People*, Princeton 1989.
18 Edmund S. Morgan: *Inventing the People. The Rise of Popular Sovereignty in England and America*, New York/London 1988.
19 Bruce Ackerman: *We The People, 1: Foundations, Cambridge*, Mass./London 1991.
20 In dieser an der schottischen Philosophie des *common sense* vom Beginn des 19. Jahrhunderts geschulten Sicht entstand auch die einzige genuin amerikanische Philosophie, der Pragmatismus. Vgl. *ARCH+* Nr. 156, Mai 2000 und meinen Kommentar in *ARCH+* Nr. 157, September 2001. Zum *common man* als Leitfigur amerikanischer Politik bis heute vgl. Michael Zöller: „Der Kult des Gemeinen Mannes. Die historischen Wurzeln des Populismus in den Vereinigten Staaten", in: *FAZ*, 11.6.1996.
21 Seine Wurzeln hat der Marktpopulismus in den USA bereits unter Präsident Andrew Jackson in den 1830er-Jahren. Vgl. Harry L. Watson: *Liberty and Power. The Politics of Jacksonian America*, New York 1990. In dieser Zeit machte de Tocqueville seine geistesgeschichtlich folgenreiche Reise durch die USA, auf der er auch die Vorläufer unseres heutigen Kommunitarismus „entdeckte".
22 Barbara Ehrenreich: *Fear of Falling. The Inner Life of the Middle Class*, New York 1989.
23 Zum „Neuen Bürgertum" und seiner Differenz zum „alten" vgl. die sensible Analyse von Tilmann Krause: „Renaissance der Bürgerlichkeit?", in: *Merkur*, Heft 640, August 2002.
24 Zu diesem Konzept des Soziologen George Ritzer vgl. Barry Smart (Hrsg.): *Resisting McDonaldization*, London/Thousand Oaks/New Delhi 1999.
25 Mark Gottdiener, Claudia C. Collins, David R. Dickens: *Las Vegas. The Social Production of an All-American City*, Maiden, Mass./Oxford 1999; Mark Gottdiener: *The Theming of America. Dreams, Visions and Commercial Spaces*, Boulder/Oxford 1997; The Jerde Partnership: *You Are Here*, London 1999.
26 Steven Watts: „Walt Disney, Art and Politics in the American Century", in: *The Journal of American History*, Bd. 82, 1995; Henry A. Giroux: *The Mouse That Roared*, Oxford 1999; Stephen M. Fjellman: *Vinyl Leaves. Walt Disney and America*, Boulder/San Francisco/Oxford 1992; Mike Wallace: *Mickey Mouse History and Other Essays on American Memory*, Philadelphia 1996.

TERRAIN
PARTIZIPATION, ALLTAG, POP

ARCHITEKTEN
ALISON UND PETER SMITHSON

Alison und Peter Smithson:
Wedding in the City (XIV. Mailänder Triennale, 1968)

Von Giancarlo de Carlo, dem Leiter der XIV. Mailänder Triennale, wurden die englischen Architekten Alison und Peter Smithson eingeladen, einen Raum zum Thema „urban decoration" zu gestalten. Noch am Tag der Eröffnung im Mai 1968 stürmten protestierende Studenten die Ausstellung, woraufhin die gesamte Triennale für das Publikum geschlossen wurde.

Die Smithsons konzipierten eine Ausstellungsarchitektur, die den Besuchern das Gefühl vermitteln sollte, sich in unterschiedlichen Ebenen der Stadt zu befinden: gerade so, als beobachte man von einem Platz oder von einer Balustrade aus das urbane Treiben. Nicht nur den oft übersehenen Dekorationen der Stadt wie Trambahnoberleitungen, Laternen und Fahnen galt ihr Interesse, sondern ebenso Festivitäten wie Hochzeitsfeiern, die den öffentlichen Raum beleben. In Gestalt von Puppen stellten Alison und Peter Smithson eine Vermählung nach, mit bunten Pop-Fähnchen und einer Wegwerf-Hochzeitskleidung von morgen. Über dem Brautpaar wehten die ebenfalls von den Smithsons entworfenen *wedding flags*.

TERRAIN
FASSADE, TEKTONIK, ORNAMENT

Nahezu in der gesamten ersten Hälfte des 20. Jahrhunderts hatte die Fassade in der Architekturtheorie einen schweren Stand. Zu den unumstößlichen Überzeugungen so unterschiedlicher Charaktere wie Le Corbusier, Hugo Häring und Mies van der Rohe gehörte es, keinen Bruch zwischen dem Inneren und Äußeren eines Gebäudes zu gestatten. So dekretierte Le Corbusier in seinem 1923 erschienenen Buch *Vers une architecture*: „Das Äußere ist das Resultat des Inneren"[1] – eine Behauptung, in der sich der Argwohn einer ganzen Epoche gegenüber der Fassade und dem ihr innewohnenden Hang zur Verselbständigung verbarg.

Dieser Argwohn fand seinen ersten wichtigen Ausdruck im Maison Dom-Ino, jener 1914 von Le Corbusier präsentierten Architekturtypologie, die nurmehr aus einem Stahlbeton-Skelett besteht, das die Wände von ihrer jahrtausendealten Tragfunktion entlastet. Fortan befand sich die Fassade in der prekären Lage, frei und unfrei zugleich zu sein: Unfrei war sie, weil sie im Dienst des Grundrisses stand und infolgedessen „von innen nach außen" entwickelt werden sollte; und frei war sie, da sie von konstruktiven Funktionen enthoben war und entsprechend autonom gestaltet werden konnte. Diese Freiheit kam ihr allerdings schlecht zu statten – wurde sie doch von nun an verdächtigt, ein überflüssiges Ornament zu sein.

Gegen die Abwertung der Fassade in der heroischen Phase der modernen Architektur regte sich seit Beginn der sechziger Jahre starker Widerspruch. Vor allem der amerikanische Architekt und Theoretiker **Robert Venturi** setzte sich mit seinem Buch *Complexity and Contradiction in Architecture* (1966)[2] für die Ehrenrettung der Fassade ein. Geprägt von einem langen Rom-Aufenthalt, übertrug er den Epochengegensatz von „erstarrter" Renaissance und „lebendigem" Manierismus ins 20. Jahrhundert und erhoffte sich hiervon die Entwicklung einer vieldeutigen, komplexen und anspielungsreichen Architektur, die endlich Schluss machen sollte mit der blutleeren Langeweile und stupiden Einfachheit einer epigonalen Moderne.

Vor allem im Kapitel **„Innen und außen"** unternimmt Venturi den Versuch, der Fassade wieder eine größere Bedeutung zukommen zu lassen. Er unterscheidet ausdrücklich zwischen Baukörper und Hülle und widerspricht somit der Vorliebe funktionalistischer Architekten für „fließende Räume". „Das Innere *ist* anders als das Äußere", lautet eine seiner prägnanten Formulierungen, in der seine Sympathie für das Differente und Heterogene aufscheint. Erst wenn sich das Außen vom Innen unterscheide, werde die Wand zum „Ort des Übergangs" und zum „architektonischen Ereignis".

Ähnlich wie die Architekten Louis Sullivan und Frank Lloyd Wright nimmt auch Venturi Bezug auf die Biologie. Doch im Unterschied zu ihnen interpretiert er Bauwerke nicht nur als abrupt beendete Wachstums- und Entfaltungsprozesse „innerer Keimzellen", sondern möchte zudem beim Entwurf den Faktor Umwelt berücksichtigt wissen. Dass „die Blume dem Licht entgegenwächst", beweise zur Genüge, dass Formen in der Natur nicht allein durch genetische Baupläne, sondern auch durch äußere Einflüsse bestimmt werden.

Für den Architekturhistoriker **Joseph Rykwert** bleibt nicht nur in *Complexity and Contradiction*, sondern auch in Venturis zweitem Buch *Learning from Las Vegas*[3] eine entscheidende Frage offen: Weshalb lobt Venturi die Heterogenität? Entsprechend klagt er in seinem Aufsatz **„Ornament ist kein Verbrechen"** (1975) eine „höhere transzendentale Idee" als nur die der Vielfalt ein. Er bemängelt, dass Venturi keinen Gedanken darauf verschwende, wozu Heterogenität denn „gut sein könnte". Für dieses Manko glaubt Rykwert auch den Grund angeben zu können: Venturi setze die Vielfalt als „Wert an sich" voraus; dies ermögliche es ihm zu verschleiern, dass sie ihm einzig dazu diene, eine profitable Containerarchitektur zu propagieren und „dekorierten Schuppen" das Wort zu reden, die rein ökonomischen Kalkülen folgten.

Rykwert bleibt Venturis *Theorien* gegenüber skeptisch, in dessen *Bauwerken* vermag er jedoch durchaus „körperliche Qualitäten" zu entdecken. Auch glaubt er in ihnen das Potenzial einer zeitgemäßen Ornamentik zu erkennen, die das Schmuck-Tabu der klassischen Moderne überwinden könnte. Die Körperlichkeit, die Venturi seinen Bauwerken verleihe, befördere eine „Neuformung des Haptischen". In der Tatsache, dass Architektur angefasst werden will, sieht Rykwert seine Hauptforderung an das Bauen eingelöst, „Erweiterung unserer selbst" zu sein. Ausdrücklich wird dem *Rezipienten* jenes Vergnügen bei der Berührung des Ornaments eingeräumt, das noch Adolf Loos lediglich den unzivilisierten *Produzenten* von Schmuck zugestehen wollte: dem „Kaffer", dem „Perser", der „slowakischen Bäuerin" – und nicht zuletzt auch seinem eigenen Schuster.[4]

Davon, dass ausgerechnet Venturis Bauten berührt und haptisch erfahren werden wollen, ist der Berliner Architekturtheoretiker **Fritz Neumeyer** nicht überzeugt. Die „dekorierten Schuppen" des Autors von *Learning from Las Vegas* stellen für Neumeyer kaum mehr als Simulakren dar, körperlose Bauten schierer Zeichenhaftigkeit, die die Selbstaufgabe der Architektur im Schilde führen. Er traut ihnen nicht zu, dem Bauen neue Wege aufzuweisen. Für ihn sind die Arbeiten Venturis „Zeichen ohne Architektur, Billboards, oder Architektur ohne Zeichen, banale Behälter" – und daher einer „Ästhetik des Verschwindens" verpflichtet.

Um der Architektur mehr Gewicht und eine größere Bedeutung zu geben, empfiehlt Neumeyer in **„Tektonik: Das Schauspiel der Objektivität und die Wahrheit des Architekturschauspiels"** (1993), den architektonischen Körper vor seiner Auflösung und Banalisierung zu schützen. Zu diesem Zweck rät er den Architekten, sich wieder auf die „tektonischen" Qualitäten von Gebäuden zu besinnen. Allerdings spricht er sich dagegen aus, die Tektonik bloß als simple „Kunst des Fügens" konstruktiver Bauteile aufzufassen. Stattdessen betont Neumeyer ihren dialektischen Charakter, der insbesondere in der Architekturtheorie des 19. Jahrhunderts entwickelt wurde: „Der Kern des Begriffs der Tektonik bezieht sich auf das geheimnisvolle Verhältnis zwischen der Fügbarkeit und der Anschaubarkeit der Dinge und betrifft den Zusammenhang zwischen der Ordnung des Gebauten und der Struktur unserer Wahrnehmung."

Neumeyer, der die Architektur offenkundig nicht nur zu den bildenden, sondern auch zu den darstellenden Künsten zählt, bezweckt mit seinem Verständnis von Tektonik eine Konventionalisierung der Fassade. Auf diese Weise hofft er, Architekturmoden besser zügeln zu können. Ihm geht es um die Disziplinierung einer Architektur, die sich im Kontext der Großstadt wieder auf die öffentliche Funktion der Fassade besinnen soll. Nicht auf die ehrliche *Zurschaustellung* des Tragwerks kommt es ihm an, sondern auf das *Schauspiel* des Tragens und Lastens. Mit seinem Plädoyer für eine inszenierte Stabilität hofft er, den Sehgewohnheiten eines misstrauischen und nach Sicherheiten suchenden Durchschnittsbetrachters gerecht zu werden.

Ein solches Verständnis von Tektonik unterscheidet sich stark von jenem, das der New Yorker Architekturtheoretiker **Kenneth Frampton** in seinen **„Reflexionen über die Reichweite des Tektonischen"**(1993) darlegt. Anders als Neumeyer stellt Frampton die Tektonik nicht als eine „szenografische Kultur" vor, sondern als eine an alle Sinne appellierende „Auffassung vom Machen, die auch die Vorstellung von Poesie mit einbezieht". Er legt Wert darauf, dass ein Bauwerk in erster Linie „ein Ding" sei und erst in zweiter Linie ein Zeichen. Von einer ausgeprägt taktilen und dauerhaften Architektur verspricht er sich, sie könne der Tendenz des ausgehenden 20. Jahrhunderts widerstehen, das Bauen zu einer schnell amortisierbaren Ware und „ästhetisierenden Verschleierung rein ökonomischer und technischer Prozesse herabsinken zu lassen".

Einmal mehr zeigt sich also auch bei Kenneth Frampton die ablehnende Reaktion, die Venturis Las-Vegas-Lektionen bei den meisten Architekten und Intellektuellen hervorgerufen hat. Der Ehrgeiz vieler Theoretiker seit Anfang der neunziger Jahre, die Bedeutung der Tektonik zu rekapitulieren, kann insofern als eine Disziplinarmaßnahme interpretiert werden, die von allen tragenden Pflichten entbundene und dadurch beliebig gewordene Fassade wieder zur Ordnung zur rufen.

Stephan Trüby

---

1 Vgl. Le Corbusier: *Ausblick auf eine Architektur*, Bauwelt Fundamente 2, Berlin/Frankfurt a. M./Wien 1963, S. 134.
2 Dt. Übers.: *Komplexität und Widerspruch in der Architektur*, Bauwelt Fundamente 50, Braunschweig 1978.
3 Dt. Übers.: *Lernen von Las Vegas. Zur Ikonografie und Architektursymbolik der Geschäftsstadt*, Bauwelt Fundamente 53, Braunschweig/Wiesbaden 1979.
4 Vgl. Adolf Loos: „Ornament und Verbrechen", in (ders.): *Trotzdem 1900-1930*, Wien 1982, S. 87.

AUTOR
ROBERT VENTURI

Der Architekt Robert Venturi, geboren 1925 in Philadelphia, studierte an der Princeton University und war von 1954 bis 1956 Stipendiat an der American Academy in Rom. Zu seinen bedeutendsten Bauten gehören das Altenwohnheim *Guild House* in Philadelphia (1960-63), das *Haus für seine Mutter* in Chestnut Hill (1962-64) sowie der *Sainsbury Wing* der National Gallery in London (1988-91 von Venturi, Scott Brown Ass. errichtet). Zu seinen wichtigsten Schriften zählen *Complexity and Contradiction in Architecture* (New York 1966) sowie *Learning from Las Vegas* (1972 gemeinsam mit Denise Scott Brown und Steven Izenour veröffentlicht).

„Innen und Außen", ein Kapitel aus *Complexity and Contradiction*, wurde der deutschen Ausgabe des Buches entnommen und hier gekürzt wiedergegeben. (*Komplexität und Widerspruch in der Architektur*, Bauwelt Fundamente 50, Vieweg, Braunschweig 1978; Original © The Museum of Modern Art, New York.)

Robert Venturi:
Innen und außen (1966)

„Die äußerlichen Formen sind normalerweise relativ einfach, aber im Inneren eines Organismus drängt sich eine faszinierende Vielfalt von Strukturen, die lange die ganze Freude der Anatomen waren. Die spezifische Gestalt einer Pflanze oder eines Tieres wird nicht nur durch die Gene seines Organismus bestimmt, beziehungsweise durch die biochemischen Prozesse im Protoplasma, die wiederum deren Aufbau steuern, sondern durch die Wechselwirkung zwischen der genetischen Ausstattung und der Umwelt. Ein bestimmtes Gen ist nicht die Ursache einer bestimmten Eigenschaft, sondern einer bestimmten Reaktionsweise auf eine bestimmt geartete Umwelt."
Edmund W. Sinnott: *The Problem of Organic Form*, New Haven 1963

Der Kontrast zwischen dem Inneren und dem Äußeren kann eine der wichtigsten Erscheinungsformen des Widersprüchlichen in der Architektur sein. Eine der selbstverständlichsten und verbreitetsten Orthodoxien des 20. Jahrhunderts war jedoch die Lehrmeinung, dass gerade hier kein Bruch zuzulassen sei: das Innere sollte durch das Äußere repräsentiert werden. Aber das war nicht wirklich neu – nur unsere Mittel dafür sind neu. Das Innere einer Renaissancekirche, zum Beispiel des Zentralbaus in Cortona, steht in ungestörter Beziehung zu ihrem Äußeren. Die Formensprache des Innenraumes, Pilaster, Gebälk und Gesimse, entspricht in den Größenverhältnissen und manchmal auch im verwandten Material der des Äußeren. Es ergeben sich feinsinnige Abwandlungen, wenig Kontrastierungen und keine Überraschungen.

Der vielleicht am nachdrücklichsten vertretene Beitrag der modernen Architektur-Orthodoxie war die Leitvorstellung vom fließenden Raum, der das Kontinuum von innen und außen herstellen soll. Ausgesprochen wurde dieser Gedanke besonders von Architektur-Historikern, besonders seit Vincent Scully dessen erste Äußerungen bei Raumbildungen des *shingle-style* entdeckt hatte, seine reifere Entfaltung dann im Prärie-Haus und seinen Höhepunkt im De Stijl und im Barcelona-Pavillon. Eine Architektur fließender Räume bedeutete tendenziell eine Selbstbeschränkung auf ebene, senkrecht aufeinander stehende Flächen. Die optische Unabhängigkeit dieser kontinuierlichen Flächen wird forciert durch verbindende Zwischenzonen aus Glas: Fenster als Öffnungen in der Wand verschwinden und werden stattdessen zu die Wand ablösenden Zonen, die aber vom Auge als eigenständige Wandteile nicht mehr anerkannt werden. Eine Architektur, die solcherart keinerlei Raumkanten mehr aufweist, bedeutete die totale Kontinuität des Raumes.

Ihr Pathos der Einheit von innerem und äußerem Raum wurde durch neue technische Verfahren und Materialien ermöglicht, die es erstmals gestatteten, das Innere vollständig von den Temperaturverhältnissen der Außenwelt zu isolieren.

Dennoch war die alte Tradition des umschlossenen und in seiner Eigenständigkeit betonten Innenraumes, die ich hier untersuchen will, von einigen der modernen Meister durchaus bewahrt worden, auch wenn diese Tatsache durch Historiker kaum ausreichend gewürdigt wurde. Obwohl Wright beim Prärie-Haus tatsächlich „die Schachtel zerstörte", sind doch die gerundeten Ecken und die schweren Wände seines Johnson Wax Administration Building Analogien zu den schiefwinkligen und runden Ecken der Innenräume Borrominis und seiner Nachfolger im 18. Jahrhundert; außerdem dienen sie auch demselben Zweck: entschieden ein Gefühl des Umschlossenseins in der Horizontalen zu erzeugen, sowie die Abgeschlossenheit und Einheit des inneren Raumes durch den Zusammenhang der vier Wände zu verstärken. Aber anders als Borromini durchbrach Wright seine kontinuierliche Wand nicht. Das hätte den starken Kontrast zwischen der horizontalen Umschließung und der senkrechten Öffnung abgeschwächt; es wäre ihm auch allzu traditionell vorgekommen, kompositorisch nicht entschieden genug.

Nicht eine bestimmte Orientierung macht das Wesen eines Innenraumes aus, sondern seine Umschließung und die Abgrenzung von innen und außen. Kahn sagte einmal: „Ein Bauwerk ist ein bergendes Gebilde." Die Funktion des Hauses, zu schützen und privates Leben zu ermöglichen, psychologisch und physisch, ist uralt. Das Johnson Wax Building stützt aber noch eine weitere Tradition: die ausdrucksreiche Unterscheidung der inneren und der äußeren Räume. Neben der Umschließung des Inneren durch Wände behandelt Wright auch den Lichteinfall ins Innere sehr unterschiedlich, ein Gedanke mit reicher Entwicklung seit der byzantinischen, gotischen und barocken Architektur bis in unsere Zeit, wofür Le Corbusier und Kahn bürgen. Das Innere *ist* anders als das Äußere.

Es gibt allerdings noch weitere geeignete Mittel der Betonung von Unterschieden und Bezügen zwischen dem Inneren und dem Äußeren, die unserer Architektur sehr fremd geworden sind. Eliel Saarinen sagte einmal, dass ein Gebäude auch „die Organisation von Raum innerhalb von Räumen ist. Und genauso verhält es sich im Stadtteil und in der ganzen Stadt."[1] Ich denke doch, dass man diese Reihe mit der Vorstellung eines Raumes [*room*] als Räumlichkeit innerhalb einer Räumlichkeit [*space*] beginnen lassen kann. Im Übrigen möchte ich Saarinens Definition dieser Beziehungen nicht nur auf das räumliche Verhältnis eines Baus und seines Standortes angewendet wissen, sondern auch auf die Beziehungen von Innenräumen zu Innenraum. Ich meine damit zum Beispiel den Baldachin über dem Altar innerhalb des Chorraumes. Ein klassisches modernes Bauwerk – wie ich zugestehen will: kein typisches – soll meine Auffassung anschaulich werden lassen. Bei der Villa Savoye ist mit Wandöffnungen, die augenscheinlich eher Löcher als Unterbrechungen der Wand sind, jedes Ausweichen des Blicks kompromisslos nur nach oben zugelassen. Einmal abgesehen vom umschließenden Charakter der Wände gibt es hier aber eine räumliche Besonderheit, die diesen Bau vom Johnson Wax Building nachhaltig unterscheidet. Sein fast quadratisches, strenges Äußeres umgibt ein raffiniertes Inneres, auf das von höher ansteigenden Bodenwellen aus und durch einzelne Öffnungen hie und da ein kurzer Blick geworfen werden kann. Dadurch gewinnt das innen wie außen gespannte Erscheinungsbild der Villa Savoye eine Art gegenläufiger Annäherung zwischen einem strengen Äußeren, das teilweise aufgebrochen wird, und einem raffinierten Inneren, das teilweise enträtselt werden kann. Ihr innerer Aufbau folgt den vielfältigen Anforderungen eines Hauses, genauer eines Wohnhauses, und nimmt dabei Rücksicht auf eine Verschwiegenheit, wie sie der private Bereich verlangt. Das Äußere verkörpert Vorstellungen von der Einheitlichkeit eines Hauses in einer dem grünen Land ringsum angemessenen Weise, vielleicht auch gegenüber der Stadt, von der es eines Tages umschlossen sein wird.

Ob Raum im Raum oder Ding im Ding – für ein Gebäude ist beides zutreffend. Seine inneren Verhältnisse können dabei mit seiner äußeren Hülle auch anders als bei der Villa Savoye in einem Spannungsverhältnis stehen. Die kreisförmigen tragenden Außenwände und die Kolonnaden des Teatro Marittimo der Villa Hadriana in Tivoli sind eine andere Lösung der gleichen räumlichen Leitvorstellung. Auch Wright umgibt – nicht wirklich, aber virtuell – das raffinierte Innere seines Evans-House mit einer rechtwinkligen Umfassung, die durch plastische Eckpfosten suggeriert wird. Eine gegensätzliche Auffassung zeigt sich in Barrington Court, wo die Feinheiten eines typischen Tudor-Schlosses durch die steife, symmetrische Fassade bis zur Unkenntlichkeit verstellt sind und höchstens zufällig in ihr Ausdruck finden. Bei einem weiteren symmetrisch angelegten Tudor-Schloss muss die Küche als optisches Pendant zur Kapelle herhalten. Die komplizierten Raumverhältnisse, wie sie der Schnitt des Schlosses von Marly freigibt, sind der Preis für die Lichtführung und sonstige Bequemlichkeiten im Inneren: Weil das an der Fassade aber nicht sichtbar wird, wirken die Lichtverhältnisse dann umso überraschender. Fugas Wände umhüllen S. Maria Maggiore in der gleichen Weise und aus dem gleichen Grund wie Soanes Mauern die kompliziert verschobenen Innenhöfe und Gebäudeflügel der Bank of England: Sie vereinheitlichen nach außen, entsprechen den Maßverhältnissen der Stadt, die gegensätzlichen räumlichen Gebilde der Kapellen und Bankflügel, die sich im Lauf der Zeit vielschichtig anlagerten. Eine Häufung unübersichtlicher Baumassen kann sowohl eingeschlossen als auch ausgegrenzt werden. Die Kolonnaden von St. Peter und an der Piazza del Plebiscito in Neapel grenzen einmal das komplizierte Gefüge der vatikanischen Baumassen und anders die der Stadt aus, um ihrem jeweiligen Platz ein einheitliches Gepräge geben zu können.

...

Die Spannung zwischen dem Moment der Umschließung und dem Moment progressiver Zergliederung ist schon immer auch ein Charakteristikum der Stadt gewesen. Befestigungswälle für den militärischen Schutz und der Grüngürtel für den ökologischen Schutz sind dafür Beispiele. Eine innere Wirrnis, von außen gebunden – das ist vielleicht das Stichwort für eine brauchbare Maxime, wie das Durcheinander der Städte, das endlose Auswuchern der Straßensiedlungen gebändigt werden könnte: Durch den phantasievollen Einsatz des *zoning* und gute architektonische Gestaltung ist es möglich, das Gewirr der Straßensiedlungen und der voll gestopften Hinterhöfe in ihren Funktionen und in ihrer Gestaltung zusammenzufassen. Wie in der Plastik von John Chamberlain, die aus zusammengepressten Autowracks besteht, und den Teleaufnahmen in Blakes *God's Own Junkyard*, wird auch mittels dieser Methoden Integration versucht; hier freilich eine ironische Art von Einheit.

TERRAIN
FASSADE, TEKTONIK, ORNAMENT

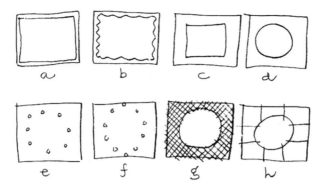

Der Gegensatz zwischen innen und außen kann unmittelbar Gestalt gewinnen durch eine zweite selbständige Innenraumbegrenzung, wodurch zwischen dieser Grenze und der äußeren Wand zusätzlicher Raum entsteht. Die Zeichnungen veranschaulichen diese Raumschichten zwischen dem inneren und dem äußeren Raum und zeigen, dass sie sich in Gestalt, Lage, Struktur und Größe mehr oder weniger stark unterscheiden. Die Zeichnung (a) zeigt den einfachsten Fall: Die Schichten verlaufen genau parallel und sind miteinander verbunden. Die Wahl eines anderen Materials für die Innenseite, etwa eine Vertäfelung, verstärkt die Kontrastwirkung. Die byzantinischen Mosaiken der Kapelle der Galla Placidia sind ein Beispiel für die zweite Art der Innenwand, die zwar berührt, aber mit dem Reichtum ihrer Oberfläche, ihren Mustern und Farben von dem eintönigen Gelbgrau der Ziegelwand außen klar abgesetzt ist. Die Pilaster, Architrave und Bögen der Wandaufbauten der Renaissance, wie etwa bei Bramantes Fassade im Hof des vatikanischen Belvedere, können sich selbst zu einer solchen parallelen Schicht zusammenschließen, während die Säulenreihe der Loggia an der Südfassade des Louvre einen Zwischenraum einschließt. Die Säulchen im Inneren der Kathedrale von Rouen und die frei stehenden Wandsäulen im Vorraum des Syon-House sind ebenfalls noch in sehr direkter Verbindung mit der Außenwand, doch beruht die beginnende Verselbständigung der dadurch gebildeten Raumschicht eher auf Unterschieden der Proportionen als auf verschiedener Form oder Struktur. Die Grenzlinie zweiteilt sich bei dem mit Vorhängen drapierten Schlafzimmer im Malmaison von Percier und Fontaine, das einem römischen Militärzelt nachempfunden wurde. Die abgestufte Reihe symbolischer Türen in Karnak ergibt vielfache Reliefschichten, und in der Beschränkung auf die zwei Dimensionen der Fläche ähneln sie dem entwicklungsträchtigen Motiv der ineinander gesteckten Spieleier und Holzpuppen. Diese Tore in Toren unterscheiden sich, ähnlich wie das vielfach gestufte Gewände der Portale in gotischen Vorhallen, ganz wesentlich vom Motiv der mehrfach bekrönten barocken Öffnung, bei der dreieckige Formen und Bodensegmente ineinander gesetzt sind.

...

Welche sind nun die guten Gründe für eine mehrfache Umhüllung, und was rechtfertigt einen Innenraum, der sich wesentlich vom Äußeren unterscheiden will? Als Wright seinen Satz formulierte: „Eine organische Form entsteht in ihrer wesentlichen Struktur aus ihren Bedingungen, so wie eine Pflanze aus dem Boden, in dem sie steht, und beide entfalten sich von innen heraus"², hatte er bereits viele Vorläufer. Viele andere Amerikaner hatten sich für etwas eingesetzt, was zu diesem Zeitpunkt eine heilsame Sache war – ein dringend benötigtes Schlagwort:

Greenough: „Anstatt die Funktionen jeder Art von Gebäude in eine immer gleiche Form zu pressen, nur für das Auge oder die Anpassung an andere Bauten eine äußerlich bleibende Hülle zu wählen, ganz ohne Rücksicht auf die Verhältnisse des Inneren, sollten wir damit beginnen, uns vom inneren Kern her, von der Keimzelle des Ganzen, nach außen zu arbeiten."³

Thoreau: „Was immer ich an Schönheit in der Architektur heute sehen kann, hat sich gewiss von innen nach außen entwickelt, aus den Bedürfnissen und den Eigenschaften seiner Bewohner."⁴

Sullivan: „(Der Architekt) muss ein Bauwerk so anlegen, dass es ungezwungen, folgerichtig und doch poetisch aus seinen Bedingungen heraus sich entfalten kann."⁵

„[...] die äußere Erscheinung soll Ausdruck des inneren Zweckes sein."⁶

Auch Le Corbusier hat einmal geschrieben: „Der Plan entfaltet sich von innen nach außen; das Äußere ist das Resultat des Inneren."⁷

Aber Wrights biologische Analogisierung führt nur zu einer Selbstbehinderung. Bis hin zu besonderen Verwachsungen ist die Entwicklung einer Pflanze von den besonderen Einwirkungen aus ihrer Umwelt ebenso abhängig, wie sie durch ihren genetischen Bauplan bestimmt ist. D'Arcy Wentworth Thompson betrachtete die Form als ein Protokoll der Entwicklung innerhalb einer bestimmten Umwelt. Die gegen allen Anschein rechtwinklige Grundordnung von Konstruktion und Raum in Aaltos Appartementhaus in Bremen ist eine Antwort auf Bedürfnisse nach Licht und Aufenthalt nach Süden, genau wie auch die Blume dem Licht entgegenwächst. Wright dagegen begriff, allgemein gesprochen, inneren und äußeren Raum an seinen fast ausnahmslos frei stehenden Bauten als Kontinuum; die vorstädtische und insbesondere die ländliche Umgebung seiner Bauten – er hatte eine tief reichende Abneigung gegen die Großstadt – war allerdings auch räumlich nicht so beengend wie eine urbane Umgebung. (Die ausgreifende Anlage von Robie-House jedoch passt sich auf dieser Eckparzelle den Beschränkungen auf der rückwärtigen Seite an.) Ich bin aber der Ansicht, dass es Wright widerstrebte, einen Bauplatz zu akzeptieren, der dem unmittelbaren Ausdruck des Inneren nicht von selbst entgegenkam. Das Guggenheim-Museum an der Fifth Avenue ist dort ein Fremdkörper. Doch das Johnson Wax Building antwortet zumindest negativ auf die Gleichgültigkeit der städtischen Umgebung, indem es sie beherrscht und sich gegen sie sperrt.

Auch in anderen Bereichen als der Architektur bestehen genauso gegensätzliche und sogar widerstreitende Beziehungen zwischen inneren und äußeren Kräften. Kepes schrieb: „Jedes Phänomen – ein physikalisches Objekt, eine organische Form, ein Gedanke, ein Gefühl, unser Gruppenleben – verdankt seine Gestalt und seine Eigenschaften dem Kampf zweier widerstreitender Tendenzen; eine physikalische Gestalt ist das Ergebnis eines Kampfes zwischen einer ursprünglichen Anlage und der äußeren Umgebung."⁸ Dieses Wechselspiel ereignete sich immer schon in dem verdichteten Bereich städtischer Umgebung. Wrights Morris-Laden ist ein anderes Beispiel der Ausnahmen, die er sich selbstbewusst erlaubte. Die starken Gegensätze zwischen dem Inneren und dem Äußeren – zwischen den besonderen, also privaten, und den allgemeinen, also öffentlichen Funktionen – lassen es zu einem Bauwerk von ganz urbaner Tradition und damit zu einer Ausnahme in der modernen Architektur werden. Aldo van Eyck hat es so ausgedrückt: „Planung sollte auf allen Ebenen ihrer Aufgabe darauf bedacht sein, einen Orientierungsrahmen vorzugeben – eine Bühne vorzubereiten, wie das immer schon war – für das Doppel-Phänomen des Individuellen und des Kollektiven, ohne dabei zu einer willkürlichen Bevorzugung des einen auf Kosten des anderen ihre Zuflucht zu nehmen."[9]

Der Widerspruch, oder zumindest der Gegensatz, zwischen dem Innen und dem Außen ist eine ganz wesentliche Dimension städtischer Architektur, er ist aber nicht an die Stadt gebunden. Neben der Villa Savoye und anderen ganz offensichtlichen Beispielen, wie den Bürgerhäusern in Form eines griechischen Tempels aus der Zeit des Klassizismus, die kleinlich voll gestopft sind mit vielen Zimmerchen, stellte die Renaissance-Villa, so zum Beispiel Hawksmoors Easton Neston oder Westover in Virginia, symmetrische Fassaden auf einen asymmetrischen Grundriss.

...

Wie die Gestaltung von innen nach außen, erzeugt auch die Gestaltung von außen nach innen spannungsreiche Bezüge, die dazu beitragen, Architektur entstehen zu lassen. Sobald sich das Innen vom Außen unterscheidet, wird die Wand – der Ort des Übergangs – zu einem architektonischen Ereignis. Architektur entsteht da, wo die internen und die externen Wirkungsresultanten aus Nutzung und Raum sich treffen. Diese internen und die externen, aus der Umwelt herkommenden Kraftlinien entspringen sowohl allgemeinen als auch besonderen Interessen, notwendigen und zufälligen. Als Scheidewand zwischen innen und außen wird Architektur zum räumlichen Dokument ihres Ausgleichs, aber auch ihrer Kräfte selbst. Wenn die Architektur diesen Unterschied zwischen innen und außen wieder ernst nimmt, kann sie schließlich auch wieder einer Sicht auf das urbane Ganze die Tore öffnen.

Übersetzung aus dem Amerikanischen: Heinz Schollwöck.

1 Eliel Saarinen: *Search for Form*, New York 1968, S. 254.
2 Frank Lloyd Wright: *Modern Architecture*, Princeton 1931, Zitat nach dem Buchumschlag.
3 Horatio Greenough, in Lewis Mumford (Hrsg.): *Roots in Contemporary American Architecture*, New York 1959, S. 37.
4 Henry David Thoreau: *Walden and Other Writings*, New York 1949, S. 42.
5 Louis Sullivan: *Kindergarten Chats*, New York 1947, S. 140.
6 A.a.O. S. 43.
7 Le Corbusier: *Towards a New Architecture*, London 1927, S. 11.
8 Gorgy Kepes: *The New Landscape*, Chicago 1956, S. 326.
9 Aldo van Eyck, in: *Architectural Design*, H. 12, Bd. XXXII, Dezember 1962, S. 287.

Der Architekturhistoriker Joseph Rykwert, geboren 1926 in Warschau, studierte an der Architectural Association in London und ist emeritierter Professor an der University of Pennsylvania. Zu seinen wichtigsten Büchern gehören *The Idea of Town* (1963), *On Adam's House in Paradise* (1972) und *The Dancing Column* (1996)

Der Essay „Ornament is no Crime" erschien zuerst in einer Sondernummer von *Studio International* (Sept./Okt. 1975). Die deutsche Fassung „Ornament ist kein Verbrechen" wurde der gleichnamigen Aufsatzsammlung von Joseph Rykwert entnommen (DuMont Verlag, Köln 1983) und ist hier gekürzt wiedergegeben.

Joseph Rykwert:
Ornament ist kein Verbrechen[1] (1975)

Es gab einmal eine Zeit, als Maler und Bildhauer eine klare Vorstellung von ihrer Beziehung zum Architekten hatten: Alle drei waren sie Künstler des „Sichtbaren". Die Kunst des Malers und Bildhauers ahmte jedoch die Natur nach, während die des Architekten dies nur teilweise tat. Architektur war Nachahmung, ja – aber nachgeahmte Kultur. Monumentalbauten reproduzierten die *notwendigen* Formen einer primitiven, aber wackligen Konstruktion in bleibendem und edlem Material. Soweit es zur Nachahmung der Natur kam, waren es die Proportionen des menschlichen Körpers, die der Architekt in seinen Abmessungen abstrahierte.

Diese Auffassung von der Baukunst, die ihre Weihe durch Theoretiker seit Vitruv (der auf viel ältere Quellen zurückging) erhalten hatte, war am Ende des 18. Jahrhunderts ungeheuer einflussreich. Mit der Wende zum neuen Jahrhundert gab es einen Wandel der Einstellung, der sich in einem doppelten Angriff gegen die alte Auffassung zu erkennen gibt. Die Architektur, so sagten einige (mit Goethe und den Dichtern), ahmt nicht die primitive Bauweise nach, sondern sie ahmt die Natur nach – den heiligen Hain, das Höhlengrab. Die alte Überzeugung, dass die Architektur auf der Proportion des menschlichen Körpers basiere (das war die Hauptstütze für die Fürsprecher der Naturnachahmung), wurde in diesem neuen Argument vergessen. Doch selbst diese modifizierte Form des Naturarguments fand Widerspruch bei einer neuen und wichtigen Gruppe, den Polytechnikern. Ihrer Auffassung nach ahmte die Architektur gar nichts nach. Architektur war verkleidete Konstruktion. Die Polytechniker traten nicht dafür ein – jedenfalls zunächst nicht –, dass die Konstruktion in schamloser Nacktheit hervortreten sollte. Gefälligkeit, Anstand, Konvention – kurz die Gesellschaft – verlangten, dass die nackte Konstruktion verhüllt wurde, und diese Hülle war das Ornament.

Mit Ornament hatte man einst das gemeint, was den Eindruck des Schicklichen erzeugt, indem es einem wesentlichen Mangel abhilft. „Bescheidenheit", so definierte das französische Akademie-Wörterbuch, „ist eine große Zierde des Verdienstes". Das ist nicht, was die Polytechniker meinten. Das Ornament versah nicht das, was gut in sich selbst war, mit seinem wesentlichen Ergänzungsstück, sondern es verhüllte das nicht Erwünschte. Die Einhüllung befriedigte das triviale Vergnügen. In erster Linie hatte es die Architektur mit der Notwendigkeit zu tun, und ihre wahre wesentliche Schönheit hing von der unmittelbaren und ökonomischen Befriedigung der dringendsten, der physischen Bedürfnisse des Menschen ab. Die Schönheit der Notwendigkeit befriedigte den Verstand allein, während die von Assoziation und Gefühl nur die Einbildungskraft ansprach. Darin lag eine Dichotomie, die sich im Laufe des 19. Jahrhunderts noch weiter vertiefen sollte.

FASSADE, TEKTONIK, ORNAMENT

Es gab zwei Arten von Architektur, die der Dichter und die der Polytechniker. Oft überschnitten sie sich, jedenfalls aber kam das Publikum zu der Ansicht, dass sie sich für verschiedene Arten von Bauten eigneten. Die Dichter konzentrierten ihre Aufmerksamkeit auf das historische und deshalb nostalgische Ornament, und die Polytechniker waren der Auffassung, dass, wenn beim Bauen der Schönheit Rechnung getragen werden müsse, dies durch die Proportion geschehe. Nicht durch die von den Theoretikern der Renaissance und des Barock geschätzten alten musikalischen Konsonanzen universeller Harmonie, sondern durch drei verschiedene und eigenständige Arten: durch die, die einfach von den Eigenschaften des Materials abgeleitet war, und durch die, die aus der Ökonomie, das heißt aus dem Bedürfnis nach der größtmöglichen Einfachheit der Geometrie folgte (wodurch der ausgiebige Gebrauch von Kreis und Quadrat gerechtfertigt wurde), sowie schließlich durch jene herkömmliche Art der Proportion, die mit den klassischen Ordnungen – und also mit einem Schmuckrepertoire – zusammenhing und deshalb für *nützlich* gehalten wurde, weil die Verhüllung des Bauwerks durch Konventionen den Benutzern des Gebäudes den Schock des Ungewohnten ersparte. Diese letztere Art der Proportion wurde in ihrer Anwendung als lokal auf Europa und das Mittelmeergebiet beschränkt angesehen. Baumeister in Persien oder Indien hatten keinerlei Bedarf nach solcher Verpackung und konnten sich allein auf Material und Ökonomie stützen, um daraus alles Nötige herzuleiten.

Als die Schüler der Polytechniker sich in ganz Europa, im Fernen Osten, im amerikanischen Westen und in Afrika ausbreiteten, nahmen sie diese Lehre mit. Es ist natürlich richtig, dass das 19. Jahrhundert die große Zeit des angewandten Ornaments ist, aber im Laufe des Jahrhunderts wurde der rein konventionelle Charakter des Ornaments immer deutlicher, und es wurde von allen schöpferischen Künstlern verachtet. Selbst diejenigen, zu deren Praxis reiche ornamentale Erfindungen gehörten, nahmen einen theoretischen Standpunkt ein, der dem der Polytechniker nicht unähnlich war. An einem Gebäude sollte es nichts geben, was nicht die Konvenienz unbedingt erforderte, schrieb einer von ihnen; Konstruktion und Schicklichkeit und Ornament sollten die wesentliche Struktur eines Gebäudes bereichern.

...

So kam es schließlich zum Sieg der Polytechniker im Feldzug gegen das Ornament. Zusammengefasst wurde dieser Sieg in dem Aufsatz „Ornament und Verbrechen" des österreichischen Architekten Adolf Loos, der 1908 zuerst erschien und dessen Argumentation in seinem ganzen Werk mit Nachdruck wiederholt wurde. Vergnügen an der Architektur ist für Loos letztlich ein Vergnügen der Einbildungskraft, doch das ganze architektonische Gebilde muss die Einbildungskraft beschäftigen, und auch der Verstand muss zufrieden gestellt werden. Erlaubt ist für Loos nur das Ornament, das die Freude des Produzenten ist: das des Polsterers (Zierleisten und Messingbeschläge auf Möbeln), das des nomadischen Teppichwebers (die Muster orientalischer Teppiche) und das des Schusters (Schuhe mit Lochmuster). Diese Ornamente sind ein Ausdruck der Freude des Herstellenden, nicht eine Konzession an das Auge des Benutzers. Der Zivilisierte (den Loos als einen Menschen definiert, der Beethovens „Neunte" oder den „Tristan" hört) hat eine echte Freude an glatten Gegenständen, die entworfen sind, um ihre Aufgabe so unauffällig wie möglich zu erfüllen: Der Reitsattel, die glatte silberne Zigarettendose sind Dinge, die Loos offensichtlich schätzte, ebenso wie die Produkte des Ingenieurs und der Industrie. Sie bereiten dem Verstand wie den Sinnen Freude. Seinen Ursprung hatte das Ornament – wie überhaupt alle Kunst – in dem obszönen, magischen Gekritzel des Höhlenmenschen. Die Kunst des modernen Menschen hat es nicht mit den instinktiven Bedürfnissen zu tun, die durch solche Schmierereien befriedigt werden, sondern sie wendet sich an die höheren Fähigkeiten. Soweit die Architektur mit Gefühl und Einbildungskraft zu tun hat, werden diese durch die Gesamtheit des Gebäudes und nicht durch irgendwelche Einzelheiten angesprochen.

...

Das Neue Bauen vermied das Ornament mit der größten Entschiedenheit, verzichtete aber nicht auf das mehr oder weniger „dekorative" Kunstwerk. Mies van der Rohe, der strengste der Formalisten des Neuen Bauens, verwandte nicht nur Skulpturen von Kolbe und Lehmbruck als die einzigen fotografierbaren Bewohner seiner Bauten, sondern nahm Lehmbrucks Plastiken auch als Vorbild für die Figuren in seinen Zeichnungen. Le Corbusier verwandte Arbeiten von Jacques Lipchitz und von Leger und in seinem späteren Werk – wie er selbst wusste, manchmal in Ermangelung eines Besseren – eigene Gemälde oder sogar Plastiken. Von einem Bau jener Zeit, dem spanischen Pavillon auf der Pariser Weltausstellung von 1937, weiß man zwar nur noch wenig, aber das Gemälde, das eigens dafür geschaffen wurde, Picassos „Guernica", ist das bekannteste Bild des 20. Jahrhunderts geworden. Der Pavillon enthielt außerdem Mirós geheimnisvolles Bild („Aufbegehrender katalanischer Bauer" oder „Der Schnitter"), und auch der Quecksilberbrunnen von Calder, der vor ihm stand, ist relativ bekannt. Das Gebäude selbst hätte Besseres verdient, als die Sixtinische Kapelle des 20. Jahrhunderts zu werden, aber es steht völlig im Schatten der Kunstwerke, die es beherbergte und die zum Teil von den Architekten in Auftrag gegeben und ihnen gelegentlich – wie im Falle des Quecksilberbrunnens – sogar zugeschrieben wurden. Gebäude wie dieses repräsentieren so etwas wie den Gipfelpunkt dessen, was man für die dreißiger Jahre als „Architekten-Architektur" bezeichnen könnte. Die kleineren Meister waren natürlich in der Vermeidung des visuell „Belanglosen" konsequenter. Die allgemeine Überzeugung, dass das Schöne der Ausschmückung nicht bedürfe, weil selbst *décor*, wurde noch erweitert. Etwas war schön, weil es seinen Zweck ganz unmittelbar erfüllte, und deshalb konnte das, was seinem Zweck ganz unmittelbar diente, für sich genommen zu einem Objekt à *émouvoir* werden.

...

Die traurigen und komischen Versuche in den vierziger und fünfziger Jahren unseres Jahrhunderts, auf der Grundlage der Maschinentechnik (und maschinell hergestellt) eine allgemein akzeptable Ornamentik zu schaffen, sind eine Warnung vor der Vergeblichkeit jeder Art von Verkürzung oder Vereinfachung. Gerade heute sind wir Zeuge eines ähnlichen und gleichermaßen sinnlosen Vorganges, nämlich der Wiederbelebung dessen, was man den „Cinema Style" genannt hat, die dekorative Fröhlichkeit der Odeon-Kinos und Lyons Corner Houses in England, die die Mehrzahl der amerikanischen Wolkenkratzer der zwanziger und frühen dreißiger Jahre nachahmen. Diese Wiederbelebung stellt ein Problem dar, das mit einem Phänomen der Subkultur zusammenhängt: Für die soziale Orientierung des Geschmacks wurde nun eine Diktatur der Arbeiterklasse, genauer der angelsächsischen Arbeiterklasse, Ausschlag gebend, was sich am Kult der Beatles und der Stones oder des grafischen Stils von Alan Aldridge zeigt. Dieser Stil hat seinen Höhepunkt bereits überschritten, obwohl seine Quellen – aus dem Zeichentrickfilm – ein dauerhaftes Element unserer Gesellschaft sind und dieselbe Art irrationalen Vergnügens bieten wie der „Cinema Style": ein Vergnügen, das durch das Medium des populär Marktgängigen wirkt – die Leute mögen etwas, weil sie es kaufen, *ergo* ist es gut, weil die Menschen gut sind. Die bedenklich stimmende Akzentverlagerung von einer bürgerlichen Kulturform zu einer proletarischen hat dazu geführt, dass die Reize von Kino-Innenräumen exotisch fern gerückt erscheinen.

Diese Einstellung hat ihre soziologische und folglich (wie es heutzutage häufig geschieht) philosophische Rechtfertigung in der Arbeit eines amerikanischen Soziologen, Herbert Gans, gefunden, dessen Buch *Levittowners* gegen die zahlreichen Kritiker der amerikanischen *suburbia* zu Felde zieht. Das Buch konzentriert sich auf das Leben einer kommerziellen Vorstadtsiedlung, ein Beispiel aus einer erfolgreichen Siedlungskette, die aus in Massenproduktion gefertigten und relativ billigen Häusern (in verschiedenen Stilen bei identischer Bauweise) eines industrialisierten Bauunternehmens an der Ostküste der Vereinigten Staaten entstand. Levittown, wie diese Vorstädte heißen, ist sowohl ein Schlagwort wie der Name eines kommerziellen Unternehmens geworden. Es entspricht jenem Spektrum von Einstellungen, wonach jeder das Recht auf seinen eigenen Lebensstil hat, vorausgesetzt, dass dieser im Rahmen der Möglichkeiten bleibt und nicht gezielt antisozial ist; weiterhin hat keiner das Recht, einem etwas anderes einzureden, vor allen Dingen nicht Planer und Architekten, deren eigentliche Aufgabe darin besteht, für einen bestimmten Lebensstil das richtige Ambiente zu liefern, einschließlich der Schmuckformen, die der Bewohner sich persönlich aussuchen darf.

Unvermeidlich hat diese Haltung auch unter den Architekten der gehobenen Kultur Fürsprecher gefunden, nämlich in der Trias Robert Venturi, Denise Scott-Brown und John Rauch. Als Venturi für sich allein sprach, in *Complexity and Contradiction in Architecture* (1966), ersetzte er das Paradoxon Mies van der Rohes: *less is more*, durch den Kalauer *less is a bore*. In seinem Aufruf gegen den Purismus des alten Neuen Bauens, gegen die Uniformität und Langweile der Meister plädierte er für eine Architektur der Vielfalt und (wie der Titel sagte) von visueller und volumetrischer Komplexität. Fast so häufig wie Le Corbusier wurde Lutyens zitiert, vor allem aber „Main Street", auf die so viele „puristische" Kritiker (Venturi griff vor allem Peter Blake an) fixiert waren – die schmutzige, unordentliche, kommerzialisierte Hauptstraße war *fast* in Ordnung.

Seinen nächsten Schritt hätte man vielleicht voraussehen können. Wenn Main Street fast in Ordnung war, dann ließ sie sich ganz in Ordnung bringen, indem man sie in Anführungszeichen setzte. Das also tat Venturi. „Hässlich und gewöhnlich", so beschreibt er jetzt das Gebäude, das er entwerfen möchte. Man achte aber auf die Anführungszeichen. Nicht hässlich und gewöhnlich, sondern „hässlich und gewöhnlich". Diese Bauten gehören zur hohen Kultur und müssen nach denselben Maßstäben beurteilt werden wie die „Architekten-Architektur", so wie die Rolling Stones sich selbst zwischen Anführungszeichen setzten, als sie mit Jean-Luc Godard „Sympathy for the Devil" machten.

Das Schlagwort vom Häßlichen und Gewöhnlichen soll kein kritisches Urteil über diese Architektur sein, obwohl es aus den Bemerkungen einer Jury zu einem

Wettbewerbsentwurf Venturis stammt. Unglücklicherweise enthält auch die zweite apologetische Schrift, *Learning from Las Vegas* (1972), keine höhere transzendentale Idee als die der Vielfalt zur Rechtfertigung dieses Ansatzes. Kein Gedanke darüber, wozu diese Vielfalt gut sein könnte. Vielfalt wird als Wert an sich präsentiert, und das Buch wirft so viele Fragen auf, wie es beantwortet. *Learning from Las Vegas* war, so könnte man sagen, der architektonische Schwanz des Kometen, dessen leuchtender Kopf Tom Wolfe war. Die analytischen Jeremiaden, die bevorzugte Ausdrucksweise amerikanischer Journalisten-Soziologie, wie sie in ihrer besten Form von Vance Packard und William H. Whyte Jr. geliefert wurde, hatten ihr architektonisches Gegenstück im postmodernen Stil von Paul Rudolph. Er war natürlich das Hauptziel der Attacken Venturis. Architektur ist aber teurer als Kleidung und sogar Autos, und die architektonische Mode läuft anderen Modeerscheinungen hinterher, die billiger, flüchtiger und für den Wandel des sozialen Klimas aufnahmefähiger sind.

Der Kult von Levittown, der als repräsentativ für das amerikanische Vorstadtleben gelten mag, vereint in sich die Selbstgenügsamkeit und den Individualismus der in den fünfziger und frühen sechziger Jahren aufgewachsenen und jetzt mit dem universellen Besitzstand von Weib, Kind, Hypothek und Arbeit ausgestatteten Generation. Levittown bedeutet innerhalb des Vorstadtmilieus ein Plus an Individualität. Die Vielfalt, die Venturi in *Complexity and Contradiction* gepriesen hatte, ist in Levittown ebenso zu haben wie auf dem Strip von Las Vegas, obwohl sie ein ganz anderes Produkt ist als die geheimnisvolle Komplexität der Entwürfe von Lutyens.

Die Gegenüberstellung von Las Vegas und Levittown ist jedoch noch aus einem anderen Grunde interessant. Die Untersuchung in *Learning from Las Vegas* beschäftigt sich nur mit dem Strip. Kein Wort vom Wohnen in Las Vegas, obwohl ein Blick auf die Stadtpläne bei Venturi, auf denen der Strip der Bewunderung unterbreitet wird, zeigt, dass Las Vegas nahezu quadratisch ist. Trotzdem erscheinen die hinter den Fassaden gelegenen Teile der Stadt höchstens am Rande von ein oder zwei Luftaufnahmen, die sich ganz auf die exzentrische Gestalt der Kasinos und Hotels, aber mehr noch auf ihre Schilder und Zeichen konzentrieren.

Die Vielfalt der Neonreklamen und anderer elektrischer Signale übt natürlich nach wie vor eine Anziehungskraft auf Journalisten ebenso wie auf Architekten und Designer aus, die auf ihrer Bildungsreise nach Las Vegas kommen. Tom Wolfe, der das Ganze populär gemacht hat, hat auch bereits vor Jahren eine Warnung ausgesprochen: Sein erster Held des Las-Vegas-Abenteuers, den er „Raymond" nannte und der – obwohl kein typischer Las-Vegas-Tourist – ein „gutes Beispiel dafür ist, wie Las Vegas auf die Sinne wirkt", zeigte, dass diese Wirkung, verstärkt durch abwechselnd eingenommene Amphetamine und Meprobamate (zusammen mit Alkohol) eine Art toxischer Schizophrenie erzeugt hatte.

Die Venturis haben ihre Aufmerksamkeit dann auf viel schmerzlosere Spielarten der „maßgeschneiderten" Levittown-Häuser gerichtet, was im Ansatz eine (ungelöste und unlösbare) Dualität zeigt. Auf der einen Seite die öffentliche Sphäre von Las Vegas, und auf der anderen Seite die private der Vorstadt der Spekulanten. Vielfalt ist dabei der eine große transzendente Wert, dem sie alle Aufmerksamkeit zollen. In dem ersten Buch der Venturis gab es jedoch durchgängig noch die Annahme, daß Vielfalt ohne Einheit, der sie subsumiert wird, bedeutungslos sei.

FASSADE, TEKTONIK, ORNAMENT

In den späteren Untersuchungen ist von Einheit kaum noch die Rede. In dem Buch über Las Vegas wird der grundlegende Versuch gemacht, alle Gebäude in zwei Hauptklassen einzuteilen: einmal „Enten", das heißt Gebäude, die dreidimensionale, volumetrische Hüllen für eine gegebene Funktion sind (ein Drive-in in Gestalt einer riesigen Ente war in einem Buch von Peter Blake, *God's Own Junkyard*, abgebildet und wurde darin lächerlich gemacht), und zweitens „dekorierte Schuppen". Venturi ist der Ansicht, dass der Großteil der modernen „Architekten-Architektur" aus „Enten" besteht, Bauten, bei denen die symbolische Form organisierendes Prinzip von Struktur, Volumen und Programm ist. Während diese Form in der Vergangenheit (gotische Kathedrale) fraglos ihren Wert gehabt hat, schlagen die Venturis als Typus des modernen Bauens den „dekorierten Schuppen" vor, bei dem das Gehäuse selbst von Nützlichkeitserwägungen bestimmt ist, während die symbolischen Mitteilungen an der Frontseite angebracht werden: Fassade, Reklamewand oder Zeichen. Venturi hat diese Theorie mit Entschiedenheit in die Praxis übertragen. Dekorierte Schuppen, „hässlich und gewöhnlich", das ist es, was er bauen will, obwohl er gelegentlich auch einmal eine Ente produziert – jedenfalls sind Enten in seiner Theorie nicht verboten.

...

Das Akzeptieren von Schuppen und Reklamewand, das in *Learning from Las Vegas* theoretisch untermauert wurde, ist ein Akzeptieren des technischen Produkts als Verkörperung einer der maschinellen Produktion immanenten natürlichen Kraft und wird deshalb als unabhängig von der kritischen, urteilenden Instanz irgendwelcher kultureller Maßstäbe präsentiert. Insofern hat Venturis Gedankengang eine merkwürdige Parallelität zu dem von Loos. Die Bedürfnisse diktieren den „Schuppen", der nicht in ein „skulpturhaftes" Gebilde verwandelt werden sollte, denn dadurch würde er teurer und hätte keine so unmittelbare Beziehung mehr zur Befriedigung der Bedürfnisse. Soweit hat die Argumentation manches mit der differenzierteren Überlegung gemeinsam, mit der Loos das Wirken des Ingenieurs rechtfertigt, im Vergleich zu den fragwürdigen Folgen der Unempfänglichkeit des Architekten für die Wirklichkeit des Menschen und der Natur. Venturis Argumentation führt jedoch noch eine ziemlich gewichtige Ergänzung ein, die das Ergebnis auf den Kopf stellt. Da Vielfalt ein wesentliches menschliches Bedürfnis ist und da die Bauten irgendwie etwas über ihre Bestimmung aussagen müssen, so wird man diesem zusätzlichen Bedürfnis und dem Erfordernis der Etikettierung dadurch gerecht, dass man die unterschiedlichsten Dinge an dem Gebäude selbst anbringt, und das ist dann die neue Architektur, die überdies den großen Vorzug hat, dass sie sich von allen anderen Bauten um sie herum nicht im geringsten unterscheidet.

So sehr sind die Venturis bemüht, die Einheit ihrer Bauten mit allem, was sie umgibt, zu betonen, dass die Unterscheidung zwischen dem „fast in Ordnung" der Main Street und dem wahrscheinlich „völlig in Ordnung" der Venturischen Architektur häufig verwischt wird, obwohl man sie vielleicht an der Komplexität und Widersprüchlichkeit des Hässlichen und Gewöhnlichen bemerken kann.

Ich sage das ganz ohne Bosheit, denn ich benutze hier zur Charakterisierung der Arbeiten der Venturis ihre Lieblingsworte, mit denen sie ihre Zustimmung zum Ausdruck zu bringen pflegen. Da sie heute in der angelsächsischen Welt (unter den Jüngeren) das bekannteste Architektenbüro haben, ist die gegenwärtige Problematik des Ornaments gleichzusetzen mit der Formulierung, die sie ihr geben. Tatsächlich ist dies schon einige Zeit der Fall. Vor etwa zehn Jahren hat das Zürcher Kunstgewerbemuseum die Auseinandersetzung um diesen Sachverhalt visuell, durch eine Ausstellung, vorgeführt, und das Problem ist in ganz unterschiedlicher Weise immer wieder einmal aufgetaucht. Bekanntlich haben so verschiedene Architekten wie James Stirling (Klimaanlage in der History Faculty Library in Cambridge) und Richard Rogers und Renzo Piano (mit ihren Versorgungssträngen außen am Centre Pompidou in Paris) Versorgungseinrichtungen in einer Weise gehandhabt, die den Eindruck entstehen lässt, sie hätten das Problem, zumindest für sich, klar formuliert. Grundsätzlicher ist es von der Wiener Gruppe angegangen worden: von St. Florian, Pichler, Abraham, Hollein und anderen. Aus Platzgründen greife ich willkürlich Hans Hollein als Repräsentanten der Gruppe heraus. Er hat nicht die populistischen Neigungen der Venturis, obwohl es ihm ebenfalls um das Gewöhnliche, wenn nicht das Hässliche geht. Vor allem hat er die Methode ironischer Wahl zu einer Übung erhoben, die er „Alles ist Architektur" genannt hat. Zu seinen Hilfsmitteln zählt ein Zerstäuber, der eine „Instant-Umgebung" herstellt, und eine Schachtel mit unterschiedlichen Pillen, um die Umgebung „aus deinem Inneren heraus" zu verwandeln. Zu seinen greifbareren Projekten gehört häufig die Verwandlung irgendeines technischen Gerätes (Zündkerze, Flugzeugträger) in ein rätselhaftes architektonisches Objekt durch die Veränderung von Maßstab und Kontext. Diese Bauten sind ganz und gar Ornament, genau das, was die Venturis ablehnen. Um ihre Ablehnung zu unterstreichen, zitieren sie eine Bemerkung von Pugin (aus einem Buch, das er 1843 veröffentlichte), wo er beklagt, dass Ornamente „konstruiert" werden, „anstatt dass sie die Dekoration der Konstruktion bilden". Tatsächlich wollte Pugin mit dieser Bemerkung die „dekorierten Schuppen", wie die Venturis sie lieben, verdammen, wie aus dem ersten Teil seiner Bemerkung hervorgeht: „Ständig heftet man architektonische Formen an Gebäude, zu denen sie keinerlei Beziehung haben, und zwar nur für das, was man Wirkung nennt".

Wenn man die Aufschrift *eat here* an einem Café oder einer Imbissstube anbringt, dann hat das nichts mit dem zu tun, was Pugin die „Dekoration der Konstruktion" nennt. Er hat vielmehr gemeint, dass das Ornament in die Art und Weise, wie das Haus gebaut und wie es benutzt wird, integriert sein müsse. Dieses so verstandene einheitliche Ganze werde dann zu einer Art von sozialem Geschehen. Solche Bauten setzte Pugin den dekorierten Schuppen seiner Zeitgenossen entgegen. Für ihn, genauso wie für mich heute, ist das Problem der architektonischen Form nicht eines der Verpackung, und Probleme des Ornaments lassen sich nicht dadurch lösen, dass man eine neutrale Verpackung mit einem passenden Etikett versieht.

FASSADE, TEKTONIK, ORNAMENT

Auf formaler Ebene haben die Venturis und Hollein etwas mit einem Künstler gemeinsam, dessen Ironie und Sinn für Größenverhältnisse ihn zu Konstruktionen geführt haben, bei denen es sich, mehr oder weniger, um urbane oder monumentale Komplexe handelt: Claes Oldenburg. Seine Technik ist seit jeher eine der Ironie gewesen: Das Essbare wird hart, das Metallische schlaff, und der Haushalt oder gar das, was man in der Hand hält, wird zu einem riesigen Monument. Immer aber, wie er selbst gesagt hat, geht es ihm bei seiner Neuformung des Haptischen (berührbar-unberührbar ist bei ihm ein sehr wesentliches Gegensatzpaar) um eine Umkehrung der Erwartung.

Dies ist vielleicht der Punkt, wo die Entwürfe der Venturis dem Kritischen in dem einzigen Sinn, der die Architektur der Rede wert macht, am nächsten kommen. Im Unterschied zu den erfolgreicheren und allgemeiner operierenden Zeitgenossen haben ihre gelungensten Bauten etwas eminent Haptisches. Auch Hollein geht es – fast obsessiv – um diese körperliche Qualität. Das ist vielleicht der stärkste Hinweis darauf, wie es in der Architektur weitergehen wird. Es ist ein Weg, den die Architekten nicht ohne die Hilfe der Maler und Plastiker gehen können, und zwar allein deshalb, weil wir alle zugeben müssen, dass Loos, wenigstens negativ, recht gehabt hat: Das Ornament, so wie die Architekten und Kritiker im 19. Jahrhundert es verstanden, ist tot, ohne jede Hoffnung auf Wiederkehr. Wir können uns auf keine Form von Konvention stützen: Die Welt der tastbaren Form muss von neuem erschlossen werden. Nie stellen Architekten sich Gebäude als berührbare Objekte vor, außer an dem einzigen direkten Berührungspunkt, dem Türgriff. Trotzdem sind Gebäude keineswegs nur Gehäuse: Es sind auch Erweiterungen unserer selbst, wie die Bekleidung. Da sie aber fester, dauerhafter und auch wichtiger sind, unterstehen sie der dringlichen Forderung, die wir, und damit meine ich jedermann, an Objekte richten: dass sie, indem wir mit ihnen umgehen, unsere Möglichkeiten steigern, bereichern und verbessern. Das ist, so viel wird immer klarer, so lange nicht der Fall, wie die allgemeine soziale Überzeugung dahin geht, dass wir von Produkten nichts anderes erwarten als Profit. Dabei sollten sie vielmehr unsere Phantasie ansprechen, aber das werden sie erst dann tun, wenn die Architekten und Designer jene Lektionen gelernt haben, welche die Maler und Plastiker ihnen geben können, vor allem aber, wenn sie gelernt haben, mit ihnen zusammenzuarbeiten und von ihrem Werk nicht nur als Analogon, sondern auch als Ausschmückung Gebrauch zu machen. Eine solche Entwicklung wird nur dann Wert haben, wenn sie in ihrer Notwendigkeit begriffen und nicht für grundlos gehalten wird: nicht als die Frage, ob Ornament oder nicht, sondern als eine Frage der Bedeutung.

Übersetzung aus dem Englischen: Henning Ritter.

---

1 Der Titel dieses Aufsatzes war, genauso wie der bekannte Titel von Loos, den er travestiert, ironisch in seiner Absicht, denn der Aufsatz war die Einleitung zu einer Diskussion über die Architektur und die Künste in einer Sondernummer von *Studio International*, September/Oktober 1975. Wenn ich etwas, was ich publiziert habe, bedauern muss, dann ist es der unglückliche und voreilige Gebrauch des Begriffs „postmoderner Stil", den ich hier auf das Werk von Paul Rudolph angewandt habe. Trotzdem mag er stehen bleiben.

Fritz Neumeyer, geboren 1946, ist seit 1992 Inhaber des Lehrstuhls für Architekturtheorie an der TU Berlin. Zu seinen wichtigsten Veröffentlichungen gehören *Mies van der Rohe. Das kunstlose Wort* (1986) und *Der Klang der Steine. Nietzsches Architekturen* (2001).

Der Aufsatz „Tektonik: Das Schauspiel der Objektivität und die Wahrheit des Architekturschauspiels" ist dem von Hans Kollhoff herausgegebenen Buch *Über Tektonik in der Baukunst* (Vieweg, Braunschweig/Wiesbaden 1993) entnommen. Es versammelt Vorträge, die auf einem Symposium mit dem Titel „Tektonik. Bau-Kunst heute?" 1991 in Basel gehalten wurden.

Fritz Neumeyer:
Tektonik: Das Schauspiel der Objektivität und die Wahrheit des Architekturschauspiels (1991)

1. Der Kern des Begriffs Tektonik bezieht sich auf das geheimnisvolle Verhältnis zwischen der Fügbarkeit und der Anschaubarkeit der Dinge und betrifft den Zusammenhang zwischen der Ordnung eines Gebauten und der Struktur unserer Wahrnehmung. Dieser Zusammenhang zwischen dem, wie etwas gebaut erscheint, und dem, was wir bei seinem Anblick empfinden, hat seine eigene Dialektik. Nicht alles, was sich technisch-konstruktiv bauen lässt und nützlich sein mag, empfinden wir als angenehm oder gar schön – und umgekehrt.

Schinkel hat das lehrreiche Wort geprägt, Architektur sei mit dem Gefühl erhobene Konstruktion; eine Bestimmung, die darauf hinweist, dass erst durch die Verbindung mit der sinnlichen Empfindung der konstruktive Akt der Vernunft das Reich der Bedeutung betreten kann. Erst durch die ethische Verpflichtung auf ein Sollen gewinnt das Können seine kulturelle, humanistische Dimension.

Um diese Dialektik zwischen Können und Sollen, die ein offenes Spannungsfeld ist und den Architekten vor ein breites Spektrum der Entscheidungsmöglichkeiten stellt, in ihrem vollen Umfang zu begreifen, müssen wir über Schinkels Satz noch einen Schritt hinausgehen. Gottfried Semper hat mit Blick auf die ungewohnt dünnen, modernen Eisenkonstruktionen die Feststellung getroffen, es gäbe nicht nur ein Recht der Konstruktion, sondern auch ein Recht des wahrnehmenden Auges. Weil die schlanken Ingenieurkonstruktionen dem an Masse gewohnten und nach Masse verlangenden Auge des Architekten in diesem Punkt so gut wie nichts mehr zu bieten hatten, sprach Semper dem Eisen schlechterdings die Fähigkeit zur Architektur ab. Die akademische Architektur des 19. Jahrhunderts folgte mehr oder minder seinem Verdikt.

Um die Schönheit der Eisenkonstruktion entdecken zu können, die im Gegensatz zum Massivbau einen *linearen* Stil intendiert, musste ein Umbau der Gefühle vorgenommen werden. An ihm arbeiteten die jungen Architekten der Jahrhundertwende, die sich an den Rückseiten der Bahnhöfe inspirierten, dort, wo man von der „Architektur" nichts sah. Und stolz bekannte man, die modernen Ingenieurkonstruktionen der Kunstgeschichte zum Trotz schön zu finden.

Aus dieser Perspektive eines neuen Sehen-Wollens erfährt das Schinkelsche Paradigma der vom Gefühl erhobenen Konstruktion seine komplementäre Ergänzung, denn die Logik, von der Schinkel spricht, ist keineswegs eine Einbahnstraße, sondern macht durchaus auch in umgekehrter Richtung einen dialektischen Sinn: dass nämlich auch das ästhetische Gefühl von der Konstruktion *erhoben* und damit verändert werden kann.

Jede Konstruktion hat zugleich auch eine eigene ästhetische Dimension. Sie liegt nicht in der Konstruktion selbst als technischer Realität, sondern im *Bild der Konstruktion* begründet, auf das der Begriff *Tektonik* zielt. Die Moderne hat am Bild der kühnen, den Raum erobernden Konstruktion neue Gefühlswerte entwickelt. Mit dem „überwältigenden Eindruck der hochragenden Stahlskelette", mit dem Bild der Konstruktion, nicht mit ihrer technischen Realität, begründete Mies van der Rohe 1922 seinen berühmten Entwurf für ein gläsernes Hochhaus am Bahnhof Friedrichstraße. Und diese Faszination am Bild der Konstruktion als einem elementaren Architekturschauspiel gilt keineswegs erst für das 20. Jahrhundert. Man werfe nur einen Blick auf die Rezeption der gotischen Architektur in der französischen Theorie der zweiten Hälfte des 18. Jahrhunderts. Laugier, Blondel und andere lehnten die gotische Form als reine Bizarrerie ab, bewunderten aber nichtsdestoweniger die Kühnheit der Konstruktion über alle Maßen und erblickten darin eine Stimulanz für die Architektur der eigenen Zeit. „Wie viele Fehler, und doch so großartig!" – so versuchte Laugier den Konflikt zwischen dem an klassischer Architektur gewachsenen Empfinden für Tektonik und dem Raum- und Bildeindruck der gotischen Konstruktion zu lösen; ein Konflikt, in dem die Tektonik selbstverständlich das letzte Argument gegenüber den Reizen einer Konstruktion behielt, die wohl das Gefühl großartiger Kühnheit auszulösen, leider aber Solidität nicht augenscheinlich zu vermitteln vermochte und damit kein wirkliches Vertrauen in den architektonischen Körper erzeugte.

Treten wir der Architektur gegenüber, so tragen wir bewusst und unbewusst Gefühle und Bilder an sie heran, die durch unsere unterschiedlichen existenziellen Erfahrungen mit Konstruktionen im weitesten Sinn geprägt sind. Sigfried Giedion hat 1927 in seiner Schrift *Bauen in Frankreich, Eisen, Betoneisen* von der Konstruktion als dem Unterbewusstsein der Architektur gesprochen – ein freudianisches Gleichnis, das genauer zu ergründen nicht ohne Reiz wäre. Sicher ist, dass man ohne eine gewisse architekturpsychologische Betrachtungsweise nicht in die Schicht des Mythos eindringen wird, in die sich der Begriff Tektonik hüllt.

Bei dem Begriff Tektonik handelt es sich um eine *Übertragung*, in mancher Hinsicht durchaus jener vergleichbar, die wir auch in der Psychologie kennen. Was im architektonischen Wahrnehmungsprozess transponiert wird, ist die Konstruktion anthropomorpher Charakterisierung, die allem architektonischen Empfinden mehr oder minder als Muster hinterliegt. So, wie der Mensch seinen Körper als Modell seiner Erfindungen betrachtet und auf sie übertragen hat, ist auch der architektonische Körper stets auf den mit Bewusstsein ausgestatteten menschlichen Körper in seiner Ganzheit bezogen gewesen. Die Vitruv'sche Proportionsfigur vom Menschen im Quadrat, die in der Renaissance bis in die Grundrisse von Bauwerken verbindlich war, ist Emblem für dieses humanistische Prinzip der Ebenbildlichkeit von Schöpfung und Geschöpf. Erst unser Jahrhundert hat mit diesem Grundsatz der Mimesis gebrochen und sich an Stelle des menschlichen Körpers ein mechanisches Objekt, die Maschine, als Modell seiner selbst auserkoren – ein Vorgang, der hier nicht näher bewertet werden soll.

Auf den beseelten Körper bezogen, bedeutete Tragverhalten zugleich auch immer die Umschreibung existenzieller Befindlichkeit. In der Art und Weise, wie wir unseren

Körper tragen, drückt sich ein Gefühl zur Welt aus. Die unglaubliche Leichtigkeit des Seins macht uns schwerelos wie eine Ballerina im Ballett, nur noch mit der Spitze eines Zehs punkthaft den Boden berührend. Mit Grazie und Leichtigkeit über dem Boden dahinzuschweben und der Last des Alltags zu entfliehen zu versuchen ist eine Sache; der Schwere einer Last standzuhalten und sie auf Dauer zu „ertragen" eine andere. Das Metier der Architektur ist Stabilität, nicht Labilität. An diesem Grundsatz hat sich bis heute nichts geändert. Man kann als Architekt mit dem Einsturz wohl als einem ästhetischen Risiko in der Körpersprache kokettieren, bauen aber kann man ihn nicht. Der Handstand auf dem Spazierstock bleibt eine schöne Nummer für den Clown im Zirkus, eignet sich aber auf Dauer weniger als „architektonische" Sehnsucht – auch wenn dieses Maximalrisiko an Attraktivität nichts zu verlieren scheint.

Bauen ist kontrollierter, genial verhinderter Einsturz, dadurch, dass man sich im Einklang mit den Gesetzen der Natur bewegt, sie zugleich aber auch mit einfallsreicher List hintergeht. In dieser Hinsicht war die Architektur als Gleichnis dem Menschen selbst ein Ebenbild, wenn nicht gar ein tröstliches Vorbild. Es gibt kaum eine schönere psychologisierende architekturtheoretische Reflexion als die von Heinrich von Kleist in einem Brief an seine Verlobte, der er am 16. November 1800, am Vorabend vor einer Vorstellung für eine Lehrerstelle, auf die er sich beworben hatte, aus Würzburg schreibt:

„Ich ging an jenem Abend vor einem wichtigen Tag in meinem Leben in Würzburg spazieren. Als die Sonne herabsank, war mir, als ob mein Glück unterginge. Da ging ich, in mich gekehrt, durch das gewölbte Tor, sinnend in die Stadt. Warum, dachte ich, sinkt wohl das Gewölbe nicht ein, da es keine Stütze hat? Es steht, antwortete ich, weil alle Steine auf einmal einstürzen wollen. Und ich zog aus diesem Gedanken seinen unbeschreiblich erquickenden Trost, der mir bis zu dem entscheidenden Augenblicke immer mit der Hoffnung zur Seite steht, dass auch ich mich halten würde, wenn alles mich sinken lässt."

War es für Kleist noch eine Bedrohung, der Schwere nicht standzuhalten, die nur im allgemeinen Kollaps erträglich wurde, so diagnostizierte Schinkel um 1830 bereits eine andere, neue Gefahr, die ihm für die Moderne symptomatisch zu werden schien. Sie bestand für ihn darin, dass der Sinn für das Schwere überhaupt abhanden zu kommen drohte. „Die neue Zeit macht alles leicht, sie glaubt gar nicht mehr an ein Bestehendes und hat den Sinn fürs Monument verloren", schreibt Schinkel nach seiner Reise in das industriell fortgeschrittene England, in dem er der Zukunft begegnet war: „Die moderne Zeit kommt bei den dringenden Geschäften für die Existenz des Individuums nicht zur Reflexion und geht in geängstigtem Treiben auf, die Baukunst fordert vor allem Ruhe." Auch bei ihm spricht das an klassischer Architektur Maß nehmende tektonische Gefühl das entscheidende, letzte Argument: „Das Ruhigste ist der Bau der Säule und Architrav, der Halbkreisbogen bringt schon Beunruhigung hinein, führt aber zur Ruhe zurück, der Spitzbogen behält, weil er die streitenden Kräfte sichtbar macht und aus unvollendeten Elementen besteht, die völlige Unruhe. Also die Gotik ist das Werdende, eine werdende Ordnung, die Klassik eine Art seiende Ordnung."

Übrigens verwendet Schinkel an keiner Stelle den Begriff Tektonik. Ich habe ihn nicht ein einziges Mal in seinen Äußerungen gefunden. Er spricht vielmehr von der

„Architektonik", einem Begriff, der keineswegs eng gefasst ist, sondern, ähnlich wie später auch bei Bötticher, auch auf Gefäße und Geräte ausgeweitet ist. Schinkels Resümee mündet in eine Warnung, die vielleicht gerade erst heute angesichts des zeitgenössischen Pluralismus ihren vollen Klang erhält:

„Wehe der Zeit, wo alles beweglich wird, selbst, was am dauerndsten sein sollte, die Kunst zu bauen – wo das Wort Mode in der Architektur bekannt wird, wo man die Formen, das Material, jedes Werkzeug als ein Spielwerk betrachtet, womit man nach Gefallen schalten könne, wo man geneigt ist Alles zu versuchen, weil Nichts an seinem Orte steht und deshalb nichts erforderlich zu sein scheint. [...] In einer solchen Zeit kann die Bildung nicht, wie sie soll, vom Publicum ausgehen, sondern Alles muss aufgeboten werden, dasselbe zu erleuchten und ihm fühlbar zu machen, was Formen in der Baukunst zu bedeuten haben."
(Zitiert nach Richard Lucaes Schinkel-Rede von 1865.)

2. Das „Wehe der Zeit" umreißt ziemlich genau das Klima, in dem die Frage des Architektonischen und damit der Begriff Tektonik überhaupt erst ein Thema wird, nämlich ein Klima der Defensive und des Angriffs auf die Kunst im Zeichen einer Zeit, in der die Maschine historische Zusammenhänge neu organisiert.

In Böttichers berühmter *Tektonik der Hellenen* von 1844 wird der Zusammenhang von Form und Inhalt diskutiert, um die Bindung zwischen beiden zu garantieren. Die normativen Obertöne, die seit Bötticher mit dem Begriff einhergehen, unterstreichen den Zusammenhang mit der Krise der Architektur im ersten Maschinenzeitalter. Erst nach Schinkel etabliert sich der Begriff, der denn auch konsequenterweise in der zweiten Hälfte des 19. Jahrhunderts völlig leer läuft. Nach Böttichers *Tektonik der Hellenen* folgte erst 1881 wieder eine Schrift, die sich des Themas annimmt. Bereits der umständliche Titel von Rudolph Rettenbachers Schrift *Tektonik. Principien der künstlerischen Gestaltung, der Gebilde und Gefüge von Menschenhand, welche den Gebieten der Architektur, der Ingenieurfächer und der Kunstindustrie angehören* deutet an, dass sich der Begriff zu einer nichts sagenden Kategorie in die Breite der gesamten menschlichen Produktion verflüchtigt hat, deren Wildwuchs mit den Mitteln akademischer Disziplin nicht mehr zu kontrollieren war.

Im Grunde genommen blieb kaum mehr als jene abstrakte Analogiemöglichkeit übrig, die K.E.O. Fritzsch 1870 in seinem Aufsatz *Über die Bedeutung der Tektonik für das baukünstlerische Schaffen. Ein Wort zur Verständigung* unter Hinweis auf den Verfall der Sprache angedeutet hatte: „Das Gesetz der Sprachformen nennen wir *Grammatik* – das Gesetz der architektonischen Kunstformen nennen wir *Tektonik*." (*Deutsche Bauzeitung*, 4/1870, Nr. 43, S. 343.)

Erst die Erneuerungsbewegung der Jahrhundertwende, die mit der Frage „Stilarchitektur oder Baukunst?" (Hermann Muthesius) das konstruktive Ausdruckspotenzial als elementare architektonische Aussage erneut vor Augen rückte, ließ tektonische Fragen im Zusammenhang mit den modernen Ingenieurkonstruktionen in neuem Licht erscheinen. Die Fabrikbauten von Peter Behrens für die AEG waren Meilensteine auf dem Weg zu einer neuen dynamischen Auffassung von Form und Konstruktion. Form war hier in eine neue tektonische Bindung eingegangen, die das Kräftespiel der Architektur auf ebenso klassisch ausgewogene wie auch ausgesprochen dramatisch-dionysische Weise zum Ausdruck brachte. Hier spürte man, wie Julius Meier-Graefe es einmal treffend ausgedrückt hat, den Bogen rückwärts zur Antike, aber auch den Bogen nach vorn, in die eiserne Gegenwart der Maschine.

Erich Mendelsohn, der seine eigene Theorie vom „dynamischen Funktionalismus" entwickelte, hat diese Perspektive einer tektonischen Umwertung durch die Moderne in seinem Brief vom 14. März 1914 an seine Freundin sehr anschaulich geschildert:

„Alle Stoffe außer Eisen kannten nur einseitig mögliche Kraftbeanspruchungen. Ein Baustoff kann durch Kräftewirkung gedrückt oder gezogen werden. [Eine] Form- und Strukturänderung bereitet sich vor, wir erleben augenblicklich den Übergang und sein Erwecken, gleichgültig, ob die staatlich Genehmigten und Professoren ‚Stilkunde' treiben und langsam ihr letztes Tröpfchen zähen Marks hervorholen […] Das Eisen in Verbindung mit Beton […] ist der Baustoff unseres neuen Formwillens des neuen Stils. Seine statische Potenz, fast gleichmäßig auf Zug und Druck beansprucht werden zu können, wird eine neue, seine Logik statischer Gesetze zur Folge haben, seine Logik der Form, seine Harmonie, seine Selbstverständlichkeit. […] Die Beziehungen zwischen Tragen und Lasten – dieses scheinbar für immer feststehende Gesetz – werden auch ihr Bild umdeuten müssen, da nunmehr sich selbst trägt, was früher gestützt werden musste […] Kommen Sie durch Berlin, so vergessen Sie nicht, bevor wir in Florenz sind, sich das Turbinenhaus der AEG von Peter Behrens anzusehen. Sie müssen das gesehen haben!"

Man versteht, wovon Mendelsohn spricht, wenn man seine Entwürfe der frühen zwanziger Jahre heranzieht, die von der Potenz der neuen Materialien beseelt sind und die anscheinend ewigen Gesetze in der Beziehung zwischen Tragen und Lasten auf den Prüfstand heben. Oskar Beier spricht 1920 unter dem Eindruck der Mendelsohn-Skizzen von einer „neuen Monumentalarchitektur" – einer, die *„aus der Konstruktion herausgewachsen"* sei, deren Ehrgeiz es sei, „überall konstruktiver Ausdruck zu sein". Man mag an dieser Kennzeichnung ablesen, dass es nicht allein darum ging, durch neue konstruktive Möglichkeiten alte tektonische Begriffe zu überwinden, sondern sie im Sinne einer Nietzsche'schen „Umwertung der Werte" neu zu bestimmen und formal zeitgemäß zu interpretieren.

Trotz Konstruktivismus und elementarer Gestaltung haben die zwanziger Jahre dieser ästhetisch-emotionalen Umwertung des Begriffs Tektonik keine theoretische Parallele folgen lassen. Um 1930 ist dieser Begriff annähernd neutralisiert, und der Kreislauf der Argumentation könnte eigentlich wieder bei Bötticher und Semper beginnen. Der bündige Satz, der den Verfassern von *Wasmuths Lexikon der Baukunst* 1929 zu diesem Stichwort noch einfällt, ist Ausdruck dieser theoretischen Enthaltsamkeit: „Tektonik ist die Lehre von der Baukonstruktion und ihrer künstlerischen Ausgestaltung." – Jede Problematik ist ausgeklammert, denn gerade das „Wie", das die Beziehung zwischen beiden Ebenen betrifft und erst die Probleme schafft, bleibt völlig obskur. Bis heute scheint sich daran kaum etwas geändert zu haben. Pevsners *Lexikon der Weltarchitektur* ist in dieser Hinsicht auch nicht wesentlich ergiebiger: „Bezeichnung für das Zusammenfügen starrer Teile, wobei die Einzelteile technisch wie formal eine Einheit bilden. Baukonstruktion aus tragenden und lastenden Teilen, ursprünglich wurde der Begriff auf die Zimmermannsarbeit bezogen, später auf das allgemeine Bauen übertragen."

Es verwundert denn auch nicht, dass die Wissenschaft einem Archäologen und nicht einem Architekturtheoretiker eine Begriffsgeschichte der Tektonik verdankt (Adolf Heinrich Borbein: „Tektonik. Zur Geschichte eines Begriffs der Archäologie", in: *Archiv für Begriffsgeschichte*, Band XXVI, Heft l, Bonn 1982 S. 60-100). Ihr kann man entnehmen, dass die Tektonik in den zwanziger Jahren immerhin in der archäologischen Strukturforschung eine Renaissance erfährt, während sie in der Architekturtheorie überhaupt keine Rolle mehr spielt. Borbein schlägt angesichts der Unsicherheit der Anwendung des Begriffs vor, ganz auf ihn zu verzichten, was aber offenbar bis heute schwer fällt:

„Tektonik mag geeignet oder zumindest nützlich erscheinen, um architekturähnliche Gegebenheiten und gattungsspezifische Bindungen oder gar ein epochenübergreifendes Gestaltungsprinzip knapp zu benennen. Aber ist solcher Nutzen nicht eine Entschuldigung für Bequemlichkeit? Wäre es nicht besser, sich in der wissenschaftlichen Diskussion auf rationale Argumente statt auf Gefühle zu verlassen und den gemeinten Sachverhalt nicht bloß anzudeuten, indem man ihn als tektonisch etikettiert, sondern präzis zu beschreiben? Wie schwierig und wie notwendig das ist, zeigt jeder Versuch, Tektonik dort, wo man es gerade liest, eindeutig zu definieren. Überblickt man die Geschichte des Begriffs, dann wird man überdies seinen Wert für eine historische Wissenschaft skeptisch beurteilen müssen. Er beruht auf Axiomen, die die Ursprünge von Kunst betreffen, die historisch aber nicht verifizierbar sind, und er zielt zunächst auf Normen, erst sekundär auf geschichtliche Erkenntnis. August Schmarsow meinte schon 1919, dass man ‚Tektonik' oder gar ‚Atektonik' kaum als kunstwissenschaftliche Grundbegriffe verwenden könne, und er stellte die rhetorische Frage: ‚Sind sie mehr als stilkritische Werkzeuge persönlichen Gebrauchs? Heute ist selbst das zweifelhaft geworden'."

Warum aber fällt es dann so schwer, auf einen fast nichts sagenden Begriff zu verzichten, obgleich doch die Bedingungen des Zusammenfügens seit der Zimmermannskunst der Antike so ganz andere geworden sind und Fügbarkeit und Schaubarkeit in einem ganz anderen Verhältnis stehen? Könnte es vielleicht doch sein, dass in dem geschundenen Begriff Spuren einer architektonischen Grundwirklichkeit enthalten sind, die über alle Veränderung hinaus wie eine Flaschenpost aus vergangener Zeit für unser architektonisches Unterbewusstsein noch immer Bedeutung haben? Gewiss, die Architektur hat sich seit Schinkel von vielen Zwängen befreit, aber, wie so oft, ist nicht das „frei wovon", sondern vor allem das „frei wofür" für den Sinn der Freiheit entscheidend. Sollte nach Schinkels Prophezeiung wirklich *alles* beweglich geworden sein und auf Zufall beruhen, so würde diese Bewegung notwendigerweise zu nichts mehr führen. Wo ist dann der Raum für Freiheit? In eben diesem absurden Klima des *anything goes* muss die Architekturtheorie von heute Fragen nach Gesetz und Notwendigkeit stellen. Das *architektonische Argument* und die *Argumente der Architektur* anschaulich zu formulieren war Aufgabe der Tektonik. Eine vergleichbare Artikulationsarbeit erscheint mir aus der Einsicht in die *Notwendigkeit* von Freiheit keineswegs überflüssig; zu ihr sollte es auch gehören, frei von der Angst zu sein, sich zu binden.

3. Goethe hat den treffenden Satz gesagt: „Kunst muss nicht wahr sein, sondern einen Schein des Wahren erzeugen." Ich möchte mir diesen Satz architekturtheoretisch anverwandeln: „Baukunst muss nicht konstruktiv ehrlich sein, sondern einen Schein des ehrlich Konstruierten erzeugen." Die Magie, die hierfür nötig ist, bezeichnet die Kunst der Tektonik. Ihr eigentlicher Stoff ist die Problematik von Wahrhaftigkeit und Wahrscheinlichkeit, von Konstruktion und Bild, von Wesen und Erscheinung, von Sein und Repräsentation.

Auch der Architekt lebt und schafft, wie jeder Mensch, im Reich der Wahrscheinlichkeit, und dieses Reich ist das Reich der Kunst. Sie vermittelt symbolisch zwischen beiden Welten, sie ist der einzige Bereich, in dem nach der Entzauberung der Mythen durch die Aufklärung noch eine Totalität der Erfahrung möglich ist. Zur Erklärung von Wahrheit bedarf es rhetorischer Anstrengung, einer Schicht der erläuternden Verkleidung. Das Symbol bezeichnet das Paradox, durch eine solche Verkleidung zu enthüllen, oder durch Verhüllung zu entkleiden. Diese Meta-Ebene der Darstellung, durch die das Wahre scheint, die aber so wenig wahr ist wie ein Mord auf der Bühne des Theaters, bezeichnet die Darstellungsebene der Kunst.

Was hat das alles mit der Baukunst zu tun? Auch in ihr hat die Verhüllungssymbolik eine zentrale Bedeutung, für die die Architekturtheorie entsprechende Modelle und Metaphern entwickelt hat. Man denke nur an Böttichers Unterscheidung in Kunstform und Kernform (im Sinn der Darstellung oder Re-Präsentation eines in der Tiefe verborgenen, objektiven Wahrheitskerns auf einer künstlich geschaffenen Oberfläche), an Stilhülse und Kern (Adolf Göller: *Was ist Wahrheit in der Architektur?*, Stuttgart 1887) oder an die Bekleidungstheorie von Gottfried Semper, die schon im Begriff eine Nähe zu diesem Thema deutlich macht.

Die nackte Konstruktion, sei sie noch so richtig oder ehrlich, ist *per se* ebenso wenig bewohnbar wie ansehnlich. Sie muss bekleidet, also auch verkleidet, werden, um sie einem Nutzen zuzuführen und dem Auge als Genuss zuzubereiten. Es wäre töricht, wollten wir die eine Notwendigkeit auf Kosten der anderen denunzieren. Beide Sphären haben ihre eigene Berechtigung und folgen eigenen Gesetzen. „Der Mensch will in einem Gebäude nicht nur mit Wohlgefallen wohnen", so schrieb Karl Philipp Moritz 1793, „er will es auch mit Wohlgefallen ansehen –, und es arbeiten für die Nahrung des Auges fast ebenso viele Hände als für die Nahrung des Körpers".

Die Ebene der Schaubarkeit, die Teilnahme der Sinne ermöglicht erst eine Kultur der Bewusstwerdung. Die dafür notwendige Artikulationsarbeit, die mit künstlichen oder besser künstlerischen Mitteln etwas anderes als Konstruktion zur Erscheinung bringt, muss Architektur leisten. Ähnlich wie im antiken Schauspiel erst die Maske die Persona erklärt und zum Ausdruck bringt, so tritt auch der Baukörper durch seine Form-Hülle in Erscheinung. Und auch hier kann man von den Griechen lernen, wie man das Wunder vollbringt, einen nackten Körper in ein fließendes Gewand zu hüllen und dem Körper durch die Bekleidung eine Präsenz zu geben, die ihn dem Auge noch nackter als nackt erscheinen lässt. Ein *curtain wall*, der die Konstruktion des Bauwerks zur Geltung bringen soll, hat durchaus ein ähnliches Kunststück zu vollbringen.

Das erotische Spiel vom Bekleiden, um zu enthüllen, vom Verkleiden, um zu erklären, nach dem unsere Augenlust auf der Suche nach der Gegenwart eines Wahren verlangt, liegt auch der Tektonik zugrunde. Sie hat als architektonisches Analogiesystem ihre eigenen Spielregeln. Das T-Profil, das Mies im Seagram Building als strukturelles „Ornament" über die Fassade laufen lässt, folgt diesem Gesetz der Schaubarkeit. Das aufgeklebte, in ein Bronzebad getauchte T-Profil re-präsentiert den in der Tiefe verborgenen Stahlträger der wahren, das heißt tragenden Konstruktion, der, eingebettet in eine brandsichere Betonhülle, notgedrungen stumm bleiben muss. Darum gibt der Architekt ihm einen würdigen Stellvertreter, der an der Oberfläche sichtbar auf ihn verweist. Das T-Profil auf der Fassade ist ein Darsteller im Schauspiel der Objektivität, das der Architekt inszenieren muss, um die Dinge als das erscheinen lassen zu können, was sie sind beziehungsweise sein sollen. Die Wahrheit des Architekturschauspiels verlangt diese Rolle. Die Kunst stellt somit im „Abbild" das „Urbild" wieder her und lässt, wie Schiller es ausgedrückt hat, die „Wahrheit" in der „Fälschung" fortleben. Wollen wir die verborgene Wahrheit sichtbar machen, so müssen wir eine repräsentative „Fälschung" erfinden: eine Konstruktion, die jene Wahrheit, die nicht von selbst erscheinen kann, als Stellvertreter sichtbar macht.

Die Geschichte der Architektur wurde zu einem guten Teil durch solche Stellvertretungen und Übertragungen geschrieben. In der Schwellung der griechischen Säule scheint der starre Stein unter der Last des Architravs nachzugeben und weich zu werden, als handle es sich um elastischen Stoff. Goethe hat in seinem Text *Baukunst* (1795) die kluge Bemerkung gemacht, die im Zusammenhang mit dem Thema Tektonik ganz außerordentlich bedeutsam ist: „Baukunst [...] überträgt die Eigenschaften eines Materials *zum Schein* [Hervorh. F. N.] auf das andere [...]". In der Tat hat die Architekturgeschichte vom hölzernen Tempel und dessen Nachahmung in Stein, vom massiven Quaderbau zu den in Putz gezogenen Quaderfugen, von der gemauerten und angeputzten Teigware des Einsteinturms bis zu den organischen Gussformen expressiver Stahlbetonkonstruktionen ein unglaubliches Kompendium schöpferischer Surrogate und „Fälschungen" vorzuweisen.

Für die moderne Architektur mit ihrer Obsession fürs Schweben hat sich die tektonische Artikulationsarbeit am Stoff im Wesentlichen erledigt. Die Darstellung von Gravitas und der Widerstand gegen die Schwere sind die beiden zentralen Themen, welche die alte Architektur immer wieder neu ausdrückte. Selbst wenn die Architektur von ihren skulpturellen Sehnsüchten in Grenzbereiche der A-Tektonik hinübergedehnt wurde, wie etwa unter dem barocken Formwollen, blieb diese Spannung der Widersprüche stets erhalten. Im Barock war die Architektur einer Art lustvollen Peinigung ausgesetzt, bei der, wie die gewundenen Säulen und gebogenen Gebälke andeuten, die Architektur zugleich jubelte und litt. Das Spiel des Aufbrechens der Ordnung gehört als ein ebenso selbstverständlicher Bestandteil zur Architekturgeschichte wie die Geschichte des Konstruierens. Und dies nicht erst seit Giulio Romanos berühmten Palazzo del Tè in Mantua, in dem die Kragsteine absichtsvoll aus dem Gebälk ein Stück herausrutschen, ganz ordentlich und gleichmäßig versteht sich, oder Michelangelos Biblioteca Laurenziana in Florenz, in der ein brillantes Spiel der Umkehrung von Tragen und Getragenwerden exemplifiziert wird. Gustav René Hocke hat in seinem Buch *Die Welt als Labyrinth* Ursprünge dieser Tradition aufgedeckt, die nicht einfach mit dem Begriff „Manierismus" beiseite zu legen ist.

Für eine „sachliche" Architektur ist das Drama des Kampfes von Tragen und Lasten ohne Belang und kein Thema der Darstellung. Sachen kennen keinen Schmerz oder Widerspruch und auch kein Bedürfnis, sich auszudrücken. Im anbrechenden Zeitalter der Luftschifffahrt lernt auch die Architektur das Fliegen, denn der Sieg über das Schwere, Undurchdringliche scheint endgültig. Erst lösen Zeppeline und Aeroplane die barocken Genien in den Architekturveduten ab, dann begibt sich der Bau selbst in die Lüfte. Leonidovs Entwurf für ein Lenin-Institut von 1927 stellt architektonische Verhältnisse auf den Kopf. Der durchsichtige Kugelbau einer Bibliothek lastet nicht mehr auf dem Boden, sondern scheint wie ein Fesselballon über ihm zu schweben, gehalten von Seilen, als gelte es diese Montgolfiere des Wissens vor dem Abheben zu bewahren.

Nicht die Nachahmung des Natürlichen, sondern seine Überwindung kennzeichnet die Verschiebung des Diskurses in der Moderne. Le Corbusiers Hinweis darauf, dass das Flugzeug erst in dem Augenblick eine Realität wurde, als man *aufhörte*, den Vogel nachzuahmen und stattdessen abstrakte, wissenschaftliche Prinzipien zur Anwendung brachte, galt auch der Architektur. Im Zeichen der Abstraktion geht auch ein „Angriff auf die Architektur" (Sedlmayr) einher, der weiter in die Geschichte zurückreicht, als man zunächst annehmen möchte. Boullées Kugelbau für ein Newton-Denkmal oder Ledoux' Entwurf für das Haus der Strombehörde, das einen liegenden Zylinder darstellt, geben Beispiele hierfür. Mit den Formen der reinen Stereometrie, die doch auf den ersten Blick so rationalistisch und architektonisch erscheint, wird letztlich eine labile Architektur antizipiert. Die Kugel ist eine extrem unarchitektonische Form, die kein Oben und Unten kennt und nur noch in einem Punkt die Erde berührt; Ähnliches gilt für den Zylinder, der als eine reine Form natürlich nur unter der Bedingung zur architektonischen Form werden kann, dass er aufrecht steht und nicht aber wie eine Rolle auf der Seite liegt, die sich unter Einwirkung äußerer Kräfte von der Stelle begeben kann.

Tektonik beinhaltet zuallererst, die Erde als primäre Bezugsbasis anzuerkennen. Diese Voraussetzung versucht die Moderne, die sich der Kragkonstruktion in neuen Dimensionen bedienen kann, zu negieren, jedenfalls in der architektonischen Ausdrucksform. Der Versuch einer organischen Belebung der Materie durch den Jugendstil gehört ebenso hierher wie das betonte Abweichen von der Vertikalen, das der Konstruktivismus mit seiner Architektur in Schräglage als Beleg der These der Überwindung der Schwerkraft und als Zeichen einer neuen Statik zelebriert. Der „böse Architekt" der Moderne, wenn ich hier einmal Tafuris Kennzeichnung von Piranesi übernehmen darf, führt einen Angriff auf die Architektur, der die linguistische Kohärenz der Architektur in Frage stellt, der aber auch durch Operationen der Desintegration dem architektonischen Körper ein neues anatomisches Terrain erschließt. Schon die missbenannte „Ruinenromantik" des 18. Jahrhunderts enthält solche Lehrstücke. Hier ist es nicht die futuristische Konstruktion, sondern die fiktive Archäologie, die den gleichen Zweck erfüllt, indem sie am architektonischen Leichnam anatomische Studien betreibt. Dazu gehört selbstverständlich auch, dass man bestehende Bauten einem imaginären Ruinendasein aussetzt und auf diese Weise räumlich-konstruktiv sondiert. Friedrich Gillys träumerischer Blick in die Marienburg von 1795, der von dem Feuerwerk der gotischen Rippenkonstruktion spricht, als habe er entweder den Rohbau oder die Ruine vor Augen, gibt hierfür vielleicht das produktivste Beispiel, das bis in den Ziegelrohbau von Schinkel und darüber hinaus fruchtbar werden sollte.

Der Ingenieur des 19. Jahrhunderts, der Stütze und Last bekämpft, hat einen substanziellen Beitrag zu den tektonischen Illusionen der Moderne geleistet. Das Bild der raumerobernden, waghalsig auskragenden Konstruktion hat die Architekten allemal in Bann geschlagen und zu phantastischen Projekten inspiriert. Nicht ohne Grund erblickten Le Corbusier oder El Lissitzky im Ingenieur ihren eigentlichen künstlerischen Helden. Er konnte Menschen und sogar Häuser durch die Luft schwenken und schuf die Apparate, die neue existenzielle Erfahrungen in Raum ermöglichten.

Der Versuch, Gravitas und Transparenz tektonisch miteinander auszusöhnen, ist gleichwohl in der Moderne unternommen worden. Gillys Ideenskizze zu einem Monument, das nur aus einer Treppenanlage und einer offenen Pfeilerstruktur besteht, imaginiert eine leichte, man möchte fast sagen, „gotische" Dorik, wie sie der französischen Theorie vorschwebte. Das konstruktive Gefüge des Pfeilergerüstes ist hier zur Ausdrucksform erhoben, der nackte Träger der konstruktiven Skeletts zum Bedeutungsträger geworden. Ohne die Unterbrechung durch eine Fuge legt sich der schlanke Balken wie eine horizontale Rippe als Architrav über die Stützen. Undenkbar, ihn in diesen Dimensionen aus Stein oder Holz zu konstruieren. Erst in Stahl oder Stahlbeton mochte ein solcher Träger diese Gestalt annehmen.

Die anatomische Architektur des Skeletts bezeichnet das Experiment einer *leichten Monumentalität*: einer Monumentalität unter Einschließung der Transparenz, ohne jedoch unter diesen extremen Bedingungen die Prämisse des tektonisch gefügten Körpers preiszugeben. Kein anderer Bau hat diese Synthese von Transparenz und Gravitas im 20. Jahrhundert so überzeugend umgesetzt wie die Berliner Nationalgalerie von Mies van der Rohe.

4. Die entscheidende Frage zum Stichwort Tektonik ist somit aufgeworfen: Inwieweit ist die Körperanalogie unter den Bedingungen der Spätmoderne noch, oder wieder, möglich? Inwieweit lässt sich im Winckelmann'schen Sinne noch sinnvollerweise vom Gebäude des Leibes und der Architektonik seiner Glieder sprechen? Und vor allem, wie weit ist unser Begriff vom Körper dehnbar, mutierbar und veränderbar? Bis zu welchem Grad sind wir in der Lage, das Organische dem Mechanischen zu unterwerfen? Wo ist die Grenze, an der der Körper seine Eigenschaft endgültig verliert?

Ferner ist zu fragen, ob unsere Augen noch in der Lage sind zu sehen, das heißt auf dem Wege der Umwertung dort Analogiemöglichkeiten zu entdecken, wo bisher noch keine gesehen wurden. Joseph August Lux hat in seiner *Ingenieur-Ästhetik* (München 1910) das notwendig werdende, neue Sehen dahingehend definiert, dass der Mensch der Moderne in der Lage sein müsste, an Stelle der Verwüstung neue Schönheit aufsteigen zu sehen. Diesen Blick machte Le Corbusier sich heroisch zu Eigen, der den Architekten „Augen, die nicht sehen" unterstellte. Angesichts der Verwüstungen, die der Modernisierungsprozess mit sich gebracht hat, stellt sich heute, am Ende eines großen Dialoges des Menschen mit der Natur und der Technik, die Frage nach den blinden Stellen dieses Blicks, der seine Unschuld verloren hat.

Die postmoderne Architektur hat die Entledigung des Körpers als gegeben angenommen und mit der Theorie vom *decorated shed* für die Architektur eine Konsequenz aus dem historischen Prozess gezogen. Die postarchitektonische Architektur ist körperlose

Architektur, ist reines Zeichen geworden. Das Architektonische ist an dem Prozess des Bezeichnens selbst nicht mehr beteiligt. Zeichen ohne Architektur, Billboards oder Architektur ohne Zeichen, banale Behälter, sind die Folge. Die *Ästhetik des Verschwindens*, nicht die *Ästhetik des Zur-Erscheinung-Bringens*, die auf Struktur auch als Metapher notwendigerweise angewiesen ist, fasziniert zeitgenössische Theorien und Operationen. Dekonstruktion, Fragmentierung sind Ausdruck eines Vorgangs, in dem die Architektur sich neugierig dabei betrachtet, wie sie sich selbst abschafft.

Die *Präsenz des Sekundären*, des historischen oder technischen Ornaments, je nachdem ob man Historisches oder Hightech bevorzugt, beschreibt jene *Abwesenheit des Eigentlichen* von einer anderen Seite. Eitle Konstruktionen, die keine Form mehr bewältigen, sondern sie nur ausdrücken wie eine Zitrone, bezeichnen das Dilemma der Selbstreferentialität, denn Form ist ohne Bezug auf ein Anderes, das zur Erscheinung gebracht werden soll, nicht möglich.

Vielleicht ergibt sich daraus heute eine Funktion und Bedeutung des Konzeptes Tektonik: Nicht, dass es den verschwindenden Körper wieder *zur Erscheinung bringen* könnte, sondern dass es ihn *daran hindert, völlig zu verschwinden*.

FASSADE, TEKTONIK, ORNAMENT

Kenneth Frampton, geboren 1930, hat die Ware-Professur für Architektur an der Columbia University in New York inne. Er studierte an der Architectural Association in London und arbeitete als Architekt in England, Israel und den USA. Zu seinen wichtigsten Publikationen zählt *Modern Architecture: A Critical History* (1980; dt.: *Die Architektur der Moderne. Eine kritische Baugeschichte*, 1983).

Framptons Essay „Reflexionen über die Reichweite des Tektonischen" bildet das Vorwort zu seinem Buch *Studies in Tectonic Culture* (MIT Press, Cambridge/London 1995; dt.: *Grundlagen der Architektur. Studien zur Kultur des Tektonischen*, Oktagon, München/Stuttgart 1993) und ist hier gekürzt wiedergegeben.

Kenneth Frampton:
Reflexionen über die Reichweite des Tektonischen (1993)

„Die Geschichte, die wir umreißen möchten, ist gezwungenermaßen verzweigt und mannigfaltig; es ist die Geschichte der Strukturen, die – abgesehen von der Architektur – das menschliche Umfeld gestalten, die Geschichte der Versuche, diese Strukturen zu lenken; die Geschichte der Intellektuellen, die zu diesem Zweck eine Politik und eine Methodik zu entwickeln suchten; die Geschichte von neuen Sprachen, die versuchen, ihren eigenen Wirkungskreis abzugrenzen, nachdem die Hoffnung auf absolute, endgültige Formeln aufgegeben wurde.

Es scheint auch überflüssig zu betonen, dass das Überschneiden dieser vielen Facetten der Geschichte niemals zu einer Einheit führen kann. Oder ist es vielleicht nötig, darauf hinzuweisen, dass der historische Raum naturgemäß dialektisch ist? Diese Dialektik wollen wir auf den folgenden Seiten aufzeigen und dabei in jeder Hinsicht vermeiden, die Konflikte zu verschweigen, die heute die Rolle der Architektur selbst auf beunruhigende Weise in Frage stellen. Es wäre sinnlos, solche Fragen beantworten zu wollen. Viel wichtiger erscheint es stattdessen, die ganze Geschichte der modernen Architektur zu durchwandern, auf die Lücken und Brüche hinzuweisen, die ihre Geschlossenheit gefährden, und von da an neu zu beginnen, und dabei weder die Kontinuität jener Geschichte noch ihre Spaltungen zum Mythos zu erheben".[1]

Es gehört zur Ironie der protomodernen Bewegung, dass Eugène Viollet-le-Duc sein 1872 erschienenes Hauptwerk *Entretiens sur l'architecture* verfasste, ohne ein einziges Mal den Begriff „Raum" im modernen Sinne zu verwenden.[2] Nichts hätte von der strukturalistischen Untermauerung seines Denkens entfernter sein können als die Vorrangstellung, die August Schmarsow 20 Jahre später in seinem 1893 zum ersten Mal veröffentlichten Buch *Das Wesen der architektonischen Schöpfung* dem Raum als Selbstzweck gewährte. Wie viele Theoretiker vor ihm sah auch Schmarsow in der Urhütte die Urbehausung, allerdings begriff er sie als räumliche Matrix oder „Raumgestalterin".[3]

Mehr vielleicht als die anderen Theoretiker des 19. Jahrhunderts, einschließlich seines Kollegen Adolf Hildebrand, der der Fläche den Vorrang gab, und Gottfried Semper, von dessen Werk seine Thesen abgeleitet ist, begriff Schmarsow die Entwicklung der Architektur als die allmähliche Entfaltung des Raumgefühls im Menschen. In der Zeitspanne zwischen 1893 und 1914 entsprach Schmarsows Auffassung vom Raum als der treibenden Kraft, die hinter jeglicher architektonischen Form steht, den von Albert Einstein, Nikolai Lobatschewsky und Georg Riemann beschworenen Raum-Zeit-Modellen vollkommen. Wie wir wissen, wurden sehr bald derartige Paradigmen angeführt, um die Darstellung der dynamischen räumlichen Form in der avantgardistischen Kunst wissenschaftlich zu begründen.[4] Diese gedankliche Verbindung wurde noch verstärkt durch das Erlebnis der Geschwindigkeit jener Veränderung von Raum und Zeit im alltäglichen Sinn als Folge der technischen Erfindungen um die Jahrhundertwende – der vertrauten futuristischen Technologie des Zuges, des Überseedampfers, des Flugzeugs und des Autos.

Anstatt historistischen Nachahmungen als reaktionärem Ordnungsruf beizupflichten oder der derzeitigen neo-avantgardistischen Neigung, sich in ästhetischen Spekulationen zu ergehen, entgegenzutreten, wollen wir uns auf das Erscheinen der tektonischen Form auf Grund der Struktur und der Konstruktion konzentrieren. Selbstverständlich geht es hier nicht um das einfache Aufzeigen von Struktur und Technik, sondern vielmehr um ihr poetisches Ausdrucksvermögen. Insofern Tektonik einer Poetik der Konstruktion gleichkommt, ist sie eine Kunst, in dieser Hinsicht aber nicht unbedingt figurativ oder abstrakt. Ich möchte behaupten, dass die zwangsläufig erdgebundene Natur des Bauens viel mehr tektonisch und taktil als szenografisch und visuell ist, obgleich diese Unterscheidung weder den räumlichen Charakter der Umschließung noch den biologischen Vorrang, der dem Sehen gewährt ist, leugnet. Deshalb haben wir die Kühnheit, das Offensichtliche zu verkünden, nämlich, dass das Gebaute primär eine Konstruktion und erst in zweiter Linie ein abstraktes, aus Fläche, Volumen und Plan bestehendes Gebilde ist, wie es in den „Drei Mahnungen an die Herren Architekten" in Le Corbusiers *Vers une architecture* von 1923 erscheint.[5] Man darf auch hinzufügen, dass das Bauen, im Gegensatz zu den bildenden Künsten, ebenso erlebte Gegenwart wie Darstellung, das Gebaute wiederum eher ein Ding als ein Zeichen ist, auch wenn es letzten Endes eine Mischung aus beidem wird. Wie Umberto Eco bemerkte, ist jeder „Gebrauchsgegenstand" zwangsläufig mit einem Zeichen verbunden, das auf diesen Gebrauch hinweist.

Gleichzeitig ist die Typologie ohne Zweifel ebenso Voraussetzung für das Bauen wie die Technik des Handwerks. Wir dürfen sie uns als das durch die Lebenswelt überlieferte „Etwas" vorstellen, das, unabhängig von der Form, in der es erscheint, zwangsläufig den Ausgangspunkt jedes architektonischen Bestrebens bildet, wie offen es für eine Modulation auf verschiedenen Ebenen auch bleiben mag. Tatsächlich scheint es, als erwachse das Gebaute immer wieder aus dem sich stets entwickelnden wechselseitigen Spiel dreier konvergierender Vektoren, dem Topos, dem Typos und der Tektonik. Wenn also die Tektonik keinen besonderen Stil fördern muss, wirkt sie in Verbindung mit dem Ort und dem Typus der Neigung der Architektur entgegen, ihre Legitimität in einer anderen Disziplin – der Mathematik, der Technik, der Soziologie oder der Philosophie, ja sogar den bildenden Künsten, der Literatur oder Musik – zu suchen.

Die Rückbesinnung auf die Bedeutung des Tektonischen wurde teilweise von der antiavantgardistischen Polemik Giorgio Grassis in seinem Aufsatz von 1980 „Avantgarde und Kontinuität" angeregt:

„Was die architektonische Avantgarde der Moderne betrifft, geht sie unweigerlich den Weg der figurativen Künste [...]. Der Kubismus, der Suprematismus, der Neoplastizismus etc. sind alle im Bereich der figurativen Künste entstandene und entwickelte Suchformen, die erst in zweiter Instanz auch auf die Architektur übertragen wurden. Es ist in der Tat

erschütternd festzustellen, wie die Architekten jener heroischen Periode, zumal die besten unter ihnen, bemüht sind, sich diesen Ismen anzupassen, und, von den neuen Lehren fasziniert, verwirrt damit experimentieren, sie abwägen und sich erst später ihrer Unwirksamkeit bewusst werden."[6]

Ungeachtet der in dieser „Lukács'schen Kritik" implizierten Rückständigkeit, stellt Grassis Bemerkung das Prestige in Frage, das das Figurative in der Architektur immer noch zu genießen scheint. Diese Herausforderung erfolgt in einer Zeit, in der die Architektur offenbar dazu tendiert, unschlüssig zwischen der dekonstruktivistischen Entmystifizierung ihres traditionellen Zweckes und der Behauptung ihres befreienden Potenzials als kritische Form zu schwanken. Vielleicht liegt es an Grassis beruflicher Entfremdung, dass sein Werk schwer zugänglich bleibt und, wenn gebaut, paradoxerweise von der Poetik der handwerklichen Konstruktion in ihrem ganzen Reichtum weit entfernt ist. Dies ist umso seltsamer, bedenkt man, mit welcher Sorgfalt Grassi die konstruktiven Details ausarbeitet. Auf die widersprüchlichen Aspekte seiner Architektur hat vermutlich niemand mit mehr Scharfsinn hingewiesen als der katalanische Kritiker Ignasi de Solà-Morales:

„Die Architektur wird als Handwerk hingestellt, das heißt als die praktische Anwendung eines durch Regeln festgelegten Wissens. Daher kann von einer Auffassung von Architektur als Lösung von Problemen, Neuerung oder Erfindung ex novo keine Rede sein, wenn es darum geht, den beständigen, evidenten, gegebenen Charakter des Wissens bei der architektonischen Schöpfung aufzuzeigen.

[...] Das Werk Grassis erwuchs aus dem Nachdenken über die wesentlichen Möglichkeiten dieser Disziplin und ist auf spezifische Elemente konzentriert, die nicht nur ästhetische Entscheidungen, sondern auch den ethischen Inhalt seines kulturellen Beitrags bestimmen. Durch die Kanäle dieses politischen und ethischen Willens wird die Sache der Aufklärung [...] in ihrer kritischsten Haltung bereichert. Nicht nur die Überlegenheit der Vernunft und der Analyse der Form werden demonstriert, sondern vielmehr das kritische Verhalten (im Kant'schen Sinne) das heißt Werturteile, deren Mangel in unserer heutigen Gesellschaft bitter empfunden wird [...]. Insofern, als seine Architektur eine Meta-Sprache, ein Nachdenken über die Widersprüchlichkeit seiner eigenen Praxis ist, erhält sein Werk den Reiz einer Sache, die zugleich frustrierend und edel ist."[7]

Etymologie
Der Begriff „Tektonik" stammt vom griechischen Wort *tekton*, das Zimmermann oder Erbauer bedeutet. Das entsprechende griechische Zeitwort ist *tektainomai*. Dieses stammt wiederum vom sanskritischen *taksan*, das das Zimmererhandwerk und den Gebrauch der Axt bezeichnet. Reminiszenzen eines ähnlichen Begriffs findet man auch im *Veda*, wiederum auf die Zimmerei bezogen. Im Griechischen erscheint er bei Homer und bezieht sich auf die Baukunst im Allgemeinen. Die poetische Konnotation des Wortes taucht zum ersten Mal bei Sappho auf, in deren Werk der *tekton*, der Zimmermann, die Rolle des Dichters übernimmt.

Im Allgemeinen bezieht sich der Ausdruck *tekton* auf einen Handwerker, der mit allen harten Materialien mit Ausnahme des Metalls arbeitet. Im 5. Jahrhundert v. Chr.

erfährt diese Bedeutung insofern eine weitere Wandlung, als der Begriff nicht mehr auf etwas Spezifisches und Materielles (wie das Zimmererhandwerk) hindeutet, sondern auf eine breitere, allgemeine Auffassung von Machen, die auch die Vorstellung von Poesie mit einbezieht. Bei Aristophanes dürfte er sogar mit Machenschaft und Erzeugung falscher Dinge assoziert sein, eine Verwandlung, die dem Übergang von der vorsokratischen Philosophie zum Hellenismus zu entsprechen scheint. Selbstverständlich führte die Funktion des *tekton* schließlich zur Entstehung des Baumeisters oder *architekton*.[8] Dass der Begriff letzten Endes viel mehr in eine ästhetische als in eine technische Kategorie tendierte, hob Adolf Heinrich Borbein in seiner 1982 erschienenen philologischen Abhandlung hervor:

„Das Tektonische wird zur Kunst der Verbindungen. Hier schließt der Begriff Kunst auch techne ein und weist also auf das Tektonische als Zusammensetzung nicht nur von Bauteilen, sondern auch von Objekten, ja auf Kunstwerke im engeren Sinne hin. Was die antike Vorstellung des Wortes betrifft, geht das Tektonische in die Richtung der Konstruktion oder der Herstellung von handwerklichen oder künstlerischen Erzeugnissen [...]. Es hängt viel mehr von der richtigen oder falschen Anwendung der handwerklichen Regeln oder vom Grad seiner Zweckmäßigkeit ab. Nur in diesem Zusammenhang hat das Tektonische mit der Beurteilung der Kunstproduktion zu tun. Darin liegt jedoch der Ausgangspunkt für die Klärung und Anwendung des Begriffes in der neueren Kunstgeschichte: Sobald eine ästhetische Absicht – keine zweckgebundene – besteht, die das Werk und die Produktion des tekton definiert, bringt die Analyse den Begriff des Tektonischen mit einer ästhetischen Wertung in Verbindung."[9]

In Deutschland erscheint der Begriff Tektonik im Zusammenhang mit Architektur zum ersten Mal im 1830 entstandenen *Handbuch der Archäologie der Kunst* von Karl Otfried Müller, in dem er auf eine Reihe von Kunstformen angewandt wird, die „Geräthe, Gefäße, Wohnungen und Versammlungsorte des Menschen, zwar einerseits nach ihrer Zweckbestimmung, aber andererseits in Gemäßheit von Gefühlen und Kunstideen, gestalten und ausbilden. Wir nennen diese Reihe gemischter Tätigkeiten Tektonik; ihr Höchstes ist die Architektonik, welche am meisten vom Bedürfnis sich emporzuschwingen und zu einer machtvollen Darstellung tiefer Empfindungen werden kann."

In der zweiten Ausgabe seiner Abhandlung notiert er weiter: „[Ich übersah nicht], daß bei den Alten *tektones* in speziellem Gebrauch Bauleute und Schreiner, nicht aber Thon- und Metallarbeiter heißen, aber dabei zugleich der allgemeine Sinn berücksichtigt wird, der in der Etymologie des Wortes liegt."[10]

In seinem bedeutenden, 1844-1852 in vier Bänden erschienenen Buch *Die Tektonik der Hellenen* leistete Bötticher einen wesentlichen Beitrag zur Architekturgeschichte, indem er zwischen der *Kernform* und der *Kunstform*, das heißt zwischen der Kernform der Holzsparren eines griechischen Tempels und der künstlerischen Nachbildung der gleichen Elemente als steinerne Balkenköpfe in den Triglyphen und Metopen des klassischen Gebälks unterschied. Unter dem Ausdruck „Tektonik" versteht Bötticher ein komplettes System, das alle Teile des griechischen Tempels, einschließlich der Reliefs in ihrer Umrahmung, in all ihren mannigfaltigen Formen, zu einem einzigen Ganzen bindet.

Von Müller beeinflusst, brach Gottfried Semper mit der Vitruv'schen Trias *utilitas, firmitas* und *venustas* und bereicherte den Begriff „Tektonik" mit ethnografischen Konnotationen. Eingeleitet wurde Sempers Epoche machende theoretische Abkehr durch sein 1852 erschienenes Buch *Die vier Elemente der Baukunst*, ein Werk, das die klassizistische Urhütte, die der Abbé Laugier in seinem *Essai Sur l'architecture* von 1753 vorstellte, indirekt angriff.[11] Teilweise von einer echten karaibischen Hütte ausgehend, die er auf der Weltausstellung 1851 gesehen hatte, teilte Semper die Urbehausung in vier Grundelemente ein: 1. den Erdaufwurf, 2. den Herd, 3. das Gebälk oder Dach und 4. die leichte umschließende Haut. Nach dieser Taxonomie unterschied er zwischen zwei grundsätzlichen Prozessen: der Tektonik des Rahmens, in welchem leichte, lineare Komponenten zusammengefügt werden, um eine Raum-Matrix einzuschließen, und der Stereotomie des Fundaments, in welchem Masse und Volumen durch die Anhäufung schwerer Elemente zusammen geformt werden.

Dass Letzteres mit dem Tragmauerwerk – sei es aus Stein oder aus Ziegeln – verbunden ist, geht aus der griechischen Etymologie des Wortes „Stereotomie" hervor, das sich aus *stereos*, hart, und *tome*, Schnitt, zusammensetzt. Im Deutschen wird diese Differenzierung zwischen Tektonik und Stereotomie noch dadurch betont, dass die Sprache zwischen der schirmartigen *Wand*, die man zum Beispiel im Fachwerkbau findet, und der *Mauer* die auf eine massive Befestigung deutet, unterscheidet.

Erhärtet wurde diese Unterscheidung 1937 durch Karl Grubers Rekonstruktion einer typischen mittelalterlichen Stadt in Deutschland, die den Unterschied zwischen den schweren Befestigungsmauern und den leichten Fachwerkhäusern illustriert.[12] Wie schon erwähnt, entspricht diese Unterscheidung zwischen Leichtem und Schwerem einer allgemeineren Differenzierung in der Materialerzeugung; so weist die Holzkonstruktion eine Affinität zu ihrem dehnbaren Äquivalent in Form von Flechtwerk und Textilien auf, während das Werksteinmauerwerk als druckfestes Material durch den Backstein- oder Pisébau (Lehmstampfbau), später den Eisenbeton ersetzt wurde. Wie Semper in seiner Stoffwechseltheorie hervorhob, wurden in der Kulturgeschichte gelegentlich die tektonischen Eigenschaften einer Bauart auf eine andere übertragen; dies geschah, um den traditionellen Symbolwert aufrechtzuerhalten, wie im griechischen Tempel, bei welchem der Stein als Umdeutung der archetypischen Holzkonstruktion zugerichtet und gelegt wurde. In diesem Zusammenhang sollten wir jedoch beachten, dass auch das Mauerwerk – wenn es nicht, wie im Pisébau als Konglomerat auftritt, sondern geschichtet ist – eine Art Weben darstellt, wovon die verschiedenen traditionellen Mauerwerkverbände zeugen.[13] Auch die sich überlappend verwobenen Ziegel oder *boveda* des traditionellen katalanischen Gewölbebaus deuten darauf hin.

Die Allgemeingültigkeit der Semperschen *Vier Elemente* findet auf der ganzen Welt ihre Bestätigung in den regionalen Bautraditionen, auch wenn es Kulturen gibt, die keine senkrechte, gewebte Abschirmung kennen, oder wo die gewebte Wand sozusagen von Dach und Rahmen absorbiert wird, wie zum Beispiel bei den nordamerikanischen Mandan-Häusern. In der afrikanischen Stammeskultur geht die Skala des umschließenden vertikalen Schirms von den sehr primitiven, nur innen vergipsten Ausfachungswänden, wie bei den Gogo-Häusern in Tansania, bis zu den sorgfältig gewebten Wandmatten, die in der kubanischen Kultur die Hütte des Häuptlings außen bekleiden. Darüber hinaus ändert sich die jeweilige Rolle des Tektonischen und des Stereotomischen mit dem Klima, der Gewohnheit, der Kultur und dem vorhandenen Material beträchtlich: So geht der Bautyp der Urbehausung, bei dem der Unterbau auf punktuelle Fundamente reduziert ist, wie zum Beispiel die Steinstützen des traditionellen japanischen Hauses, zu einer Bauart über, in der die stereotomischen Mauern in Form von Böden und Dächern horizontal fortgeführt werden, die aus dem gleichen Material – jedoch durch Reisig oder Flechtwerk verstärkt – bestehen. Als Alternative kann auch die Grundzelle mit einem Gewölbe aus dem gleichen Material bedeckt sein; beide Techniken findet man in der Kultur Nordafrikas, der Kykladen und des Mittleren Ostens.

Kennzeichnend für unser weltlich eingestelltes Zeitalter ist, dass wir die kosmischen Konnotationen dieser gegensätzlichen Bauarten übersehen, das heißt die Affinität des Rahmens zur Immaterialität des Himmels und die Neigung der Form-Masse, nicht nur zum Boden hin zu streben, sondern sich in dessen Substanz aufzulösen. Wie der ägyptische Architekt Hassan Fathy bemerkte, ist dies nirgends deutlicher als im Lehmbau, bei welchem sich die Wände mit der Erde verbinden, sobald sie zerfallen und nutzlos geworden sind. Ebenso kurzlebig ist allerdings unbehandeltes Holz, wenn es den Elementen Feuer, Wasser oder Luft ausgesetzt ist, im Gegensatz zum gut gelagerten Steinfundament, das die Zeit überdauert und somit den Boden für immer zeichnet.[14]

...

Ethnografie

Sempers Tektonik-Theorie wurzelte tief in der neu entstandenen Wissenschaft der Ethnografie. Wie später Sigfried Giedion, versuchte Semper die Architekturpraxis in dem zu verwurzeln, was Giedion in einer Studie von 1965 „die ewige Gegenwart" (so der Titel) nennen sollte. Diese Suche nach dem zeitlosen Ursprung wird auch im Prolegomenon zu *Der Stil* beschworen, in dem Semper auf eine frappierend an Vico erinnernde Art den kosmogonischen Impuls als einen sich durch die Zeit stets wandelnden archaischen Impuls beschreibt:

„Umgeben von einer Welt voller Wunder und Kräfte, deren Gesetz der Mensch ahnt, das er fassen möchte, aber nimmer enträtselt, das nur in einzelnen abgerissenen Akkorden zu ihm dringt und sein Gemüt in stets unbefriedigter Spannung erhält, zaubert er sich die fehlende Vollkommenheit im Spiel hervor, bildet er sich eine Welt im Kleinen, worin das kosmische Gesetz in engster Beschränktheit, aber in sich selbst abgeschlossen, und in dieser Beziehung vollkommen, hervortritt; in diesem Spiel befriedigt er seinen kosmogonischen Instinkt. Schafft ihm die Einbildungskraft diese Bilder, indem sie einzelne Naturscenen so vor ihm zurecht legt, erweitert und seiner Stimmung anpasst, dass er im Einzelnen die Harmonie des Ganzen zu vernehmen glaubt und durch diese Illusion für Augenblicke der Wirklichkeit entrissen wird, so ist dies Naturgenuss, der vom Kunstgenuss eigentlich prinzipiell nicht verschieden ist, so wie denn auch das Naturschöne (da es erst entsteht durch die Empfänglichkeit und durch die vervollständigte Phantasie des Beschauers selbst) dem allgemeinen Kunstschönen als untere Kategorie zufällt. Aber dieser künstlerische Genuss des Naturschönen ist keineswegs naivste und ursprünglichste Manifestation des Kunsttriebes, vielmehr ist der Sinn dafür im einfachen Naturmenschen unentwickelt, während es ihn schon

erfreut, das Gesetz der bildnerischen Natur, wie es in der Realität durch die Regelmäßigkeit periodischer Raumes- und Zeitfolgen hindurchblickt, im Kranze, in der Perlenschnur, im Schnörkel, im Reigentanze, in den rhythmischen Lauten, womit der Reigentanz begleitet wird, im Takte des Ruders u.s.w. wiederzufinden. Diesen Anfängen sind die Musik und die Baukunst entwachsen, die beiden höchsten rein kosmischen (nicht imitativen) Künste, deren legislatorischen Rückhalt keine andere Kunst entbehren kann." [15]

Obwohl wir offensichtlich hier nicht alle Beweise anführen können, die zur Erhärtung der Semperschen These beitragen, wollen wir dennoch zwei Beispiele bringen, die erkennen lassen, wie die beiden Arten des Bauens – die druckfeste Masse und der zugfeste Rahmen – durch die Zeiten entwickelt wurden, um transzendentale Welten – in die Bedürfnisse des Alltags eingebettet – entstehen zu lassen. Das erste findet man in Pierre Bourdieus 1969 erschienener Untersuchung des Berberhauses, in welcher er aufzeigt, wie der ganze Bereich der Länge nach gegliedert war, um im Schnitt wie im Materialüberzug zwischen den oberen, trockenen, vom Menschen beanspruchten Zonen der Behausung und deren unteren, feuchten Teilen, in denen die Tiere untergebracht waren, deutlich zu unterscheiden. In der Querachse wiederum war der gleiche Raum um den stets nach Osten gerichteten Haupteingang und um einen Webstuhl geordnet, der, vor die offene Tür und die aufgehende Sonne gestellt, analogisch als die Sonne des Wohnbereichs gesehen wurde. Auf der Grundlage dieser kosmischen axialen Gliederung sind Haus und Umfeld nach einer entsprechenden Hierarchie aufgebaut, in der Wert und Gegenwert sich die Waage halten. Die Merkmale der Außenwelt sind innen umgekehrt; so wird die südliche Außenmauer zur nördlichen Innenwand etc. Mit dem Tagesanbruch, dem Frühling, der Fruchtbarkeit und der Geburt assoziiert, gilt der Webstuhl als Ehrenplatz der Frau und wird als geistiger Nexus der Behausung angesehen. Sein Gegenstück ist das Ehrenattribut des Mannes, nämlich das Gewehr, das dicht neben dem Webstuhl aufgestellt ist. Dass dieses symbolische System durch die Konstruktion selbst verstärkt wird, bestätigt Bourdieus Beschreibung:

„An der Wand gegenüber der Tür steht der Webstuhl. Diese Wand wird gewöhnlich mit dem gleichen Begriff bezeichnet wie die vordere, auf den Hof gehende Außenmauer (tasga), oder auch als Webstuhl- oder Gegenwand, da man ihr beim Betreten des Hauses gegenüber steht. Die Wand gegenüber dieser heißt Wand der Dunkelheit, des Schlafs, der Magd oder des Grabes [...]. Man wäre geneigt, nach einer rein technischen Erklärung für diese gegensätzlichen

Geknüpfte Zeichen: Musubi-Beispiele aus Japan.

AUTOR
KENNETH FRAMPTON

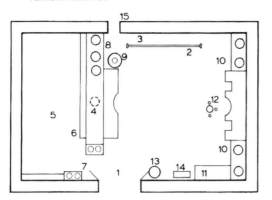

Berberhaus, Grundrissdiagramm:
1 Schwelle
2 Webstuhl
3 Gewehr
4 thigejeith
5 Stall
6 Ochsentrog
7 Wasserstelle,
8 Großer Krug
9 Handmühle
10 Getreidekrug
11 Bank
12 kanua
13 Großer Wasserkrug
14 Truhen
15 Hintere Tür

Bezeichnungen zu suchen, denn die Webstuhl-Wand [...] erhält das meiste Licht, und der mit Steinplatten ausgelegte Stall liegt im Grunde tiefer als das Übrige. Als Grund dafür wird angeführt, das Haus werde meist im rechten Winkel zu den Höhenlinien gebaut, um das Abfließen der Jauche und des Abwassers zu erleichtern. Es gibt jedoch viele Anzeichen dafür, dass diese Kontraste den Kern eines ganzen Bündels von entsprechenden Gegensätzen bilden, die nicht ausschließlich aus technischen Anforderungen oder funktionellen Überlegungen entstanden sind. Darüber hinaus steht in der Mitte der Trennwand, mitten im Haus der Menschen der Hauptpfeiler, der den Hauptbalken und das ganze Gerüst des Hauses trägt. Dieser Hauptbalken wiederum, der die Giebel verbindet und den vom männlichen Teil des Hauses ausgehenden Schutz auf den weiblichen ausdehnt [...] wird ausdrücklich mit dem Herrn des Hauses identifiziert, der Hauptpfeiler dagegen, auf dem er ruht – der Stamm eines gespaltenen Baumes [...] mit der Frau in Verbindung gebracht [...] und ihr Ineinandergreifen symbolisiert den Akt der geschlechtlichen Verbindung." [16]

Bourdieu zeigt dann, wie im gleichen symbolischen System nun auch zwischen dem unteren und dem oberen Teil des Hauses kategorisch unterschieden wird, das heißt zwischen dem tiefer liegenden Stall mit dem steinernen Boden, der als Ort der Dunkelheit, der Fruchtbarkeit und des Geschlechtsverkehrs betrachtet wird, und dem oberen, trockenen und hellen menschengerechten Raum aus getrocknetem Kuhdung.

Unser zweites Beispiel entstammt einer Kultur, in der Weben und Binden als Urelement aus archaischer Zeit in vielen landwirtschaftlichen Erneuerungsriten auftauchen, die heute noch in Japan auf dem Land existieren. In einem Aufsatz, der sich mit diesen Riten befasst, zeigt Gunther Nitschke, wie im archaischen Japan Besetzung des Landes und landwirtschaftliche Riten stets durch geknüpfte oder gebundene, unter dem Namen *musubi*, von *musubu*, binden, bekannte Zeichen initiiert wurden.[17] Beiläufig bemerkt auch Nitschke, wie in der Urzeit, als aus dem Chaos Ordnung geschaffen wurde, Bauen und Binden als allgemeine Tätigkeit an erster Stelle vor der Religion kommen; zur Erhärtung seiner Theorie weist er auf den etymologischen Ursprung des Wortes „Religion" hin, das vom Lateinischen *ligare*, binden, abgeleitet ist. Im Gegensatz zur westlichen monumentalen Tradition mit ihrer Abhängigkeit von der relativen Beständigkeit der stereotomischen Masse war die archaische japanische Welt durch vergängliches tektonisches Material, wie geknüpfte Grashalme oder die als *shime-nawa* bezeichneten Strohseile in Reisfeldern oder auch durch komplexere Gebilde, wie gebundene Pfeiler aus Bambus und Schilf, die *hashira* genannt werden, geordnet. Wie man bei Nitschke und anderen Autoren nachlesen kann, haben diese Shinto-prototektonischen Gebilde einen entscheidenden Einfluss auf die Entwicklung des japanischen Sakral- und Hausbaus in allen ihren Erscheinungsformen ausgeübt, von den ersten Shimmei-Grabmälern aus dem 1. Jahrhundert bis zu den *shoin-* und *chaseki-* Versionen der Holzkonstruktion aus der Heian-Periode. Wegen der relativen Anfälligkeit des unbehandelten Holzes wurden überall in Japan die Sakralbauten und Paläste immer wieder neu gebaut; das berühmteste Beispiel dafür bilden die monumentalen Heiligtümer Naiku und Geku in Ise, die alle 20 Jahre mit ihren Nebengebäuden wieder aufgebaut werden. Errichtet wird die neue heilige Stätte auf dem unmittelbar an die alte angrenzenden Grundstück – ein heiliger Bereich, der in den dazwischen liegenden 20 Jahren unbebaut geblieben ist.

Neben den offensichtlichen Unterschieden zwischen der stereotomischen und der tektonischen Konstruktion der archaischen Baukultur sind ihnen in den meisten Fällen zwei Züge gemeinsam. Der erste besteht in dem Vorrang, der in den so genannten primitiven Kulturen dem Gewebten als raumherstellendem Element eingeräumt wird; der zweite besteht in der überall herrschenden nichtlinearen Betrachtung der Zeit als Gewähr der zyklischen Erneuerung einer ewig währenden Gegenwart. Diese vormoderne Einstellung zum Zeitlichen spiegelt auch die Tatsache wider, dass noch vor 150 Jahren der japanische Tag nicht konsequent in 24 Stunden unterteilt war. Stattdessen bestand er aus sechs gleichen Perioden, deren Länge sich mit der Jahreszeit änderte. Sogar als im 16. Jahrhundert Uhren aus dem Westen importiert wurden, mussten sie mechanisch auf das alte Zeitsystem abgestimmt werden.[18]

Als Bestätigung des Vorrangs, den Semper den Textilien als erstem Erzeugnis kosmogonischen Handwerks einräumte, scheinen das Bauen und die raumschaffenden Praktiken Japans durch die Geschichte hindurch miteinander verflochten gewesen zu sein. Vielleicht mehr als in anderen Kulturen sind also meta-linguistische Formen und räumlich-zeitliche Rhythmen mit dem japanischen Bauen eng verbunden. Dass diese Kulturform im buchstäblichen Sinne gewebt ist, wird weiterhin durch das Ineinandergreifen und die Wechselbeziehung aller erdenklichen Elemente des traditionellen japanischen Hauses bekräftigt, von der üblichen *tatami*-Konstruktion aus gewebtem Reisstroh bis zu der *kyo-ma*- und der *inka-ma*-Rasterkonstruktion.[19]

Repräsentierendes und Ontologisches

Den Begriff des geschichteten Zwischenraums, wie er in der traditionellen Architektur Japans vorkommt, könnte man indirekt mit Sempers Unterscheidung von *symbolischen* und *technischen* Aspekten der Konstruktion in Verbindung bringen, eine Unterscheidung, die ich umformulieren möchte, indem ich von *repräsentierenden* und *ontologischen* Aspekten der tektonischen Form spreche. Ich denke zum Beispiel an den Unterschied zwischen dem Verkleidungssystem, das die unter der Oberfläche befindliche wirkliche Konstruktion repräsentiert, und einem Bau, der gleichzeitig seine Grundstruktur und seine Bekleidung zum Ausdruck bringt. Dieser Unterschied wird in Sempers

Unterscheidung zwischen der *ontologischen* Natur des Unterbaus, des Rahmens und des Dachs und der eher *repräsentierenden*, symbolischen Natur des Herdes und der Ausfachung noch näher definiert. Ich bin der Ansicht, dass diese Dichotomie bei der Gestaltung der architektonischen Form stets neu artikuliert werden muss, da Bautyp, Technik, Topografie und zeitliche Umstände jeweils zu einer anderen kulturellen Konstellation führen. Wie Harry Mallgrave bemerkte, konnte sich Semper zu keiner klaren Aussage über das jeweilige Ausdrucksvermögen von Struktur und Bekleidung durchringen; er stand unschlüssig zwischen der symbolischen Konkretisierung der Konstruktion als einer Sache für sich – rational moduliert vom technischen wie vom ästhetischen Standpunkt – und der Konkretisierung der Bekleidung, unabhängig von der Grundstruktur; zu begreifen wäre nun Letzteres als überwiegend dekoratives oder meta-linguistisches repräsentierendes Mittel zur Steigerung der Form, um ihren Status oder latenten Wert darzustellen. Mallgrave postuliert eine Versöhnung dieser Spaltung, in der zuerst das Symbolische (das Repräsentierende), dann das Technische (das Ontologische) abwechselnd enthüllt *und* verhüllt werden. Er schreibt:

„In einem 1878 entstandenen Aufsatz, in welchem er von Sempers Theorie ausging, schlug Konrad Fiedler vor, das Gewand der antiken Architektur abzustreifen, um an den modernen Bauwerken die reine raumgestalterische Eigenschaft der Wand zu nützen. Diese Anregung griff August Schmarsow 1893 in einem Vortrag auf und entwickelte sie weiter, indem er die dekorativen Merkmale der Bekleidungskunst ausdrücklich verwarf und das abstrakte Vermögen der Architektur, Raum zu gestalten, hervorhob. Die Geschichte der Architektur sei als Raumgefühl zu analysieren. Schmarsows These wurde vom holländischen Architekten Hendrik Berlage bekräftigt, der 1904 im einem bedeutenden Vortrag Architektur als die Kunst der räumlichen Einfriedung definierte. In einem Nachtrag zur Veröffentlichung dieses Vortrags behauptete er, die Natur der Wand sei flächig, und konstruktive Teile wie Pfeiler und Kapitell sollten ohne Artikulation darin integriert werden. Sempers symbolische Verkleidung der Wirklichkeit wird in Berlages Vorstellung zu einer echten Verkleidung, bei welcher Oberflächenverzierung, Materialien und strukturelle Komponenten sozusagen ihre eigene konstruktive, beziehungsweise nicht konstruktive Rolle als Oberflächendekoration repräsentieren."[20]

Diesen Dialog zwischen Konstruktivem und nicht Konstruktivem negierte Adolf Loos in seiner überaus eigenwilligen Interpretation von Sempers Bekleidungstheorie, die wohl eine Erklärung dafür sein könnte, weshalb Struktur und Konstruktion eine derartig geringe Rolle in seinem Werk spielen. Im 1898 unter dem Titel „Das Bekleidungsprinzip" erschienenen Aufsatz betonte Loos den Primat der Bekleidung über alles andere.[21] Allerdings bestand er nach wie vor auf der Echtheit des Materials und wandte sich – im Widerspruch zu den Renaissance-Praktiken – gegen den Gebrauch von Stuck als Stein-Imitation oder sogar, mit gesteigerter Ironie, gegen die künstliche „Maserung" von Holz, die eine Holzart von höherer Qualität vortäuschen sollte. Durch die dünne Marmorverkleidung, die er mit der Begründung anbrachte, es sei die billigste Tapete der Welt, da sie nie ersetzt zu werden brauche, entfernte sich Loos von Sempers Bestreben, eine Verbindung zwischen dem Rahmen und dessen Ausfachung herzustellen. Ähnlich den Vertretern der verdeckenden Rhetorik des *Gesamtkunstwerks*, das er entschieden ablehnte, schlug Loos einen atektonischen Weg ein, denn für seinen dynamischen Raumplan konnte es keine tektonische Ausdrucksform geben. Diese Verkleidung der eigentlichen Konstruktion zur Verhüllung ihrer Substanz mag allerdings das einzige Merkmal sein, das Loos mit seinem Rivalen, dem sezessionistischen Architekten Josef Hoffmann verbindet. Wenn man bedenkt, dass Loos die Tradition achtete, erscheint diese Affinität um so paradoxer, insbesondere weil die Aura der Tradition, die von seiner Marmorverkleidung ausging, die harte Realität, die sich hinter der Fassade der bourgeoisen Behausung versteckte, ebenso verbarg wie enthüllte. Gleichzeitig sollte sich, wie Mallgrave weiter bemerkt, Peter Behrens' Ablehnung von Semper als „Positivisten" im Jahre 1910 auf die westliche Baukultur entscheidend auswirken; von der Gegentheorie Alois Riegls stark beeinflusst, werden sich nämlich die Vorstellungen der deutschen Architekten vom organisch Tektonischen, das sich immer an der Grenze des Grafischen bewegte, zum abstrakt Atektonischen verlagern und die Verwandlung herbeiführen, die Robert Schmutzler als die Kristallisierung des Jugendstils bezeichnete.[22]

Tektonisch, atektonisch
In dem 1973 unter dem Titel „Structure, Construction, and Tectonics" veröffentlichten Aufsatz definierte Eduard Sekler die Tektonik als eine bestimmte Ausdruckskraft, die dem Widerstand der konstruktiven Form erwachse, wobei der daraus resultierende Ausdruck nicht nur durch die Struktur und Konstruktion allein zu erklären sei.[23] Sekler zeigte weiter, wie derartige Kombinationen von Struktur und Konstruktion zu subtilen Variationen im Ausdruck führen können, wie sie an verschiedenen Eckdetails von Mies van der Rohes Bauten in Amerika festzustellen seien. Er bemerkte auch, dass ein bestimmter Ausdruck entweder der strukturellen Ordnung oder der Konstruktionsmethode widersprechen kann und führte als Beispiel dafür die unsichtbaren Strebenbögen des Barock an. Hängen aber Struktur und Konstruktion miteinander zusammen wie zum Beispiel bei Paxtons Crystal Palace von 1851, so scheint es, als erwachse das tektonische Vermögen des Ganzen aus der Eurhythmie der verschiedenen Teile und der Artikulation ihrer Verbindungen. Sogar hier gehen jedoch statisches Vermögen und repräsentierende Form auseinander, denn Paxtons modulare Gusseisensäulen, deren Durchmesser genormt ist, werden durch die variierende Stärke ihrer Wandung befähigt, verschiedene Lasten zu tragen.

In einem späteren Aufsatz über Josef Hoffmanns Meisterwerk, das berühmte Palais Stoclet, das 1911 in Brüssel gebaut wurde, führte Sekler am Beispiel des um das ganze Haus laufenden Schiffstau-Gesimses den Gegenbegriff des *Atektonischen* ein:

„Besonders an Nahtstellen, wo zwei oder mehrere dieser Profile parallellaufend zusammenkommen, entsteht ein Effekt, der dem Erleben der Körperhaftigkeit und Schwere des Baukörpers entgegenwirkt. Die Wände scheinen aus großen Flächen eines dünnen Materials zu bestehen [...], das an seinen Rändern schützend von Metallbändern eingefasst und zusammengehalten wird [...]. Das visuelle Endergebnis ist äußerst wirkungsvoll und extrem atektonisch. ‚Atektonisch' wird dabei als Begriff für die visuelle Vernachlässigung und Verschleierung der expressiven Wechselwirkung von Last und Stütze verwendet [...] Am Palais Stoclet gibt es viele andere atektonische Details. Bei der Loggia der Dachterrasse und am

Eingangstorpavillon kommen als weiteres Beispiel wuchtige Pfeiler vor, die keine visuell angemessene Last unterstützen, sondern nur eine sehr dünne, fast schwerelos erscheinende Platte [...]. In diesem Zusammenhang ist es auch bezeichnend, dass die Fenster in der Fassadenflucht stehen, ja sogar etwas vorspringen, anstatt vertieft zu sein, was die Wandstärke verraten würde."[24]

Ähnlich schwerelos erscheinen viele zu Beginn dieses Jahrhunderts entstandene Werke deutscher Architekten, ganz besonders vielleicht Peter Behrens' AEG-Turbinenfabrik, die er 1910 in Berlin baute. Hier hören offensichtlich die massiven, ägyptisch anmutenden Pylonen kurz vor dem Dach auf, stützen es also nicht wirklich, obwohl es auf ihnen zu ruhen scheint. In diesem einzigartigen Werk bestehen Tektonisches und Atektonisches nebeneinander. Ich meine einerseits die tektonischen, mit Bolzen verbundenen Stahlbinder, die entlang der Berlichingenstraße laufen, andererseits die eben erwähnten Eckbastionen aus Ortbeton, die zwar ihr eigenes Gewicht tragen, das vorkragende Dach jedoch nicht mehr. Dass diese tektonische Ambivalenz ausgerechnet bei Behrens' Symbolisierung der Macht der Technik zum Vorschein kommt, ist eine Ironie. Hatte er nämlich durchaus erkannt, dass die Architektur durch die Jahrhunderte hindurch der Macht gedient hatte – eine These, die er in seinem Aufsatz von 1908 „Was ist monumentale Kunst?" vertrat –, so übersah er, wie schwierig es war zu versuchen, eine Macht darzustellen, die in ihrem Wesen so funktionell, säkular und der Natur nach so weltlos ist. Er scheint versucht zu haben, die Turbinenfabrik als eine Art „klassizistischer" Scheune zu gestalten, die etwas unaufrichtig das verkörpern sollte, was Ernst Jünger die Gestalt des Arbeitersoldaten nannte, das heißt den neu entstehenden „Willen zur Macht", der ursprünglich landwirtschaftliche Arbeitskräfte bereits in ein von der Technik beherrschtes Proletariat verwandelt hatte.[25]

Geschichte und Technik

Die Geschichte der Architektur in den letzten 150 Jahren kann als die Geschichte ihrer Verwandlung unter dem Einfluss der Technik gelesen werden. A.W.N. Pugins Schrift *Contrasts* von 1840 ist insofern prophetisch, als der Autor, schon der Auswirkung der industriellen Revolution unterliegend, die eigentliche Bedeutung dieser Verwandlung nicht nur in Bezug auf die Architektur erkennt, sondern auch in Hinsicht auf die säkulare Mobilisierung der Gesellschaft für den Dienst von Technik und Ware. Dies betrachtet er als einen Prozess ohne Grenzen, der in der gut verwalteten Benthamschen Gesellschaft der Zukunft sich alles zunutze machen wird. Gleichzeitig erkennt er in der Architektur unvermeidlich das Schlachtfeld, auf dem der Kampf zwischen ästhetischer Warenproduktion und ethischen Wertvorstellungen ausgefochten wird. Seit der Zeit Pugins ist die Technologie immer tiefer in das Gebiet der Bauproduktion eingedrungen, nicht nur im Zusammenhang mit Eisenbeton und Stahl, sondern auch infolge der technischen Einrichtungen, die heutzutage zuweilen bis zur Hälfte jedes Bauetats beanspruchen. Trotz derartiger Übergriffe und der allgemeinen Neigung, Architektur zu kaum etwas mehr als einem *decorated shed*, das heißt zu einer ästhetisierenden Verschleierung rein ökonomischer und technischer Prozesse herabsinken zu lassen, bleibt das Bauen nach wie vor eine anachronistische Tätigkeit, die sich der vollständigen Verwandlung ihrer Substanz in eine Ware immer noch widersetzt. Dieser Widerstand erwächst aus zwei miteinander zusammenhängenden Faktoren: zum Ersten aus ihrer unvermeidlichen festen Verbindung mit dem Boden, die der Umwandlung des Bauens als Prozess in eine automatisierte Serienproduktion Einhalt gebietet, zum Zweiten, weil das Bebaute – hauptsächlich auf Grund seines Umfangs – nicht so schnell amortisiert werden kann wie andere Verbrauchsgüter, die sonst dem Metabolismus der Verbrauchergesellschaft stets neue Nahrung zuführen. Deshalb kann sich die Architektur trotz aller erdenklichen Zersetzungserscheinungen – von der Zerstörung der Stadt bis zur Wucherung von Randsiedlungen – nach wie vor als eine handwerkliche Praxis behaupten, in der rational erzeugte Hightech-Elemente und handwerkliche Komponenten immer noch miteinander kombiniert werden können. Dies bleibt, trotz der Verbreitung des CAD und der stetigen Neigung, die Möglichkeiten der Architektur als eines freien Berufs durch das zunehmende sogenannte „package deal" zu verringern, nach wie vor der innere Widerstandsbereich.[26]

In der Architektur größeren Wert auf das Tektonische als auf das Szenografische zu legen ist eine Taktik, durch die die Widerstandskraft gegen ihre weitere Auflösung mittels einer Maximierung von Technologie erhöht wird. Die verschiedenen Ebenen, auf welchen dieser Widerstand einsetzen kann, vergrößern die Reichweite des Tektonischen als Mittler bei der Schlichtung der wachsenden Konfrontation zwischen Technologie und Umwelt. In dieser Hinsicht befindet sich die Architektur in einer ähnlichen Lage wie etwa die Landwirtschaft oder die Medizin, bei welchen der gesteigerte Einsatz wissenschaftlicher Technik schon äußerst negative Begleiterscheinungen zeigte, im ersten Fall die Überproduktion von Lebensmitteln, verbunden mit Bodenerosion und verschmutzten Gewässern, im zweiten die unerfreulichen Nebenwirkungen von Antibiotika und die zunehmende Resistenz der Bevölkerung gegen deren therapeutische Effekte. Andere, noch bedenklichere Zeichen des technologischen Nihilismus sind schon deutlich erkennbar, von der Zerstörung der Ozonschicht bis zu den Folgen der Erwärmung der gesamten Erde.

...

Übersetzung aus dem Englischen: Claudia Schinkievicz.

---

1 Manfredo Tafuri, Francisco Dal Co: *L'Architettura Contemporanea*, 1976.
2 Vgl. Eugène Viollet-le-Duc : *Entretiens sur l'architecture*, Bd. I und II Paris 1863/72. Während Viollet-le-Duc auf die Erfahrung der perspektivischen Verkürzung (*Entretien* VIII, S. 336 ff.) und auf den Raum als notwendiges Volumen hinweist, taucht in seinem Werk die Vorstellung vom modernen Raum nicht auf, außer vielleicht in seinem Eintreten für die Befreiung des Erdgeschosses vom starren Grundriss durch verglaste Trennwände und frei stehende Stützen (*Entretien* XVIII, S. 329 ff.).
3 August Schmarsow: *Das Wesen der architektonischen Schöpfung*, 1893. Was die Entwicklung unseres modernen Raumgefühls betrifft, kann 1893 als Wunderjahr betrachtet werden; in diesem Jahr kamen nämlich drei bedeutende Werke heraus: Neben Schmarsows Hauptwerk Theodor Lipps *Raumästhetik und geometrisch-optische Täuschungen* in der Schriftenreihe der Gesellschaft für psychologische Forschung (2. Auflage, Bd. IX-X, Leipzig) und last but not least Adolf Hildebrands *Problem der Form*, Leipzig 1893. Für eine detailliertere Untersuchung der Entwicklung des modernen Raumgefühls in der Sicht dieser Theoretiker vgl. Cornelis van de Veen in: *Space in Architecture*, Assen 1980.

4   In seinem Epoche machenden Werk *Raum, Zeit und Architektur*, Zürich-München 1976, erörtert Giedion die parallele Entwicklung der kubistischen Ästhetik und modernen theoretischen Physik. Giedion weist darauf hin, dass der Raum der Renaissance von der dreidimensionalen Perspektive erfasst und insofern schon auf die Abstraktion der räumlichen Unendlichkeit, das Paradoxon des verschwindenden Punktes, orientiert war. Besonders beeindruckt ist Giedion von der Beziehung zwischen Architektur und Mathematik im Barock. Er bemerkt, dass bei Guarinis Kirche San Lorenzo in Turin wie bei Balthasar Neumanns Vierzehnheiligen eine auf dreidimensionalen Kurven beruhende Konstruktionsmethode verwendet wurde, die ohne Integralrechnung undenkbar gewesen wäre. Um 1830 habe die Mathematik eine aus mehr als drei Dimensionen bestehende Geometrie entwickelt und somit den Boden sowohl für die *Simultaneität* der kubistischen Malerei als auch für die 1905 von Einstein entwickelte allgemeine Relativitätstheorie vorbereitet. In seinem Buch *Cubist Aesthetic Theories* zeigt Christopher Gray, dass die Kubisten sich tatsächlich für die moderne Mathematik interessierten, auch wenn sie nur eine oberflächliche Vorstellung davon hatten. In *Du Cubisme* von 1921 schrieben Gleizes und Metzinger, die Geometrie in der kubistischen Malerei beruhe auf einer nichteuklidischen Geometrie, vor allem auf der Theorie des deutschen Mathematikers Georg Riemann. Diese Geometrie entstand, als Mathematiker begannen, die euklidischen Grundprinzipien anzuzweifeln. Besonders wichtig war die Arbeit des russischen Mathematikers Nikolai Iwanowitsch Lobatchewskij, der das euklidische Axiom, nach welchem sich parallele Linien treffen, in Frage stellte. Von der visuellen Erfahrung ausgehend, behauptete er, die Linien träfen sich im Unendlichen, wie in der Entwicklung der Perspektive angenommen. Durch eher qualitative denn algorithmische Analyse vertrat Riemann seinerseits die Vorstellung vom gekrümmten, in einem anderen Raum enthaltenen Raum, bei welchem die Krümmung nicht das Ergebnis umgebender Verhältnisse, sondern ein innerer Bestandteil des Raumes sei. Riemanns Geometrie beschäftigte sich jedoch nicht mit der Zeit als *vierter Dimension*, wie die Kubisten anzunehmen pflegten. Dennoch ist seine Geometrie wichtig, weil sie der Entwicklung der Einstein'schen Relativitätstheorie zugrunde liegt. Für eine gründlichere Untersuchung dieser komplexen Frage vgl. Linda Dalrymple Henderson: *The Fourth Dimension and Non-Euclidean Geometry in Modern Art*, Princeton 1983.

5   Vgl. Le Corbusier: *Vers une architecture*, Paris 1923. Die drei Mahnungen kommen unmittelbar nach dem bezeichnenden ersten Kapitel, das eine Dialektik zwischen Ingenieur-Ästhetik und Architektur fordert. Einmal unter der Rubrik der Ingenieur-Ästhetik formuliert, werden Struktur und Konstruktion von Le Corbusier weitgehend als selbstverständlich betrachtet.

6   Giorgio Grassi: „Avant Garde and Continuity", in: *Oppositions 21*, 1980, S. 25-27.

7   Ignasi de Solà-Morales: „Critical Discipline; Review of Giorgio Grassi, L'architettura come mestiere", in: *Oppositions 23*, 1981, S. 146.

8   Ich danke Prof. Alexander Tzonis, TU Delft, für diese etymologische Information.

9   Adolf Heinrich Borbein: „Tektonik. Zur Geschichte eines Begriffs der Archäologie", in: *Archiv für Begriffsgeschichte*, Bd. XXVI, Heft 1, 1982.

10 Karl Otfried Müller: *Handbuch der Archäologie der Kunst*, Leipzig 1847, S. 9.

11 Vgl. Gottfried Semper: *Die vier Elemente der Baukunst*, Braunschweig 1851. Die Allgemeingültigkeit des Erdaufwurfs als wesentliches Element im Bauen ist in vielen Kulturen, von den frühjapanischen Höhlenhäusern bis zu den halb unterirdischen Holzbauten Islands, deutlich erkennbar. Vgl. Gisli Sigurdson: „Maison d'Islande et Genie du lieu", in: *Le carré bleu*, 3/84, S.10-21.

12 Karl Gruber: *Die Gestalt der deutschen Stadt*, Leipzig 1937, München 1952. Vgl. u.a. die Rekonstruktion von Büdingen und Worms. Das Fachwerk der Wohnhäuser steht im Gegensatz zu dem schweren Schichtmauerwerk des Schlosses, der Kathedrale und der Stadtmauer. Die etymologische Unterscheidung von Mauer und Wand findet man auf Spanisch bei *parede* und *perrete* wieder.

13 Vgl. die verschiedenen in Nordeuropa gebräuchlichen Ziegelverbände, den englischen, holländischen, den Strecker-, den Binderverband. In der römischen Baukunst findet man ebenfalls verschiedene Arten von Mauerwerk, u.a. das *opus siliceum* (Trocken-

mauerwerk aus polygonalen harten Steinquadern), das *opus quadratum* (rechteckige Steine), das *opus latericum* (Ziegelbau), das *opus caementicum* (eine Mischung aus Mörtel mit Steinfragmenten und Terrakotta), das *opus reticulum* (kleine, grob zugerichtete, netzartig gelegte Steine mit Zementkern). Vgl. Martino Ghermandi: „Gli moderni e gli antichi Romani", in: *Costruire 58*, Juni 1988, S. 90-93.

14 Interessant ist, dass es den Japanern gelang, die Haltbarkeit des der Witterung ausgesetzten Holzes zu erhöhen, indem sie *yariganna*-Hobel zur Erhaltung eines wasserdichten Schliffs verwendeten. Vgl. William H. Coalrake: *The Way of the Carpenter*, New York und Tokyo 1990, S. 87-88.

15 Gottfried Semper: *Prolegomenon zu Der Stil in den technischen und tektonischen Künsten oder praktische Ästhetik*, Mittenwald 1977 (Neudruck), S. XXI bis XXII.

16 Pierre Bourdieu: „The Berber House or the World Reversed", in: *Social Science Information*, Bd. 9, Nr. 2, S. 152. Vgl. auch *Echanges et Communications: Mélanges offerts à Claude Lévi-Strauss à l'occasion de son 60ème anniversaire*, Paris/Den Haag, S. 196.

17 Gunther Nitschke: „Shime: Binding/Unbinding", in: *Architectural Design*, Bd. XLIV, 12, 1974, S. 747-791. Etymologisch bedeutet *shime Zeichen*, der Ausdruck *shime-nawa* also *Zeichen-Seil*. *Musutu* bedeutet wörtlich *binden* und *musubi Knoten*. Nitschke schreibt: „Der Begriff *shime* für diese Besetzungszeichen hat sich einerseits auf das besetzte Land, *shima*, und andererseits auf das Demarkationsseil *shime-shawa* verschoben. Später wurde der gleiche Begriff *shima* für die Insel, ein aus dem Meer gewonnenes Stück Land verwendet [...]. Wir finden eine erstaunliche Parallele von menschlicher Tragweite im germanischen Sprachraum mit den Begriffen *Mark, Marke, Markieren*. Ursprünglich stand der Begriff *Mark* nicht für die Grenze eines Stück Lands, sondern für die Art, wie dessen Besetzung markiert war" (S. 756). Vgl. auch *Daidalos*, 29, Sept. 1988, S. 104-114.

18 Vgl. Heino Engel: *Measure and Construction of the Japanese House*, Vermont, 1954, sowie vom gleichen Autor *The Japanese House: A Tradition for Contemporary Architecture*, 1964.

19 Für die ausführliche Beschreibung dieser Methode vgl. Heino Engel: *Measure and Construction of the Japanese House*, Vermont und Tokio 1985, S. 36-42.

20 Harry Mallgrave: *Introduction to The Four Elements of Architecture and other Writings by Gottfried Semper*, Cambridge 1989, S. 42.

21 Adolf Loos: „Das Bekleidungsprinzip", 1898. Vgl. *Ins Leere gesprochen*, Paris 1921.

22 Vgl. Robert Schmutzler: *Art Nouveau*, S. 190: „ Im Spät-Art-Nouveau machen biologische Lebendigkeit und Dynamik überhaupt einer starren Ruhe Platz. Die Proportionsverhältnisse sind noch direkt mit denen des Hoch-Art-Nouveau verwandt, und verwandt sind allenthalben die Rudimentformen der einstigen Schwingung. Aber es wäre zu fragen, ob zwischen geometrisch erstarrtem Spät-Art-Nouveau und organisch-bewegtem Hoch-Art-Nouveau nicht auch ein tieferer Zusammenhang in jener Sehnsucht nach den Urzuständen besteht. Freuds *Unbehagen in der Kultur*, die Verführung durch die Musik und die zur Musik gewordene Dekoration, die Hinwendung zur allgemeinen Fusion der Lebenskräfte: Könnte sich nicht die Erstarrung des Spät-Art-Nouveau als innerlich notwendige Endphase dieser geheimen Nostalgie verstehen lassen, als ein dem lebenden Organischen innewohnender Drang zur Wiederherstellung eines früheren Zustandes, dem der unbelebten Materie, nämlich des kristallinen Steins?"

23 Eduard F. Sekler: „Struktur, Konstruktion und Tektonik", siehe György Kepes (Hrsg.): *Struktur in der Kunst und Wissenschaft*, Brüssel 1967, S. 89 ff. Vgl. vom gleichen Autor „Structure, Construction and Tectonics", in: *Connection: Visual Arts at Harvard*, März 1965, S. 3-11. Für weitere Publikationen über Tektonik in der amerikanischen Forschung vgl. Stanford Anderson: „Modern Architecture and Industry: Peter Behrens, The AEG and Industrial Design", in: *Oppositions*, 21, 1980, S. 83. In Zusammenhang mit Bötticher Werk *Die Tektonik der Hellenen* bemerkt Anderson, die Tektonik beziehe sich „nicht nur auf das Schaffen der materiell erforderlichen, bestimmten Bedürfnissen entsprechenden Konstruktion, sondern eher auf die Tätigkeit, die diese Konstruktion zu einer Kunstform erhebt". Bei dieser Formulierung muss „die funktionell adäquate Form so abgestimmt sein, dass sie ihrer Funktion Ausdruck verleiht. Das Gefühl des

Tragens, das die Entasis einer griechischen Säule vermittelt, ist das Kriterium des Begriffs *Tektonik*."
24 Eduard F. Sekler: „The Stoclet House by Josef Hoffmann", in: *Essays in the History of Architecture Presented to Rudolph Wittkower*, London 1967, S. 230-31.
25 Zu Jüngers Begriff der totalen Mobilmachung vgl. seinen Aufsatz von 1930 „Die totale Mobilmachung", vgl. Michael Zimmermann: *Heideggers Confrontation with Modernity*, Bloomington und Indianapolis 1990. Zimmermann schreibt: „Jünger behauptete, im nihilistischen technischen Zeitalter würde der einfache Arbeiter entweder bereitwillig lernen, ein Rädchen in der technischen Ordnung zu sein, oder untergehen. Nur die höheren Typen, die heroischen Arbeiter-Soldaten, würden in der Lage sein, den welterschaffenden, weltzerstörenden industriellen Feuersturm in seiner ganzen Tragweite zu verstehen. Er hat den Begriff *totale Mobilmachung* geprägt, um den globalen Prozess der modernen Technik zu beschreiben. Schon im Ersten Weltkrieg erkannten die Soldaten, sie seien in einem *Zermürbungskrieg* [...]. Der Krieg war tatsächlich ein gigantischer Arbeitsprozess, der mit ständigem Erzeugen und Verbrauchen verbunden war [...]. [Jünger] glaubte, die Menschheit könne nur durch die nihilistische Forderung des technischen Willens zur Macht gerettet werden und zugleich eine höhere Stufe erreichen." (S. 55).
26 Heute neigen Baugesellschaften immer mehr dazu, dem Auftraggeber ihre architektonischen und technischen Leistungen als so genannte „package deal" anzubieten. Diese Tendenz, die besonders in Japan zu verzeichnen ist, führt zu einer Einschränkung der individuellen Verhandlungen unter Berufung auf die Erfordernisse des Marktes. Die Entwicklung von Firmen für Projekt-Management [*project management firms*] weist in die gleiche Richtung, da der direkte Kontakt zwischen Architekt und Bauherr weitgehend entfällt.

TERRAIN
FASSADE, TEKTONIK, ORNAMENT

ARCHITEKTEN
HERZOG & DE MEURON

Herzog & de Meuron:
Dominus Winery (Napa Valley, Kalifornien, 1995-1998)

Das Napa Valley in Kalifornien ist von starken klimatischen Schwankungen gekennzeichnet: Kalte Nächte wechseln sich mit der brütenden Hitze des Tages ab. Überraschenderweise haben diese extremen Witterungsbedingungen jedoch nicht zu regionalen Bauformen geführt, die die Hausmauern für die Klimaregelung aktivieren – in den USA ist es seit langem allgemein üblich, konstante Raumtemperaturen über Klimaanlagen zu erreichen. Bei ihrem Neubau der Dominus Winery bot sich so für Herzog & de Meuron eine gute Gelegenheit, die gestalterischen Potenziale klimareaktiver Außenwände zu demonstrieren.

Für die Fassade des Weingutes verwendeten die Architekten so genannte Gabionen, also mit Steinen gefüllte Drahtkörbe, wie man sie aus dem Fluss- und Straßenbau kennt. Vor die Tragstruktur des Hauses gestellt, bilden diese Steinkäfige eine träge Masse und gleichen die starken Temperaturschwankungen des Landstrichs aus. Die Gabionen sind mit unterschiedlich großen Steinen aufgefüllt und sorgen so für differenzierte Lichtdurchlässigkeiten der Fassade. Wo im Inneren des Hauses eine möglichst gleichbleibende Temperatur erwünscht ist, dort wurden die Schotterkörbe mit einem kleinen Granulat aufgefüllt; und wo die Sonne durch die Steine hindurch nach innen dringen sollte – etwa in den Erschließungsgängen –, dort entstanden lichtdurchlässige und filterartige Fassadenzonen, durch die der Blick nach außen schweifen kann. Auf diese Weise entstand eine Gebäudehülle, die sowohl schwer und stereotomisch als auch leicht und textural wirken kann: Von außen bietet sich dem Betrachter tagsüber das Bild eines massiven steinernen Blocks; wer allerdings aus dem Inneren durch die Steine hindurch in die Landschaft blickt, der hat eine scheinbar hauchdünne Fassade vor Augen, die den Vergleich mit orientalischen Fenstergittern nicht zu scheuen braucht.

TERRAIN
LANDSCHAFT, FALTE, GRUND

Die modernen Architekten der zwanziger Jahre lösten den Großstadtdiskurs des 19. Jahrhunderts, der sich dem Verhältnis von Fassade und Stadt gewidmet hatte, durch den Dialog von Haus und Landschaft ab. Ob englische Gartenstadtbewegung, Frank Lloyd Wrights Präriehaus-Mythos oder die Stadtlandschaften des Wiederaufbaus – stets ging es darum, ein Verhältnis von Architektur und Natur zu beschwören, das Lärm, Bodenspekulation und die ungerechten sozialen Verhältnisse der alten Industriestädte überwinden sollte. Mit dem Titel seines 1920 publizierten Buches *Die Auflösung der Städte oder Die Erde als gute Wohnung* lieferte der Architekt Bruno Taut wichtige Stichworte für den antiurbanen Diskurs der Moderne. Er war der Überzeugung, dass Kapitalismus, Rüstungsindustrie und Großstadt eine unselige Trias bilden, die das Vernichtungswerk des Ersten Weltkriegs ermöglicht hatte.

„Die Auflösung der Städte" in aufgelockerte und durchgrünte Stadtlandschaften blieb über Jahrzehnte Leitbild der modernen Stadtplanung. „Die Erde als gute Wohnung" sollte sich jedoch als unvereinbar mit einer wichtigen Forderung der modernen Bewegung erweisen: auf Distanz zum Baugrund zu gehen. Der ideale Ort der Moderne war planiert. Unregelmäßigkeiten der Topografie störten den Anspruch auf Typisierung und Standardisierung, der seit den Zwanzigern von einflussreichen Städtebauern und Architekten in gleicher Weise erhoben wurde. Bekannt ist der Vorschlag Le Corbusiers, durch Aufständerung der Wohngebäude auf *pilotis* die Grundfläche der Stadt in einen Park zu verwandeln: „Das Haus ist in der Luft, fern vom Boden; der Garten geht unter dem Haus durch"[1].

Vor diesem Hintergrund trat der französische Philosoph **Paul Virilio** in den sechziger Jahren an, die Rezeptur der Moderne, den Bodenkontakt von Gebäuden auf ein Minimum zu beschränken, vehement in Frage zu stellen. Als Mitglied der Gruppe Architecture principe plädierte er für eine Neuvermählung von Habitat und Landschaft. In dem 1966 verfassten Manifest **„Die Funktion der Schräge"** betrachtet Virilio die bisherigen Versuche und Bemühungen der Moderne, Stadt und Natur in Einklang zu bringen, mit großer Skepsis. Seiner Meinung nach musste nicht nur das Experiment der Satellitenstadt, sondern auch bereits das der englischen Gartenstadt scheitern – diejenigen, die solche Versuche unternahmen hätten die „herausragende Bedeutung einer neuartigen Bauachse als Dreh- und Angelpunkt für die anderen Bestandteile der Einheit verkannt".

Fortan stand auf der Agenda von Architecture principe die Propagierung schräger Flächen und gekippter Ebenen. Deren Potenziale vermochte eine der berühmten Skizzen, die in der gleichnamigen Zeitschrift der Gruppe veröffentlicht wurden, eindringlich zu verdeutlichen. Auf ihr ist zu sehen, dass die übereinander geschobene Horizontale und Vertikale der klassisch modernen Raumkonzeption nur ein Additionszeichen ergibt, während zwei ebenfalls übereinander geblendete gegenläufige Schrägen ein Multiplikationszeichen bilden.[2] Tatsächlich versprach sich Virilio von der Schräge eine Vervielfältigung der Lebensverhältnisse. An die Stelle der typologischen Ordnungen des Rationalismus sollte ein neues topologisches Raumverständnis mit ungeahnten funktionalen Möglichkeiten treten.

Die Symbiose von Stadt und Landschaft, die Bestandteil der ehrgeizigen Siedlungsbauprogramme der Weimarer Republik war, wollte der amerikanische Architekt Peter Eisenman in seinem Wettbewerbsbeitrag für die Bebauung des Frankfurter Rebstockparks aufgreifen und radikalisieren. In Fortführung des Versprechens Virilios, eine Vervielfältigung des Lebens mithilfe schiefer Ebenen herbeizuführen, konzipierte Eisenman eine von geknickten Linien durchzogene Gebäudelandschaft, die gegenwärtige und historische Beziehungsmuster der Umgebung mit einzubeziehen versucht. Mit seinem Projekt bezog sich der Architekt ausdrücklich auf das Konzept der „Falte", wie es in dem 1988 veröffentlichten Buch Le pli[3] des französischen Philosophen Gilles Deleuze dargestellt wurde.[4]

Hieran anknüpfend unterzieht der amerikanische Philosoph **John Rajchman** die theoretischen Implikationen des Rebstockparkprojekts Eisenmans in seinem Aufsatz **„Faltung"** (1991) einer genaueren Analyse. Rajchman fragt nach der Bedeutung und Tragweite von Begriffen, die einen Zusammenhang zwischen Faltung und Sprache herstellen. Dabei fällt ihm auf, dass die Flecht- oder *plex*-Wörter sowie die Falt- oder *plic*-Wörter eine wichtige Rolle im abendländischen Denken spielen. Kaum ein philosophisches Hauptwerk komme ohne Begriffe wie Kom*pli*kation und Ex*pli*kation aus; auch wimmele es nur so von Kom*plex*itäten. Das Flechtwerk und die Falte – so scheint es – stehen im Zentrum des philosophischen Denkens im Zeichen der Vielfältigkeit beziehungsweise der Multi*pli*zität.

Rajchman zeigt, dass eine der Vielfältigkeit verpflichtete Architektur nicht ex*pli*zierbar ist, also niemals restlos zu erklären sein wird: „Ein ‚vielfältiges' Gewebe ist so beschaffen, dass man es nie gänzlich entfalten oder endgültig explizieren kann, weil das Entfalten oder Explizieren wiederum ein Falten oder ‚Komplizieren' bedeutet." Vielfalt ist letztlich unergründlich. Hierauf habe Eisenman adäquat reagiert, weil seine Vision einer Architekturlandschaft die Verwerfungen des Grund und Bodens zum Leitmotiv des Entwurfs erhebe. „Die Wohn- und Bürogebäude [...] scheinen durch eine intensive, offensichtlich aus dem Nichts gekommene und woanders hinführende Intrusion deformiert worden zu sein."

Rajchman demonstriert mit seinem Plädoyer für ein „entgründetes" Bauen seine Nähe zur Philosophie der Dekonstruktion. Deren Einfluss auf die Architektur unterzieht der deutsche Philosoph **Wolfgang Welsch** in seinem Aufsatz **„Das weite Feld der Dekonstruktion"** (1993) einer eingehenden Untersuchung. Welsch betont, dass eine Dekonstruktion nicht mit Destruktion zu verwechseln sei, sondern wörtlich als „Ab-auf-bau" zu verstehen ist. Für die Architektur gelte ebenso wie für die Philosophie: Wenn sie „ihre traditionelle Architektonik ablegt, kann sie dies nur tun, indem sie zugleich eine andere vorschlägt und ausarbeitet – statt der rigid-hierarchischen eine rhizomatische, statt der zentralistischen eine dezentrierte, statt der kosmos-analogen eine selbstreflexive etc."

Welsch begegnet dem latenten Fundamentalismus der Architektur mit einem „Non-Fundamentalismus" – und damit der Dekonstruktion ihres Wortbestandteils *arché*, dem griechischen Wort für Anfang und Ursprung. Längst hätten die Menschen erkannt, „dass alle vorgeblich ewigen oder universalen Fundamente nur Justierungen sind". Zumal sich das Denken der *arché* „inzwischen seiner Struktur nach als ein Denken der Dominanz und Herrschaft entpuppt" habe. In der Philosophie gehe es wie in der Architektur „nicht mehr um absolute Stabilität, sondern um relative Tragfähigkeit". Schwankenden, veränderlichen und anpassungsfähigen Fundamenten könne letztlich eine größere Robustheit zugetraut werden als der rigiden Statik traditioneller Architekturkonzeptionen.

Unbeeindruckt von der Entgründungsrhetorik poststrukturalistischer Philosophie machte sich der Darmstädter Architekturtheoretiker **Werner Durth** um die Dekonstruktion einer *arché* der besonderen Art verdient: Seine historisch-kritische Arbeit widerlegt den Mythos der „Stunde null" und damit die weit verbreitete Vorstellung von einem radikalen architektonischen Neubeginn Deutschlands nach dem Ende des Zweiten Weltkriegs. In seinem Essay **„Stadt und Landschaft – Kriegszerstörungen und Zukunftsentwürfe"** (1995) stellt er die Zeit zwischen 1940 und 1960 als eine – stadtplanerisch gesehen – „kohärente Epoche" dar. Trotz des enormen Einschnitts, den die bedingungslose Kapitulation mit sich brachte, und trotz Auflösung sämtlicher nationalsozialistischer Institutionen blieben die Ideale und auch die personalen Verflechtungen der Architekten und Städtebauer über die Jahre hinweg merkwürdig konstant.

Durth erklärt diesen Umstand mit der Dominanz des Leitbilds der aufgelockerten und durchgrünten Stadt, das nicht nur den Wiederaufbau prägte, sondern bereits das Denken der Stadtplaner während des Kriegs beherrscht hatte: „Seit 1940 ist der ‚Gedanke der Stadtlandschaft' programmatisch formuliert." In den Planungen Albert Speers spielte er deshalb eine wichtige Rolle, weil aufgelockerte Siedlungen durch den Bombenkrieg weit weniger verwundbar waren. „Die seit der Jahrhundertwende in den Reformbewegungen vorgetragenen Forderungen nach ‚Licht, Luft und Sonne', die im Neuen Bauen der zwanziger Jahre ihre Entsprechung in leicht überschaubaren Siedlungsformen mit Zeilenbauweise fanden, waren bereits seit 1936 durch entsprechende Empfehlungen, Richtlinien und Erlasse zu einem ‚luftschutzgerechten' Städtebau verstärkt worden, der angesichts rasant wachsender Bombenschäden die Fachdebatten im Krieg beherrschte."

Das Thema der Landschaft erhielt Anfang der Neunziger neue Aktualität. Seit der Etablierung des Computers und der Ausbreitung moderner Simulationssoftware in den Architekturbüros fällt es immer leichter, komplexe topologische Geometrien und Faltungen zu visualisieren. Vor allem im pragmatischen Holland konnte sich ein „parametergestütztes" Entwerfen durchsetzen. So vermochte das Rotterdamer Büro MVRDV sich erfolgreich mit einer Entwurfspraxis zu etablieren, in der die Verarbeitung quantifizierbarer Größen zu kontinuierlichen Architekturlandschaften vorherrscht. **Winy Maas**, einer der Partner von MVRDV, erläutert dieses Vorgehen in seinem 1998 gehaltenen Vortrag **„Beginnen"** als Sublimierung des Realitätsprinzips. Verantwortlich seien hierfür so genannte *datascapes*, die die bestehende Realität übersteigen können, sofern sie architektonische Auswege (*data-e-scape*) eröffnen. Ein neuer „Grund des Bauens" scheint sich in diesen gebauten Landschaften anzukündigen, nachdem der Architektur mit der klassischen Moderne und der Philosophie der Dekonstruktion die traditionellen Fundamente abhanden gekommen sind.

Stephan Trüby

---

1 Zit. nach Stanislaus von Moos: *Le Corbusier, der edle Wilde. Zur Archäologie der Moderne*, Braunschweig/Wiesbaden 1996, S. 17.
2 Vgl. Abb. S. 306.
3 Dt.: *Die Falte. Leibniz und der Barock*, Frankfurt/M. 2000.
4 Vgl. Peter Eisenman: „Die Entfaltung des Ereignisses", in (ders.): *Aura und Exzeß. Zur Überwindung der Metaphysik in der Architektur*, hrsg. von Ullrich Schwarz, Wien 1995, S. 193 ff.

AUTOR
PAUL VIRILIO

Der Philosoph Paul Virilio, geboren 1932 in Paris, gründete 1963 zusammen mit dem Architekten Claude Parent, dem Maler Michel Carrade und dem Bildhauer Morice Lipsi die Gruppe „Architecture principe". Gemeinsam mit Parent baute er die *Kirche Sainte-Bernadette-du-Banlay* in Nevers (1964-1966). 1975 wurde er Direktor der École spéciale d'Architecture in Paris. Zu seinen wichtigsten Schriften gehören *Bunker archéologie* (1975; dt.: *Bunker-Archäologie*, 1992), *Logistique de la perception – Guerre et cinéma* (1984; dt.: *Krieg und Kino*, 1986), *L'Horizon négatif* (1984; dt.: *Der negative Horizont*, 1989) und *Un paysage d'événements* (1996; dt.: *Ereignislandschaft*, 1998).

Das Manifest „La Fonction oblique" erschien zuerst 1966 in der von der Gruppe „Architecture principe" als Dauermanifest herausgegebenen Zeitschrift *architecture principe* Nr. 1 (Februar 1966), von der insgesamt 9 Ausgaben publiziert wurden. Die deutsche Übersetzung „Die Funktion der Schräge" wurde dem von Paul Virilio und Claude Parent herausgegebenen Buch *architecture principe. 1966 und 1999* (Les Éditions de L'Imprimeur, Besançon 1997) entnommen.

Paul Virilio:
Die Funktion der Schräge (1966)

Ist die physische Natur durch die Periodizität gekennzeichnet, dann ist die überlieferte Welt durch die Polarität bestimmt.

Die unterschiedlichen Ausformungen menschlicher Gemeinschaften hatten erheblichen Einfluss auf die verschiedenen Moden städtebaulicher Entwicklung und damit auf den Ursprung architektonischer Formen.

Dieser Polarisierungsprozess, dessen Entwicklung man sich aus analytischen Gründen nicht zu kompliziert vorstellen darf, hat zunächst zur Zusammenfassung von einzelnen Häusern im Marktflecken, dann von einzelnen Wohnräumen in Wohnhäusern und von Wohnhäusern in der Stadt geführt, wobei sich im Laufe der Entwicklung die jeweilige Substanz des Volumens dieser Einheiten derart veränderte, dass es schließlich zu ihrer Zusammenfassung kam.

Aber all diese Veränderungen sind in erster Linie von einem Faktor verursacht worden, den man lange Zeit fälschlicherweise für eine Folge dieser Veränderungen hielt: die räumliche Ausrichtung.

Verkörperte das Dorf hinsichtlich der Eroberung des Bodens auf vorzügliche Weise die Horizontalität, die einzig durch das Streben der Kirche oder der Burg in die Vertikale durchbrochen wurde, so war die Stadt hinsichtlich der gesellschaftlichen Errungenschaften nichts als eine Folge von Vertikalitäten, wobei New York diese räumliche Ausrichtung in Vollendung verkörpert.

Wenn bisher sämtliche Versuche gescheitert sind, eine neue städtische Einheit entstehen zu lassen – seien es nun die englischen Gartenstädte des 19. Jahrhunderts oder die Satellitenstädte –, dann erklärt sich das aus dem Umstand, dass diejenigen, die diese Versuche unternommen haben, die herausragende Bedeutung einer neuartigen Bauachse als Dreh- und Angelpunkt für die anderen Bestandteile der Einheit verkannt haben.

Sie haben sich vom Massencharakter der durch die Barbarei der gerade im Entstehen begriffenen industriellen Zivilisation geprägten menschlichen Gemeinschaften faszinieren lassen.

Somit trat ein versklavender Urbanismus die Nachfolge eines rückständigen Urbanismus an.

TERRAIN
LANDSCHAFT, FALTE, GRUND

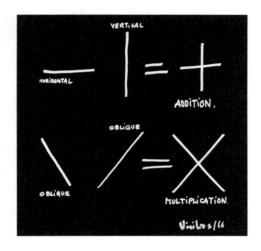 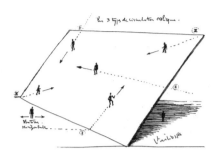

Mögen Faktoren wie Menge und Gattung noch so wichtig sein, heute ist bewiesen, dass sich auf ihrer Grundlage allein keine neue städtebauliche Entwicklung einleiten lässt. Demnach besteht für uns die dringliche Notwendigkeit, sowohl das Ende der Vertikalen als Bauachse als auch dasjenige der unveränderlichen Ebene der Horizontalen als eine historische Gegebenheit hinzunehmen und sie durch die gekrümmte Achse sowie die schiefe Ebene zu ersetzen. Sie enthalten alle Voraussetzungen, die für die Entstehung einer neuen urbanen Ordnung notwendig sind und ermöglichen zudem eine grundlegende Erneuerung der architektonischen Terminologie.

Diese Erschütterung muss als das begriffen werden, was sie ist: die dritte räumliche Möglichkeit der Architektur.

Übersetzung aus dem Französischen: Bernd Wilczek.

AUTOR
JOHN RAJCHMAN

Der Philosoph John Rajchman lehrte unter anderem an der Cooper Union in New York, war Professor am Collège International de Philosophie in Paris und ist Direktor des Modern-Art-MA-Programms an der Columbia University, New York. Er war Mitherausgeber der Zeitschrift *October* und ist Contributing Editor von *Artforum* und *ANY (Architecture New York)*. Zu seinen wichtigsten Büchern gehören *Michel Foucault: Freedom of Philosophy* (1986) und *The Deleuze Connections* (2000).

Der Essay „Folding" („Faltung") wurde – stark gekürzt – Rajchmans Aufsatzsammlung *Constructions* (The MIT Press, Cambridge/London 1998) entnommen. Zuerst erschien der Text unter dem Titel „Perplications: On the Space and Time of Rebstockpark" in dem Buch *Eisenman Architects: Unfolding Frankfurt* (Ernst & Sohn, Berlin 1991).

John Rajchman:
Faltung (1991)

„Nichts ist beunruhigender als die stetige Bewegung dessen, was unbeweglich scheint."
Gilles Deleuze, *Pour Parlers*

Wie der Barock gezeigt hat, kann es passieren, dass eine architektonische Erfindung mit einem größeren Ereignis in Zusammenhang steht, dass sie von einer weiter reichenden Frage impliziert wird, die sich in unserem Raum stellt und die ihn und unsere Sichtweise von ihm kompliziert macht. Ein formales architektonisches Merkmal kann dann vielleicht mit zur Kristallisation von etwas Unbekanntem beitragen, das gewissermaßen an unsere Tür klopft, etwas Unvorhergesehenem, mit dem wir nur in unserem Sehen, unserem Denken und unseren Kreationen experimentieren oder spielen können.

Peter Eisenmans Vorschlag für die Entwicklung des Rebstockparks (einem 20 Hektar großen Areal am Stadtrand von Frankfurt) zu einem Wohn- und Bürogebiet thematisiert *die Falte* – die Faltung des architektonischen und städtischen Raumes und die Faltung dieser Räume in andere. Die Falte ist dabei mehr als ein technisches Hilfsmittel: Sie ist die zentrale Idee oder große Frage des Projekts. Was aber ist denn eine Frage – oder gar „die Frage" – in der Architektur?

Als „Faltung" bezeichnet Eisenman jenes zentrale formale Verfahren, das für die Generierung des Entwurfs angewandt wurde, und in dieser Hinsicht ist es mit der Überlagerung von L-Rastern in seinen früheren Arbeiten vergleichbar. Art und Maßstab des Projekts erlauben es Eisenman jedoch, städtebaulich zu denken. Im Rebstockpark will er sich von einem urbanen Kontextualismus lösen, der den modernen frei stehenden Wohnturm oder den linearen Riegel verwarf, um stattdessen die Blockrandbebauung zur Grundeinheit der Postmoderne zu machen. Indem er das Rebstockgelände „faltet", hofft Eisenman, jene Komplexitäten im städtischen Raum zu „indizieren", die sich seit dem Krieg entfalten konnten und mit denen der Kontextualismus nicht umgehen konnte.

Ausgangspunkt für die gefaltete Transformation des Geländes ist eine imaginäre *Siedlung*[1] der Zwischenkriegszeit, wie sie Ernst May hätte entwerfen können – also jener einst revolutionäre Stil, der an die Stelle der Blockrandbebauung trat, welche im späten 18. und frühen 19. Jahrhundert aus der Stadt herausgeformt wurde. Diese Entwicklung bewirkte aus heutiger Sicht eine Zersetzung der urbanen Struktur. Die formale Transformation besteht darin, diesen imaginären Entwurf sukzessive im Netz einer „Faltungsoperation" einzufangen, das sich aus einer modifizierten Version von René Thoms Schmetterlingsnetz ableitet. Durch die „Faltung" des Geländes soll ein

Raum- und Zeitgefühl innerhalb der Stadtlandschaft entstehen, das sich von der revolutionären Tabula rasa der Moderne und dem kitschigen, sentimentalen Kontextualismus der Postmoderne unterscheidet.

Aber nicht nur in diesem Sinne thematisiert das Rebstockpark-Projekt die „Falte". Der Rebstockpark wird oft und in vielerlei Hinsicht gefaltet – vieles ist in ihm impliziert [*implicated*] oder wird von ihm eingeschlossen [*implied*]. Um zu explizieren, was darin eingefaltet ist oder zu entfalten, was in ihm implizit ist, muss man die dazugehörigen allgemeinen Fragestellungen enträtseln, die seine Idee von Raum, Zeit, Vision, Technologie und Architektur beinhaltet – zumal weder in der Architektur noch in anderen Gebieten eine Idee erschöpfend oder vollständig in einem einzelnen Werk umgesetzt werden kann; in jedem Fall werden immer „Komplikationen" auftreten. Und wie Leibniz wusste, ist es deshalb immer schwierig zu wissen, wo man anfangen und wie man enden soll, wenn man eine Sache zu erklären [*explicating*] versucht.

Im Rebstockpark-Projekt geht es also um die Faltung in der Architektur. Was aber ist eine Falte und was soll gefaltet werden? Gilles Deleuze hat in seiner Philosophie und in seiner Lesart der Philosophiegeschichte die vielleicht am genauesten ausgearbeitete Konzeption der Falten und der Faltungen entwickelt – er legt sie in seinem Buch *Le pli* dar. Das Buch ist eine Studie über Leibniz und den Barock und endet mit den folgenden Worten: „[...] was sich aber verändert hat, ist die Organisation des Hauses und seine Natur. [...] Wir entdecken neue Weisen zu falten [...], wir bleiben aber Leibnizianer, weil es immer darum geht zu falten, zu entfalten, wieder zu falten."[2]

Man könnte sagen, dass *Le pli* Deleuze' architektonischstes Buch ist, denn es entwirft ein Bild von Leibniz' Philosophie als einem großen barocken Bauwerk und nimmt an, dass seine Philosophie die Idee zu solchen Bauwerken formuliere: die Idee von Falten, die in endloser Folge in andere Falten übergehen, Faltung um Faltung bis ins Unendliche. Und dennoch, im Falle der neuen Wege des „Faltens, Entfaltens und Wiederfaltens", die *wir* heute weitergehen, diskutiert Deleuze *l'informe* in der Musik, der Malerei und der Bildhauerei, ohne auf die zeitgenössische Architektur Bezug zu nehmen. Wir können deshalb die „Faltung" des Rebstockparks als Eisenmans Versuch betrachten, die gerade mit diesen letzten Sätzen implizit angesprochene Frage nach der zeitgenössischen Architektur und dem Städtebau aufzuwerfen und dadurch etwas bislang Unbemerktes zu entdecken, das in seinem ganzen Werk und Denken immer schon impliziert war: So wie Deleuze eine neue Philosophie des *informe* oder eine *informel*-Kunst des Denkens entwickelt, so indendiert Eisenman mit dem Rebstockpark-Projekt eine Architektur des *informe* oder eine *informel*-Kunst zu entwerfen und zu bauen.

Intensive Lesart
Das Rebstockpark-Projekt kann man demnach als eine Lesart, eine „intensive Lesart" von *Le pli* und umgekehrt *Le pli* als eine Lesart des Projekts ansehen. Was Deleuze eine „intensive Lesart" nennt, ist nicht eine interne formale oder eine externe kontextuelle Lesart, sondern eher ein experimentelles Zusammentreffen. Eine „intensive Lesart" enthüllt unbemerkte „Komplizenschaften" [*complicities*] zwischen zwei divergent und singulär bleibenden Räumen oder gemeinsame „Implikationen" zweier unterschiedlich „gefalteter" oder gestalteter Dinge. Ein Beispiel dafür ist Deleuze' Verwendung einer Passage

AUTOR
JOHN RAJCHMAN

„Komplizenschaft" von Architektur und Philosophie: Der Entwurf Peter Eisenmans für den Rebstockpark in Frankfurt am Main (1993).

aus Malamuds *Der Fixer* für sein Buch über die praktische Philosophie Spinozas, in der ein alter Jude vor einem Vertreter der Inquisition erklärt, dass er ein paar Seiten aus Spinozas *Ethik* gelesen habe und von da an – „als würde ich von hinten von einem Wirbelwind getrieben"[3] – nicht wieder habe aufhören können. Dieser „Wirbelwind" wird wichtig für Deleuze' Auffassung von Spinoza als einem „praktischen Philosophen" und für sein Konzept der intensiven Begegnung in Spinozas Philosophie. In der Diskussion der Falte verwendet Deleuze diesen Begriff erneut, um eine Art „multilineares Ensemble" zu beschreiben, das durch intensive Begegnung die Philosophie mit der Geschichte und mit Architekturhaftem verknüpft: Solche Ineinanderfaltungen von Philosophie und Architektur wie in *Le pli* und im Rebstockpark seien „den Windungen einer Bewegung" vergleichbar, „die den Raum wie ein Wirbel ausfüllt – mit der Möglichkeit, an jedem beliebigen Punkt aufzutauchen".[4]

Plica ex Plica

Deleuze erklärt, dass die Kunst des *informe* aus zwei Dingen besteht: Texturen und gefalteten Formen. Der Barock erfand eine Möglichkeit der Falte und der Textur: Es gibt Texturen, durch die Materie zum „Material" wird, und die Einfaltungen der Seele, durch die Form zu „Kraft" wird. Im Barock – wie auch bei Leibniz – wird die Metaphysik geformter Materie durch die Metaphysik von Materialien ersetzt, die Kräfte „zum Ausdruck bringen". Auf diese Weise eröffnet der Barock Textur- und Falt-Möglichkeiten, die – ohne präfiguriert zu sein – später in veränderter Form von Mallarmé und Heidegger aufgegriffen werden. Deleuze findet zum Beispiel, dass die Loslösung der Gewandfalten von den Konturen des Körpers, wie sie barocke Gemälde und Skulpturen aufweisen, sich überraschenderweise in abgewandelter Form in der verrückten Theorie des Schleiers bei Clérambault wieder findet – jenem französischen Psychiater, in dem Jacques Lacan (der selbst eine besondere Affinität zum Barock beibehielt) seinen Meister sieht.[5]

Es gibt aber auch einen linguistischen Aspekt: die Begriffe, die in Zusammenhang mit Texturen oder Falten stehen, sind in der Philosophie gebräuchlich und stammen auch von dort, denn die Flecht- oder *plex*-Wörter (wie „Komplexität" oder „Perplexität") und die Faltungs- oder *plic*-Wörter (wie „Komplikation" oder „Implikation") bilden – einschließlich Begriffen wie „implizieren" und „explizieren" – in den modernen europäischen Sprachen eine Wortfamilie, die im philosophischen Wörterbuch einen wichtigen Platz einnehmen. Und tatsächlich kann man die letzten Worte in Deleuze' Buch auch lesen als „Wir sind immer noch dabei zu implizieren, zu explizieren und zu replizieren".

Es gibt jedoch ein Wort aus dieser Familie, das auf eine lateinische „Einfaltung" des Griechischen und dadurch auf die griechische oder dialektische Falte zurückgeht, das für Deleuze besonders wichtig ist und durch dessen Augen er alles andere sieht: das Wort „vielfältig". So erklärt er schon auf der ersten Seite seines Buches: „Das Vielfältige ist nicht dasjenige, was viele Teile hat, sondern was auch auf viele Weisen gefaltet ist."[6]

Ein charakteristisches Prinzip in Deleuze' Philosophie ist, dass das Vielfältige noch vor dem Einen kommt. In diesem Sinne sind Gegebenheiten niemals Einheiten oder Totalitäten, sondern stattdessen „Vielfältigkeiten", innerhalb derer es Brennpunkte der Einswerdung oder Zentren der Totalisierung gibt. Was bei diesen Vielfältigkeiten zählt, sind nicht so sehr die einzelnen Bedingungen oder Bestandteile, sondern die Beziehungen zwischen ihnen oder ihre Disparitäten; und um die Ideen zu extrahieren, die in die Vielfältigkeit „eingefaltet" sind, geht es darum, sie zu „entfalten", indem man die Linien aufspürt, aus denen sie besteht. Vielfältigkeit beinhaltet daher eine besondere Art von Komplexität – eine Komplexität durch Divergenz, bei der es nicht darum geht, die Einheit in der Vielfalt zu finden, sondern im Gegenteil die Einheit nur als den Zusammenhalt einer vorangegangenen oder virtuellen Trennung zu betrachten. Die Komplexität besteht demnach nicht in dem Einen, das auf unterschiedliche Weisen ausgedrückt wird, sondern vielmehr in der Tatsache, dass alles immer divergiert oder sich über ein Anderes faltet, so wie der immer weiter sich verzweigende Weg in Borges' legendärem Garten. Ein „vielfältiges" Gewebe ist so beschaffen, dass man es nie gänzlich entfalten oder endgültig explizieren kann, weil das Entfalten oder Explizieren wiederum ein Falten oder „Komplizieren" bedeutet. Obwohl es also so aussehen mag, als ob Deleuze überall nur Falten sieht, ist die Falte für ihn kein universales Design oder Modell; und in der Tat gibt es keine zwei Dinge, die auf die gleiche Art und Weise gefaltet sind. Das Vielfältige ist daher ebenso wenig ein Fragment oder Bruchstück, das eine verloren gegangene oder fehlende Einheit voraussetzt, wie seine unaufhörliche Divergenz die Zerstückelung irgendeines ursprünglichen Organismus bedeutet.

In diesem Bild der Komplexität-in-der-Divergenz und des vielfach gefalteten Gewebes könnten wir auch die „Komplizenschaft" [complicity] zwischen den Deleuze'schen und den Eisenman'schen Falten sehen: die Idee eines Zusammenfaltens oder einer Komplikation, die nicht auf Beziehungen zwischen unterscheidbaren Elementen in einem raumzeitlichen Parameter reduziert ist, sondern vielmehr eine fremde, unsichtbare und grundlose [groundless] Tiefe voraussetzt, aus der etwas heraufbricht, das seinen eigenen Raum und seine eigene Zeit erschafft. Unter Bezugnahme auf solche „intensiven" Komplexitäten versuchen beide, sich gleichzeitig vom kartesianischen Raum wie vom aristotelischen Ort zu lösen. Oder wie Deleuze schreibt: „Ich liebe die Punkte nicht, etwas auf den Punkt zu bringen erscheint mir stupide. Die Linie ist nicht die Verbindung zwischen zwei Punkten, sondern der Punkt ist der Kreuzungspunkt mehrerer Linien."[7]

Perplikation

Deleuze ist natürlich weder der Erste, der die Frage nach der Komplexität in der Architektur stellt, noch der Erste, der die Komplexität in Verbindung mit dem Manierismus oder dem Barock bringt. Im Gegenteil, diese Diskussion gehört zu einem verwickelten historischen Nexus, zu dem auch (aus der ersten Generation der Frankfurter Schule)

Walter Benjamins Studie des barocken Trauerspiels gehört, auf die sich auch Deleuze in *Le pli* bezieht. Aber noch wichtiger für das Verständnis Peter Eisenmans und seiner Generation sind zwei Autoren, die Deleuze nicht erwähnt: Robert Venturi und Colin Rowe. Deleuze hat nicht nur eine andere Auffassung von „Manieren" als diese zwei Autoren (es geht ihm nicht um manierte Dekorationen, die an einer elementaren Hütte oder Behausung angebracht werden, sondern vielmehr um „Manieren" [*manners*], die sich von einem als entbehrlich erachteten Gebäude loslösen, etwa so wie die fließenden Falten eines barocken Gewandes sich vom Körper lösen) – er geht darüber hinaus auch von einem anderen Konzept der „Komplexität" selbst aus. Er teilt nicht Venturis Idee eines widersprüchlichen oder „schwierigen" Ganzen; auch nicht Rowes Vorstellung von kubistischen Collagen und gestalttheoretischer Wahrnehmung. Denn wo der eine die Komplexität zur Totalität und Simplizität kompositorischer Elemente vereinfacht, da reduziert der andere die Tiefe zur Simultaneität von Figur und Grund. So eliminieren beide genau das, was Komplexität vielfältig und divergent macht und was Tiefe intensiv und ungrundiert [*ungrounded*] macht. Sie gehen von einem eingebundenen und gerahmten Raum aus, in dem unabhängige Elemente auf mehr oder weniger doppelsinnige Art und Weise miteinander in Verbindung gebracht werden können; und so ordnen sie die Diversität der Einheit unter, anstatt Einheit als eine kontingente Operation zu sehen, die eine potenzielle Divergenz zusammenhält. Deshalb führen sie ihr Denken zu einer Art liberal gesonnenen, empirizistischen „Toleranz der Ambiguität", die sie einer revolutionär gesonnenen, rationalistischen Vision einer neuen Ordnung gegenüberstellen. Im Gegensatz dazu führt Deleuze' Konzeption einer Komplexität-in-der-Divergenz zu der „Frage", nämlich zu der Lehre einer praktischen Ethik, sich nicht dessen unwürdig zu erweisen, was die von uns bewohnten Räume stört – dieses Anderen, das an unsere Tür klopft. Sie beinhaltet eine Art „Distanz" oder „Distanzierung", die es Deleuze erlaubt, etwas Barockes ebenso im Konstruktivismus zu entdecken wie in jener Foucault'schen Überzeugung, wonach die einzig erstrebenswerte Form der Perplexität diejenige ist, die uns von uns selbst wegführt.

Deleuze spricht deshalb in *Différence et répétition* nicht nur von Implikation, Explikation und Replikation, sondern auch von dem, was er „Perplikation" nennt – womit er ein „Durch-und-durch-Falten" oder „Kreuz-und-quer-Falten" meint.[8]

„Perplikationen" sind für ihn jene Querfalten, die eine kreative Distanzierung in die Mitte der Dinge bringt. Eine solche Distanznahme besteht im Auseinanderhalten – Deleuze nennt es „Disparation" – eines Raumes, der in sich die Möglichkeit einer „komplexen" Wiederholung eröffnet (die sich nicht auf die Imitation eines vorgegebenen Modells, Ursprungs oder Endes beschränkt) oder die einer „freien" Differenz oder Divergenz (die keinen festen Analogien oder kategorischen Identitäten untergeordnet sind). Perplikationen erlauben uns also, jene „diagonalen Linien" in einem Gewebe aufzuspüren, die es durchziehen, um es wieder zu „falten". Sie sind die Momente „der Frage", denn gerade dann, wenn sich in einem Raum eine Frage stellt, entdeckt der Raum seine freie Komplexität; und wenn umgekehrt ein Raum sich selbständig verkompliziert, dann macht er sich immer anfechtbar. Bei dieser perplex machenden Art der Komplikation geht es demnach nicht um die Auflösung eines Widerspruches wie bei Venturi, sondern vielmehr um das, was Deleuze „Vize-Diktion" oder das Zusammenweben von

Vielfältigkeit nennt. Ziel ist eine Art Tiefe, die nicht Grund ist, wie bei Rowe, sondern vielmehr die „grundlose" Tiefe eines intensiven Raumes innerhalb eines extensiven, der ihn umschließt oder einrahmt. Perplikationen sind also Faltungen, die im Gewebe der Dinge eher eine intensive und vielfältige Komplexität entfalten als eine widersprüchliche, eingegrenzte. Sie bringen „innerhalb" eines Raumes die Komplikationen an die Oberfläche, die den Raum über sich oder seinen Rahmen „hinausgehen" lassen, und falten ihn erneut. Für Deleuze ist diese tiefe und grundlose Komplexität immer *virtuell* – „Disparation" ist immer eine Virtualität im Raum, eine Art Potenzial zur uneingeschränkten Selbstverkomplizierung. Jedoch kann eine solche „Virtualität" keine *dynamis* sein, ebenso wenig wie eine solche „Aktualität" *energeia* sein kann; denn andernfalls würde Komplexität auf die Einheit vorgegebener Ursprünge und Enden reduziert werden. „Intensität" ist vielmehr eine nichtdynamische Energie; und „Aktualität" ereignet sich immer inmitten der Dinge, ebenso wie die „Virtualität" immer in deren Zwischenräumen gefunden werden kann. Daher ist der virtuelle Raum, den eine „Linie der Aktualität" in einem Gewebe offen legt, keineswegs eine Möglichkeit oder ein Entwurf, der vollständig innerhalb eines abgesteckten Rahmens realisiert werden könnte, sondern vielmehr die Bewegung einer Frage, die sich neuen, unbekannten Richtungen öffnet.[9] Daher sind auch die Zeiten der Perplikation, die den Raum auseinander halten, von besonderer Art – es sind nicht Zeitpunkte der Veraugenblicklichung von ewigen Formen, auch nicht die Zeitpunkte der Weiterführung traditioneller Gebräuche, sondern „unzeitgemäße" Momente, die aufs Neue verteilen, was einmal verloren ging, während sie das eröffnen, was noch kommen mag.

In diesem perplikatorischen Sinne kann man auch das von Tadao Ando zitierte Motto Peter Eisenmans verstehen: „Um einen Ort zu erschaffen, muss [...] man ihn erst sprengen [...]. Man muss in ihn hineinsehen und den Keim des Neuen finden."[10] Man muss einen Raum „in seine Bestandteile zerlegen" oder ihn sprengen, um die Komplexität aufzuspüren, zu der er in der Lage ist; und umgekehrt zeigt sich die tiefe oder intensive Komplexität eines Raumes in jenen Momenten, die ihn auseinander halten, ihn aus sich selbst herausnehmen, so dass er aufs Neue gefaltet werden kann. In Eisenmans Worten: Man muss in einem Raum die in ihm implizierte „Schwäche" oder sein „Potenzial für eine Wiedereinrahmung" präsent machen. Die Grundsätze seiner Perplikation sind folglich, dass es keinen Raum und keinen Ort gibt, der nicht irgendwie in diesem Sinne „schwach" ist; und dass „Schwäche" sich immer der Wahrnehmung entzieht, schon bevor man einen Betrachterstandpunkt einnehmen kann, den man normalerweise in einem Raum oder einem Ort bezieht. Während es also Venturi und Rowe bei architektonischen oder urbanen Visionen um das Entdecken einer nicht wahrnehmbaren Einheit innerhalb einer wahrnehmbaren Diversität von Elementen geht, werden sie im Rebstockpark-Projekt zu einer Frage des „Indizierens" von nicht wahrnehmbaren Unvereinbarkeiten durch das, was sich als wahrnehmbare Totalität darstellt.

Die Rebstock-Falte

Was ist dann eine „Architektur des *informe*"? Eine der Antworten Eisenmans darauf ist „Exzess". Eine Architektur des *informe* stellt das in ihr enthaltene Raster als „hemmend" und „einrahmend" dar; sie ist immer dasjenige, was ihm *entgeht*, was es unterläuft oder zum Überlaufen bringt. Das Raster ist immer das zentrale Element in Eisenmans Architektur und seinem architektonischen Diskurs gewesen,[11] und auch im Rebstock-Park-Projekt ist es nicht verschwunden; es wurde nicht aufgegeben und kann auch nicht aufgegeben werden. Eisenmans Strategie ist vielmehr, etwas in den gerasterten Raum einzufügen, oder besser, etwas „in ihm Impliziertes" zu finden, was er selbst nicht zu halten vermag, was leckt oder ausfließt und ihn mit der Umgebung verbindet. Auf diese Weise wird das Raster nur zu einer Dimension der „Faltung" in dem Raum, in dem es operiert.

Eisenman verwendet das Wort „Rahmen", um das Raster zu diskutieren, und bleibt dabei Jacques Derrida verpflichtet, der diesem Begriff insbesondere in seiner Schrift *Die Wahrheit in der Malerei* große Aufmerksamkeit schenkte: So wie Derrida den Traum vom völlig ungerahmten Raum als müßig erachtet (und meint, dass „Dekonstruktion" auch nicht dieser Traum sei), könnte man festhalten, dass es so etwas wie eine rasterlose Architektur nicht gibt. Dennoch gibt es eine „Komplexität" oder ein Faltungspotenzial, das keineswegs innerhalb eines Rahmens oder Rasters eingeschlossen ist, im Gegenteil: Ein Rahmen oder ein Raster existiert nur in einer weiterreichenden, virtuellen Komplexität, die über ihn beziehungsweise es hinausreicht. Was in einem Raum implizit ist und nicht eingegrenzt werden kann, mag darum an jeder Stelle oder jederzeit aus ihm ausbrechen und Anlass zur „Wiedereinrahmung" geben. Mit anderen Worten: Die Wiedereinrahmung ist eine Virtualität inmitten aller „gerahmten" Komplexitäten.

Was die Architektur anbelangt, so bedeutet dies für Eisenman, dass es etwas gibt, was die vitruvianischen Kategorien von Zweckmäßigkeit, Festigkeit und Anmut übersteigt, etwas, das nicht einfach als eine Angleichung der Form an die Struktur, das Grundstück oder die Funktion gelesen werden kann, sondern der Form erlaubt, sich von diesen Determinanten loszulösen und ungehindert zu falten: nämlich die Intensität, die einen „Exzess" freisetzt, welcher einen Raum über seine Grenzen hinausführt oder durch den er „neben sich selbst" existent wird. Der Zustand des Formlosen [*informe*] wäre dann der eines verdichteten Raumes, der auszubrechen scheint aus den Intervallen der artikulierenden Elemente des eingebundenen Raumes und des traditionellen Ortes, in denen er auftaucht und dabei mit einer freien und weichen „rhizomatischen" Energie die Rahmung des Areals, des Grundstücks und des Programms übersteigt.

Dieser Ideencluster ist es, der denn auch „die Faltung" des Rebstockparks von Eisenmans früheren Experimenten mit „Überlagerungen" unterscheidet. Die Überlagerung hält noch an der Simultaneität von Figur und Grund fest und findet oder erfindet deshalb noch keine grundlose, glatte Tiefe. Stattdessen beginnt Eisenman mit dem Rebstockpark-Projekt, mit einer Art Komplikation zu arbeiten, die nicht länger eine Frage des linearen Nebeneinanders in einem leeren Raum oder einer „Leinwand" ist, sondern vielmehr die Gestalt [*guise*] eines großen „transmorphogenen" Hereinbrechens in den dreidimensionalen Raum annimmt. Der Rebstockpark ist ein glatter, gefalteter und nicht länger ein gekerbter, collagierter Raum und erscheint dadurch nicht mehr rechtwinklig oder „kartesianisch". Dementsprechend bewegt sich die Idee des Projekts (als etwas von seinem Programm oder Grundriss Verschiedenes) von einer punktuellen Verschiebung eines Ortes hin zu einem multilinearen Ausglätten eines Areals, von

Begriffen wie „Spur" und „Archäologie" hin zu solchen wie „Einhüllung" und „Aktualität" – also hin zu einem Versuch, neue Betrachterstandpunkte oder Lesarten des „Kontextes" zuzulassen, die auf unwahrnehmbare Weise impliziert sind.

Die Wohn- und Bürogebäude fungieren im Rebstockpark-Projekt nicht mehr als voneinander unterscheidbare Extrudierungen aus einem flächigen gerasterten Raum, sondern scheinen durch eine intensive, offensichtlich aus dem Nichts gekommene und woanders hinführende *Intrusion* deformiert worden zu sein. Sie wirken wie Überreste eines vom Grund ausgehenden und dorthin wieder zurückgekehrten Heraufbrechens und legen nahe, dass solche „katastrophischen" Ereignisse überall aus der ruhigen Solidität der Dinge heraus wieder auftauchen können. Daher ist die Falte im Rebstockpark nicht nur eine figürliche Falte wie beim Origami – nicht nur eine Sache gefalteter Figuren innerhalb eines offenen Behälters oder Rahmens; vielmehr hat sich der Behälter selbst mit den Figuren verfaltet oder kompliziert. Der Rebstockpark ist eine „Faltung" in drei Dimensionen. Man hat es also nicht nur mit einem urbanen „Muster" zu tun; vielmehr ist es das städtische „Gewebe", auf dem das Muster eingeprägt ist, welches entlang dieser Linie gefaltet ist, um dadurch noch komplexer, noch „multiplexer" zu werden. Die Peripherie des Grundstücks ist nicht länger sein definierender Rand, sondern wird stattdessen zur Dimension einer unzentrierten Faltbewegung, die das Gelände einnimmt und sich wie ein plötzlicher Wirbelwind einen Weg hindurch- und wieder hinausbahnt.

So definieren also die Wohn- und Büro-Einheiten mit ihrer Anordnung den Raum zwischen ihnen nicht mehr als mehr oder weniger gefüllte Leere. Ganz im Gegenteil ist es der Raum zwischen den Einheiten, der belebt wird, weil die „Verknitterung" der Falte aus ihrer Mitte eindringt. Die Falzlinie – oder auch Verwerfungslinie – scheint jetzt also die Einheiten in einer unzusammenhängenden Kontinuität zu differenzieren oder zu verteilen, wobei jede Einheit singulär oder disparat wird, obwohl sie die anderen entlang der Linie sogar „mitimpliziert". Die Verwerfungslinie ist also nicht eine koordinierende, zusammenfassende oder gerichtete Linie – sie löst keinen inneren Widerspruch auf, schafft kein „schwieriges Ganzes" und stellt keine Figuren wie in einer Collage nebeneinander. Sie stellt eher eine freie, vizediktorische Linie dar, die, anstatt von einem Punkt zum anderen zu gehen, einen mehrdimensionalen Raum ohne fixierte Anfangs- und Endpunkte nachzeichnet, von dem man nie ganz sicher sein kann, woher sie kommt und wohin sie geht.

Die Falte im Rebstockpark-Projekt ist also eine intensive Linie, energetisch, ohne dynamisch zu sein, dimensional, ohne direktional zu sein. Aber sie ist auch eine „perplikatorische" oder „perplektische" Linie. Denn sie folgt nicht allein den „starken" Bestimmungen des Programms, der Struktur oder des Geländes, sondern tendiert gleichzeitig dazu, einen darüber „hinaus" zu führen. Während funktionell gesehen der Faltenbruch den verbindenden Raum zwischen den verschiedenen – in den Modulen stattfindenden – Aktivitäten darstellt, macht er in architektonischer Hinsicht den Eindruck eines plötzlich im Gelände und dessen Aktivitäten auftauchenden „freien" Raumes, der ihnen zu entfliehen versucht. Er erscheint wie der erstarrte Moment eines Hereinbrechens, dessen Ursache im Unbekannten oder außerhalb des Grundstücks und dessen Funktionen liegt, und gibt das Gefühl einer explosiven Kraft, die von irgendwo anders herrührt. So wird

man durch die Falte von der eigenen gewohnheitsmäßigen Erfahrung und Lesart des Raumes „distanziert", als ob sie einen zu diesem „Anderswo" tragen würde, wo die Dinge unerwartete Richtungen nehmen oder noch einmal gefaltet werden.
...

Übersetzung aus dem Amerikanischen: Henrik Mauler und Stephan Trüby.

---

1. Im Original deutsch [*Anm. d. Übers.*].
2. Gilles Deleuze: *Die Falte. Leibniz und der Barock*, Frankfurt/M. 2000, S. 226.
3. Gilles Deleuze: *Spinoza. Praktische Philosophie*, Berlin 1988, S. 7.
4. Gilles Deleuze: *Unterhandlungen*, Frankfurt/M. 1993, S. 234.
5. Zu Lacan und Clérambaults Schleier siehe Joan Copjec: „The Sartorial Superego", in: *October* 50 (Herbst 1989); zu Lacan und die barocke Vorstellungskraft siehe Jacques Lacan: *Encore 1972-1973*, Paris 1975, S. 95 ff.; sowie Christine Buci-Glucksmann: *La folie du voir*, Paris 1987.
6. Gilles Deleuze: *Die Falte*, S. 11.
7. Gilles Deleuze: *Unterhandlungen*, S. 233.
8. Gilles Deleuze: *Differenz und Wiederholung*, München 1992, S. 239, S. 255, S. 349.
9. Deleuze schlägt vor, die Begriffe „virtuell" und „Virtualität" in einem besonderen Sinne zu verwenden. Mit diesen Begriffen bezieht er sich nicht auf das, was die Architekturkritik als „virtuellen Raum" bezeichnet oder was Rowe mit „Illusionismus" in der Architektur meint. Auch sollte das, was Deleuze „virtuell" nennt, nicht mit dem verwechselt werden, was das Silicon Valley „virtuelle Realität" zu nennen beschlossen hat, auch wenn es zu Deleuze' Auffassung gehört, dass die Virtualität im Gegensatz zur Möglichkeit immer real ist. Der vielleicht am nächsten stehende Begriff in Eisenmans eigenem Idiom könnte „Immanenz" sein. Deleuze stellt sein Verständnis des Virtuellen in seinem Buch *Henri Bergson* vor, indem er es vom Möglichen unterscheidet. Die „Virtualität" ist nicht die „Möglichkeit" von etwas, das „realisiert" werden könnte; es ist bereits real, und es steht nicht in einem repäsentationalen oder mimetischen Verhältnis zu dem, was sie „aktualisiert". Vielmehr ist das Virtuelle immer eine „Mannigfaltigkeit", die durch eine freie oder kreative „Divergenz" aktualisiert werden kann. Dieses Thema wurde in Beziehung auf Leibniz in *Differenz und Wiederholung* weiter ausgearbeitet, bevor es in *Die Falte* wieder aufgenommen wurde. In diesem Buch wurde das Virtuelle auch mit der „Perplikation" in Verbindung gebracht. Die „Perplikation der Idee" wird definiert als der „problematische Charakter" der Idee „und der virtuellen Realität, die sie repräsentiert". (S. 317.)
10. Tadao Ando: *The Yale Studio and Current Works*, New York 1989, S. 19.
11. Zum Raster in Eisenmans Frühwerk siehe Rosalind Krauss: „Death of a Hermeneutic Phantom: Materialization of the Sign in the Work of Peter Eisenman", in: *Peter Eisenman: Houses of Cards* (New York: Oxford University Press, 1987); siehe auch ihr Text „Grids", in: *The Originality of the Avant-Garde and Other Modernist Myths* (Cambridge: MIT Press, 1985); dieses Buch enthält auch zwei originelle Essays über den Index.

LANDSCHAFT, FALTE, GRUND

Wolfgang Welsch studierte Philosophie, Kunstgeschichte, Psychologie und Archäologie in München und Würzburg. Von 1988 bis 1993 war er Professor für Philosophie an der Otto-Friedrich-Universität in Bamberg und von 1993 bis 1998 an der Otto-von-Guericke-Universität in Magdeburg. Seit 1998 ist er Professor für theoretische Philosophie an der Friedrich-Schiller-Universität in Jena. Zu seinen wichtigsten Publikationen zählen *Unsere postmoderne Moderne* (1987) und *Ästhetisches Denken* (Stuttgart 1990).

Der Essay „Das weite Feld der Dekonstruktion" wurde dem von Gert Kähler herausgegebenen Buch *Schräge Architektur und aufrechter Gang. Dekonstruktion: Bauen in einer Welt ohne Sinn?* (Vieweg, Braunschweig/Wiesbaden 1993) entnommen.

Wolfgang Welsch:
Das weite Feld der Dekonstruktion (1993)

1. Philosophie und Architektur – ein altes Bündnis

Philosophie und Architektur stehen in alter Verwandtschaft. Daher ist es nicht ungewöhnlich, wenn ein Philosoph sich zu Fragen der Architektur äußert. Implizit tut er es immer. Seiner Disziplin, der Philosophie, sind – klassisch, modern, postmodern – architekturale Begriffe und Metaphern grundlegend eingeschrieben.

Wir kennen das aus der alltäglichen Rede von Grundlagen und Fundamenten, die wir vom Denken oder der Philosophie erwarten, oder auch aus der Rede von Begriffskonstruktionen und Gedankengebäuden. Zudem hat die Philosophie ihre Selbstreflexion immer wieder mit Architekturüberlegungen verbunden. Aristoteles bezog sich mehrfach auf den Architekten als Leitfigur eines Wissenstyps.[1] Kants *Kritik der reinen Vernunft* enthält gegen Ende ein sehr bedeutsames Kapitel, das „Architektonik der reinen Vernunft" überschrieben ist. Nietzsche hat den Menschen vollends als Baumeister begriffen. Wittgenstein bezeichnete es als sein Ziel, „die Grundlagen der möglichen Gebäude durchsichtig vor mir zu haben".[2]

Die Architektur kommt aber nicht nur als Aufbauunternehmen, sondern auch als Menetekel und Destruktionsgebot in der Philosophie vor. Descartes sagte, er wolle das Haus seiner Überzeugungen einreißen, um ein neues – das der neuen Wissenschaft – aufzubauen.[3] Kant warnte vor der allzu großen „Baulust" der menschlichen Vernunft, die den Turm der Metaphysik schon mehrfach aufgeführt habe, hernach aber wieder abtragen musste, um sich erst einmal zu vergewissern, ob die Fundamente überhaupt tragfähig seien.[4] Man hatte traditionell, sagt Kant, „einen Turm im Sinne [...], der bis an den Himmel reichen sollte", jetzt aber haben wir erkannt, dass wir uns bescheidener einrichten müssen: in einem „Wohnhause [...], welches zu unseren Geschäften auf der Ebene der Erfahrung gerade geräumig und hoch genug" ist.[5] Kant – in gewissem Sinn der erste philosophische Dekonstruktivist der Moderne – spricht in diesem Zusammenhang ausdrücklich von einer „Demütigung" der Vernunft.[6] Mit der Metapher des Turmbaus spielt er – lange vor Derrida – auf den Turmbau zu Babel an.

Auch die zeitgenössische Philosophie muss, wo sie sich gegen traditionelle Prämissen des Denkens wendet, deren architekturale Momente thematisieren und kritisieren. Das ist schon an Wittgenstein zu erkennen. Während es der Tradition laut Wittgenstein darum ging, „ein immer komplizierteres Gebilde zu konstruieren", ist Wittgenstein überhaupt nicht daran interessiert, „ein Gebäude aufzuführen [...]".[7] Ihm ist vielmehr „die Klarheit, die Durchsichtigkeit Selbstzweck".[8] Darin sind bereits Motive von Dekonstruktion wirksam. Noch deutlicher werden sie in folgender Überlegung zum Verfahren, das Wittgenstein in seinem Hauptwerk, den *Philosophischen Untersuchungen*, verfolgt: „Woher nimmt die Betrachtung ihre Wichtigkeit, da sie doch nur alles Interessante, das heißt alles Große und Wichtige, zu zerstören scheint? (Gleichsam alle Bauwerke, indem sie nur Steinbrocken und Schutt übrig lässt.) Aber es sind nur Luftgebäude, die wir zerstören, und wir legen den Grund der Sprache frei, auf dem sie standen."[9] Während Wittgenstein hier selbst noch an einem Fundamentglauben festzuhalten scheint, erwägt er anderenorts eine fürwahr dekonstruktivistische Umkehrung des Verhältnisses von Fundament und Gebäude: „Ich bin auf dem Boden meiner Überzeugungen angelangt. Und von dieser Grundmauer könnte man beinahe sagen, sie werde vom ganzen Haus getragen."[10]

Ich habe Kant und Wittgenstein ausführlicher zitiert, um anzudeuten, dass sich Motive der Dekonstruktion nicht nur bei den expliziten Dekonstruktivisten, sondern auch bei anderen großen Denkern der Moderne und Gegenwart finden. Dekonstruktion gehört zum Chromosomensatz aktuellen Denkens. Am deutlichsten sind diese Motive freilich in der Postmoderne Lyotards und vor allem in der ausdrücklich so benannten Dekonstruktion Derridas artikuliert. Lyotard spricht von einer „Destabilisierung" und „Desidentifizierung". Sie betrifft die Auffassung des Menschen und reicht bis ins Verständnis der Materie hinein.[11] Derrida unterzieht das gesamte herkömmliche Denken einer Dekonstruktion.[12]

Eines aber sei sogleich festgehalten. Es verbindet die philosophischen Dekonstruktivismen mit den architektonischen. Dekonstruktion ist nicht gleichbedeutend mit Destruktion. Dekonstruktion meint vielmehr (wie Derrida einmal treffend gesagt hat) Ab-auf-bau (De-kon-struktion). Wo die Philosophie ihre traditionelle Architektonik kritisiert und ablegt, kann sie dies nur tun, indem sie zugleich eine andere vorschlägt und ausarbeitet – statt der rigid-hierarchischen eine rhizomatische, statt der zentralistischen eine dezentrierte, statt der kosmos-analogen eine selbstreflexive etc. Die Alternative dekonstruktivistischen Philosophierens liegt nicht in der Verabschiedung jeglicher Architektur des Denkens, sondern in der ausdrücklichen Reflexion der architekturalen Momente, die sich zuvor wie selbstverständlich eingeschlichen hatten, und in der Entwicklung neuer Typen denkerischer Architektur – handle es sich um den Sprachspiel-variablen Typ Wittgensteins, den mehrfach kodiert und postmodernen Lyotards oder den verstreut-dekonstruktivistischen Derridas.[13] Von daher ist eine Kongruenz dieser philosophischen Anstrengungen mit architektonischen Innovationen zu erwarten. Beide sind de-*kon*-struktiv.

2. Dekonstruktion und Postmoderne – Verflechtungen statt Gegensatz

Es scheint mir sinnvoll, das Thema der Dekonstruktion nicht separat zu behandeln, sondern auf seine Verbindung mit der Postmoderne einzugehen. Das kann vor manchem Missverständnis bewahren, zum Beispiel vor dem, Dekonstruktivismus sei eine gänzlich autonome Erscheinung und sei nicht mehr als der neueste Ismus, die modische Eintagsfliege von heute oder gestern. Man hat es vielmehr mit einem Motiv zu tun, das man nicht so leicht hinter sich bringen, nicht einfach loswerden kann. Auch „Postmoderne" ist ja nicht, wie die feuilletonistischen Auffassungen unterstellen, primär ein Zeitbegriff (das müssen die Feuilletons freilich unterstellen, um als avantgardistische Pulsfühler des Zeitgeistes heute schon von Post-Postmoderne sprechen zu können), sondern „Postmoderne" bezeichnet in erster Linie eine Haltung oder, wie Lyotard sagte, „einen Gemüts- oder vielmehr einen Geisteszustand"[14], und dieser – dadurch gekennzeichnet, dass er sich rückhaltlos auf die Pluralität des Denkens, der Sprache, der Kulturen etc. einlässt – war schon vor und in der Moderne möglich und bleibt es auch nach ihr. Er ist langlebiger als das Interesse der Tagesgeister.

Dekonstruktivistische Architektur nimmt den Problemfaden postmoderner Architektur, das Problem des Ganzen, erneut auf. Ein Moment von Dekonstruktion gehörte schon zur Postmoderne. Dass ein Ganzes nicht mehr zu erstellen, sondern nur noch als „offenes Ganzes" legitim sei, bedeutete dort bereits einen Angriff auf eine Grundidee klassischer Architektur, war doch Ganzheit eine von deren zentralen Ideen, vielleicht ihre zentralste überhaupt.[15] Die dekonstruktivistische Architektur stellt aber nicht nur das Ganze, sondern schier alle Ideen der klassischen Architektur in Frage beziehungsweise auf die Probe. Insofern bedeutet sie eine Radikalisierung dessen, was mit dem postmodernen Angriff auf das Ganzheitsprinzip begonnen worden war.

Die Zusammengehörigkeit von Postmoderne und dekonstruktivistischer Architektur ist nicht unstrittig. Manchmal wird Dekonstruktion geradezu als Gegenentwurf gegen Postmoderne ausgegeben. Diese Auffassung findet sich insbesondere im innerarchitektonischen Diskurs. Ich will zunächst die Grenze dieser Auffassung aufzeigen. Anschließend will ich zeigen, inwiefern aus der Perspektive des philosophischen Diskurses die Affinität von Postmoderne und Dekonstruktion weitaus offenkundiger ist.

Affinitäten zwischen Postmoderne und Dekonstruktion in Architektur und Philosophie
Manche architektonischen Vertreter des Dekonstruktivismus haben ihr Programm als Gegenprogramm gegen die postmodernen Tendenzen beschrieben – wobei sie freilich unter Postmoderne nicht eigentlich Postmoderne, sondern nur deren Schrumpf- und Zerrform: Neohistorismus verstanden. Diesem Neohistorismus nicht zuzustimmen ist plausibel. Aber die Postmoderne erschöpft sich nicht in solchem Neohistorismus und Fassadendekor;[16] angesichts ihres vollen Begriffs erweist sich der Dekonstruktivismus eher als eine ihrer Erscheinungsformen.

Andere haben, um die Autonomie der Architektur gegenüber der Philosophie (und der dekonstruktivistischen Architektur gegenüber der postmodernen Architektur) zu sichern, die Bezüge zwischen dekonstruktivistischer Architektur und philosophischer Dekonstruktion zu leugnen oder zu minimalisieren versucht. Auch das ist gut verständlich. Es wäre in der Tat falsch, die dekonstruktivistische Architektur als eine bloße Folge des philosophischen Dekonstruktivismus auffassen zu wollen. Einzelne Anschlüsse dekonstruktivistischer Architekten (Eisenman, Tschumi) an Jacques Derrida, den exponiertesten Vertreter von Dekonstruktion in der Philosophie, bedeuten nicht, dass insgesamt ein Verhältnis direkter Beeinflussung bestünde. Sie können jedoch als Indizien dafür gelten, dass *strukturelle* Entsprechungen bestehen.

Diese strukturellen Entsprechungen sind interessant. Vor ihnen sollte man die Augen auch dort nicht verschließen, wo direkte Einflüsse faktisch nicht vorliegen. Mark Wigley hat zwar Recht, wenn er sagt, die dekonstruktivistischen Architekturformen leiteten sich „keineswegs von einer Erscheinungsform zeitgenössischer Philosophie her, die als ‚Dekonstruktion' bekannt ist. Sie sind nicht die Anwendung dekonstruktiver Theorie".[17] Demgegenüber betont Wigley die Autonomie dieser Architekturformen: „Sie gehen [...] aus der architektonischen Tradition selbst hervor."[18] Aber wenn er daraus schließt, diese Architekturen zeigten nur „zufällig" dekonstruktive Eigenschaften[19], so geht er zu weit und täuscht sich. Das Fehlen direkter Kausalität ist nicht schon gleichbedeutend mit „Zufall". Es gibt tiefere Entsprechungsgründe. Und da es nicht alle Tage vorkommt, dass Architekturen wie anschauliche Realisationen dessen gelesen werden können, was eine noch junge und umstrittene Philosophie zu explizieren versucht, sollte man solch seltene Fälle nicht leugnen, sondern untersuchen.

Von der Philosophie aus gesehen, ist überdies die Beziehung von Dekonstruktion und Postmoderne selbstverständlicher. Der Begriff der Dekonstruktion leitet sich von Heideggers Begriff der Destruktion her, und Heidegger gilt zugleich als einer der philosophischen Väter der Postmoderne. Derrida, der den Begriff der Dekonstruktion im Ausgang von Heideggers Rede von „Destruktion" entwickelt hat, ist einer der prominentesten Vertreter postmodernen Denkens. Zwischen Postmoderne und Dekonstruktion besteht mehr als eine Analogie. Man kann schier alles, was in Termini der Postmodernität buchstabierbar ist, auch in solchen der Dekonstruktion ausdrücken.

Untersucht man die Herkunft dekonstruktivistischer Architektur genauer, so tritt die Affinität zwischen Postmoderne und Dekonstruktion schnell zutage. Das gilt für jeden der beiden Herleitungsstränge, die zu beachten sind: sowohl für den architekturgeschichtlichen als auch für den philosophischen.

Dekonstruktivismus und Konstruktivismus. Die architekturgeschichtliche Ableitung greift auf den Konstruktivismus der russischen Avantgarde zurück. Definitorische Merkmale dekonstruktivistischer Architektur wie das diagonale Übergreifen von Quadern und trapezoiden Blöcken finden sich paradigmatisch in der russischen Avantgarde von Malewitsch bis El Lissitzky vorformuliert.[20] Schon damals war man darauf aus, mit reinen Formen unreine Kompositionen herzustellen.[21] Das führte zur Einbringung von Störung und Instabilität in die traditionell auf Ordnung und Stabilität verpflichtete Architektur.

In Russland wurden diese Ansätze jedoch schon bald an den Rand gedrängt. Bereits am kanonischen Werk konstruktivistischen Bauens, am Palast der Arbeit der Brüder Wesnin (1923), ist dies zu beobachten. Die Instabilität wurde zu einem ornamentalen Zusatz auf dem Dach einer klassischen Komposition aus reinen Formen degradiert.[22] Die heutige dekonstruktivistische Architektur kann also nur auf eine kurze Phase in der Entwicklung des Konstruktivismus zurückgreifen, auf Entwürfe von 1918 bis 1920. Damals hat man Architekturen voller Störungen und Verzerrungen hervorgebracht, bei denen die Irregularität strukturelle und nicht bloß formal-ästhetische Funktion hatte.[23] In solcher Weise ist auch für die dekonstruktivistische Architektur entscheidend, dass die Störung nicht willkürlich hinzutritt, sondern ein Auswuchs der Form ist, die sie stört. Die Formen verzerren sich sozusagen selbst. Man kann nicht mehr zwischen Wirt und Parasit unterscheiden. – Diese architekturgeschichtliche Ableitung macht die Nähe zur Postmoderne deutlich: Die Störung ist eine des Ganzen; sie bedeutet die Einführung von Pluralität in die architektonische Komposition.

Dekonstruktion architektonisch und philosophisch. Die philosophische Ableitung ist in der architekturgeschichtlichen implizit schon enthalten. Denn wenn die architektonische Definition besagt, dass dekonstruktivistische Architektur sich gegen die klassische Idee von Architektur und damit gewissermaßen gegen die Idee von Architektur überhaupt wendet, wonach Architektur eine Einheit herzustellen, Ordnung zu repräsentieren und Stabilität zu erreichen habe, andersherum gesagt: Divergenz tilgen, Konflikte auflösen, Instabilitäten überspielen müsse, dann ist offenkundig, dass die Attacke gegen diese klassische Idee von Architektur der Attacke auf traditionelle Grundideen der Philosophie äquivalent ist, wie der philosophische Dekonstruktivismus sie betreibt. Das philosophische Verfahren der Dekonstruktion richtet sich genau gegen die gleichen Ideen, gegen Einheit, Ganzheit, Totalität, Harmonie, stabile Ordnung und vollendetes Gelungensein (Präsenz), nur diesmal nicht speziell im Blick auf die Architektur, sondern im Blick auf unser Denken, Fühlen, Wähnen und Konstruieren insgesamt. Die philosophische Dekonstruktion deckt auf, dass alle Großordnung von inneren Störungen bedroht ist, die sie allenfalls kaschieren, aber nicht ausschließen kann; dass Sinn nicht die Form vollendeter Präsenz, sondern die einer Verstreuung und Durchkreuzung hat; dass die Störungen nicht von außen kommen und einer stabilen Ordnung angetan werden, sondern dass Sinn und Ordnung sich nur über solche Verschiebungen, Verlagerungen und Veränderungen konstituieren.

Hat man dies vor Augen, so ist klar, dass die dekonstruktivistische Architektur eine erstaunlich äquivalente anschauliche Realisation dessen darstellt, was die dekonstruktivistische Philosophie über Sinn und Ordnung, Stabilität und Instabilität, Verschiebung und Zerstreuung lehrt.

Derrida. Derrida – auf den in deutschen Landen noch immer proportional zur Ignoranz eingedroschen wird, während er sich weltweit als der wohl bedeutendste Philosoph der Gegenwart erweist – hat besonders wichtige Impulse gegeben. Er ist überzeugt, sich nicht zu schlechthin Fremdem zu äußern, wenn er als Philosoph zur Architektur Stellung nimmt. Wie der Architektur philosophische Prämissen eingeschrieben sind, so ist das philosophische Denken von architekturalen Prämissen durchzogen. Fassbar wird dies, wie einleitend schon gesagt wurde, vor allem dort, wo in der Philosophie von „Grund", „Grundlage", „Fundament", Basis", „Aufbau", „Überbau" oder „Konstruktion" gesprochen wird – und das ist schier allenthalben der Fall. In diesem Sinn kann Derrida sagen: „Dekonstruktion ist vielleicht ein Weg, dieses Architekturmodell selbst in Frage zu stellen – das Architekturmodell, das eine allgemeine Frage ist, selbst in der Philosophie, die Metapher der Grundlagen, der Überbauten, was Kant etwa ‚architektonisch' nennt, und auch der Begriff *arché* [...]. Dekonstruktivismus bedeutet also auch, die Architektur in der Philosophie in Frage zu stellen, und vielleicht sogar die Architektur selbst."[24] – Die Dekonstruktion zielt auf eine Kritik der architekturalen Implikationen der Philosophie und der Architekturalität der Architektur zumal.

Derrida macht aus dieser kritischen Befragung freilich kein simples Rasiermesser-Programm. Er ist vielmehr überzeugt, dass man die grundlegenden Optionen nicht einfach los wird. Man kann zwar „die Vorherrschaft der Ästhetik, der Schönheit, die Vorherrschaft der Nützlichkeit, der Funktionalität, des Lebens, des Wohnens" dekonstruieren. „Aber dann muss man diese Themen innerhalb der Arbeit *neu einbringen*. Man kann (oder sollte) diese Werte – Wohnen, Funktionalität, Schönheit und so weiter – nicht einfach abtun."[25] Die Dekonstruktion ist nicht bloß eine Destruktion, sondern zugleich eine Konstruktion. Beides zusammen zu tun – in der konsequenten Verfolgung der ersten Intention zugleich dahin zu gelangen, dass der zweiten Intention Genüge getan wird – kennzeichnet das Verfahren der Dekonstruktion. „Dekonstruktion" ist dem Wort wie der Sache nach eine Verdichtung aus „Destruktion" und „Konstruktion".

Hinsichtlich des Verhältnisses von Dekonstruktivismus und Postmoderne insistiert Derrida darauf, dass Pluralität, das Paradekriterium der Postmoderne, im Dekonstruktivismus zur Geltung gebracht werde. Daher spricht er lieber als von „Dekonstruktivismus" von der Pluralform, von „Dekonstruktivismen", „nur damit ich mich an die Heterogenität erinnere und an die Vielfältigkeit, die notwendige Vielfältigkeit der Gesten, Bereiche, Stile".[26] „Es gibt nichts Monologisches, keinen Monolog – deshalb ist die Verantwortung für den Dekonstruktivismus niemals etwas Individuelles oder eine Frage der einzelnen, selbst ernannten Stimme des Urhebers. Sie ist immer eine Fülle von Stimmen, von Gesten [...]. Und Sie können es als Regel betrachten: dass jedes Mal, wenn der Dekonstruktivismus mit nur einer Stimme spricht, etwas nicht stimmt, es keine ‚Dekonstruktion' mehr ist."[27] Postmoderne und Dekonstruktivismus sind polyphon – oder nicht.

Tschumi. In den Ausführungen von Bernard Tschumi werden die Verbindungen zwischen Dekonstruktivismus und Postmoderne besonders deutlich.

Erstens macht Tschumi darauf aufmerksam, dass die architektonische Postmoderne à la Jencks im Widerspruch zu dem steht, was philosophisch als postmodern zu bezeichnen ist. Von der Philosophie aus gesehen, kann nicht eine Resemantisierung den Sinn der Postmoderne ausmachen, sondern es muss gerade um einen Angriff auf die Idee stabiler Bedeutung und auf das semantische Ideal der Präsenz gehen. Tschumi ordnet seine architektonischen Bemühungen diesem philosophischen Postmoderne-Konzept zu. Wenn er vom Parc de la Villette sagt, dass er sich „mit einer spezifischen Sicht der Postmoderne verbinden" lasse, so meint er: mit der französisch-philosophischen, nicht der englisch-konsumistischen.[28]

Zweitens weist Tschumi auf die sachliche Verbindung zwischen Dekonstruktivismus und Postmoderne hin. Die „Dispersion des Subjekts" ist in seinen Augen der gemeinsame Schlüssel. Architektonisch geht es um „die Auswirkung einer solchen Dekonzentration auf die gesamte Vorstellung von einer vereinheitlichten, kohärenten architektonischen Form."[29] Hinzu kommt eine weitgehende Auflösung der Gattungsgrenzen. Tschumi macht darauf aufmerksam, dass die Architektur „heute Beziehungen zum Film, zur Philosophie und Psychoanalyse in einer Intertextualität unterhält, die die Autonomie der Moderne untergräbt".[30]

Vom Parc de la Villette sagt Tschumi: „Es sollte bewiesen werden, dass es möglich ist, eine komplexe architektonische Organisation zu bauen, ohne auf die traditionellen Regeln der Komposition, Hierarchie und Ordnung zurückzugreifen. Das Prinzip der Superposition dreier autonomer Systeme von Punkten, Linien und Flächen wurde dadurch entwickelt, dass die totalisierende Synthese objektiver Zwänge, die bei den meisten Großprojekten offenkundig ist, verworfen wurde. Wenn die Architektur traditionell stets als ‚harmonische Synthese' der Kosten-, Konstruktions-, Gebrauchs- und Formbedingungen (*venustas, firmitas, utilitas*) definiert wurde, so ist der Parc de la Villette zur Architektur gegen sich selbst geworden: eine Desintegration."[31] Entscheidend ist, dass die Superposition der drei Strukturen nicht wieder zu einer Megastruktur führt, „sondern zu etwas Unentscheidbarem, zu etwas, das das Gegenteil einer Totalität ist".[32] In diesem Sinn kann Tschumi sagen, seine Architektur sei wesentlich eine der Disjunktion, sie stelle vor allem „den Begriff Einheit in Frage", setze „der Utopie der Einheit ein Ende".[33] – So viel zur Kongruenz von Dekonstruktion und Postmoderne.

3. Dekonstruktion allgemein: der Non-Fundamentalismus des neueren Denkens

Dekonstruktion ist heute ein allgemeines Phänomen. Es betrifft nicht nur die Architektur und das Denken, sondern unsere ganze Wissenschaft, ja all unsere Orientierungsformen, unsere Lebensweise, unsere Sicht der Welt sind davon geprägt. Wir haben keine festen Fundamente mehr. Nicht, dass wir sie verloren hätten. Sondern wir haben erkannt – und akzeptieren zunehmend –, dass alle vorgeblich ewigen oder universalen Fundamente nur Justierungen sind, die zwar ihr Recht und ihre Tragfähigkeit, vor allem aber auch ihre Grenzen haben. Unterschiedliche Fundamente sind möglich und Wechsel an der Tagesordnung. Das verändert die Auffassung und den Sinn jeglicher Rede von „Fundament". Es geht nicht mehr um absolute Stabilität, sondern um relative Tragfähigkeit. Gerade schwankende, veränderliche, anpassungsfähige Fundamente können sich dabei als „stabiler" erweisen, vermögen länger zu halten.

Diese neue Einstellung kann man auf den Begriff des Non-Fundamentalismus bringen. Wohl gibt es Fundamente – aber begrenzte, relative, situative, bewegliche Fundamente, nicht hingegen ein erstes oder letztes „Fundament überhaupt", keinen archimedischen Punkt.

Nietzsche hat unsere Situation folgendermaßen beschrieben: „Man darf [...] den Menschen wohl bewundern als ein gewaltiges Baugenie, dem auf beweglichen Fundamenten und gleichsam auf fliessendem Wasser das Aufthürmen eines unendlich complicirten Begriffsdomes gelingt; freilich, um auf solchen Fundamenten Halt zu finden, muss es ein Bau, wie aus Spinnenfäden sein, so zart, um von der Welle mit fortgetragen, so fest, um nicht von dem Winde auseinander geblasen zu werden."[34] – Die Konsequenz daraus ist: Unsere Begriffsarchitekturen und Lebensorientierungen müssen so schwebend und elastisch verfasst sein, wie die Wirklichkeit fließend und beweglich ist.

Dieses Bild Nietzsches, das die Architektonik unserer Verständigungssysteme und Lebensformen beschreibt, wurde im 20. Jahrhundert zunehmend allgemein. So taucht es ganz ähnlich auch bei Otto Neurath auf (der immerhin einer der härtesten wissenschaftstheoretischen Schulen, dem „Wiener Kreis", angehörte). Neurath schrieb: „Wie Schiffer sind wir, die ihr Schiff auf offener See umbauen müssen, ohne es jemals in einem Dock zerlegen und aus besten Bestandteilen neu errichten zu können."[35] Dieser Satz wurde dann auch zum Leitspruch des analytischen Philosophen Willard van Orman Quine.[36] Ähnlich heißt es bei Karl Popper: „[...] wir entdecken auch, dass dort, wo wir auf festem und sicherem Boden zu stehen glaubten, in Wahrheit alles unsicher und im Schwanken begriffen ist."[37]

Gianni Vattimo hat für diese neue Auffassung, welche die Vielfältigkeit und Beweglichkeit unserer Orientierungen betont, den Begriff der „Justierung" gebraucht. Seit Nietzsche, sagt er, sei klar geworden, „dass es keine festen, gesicherten, wesentlichen Strukturen, sondern im Grunde nur Justierungen gibt".[38]

Ähnlich hat Richard Rorty darauf hingewiesen, dass wir überall dort, wo wir nach „Fundamenten" suchen, nicht etwa auf letzte Basen, sondern auf den Umstand stoßen, dass unsere Fundamente immer nur kulturelle Artefakte, also erzeugt und insofern ästhetisch sind. Rorty plädiert daher für eine „ästhetisierte Kultur", worunter er eine Kultur versteht, „die nicht darauf beharrt, dass wir die echte Wand hinter den gemalten Wänden finden, die echten Prüfsteine der Wahrheit im Gegensatz zu Prüfsteinen, die nur kulturelle Artefakte sind", sondern die „zu schätzen weiß, dass *alle* Prüfsteine solche Artefakte sind".[39]

Diese non-fundamentalistische Verfassung unserer Wirklichkeit ist eine Einsicht nicht nur mancher Ästhetiker, sondern aller reflektierten Theoretiker dieses Jahrhunderts. Sie ist schlicht eine fällige Einsicht. Ästhetik ist in die Grundschicht des Selbstverständnisses eingedrungen, der ästhetische Charakter unserer Grundlagen wurde zunehmend bewusst.

Von der Philosophie über die Wissenschaften bis zu den Künsten und ins Alltagsbewusstsein hinein setzt diese Ästhetisierung sich heute durch. Ob zeichentheoretisch oder systemtheoretisch, ob in Soziologie, Biologie oder Mikrophysik, allenthalben erkennen wir, dass es kein erstes oder letztes Fundament gibt, dass wir vielmehr gerade in der Dimension der „Fundamente" auf eine ästhetische Verfassung stoßen. So sagen uns die Semiotiker, dass die Signifikantenketten stets auf andere Signifikantenketten, nicht auf ein ursprüngliches Signifikat verweisen; die Systemtheorie lehrt uns, dass wir, „statt auf letzte Einheiten zu rekurrieren", immer nur Beobachtungen beobachten und Beschreibungen beschreiben;[40] und die Mikrophysik hat bemerkt, dass sie, wo sie auf Elementares zurückgreifen will, doch nie auf Elementares, sondern stets auf neue Komplexität stößt. Ähnlich hatte schon Montaigne gesagt, dass wir immer nur Anmerkungen über Anmerkungen machen.[41] Dies alles ist aber nicht als Anlass zu Resignation, sondern als Aussage über die Wirklichkeit – als Ausdruck ihrer grundlegend ästhetischen Verfassung – zu begreifen.

Während man früher gemeint hatte, Ästhetik habe es erst mit sekundären, nachträglichen Wirklichkeiten zu tun, haben wir zunehmend erkannt, dass schon die „Primärwirklichkeiten" ästhetisch konstituiert sind. Wirklichkeit ist *im Grunde* ästhetisch verfasst. Wir geben gerade auf Grundfragen letztlich ästhetische Antworten.[42]

Noch in der Rationalitätstheorie zeichnet sich seit langem ein Vorgang von Dekonstruktion ab. Die territoriale Metaphorik, die traditionell vorgeherrscht hatte, erweist sich zunehmend als untauglich. Zu selbstverständlich hatte man sich immer wieder territorialer Ausdrücke bedient, hatte von „Grund", „Boden", „Bereich", „Gebiet" etc. gesprochen. Dieses Denken der *arché* und des Dominiums aber hat sich inzwischen seiner Struktur nach als ein Denken der Dominanz und Herrschaft entpuppt. Es ist zunehmend unhaltbar geworden. Schon die Aufklärung begann das zu entdecken. D'Alembert stieß auf das Problem, als er sich fragte, nach welcher Systematik er die Artikel der *Enzyklopädie* anordnen solle. Was man sich gemeinhin wünscht, ist ein „überlegener

Standpunkt", dank dessen man die Ordnung des Wissens „übersehen" könnte.[43] Aber dieser Traum stellt sich dann nach wenigen Reflexionsschritten als unmöglich heraus. Die Erkenntnislandschaft folgt nicht dem Ideal einer „Weltkarte". Die Territorien sind nicht wohl abgegrenzt und wohl geordnet. Die einzig realistische Metaphorik wäre die eines unüberschaubaren Ozeans.

Wittgenstein hat diese Schraube der Distanznahme vom alten Überblicksideal noch einmal um eine Windung weiter gedreht. Im Vorwort zu den *Philosophischen Untersuchungen* gibt er seiner Überzeugung Ausdruck, dass man keinen Grundriss der Rationalitätenwelt geben kann, weil sie keinen hat. Man müsse vielmehr höchst diverse Komplexe von Rationalität ins Auge fassen – mitsamt ihren Überschneidungen und Verwerfungen."[44]

Seitdem ist die moderne Rationalität durch einen Wechsel des Metaphernfeldes gekennzeichnet: weg von den territorialen Modellen hin zu Metaphern des Gewebes, des Netzes, des Rhizoms. Das Profil der Rationalität selbst ist unordentlich, unübersichtlich und schier chaotisch geworden. Rationalität – immer noch unser „Gott" – kann ohne Dekonstruktion nicht mehr gedacht werden."[45]

So viel zum weiten Feld der Dekonstruktion.

1 Interessant auch, dass Goethe das philosophische Verfahren des Aristoteles als das eines Baumeisters begriff: „Aristoteles steht zu der Welt wie ein Mann, ein baumeisterlicher. [...] Er erkundigt sich nach dem Boden, bis er Grund findet, aber nicht weiter, als bis er Grund findet. [...] Er umzieht einen ungeheuren Grundkreis für sein Gebäude, schafft Materialien von allen Seiten her, ordnet sie, schichtet sie auf und steigt so in regelmäßiger Form pyramidenartig in die Höhe [...]." (Johann Wolfgang von Goethe, „Schriften zur Farbenlehre", in: *Gedenkausgabe*, Bd. 16, Zürich 1964, 346 f.)
2 Ludwig Wittgenstein: *Vermischte Bemerkungen*, Frankfurt/M. 1977, S. 22.
3 Vgl. René Descartes: *Discours de la Méthode – Von der Methode des richtigen Vernunftgebrauchs und der wissenschaftlichen Forschung*, französisch-deutsche Ausgabe, übers. u. hrsg. v. Lüder Gäbe, Hamburg 1960, S. 18-23.
4 Vgl. Immanuel Kant: *Prolegomena zu einer jeden künftigen Metaphysik, die als Wissenschaft wird auftreten können*, A 5.
5 Immanuel Kant: *Kritik der reinen Vernunft*, B 735.
6 A.a.O. B 738.
7 Ludwig Wittgenstein: *Vermischte Bemerkungen*, Frankfurt/M. 1987, S. 22.
8 Ebd.
9 Ludwig Wittgenstein: „Philosophische Untersuchungen", in (ders.): *Schriften 1*, Frankfurt/M. 1969, S. 344 (Nr. 118).
10 Ludwig Wittgenstein: *Über Gewissheit*, Frankfurt/M. 1970, S. 69 (Nr. 248).
11 Jean-Francois Lyotard: „Die Immaterialien. Manifest eines Projekts am Centre Georges Pompidou (Beaubourg)", in: *Das Abenteuer der Ideen. Architektur und Philosophie seit der Industriellen Revolution*, Internationale Bauausstellung 1987, Berlin 1984, S. 184-194.
12 Die grundsätzlichste Darstellung gab er in Jacques Derrida: *Grammatologie*, Frankfurt/M. 1974. Eine spezifische Anwendung auf Fragen der Architektur enthält Derridas Aufsatz „Am Nullpunkt der Verrücktheit – Jetzt die Architektur", in: *Wege aus der Moderne. Schlüsseltexte der Postmoderne-Diskussion*, hrsg. v. Wolfgang Welsch, Weinheim 1988, S. 215-232. Vgl. auch „Labyrinth und Archi/Textur. Ein Gespräch mit Jacques Derrida" (geführt von Eva Meyer), in: *Das Abenteuer der Ideen*, a.a.O., S. 95-106. – Vgl. allgemein zur Diskussion um die Dekonstruktion: Philip Johnson u. Mark Wigley: *Dekonstruktivistische Architektur*. Stuttgart 1988; arch+, Heft 96/97, Nov./Dez. 1988; Andreas Papadakis: *Dekonstruktivismus. Positionen – Projekte – Bauten*, Stuttgart 1989.

13 Schon Kant hatte seine Destruktion der überlieferten Metaphysik betrieben, um zur Konstruktion einer kritischen Philosophie zu gelangen, die mit einer neuen Architektur des Denkens verbunden war.
14 Jean-Francois Lyotard : *Philosophie und Malerei im Zeitalter ihres Experimentierens*, Berlin 1986, S. 97. – „Postmoderne n'est pas à prendre au sens de la périodisation." (Jean-Francois Lyotard und Jean-Loup Thébaud: *Au juste*, Paris 1979, S. 34.)
15 Vgl. Robert Venturi: *Komplexität und Widerspruch in der Architektur*, hrsg. v. Heinrich Klotz, Braunschweig 1978 (Erstausgabe New York 1966), insbes. Kap. 10: „Die Verpflichtung auf das schwierige Ganze".
16 Vgl. Wolfgang Welsch: *Unsere postmoderne Moderne*, Weinheim 1987, Kap. IV: „Postmoderne für alle: Die postmoderne Architektur", S. 87-134.
17 Philip Johnson u. Mark Wigley: *Dekonstruktivistische Architektur*, Stuttgart 1988, S. 11.
18 Ebd.
19 Ebd.
20 A.a.O. S. 7.
21 A.a.O. S. 12.
22 A.a.O. S. 15.
23 Adolf Max Vogt hat darauf hingewiesen, dass eine „Architektur der artikulierten Konflikte [...] in der Bewegung der Moderne lediglich im ersten Jahrzehnt stattfand, dass aber spätestens 1928 jegliche sichtbare Konfliktverarbeitung gekappt wurde zugunsten einer Architektur der Idealisierung und der voreiligen Harmonisierung", so dass fortan „jene Architekten, die weiterhin Konflikte gestalten wollten (anstatt sie zu verleugnen), kaum mehr auf Wirkung hoffen konnten". (Adolf Max Vogt: „Mit Dekonstruktion gegen Dekonstruktion", in: Gert Kähler (Hrsg.): *Dekonstruktion? Dekonstruktivismus? Aufbruch ins Chaos oder neues Bild der Welt?*, Braunschweig 1990, S. 50-78, hier S. 53.)
24 Jacques Derrida: „Im Gespräch mit Christopher Norris", in: Andreas Papadakis (Hrsg.): *Dekonstruktivismus. Eine Anthologie*, Stuttgart 1989, S. 73-79, hier S. 74.
25 A.a.O. S. 74.
26 A.a.O. S. 75.
27 A.a.O. S. 78.
28 Bernard Tschumi: „Parc de la Villette, Paris", in: *Dekonstruktivismus. Eine Anthologie*, a.a.O. S. 175-191, hier S. 181.
29 A.a.O. S. 175.
30 A.a.O. S. 180.
31 Ebd.
32 Ebd.
33 A.a.O. S. 176 bzw. 181.
34 Friedrich Nietzsche: „Ueber Wahrheit und Lüge im aussermoralischen Sinne", in (ders.): *Sämtliche Werke*, Kritische Studienausgabe in 15 Bänden, hrsg. von Giorgio Colli und Mazzino Montinari, München 1980, Bd. 1, S. 873-890, hier S. 882.
35 O. Neurath: „Protokollsätze", in: *Erkenntnis*, Bd. 3, 1932/1933, S. 204-214, hier S.206.
36 Er bildet das Motto von *Word and Object*, Cambridge, Massachusetts, 1960.
37 Karl Popper: „Die Logik der Sozialwissenschaften", in: Theodor W. Adorno u. a.: *Der Positivismusstreit in der deutschen Soziologie*, Neuwied und Berlin 1969, S. 103-123, hier S.103.
38 Gianni Vattimo: *Jenseits vom Subjekt*, Graz 1986, S. 34.
39 Richard Rorty: *Kontingenz, Ironie und Solidarität*, Frankfurt a. M. 1989, S. 99.
40 Vgl. Niklas Luhmann: *Die Wissenschaft der Gesellschaft*, Frankfurt a. M. 1990, S. 717.
41 „[...] nous ne faisons que nous entregloser." (Michel de Montaigne, Essais, in (ders.): *Œuvres Complètes*, Paris 1967, III. Buch, 13. Kapitel, S. 430.)
42 Vgl. Wolfgang Welsch: *Ästhetische Zeiten? Zwei Wege der Ästhetisierung*, Saarbrücken 1992.
43 Jean Le Rond d'Alembert: Einleitung zur *„Enzyklopädie"*, Frankfurt/M. 1989, S. 46.
44 Vgl. Ludwig Wittgenstein: *Philosophische Untersuchungen*, a.a.O. S. 285 f.
45 Vgl. Wolfgang Welsch: „Und sie bewegt uns doch. Vernunft nach ihrer Kritik", in: *Universitas*, 46. Jg., Heft 12/1991, S. 1130-1146

TERRAIN
LANDSCHAFT, FALTE, GRUND

Werner Durth, geboren 1949 in Mengeringshaus, studierte Architektur und Stadtplanung an der TH Darmstadt, von 1977 bis 1984 war er Mitherausgeber der Zeitschrift ARCH+, von 1984 bis 1990 Mitherausgeber der *Stadtbauwelt*. In den Jahren 1993 bis 1998 war er Direktor der Instituts Grundlagen moderner Architektur an der Universität Stuttgart, seit 1998 ist er Professor für Geschichte und Theorie der Architektur an der TH Darmstadt. Zu seinen wichtigsten Büchern gehören *Die Inszenierung der Alltagswelt. Zur Kritik der Stadtgestaltung* (1977) und *Deutsche Architekten. Biografische Verflechtungen 1900-1970* (1986).

Der Essay „Stadt und Landschaft – Kriegszerstörungen und Zukunftsentwürfe" wurde dem von Werner Durth, Jörn Düwel, Niels Gutschow und Jochem Schneider herausgegebenen Band *1945. Krieg – Zerstörung – Aufbau. Architektur und Stadtplanung 1940 bis 1960* (Henschel Verlag, Berlin 1995) entnommen und ist gekürzt wiedergegeben. Das Buch diente als Katalog zur gleichnamigen Ausstellung, die 1995 in der Akademie der Künste am Pariser Platz in Berlin gezeigt wurde.

Werner Durth:
Stadt und Landschaft – Kriegszerstörungen und Zukunftsentwürfe (1995)

Am Ausgang dieses Jahrtausends – im Jahre 1995 – scheint es, als sollte in verzweifeltem Kraftakt die Zeit umgestellt, die Epoche rückwärts gerichtet werden – jedoch mit ganz unterschiedlichen Absichten. Während einige europäische Länder durch eine Welle von Nationalismen in barbarische Kriegszustände zurückgeworfen werden, während in Bosnien in zäher Zermürbung Städte beschossen und belagert werden, während in Russland Straßen umkämpft und Häuser in die Luft gesprengt werden, mehren sich in vielen Städten der nun vergrößerten Bundesrepublik Deutschland die Stimmen, die im Blick auf das 21. Jahrhundert die Wiederherstellung untergegangener Stadtbilder des 19. fordern, Repliken idyllischer Bilder einer Zeit jenseits der jüngsten Vergangenheit und bedrohlichen Gegenwart – als Symbole einer gesicherten Zukunft.

Die Stimmen mehren sich, eine Zwischenbilanz ist bereits zu besichtigen. Und doch sind die Rekonstruktionen auf dem Römerberg in Frankfurt am Main und am Marktplatz von Hildesheim, die Bemühungen um den Aufbau der Dresdner Frauenkirche zur Wiedergewinnung der alten Stadtsilhouette, die Kontroversen um den Neubau des Berliner Stadtschlosses und die Gestaltung des Pariser Platzes im Zentrum der Stadt nicht nur Ausdruck der Sehnsucht nach den im Zweiten Weltkrieg unwiederbringlich vernichteten Bauten, sondern zunehmend auch Zeichen des Unbehagens an einem beschleunigten Modernisierungsprozess, der durch vorwiegend verkehrstechnisch reglementierte Planungen in den ersten Nachkriegsjahrzehnten weitere Lücken in das Netz städtischer Räume gerissen hat.

...

Trotz aller Unterschiedlichkeit der Motive und konkreten Bedingungen vor Ort können sich die Ansätze zur Rekonstruktion fragmentierter Stadtgrundrisse und zerstörter Ensembles inzwischen auf einen breiten Konsens stützen, der auf eine umfassende Korrektur vermeintlicher Fehlleistungen der letzten Jahrzehnte abzielt: In polemischer Abwertung der Leistungen zum Wiederaufbau und der demonstrativ modernen Architektur der fünfziger und sechziger Jahre ist schon seit geraumer Zeit von einer doppelten Zerstörung der Städte die Rede, die zum einen auf Luftangriffe und Kriegsschäden, zum anderen, größeren Teil auf eine geschichtsvergessene, fortschrittswütige Stadtplanung zurückzuführen sei. Als Fortsetzung des Krieges mit anderen, zivilen Mitteln wird der Versuch zur Gestaltung einer offenen Stadtlandschaft als historischer Irrweg beklagt, der jetzt die Rückwendung zum Konzept der kompakten Stadt fordere.

Dabei werden die Debatten um Kurskorrekturen im Städtebau etwa in Berlin mit ähnlicher Heftigkeit geführt wie jene am Anfang dieses Jahrhunderts, als die Zertrümmerung der großen Städte, ihre Zerlegung in kleine Siedlungseinheiten mit engem Bezug zur Natur auf den Programmen der Architekten und Stadtplaner standen: Programme, die durchzusetzen erst die verheerenden Folgen des Zweiten Weltkriegs erlaubten.

Vergessen wird dabei heute zumeist, dass die Konzepte der weiträumig aufgelockerten und gegliederten Stadt nicht nur in Deutschland, sondern in ganz Europa in Abkehr von der industriellen Großstadt des 19. Jahrhunderts über Jahrzehnte mit Vorstellungen zu sozialen und kulturellen Reformen verbunden waren, die in der Reaktion auf Terror und Krieg auch Visionen neuer Stadtformen aufscheinen ließen – Konzepte, die heute, in Fragmenten verwirklicht, freilich neu zu bedenken sind. Voraussetzung dazu aber ist allemal, dass die historischen Bedingungen mitbedacht werden, die insbesondere nach 1945 zu jenen Entwürfen führten, die einer während des Naziterrors erstarrten Gesellschaft zur wieder gewonnenen Beweglichkeit und Freiheit der Menschen geeignete offene, lichte Räume zu schenken suchten, und zwar als Versuch der Versöhnung mit der geschändeten, verbrannten, zerbombten Natur unter dem Grundriss der Städte.

Wälder auf Ruinen – Die Rückkehr der Natur
Der deutsche Überfall auf Europa, die Welle des Terrors aus der Luft durch Kampfflugzeuge, die mit dem Einsatz im spanischen Bürgerkrieg begann und in der Bombardierung polnischer, englischer und russischer Städte ihren vorläufigen Höhepunkt fand, schlug in ungeahnter Gewalt auf Deutschland zurück.

Am Ende eines mörderischen Weltkriegs, in dem die Zerstörung der großen Städte erklärtes Ziel verheerender Luftangriffe war, hatten apokalyptische Feuerstürme einst blühende Zentren in ausgebrannte Ruinenfelder verwandelt. Von Düren bis Dresden, von Lübeck bis Freudenstadt waren die gebauten Zeugnisse stolzer Stadtkulturen in düsteren Trümmerlandschaften versunken. Den meisten der Überlebenden, die in Kellern und Baracken, in Kasernen und Kasematten notdürftig Obdach fanden, war ein Wiederaufbau zunächst undenkbar: Angesichts einer noch lange anhaltenden Armut und rigoroser Demontage industrieller Produktionsanlagen sollten Trümmerbepflanzungen und Siedlergärten helfen, die notwendigsten Lebensgrundlagen zu sichern.

Noch während des Krieges waren in Hamburg Pläne entworfen worden, die einen weitläufigen „Staatsforst" auf dem Grundriss eines zerstörten Stadtteils vorsahen. In Kiel begann man, die durch den Bombenkrieg zerschlagenen Bereiche der Stadt einzuebnen und der Natur zurückzugeben: „Die leeren Flächen, die den Betrachter anstarrten, sollten mit Blumen bepflanzt werden", wird berichtet. „Die Trümmer sollten aufhören, ihre Hypnose der Furcht und der Verzweiflung über die Menschen auszuüben."

Für Magdeburg und Dessau entwarf im Sommer 1945 Hubert Hoffmann seine „Schrumpfungspläne", die an der Stelle von Industriegebieten Grünanlagen zeigten, in Berlin skizzierte Max Taut seine Vorstellungen zur Umwandlung von Mietskasernen in Gärtnerhöfe – seine Vision der Transformation einer steinernen Stadt zur Gartenstadt, bei sorgsamer Erhaltung der unterirdischen Versorgungsnetze. „Was blieb, nachdem Bombenangriff und Endkampf eine mechanische Auflockerung vollzogen, gibt uns die Möglichkeit, eine Stadtlandschaft zu gestalten", in der „aus Niedrigem und Hohem, Engem und Weitem eine neue lebendige Ordnung wird". Mit diesen Worten erläuterte 1946 Hans Scharoun jenen Plan, der seit Kriegsende vom Berliner Planungskollektiv erarbeitet wurde. Der so genannte Kollektivplan sah eine weiträumig aufgelockerte Siedlungsstruktur vor, die entlang einer neu geschaffenen Flusslandschaft im Urstromtal der Spree nachbarschaftlich überschaubare „Wohnzellen" mit Arbeitsplätzen in Industrie- und Gewerbebereichen verband.

Die Auflösung der Großstadt zur Stadtlandschaft in Form bandartig aufgereihter Siedlungseinheiten entlang den Flussufern der Leine hatte in Hannover seit 1942 der Stadtbaurat Karl Elkart geplant. Seine Vorlagen wurden als „Lehren aus dem Luftkrieg" nach 1945 aufgenommen und gaben der Vorbereitung des Wiederaufbaus richtungweisenden Anstoß. In Hamburg war es Hans Bernhard Reichow, der 1944 mit einer Kette aufgefächerter „Siedlungszellen" eine Bandstadt im Stromtal der Elbe entwarf: Seit 1940 ist der „Gedanke der Stadtlandschaft" programmatisch formuliert. Doch erst die verschärften Luftangriffe und verheerenden Kriegsschäden boten die Voraussetzung zur Verwandlung der Städte in locker bebaute Landschaften, plakativ vorgestellt als helle, geradezu paradiesische Gegenbilder zur verdichteten Großstadt des 19. Jahrhunderts, gleichzeitig aber auch in Kontrast zur monumentalen Neugestaltung der Zentren durch nationalsozialistische Stadtplanung.

Die Zerstörung als Chance zu begreifen und die „mechanische Auflockerung" durch Luftangriffe nun mit zivilen Mitteln fortzusetzen, in der Absicht, die industrielle Großstadt mit ihren Mietskasernen, Hinterhöfen und Korridorstraßen in eine weiträumig offene Stadtlandschaft umzuformen – in diesem Ziel waren sich nach dem Ende des Krieges indessen nicht nur die meisten Architekten und Planer in Deutschland einig, sondern auch viele ihrer Kollegen in den zerstörten Städten des europäischen Auslands.

„A disaster, but an opportunity", hatte Winston Churchill angesichts der Folgen deutscher Luftangriffe auf England lapidar festgestellt. Und von London bis Warschau wurden entsprechende Pläne zur Auflockerung der Bebauungsdichte und zur Gliederung in überschaubare „Nachbarschaften" entworfen. Damit schien in Europa nach einem halben Jahrhundert endlich die Chance gegeben, zumindest einige jener Gedanken Wirklichkeit werden zu lassen, die schon Ebenezer Howard 1896 zur Abkehr vom expansiven Städtewachstum in seiner Schrift *Tomorrow. A peaceful path of real reform* dargelegt hatte.

Seit Beginn des Jahrhunderts war der Gedanke der Gartenstadt international verbreitet; in Deutschland war 1902 die „Deutsche Gartenstadtgesellschaft" gegründet worden, von der wesentliche Impulse zur Reform des Städtebaus ausgingen. Doch erst mit dem Ende des Ersten Weltkriegs, mit dem Zusammenbruch des Kaiserreiches und einer verkrusteten Gesellschaftsordnung schien die radikale Verwirklichung einer zuvor noch utopisch erscheinenden Vision neuer Siedlungsformen in grünen Landschaften möglich. „Lasst sie zusammenfallen, die gebauten Gemeinheiten", hatte 1920 Bruno Taut in seinem Pamphlet *Die Auflösung der Städte oder Die Erde eine gute Wohnung* gefordert, denn: „Steinhäuser machen Steinherzen".

In Kontrast zur akademisch tradierten Stadt-Baukunst und ihrer monumentalen Architekturkonzeption, die im Zuge politischer Polarisierung am Ende der zwanziger Jahre, im Gegenzug zum Neuen Bauen moderner Architekten wieder an Bedeutung gewonnen hatte, blieb die Idee der Gartenstadt weiterhin aktuell und diente dabei den verschiedensten politischen Strömungen. So konnte sich die rassistische Propaganda eines Schultze-Naumburg mit ihren Forderungen nach „Kunst aus Blut und Boden" ebenso auf Perspektiven eines naturverbundenen Bauens beziehen wie die sozialistisch inspirierte Siedlerbewegung oder der Reformer Ernst May, der als Stadtbaurat in Frankfurt am Main mit dem Gartenarchitekten Leberecht Migge für einen gleichermaßen ästhetisch und sozial gelungenen Städtebau neue Maßstäbe setzte: Durch Beachtung der topografischen Besonderheiten einer vorgefundenen Landschaft blieben die Entwürfe zum Neuen Frankfurt der zwanziger Jahre vielen Planern auch nach 1945 Vorbild.

Im Rückblick auf ein dunkles Jahrhundert lässt sich heute erkennen, wie sehr selbst die epochalen Entscheidungen zum Wiederaufbau nach dem Krieg eingebunden waren in übergreifende Entwicklungslinien, die in der Dialektik zwischen Auflösung und Verdichtung der großen Städte den baukulturellen Diskurs bis heute prägen. Dabei zeichnet sich trotz der einschneidenden Folgen des Weltkriegs der Zeitraum zwischen 1940 und 1960 als eine in der Stadtplanung kohärente Epoche ab, in der die Formulierung und Durchsetzung des städtebaulichen Leitbildes der gegliederten und aufgelockerten Stadt die Fachdebatten beherrschten: Im Begriff der Stadtlandschaft wurde ein neues Konzept propagiert, in dem gleichwohl wesentliche Anstöße der Reformbewegungen seit 1900 aufgehoben waren.

Zwischen den programmatischen Formulierungen zum „Gedanken der Stadtlandschaft" ab 1940 und der gegen Ende der fünfziger Jahre einsetzenden Kritik an den nicht intendierten Folgen der Auflösung und Entflechtung überkommener Stadtstrukturen, die in den sechziger Jahren zum Protest gegen den viel beklagten Verlust an Urbanität und zur Verklärung des im Westen Europas lange geschmähten Städtebaus des 19. Jahrhunderts führten, liegen Jahre scharfer Kontroversen um die künftige Entwicklung der Städte: Kontroversen, die um 1945 kulminierten, als im weiten Spektrum – zwischen einem die zerstörten Städte rekonstruierenden Wiederaufbau und Plänen zur radikalen Modernisierung auf völlig neuem Stadtgrundriss – Vorstellungen aufeinander prallten, deren Widersprüchlichkeit vordem im autoritären „Führerstaat" durch arbeitsteilige Zuordnung zu verschiedenen Institutionen verdeckt werden konnte.

Neugestaltung als Stadtzerstörung

Auf den 25. Juni 1940 datierte Adolf Hitler den in der Nacht nach der Kapitulation Frankreichs diktierten „Führer-Erlass zur Sicherstellung des Sieges", der die Neugestaltung Berlins und vier weiterer Städte als den „bedeutendsten Beitrag zur Sicherstellung unseres Sieges" anordnete: „Berlin muss in kürzester Zeit durch seine bauliche Neugestaltung den ihm durch die Größe unseres Sieges zukommenden Ausdruck als Hauptstadt eines starken neuen Reiches erhalten."

In zynischer Entsprechung wurde die Zerstörung europäischer Städte durch deutsche Truppen und Bombenangriffe verbunden mit Plänen repräsentativer Neugestaltung der Gauhauptstädte des Reichs, in denen nun auch die Gauleiter durch monumentale Gebäude, Straßen und Platzanlagen den Siegen an den Fronten Zeichen set-zen wollten. Die rechtliche Grundlage für die Verwirklichung solcher Pläne bot das Gesetz zur Neugestaltung deutscher Städte vom 4. Oktober 1937. Nach den militärischen Erfolgen des Jahres 1940 stieg die Zahl der Städte, die unter die so genannten Neugestaltungserlasse fielen. Besonders hervorgehoben wurden dabei die fünf „Städte des Führers", für deren prachtvollen Ausbau Hitler keine Kosten scheuen wollte, wie ein Brief des Generalbauinspektors Albert Speer vom August 1940 bestätigt: „Abgesehen davon, dass es nicht möglich sein wird, auch nur annähernd einen Überblick über die Höhe der Gesamtkosten der Neugestaltungsmaßnahmen in Berlin, München, Nürnberg, Hamburg und Linz etc. zu gewinnen, möchte auch der Führer derartige Untersuchungen nicht angestellt wissen."

...

In Kontrast zum Umbau der Zentren im Zuge martialischer Neugestaltung sollten die künftigen Stadterweiterungen mit neuen Siedlungsgebieten in aufgelockerter Bebauung und traditionellen Formen mit Steildach, Gauben und Erkern versehen werden. In Anklang an Heinrich Tessenows Lob auf „Handwerk und Kleinstadt" wurden in den von der Deutschen Arbeitsfront herausgegebenen Lehrbüchern zum künftigen Gleichklang von „Städtebild und Landschaft" erste Projekte vorgestellt, die die durch angerförmige Platzweitungen überkommenen Dorfbilder mit den Anforderungen moderner Stadtentwicklung verbanden. Auf der Suche nach einer typisierten Strukturvorgabe für das künftige „organische Wachstum" der Städte entwickelte der Bremer Architekt Friedrich Heuer sein Konzept der „Ortsgruppe als Siedlungszelle", das 1940 der zuvor von Hitler beauftragte „Architekt des Elbufers", Konstanty Gutschow, zur Erweiterung Hamburgs übernahm: Gemeinsam mit seinen Kollegen Wilhelm Wortmann aus Bremen und Hans Bernhard Reichow aus Stettin erarbeitete Gutschow ein die bisherigen Stadtgrenzen weit übergreifendes Planungskonzept für den Großraum Hamburg, das den Ortsgruppen der NSDAP jeweils eine „Siedlungszelle" mit rund 5.000 Einwohnern so zuordnete, dass – unter Auflösung des bisherigen Sozialgefüges der Stadt – die totale Kontrolle der Bevölkerung gewährleistet schien.

Um den Umbau der Innenstadt mit ihren Erweiterungsbauten entlang des Elbufers und die künftigen Siedlungszellen in ein einprägsames Gesamtbild zu fassen, wurde in Hamburg ab 1940 das Konzept der Stadtlandschaft konkretisiert. In seinem programmatischen Aufsatz „Der Gedanke der Stadtlandschaft" fasste Wilhelm Wortmann die Überlegungen der Kollegen knapp zusammen: „Die Stadtlandschaft will einen neuen zellenförmigen Aufbau der Stadt in bewusster Anlehnung an die politische Gliederung unseres Volkes, im Gedanken der Volksgemeinschaft und in lebendiger Beziehung zur Landschaft." Diese Gedanken sind dem Beitrag zur Gestalt der deutschen Städte des neuen Ostens von Herbert Boehm vorangestellt, der in den zwanziger Jahren mit Ernst May in Frankfurt die Trabantenstädte konzipiert hatte und 1940 für Breslau entsprechende Anlagen als Gemeinschaftssiedlung in topografisch komponiertem Landschaftsbezug entwarf, die ebenfalls in der maßgeblichen Fachzeitschrift *Raumforschung und Raumordnung* erläutert wurden. Dem Bericht von Boehm folgte im selben Heft 3/41 der Aufsatz des Architekten Hans Bernhard Reichow mit dem Titel

„Grundsätzliches zum Städtebau im Altreich und im neuen deutschen Osten". Unter Verweis auf seine weiträumigen Pläne für die künftige Stadtlandschaft Stettin zeigte Reichow Schemadarstellungen zur zellenmäßigen Gliederung einer Stadt mit rationell angeordneten Nutzgärten, Grünflächen und Sportanlagen, kombinierbar bis hin zu einer Größenordnung von 170.000 Einwohnern, zellenmäßig gegliedert in jeweils acht Ortsgruppen der NSDAP. Reichow schreibt: „Die Stadtlandschaft stellt [...] keine neue Idealstadt formaler Art dar, sondern ist zunächst eine abstrakte Organisationsidee im Dienste der Wiedergewinnung der Lebenseinheit auf der Grundlage einer neuen weltanschaulichen und politischen Ausrichtung."
...

Planungen für die Zeit nach dem Krieg
Seit dem Sommer 1940 wurde überschwenglich von den Planungen für die „Zeit nach dem Kriege" gesprochen, deren Beginn für das Jahr 1942 vereinbart wurde. Nach dem Befehl zur Verstärkung der Arbeit an den Neugestaltungsmaßnahmen unterzeichnete Hitler am 15. November 1940 den „Erlass zur Vorbereitung des deutschen Wohnungsbaues nach dem Kriege", in dem allein „für das erste Nachkriegsjahr" der Neubau von 300.000 Wohnungen — danach jährlich von 600.000 Wohnungen – vorgesehen war. Die aus der Kriegsproduktion freigesetzten Arbeitskräfte und heimkehrenden Soldaten sollten im neuen Schwerpunkt Wohnungsbau zur Realisierung der bis ins Detail ausgefeilten Entwürfe eingesetzt werden.

Durch den aufgestauten Nachholbedarf infolge des seit 1938 geltenden Verbots nicht kriegswichtiger Neubauten wurde der Wohnungsbau als ein zentrales Element künftiger Sozialpolitik vorgestellt und mit hohem Planungsaufwand angegangen, wobei gegenüber dem alten Wohnungsbestand bis in die Ausbaustandards ein neues Versorgungsniveau demonstriert werden sollte. Deutlich traten nun auch gegenüber den früher verfolgten, eher konventionellen Bauproduktions- und Siedlungskonzepten die Pläne zur industriellen Fertigung des Massenwohnungsbaus hervor. Viele der jetzt entwickelten Vorschläge, insbesondere jene aus dem weithin bekannten Werk Ernst Neuferts, des umtriebigen Normenbeauftragten Speers, wurden in den Nachkriegsplanungen – bis in die sechziger Jahre hinein – wirksam. Und manche der mit dem neuen Bau- und Bodenrecht befassten Mitarbeiter aus den Planungsstäben und der Ministerialbürokratie des NS-Staates konnten nach 1945 die Rechtsgrundlagen für den Wohnungsbau in der Bundesrepublik maßgeblich beeinflussen.
...

Als „Reichsführer SS" war Himmler 1939 nach dem Überfall auf Polen zum „Reichskommissar für die Festigung deutschen Volkstums im Osten" ernannt worden. Seine Planungsstäbe sahen – nach der Versklavung, Vertreibung und Ermordung ganzer Völker – in den eroberten Ostgebieten Stadtneugründungen vor, orientiert an Schemaskizzen für ein imaginäres „Deutsches Siedlungsbild". Während Speer 1941 Richtlinien zur Anlage neuer Städte in der Ukraine diktierte, hatten Himmlers Experten bereits ein flächendeckendes Siedlungskonzept entworfen, in dem in einer strengen Ortshierarchie – vom Bauernhof über Dörfer und Marktflecken bis zur Größenordnung der Kreisstadt – die „Eindeutschung" der eroberten Länder im Osten vorgezeichnet war.

Für die überregionale Planung war indessen die seit 1934 bestehende „Reichsstelle für Raumordnung" zuständig. Richtlinien zur Anlage „luftschutzgerechter" Siedlungen wurden vom Reichsarbeitsministerium herausgegeben. Die überörtliche Verkehrsplanung oblag dagegen den Ämtern des Generalinspektors für das deutsche Straßenwesen, Fritz Todt, der inzwischen als Rüstungsminister die legendäre „Organisation Todt" aufgebaut hatte, welche mit ganzen Heerscharen von Technikern, Ingenieuren und Architekten für Bunkerbauten, Befestigungsanlagen, Brücken- und Verkehrsbauwerke zwischen Atlantikwall und Ural unter härtester Ausbeutung menschlicher Arbeitskraft Hunderttausende von Zwangsarbeitern einsetzte.

In den selbst für die Beteiligten oft undurchschaubaren Verstrickungen zwischen Ämterwirrwarr und Rivalitätskonflikten erhielt Speer gleichsam über Nacht eine zentrale Position, als er nach dem Tod des Rüstungsministers am 8. Februar 1942 von Hitler zum Nachfolger in sämtlichen Funktionen ernannt wurde, die Todt zuvor innehatte. Gleichwohl fühlte sich Speer als Architekt weiterhin auch für Fragen des Wiederaufbaus zuständig. Bereits kurz nach seiner überraschenden Ernennung zum Minister wies er seine Mitarbeiter in der Berliner Generalbauinspektion am Pariser Platz an, ihre Tätigkeit auch ohne ihn fortzusetzen. Nach der Verschärfung des Luftkrieges ließ er sich im März 1943 die Zusage Hitlers geben, dass in einigen stark von Bombenschäden betroffenen Städten bereits mit städtebaulichen Planungen zum Wiederaufbau begonnen werden sollte. Dazu schlug Speer vor, dass „ein Stab von bei der Baugestaltung eingearbeiteten Mitarbeitern" die Erarbeitung von Aufbauplänen auch in anderen Städten betreuen sollte. Man vereinbarte einen Erlass mit folgendem Inhalt:

„In den durch Bombenschäden besonders stark betroffenen Städten müssen, im Zusammenhang mit den Wiederherstellungsarbeiten, schon jetzt Planungen durchgeführt werden, die den Einfluss auf eine spätere Gestaltung dieser Städte sicherstellen. Es sind daher noch während des Krieges in beschränktem Umfang städtebauliche Planungen in diesen Städten durchzuführen. Ich beauftrage hierzu den Generalbauinspektor für die Reichshauptstadt
1. diejenigen Städte festzulegen, in denen derartige Planungen durchgeführt werden sollen,
2. durch geeignete Maßnahmen die Planungen dieser Städte zu lenken und zu beeinflussen,
3. durch Bereitstellung von technischen Kräften aus anderen Städten diese Planungen zu unterstützen. Die obersten Reichsbehörden werden angewiesen, Reichsminister Speer zur Durchführung dieser Aufgabe die notwendige Unterstützung zu geben."

Der „Erlass über die Vorbereitung des Wiederaufbaus bombengeschädigter Städte" trat am 11. Oktober 1943 in Kraft. Damit waren die Machtbefugnisse Speers sowohl den Gauleitern als auch seinem Rivalen Robert Ley gegenüber deutlich erweitert. Im Winter 1943 schuf Speer aus einigen seiner Mitarbeiter der Berliner Generalbauinspektion am Pariser Platz und Kollegen aus anderen Städten den „Arbeitsstab Wiederaufbauplanung zerstörter Städte". Dort erarbeiteten Architekten und Stadtplaner ab Winter 1943 in einem breiten Tätigkeitsfeld – von der Schadensstatistik über Entwürfe zum Behelfswohnungsbau bis hin zur Neuplanung ganzer Städte – Richtlinien für den künftigen Wiederaufbau, abgestimmt in einem weitgespannten Korrespondentennetz.

...

Angesichts der Zerstörungen in den Zentren der Städte sei es nun an der Zeit, erklärte Speer am 30. November 1943 in seiner Grundsatzrede zum „Wiederaufbau deutscher Städte" vor Parteifunktionären und Architekten, auf die Entwürfe der ohnehin anachronistischen Forumsanlagen zu verzichten und umso effektiver die Verkehrsplanungen sowie die großräumigen Stadterweiterungen voranzutreiben:

„Die Wiederaufbaupläne sollen zunächst nicht darin bestehen, das Stadtzentrum in irgendwelchen hochkünstlerischen Ideen neu entstehen zu lassen, sondern der Wiederaufbauplan ist zunächst ein städtebaulicher Grundplan, das heißt, er legt fest, was im Einzelnen an Straßenzügen durch die zerstörten Stadtviertel durchgezogen werden soll, und weiter, wie dieses Straßenbild sich draußen im Gelände weiter auswirkt. Es soll hier alsoin der Hauptsache dem sonst unumgänglich zur Tatsache gewordenen Zustand eines Erstickens der Städte durch die Verkehrsnot entgegengetreten werden, wie er vor dem Kriege bestand und wie er nach dem Kriege zweifellos verstärkt kommen wird. Es ist ganz klar, dass bei der Planung aufs Sparsamste vorgegangen werden muss. Es ist nicht möglich, dass wir hier nach der Art der Stadtbaupläne vorgehen, die wir vor dem Kriege bereits von verschiedenen Städten bei uns vorliegen hatten und die grundsätzlich eine Ost-West-Achse und eine Nord-Süd-Achse hatten. Wir müssen in irgendeiner Form, soweit es geht, uns an die vorhandenen Straßenzüge halten und versuchen, diese Straßenzüge zu verbreitern."

Mit spöttischem Unterton rückte Speer von den bisher verfolgten „hochkünstlerischen Ideen" zur Neugestaltung der Städte ab – wohl wissend, dass trotz der strengen Anweisung, im „Totalen Krieg" die ehrgeizigen Planungen zur Neugestaltung der Städte einzustellen, einige Gauleiter die Arbeiten daran weiter verfolgten. In einer provozierenden Rede hatte Speer am 6. Oktober 1943 unter Androhung drastischer Strafen die Gauleiter darauf hingewiesen, dass die Vorbereitung des Wiederaufbaus allein in seiner Zuständigkeit liege. „Teilweise sahen sie bereits jetzt in diesem Wiederaufbau der Städte ihre wichtigste zukünftige Aufgabe", schrieb er rückblickend in seinen Memoiren: „Der Erlass Hitlers erinnerte sie daran, dass sie dabei von mir abhängig sein würden."

Gleichwohl wurde an unzähligen Orten in Deutschland mit vorbereitenden Planungen begonnen. Parallel zur Schadenskartierung und Durchführung von dringenden Reparaturarbeiten entwickelten die Planungsämter in vielen Städten eigene Vorstellungen zur künftigen Gestalt der Stadt. In einem dringenden Schreiben Speers wurden die Gauleiter daher aufgefordert, streng darauf zu achten, dass nicht schon geringfügige Beschädigungen zum Anlass genommen würden, historisch bedeutsame Bauwerke vollends abzubrechen – insbesondere die Kirchen schienen von der Abrisswut fanatischer Nationalsozialisten bedroht.

Während Speer somit einerseits durch eine Flut von Briefen und Anweisungen bis in einzelne örtliche Dienststellen hinein seine Zuständigkeiten unterstrich und von seiner Berliner Zentrale aus die Abstimmung aller laufenden Planungen forderte, setzte er sich auf der anderen Seite mit jenen Ämtern in Verbindung, die in ihrem jeweiligen Aufgabenbereich entsprechende Richtlinien und Planungsvorgaben bearbeiteten.

Vergleicht man im Rückblick nun die verschiedenen, teils parallelen, teils widersprüchlichen Konzepte zum Wiederaufbau der bombengeschädigten Städte, so ist als durchgängige Grundlage auch der architektonisch unterschiedlichsten Lösungen das Ziel einer konsequenten baulichen Auflockerung der historisch überkommenen, in der Phase expansiven Städtewachstums während des 19. Jahrhunderts hoch verdichteten Wohn- und Geschäftsviertel zu erkennen: Die seit der Jahrhundertwende in den Reformbewegungen vorgetragenen Forderungen nach „Licht, Luft und Sonne", die im Neuen Bauen der zwanziger Jahre ihre Entsprechung in leicht überschaubaren Siedlungsformen mit Zeilenbauweise fanden, waren bereits seit 1936 durch entsprechende Empfehlungen, Richtlinien und Erlasse zu einem „luftschutzgerechten" Städtebau verstärkt worden, der angesichts rasant wachsender Bombenschäden die Fachdebatten im Krieg beherrschte.

Konzepte zum Wiederaufbau
Wie in der Mitte eines Spinnennetzes liefen in Speers Arbeitsstab Wiederaufbauplanung – mit der Adresse am Pariser Platz 4 – Korrespondenzen über einzelne Planungsvorhaben zusammen. In umgekehrter Richtung wurden Leitlinien, Richtwerte, Planungsvorgaben an Gauleiter und Stadtverwaltungen verschickt. Zur Beratung und Kontrolle örtlicher Institutionen wurden Mitglieder des Arbeitsstabs in einzelne Städte entsandt und legten über ihre Besuche und Gespräche ausführliche Protokolle vor. Nach ersten Anforderungen zur zentralen Schadenskartierung bis Mai 1944 wurden Mitte Juli 1944 Richtlinien zur Statistik und Darstellung der Schäden in den zerstörten Städten herausgegeben – eine auf bestem Papier sorgfältig gedruckte und reich bebilderte Broschüre als Arbeitshilfe vom „Arbeitsstab Wiederaufbauplanung zerstörter Städte, zu beziehen durch: Reichsminister für Rüstung und Kriegsproduktion, Berlin, Pariser Platz 4". Für den Inhalt verantwortlich, sorgte Konstanty Gutschow dafür, dass schon in diesen Richtlinien die beabsichtigte Vereinheitlichung der Maßstäbe für die Wiederaufbaupläne ihren Niederschlag fand. Bis zur Bestellnummer der zu verwendenden Buntstifte regelten die bürokratischen Vorgaben zur Inventarisierung der Katastrophe jeden einzelnen Schritt. Zur vorläufigen Bestandskarte heißt es etwa: „In dieser Karte sind die Baudenkmäler der [...] (gleichgültig ob betroffen oder nicht) mit einem 1 mm starken roten Strich (Stabilo Nr. 8740) zu umranden." Ab Frühjahr 1944 gingen von etwa 40 Städten Schadenskartie rungen ein, die im Arbeitsstab umgezeichnet und statistisch ausgewertet wurden.

Auch über Querverbindungen und Kontakte zwischen den Städten wurde der Zentrale berichtet, sodass sich in kurzer Zeit schon ein differenziertes Bild über die unterschiedlichen Konzepte und den Stand ihrer Bearbeitung abzeichnete. Durch Mitwirkung von Vertretern anderer Dienststellen wurden zudem enge Verbindungen zu Ministerien und Ämtern geknüpft, deren Initiativen man misstrauisch beobachtete. Denn parallel zur Einrichtung des Arbeitsstabes durch Speer wurde Robert Ley Anfang 1944 in ähnlicher Absicht, doch mit ganz anderen Vorstellungen zum künftigen Wiederaufbau tätig. Der einflussreiche Leiter der Deutschen Arbeitsfront und Reichswohnungskommissar wollte sich bei der Vorbereitung künftiger Machtpositionen für die Zeit nach dem Krieg nicht abdrängen lassen und bediente sich erfolgreich seiner bisherigen Zuständigkeiten und Einrichtungen, um auch auf die Planung des Wiederaufbaus Einfluss nehmen zu können und nicht nur auf den Bau provisorischer Behelfsheime beschränkt zu bleiben.

Nach einem Gespräch mit Speer wurde am 5. Juni 1944 festgehalten: Ley „obliegt insbesondere die Aufgabe, für die Wiederaufbaugebiete den Rahmen für die künftige Gestaltung festzulegen. Er entscheidet in diesen Fragen an Stelle des Herrn Reichsarbeitsministers." In seiner Anweisung zur Gestaltung der Wohngebiete beim Wiederaufbau bombengeschädigter Städte führte Ley aus:

„Nach einer Vereinbarung zwischen Reichsminister Speer und mir obliegen mir dabei die entsprechenden Aufgaben für die Planung der Wohngebiete. Zu meinem Beauftragten für die Gestaltung der Wohngebiete in den vom Führer als Wiederaufbaustädte bezeichneten Städten habe ich den Dipl. Architekten Karl Neupert bestimmt. Er wird seine Aufgaben in Zusammenarbeit mit dem Beauftragten des Reichsministers Speer erfüllen und meine Interessen als Reichswohnungskommissar bei der Planung der Wohngebiete der bombengeschädigten Städte wahrnehmen. Die hierzu notwendigen Entwicklungs- und Gestaltungsarbeiten werden in der Forschungsstelle für die deutsche Siedlungsgestaltung beim Reichsheimstättenamt und in der Deutschen Akademie für Wohnungsbau geleistet."

Unterdessen wurden bei internen Beratungen im Arbeitsstab Speers auch die Rivalitäten mit den Ämtern Robert Leys angesprochen, der die eklatante Wohnungsnot in den bombengeschädigten Städten kurzfristig durch Baracken und Behelfsheime mindern wollte. So berichtete etwa Rudolf Wolters über ein Gespräch mit Speer, der sich deutlich gegen eine „Verflachung des gesamten Wohnungsbaues, das heißt Herabdrückung des gesamten Wohnungsstandards dadurch, dass ein großer Teil von Wohnungen in dauerndem Behelfsbau errichtet werde", ausgesprochen habe. Wolters fuhr fort:

„Ich habe den Minister darüber unterrichtet, dass der Reichswohnungskommissar unter Führung von Neupert eine Art Arbeitsstab ins Leben gerufen habe, der sich mit ähnlichen Problemen wie unser Arbeitsstab befasse. Herr Speer war der Auffassung, dass wir dies, wenn wir Reichswohnungskommissar wären, genauso machen würden, und dass die Lösung der Wohnungsprobleme nur möglich sei, wenn man auch entsprechend in die Nachbargebiete einsteige. Im Übrigen sei es nicht schlecht, wenn zwei Apparate nebeneinander arbeiteten. Es müsse sich eben auf die Dauer herausstellen, wer das schlagkräftigere und bessere Instrument in Händen habe."

Während die Alliierten bereits in der Normandie gelandet waren und auf die Grenzen des Deutschen Reichs vorrückten, die Bombenangriffe weiter verstärkt wurden und rücksichtslos die meisten der bisher vom Kriegsdienst noch freigestellten Fachkräfte in Industrie und Verwaltung zum Kampf an der Front eingezogen wurden, sammelten Speer und Ley weiter Architekten zur Tätigkeit in ihren Stäben. Wie Rudolf Wolters scharte auch Karl Neupert Kollegen um sich, von denen einige seinem früheren Amt, andere dem Reichsarbeitsministerium angehörten. Karl Neupert selbst war nach dem Überfall auf Polen als Leiter der Hauptabteilung Städtebau und Wohnungsplanung des Reichsheimstättenamtes neben den Planungsstäben der SS mit der Siedlungsgestaltung in den besetzten Ostgebieten beschäftigt gewesen. Nach einer kurzen Phase intensiver Arbeit an der „totalen Planung" zur „Durchgestaltung des deutschen Raumes" war diese

Tätigkeit im Winter 1941/42 durch Einberufung der maßgeblichen Mitarbeiter zum Stillstand gekommen, nachdem die Ergebnisse in den Planungsheften des Reichsheimstättenamtes der DAF publiziert worden waren. Neupert kehrte 1944 von der Front nach Berlin zurück und wurde von Ley beauftragt, die abgebrochenen Planungen für den künftigen Wiederaufbau fortzusetzen. Zum „Beauftragten für die Gestaltung der Wohngebiete" ernannt, richtete sich Neupert mit seinen Kollegen in den Kellern des Gemeinschaftshauses der DAF ein. Sie erarbeiteten Vorlagen für neue Gesetze, Organisationsstrukturen und Gestaltungsrichtlinien, durch die Neuperts Ideen zur „Siedlungsgestaltung aus Volk, Raum und Landschaft" auch in der Nachkriegszeit Form gewinnen sollten. Hastig wurde nun an neuen rechtlichen Regelungen gearbeitet, die als „Reichssiedlungsgesetz" die Vollmachten Leys ausweiten sollten. In diesem Gesetzentwurf ist als erste Bestimmung festgelegt: „Zur Neugestaltung des großdeutschen Lebensraumes wird die Reichsstelle für Siedlungsgestaltung errichtet. Sie wird geführt vom Reichsorganisationsleiter der NSDAP, in ihr wird die gesamte übergeordnete Planung zusammengefasst. Aufgabe der Reichsstelle für Siedlungsgestaltung ist es, das zukünftige Siedlungsbild in den Gauen und in den einzelnen Gemeinden zu gestalten." Differenziert wurde in einzelnen Abschnitten ein umfangreiches Regelwerk formuliert, das eine „Baulandordnung", „Aufschließungsordnung", „Bauordnung", „Trägerordnung" und „Finanzierungsordnung" umfasste, wobei selbst die organisatorischen Aspekte eng auf konkrete Vorstellungen vom zukünftigen „Siedlungsbild deutscher Städte" bezogen waren, das mittelalterliche Ortsbilder noch in den künftigen Großstädten wahren sollte. Dennoch war mit diesen Vorstellungen keineswegs eine Ablehnung der Großstadt schlechthin verbunden, wie die antiurbane Ideologie des Nationalsozialismus vermuten lassen könnte. Ausdrücklich wurde in der am 17. Oktober 1944 von Ley allen Reichsministern und Reichsleitern zugeleiteten Mitteilung über den „Aufbau der Wohnformen im Stadtgebiet" festgelegt: „Eine Rückkehr zu einer hinter uns liegenden Siedlungsentwicklung und damit eine Ablehnung der Stadt und auch der Großstadt ist ebenso falsch wie eine naturgetreue Wiederherstellung der zerstörten Städte nach den bisherigen städtebaulichen Prinzipien."

Grundlage solcher Überlegungen war der Gedanke, dass entsprechend der Ideologie von „Blut und Boden" die regionalen Besonderheiten von Städten und Dörfern trotz weitgehend normierter Bauproduktion und zentralistisch vorgegebener Typengrundrisse nicht aufgehoben und vereinheitlicht werden sollten. Nach extensiven Untersuchungen regionalspezifischer Bauformen waren in den Ämtern der Deutschen Arbeitsfront so genannte „Reichslandschaftsnormen" erarbeitet worden, die im Erscheinungsbild von Neubauten eine regionale Typisierung vorsahen und damit zumindest visuell eine einprägsame Differenzierung der reichsweit zu organisierenden Bauproduktion sichern sollten.

...

In vielen Formulierungen der Juristen und Planer Leys zeigt sich die Absicht einer Ausweitung ihrer Befugnisse zu Ungunsten Speers. Doch scheint dies nicht allein dem Machtstreben, sondern auch höchst unterschiedlichen Vorstellungen vom Bild künftiger Städte geschuldet zu sein. Während sich im Stab Speers mit Architekten wie Wolters, Neufert und Rimpl eine Linie technokratischer Planung durchzusetzen begann, die sich deutlich auf eine rigide Normung, Rationalisierung und industrielle Fertigung des Wohnungsbaus hin orientierte, blieben unter Ley – neben der nur als Provisorium betrachteten Produktion von Behelfsbauten – die wirren Gebote der „Pflege von Volkstum und Landschaft" gültig, die noch in den letzten Denkschriften seines Stabs vor Kriegsende umständlich Ausdruck fanden:

„*Verlangt man von der Wohnung der Zukunft, dass sie keine Wohnmaschine, sondern ein Heim sein soll, fordert man vom Wohnhaus, dass es sich nicht damit begnügen darf, nur ein genormter Baukasten im Rahmen einer kollektiven Addition zu sein, sondern in Form und Einordnung zum wesentlichen Faktor des landschaftlichen Heimatbegriffs zu werden, so müssen in diese Forderung der Wertung des Persönlichen als Grundhaltung wirklicher Kultur auch Menschen einbezogen werden, die das große soziale Werk planen und ausführen.*"

Mit dem Schlagwort der „Wohnmaschine" wird polemisch einerseits auf die radikale Moderne der zwanziger Jahre verwiesen, in der Le Corbusier zur Betonung seines strikten Funktionalismus die von ihm geplanten Hochhäuser als Wohnmaschinen bezeichnet hatte. Auf der anderen Seite dürften damit aber auch aktuell jene Wohnanlagen gemeint sein, die nach Planung des Normenbauftragten Speers, Ernst Neufert, wie im Fließbandverfahren entlang einer Kranbahn in einer riesigen, auf Schienen beweglichen „Hausbaumaschine" errichtet werden sollten. In seiner *Bauordnungslehre* von 1943 hatte Neufert detailliert dargestellt, wie sich in einem differenzierten Rastersystem ganze Stadtanlagen bis ins Ausbaudetail durchgängig planen und produzieren liessen. Schon 1941 hatte er in seiner Studie *Bombensicherer Luftschutz im Wohnungsbau* im Auftrag Speers Großsiedlungen vorgestellt, die mit Wohnhochhäusern in Zeilenbauweise und weiträumigen Grünflächen einerseits als optimal „luftschutzgerecht", andererseits aber als späte Nachfolger der zuvor durch die NS-Propaganda strikt abgelehnten Entwürfe des Neuen Bauens galten.

Die Konflikte zwischen der rigiden Normung Neuferts und der Sicherung regionaler Bauformen brachen indessen auch in den Beratungen des Arbeitsstabs unter Speer auf. Während sich mit Hinweis auf Neuferts Vorschläge der Industriearchitekt Herbert Rimpl für eine weitgehende Typisierung der Nachkriegsbauten einsetzte, gab Hans Stephan aus seiner Erfahrung in der Praxis lokaler Politik zu bedenken: „Bei den Oberbürgermeistern der Städte besteht häufig starke Furcht vor der Typisierung und Normung, ebenso vor dem angekündigten Bautempo. Jede Stadt war bisher stolz auf ihr in Jahrhunderten gewachsenes, formenreiches und nur ihr eigentümliches Stadtbild, und sie befürchten verständlicherweise eine gewisse öde Schematisierung und seelenlose, keineswegs heimatgebundene Reichstypung." Um auch auf längere Sicht dem Vorwurf eines allzu pragmatischen und vereinheitlichten Wiederaufbaus zu entgehen, plädierte Stephan für eine deutliche Abwandlung der Haustypen nach den landschaftlichen Eigenheiten: „Die Rationalisierung des Bauens solle sich nur auf das technische Gerüst erstrecken."

Zur Unterstützung seiner Argumente gegen Normung und Kasernierung hatte Gutschow schon früh für die Verbreitung einer Schrift gesorgt, die als Forschungsarbeit im Auftrage der Deutschen Akademie für Städtebau, Reichs- und Landesplanung entstanden war, *Die zweckmäßigste Hausform für Erweiterung, Neugründung und Wiederaufbau von Städten*, verfasst von Roland Rainer, veröffentlicht im April 1944 mit einem Vorwort von Reinhold Niemeyer, ebenfalls Mitglied im Arbeitsstab für den Wiederaufbau und gleichzeitig Vorsitzender der Akademie. In diesem Heft, insgesamt ein Plädoyer für das Einfamilien-Reihenhaus als „zweckmäßigste Bauform" für die Nachkriegszeit, kamen in zeittypischer Terminologie „die neuzeitlichen volksbiologischen Anforderungen" zur Sprache, wobei auch „Zusammenhänge zwischen Rasse und Wohnform" beachtet wurden.

Im machtgeschützten Rahmen dieser Akademie, die im Krieg zwar Speer unterstellt, in ihrer Arbeit jedoch weitgehend autonom war, hatten unterdessen Johannes Göderitz – einst Mitarbeiter von Bruno Taut und später Stadtbaurat in Magdeburg, inzwischen Geschäftsführer der Akademie –, Roland Rainer und Hubert Hoffmann ihre städtebaulichen Studien unter dem Titel *Die gegliederte und aufgelockerte Stadt* zusammengefasst und zur Drucklegung vorbereitet. Obgleich einige hundert Exemplare noch in den letzten Kriegsmonaten gedruckt und vor den heranrückenden Truppen der Roten Armee sichergestellt wurden, sind nur wenige Hefte erhalten, die den Autoren die Grundlage für eine spätere Neuauflage gaben. 1957 erschien unter gleichem Titel in Tübingen ein Buch, das noch einmal jene Überlegungen zusammenfasste, die den Planungen der Nachkriegszeit im Übergang „von der Großstadt zur Stadtlandschaft" ihre Richtung gaben: *Die gegliederte und aufgelockerte Stadt* von Johannes Göderitz, Roland Rainer und Hubert Hoffmann gilt weithin als Standardwerk der fünfziger Jahre, obwohl es im Erscheinungsjahr 1957 eher einen Rückblick auf die Epoche des Wiederaufbaus darstellte.

Betrachtet man die Entwicklungslinien des Wiederaufbaus, so lässt sich feststellen, dass trotz aller Deformationen durch die politische Instrumentalisierung im Nationalsozialismus und entsprechend propagandistischer Kommentierung vier Grundmuster zu erkennen sind, die sowohl auf ihre Vorgeschichte im ersten Drittel dieses Jahrhunderts als auch auf unsere gebaute Nachkriegswirklichkeit verweisen:

1. Die radikale Modernisierung überkommener Stadtstrukturen war bereits den Reformern um die Jahrhundertwende Programm. Mit dem Aufbruchsbegehren Tauts und den Visionen einer kristallinen „alpinen" Architektur, mit Mies van der Rohes Hochhausentwürfen und Ludwig Hilberseimers technoiden Stadtplänen sind weitere Stationen der Moderne genannt, die durch Le Corbusiers Stadtutopien und die Internationalen Kongresse für Neues Bauen (CIAM) über die Fachöffentlichkeit hinaus Aufmerksamkeit erregten. In den Vorschlägen für maschinell produzierbare Städte wurden von Neufert Konzepte moderner Architektur und Stadtplanung aufgegriffen und im Nationalsozialismus zur Geltung gebracht – jedoch technizistisch vereinseitigt und ihrer sozialreformerischen Impulse beraubt. Dennoch wirkten auch die Schriften und Rezepturen Neuferts über die „Stunde null" von 1945 hinaus, nun verstärkt durch den Zwang zu massenhaftem Wohnungsbau unter Entflechtung der städtischen Funktionen, wie sie ab 1946 auch in Deutschland unter Berufung auf die „Charta von Athen" in der Formulierung Le Corbusiers gefordert wurde.

2. Gegen den Aufbruch einer internationalen Moderne mit einem entsprechend globalen „International Style" der neuen Architektur wurde von konservativeren Architekten die Bewahrung regionaler Traditionen im Bauen auch unter den anerkannten Bedingungen einer notwendigen Modernisierung der Städte gefordert. Beginnend mit den „Kulturarbeiten" Schultze-Naumburgs über die Architekturlehre der Stuttgarter Schule um Bonatz, Schmitthenner und Wetzel bis zu den Tätigkeiten des Reichsheimstättenamtes

und der Baubüros der Deutschen Arbeitsfront lässt sich eine Entwicklungslinie in Opposition zur Moderne verfolgen, die nach 1945 durch programmatischen Rückbezug auf die Gedanken der Heimatschutz-Bewegung in vielen Stadtbildern erkennbar wird. Dabei wird die gestalterische Betonung lokaler und regionaler Besonderheiten durch eine demonstrativ „bodenständige" Architektur bisweilen ergänzt durch Großbauten mit architektonischen Würdeformeln, die auf die Kontinuität klassizistischer Bautraditionen verweisen.

3. Die akademische Tradition monumentaler Stadtbaukunst, die ihre späte Blütezeit in den Stadtverschönerungs-Bewegungen des 19. Jahrhunderts hatte und Ende der zwanziger Jahre neue Aktualität gewann, war durch die persönlichen Vorlieben Hitlers zur Grundlage der Neugestaltungs-Planungen geworden. Vermittelt über ältere Architekten wie Paul Bonatz, Kreis und Troost, orientierten sich im „Dritten Reich" auch viele der jüngeren an den Musterentwürfen für Gauforen mit streng gefassten Platzwänden und vergröbert klassizistischer Herrschaftsarchitektur. Nach 1945 waren – vor allem in den neuen Repräsentationsbauten der Wirtschaft – Nachklänge des nun so genannten „Reichskanzleistils" Speerscher Prägung erkennbar. Während nach heftiger öffentlicher Kritik an der fatalen Koinzidenz von Macht und Monumentalität in den Westzonen solche Ansätze einer Wiederbelebung nationalsozialistischer Staatsbaukunst zugunsten einer moderaten Moderne zurückgenommen wurden, konnte ab 1950 die neu gegründete DDR scheinbar ohne ideologische Erblast ihre bauliche Selbstdarstellung im jungen „Arbeiter- und Bauernstaat" gemäß stalinistischer Kulturdoktrin an den „Nationalen Traditionen deutscher Baukunst" und entsprechender Monumentalarchitektur ausrichten. So kam es in jener Zeit bisweilen zu einem merkwürdigen Rollentausch, in dem politisch engagierte Architekten in der DDR, die „Sozialismus" mit „Moderne" verbanden, auf ungeliebte nationale Traditionen verpflichtet wurden, während ihre Kollegen im Westen, die noch kurz zuvor dem Kreis um Speer angehört hatten, nun als Vorreiter moderner Architektur auftraten.

4. Für unterschiedliche Architekturkonzeptionen prinzipiell offen, bot das Leitbild der Stadtlandschaft nach 1945 eine weite Projektionsfläche für Planungsansätze im Spektrum zwischen bloßer Fortschreibung der „luftschutzgerechten" Bauweisen und einer ebenso sozial wie politisch ambitionierten Erneuerung der städtischen Gemeinwesen. Hinter der Grundforderung nach Auflockerung der Bebauungsdichte und Gliederung der städtischen Wohnbezirke in überschaubare Siedlungseinheiten konnten sich nach 1945 die nun verbal umetikettierten Planungen zur „Ortsgruppe als Siedlungszelle" bis zur Verwechslung jenen Entwürfen annähern, die durch Übertragung angelsächsischer Nachbarschaftsplanungen auf die städtische Wirklichkeit in Deutschland einen politischen und kulturellen Neubeginn zu fördern suchten.

Trotz des epochalen Einschnitts durch das Ende des Krieges und die bedingungslose Kapitulation, trotz Auflösung aller tragenden Institutionen des nationalsozialistischen Terrorsystems lassen sich auch im historischen Umbruch die oben skizzierten Entwicklungslinien verfolgen. Als Jahr des Kriegsendes wurde 1945 zum Jahr der Befreiung von einer totalitären Herrschaft, zum Ausgangspunkt für einen politischen, sozialen und kulturellen Neubeginn, dem bei allem hoffnungsfrohen Anfang auch die breite Spur personeller und konzeptioneller Kontinuitäten eingeschrieben war.

Radikale Moderne

Erst langsam wich am Ende des Krieges die Lähmung, die nach den zermürbenden Luftalarmen und voller Angst durchwachten Nächten, nach den Rückzugsgefechten deutscher Soldaten und dem Einmarsch der alliierten Truppen auf den besetzten Städten lag. Das Grauen der Leere, der Anblick ausgebrannter Fassaden, die Erinnerung an die zu Hunderten noch eingeschlossenen, erstickten und verbrannten Toten lähmten in vielen Menschen jeden Gedanken an einen künftigen Wiederaufbau. Andere hingegen kehrten ihre Lethargie in blinde Geschäftigkeit um. „Ein Haupteindruck im Lande, und er löst Ende 1945 bei dem, der hereinkommt, das größte Erstaunen aus, ist, dass die Menschen hier wie Ameisen in einem zerstörten Haufen hin- und herrennen, erregt und arbeitswütig zwischen den Ruinen, und ihr ehrlicher Kummer ist, dass sie nicht sofort zugreifen können, mangels Material, mangels Direktiven." Mit diesen Worten schilderte der nach Südwestdeutschland zurückgekehrte Schriftsteller Alfred Döblin Ende 1945 seine Eindrücke: „Die Zerstörung wirkt auf sie nicht deprimierend, sondern als intensiver Reiz zur Arbeit. Ich bin überzeugt: Wenn sie die Mittel hätten, die ihnen fehlen, sie würden morgen jubeln, nur jubeln, dass man ihre alten, überalterten, schlecht angelegten Ortschaften niedergelegt hat und ihnen Gelegenheit gab, nun etwas Erstklassiges, ganz Zeitgemäßes hinzustellen."

Tatsächlich wurde vielerorts erregt gefordert, die Trümmer liegen zu lassen und anderswo, an günstigerer Stelle ganz neue Städte zu bauen – Hannover an den Deister, Dresden an den Heller, München an den Starnberger See zu verlegen. Die Ruinen der alten Städte könnten hingegen als Mahnmale und Museen bewahrt, nach Sicherung baufälliger Teile zugänglich gemacht werden – als eine Topografie des Horrors, zur Mahnung künftiger Generationen oder auch nur als Attraktion für Touristen. Nachdem aber schon während des Krieges die Räumungs- und Ordnungsarbeiten begonnen und nach Kriegsende sofort verstärkt worden waren, schien inzwischen auch auf den Trümmerfeldern die Anlage gänzlich neuer Städte möglich. Von Nürnberg bis Kiel, von Dresden bis Mainz wurden ab 1946 Pläne erarbeitet, die den überkommenen Stadtgrundriss fast gänzlich negierten. In Dresden war es Hanns Hopp, der über den Trümmern der untergegangenen Stadt schon 1945 in seinen Skizzen jene Stadt der Moderne aufwachsen ließ, die zwei Jahrzehnte zuvor Le Corbusier in seinem spektakulären „Plan Voisin" als futuristische Alternative zum überkommenen Bild von Paris einer erstaunten Öffentlichkeit vorgestellt hatte: Zwischen Stadtautobahnen und offenen Grünflächen erheben sich nun in Hopps Plänen ganz ähnlich Hochhäuser mit kreuzförmigem Grundriss über der alten Stadt; am Elbufer bilden belassene Ruinen und historische Bauten eine makabre Kulisse vor der begradigten Silhouette uniformer Bürohochhausscheiben. Ebenfalls für Dresden entwarf 1948 der holländische Architekt Mart Stam – der in den zwanziger Jahren mit seinem russischen Kollegen El Lissitzky die visionären Wolkenbügel für Moskau, dann in der Sowjetunion mit Ernst May neue Städte geplant hatte – weit auseinander gerückte Häuserzeilen auf dem Gebiet der zerstörten Altstadt.

Für Nürnberg plante Gustav Hassenpflug 1947 die Umwandlung des mittelalterlichen Kerns in eine neue Stadt mit strikter Zeilenbauweise; nach ähnlichem Muster entwarf im selben Jahr Werner Hebebrand ein neues Kassel. In Hamburg wurden unterdessen bereits die Fundamente der Grindel-Hochhäuser errichtet, die auf Anweisung der britischen Besatzungsbehörden über den Trümmern eines niedergelegten Wohnviertels moderne Appartements in Scheibenhochhäusern vorsahen: Wie ein handfester Vorgriff auf die mit Projektionen überladene „Stadt der Zukunft" standen die schnell montierten Stahlgerüste der Grindel-Häuser in noch desolatem Umfeld.

Im Wettbewerb von 1948 verschwand in den Plänen Wilhelm Ohms die gesamte Innenstadt unter einer Parkanlage, in die in freiem Rhythmus Scheibenhochhäuser eingestellt waren. Im selben Wettbewerb durchzogen die Brüder Luckhardt die City Hamburgs mit riesigen Verkehrsanlagen und gefächerten Hauszeilen, während sie – auch 1948 – im Berliner Gebiet „Rund um den Zoo" in ähnlichen Bildern die Umgebung der Kaiser-Wilhelm-Gedächtnis-Kirche entwarfen.

Trotz mangelnder Berücksichtigung der unter der Erde noch unbeschädigt vorhandenen Werte der städtischen Infrastruktur erschienen solche Vorschläge einer radikalen Modernisierung insofern pragmatisch, als sie zunächst noch im Einklang mit kulturellen Vorstellungen der westlichen Besatzungsmächte standen, die ihre Politik der Re-Education mit Ausstellungen zu beispielhaften Planungen in den USA, in England und Frankreich begleiteten. Am konsequentesten waren auf diesem Gebiet die Franzosen, die in den annektierten Städten des Saarlandes sofort französische Planer einsetzten – gleichsam als kompetente Botschafter des neuen Urbanismus, zumeist aus dem engeren Umfeld Le Corbusiers. In Saarbrücken, Saarlouis und Neunkirchen wurden moderne Stadtanlagen wie Demonstrationen jener „Charta von Athen" konzipiert, die in den Beratungen der Internationalen Kongresse für Neues Bauen (CIAM) bis 1933 erarbeitet und in den folgenden Jahren von Le Corbusier mit Sigfried Giedion als Lehrsätze künftiger Planung formuliert worden waren. Überregionales Aufsehen erregten indessen die französischen Pläne für Mainz, die ab Sommer 1946 die Umwandlung des zitadellenbewehrten preußischen Brückenkopfes in eine landschaftlich geöffnete Stadt der Moderne zu definieren suchten. Nachdem französische Truppen die amerikanischen abgelöst hatten, wurde in Mainz Anfang 1946 der Architekt Marcel Lods mit einer Gesamtplanung beauftragt, die eine durchgrünte Bandstadt von Ingelheim bis Frankfurt/Höchst vorsah. Ganz im Sinne der von Le Corbusier inspirierten Charta wurde die noch vorhandene Bausubstanz überplant durch ein strenges Raster mit Scheibenhochhäusern und solitären Verwaltungsbauten, die sich über parkartig angelegten Grünflächen erheben sollten. Einzig der Dom und seine Umgebung blieben in diesen Plänen erhalten, als Einkaufs- und Museumsinsel nahe dem Ufer des Rheins.

Da diese Pläne als kulturpolitische Demonstration des neuen Urbanismus französischer Prägung das alte „Goldene Mainz" fast gänzlich hätten verschwinden lassen, erhob sich schon früh breiter Protest in der Bevölkerung, dem Lods und seine Kollegen durch die Publikation der Lehrsätze Le Corbusiers in deutscher Fassung mit bildreichen Kommentaren zu begegnen suchten: In einprägsamen Karikaturen sind einer dunklen Vergangenheit die Bilder einer lichten Zukunft gegenübergestellt. Die ersten Baugruben für die neuen Scheibenhochhäuser, die übrigens im Büro von Herbert Rimpl entworfen wurden, waren bereits ausgehoben, als durch politischen Druck auf die französischen Architekten die Planung beendet wurde. In einem geschickten

Schachzug hatte der Oberbürgermeister den auch in Frankreich prominenten Paul Schmitthenner zu einem Gegen-Gutachten aufgefordert, das mit populären Kontrastbildern die Rückkehr zu regionalen Traditionen deutscher Baukunst forderte. Schon seit den ersten schweren Luftangriffen auf Mainz, ab 1942, hatte der Darmstädter Architekturprofessor Karl Gruber einen Wiederaufbau unter Bewahrung des alten Stadtgrundrisses und die bauliche Konturierung der „Heiligen Bezirke" um die stadtbildprägenden Kirchen gefordert. In anschaulichen Isometrien und Perspektivzeichnungen warb Gruber auch nach 1945 für seine Vorschläge, die von Schmitthenner durch anschauliche Skizzen zur Wiederherstellung zerstörter Straßenzüge mit historisierenden Fassaden und hohen Arkadengängen ergänzt wurden. Nach scharfen Kontroversen verließen die französischen Planer 1948 die Stadt, ein Rückzug vor dem durchschlagenden Erfolg einer populistischen Kommunalpolitik, die dem hier weit verbreiteten Wunsch der Bürgerschaft nach Wiedergewinnung der alten Stadt und ihrer typischen Bauten gerecht zu werden versprach. Erleichtert berichtete Gruber seinem Kollegen Schmitthenner am 1. April 1948:

„Dass Lods aus Mainz verschwindet, ist eine frohe Botschaft, Neufert hatte ihn zum IKIA [Internationaler Kongress für Ingenieurausbildung an der Technischen Hochschule; d. Verf.] im August nach Darmstadt eingeladen, und er hat dort seine Massenkarnickelställe vorgeführt, gegen die ich schon in meinem IKIA-Vortrag heftig opponiert hatte. Alles, was uns weiter in die Vermassung führt, ist schlecht und vom Teufel. Alles, was den Wert der Persönlichkeit im Zeitalter der Masse fördert, ist begrüßenswert. Die Vermassung hat zwei Formen im Städtebau, die Nazi-Achse, bei der Armeleutewohnungen in repräsentative Baukörper gepackt werden, um die Wandungen von Aufmarschstraßen zu bilden, und die erwähnten Massenkarnickelställe Le Corbusiers. In beiden geht das rechte Maß verloren, das aber überall da verloren geht, wo der Mensch die Bindung an das Absolute verliert."

In Mainz traten indessen nur besonders zugespitzt und exemplarisch jene Konflikte zutage, die in vielen Städten im Spannungsfeld zwischen radikaler Modernisierung und regionalem Traditionalismus ausgetragen wurden, was letztlich zumeist zu Mischformen führte, in denen sich später weder die „fortschrittlichen" noch die konservativen Architekten mit ihren Intentionen wieder finden konnten. Wie anderenorts blieben aufgrund ungelöster Probleme bis in die Gegenwart Lücken im Stadtbild erhalten, die nachträglich noch von den Wunden des Krieges und den folgenden Auseinandersetzungen um den richtigen Weg zur künftigen Stadt künden – und von Kompromissen, die nach Wiederherstellung der überkommenen Eigentumsverhältnisse und demokratisch legitimierter Planung bis heute die Kehrseite zentralistisch vorgegebener Aufbaukonzepte markieren.

...

Wege zur Stadtlandschaft

Als erstes städtebauliches Lehrbuch der Nachkriegszeit war 1948 der Band *Organische Stadtbaukunst* erschienen, der den programmatischen Untertitel *Von der Großstadt zur Stadtlandschaft* trug. „Angesichts des bevorstehenden Wiederaufbaues so vieler zerstörter Städte, die oft in den chaotisch verbauten, am schwersten erkrankten Innenstädten nun so gut wie neu errichtet werden müssen", fasste der Autor Hans Bernhard Reichow noch einmal alle seit der Jahrhundertwende gängigen Argumente gegen die Wiederherstellung der kompakten Baustrukturen industrieller Großstädte zusammen und setzte voraus: „Die Gedanken dieses Buches waren im Grundsätzlichen konzipiert, ehe die Zerstörung vieler Städte als Folge des verheerenden Krieges begann."

In einem die unterschiedlichen Bauauffassungen übergreifenden Konsens hatten seit Kriegsende Architekten in Ost- und Westdeutschland Pläne zur Auflockerung der Stadtstrukturen erarbeitet; auch die Wettbewerbe Ende der vierziger Jahre waren noch gesamtdeutsch konzipiert und von gemeinsamen Leitvorstellungen getragen. In Rostock plante Heinrich Tessenow in Fortsetzung seiner Studien zur durchgrünten Stadt dorfähnliche Ensembles, in Rathenow arbeitete Otto Haesler, in Wismar Max Guther, in Dessau Hubert Hoffmann; bei Wettbewerben in Halle wirkten Hans Scharoun und Heinrich Tessenow mit, in Magdeburg Max Taut und die Brüder Luckhardt. Für Dresden formulierte Kurt W. Leucht noch 1950 „Grundprinzipien für die Neuplanung", die in Wort und Geist die konsequente Anwendung des Konzepts der Stadtlandschaft auf die zerstörte Stadt darstellen. Dabei war Leucht möglicherweise noch geprägt von jenen Erfahrungen, die er vor 1945 als Mitarbeiter von Ernst Sagebiel bei Planungen für Salzgitter sammeln und später als Generalprojektant von Stalinstadt in der ersten industriellen Stadtneugründung der DDR einsetzen konnte: Die weiträumig angelegten Höfe und die landschaftsbezogene Gestaltung dieser „ersten sozialistischen Stadt" werden – nach einer heftigen Kritik Walter Ulbrichts an den ersten Bauabschnitten durch einen Wettbewerb zur Anlage einer repräsentativen Magistrale mit architektonisch geschlossenem Straßenraum – erst 1953 planerisch überformt.

In vielen Städten Deutschlands kamen indessen erneut die Ideen der Gartenstadt-Bewegung zur Geltung, und selbst die kürzlich erst gegründeten neuen Städte wie die „Stadt des K.-d.-F.-Wagens", die Volkswagen-Stadt Wolfsburg, sowie die „Stadt der Hermann-Göring-Werke" Salzgitter, sollten in diesem Sinne umgebaut, erweitert, entwickelt werden: Für Wolfsburg erarbeitete Reichow schon seit 1945 „organische" Stadterweiterungen, nach zahlreichen Wettbewerbsbeiträgen zu Orten in ganz Deutschland konnte Reichow ab Anfang der fünfziger Jahre in Hamburg die „Gartenstadt Hohnerkamp" als Musterbeispiel seiner Lehre realisieren, 1954 folgte die Planung der Sennestadt bei Bielefeld – eine exemplarische Stadtneugründung nach dem Konzept der Stadtlandschaft.

Inzwischen waren in der Bundesrepublik einige international beachtete Bauausstellungen gelaufen. 1949 etwa die große „Aufbau – Ausstellung des Deutsches Städtetages" in Nürnberg, deren „künstlerische Gestaltung" Reichow übernommen hatte. Im selben Jahr zeigte Tamms in Düsseldorf in aufwändigen Exponaten seine Neuordnungs-Pläne, die von hochrangigen Regierungsvertretern samt Kanzler Adenauer besichtigt wurden; Kollegen aus dem aufgelösten Arbeitsstab Speers hielten die Eröffnungsvorträge. In Hannover planten Rudolf Hillebrecht und Konstanty Gutschow die Bauausstellung Constructa, die 1951 einen Querschnitt durch die Aufbauleistungen deutscher Städte zeigte und den Vorbildcharakter Hannovers unterstrich, wo seit 1948 der neue Stadtbaurat Hillebrecht mit seinem führenden Chef Gutschow – als Berater der Aufbaugemeinschaft – jene Vision der Stadtlandschaft realisierte, die vom Amtsvorgänger

Elkart in Grundzügen schon seit 1942 vorgezeichnet worden war. In gleichem Sinne war in Kiel der Stadtplaner Jensen tätig, in Frankfurt der May-Mitarbeiter Werner Hebebrand, der zwischenzeitig in der Planung für die neue „Stadt der Hermann-Göring-Werke" paradigmatische Entwürfe für landschaftsbezogene Siedlungsgestaltung vorgelegt hatte. In Stuttgart bemühte sich Richard Döcker um erkennbare Kontraste zur alten Stadt – in demonstrativer Opposition zur bisher herrschenden Stuttgarter Schule um Bonatz, Schmitthenner und Wetzel. Bis Friedrichshafen am Bodensee lassen sich schon ab 1943 vom Norden bis in den Süden Deutschlands, von der westlichen bis zur östlichen Grenze die Spuren des Aufbruchs verfolgen, der ein für alle Mal das Ende der alten Städte besiegeln sollte.

Der ideologische Umbruch in der DDR, der durch die Reise deutscher Planungsexperten nach Moskau im Frühjahr 1950 eingeleitet wurde, führte jedoch Mitte der fünfziger Jahre zu einer weiten Spaltung der seit 1945 gemeinsamen Entwicklungslinien im Wiederaufbau, die sich Ende der fünfziger Jahre nach einer merkwürdigen Umkehr der Richtungen auf beiden Seiten zeitweise wieder berührten. Da nach dem Tod Stalins und dem Ende seiner dogmatischen Kulturpolitik auch in der DDR der sowjetische Reformkurs Chruschtschows verfolgt werden sollte, wurde ab 1955 die Baupolitik der DDR unter dem Motto „Besser, billiger und schneller bauen" abrupt auf eine durchgreifende Industrialisierung des Bauwesens umgestellt, die nur mit der Anerkennung der internationalen Moderne und serieller Prinzipien im „fließenden Raum" einer baulich wieder zu öffnenden Stadt-Landschaft möglich war. Im Westen Deutschlands hingegen wurden angesichts des beschränkten Territoriums der Städte, massenhaften Wohnungsbaus und weiterhin zuströmender Flüchtlinge aus dem Osten die Grenzen des planerisch ungelenkten Wachstums erkennbar. Vehement forderte Rudolf Hillebrecht auf einer Tagung des Deutschen Städtetages 1960 das „Ende des organischen Wachstums" der Städte zugunsten einer koordinierten Planung, in der auch wieder die Verdichtung von Stadtstrukturen vorzusehen sei. 1961, genau zwei Jahrzehnte nach seinem wegweisenden Artikel „Der Gedanke der Stadtlandschaft", schloss sich Wilhelm Wortmann mit seinem programmatischen Aufsatz zur „Re-Urbanisierung der Städte" dem neuen Trend an, der in Verknüpfung von Strategien zur Funktionsmischung, baulicher Verdichtung und verkehrstechnischer Modernisierung im Titel des 1959 von Hans Bernhard Reichow herausgegebenen Buches *Die autogerechte Stadt* sein epochales Motto fand.

Während sich die Planer der DDR ab 1960 um weit in die Landschaft ausgreifende Stadterweiterungen in modernster Plattenbauweise bemühten, wurde im Westen unter dem Schlagwort der „Urbanität durch Dichte" die Wiederentdeckung der Qualitäten historischer Stadträume eingeleitet, die in den achtziger Jahren mit der Diagnose vom „Tod der Moderne" zu allen nur denkbaren Spielarten der nun sogenannten postmodernen Architektur führen wird. In einer drastischen Umkehr der Positionen sind – vier Jahrzehnte nach den ideologisch aufgeladenen Debatten um Nationale Traditionen und „International Style" – im Jahr der deutschen Einheit 1990 vor dem Hintergrund aufwändiger Rekonstruktionen im Westen und des schlichten Massenwohnungsbaus im Osten wieder jene Anfangspunkte markiert, von denen die Spaltung der Baukultur nicht nur in Deutschland, sondern im Osten und Westen Europas um 1950 ihren Ausgang nahm.

AUTOR
WINY MAAS

Winy Maas, geboren 1959, studierte Landschaftsarchitektur an der RHSTL Boskoop Universität und danach Architektur an der Technischen Universität in Delft. Er gründete 1991 zusammen mit Jacob van Rijs und Nathalie de Vries das Architekturbüro MVRDV in Rotterdam. Zu den bekanntesten Bauten des Büros gehören das *WOZOCO-Gebäude* in Amsterdam (1997), das *Gebäude der Rundfunkanstalt VPRO* in Hilversum (1997) und der *Niederländische Pavillon* auf der EXPO 2000 in Hannover. Zu den wichtigsten Publikationen von MVRDV gehören *FARMAX: Excursions on Density* (1998) und *Metacity/Datatown* (1999).

Der Vortrag „Beginning" („Beginnen") wurde von Winy Maas im Juni 1998 auf der Anytime-Konferenz in Ankara gehalten und erschien daraufhin in dem gleichnamigen Buch (The MIT Press, Cambridge/London 1999). Deutsche Erstübersetzung.

Winy Maas:
Beginnen (1998)

Chamäleons. Zu den bemerkenswerten Tendenzen in der heutigen Kultur gehört die Anpassungsfähigkeit des „Neuen". Dies ist in konzentrierter Form innerhalb dieser *ANY*-Gruppe zu sehen, deren Initiatoren selbst eine unglaubliche Fähigkeit gezeigt haben, immer wieder neu zu beginnen. Man hat fast den Eindruck, als gehe es in jedem Projekt um das Beginnen und damit um das Zelebrieren einer verzweifelten Hoffnung auf ewige Jugend. Dieser *Kreislauf der Wiedergeburt* hat gezeigt, welche Bedeutung die direkte Aufnahmefähigkeit für das Heute, jeden Beginn, jede Neuheit hat. Es ist ein chamäleonartiger Ansatz, der sich als ungeheuer starkes Werkzeug der Macht und Kontrolle erwiesen hat. Er stellt eine Herausforderung für jede Perspektive, jeden Beginn dar. Er setzt einen Maßstab für die Intelligenz einer neuen Generation, eines Neubeginns. „Klassische" Techniken des Beginns, wie zum Beispiel Brutalität oder Frivolität, können so von der Bildfläche verbannt werden.

Ultimative Extravaganz/Massenhafte Einzigartigkeit. Diese Technik des „Verschlingens" hat ihre Blütezeit genau in dem Augenblick, in dem die Architektur von überwältigenden städtischen Bedingungen verschlungen wird, unter denen eine gewaltige Bauproduktion einen „Teppich" aus gebautem Material erzeugt hat. Diese enorme Produktion, die beschleunigenden Techniken und die enorme Internalisierung schaffen eine Situation, in der alles möglich ist und jedes Objekt „baubar" erscheint. Nichts scheint mehr verrückt oder extravagant zu sein. Wie soll man sich unter diesen Umständen verhalten? Strebt man Extravaganz überhaupt noch an? Oder leiden wir an einer *Objektmüdigkeit*, weil es schon so viele Objekte gibt, die um unsere Aufmerksamkeit buhlen, alle diese Objekte, die uns ihre Botschaften aufdrängen?

Bei der Suche nach dem Anderen, das sich von der Masse des Einzigartigen abhebt, scheint der Ausdruck des einzelnen Objekts lächerlich zu werden. Im weiten *Meer der Einzigartigkeit* hört das einzelne Objekt einfach auf zu existieren; es wird von der Mittelmäßigkeit verschlungen.

Die „Verpflichtung" der Architekten-Avantgarde der neunziger Jahre, „alles" in ein Gebäude, in einen Entwurf hineinzupacken, als „Echo" oder „Spiegel" der heutigen Vielfalt und des Chaos, erscheint in höchstem Maße undurchführbar. Die Macht der Architektur – ein einfacher Akt der Eitelkeit – wird damit überschätzt. Und überhaupt, warum sollten wir eigentlich Chaos produzieren, wenn wir bereits von Chaos umgeben sind? Wie soll man unter diesen Umständen ein beginnendes, oder besser, ein emergierendes Projekt konzipieren? Sollte es „Agenden" geben, die es uns ermöglichen, auf diese komplexe Situation zu reagieren und die gegenwärtige Vielfalt fast systematisch zu erforschen? Diese Agenden, die von einer Reihe von Projekten (der Forschung und der Realisierung) gestützt werden, scheinen notwendig zu sein, wenn wir eine potenzielle Zukunft entwerfen und inmitten dieser Unbestimmtheit, Vielfalt und Massenhaftigkeit Position beziehen wollen.

Landschaft. Zur Erforschung dieses Phänomens wurden in jüngster Zeit mehrere Methoden eingesetzt. Ein Beispiel dafür ist der *continuous plan*, der in der neueren Architektur Beliebtheit erlangt und eine „Grottenarchitektur" hervorgebracht hat. Obwohl sein eigentliches Ziel die Erforschung des Neuen durch Untersuchung des Plurigeometrischen zu sein scheint, scheint er immer noch die untersuchte Komplexität mit einem *Einheitsmantel* zuzudecken. Er verleugnet deshalb sein Ziel mehr, als es zu erforschen und zu erhellen. Dieser Ansatz macht zwar manchmal Gebrauch von Parametern, scheint aber mehr an der Form als am Inhalt orientiert zu sein. Man kann bereits von einem *Neo-Jugendstil* sprechen.

Von dieser Bewegung wurde der Begriff *landscape* [Landschaft] geprägt. In der Tat, Landschaft ist *in*, der Begriff taucht in der Architekturdebatte sogar häufiger auf, als ein Amerikaner „fuck" sagt. Was sollen wir daraus machen?

Landschaft bedeutet Unschuld: Der Landschaftsarchitekt hat schon immer die Idylle, die Harmonie, den korrekten Umgang mit der Natur verkörpert, alles moralisch gesehen sehr „gute" und „hehre" Dinge. Dieser Ansatz ist politisch höchst korrekt, ein äußerst effektives Werkzeug zum Verführen, Überzeugen und Bauen.

Jedes Projekt, das allein auf dieser Strategie aufbaut, ist in höchstem Maße suspekt.

Landschaft bedeutet Überblick. Sie gehört zu den Bereichen, die in der Lage sind, das Panorama der Unterschiede zu überblicken. Ein solches Potenzial enthält auch eine Verpflichtung zur Untersuchung und Kritik der Moral.

Parameter. Wie kann die Landschaft erforscht werden? Wenn das Hauptziel der Forschung immer noch der Fortschritt ist, bleibt die Hypothese das Mittel, um dieses Ziel zu erreichen.

Ein parametrischer Entwurfsansatz erscheint daher als der beste Ausweg aus dem mythischen Versteck, in das sich die aktuellen Anwendungen einer *complexity'n'chaos*-Architektur zurückgezogen haben. Ein parametrischer Entwurfsansatz könnte die Komplexitätsstudien durch eine Step-by-step-Methode ergänzen, bei der mit Hilfe einer Serie von Projekten eine Agenda in dem oben beschriebenen Sinn entwickelt wird. Welche Parameter sollten untersucht werden? Welche Agenda kann weitere Erkenntnisse über diesen Kontext der Banalität erschließen?

Banalität. Gibt es noch eine Rolle für die Banalität, von der diese Erkenntnisse abgeleitet werden können? Wenn der Hauptteil der Bauproduktion sich doch um banale Themen dreht, warum streben wir dann noch immer nach Extravaganz? Warum sind wir nicht am Banalen interessiert? Haben wir vor ihm Angst?

In unserer avantgardistischen Vorstellung steht dieses Thema für ein Aufgehen in der Masse, für eine reglementierte Erfahrung. Die Banalität ist zum Sinnbild dessen geworden, was heute nicht mehr richtig tragfähig ist. Sie zeigt daher deutlich das eigentliche Dilemma des 20. Jahrhunderts: Auf unserer Suche nach dem Einzigartigen finden wir alle das Gleiche; während wir nach dem Authentischen und Außergewöhnlichen streben, machen wir alles banal.

Wenn wir dieses Phänomen der Banalität ironisch betrachten, leugnen wir das Humane, das darin liegt. Wir sehen darauf herab, so wie der viktorianische Bürger auf die Arbeiter herabsah. Es ist ein Blick voller Verachtung, gemischt mit Beschämung. Genau wie damals ist eine Architektur im Sinne von Charles Dickens notwendig, um der Banalität jenes menschliche, hilfreiche Antlitz zurückzugeben.

Aufspaltung. In einem Meer der Banalität scheint sich die Architektur in zwei Richtungen aufzuspalten. Auf der einen Seite wird sie synonym zum Urbanismus, auf der anderen Seite wächst die Rolle des Innenraumes.

Innenraum. Aufgrund des Abstands der Gebäude und der enormen Größe der Objekte hat der Innenraum an Bedeutung zugenommen. Der Raum dazwischen, der öffentliche Raum, wird wegen seiner übermäßigen Ausgestaltung immer mehr zum Innenraum: Bänke, Lichtmasten und Pflanzen scheinen den öffentlichen Raum zu domestizieren. Diese Entwicklung geht Hand in Hand mit der Art und Weise, in der die öffentlichen Bereiche sich auf andere Bereiche ausgedehnt haben. Das Privatleben hat sich schon mit dem öffentlichen Raum vermischt. Im Fernsehen werden persönliche Liebeserklärungen abgegeben, auf dem Zebrastreifen werden private Telefonanrufe geführt. Der öffentliche Raum dehnt sich immer weiter aus, bis er scheinbar endlos und formlos wird. Er kann nicht in Bezug auf Form, Geometrie oder Zusammensetzung untersucht werden, sondern nur mit Hilfe von Beobachtung und Statistik.

Urbanismus. Wenn die Architektur zum Urbanismus wird, betritt sie das Gebiet der Quantität und Infrastruktur als ein organisatorisches Werkzeug; sie betritt den Bereich der Zeit und des Relativismus. Ein Bereich, in dem die Dinge kommen und gehen.

Leichtigkeit und Temporarität. Wie können wir die Technik der „Veränderung" direkter innerhalb des Urbanismus und der Architektur anwenden? Sind wir dazu in der Lage, eine Umwelt zu erschaffen, die leichter abgerissen oder geräumt werden kann, sodass wir unsere städtebaulichen Ziele innerhalb einer bestimmten Zeit erreichen? Können wir uns einen leichteren Urbanismus vorstellen, der die Dauerhaftigkeit der Stadt infrage stellt? Sollen alle vorhandenen städtischen Strukturen dauerhaft sein? Sind alle unsere Gebäude so schön oder wertvoll, dass wir mit ihnen arbeiten müssen, so als ob das alles Denkmäler wären? Kann dieser schwerfällige, starre Ansatz durch eine leichtere Form des Urbanismus ersetzt werden, in dem wir Raum für Experimente und Imagination schaffen?

Wenn wir den wirtschaftlichen Wert unserer geschaffenen Umgebung betrachten, so hat ein Computer eine Lebensdauer von zwei bis drei Jahren, ein Auto von sechs Jahren. Ein *Haus* hat einen wirtschaftlichen Wert von etwa 30 Jahren und ein *Bürogebäude* einen

Wert von 40 Jahren. Daraus folgt, dass ein enormer Teil unserer Umgebung zu einem „Neubeginn" in der Lage wäre. Da die meisten unserer neueren Bauwerke einen wirtschaftlichen Wert von 40 bis 50 Jahren haben, sollten innerhalb von 30 Jahren unglaubliche Leerräume und zahlreiche Phantasien entstehen. Große Teile unserer Städte könnten neu gestaltet werden, und Baudenkmäler würden darin wie der Mont St. Michel aus einem Plateau der Leichtigkeit herausragen. Vorhandene Städte finden Gelegenheit, sich in der Landschaft aufzulösen. Extreme Programm-Melangen werden vorstellbar: vom Leben auf dem Bauernhof bis zur Landwirtschaft mitten in der Stadt. Es könnte wieder eine neue Balance aus Siedlung, Landwirtschaft und Natur angestrebt werden, als ein Echo der Broadacre City von Frank Lloyd Wright.

Diese leichte Nutzung des Bodens oder Teilen davon ist möglicherweise vergleichbar mit der mittelalterlichen Landwirtschaft, bei der das Land in drei gleiche Teile aufgeteilt wurde. Im ersten Jahr war ein Drittel dem Vieh vorbehalten, auf dem zweiten wurde Getreide angebaut und das dritte ließ man brachliegen. In jedem Jahr wechselte man mit der Nutzung der drei Teile ab, sodass immer ein Drittel sein biologisches Potenzial wieder regenerieren konnte.

Die „Veränderung" ist also ein selbstverständlicher Teil des Urbanismus. Sie definiert einen Raum für das „Unvorhersagbare".

Diese leichte Form des Urbanismus kann innerhalb der heutigen Massenproduktion im Bau beschleunigt werden, indem man den wirtschaftlichen Wert von kostenintensiven Teilen der Urbanisierung reduziert: Grasstraßen statt Asphalt, ökologische Teiche statt Abwasserröhren, elektrischer Strom statt Gasleitungen für die Heizungen, Mobiltelefone statt Telefonleitungen, Holzsäulen statt Betongründungen im Sand, Minibusse oder Busse auf Abruf statt teuren U-Bahnröhren.

Diese Ökonomie kann faszinierende Möglichkeiten schaffen: Mit dem gleichen Budget können wir große Gärten um die Häuser anlegen oder einen Wald für die Allgemeinheit anpflanzen. Für einen relativ geringen Preis kann eine villenähnliche Umgebung entstehen. Die Ökonomie verbindet sich so mit der Ökologie. Sie vermittelt das paradoxe Gefühl, dass ökologische Beständigkeit in Leichtigkeit und Temporarität umgewandelt wurde.

Datascape. In diesem urbanen Feld treten Ereignisse in einem scheinbar unorganisierten Muster auf, deren völligem Chaos eine verborgene Logik innewohnt. Dadurch ist es möglich, dass in diesem endlosen Teppich von Objekten „Schwerkräfte" auftauchen.

Diese Schwerkräfte zeigen sich, wenn sie unter bestimmten angenommenen, maximierten Einschränkungen sublimiert werden.

Die Maximierung beziehungsweise Radikalisierung führt *per definitionem* zu Extremen, zu Randbereichen, die durch *Widerstände* definiert sind. Dieses Provozieren von Widerstand scheint der Moment zu sein, in dem die Gesellschaft ihr wahres Gesicht zeigt, die wahren Grenzen unserer Zivilisation, die Normen, Regeln, Moralvorstellungen.

Unter maximierten Bedingungen manifestiert sich jede Forderung, Regel oder Norm als eine reine und unerwartete Form, die über die künstlerische Intuition oder bekannte Geometrien hinausgeht und sie durch Forschung ersetzt. Die Form wird zum Ergebnis dieser Extrapolierung, zu einer *datascape* der dahinter stehenden Forderungen. Sie sucht die Balance zwischen Verspotten und Kritisieren und macht die Pragmatik sublim, verbindet die Moral mit der Norm. Es könnte sich die Möglichkeit eröffnen, die Norm und die dahinter stehende Moral zu kritisieren. Wenn wir die künstlerische Intuition durch ein Argument ersetzen, entwickeln wir Hypothesen, mit denen wir unser zeitgenössisches Verhalten beobachten, extrapolieren, analysieren und kritisieren. Dadurch entwerfen wir eine Vorstellung von „Fortschritt" und eröffnen Perspektiven. Dies könnte als Projekt der Beschleunigung aufgefasst werden. Und man könnte es sogar apokalyptisch nennen.

Farmax. Ein Weg, diese Schwerkräfte im Raum aufzulösen, ist, sie mit Druck und Dichte zu behandeln. Die Dichte, die hauptsächlich auftritt, wo größere Investitionen getätigt werden, ist immer noch ein Tabu in den Wohlfahrtsstaaten Westeuropas. Diese Angst schlägt sich in Gesetzen, Vorschriften und Bauordnungen nieder. Das leichte Adagio des Neuen Bauens wurde beispielsweise in Bauordnungen zu Beginn des 20. Jahrhunderts sublimiert und hat Europas Dichte beschränkt, die heute nur ein Drittel von Manhattan oder Hongkong beträgt.

Dieses Paradigma der Konzentration führt zu einer scheinbar endlosen Liste von *datascapes*. Ohne die Hintergrundgeschichte könnten diese als ein *New Neufert* aufgefasst werden. Diese *datascapes* treiben die Arbeit in unserem Büro voran: Gesellschaftliche Widerstände zeigen sich in dem Doppelhaus in Utrecht; Belichtungsregeln in dem VPRO-Gebäude, monumentale Vorschriften haben zu den abgehängten Wohnräumen in Amsterdam und zu dem städtischen *Schattenplan* für Bergen op Zoom geführt.

E-scape: Beginnen. Diese *datascapes* könnten, sowohl als Studien wie in ihrer Umsetzung, William Gibson entsprechen, der glaubte, die größeren Errungenschaften des 20. Jahrhunderts seien eher in den Informationsstrukturen als in den Gebäuden zu finden. Brett Steele zeigt in einem Text den entscheidenden Unterschied zwischen *datascapes* und der „normalen" Raumproduktion auf:

„Eine vorläufige Antwort lässt sich in dem Begriff ‚datascape' selbst finden, insbesondere in der zweifachen Lesart des Wortes: Daten in Form einer Landschaft [landscape] und das Projekt selbst als eine Form des Auswegs [data-e-scape]. Aus dieser Doppeldeutigkeit ergibt sich die Aufgabe, der Information ein ‚Erscheinungsbild' zu geben und gleichzeitig eine Art ‚Ausweg' aus der Tyrannei eines solchen Bildes zu schaffen. Damit fängt man vielleicht an, sowohl Fred Jamesons Instinkt, das Erscheinen von datascapes zu historisieren, als auch Barthes Wunsch, in ihnen neue Bedeutungspotenziale zu finden, gerecht zu werden."[1]

Übersetzung aus dem Englischen: Juliane Sattinger.

---

1 Brett Steele: *Data e scape*, Architectural Association, London 1998.

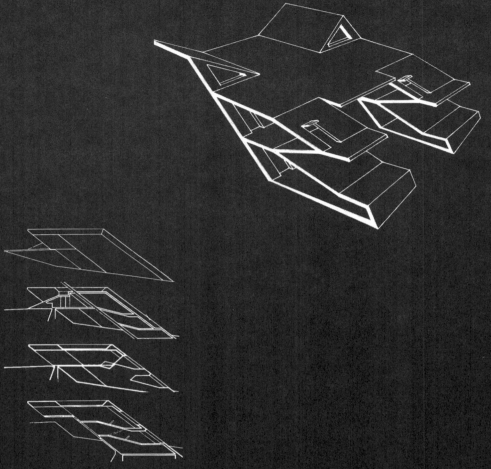

Claude Parent / Paul Virilio:
Villa Mariotti (Saint-Germain, 1966)

Die Villa Mariotti gilt als das erste Haus, das getreu dem von Claude Parent und Paul Virilio 1966 verfassten Manifest „Die Funktion der Schräge" entworfen wurde. In dieser Schrift machten sich die Autoren für eine Architektur stark, die nicht nur der Horizontalen und Vertikalen verpflichtet bleibt, sondern darüber hinaus auch die Potenziale schiefer Ebenen zu nutzen versteht. Von dieser – wie sie sagen – „dritten räumlichen Möglichkeit der Architektur" erhofften sie sich nichts weniger als die „Entstehung einer neuen urbanen Ordnung".

Die Entwurf der Villa Mariotti steht für einen radikalen Versuch, Zirkulationsräume bewohnbar zu machen. Wenngleich das Haus bis zur Baugenehmigung ausgearbeitet wurde, ist es doch Projekt geblieben. Wie eine Brücke sollte das Domizil ein kleines Hanggrundstück überspannen. Der Entwurf sah einen Bodenkontakt der Villa an lediglich drei Punkten vor – eines der Auflager dient zugleich als Zugangsrampe zum Haus. Von den lotrecht stehenden Stirnwänden abgesehen, verfügt das Haus über keine geraden Fassaden im herkömmlichen Sinne; alle Außenwände sind schräg und begehbar. Das Innere des Hauses wurde als eine frei zugängliche Wohnlandschaft konzipiert. Von den schiefen Ebenen versprachen sich Virilio und Parent eine mobilisierende Wirkung auf die Bewohner.

Abbildungsnachweis

William Bateson: *Materials for the Study of Variation: Treated with Especial Regard to Discontinuity in the Origin of Species*, London/New York 1894, Neuausgabe: Baltimore 1992; S. 149 links.

Stefania Berretta, Giubiasco, Schweiz; S. 64 oben und unten links, 65.

Collection Walker Art Center, Minneapolis; Gift of Anne Pierce Rogers in honor of her grandparents, Anne and Will Rogers, 1986; S. 223 oben rechts.

The Estate of R. Buckminster Fuller, Santa Barbara, California; S. 29 rechts. Courtesy, The Estate of R. Buckminster Fuller.

Frank Gehry, Santa Monica, California; S. 222, 223, unten.

Kenneth Frampton: *Grundlagen der Architektur. Studien zu Kultur des Tektonischen*, München/Stuttgart 1993; S. 290, 291.

IGMA-Archiv, Stuttgart; S. 42, 111, 189, 204, 241, 309.

Kiesler-Privatstiftung, Wien; S. 29 links. (© Österreichische Friedrich und Lilian Kiesler-Privatstiftung.)

Leon Krier, Claviers; S. 114, 115.

Vincent Ligtelijn (Hrsg.): *Aldo van Eyck. Werke*, Basel/Boston/Berlin 1999; S. 39.

Greg Lynn FORM, Venice, California; S. 152, 153.

Claude Parent, Neuilly sur Seine; S. 306, 350, 351.

Jesse Reiser, Nanako Umemoto, New York City; S. 149 rechts.

Colin Rowe, Fred Koetter: *Collage City*, Basel/Boston/Berlin 1984; S. 87.

Bernard Tschumi, New York City; S. 192, 193.

Margherita Spiluttini, Wien; S. 300, 301. (© Margherita Spiluttini.)

Peter Smithson, London; S. 254, 255.

Luigi Snozzi, Locarno; S. 64 unten links.

Hisao Suzuki, Barcelona; S. 223 oben links. (© Hisao Suzuki.)

Robert Venturi: *Komplexität und Widerspruch in der Architektur*, Braunschweig 1978; S. 262.

Vitruvius: *De Architectura*, Übersetzung und Kommentar von Cesare Cesariano, Como 1521; S. 189.